21世纪全国高等院校汽车类创新型应用人才培养规划教材

汽车电器及电子控制技术

主　编　司景萍　高志鹰
副主编　陈永艳　冯朝卿　张慧杰
主　审　张玉萍

北京大学出版社
PEKING UNIVERSITY PRESS

内 容 简 介

本书为普通高等院校汽车专业教材。本书分为“汽车电器”和“汽车电子控制技术”两篇，系统地介绍现代汽车上所使用的电气设备和电子控制技术两部分内容。

本书内容新颖、图文并茂、通俗易懂，可作为汽车类教材，也可作为与汽车相近专业的师生或从事汽车运输管理、汽车设计制造、汽车维修管理的工程技术人员及汽车修理工、驾驶员学习参考。

图书在版编目(CIP)数据

汽车电器及电子控制技术/司景萍，高志鹰主编. —北京：北京大学出版社，2012.1
(21世纪全国高等院校汽车类创新型应用人才培养规划教材)
ISBN 978-7-301-17538-5

Ⅰ. ①汽… Ⅱ. ①司…②高… Ⅲ. ①汽车—电气设备—高等学校—教材②汽车—电子控制—高等学校—教材 Ⅳ. ①U463.6

中国版本图书馆CIP数据核字(2011)第203519号

书　　　名： 汽车电器及电子控制技术
著作责任者： 司景萍　高志鹰　主编
策 划 编 辑： 童君鑫
责 任 编 辑： 周　瑞
标 准 书 号： ISBN 978-7-301-17538-5/TH·0271
出　版　者： 北京大学出版社
地　　　址： 北京市海淀区成府路205号　100871
网　　　址： http://www.pup.cn　http://www.pup6.cn
电　　　话： 邮购部62752015　发行部62750672　编辑部62750667　出版部62754962
电 子 邮 箱： pup_6@163.com
印　刷　者： 北京鑫海金澳胶印有限公司
发　行　者： 北京大学出版社
经　销　者： 新华书店
787毫米×1092毫米　16开本　31.75印张　746千字
2012年1月第1版　　2015年8月第2次印刷
定　　　价： 58.00元

前　　言

本书为高等院校汽车专业课程的教材。本书力求反映汽车电器与汽车电子控制的基本理论，尤其注重电子控制系统部分的理论系统性，知识体系完整，内容上努力做到由浅入深、循序渐进，并处理好重点与一般的关系，符合认知规律，便于学习。

本书分为“汽车电器”和“汽车电子控制技术”两篇，系统地介绍现代汽车上所使用的电气设备和电子控制技术两部分内容。第一篇“汽车电器”部分介绍汽车传统的电气与电子设备，主要内容有蓄电池、交流发电机、起动系统、点火系统、照明、信号与仪表系统汽车辅助电器以及汽车电路。第二篇“汽车电子控制技术”部分介绍现代汽车的电子控制技术，主要内容有电子控制原理基础、发动机电子控制系统、自动变速器、汽车行驶安全性控制系统、汽车舒适性控制系统以及汽车其他电子控制系统。

本书由内蒙古工业大学司景萍教授和高志鹰副教授担任主编，上海师范大学的张玉萍教授担任主审。司景萍负责编写第3章、第4章、第6章、第7章；陈永艳负责编写第1章、第2章、第5章；高志鹰负责编写第8章、第9章的9.1～9.3节和第10章；第9章的9.4～9.6节、第11章的11.6～11.8节、第12章由冯朝卿编写；第11章的11.1～11.5节、第13章由张慧杰编写。全书由司景萍和高志鹰进行统稿，其中第一篇汽车电器部分(第1～7章)由司景萍统稿；第二篇汽车电子控制技术部分(第8～13章)由高志鹰统稿。

本书在的编写过程中，参阅了大量的文献资料，从中获益不少，在此向原书作者表示感谢。

由于编者水平所限，书中难免有不妥之处，敬请广大读者批评指正。

编　者

2011年11月

目　录

第一篇

汽车电器

第1章 蓄电池

本章教学要点

知识要点	掌握程度	相关知识
汽车电源的组成与要求	掌握汽车电源的组成、作用、要求	蓄电池和发电机并联；汽车上使用的是起动型蓄电池和交流发电机
蓄电池的工作原理	掌握蓄电池的工作原理	蓄电池的充放电过程是可逆的化学反应
蓄电池的工作特性	掌握蓄电池的充放电特性	蓄电池放电终了和充电终了的特征
蓄电池的容量	了解蓄电池容量的概念及影响因素	影响蓄电池容量的因素主要有极板的构造、放电电流、电解液的温度和电解液的密度
蓄电池的使用和维护	掌握蓄电池的正确使用和维护方法	为了延长蓄电池的使用寿命，有相应的使用和维护注意事项

导入案例

铅蓄电池是最古老的二次电池，自1859年发明至今已有150多年的历史，但铅蓄电池仍占据了二次电池一半以上的份额。在内燃机起动、备用和储能等领域，其他电池目前尚无法替代；在我国近亿辆电动助力车上，95%以上仍配用铅蓄电池；全球铅蓄电池市场仍处于稳定增长阶段。铅蓄电池产品如此长盛不衰，除技术成熟、性价比高、安全可靠、功率特性和原料再生性好等突出优点外，还与它在竞争中技术不断提高密切相关。近年来，为适应储能与动力的需要，国外铅蓄电池新技术不断问世，如嵌入电容电极的“超级电池”使电池的功率特性提高；泡沫炭板栅使电池的比能量增加；新组分铅合金使电池的循环寿命可长达数千次；环保型生产工艺正在改变铅蓄电池“污染环境”的形象。

超级电池是一种混合式储能装置，用以取代复杂且高成本的超级电容器/铅酸电池系统。它把一个非对称超级电容器和一只铅酸电池组合成一只整体电池，无需附加昂贵的电子控制装置。因为电容器在高倍率放电和充电期间起缓冲器的作用，所以它会增加铅酸电池的功率和寿命。因此，这种混合技术能够在车辆加速和制动期间快速地输出和输入电荷。图1.1给出了超级电池的结构。一只铅酸单体电池是由一片二氧化铅正极板和一片海绵状铅负极板构成的。另一方面，一个非对称超级电容器是由一片二氧化铅正极板和一片碳基负极板(也就是电容器的电极)构成的。

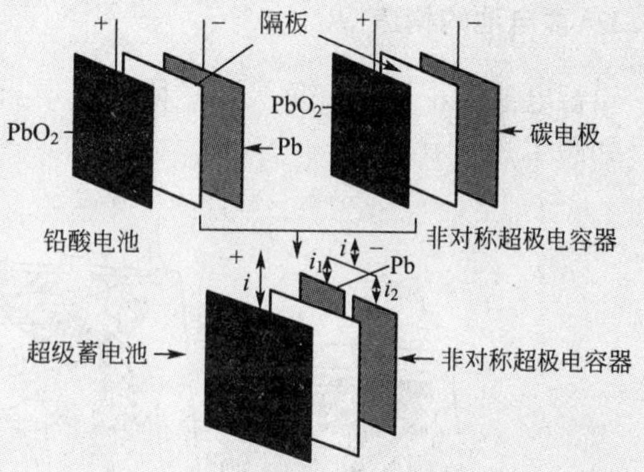

图1.1 超级电池结构示意图

由于铅酸单体电池和非对称超级电容器中的正极板具有共同的组成，用并联方式把电容器的电极和铅酸负极板连接起来就能使这两种装置合并成一只整体电池。现在两个电极共用同一片铅酸正极板。对于这种设计来说，在充放电期间，组合负极板的总电流由两部分组成：一部分是电容器的电流，另一部分是铅酸负极板的电流。因此，电容器的电极这时能够起缓冲器的作用，与铅酸负极板分担充放电电流，这样就使铅酸负极板不致以HEV(混合动力汽车)负载所需的满倍率进行充放电。到目前为止的结果显示这些电池的循环性能至少已经是现有工艺水平铅酸电池循环性能的4倍。

蓄电池的主要功用是当发动机起动时，向起动机和点火系统供电；在发电机不发电或电压较低的情况下向用电设备供电，当用电设备同时接入较多，发电机超载时，协助发电机供电；蓄电池存电不足，而发电机负载又较少时，它可将发电机的电能转变为化学能储存起来(即充电)。此外，蓄电池还相当于一个容量很大的电容器，在发电机转速和用电负载发生较大变化时，可保持汽车电网电压的相对稳定。同时，还可吸收电路中随时出现的瞬时过电压，以保护用电设备尤其是电子元器件不被损坏，这一点对装有大量电子系统的现代新型汽车非常重要。

蓄电池种类很多，汽车上所使用的蓄电池必须能满足发动机起动的需要，即短时间内(3～5s)可供给起动机强大的起动电流(汽油发动机汽车一般为200～600A，柴油发动机汽车一般为800A以上)。根据蓄电池的工作特点，对汽车用蓄电池的主要要求是容量大、内阻小，以保证蓄电池具有足够的起动能力。能满足发动机起动需要的蓄电池称之为起动型蓄电池，汽车上使用的就是起动型蓄电池。

由于发动机工作时的转速变化范围很大，要求发电机在发动机转速变化范围内都能正常发电且电压稳定，以满足用电设备的用电需求；此外，要求发电机的体积小、重量轻、故障率低、发电效率高、充电性能良好、维护方便或少维护、使用寿命长等，以确保汽车使用性能要求。

1.1 蓄电池的构造、工作原理和工作特性

1.1.1 蓄电池的构造

铅蓄电池由正极板、负极板、隔板、电解液、外壳、连接条和接线柱等主要部件构成，如图1.2所示。

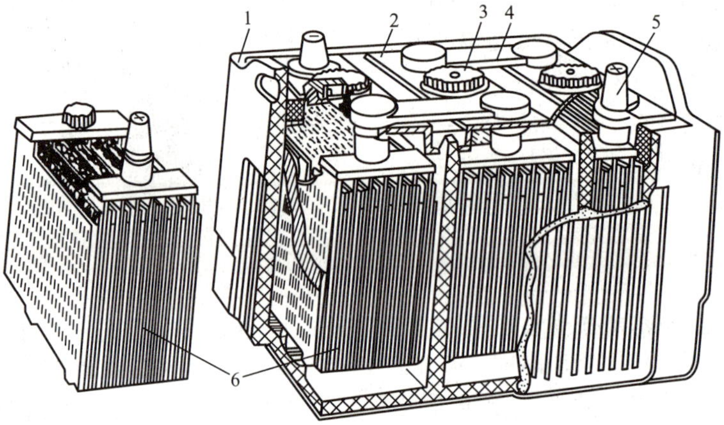

图1.2 蓄电池的构造

1—蓄电池外壳；2—盖；3—加液孔螺塞；4—连接条；5—极桩；6—极板组

1. 极板与极板组

正极板上的活性物质是二氧化铅（PbO_2），负极板上的活性物质是纯铅(Pb)，它们均由铅膏(铅粉、稀硫酸及少量添加剂的混合物)填充在用铅锑合金铸成的栅架上，经化成工艺(在蓄电池生产工艺中，对极板进行充电的过程称为“化成”，一般充电18～20h)处理而成的。在充足电的状态下，正极板呈深棕色，负极板呈深灰色。

将一片正极板和一片负极板浸入电解液中，便可得到2V左右的电压。为了增大蓄电池的容量，将多片正极板和负极板各自用横板焊接并联起来，组成正极板组和负极板组。将正、负极板相互嵌合(中间用隔板隔开)的极板组(图1.3)置于存有电解液的容器中，就

构成了单格电池，单格电池的标称电压为2V。因此，一个12V的蓄电池由6个单格电池串联而成。

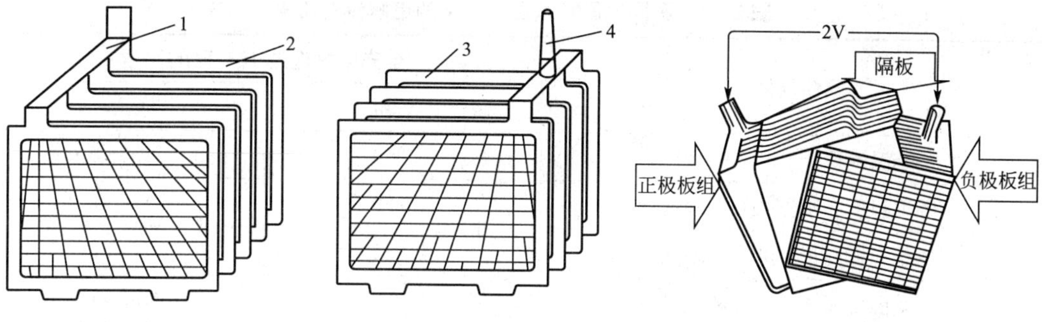

(a) 负极板组　　(b) 正极板组　　(c) 极板组嵌合情况

图1.3　蓄电池极板组的结构

1—汇流条；2—负极板；3—正极板；4—极柱

负极板的数量总比正极板多一片，这样正极板都处于负极板之间，使正极板两侧放电均匀，否则，由于正极板的机械强度差，单面工作会使其两侧活性物质受热不均匀，造成极板拱曲而导致活性物质大量脱落。

国产蓄电池负极板的厚度为1.8mm、正极板的厚度为2.2mm。国外蓄电池大多采用薄型极板，厚度为1.1～1.5mm。薄型极板对提高蓄电池的比容量(极板单位尺寸所提供的容量)和改善起动性能都是很有利的。

2. 隔板

正、负极板应尽量靠近，但彼此又不能接触而短路，故在相邻的正负极板之间加有绝缘隔板。隔板具有多孔性，以便电解液渗透，且化学性能要稳定。常用的隔板材料有木质、微孔橡胶、微孔塑料、塑料纤维以及浸树脂纸质隔板等。木质隔板耐酸性能差，在硫酸作用下容易炭化和变脆，且消耗木材不符合保护环境的时代发展潮流，因此已不再使用。微孔橡胶和微孔塑料隔板耐酸、耐高温性能好，寿命长，且成本低，因此目前广泛使用。隔板也是制成长方形片状，面积比极板略大些。厚度一般不超过1mm，成形隔板的一面有特制的纵向沟槽，另一面则为平面。安装时隔板上带沟槽的一面应面向正极板，这是因为正极板在充放电过程中化学反应激烈，沟槽能使电解液较顺利地上下流通。近年来，出现了一种微孔塑料套袋，将正极板紧紧地套装在里面，以防活性物质脱落。

3. 电解液

电解液的作用是形成电离，即在充电和放电的电化学反应中起离子间的导电作用，并参与化学反应。电解液是用专用的、密度为1.84的蓄电池用硫酸与蒸馏水按一定比例配制而成，电解液的密度一般为1.23～1.30g/cm^3。

配制电解液时，必须使用耐酸耐热的器皿，并且切记只能将硫酸徐徐倒入蒸馏水中并不断搅拌。

电解液的密度对蓄电池的工作有重要影响，密度大，可以减少结冰的危险并提高其容量，但密度过大，由于黏度增加，反而会降低蓄电池的容量，而且会缩短极板的使用寿命。电解液相对密度随地区和气候条件而定，表 1－1 列出了不同地区和气候条件下的相对密度值。

表 1－1　不同地区和气温条件下的电解液的比重

气候条件	全充电蓄电池 15℃时的比重	
	冬季	夏季
冬季温度低于－40℃的地区	1.310	1.250
冬季温度高于－40℃的地区	1.290	1.250
冬季温度高于－30℃的地区	1.280	1.250
冬季温度高于－20℃的地区	1.270	1.240
冬季温度高于－0℃的地区	1.240	1.240

4. 壳体

蓄电池的壳体用来盛放电解液和极板组，外形为长立方体，内部一般分隔成互不相通的 3 个或 6 个单格电池槽，顶沿四周有与电池盖相接合的特制封沟，壳内底部有凸筋，用以支撑极板组。壳体材料耐酸、耐热、耐寒、耐振、绝缘性能好、有一定的机械强度。国内多采用硬橡胶外壳，即硬橡胶模压后，经硫化而成，俗称胶壳。近年来，由于工程塑料的发展，用塑料(聚丙烯)制成的蓄电池壳体越来越多。塑料外壳不仅耐酸、耐热、耐振，而且强度高、韧性好、质量轻。壳体壁较薄，一般为 3.5mm(胶壳壁厚为 10mm)，外形美观透明，塑料壳体易于热封合，生产效率高，已成为一种发展趋势。外壳的顶部有相同材料的池盖，分单体盖和整体盖两种。单体盖上有 3 个孔，两侧圆孔作为极桩孔，中间为带内螺纹的加液孔，平时用加液孔螺塞拧紧。加液孔螺塞的顶部中心有通气小孔，可随时排出蓄电池内逸出的 H_2 和 O_2，以免发生事故。整体盖有 3 个或 6 个加液孔和两个接外电路用的极桩。

5. 单格电池的连接方式

一只蓄电池一般都由 3 个或 6 个单格电池串联而成，额定电压分别为 6V 或 12V。其连接方法一般有传统外露式铅连接条连接、内部穿壁式连接和跨越式连接 3 种，如图 1.4 所示。

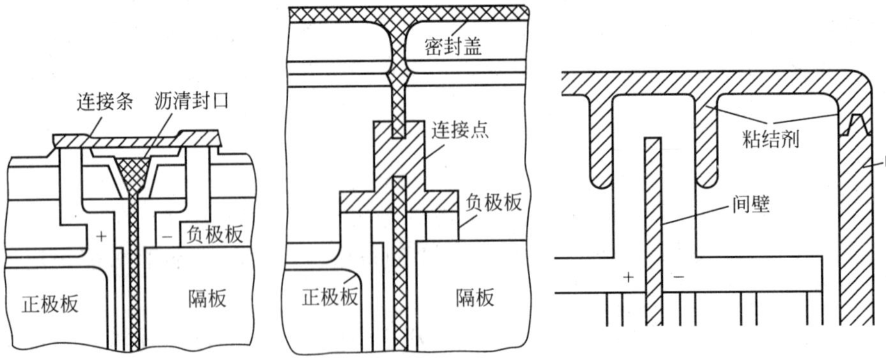

(a) 传统外露式铅连接条连接　(b) 内部穿壁式连接　(c) 跨越式连接

图 1.4　单格电池的连接方式

早期的蓄电池大多采用传统外露式铅连接条连接方式，如图 1.4(a)所示。这种连接方式工艺简单，但耗铅量多，连接电阻大，因而起动时电压降大、功率损耗也大，且容易造成短路。新型蓄电池则采用先进的穿壁式或跨越式连接方式。穿壁式连接方式如图 1.4(b)所示，它是在相邻单格电池之间的间壁上打孔供连接条穿过，将两个单格电池的极板组极柱连焊在一起。跨越式连接如图 1.4(c)所示，在相邻单格电池之间间壁的上边留有豁口，连接条通过豁口跨越间壁将两个单格电池的极板组极柱相连接，所有连接条均布置在蓄电池整体盖的下面。

穿壁式和跨越式连接方式与传统外露式铅连接条连接方式相比，有连接短、省材料、电阻小、起动性能好等优点，且连接条损耗减少 80%，端电压提高 0.15～0.4V，节约材料 50%以上，因而得到广泛的应用。

1.1.2 蓄电池的工作原理

蓄电池是一种可逆的低压直流电源，就是能将化学能转换为电能，也能将电能转换为化学能。蓄电池(本节只介绍铅酸蓄电池，并简称为蓄电池)的核心部分是极板和电解液，蓄电池建立电动势、放电和充电就是通过极板上的活性物质与电解液的电化学反应实现的。

根据双极硫酸盐化理论，蓄电池中参与化学反应的物质，正极板是二氧化铅(PbO_2)，负极板上是海绵状铅(Pb)，电解液是硫酸水溶液(H_2SO_4)。当蓄电池和负载接通放电时，正极板上的二氧化铅和负极板上的铅都将转变成硫酸铅($PbSO_4$)，电解液中的硫酸成分减少，相对密度下降。当蓄电池接通直流电源充电时，正、负极板上的硫酸铅又将分别恢复成原来的二氧化铅和纯铅，电解液中的硫酸成分增加，相对密度增大。若不考虑蓄电池化学反应的中间过程，其充、放电时总的化学反应方程式为

$$PbO_2+Pb+2H_2SO_4 \rightleftharpoons 2PbSO_4+2H_2O \tag{1-1}$$

1. 蓄电池电动势的建立

当极板浸入电解液时，在负极板处，Pb 受到两方面的作用，一方面它有溶解于电解液的倾向，因而有少量铅进入溶液，生成 Pb^{2+}，在极板上留下两个电子 2e，使极板带负电；另一方面，由于正、负电荷的吸引，Pb^{2+}有沉附于极板表面的倾向。当两者达到平衡时，溶解便停止，此时极板具有负电位，约为 0.1V。正极板处，少量 PbO_2 溶入电解液，与水生成 $Pb(OH)_4$，再分离成四价铅离子和氢氧根离子，如图 1.5 所示。

$$PbO_2+2H_2O \longrightarrow Pb(OH)_4$$

$$Pb(OH)_4 \longrightarrow Pb^{4+}+4OH^-$$

由于 Pb^{4+}沉附于极板的倾向大于溶解的倾向，因而沉附在正极板上，使极板呈正电位。当达到平衡时，约为+2.0V。

因此，当外电路未接通，反应达到相对平衡状态时，蓄电池的静止电动势 E_0 约为

$$E_0=2.0-(-0.1)=2.1\text{V} \tag{1-2}$$

2. 蓄电池的放电过程

当蓄电池接上负载，在电动势的作用下，电流 I_f 从正极经过负载流往负极(即电子从负极到正极)，使正极电位降低，负极电位升高，破坏了原有的平衡，如图 1.5 所示。

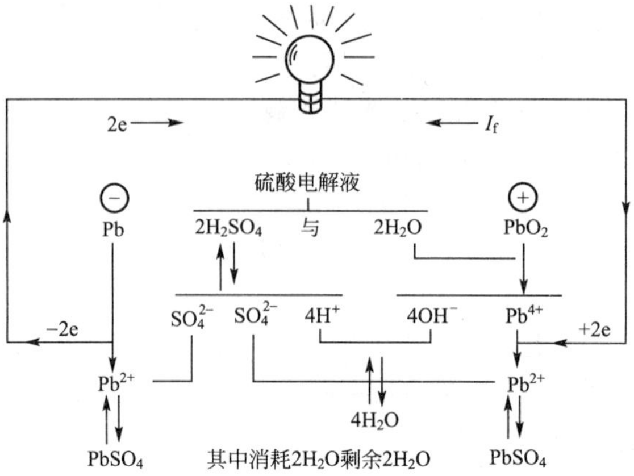

图 1.5　蓄电池的放电过程

在正极板处，Pb^{4+} 和电子结合变成二价铅离子 Pb^{2+}，Pb^{2+} 与电解液中的 SO_4^{2-} 结合生成 $PbSO_4$ 沉附于正极板上，即

$$Pb^{4+}+2e \rightarrow Pb^{2+}$$

$$Pb^{2+}+SO_4^{2-} \rightarrow PbSO_4$$

在负极板处，Pb^{2+} 与电解液中的 SO_4^{2-} 结合也生成 $PbSO_4$ 沉附在负极板上，而极板上的金属铅继续溶解，生成 Pb^{2+} 和电子。如果电路保持接通，上述化学反应将不断进行，使正极板上的 PbO_2 和负极板上的 Pb 都逐渐转变为 $PbSO_4$，电解液中的 H_2SO_4 逐渐减少而水增多，电解液相对密度逐渐下降。整个放电过程的化学反应方程式为

$$PbO_2+Pb+2H_2SO_4 \rightarrow 2PbSO_4+2H_2O \qquad (1-3)$$

理论上，放电过程应进行到极板上的活性物质全部变为硫酸铅为止，但在反应中由于电解液并不能完全渗透到活性物质的最内层，使用中所谓放完电的蓄电池，实际上只有20%～30%的活性物质变成了硫酸铅。因此采用薄型极板，增加多孔率，提高极板活性物质的利用率，可明显提高蓄电池的容量。

3. 蓄电池的充电过程

充电时，将蓄电池与外加直流电源并联。当电源电压高于蓄电池电动势时，在外电源的作用下，电流从蓄电池正极流入，负极流出(即驱使电子从正极经外电路流入负极)。这时正负极板发生的反应正好与放电过程相反，如图 1.6 所示。

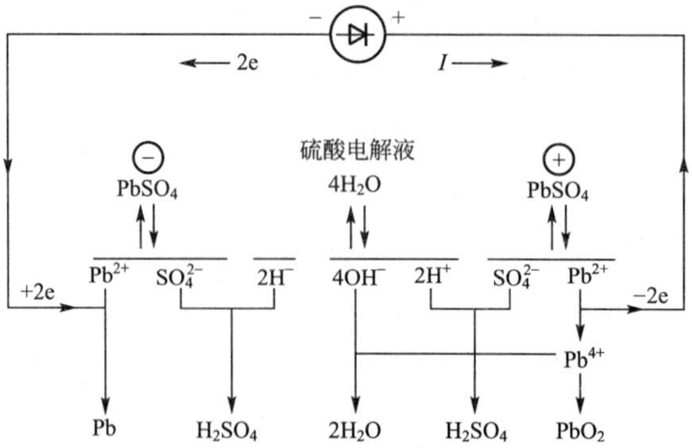

图 1.6　蓄电池的充电过程

在负极板处，有少量的 $PbSO_4$ 进入电解液中，离解为 Pb^{2+} 和 SO_4^{2-}，即

$$PbSO_4 \rightarrow Pb^{2+} + SO_4^{2-}$$

Pb^{2+} 在电源的作用下获得两个电子变为金属 Pb，沉附在极板上。而 SO_4^{2-} 则与电解液中的 H^+ 结合，生成硫酸。

负极板上的总反应为

$$PbSO_4 + 2e + 2H^+ \rightarrow Pb + H_2SO_4 \tag{1-4}$$

正极板处，也有少量 $PbSO_4$ 进入电解液中，离解为 Pb^{2+} 和 SO_4^{2-}，Pb^{2+} 在电源作用下失去两个电子变为 Pb^{4+}，它又和电解液中水离解出来的 OH^- 结合，生成 $Pb(OH)_4$，$Pb(OH)_4$ 极不稳定马上又分解为 PbO_2 和 H_2O；而 SO_4^{2-} 则与电解液中的 H＋结合生成硫酸，即

$$PbSO_4 \rightarrow Pb^{2+} + SO_4^{2-}$$
$$Pb^{2+} - 2e \rightarrow Pb^{4+}$$
$$4H_2O \rightarrow 4H^+ + 4OH^-$$
$$Pb^{4+} + 4OH^- \rightarrow Pb(OH)_4$$
$$Pb(OH)_4 \rightarrow PbO_2 + 2H_2O$$
$$SO_4^{2-} + 2H^+ \rightarrow H_2SO_4$$

正极板上的总反应为

$$PbSO_4 - 2e + 2H_2O + SO_4^{2-} \rightarrow PbO_2 + 2H_2SO_4 \tag{1-5}$$

可见，在充电过程中，正、负极板上的 $PbSO_4$ 将逐渐恢复为 PbO_2 和 Pb，电解液中硫酸成分逐渐增多，水逐渐减少。整个充电过程的化学反应式是

$$2PbSO_4 + 2H_2O \rightarrow PbO_2 + Pb + 2H_2SO_4 \tag{1-6}$$

4. 蓄电池的型号

蓄电池的型号按我国机械部标准 JB 2599—85《起动型铅蓄电池标准》规定，其产品型号共由五部分组成，其具体含义如下。

串联的单格电池数 — 蓄电池类型 — 蓄电池特征 — 额定容量 — 特殊性能

第一部分是阿拉伯数字，表示该蓄电池总共由几个单格电池组成。

第二部分表示蓄电池用途，汽车用铅蓄电池是用起动型的“起”字的汉语拼音的第一个字母“Q”表示的。

第三部分为蓄电池的特征代号，产品特征代号见表 1－2。当产品同时具有两种特征时，原则上应按表 1－2 所示顺序用两个代号并列表示。

表 1－2　产品特征代号

序号	产品特征	代号	序号	产品特征	代号	序号	产品特征	代号	序号	产品特征	代号
1	干荷电	A	4	少维护	S	7	半密闭式	B	10	激活式	I
2	湿荷电	H	5	防酸式	F	8	液密式	Y	11	带液式	D
3	免维护	W	6	密闭式	M	9	气密式	Q	12	胶质电解液	J

第四部分是指 20h 放电率时的额定容量(A·h)，以阿拉伯数字表示。

第五部分是在产品具有特殊性能时，可用相应的代号加在产品型号的末尾。如高起动率蓄电池以“高”字的汉语拼音“GAO”的第一个字母“G”表示。“S”表示采用工程塑料外壳、电池盖及热封工艺的蓄电池。

型号举例：

(1) 3—Q—90 表示是由 3 只单格电池组成，额定电压为 6V，额定容量为 90A·h 的起动型铅蓄电池。

(2) 解放 CA1091 型汽车用 6—QA—100 型铅蓄电池，即由 6 个单格电池串联、额定电压为 12V，额定容量为 100A·h 的干荷式起动型铅蓄电池。

(3) 6—QA—60G 表示由 6 个单格电池串联而成，额定电压为 12V，额定容量为 60A·h 的起动型干荷式高起动率铅蓄电池。

1.1.3 蓄电池的工作特性

蓄电池的工作特性主要包括蓄电池的静止电动势、内电阻、端电压、充放电特性和容量。

1. 静止电动势

静止电动势是指蓄电池在静止状态(不充电也不放电)下正负极板之间的电位差(即开路电压)，用 E_0 表示。它的大小与电解液的相对密度和温度有关，在相对密度为 1.050～1.300g/cm³ 的范围内，可由下述经验公式计算其近似值：

$$E_0 = 0.85 + \rho_{25℃} \quad (1-7)$$

式中 $\rho_{25℃}$ 为 25℃的电解液相对密度(g/cm³)。

实测所得电解液相对密度应按下式换算成 25℃时的相对密度：

$$\rho_{25℃} = \rho_t + \beta(t-25) \quad (1-8)$$

式中：ρ_t 为实际测得的电解液密度(g/cm³)；t 为实际测得的电解液温度(℃)；β 为密度温度系数，$\beta=0.00075$。

汽车用蓄电池的电解液相对密度在充电时增高，放电时下降，一般在 1.12～1.30 之间波动。因此，蓄电池的静止电动势也相应地在 1.97～2.15V 之间变化。

2. 内电阻

蓄电池的内电阻 R_0 是指极板电阻、电解液电阻、隔板电阻、连条电阻和极桩电阻的总和。它的大小反映了蓄电池的带负载能力，在相同的条件下，内阻越小，输出电流越大，带负载能力越强。

完全充足电的蓄电池在温度为 20℃时，内阻 R_0 可按下述经验公式计算其近似值：

$$R_0 = \frac{U_e}{17.1C_{20}} \quad (1-9)$$

式中：U_e 为蓄电池额定电压(V)；C_{20} 为蓄电池额定容量(A·h)。

电解液的电阻随其相对密度和温度的不同而变化。如 6—Q—75 型蓄电池在温度为+40℃时其内阻约为 0.01Ω，但在−20℃时，则为 0.019Ω，可见内阻随温度的降低而增大。

图 1.7 为电解液内电阻随电解液相对密度变化的关系曲线。相对密度为 1.2g/cm³ 时(15℃)，硫酸的电离最好，粘度较小，电阻也最小。

3. 端电压

蓄电池的端电压U是指用直流电压表测得的正、负极桩之间的电压值。其大小随充、放电程度的不同而变化，放电时端电压逐渐下降，并且总是低于瞬时电动势。

它们之间的关系为

$$U_f = E - I_f R_0 \quad (1-10)$$

式中：U_f为放电时蓄电池的端电压(V)；E为瞬时电动势(V)；I_f为放电电流(A)。

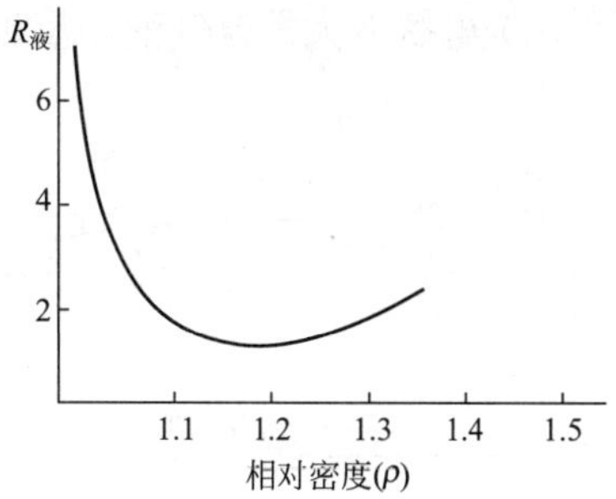

图1.7 电解液内阻与电解液相对密度的关系

充电时，端电压逐渐升高，且总是高于瞬时电动势，它们之间的关系为

$$U_c = E + I_c R_0 \quad (1-11)$$

式中：U_c为充电电压(V)；I_c为充电电流(A)。

总之，电动势的大小在电解液相对密度一定时，变化很小。蓄电池在充、放电过程中，内电阻是一个变量，其值虽小，但直接影响端电压的大小。端电压是衡量任何一种电源供电质量的主要指标之一。所以，研究蓄电池的特性，主要是了解在一定条件下端电压与充、放电时间的变化规律。

4. 蓄电池的充电特性

蓄电池的充电特性是指以恒流I_c充电时，蓄电池充电电压U_c、电动势E及电解液密度ρ等随充电时间变化的规律。图1.8是以20h充电率($I_c = 0.05C_{20}$)恒流充电时的特性曲线。

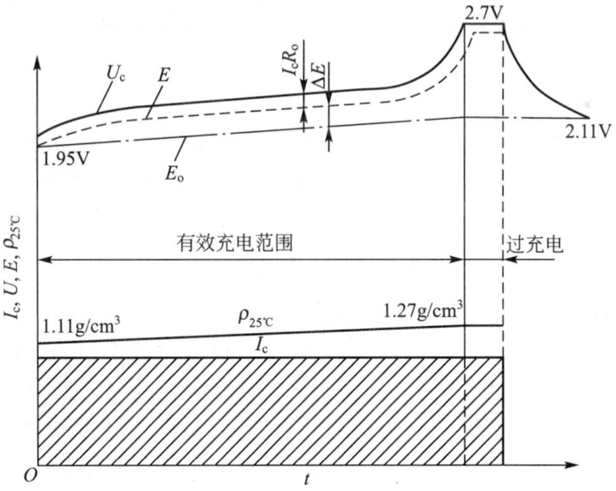

图1.8 蓄电池的充电特性

因为充电电压U_c必须克服蓄电池电动势E和内阻电压降$I_C R_0$，才能在电路中形成电流，所以充电电压始终高于蓄电池电动势，即$U_c = E + I_C R_0$。

蓄电池充足电的特征：

(1) 蓄电池的端电压上升至最大值(单格电池电压为2.7V)，且2h内不再变化。

(2) 电解液的密度上升至最大值且2h内基本不变。

(3) 电解液大量冒气泡，呈现“沸腾”。

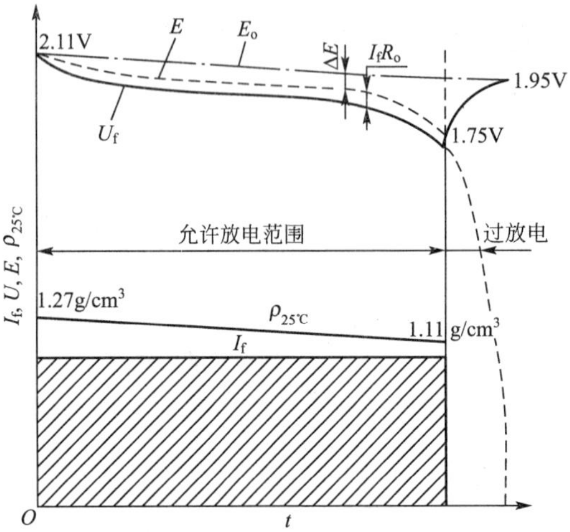

图 1.9 蓄电池的放电特性

5. 蓄电池的放电特性

蓄电池的放电特性是指以恒流 I_f 放电时，蓄电池端电压 U_f、电动势 E 和电解液密度 ρ 随放电时间的变化规律。图 1.9 是以 20h 放电率（$I_f=0.05C_{20}$，C_{20} 指蓄电池额定容量）恒流放电时的特性曲线。

从放电特性曲线可知，蓄电池放电终了可由两个参数判断：

(1) 电解液密度下降至最小的许可值（约为 1.11g/cm^3）。

(2) 单格电池电压下降至放电终止电压（以 20h 放电率放电，单格终止电压 1.75V）。

允许的放电终止电压与放电电流强度有关，放电电流越大，则放完电的时间越短，而允许的放电终止电压越低，见表 1-3。

表 1-3 起动型铅蓄电池的放电率与终止电压的关系

放电电流/A	$0.05C_{20}$	$0.1C_{20}$	$0.25C_{20}$	C_{20}	$3C_{20}$
连续放电时间/h	20	10	3	0.5	0.083
单格电池终至电压/V	1.75	1.70	1.65	1.55	1.5

6. 蓄电池的容量

蓄电池的容量是标志其对外放电能力、衡量蓄电池质量的优劣以及选用蓄电池的最重要的指标之一。一只完全充足电的蓄电池，在允许放电条件下所能输出的电量，称为蓄电池的容量。它的值等于放电电流与持续放电时间的乘积，即

$$C=I_f t_f \tag{1-12}$$

式中：C 为蓄电池容量(A·h)；I_f 为放电电流(A)；t_f 为放电持续时间(h)。

蓄电池的容量与放电电流、放电持续时间及电解液温度有关。因此，蓄电池出厂时规定的额定容量是在一定的放电电流、一定的终止电压和一定的电解液温度下取得的。我国国家标准 GB 5008.1—1991《起动用铅酸蓄电池技术要求和试验方法》规定，容量的表示方法有两种，即 20 h 率额定容量和储备容量，其中 20h 率额定容量作为起动型铅蓄电池的额定容量。

1) 20h 率额定容量

20h 率额定容量是指完全充电的蓄电池，在电解液温度为 25℃时，以 20h 放电率的电流连续放电至 12V 蓄电池端电压降到 10.50 V±0.05V，6V 蓄电池端电压降到 5.25V±0.02V 时所输出的电量，用 C_{20} 表示，单位为安培·小时(A·h)。

例如，6—Q—105 型蓄电池，在电解液平均温度为 25℃时，以 5.25A 的电流连续放电 20h 后，端电压降至 10.50V，其 20h 率额定容量则为：$C_{20}=5.25\times20=105$A·h。

2）储备容量

蓄电池的额定储备容量是指完全充足电的蓄电池，在电解液温度为25℃±2℃时，以25A电流放电至12V蓄电池端电压达10.50V±0.05V、6V蓄电池端电压达5.25V±0.02V时，放电所持续的时间，用C_m表示，单位为min（分钟）。它说明当汽车充电系统失效时，汽车尚能持续提供25A电流的能力。

储备容量与20h率容量之间的换算关系为

$$C_{20}=\sqrt{17778+208.3C_m}-133.3 \tag{1-13}$$

式中：C_{20}为额定容量(A·h)；C_m为储备容量(min)。

当$C_m \geqslant 480$min或$C_{20} \geqslant 200$A·h时，式(1-13)不适用。

7. 影响蓄电池容量的因素

蓄电池的容量越大，可提供的电能就越多。蓄电池的容量与下列几个因素有关。

1）产品结构因素

(1) 极板：极板面积越大，片数越多，则参加反应的活性物质也越多，容量越大。提高极板表面积的方法有两条：一是增多极板的片数，一是提高活性物质的孔率。

极板越薄，活性物质的多孔性愈好，电解液渗透容易，活性物质的利用率高，增加了反应深度，容量也就越大。

国产蓄电池极板面积已统一，每对极板的容量为7.5A·h，所以蓄电池的容量只取决于正负极板的总片数。

(2) 极板中心距：极板中心距小，可以减小蓄电池的内电阻，所以在保证有足够硫酸量的前提下，缩小极板中心距可以提高蓄电池的容量。

2）放电电流

在蓄电池放电过程中，正、负极板上的活性物质会不断转变为硫酸铅。而$PbSO_4$的体积比PbO_2大1.86倍，比Pb大2.68倍，所以随着$PbSO_4$的不断产生，极板孔隙会逐渐减小，使硫酸渗透困难。放电电流越大，单位时间内产生的$PbSO_4$越多，堵塞极板孔隙的作用越明显，使极板内层活性物质不能全部参加反应。同时，放电电流越大，硫酸的需求量也越大，这就必将导致孔隙内电解液密度急剧下降，于是端电压也迅速降低，从而缩短了放电时间。

图1.10所示为6—Q—135型蓄电池在不同放电电流时的放电特性。

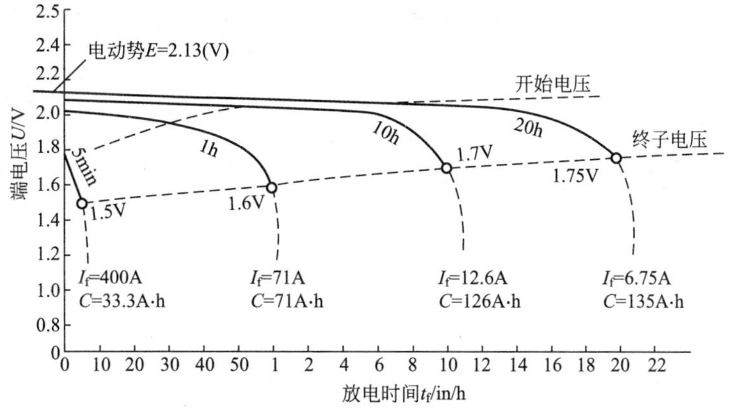

图1.10 6—Q—135型蓄电池不同放电电流时的放电特性

从图 1.10 可以看出，放电电流越大，端电压下降得越快，越早出现放电终止电压而影响铅蓄电池的使用寿命。因此必须严格控制起动时间，每次起动时间不得超过 5s，而且相临两次起动时间间隔应大于 15s。

图 1.11 所示为放电电流与蓄电池容量之间的关系。放电电流越大，极板上用于参加电化学反应的活性物质越少，容量越低。

3）电解液温度的影响

温度降低则容量减小，这是由于温度降低时，电解液的粘度增加，渗入极板内部困难；同时电解液电阻也增大，使蓄电池内电阻增加；电动势消耗在内电阻上的压降增大，蓄电池端电压降低，容量因此减小。图 1.12 所示为 3—Q—75 型蓄电池以 225A 的电流放电，当电解液温度为＋30℃和－18℃时，电解液温度与容量的关系。

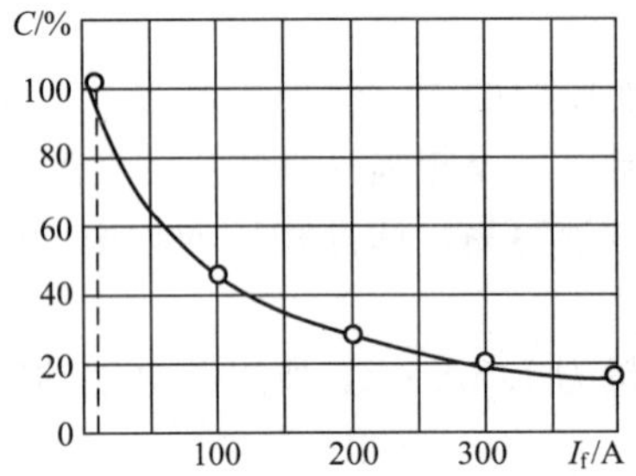

图 1.11　蓄电池容量与放电电流的关系

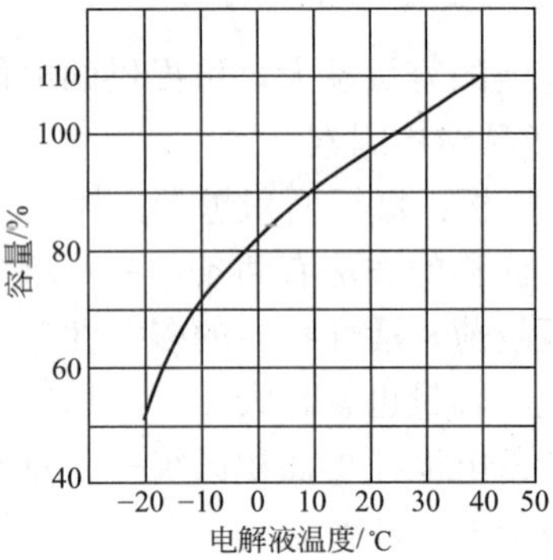

图 1.12　电解液温度与容量的关系

一般来说，温度每下降 1℃，缓慢放电时蓄电池的容量约减少 1%，迅速放电时约减少 2%。

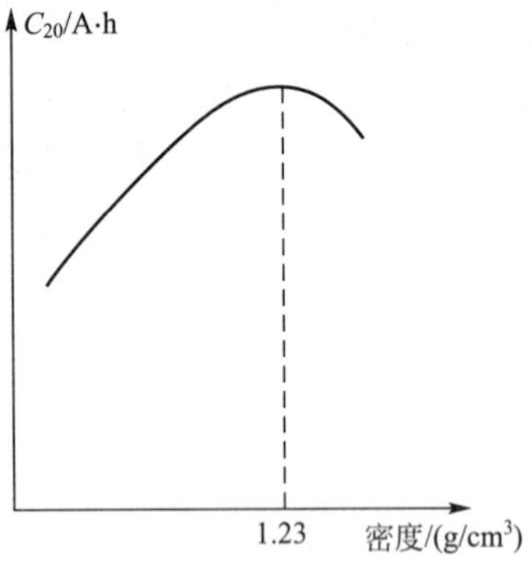

图 1.13　电解液相对密度与蓄电池容量的关系

由于温度对蓄电池放电时的端电压和容量有较大影响，因此，在寒冷地区应特别注意蓄电池的保温。

4）电解液密度对容量的影响

适当增加电解液的相对密度，可以提高电解液的渗透速度和蓄电池的电动势，并可以减小内电阻，使蓄电池的容量增大。但相对密度超过一定数值时，由于电解液粘度增大使渗透速度降低，内电阻和极板硫化增加，又会使蓄电池的容量减小。图 1.13 所示为电解液的相对密度与蓄电池容量的关系。

实践证明，电解液密度偏低有利于提高放电电流和蓄电池容量，有利于延长蓄电池的使用寿命，冬季在不使电解液结冰的前提下，应尽可能采用稍低的电解液密度。

1.2　蓄电池的充电

1.2.1　蓄电池充电的方法

蓄电池的充电必须根据不同情况选择适当的方法，并且正确地使用充电设备，才能提高工作效率，延长蓄电池及充电设备的使用寿命。

蓄电池的充电方法有定流充电、定压充电和近年来较先进的脉冲快速充电。

1. 定流充电

定流充电是指充电全过程中，保持充电电流基本恒定的充电方法，如图 1.14 所示。它是蓄电池充电的主要方法，广泛用于初充电、补充充电和去硫化充电等。

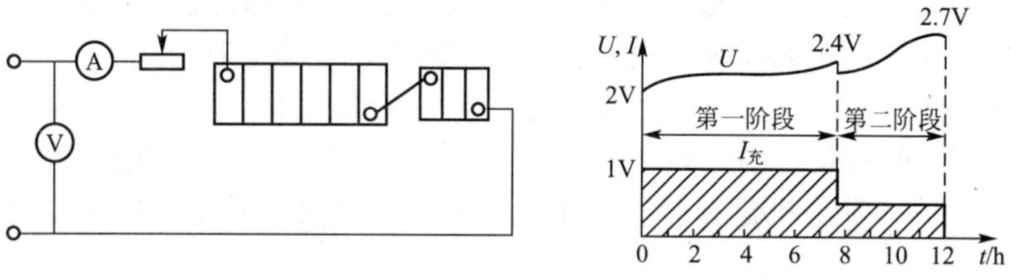

(a) 连接简图 (b) 定流充电特性曲线

图 1.14 定流充电

图 1.14(a)为定流充电的接线方法，从接线特点可知所有被充电池都应串联连接，故又称为串联充电，采用此法充电时，蓄电池不论是 6V 或 12V 都可串联在一起，最好额定容量相同。如果容量不一样，则可先按小容量的蓄电池选择充电电流，待其充足后先拿走，然后改用大容量充电电流继续充足为止。

蓄电池在充电刚开始采用较大电流，经过一定时间改用较小电流直至充足，因此也称为分级电流充电，如图 1.14(b)所示。定流充电时，首先以规定的充电电流进行充电，当单格电压充到 2.3～2.4V 时，将充电电流减少一半，一直充到电解液密度和电压达到规定值且 2～3h 内不变，并激烈冒出气泡时为止。

充电时，每个单格需要 2.7V 电源电压，故串联的单格电池总数不应超过 $n=U_c/2.7$ (U_c 为充电机的额定电压)，当充电机的额定电压已知时，则可同时充电的蓄电池数目即可算出。

定流充电适应性强，可以任意选择和调整充电电流。适用于新蓄电池的初充电、普通充电、去硫化充电等。它的缺点是充电时间长，且需经常调节充电电流。

2. 定压充电

定压充电是指充电全过程中，电源电压始终保持不变的充电方法，如图 1.15 所示。

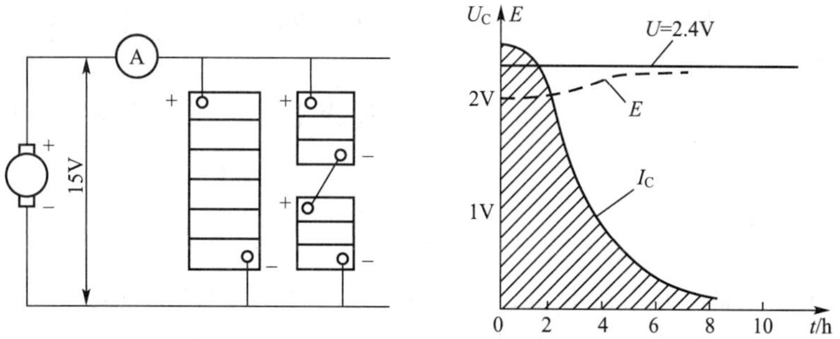

(a) 连接简图 (b) 定压充电特性曲线

图 1.15 定压充电

采用定压充电时，充电的蓄电池必须并联在充电电源之间，如图 1.15(a)所示。由于 $I_c=\frac{U-E}{R_0}$，因此，充电开始时，充电电流很大，随着蓄电池电动势 E 的增加，充电电流 I_C 会逐渐减小。如果充电电压调节得当，就必然会在充满电时，充电电流 I_C 可自动降低到零(图 1.15(b))，这就是充电终了。因此，定压充电不必由人照管。

采用定压充电时，必须适当地选择充电电压。若充电电压过高，不但初期充电电流过大，而且会发生过充电，使极板弯曲，活性物质脱落，温升过高；若电压过低，则会使蓄电池不能充电。一般每单格电池约需 2.5V 的充电电源电压。如一个 6V 的蓄电池，充电电源电压应为 7.5V，对 12V 的蓄电池则应为 15V。由于定压充电时，开始充电电流较大，4～5h 内即可获得额定容量的 90%～95%，因而可缩短充电时间，适于补充充电。汽车上蓄电池和发电机是并联的，所以蓄电池始终是在发电机的恒定电压下进行充电的。

3. 脉冲快速充电

脉冲快速充电是目前较先进的充电技术。脉冲快速充电的特点是先用 0.8～1 倍额定容量的大电流进行定流充电，使蓄电池在短时间内充至额定容量的 50%～60%。当蓄电池单格电压升到 2.4V 开始冒气泡时，由控制电路控制，开始进行脉冲充电。脉冲电流的波形如图 1.16 所示。即先停止充电 25～40ms(前停充)，接着再放电或反充电，使蓄电池反向通过一个较大的脉冲电流，脉冲深度为充电电流的 1.5～3 倍，脉冲宽度为 150～1000μs，然后再停止充电 25ms(后停充)。如此重复正脉冲充电—前停充—负脉冲瞬间放电—后停充—再正脉冲充电的循环过程，直至充足。

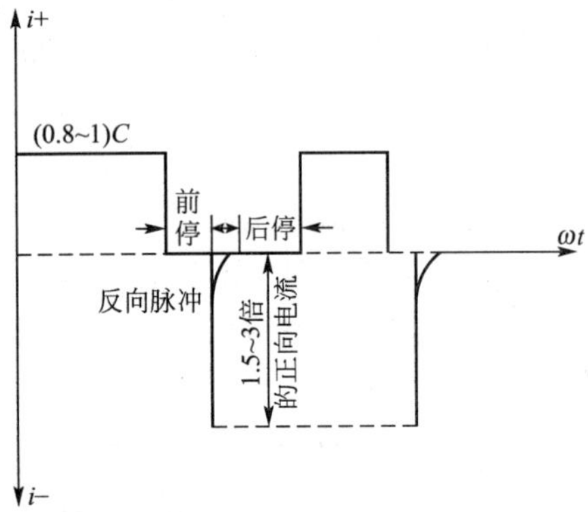

图 1.16　脉冲快速充电电流波形

脉冲快速充电的优点如下。

(1) 充电时间大为缩短。按常规充电，新电池初充电需 60～70h，补充充电也需 13～16h。采用脉冲快速充电，一般初充电约需 5h，补充充电不超出 1h。

(2) 可增加蓄电池容量，提高起动性能。由于脉冲快速充电能够消除极化，因此充电时化学反应充分加深了反应深度，使蓄电池容量增加，提高了起动性能。

(3) 去硫化显著。按一般去硫化充电方法充电，费时且麻烦。而用脉冲快速充电只需 4～5h，且效果良好。

但脉冲充电机控制电路复杂，价格高于普通充电机，在一些小型修理企业还没有普及。

1.2.2　蓄电池充电的种类

蓄电池的充电作业可分为初充电、补充充电和一些维护性的充电，如预防硫化充电等。对新蓄电池必须进行初充电，使用中的蓄电池需进行补充充电。为保持蓄电池的一定容量和延长寿命，需进行过充电和循环锻炼充电。为消除极板硫化故障，需进行去硫化充电等。

1. 初充电

对新电池或更换极板的电池的首次充电叫初充电，其目的在于恢复蓄电池在存放期间极板上部分活性物质缓慢氧化和自放电而失去的电量。初充电的特点是充电电流小，充电时间长，电化学反应充分。初充电的程序如下。

首先按蓄电池制造厂的规定，并根据本地区的气温条件选择电解液密度。注入电解液前，温度不得超过 30℃，加入电解液后应静置 4～6h，以使极板浸透，若液面因电解液渗入极板而降低，应补充到高出极板上缘 15mm。然后，将蓄电池正负极分别与充电机正负极相接，并按表 1－4 充电规范中初充电电流进行充电。

表 1－4　铅蓄电池充电电流规范

蓄电池型号	初次充电				补充充电			
	第一阶段		第二阶段		第一阶段		第二阶段	
	电流/A	时间/h	电流/A	时间/h	电流/A	时间/h	电流/A	时间/h
3—Q—75	5	25～35	3	20～30	7.5	10～11	4	3～5
3—Q—90	6		3		9		5	
3—Q—105	7		4		10.5		5	
3—Q—120	8		4		12.0		6	
3—Q—135	9		5		13.5		7	
3—Q—150	10		5		15.0		7	
3—Q—195	13		7		19.5		10	
6—Q—60	4	25～35	2	20～30	6	10～11	3	3～5
6—Q—75	5		3		7.5		4	
6—Q—90	6		3		9		4	
6—Q—105	7		4		10.5		5	
6—Q—120	8		4		12.0		6	

初充电的充电过程通常分两个阶段进行，第一阶段的充电电流约为额定容量的 1/15，充至电解液放出气泡，单格电池端电压达 2.4V 时为止，此段充电时间约为 25～35h；然后将电流降低一半，转入第二阶段充电，第二阶段将充电电流减半，继续充电到电解液剧烈放出气泡(沸腾)，时间约为 20～30h。全部充电时间约为 50～70h。

在整个充电过程中，应经常测量电解液的温度，当温度上升到 40℃时应将电流减半，如继续上升到 45℃则应停止充电，待冷至 35℃以下时再充电。初充电临近结束时，应测量电解液相对密度，如不合乎规定，应用蒸馏水或相对密度为 1.40g/cm^3 的电解液进行调整，调整后再充电 2h，直至相对密度和电压连续 3h 稳定不变，且密度符合规定为止。

2. 补充充电

蓄电池在使用中常有充电不足的现象，应根据需要进行补充充电，一般每月至少一次，如发现下列现象，必须及时进行充电。

(1) 当电解液相对密度降到 1.150g/cm^3 以下时。

(2) 冬季放电超过 25%，夏季超过 50%。

(3) 灯光比平时暗淡。

(4) 起动无力。

补充充电电流值见表 1-4，通常也分两个阶段进行，方法和初充电相同，一般约需 13～16h。

3. 间歇过充电(预防硫化过充电)

蓄电池在使用中，常因充电不足而造成硫化。间歇过充电即是避免使用中极板硫化的一种预防性充电，一般应每隔 3 个月进行一次。充电方法是先按补充充电的电流值充足电，停歇 1h 后，再以减半的充电电流进行过充电，直至充足电为止。如此重复几次，直至刚接入充电，蓄电池立即沸腾为止。

4. 循环锻炼充电

循环锻炼充电是蓄电池为了防止极板钝化而进行的一项保养性充电。蓄电池在使用中经常处于部分放电的状况，而蓄电池极板上可参加化学反应的活性物质有限，为了避免活性物质长期不工作而收缩，迫使相当于额定容量活性物质都能参加工作，每隔 3 个月应进行一次循环锻炼充电。它适用于长期处于小电流放电工况、经常过放电使用和长期放置不用的蓄电池。

充电方法是先按补充充电或间歇过充电将蓄电池充足电，用额定容量放电率(20h 放电率)放电，其容量降低值小于额定容量的 10% 时，再用补充充电法充足电即可。

5. 去硫化充电

去硫化充电是消除蓄电池极板硫化的一种排除故障性充电。方法是先倒出电解液，用蒸馏水冲洗数次，再注入蒸馏水至高出极板 15mm，用 2～2.5A 或初充电第二阶段的充电电流充电，并随时测量电解液的相对密度。如相对密度上升到 1.15 时，应停止充电。再将电解液倒出后注入蒸馏水，然后继续充电。如此反复，直至电解液相对密度不再增大为止。最后再进行一次放电，将其充足，将电解液相对密度调整为标准值即可。经过去硫化充电的蓄电池，其容量应恢复到额定容量的 80%以上(用 20h 放电率放电检测)，否则必须进行多次充放电处理。

1.3 蓄电池的常见故障及其使用维护

1.3.1 蓄电池常见故障

蓄电池在使用中出现的故障，很多情况下是由于维护和使用不当造成的。蓄电池的外部故障有外壳裂纹、封口胶干裂、极桩松动或腐蚀等。内部故障有极板硫化、活性物质脱落、内部短路和自放电等。

1. 极板硫化

蓄电池长期处于放电状态或充电状态时，在极板上会逐渐生成一层白色的粗晶粒的硫酸铅，在正常充电时，不能转化为 PbO_2 和 Pb，称为硫酸铅硬化，简称硫化。这种粗晶粒的 $PbSO_4$ 堵塞极板孔隙，使电解液渗入困难，导致蓄电池容量降低、内阻增大、充电性能和起动性能下降。

1）产生极板硫化的主要原因

（1）蓄电池长期充电不足，或放电后未及时充电，当温度变化时，$PbSO_4$ 发生再结晶，形成大晶粒 $PbSO_4$ 附在极板上使之硫化。在正常情况下蓄电池放电时，极板上生成的 $PbSO_4$ 晶粒比较小，导电性能较好，充电时能够完全转化而消失。但若长期处于放电状态，极板上的 $PbSO_4$ 将有一部分溶解于电解液中，温度越高，溶解度越大。而温度降低时，溶解度减小，出现过饱和现象，这时有部分 $PbSO_4$ 就会从电解液中析出，再次结晶生成大晶粒 $PbSO_4$ 附着在极板表面上。

（2）电池内液面太低，极板上部与空气接触而氧化（主要是负极板）。汽车在行驶过程中，电解液的上下波动与极板氧化部分接触，也会生成粗晶粒的 $PbSO_4$ 硬层，使之硫化。

（3）电解液不纯，密度过高，气温变化大也能促进硫化。因为电解液相对密度过高时，电池内部放电加快，同时浓硫酸侵袭极板而使变为 $PbSO_4$ 的作用加强，使极板容易硫化。

2）极板硫化的故障判断

硫化的极板表面上有较厚的白霜，充、放电时会有异常现象，如放电时电池容量明显下降，用高率放电计检查时，单格电压急剧降低；充电时单格电压上升快，电解液温度迅速升高，但比重却增加很慢，且过早出现"沸腾"现象。

因此，为了避免极板硫化，蓄电池应经常处于充足电状态，放完电的蓄电池应及时送去充电，电解液相对密度要恰当，液面高度应符合规定。

对于已硫化的蓄电池，较轻者可按过充电方法进行处理；较严重者可用去硫化充电法消除硫化。

2. 自行放电

充足电的蓄电池因放置不用而逐渐失去电量，称为自行放电。如果每昼夜容量下降小于2%，可视为正常的自行放电，超过2%就有故障了。产生自行放电的原因有如下几种。

（1）电解液不纯，杂质与极板间以及沉附于极板上的不同杂质之间形成电位差，引起局部放电。

（2）蓄电池盖上有电解液，使正负极板形成通路。

（3）蓄电池长期不用，硫酸下沉，下部密度大于上部密度，极板上下发生电位差而引起自行放电。

（4）活性物质脱落，沉淀在下部过多而使极板短路。

发生自行放电故障后，应倒出电解液，取出极板组和隔板，用蒸馏水冲洗干净，重新组装加入新的电解液即可。

3. 极板短路

极板短路的故障现象为端电压较低，大电流放电时端电压迅速下降，甚至到零；充电过程中，电压与电解液相对密度上升缓慢，甚至保持很低的数值就不再上升了；充电末期气泡很少，但电解液温度却迅速升高。

极板短路的原因主要有：隔板质量不高或损坏使正负极板相接触而短路；活性物质在

蓄电池底部沉积过多，金属导电物落入正负极板之间造成蓄电池内部极板短路。

对于短路的蓄电池必须拆开，查明原因而排除之。

4. 极板活性物质大量脱落

活性物质脱落一般多发生在正极板上，其特征为电解液中有沉淀物，充电时电解液有褐色物质自底部上升，但电压上升快，电解液沸腾现象比正常蓄电池出现得早，充电时间大大缩短，放电容量却明显下降。

故障产生的原因是极板本身质量太差，充、放电时活性物质的体积总在不断膨胀和收缩；充足电后极板孔隙中逸出大量气泡，在极板内部造成压力，从而使活性物质容易脱落。因此，若使用不当，如充、放电电流过大，使电解液温度太高，或经常过充电，都将导致极板过早损坏。另外，蓄电池受剧烈震动时，也会引起活性物质脱落。

5. 极板拱曲

极板拱曲也多发生于正极板，极板拱曲后将会造成内部短路等故障。

造成极板拱曲的原因主要有以下几点。

(1) 极板在制造过程中铅膏涂填不匀，使充放电时极板各部分所引起的电化学反应强弱不匀致使极板膨胀和收缩不一样。

(2) 经常大电流放电，使极板表面各部分电流密度不同而造成弯曲。

(3) 蓄电池过量放电时，使极板内层深处生成硫酸铅，充电时得不到恢复造成内部膨胀而导致极板拱曲。

(4) 电解液中含有杂质，在引起局部电化学作用时，仅有小部分活性物质转变为硫酸铅，致使整个极板的活性物质体积变化不一致也会造成极板拱曲。

极板轻度拱曲时，可用木夹板夹紧校正，如极板拱曲严重，则应更换新极板。

总之，蓄电池的故障除少数因质量低而造成外，大多数都因使用维护不当所致。因此，为避免蓄电池过早损坏，应严格按规定正确使用和维护好蓄电池。

1.3.2 蓄电池的使用与维护

1. 蓄电池的使用

为了延长蓄电池的使用寿命，使用中应特别注意以下几点。

(1) 正确使用起动机。每次起动时间不得超过 5s；如果一次未能起动发动机，应休息 15s 以上再进行第二次起动；连续 3 次起动不成功时，应查明原因，排除故障后再进行起动。

(2) 定期补充充电。在汽车上使用的蓄电池，由于发电机对蓄电池充电的电压是按基本充足电来选择的，为了防止极板硫化而缩短使用寿命，因此，每使用两个月必须进行一次补充充电；如果蓄电池加注电解液后存放备用或安装在汽车上而汽车停放不用时，因为存放过程中蓄电池会自行放电，所以每间隔一个月必须进行一次补充充电。

(3) 蓄电池在汽车上必须固定牢靠，防止汽车行驶时振动受损。蓄电池应轻搬轻放，不能在地面上拖曳。

(4) 新蓄电池首次使用之前，需要合理选择电解液相对密度。如果干荷电和免维护蓄电池的存储时间超过规定期限(一般为两年)，需要充电之后再装车使用，以免极板硫化而缩短蓄电池的使用寿命。电解液相对密度应根据不同的使用条件进行选择，寒冷地区应使用相对密度较高的电解液；同一地区使用的蓄电池，冬季的电解液相对密度应较夏季高0.02～0.04g/cm^3。

2. 蓄电池的维护

为使蓄电池经常处于完好状态，延长其使用寿命，对使用中的蓄电池需要定期(汽车行驶6000～7500km或30～45天)进行下列维护工作。

(1) 检查蓄电池外壳表面有无电解液漏出或渗出，擦去电池盖上的电解液。

(2) 检查蓄电池在车上安装是否牢靠，导线接头与极柱的连接是否紧固。

(3) 经常清除蓄电池盖上的灰尘、泥土和酸垢，清除极柱和导线接头上的氧化物。

(4) 检查加液孔盖或螺塞上的通气孔是否畅通。

(5) 定期检查并调整电解液的密度及液面高度。

1.4 新型蓄电池

1.4.1 干荷电蓄电池

干荷电铅蓄电池即干式荷电铅蓄电池，它与普通铅蓄电池的区别是极板组在干燥状态条件下能够较长期地保存制造过程中所得到的电荷。所以，干荷电铅蓄电池在规定的保存期内(两年)如需使用，只要灌入符合规定密度的电解液，搁置20～30min，调整液面高度至规定标准后，不进行初充电即可使用，且荷电量可达到蓄电池额定容量的80%以上，因此是应急的理想电源。目前，国内已大批量生产，并且基本上取代了普通铅蓄电池。

干荷电铅蓄电池之所以具有干荷电性能，主要在于负极板的制造工艺与普通铅蓄电池不同。正极板的活性物质二氧化铅化学活性比较稳定，其荷电性能可以较长期地保持。而负极板上的活性物质海绵状铅，则由于表面积大，化学活性高，容易氧化，所以要在负极板的铅膏中加入松香、油酸、硬脂酸等防氧化剂，并在化成过程中有一次深放电循环或反复地进行充电、放电，使极板的深层也形成海绵状纯铅，活性物质达到深化。化成后的负极板，先用清水冲洗后，再放入防氧化剂溶液(硼酸、水杨酸混合液)中进行浸渍处理，让负极板表面生成一层保护膜，避免与空气接触而氧化，最后采用特殊工艺(干燥罐中充入惰性气体或抽真空)干燥处理后即制成干荷电极板。与普通铅蓄电池相比，干荷电铅蓄电池自放电小、储存期长。干荷电蓄电池的维护与普通蓄电池基本一样。对于储存期超过两年的干荷电蓄电池，因极板有部分氧化，使用前应以补充充电的电流充电5～10h后再用。

1.4.2 免维护蓄电池

免维护蓄电池是现代汽车上广泛使用的一种新型蓄电池，也称为MF(Maintenace-Free)蓄电池。这种新型蓄电池20世纪70年代后期进入国际市场，并得到迅速发展。

免维护蓄电池的含义是，在汽车合理使用过程中无需加蒸馏水，只要把电池装好即可使用；在使用过程中也不需作任何维护或只需较少的维护工作，即能保证蓄电池的技术状况良好和一定的使用寿命。无论气候怎样恶劣，都有足够的电力起动汽车，结构坚固耐用，保护装置多。市内短途车可行驶 8 万千米，长途货车可行驶 40～48 万千米，不需进行维护，可用 3.5～4 年不必加蒸馏水，极桩基本没有腐蚀，自放电少，在车上或储存时不需要进行补充充电，是一种先进的新型汽车电源。

1. 免维护蓄电池的结构

免维护蓄电池是通过降低或消除栅架中锑的含量来达到免维护的目的。与普通铅蓄电池相比，它主要在极板栅架材料上做了重大改进，采用低锑合金(含锑量小于 2%～3%)或无锑合金栅架。普通铅蓄电池的极板栅架在浇铸过程中加入了 6%～8%的锑，可使浇铸性能好，极板机械强度高且焊接性能好。但由于极板栅架中含有较多的锑，在电化学反应中，锑会不断地从正极板析出迁移到负极板表面沉积，并与负极板上的活性物质构成局部电池而导致自放电。根据极板栅架所用合金材料的不同，免维护蓄电池一般分为两种类型，一种是采用低锑多元合金，其是含锑量在 1%～3%的低锑栅架，通常称为少维护蓄电池；另一种为采用铅钙合金或铅钙锡合金的无锑栅架，是真正的免维护蓄电池。

1) 少维护蓄电池

这种蓄电池除含锑量减少外，还增加了铜、砷、锡、硒等合金元素，以改善因含锑量减少而造成栅架铸造和机械强度方面的不足。它的自放电、耐过充电及电解液损耗特性等均不如铅钙合金为栅架的免维护蓄电池，但明显优于普通蓄电池。

这种蓄电池一般使用一年后才需补充蒸馏水，其栅架的铸造性能和机械强度均优于铅钙合金。

2) 免维护蓄电池

以铅钙合金作为极板栅架的免维护蓄电池，结构如图 1.17 所示，其外壳做成全密封带液式，只有排气装置而无加水口(无加液塞)。

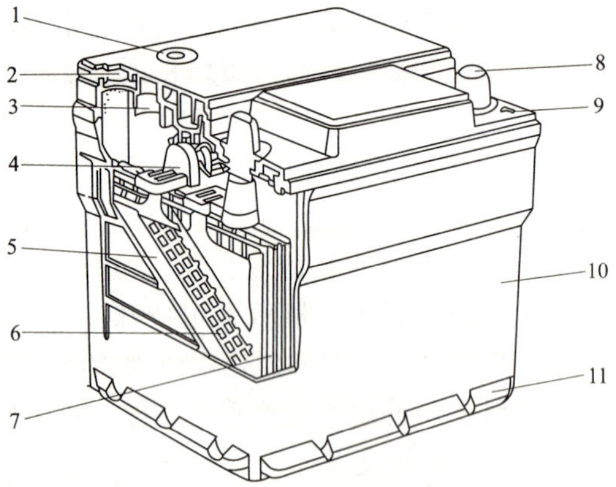

图 1.17　免维护蓄电池的结构

1—小型密度计；2—壳内起消除火焰作用的排烟孔；3—液-气隔板；4—中心极板连接夹板和单格电池连接器；5—高密度活性物质；6—铅钙栅架上锻制的小窗；7—密封极板的隔板封皮；8—冷锻制成的极板；9—模压代号；10—壳体；11—用于安装的下滑面

隔板采用袋式微孔聚氯乙烯隔板，将正极板包住，可保护正极板上的活性物质不致脱落，防止极板短路，这样可取消壳体内底部的凸筋，使极板上部容积增大，增加电解液的储存量。

通气孔采用新型安全的通气装置和气体收集器，可避免聚集在蓄电池顶部的酸气析出与外部火花接触产生爆炸。有的免维护蓄电池的通气塞中还装有催化剂钯，它能将析出的绝大部分氢、氧气体再结合成为水蒸气，冷凝后返回蓄电池内部，从而进一步减少了水的消耗。目前，国内生产的免维护蓄电池，其加液孔盖上的通气孔多采用迷宫式排气结构，在很大程度上也能减少电解液的蒸发。

单格电池间采用穿壁式贯通连接，

使内阻减小，输出电流增大。同时采用聚丙烯塑料热压外壳和整体式电池盖，壳体内壁薄、贮液多、重量轻、体积小。

对于无加液孔的全密封型免维护蓄电池，由于不能采用传统的密度计来测量电解液相对密度以判断其技术状况，为此，在这种免维护蓄电池顶上一般常装有一只小型密度计，如图 1.18 所示。

在内装式密度计中有一个玻璃棒，它伸入电解液中，下端连接一个笼子，其中有一个绿色小球，随着蓄电池充电程度的变化，绿色小球在笼子中上下移动。当相对密度为 1.220g/cm³ 或较高时(充电程度在 65%以上)，绿色小球升至笼子的顶部并与玻璃棒的下端接触，在其顶端监视窗口就会看到绿点，表示蓄电池工作情况良好，如图 1.18(a)所示。如果看不到绿点而显示为淡绿色，表示小球下降到笼子的底部，如图 1.18(b)所示，说明电解液相对密度降低，蓄电池充电不足，应及时充电。如果电解液液面已下降到低于内装小型密度计，则监视窗显示浅黄色或无色，如图 1.18(c)所示，说明蓄电池已无法正常工作，必须更换。

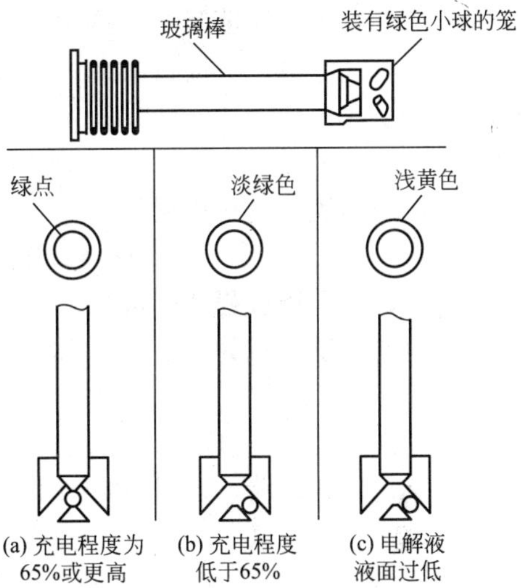

图 1.18　内装式密度计工作示意图

这种蓄电池由于完全消除了锑的副作用，其自放电少，耐过充电能力强，出气量和耗水量也非常小，因而在整个使用过程中无需加蒸馏水，可以实现真正的免维护。

但是这种蓄电池的铸造性能和熔接性能较差，且钙在高温下易氧化损耗，因而制造工艺复杂，成本较高。近年来，一些新型免维护蓄电池采用铅钙合金带拉伸成网状栅架以取代传统的铸造方式，不仅栅架耐腐蚀，机械强度高，而且可使极板栅架的厚度减少到铸造栅架的 60%，生产效率也有所提高，很有发展前途。

2. 免维护蓄电池的优缺点

免维护蓄电池由于在极板材料和结构上做了很大改进，因而，与普通蓄电池相比有以下优点。

(1) 使用中不需加注蒸馏水或很少加注蒸馏水。

(2) 自放电少，容量保持时间长。免维护蓄电池可以在较长时间(一般为两年以上)湿式储存。

(3) 使用寿命长。免维护蓄电池的使用寿命一般都在 4 年左右，为普通蓄电池使用寿命的 2～3 倍。

(4) 接线极柱腐蚀小。内阻小、起动性能好。

免维护蓄电池的主要缺点是极板制造工艺复杂，价格高。

3. 免维护蓄电池的维护

为了使免维护蓄电池，尤其是少维护蓄电池处于良好的工作状况，应定期进行少量的维护工作。

一般每年或汽车每行驶 3 万千米，应检查电解液液面高度，并测量电解液相对密度和开路电压。液面下降时应按厂家要求注入蒸馏水。经常保持蓄电池的清洁和干燥，最好每半年进行一次补充充电以保持蓄电池的容量，以免产生深度过放电而影响蓄电池的使用寿命。

1.4.3 锌-空气电池

锌一空气电池的比能量可达 150～400W·h/kg，正极板是由金属网集电器、活性层等组成的薄空气电极，负极板由纯锌组成；电解液为氢氧化钾水溶液。放电时，正极板上的反应为

$$O_2+2H_2O+4e \rightarrow 4OH^-$$

负极板锌的氧化过程可概括为

$$Zn+2OH^- \rightarrow ZnO+H_2O+2e$$

充电时，按上述过程反向进行。

蓄电池的总反应式为

$$2H_2+O_2 \rightarrow 2H_2O$$

锌-空气电池具有放电电压稳定(1.0～1.2V)、无污染等优点。但工作时用于清除空气中的二氧化碳、滤清、通风等需要消耗一定能量，还要限制放电电流等，故尚需进一步研究解决。

1.4.4 镉-镍电池

镉镍电池的容器由钢质材料制成，极板由钢制骨架嵌入钢管制成，管壁有细孔，管内填充活性物质。

正极板的活性物质是氢氧化镍($Ni(OH)_2$)和片状纯镍的混合物，混合纯镍的目的是增强导电能力。负极板的活性物质是海绵状镉，为增强其导电能力和化学活性，将5%～6%的水银与其混合。电解液为化学纯净的氢氧化钠或氢氧化钾溶液，相对密度为1.20～1.27g/cm^3。

镉镍电池充放电时的化学反应方程式为

$$\underset{\text{正极}}{2Ni(OH)_3}+\underset{\text{电解液}}{KOH}+\underset{\text{负极}}{Cd} \rightleftharpoons \underset{\text{正极}}{2Ni(OH)_2}+\underset{\text{电解液}}{KOH}+\underset{\text{负极}}{Cd(OH)_2}$$

为了降低镉镍电池的内阻，一般都采用面积较大的极板组，并采用烧结工艺制作多孔性极板骨架，再填充活性物质制成。利用这种工艺生产的镉镍电池，其单格电池的电压约为1.32V。因此，12V蓄电池需要由9个单格电池组成，与相同特性的铅蓄电池相比，镉镍电池的体积小30%、质量轻35%左右，可以输出几百安培的电流。试验证明，镉镍电池的起动性能良好，使用寿命为铅蓄电池的5～7倍。其缺点是成本价格比相同容量的铅蓄电池要高3～4倍。

习题

一、名词解释

1. 蓄电池的容量
2. 蓄电池极板硫化

二、填空题

1. 蓄电池正极板的活性物质为________，负极板的活性物质为 Pb。把正负极板各一片浸入电解液中，可获得________ V 电动势。

2. 铅蓄电池在放电时，活性物质微粒将逐渐______、孔隙将逐渐______、电解液相对密度将逐渐______。

3. 影响蓄电池容量的因素主要有放电电流、电解液的________、电解液的________等。

三、思考题

1. 铅酸蓄电池的主要组成部件及其功用是什么？
2. 蓄电池的电动势如何建立？充电和放电时蓄电池极板及电解液有何变化？
3. 蓄电池放电终了和充电终了的特征是什么？
4. 蓄电池的充电特性曲线和放电特性曲线分几个阶段？
5. 何谓蓄电池极板硫化？极板硫化对蓄电池有何影响？
6. 蓄电池的充电方法有哪些？各种充电方法的工艺过程要点及特点是什么？
7. 免维护蓄电池的工作原理是什么？
8. 如何正确使用蓄电池？

第2章 交流发电机

本章教学要点

知识要点	掌握程度	相关知识
交流发电机的工作原理	掌握交流发电机的工作原理	电磁感应现象，整流原理，励磁方式
交流发电机及调节器的构造	掌握交流发电机及调节器的构造	转子、定子、整流器、端盖及电刷组件，调节器结构和连接
交流发电机的工作特性	掌握交流发电机的工作特性	输出特性，空载特性，外特性实验
交流发电机电压调节器的电压调节原理	掌握交流发电机电压调节器的电压调节原理	电压调节器要自动调节磁场电流来使发电机电压保持恒定
交流发电机电子调节器的工作过程	掌握交流发电机电子调节器的工作过程	利用晶体管的开关特性，通过晶体管导通和截止相对时间的变化来调节发电机的励磁电流

导入案例

1820年丹麦物理学家奥斯特(1777—1851)发现了电流周围存在磁场。之后，英国物理学家法拉第(1791—1867)，经过大量的实验和深入研究，发现变化的磁场能使闭合回路产生电动势和电流，这种现象叫做电磁感应。电磁感应产生的电流和电压分别被称为感应电流和感应电动势，其方向由楞次定律判定，闭合回路中感应电流的方向，总是使它所产生的磁场阻碍引起感应电流的原磁通的变化。具体地说，如果回路由于磁通增加而引起电磁感应，则感应电流的磁场与原来的磁场反向；如果回路由于磁通减少而引起电磁感应，则感应电流的磁场与原来的磁场同向。简要地说，感应电流总是阻碍原磁通的减少。电磁感应原理在汽车上的应用非常广泛，特别是在交流电动机和ABS车轮转速传感器上的应用非常典型。

汽车用交流发电机的发电原理实质上就是电磁感应原理的应用。目前国内外生产的汽车用交流发电机，其结构基本相同，一般都是由三相同步交流发电机和硅二极管整流器两大部分组成。

交流发电机也是汽车上的电源之一。蓄电池在汽车运行中只能充当发动机停运或怠速、起动等工况下的备用电源。在发动机正常工况下，汽车的用电设备主要靠发电机供电。交流发电机的主要任务是对除起动机以外的所有用电设备供电，并向蓄电池充电。

车载发电机最早使用的是直流同步发电机。这种发电机一般为铸铁外壳且磁极较大，采用机械换向器整流。由于其体积大、重量比功率小、低速充电性差、高速换向器换向火花大，已不能适应现代汽车对车载发电机的要求而被淘汰。目前汽车上几乎都采用由三相同步交流发电机和硅二极管整流器两大部分构成的交流发电机，国内外生产的各种汽车交流发电机的结构基本相同。

目前汽车上使用的硅整流交流发电机有多种结构形式，根据发电机的励磁方式不同分有普通励磁式(通过电刷引入励磁电流)、无刷励磁式和永磁式等几种，其中普通励磁方式使用最普遍；根据搭铁方式分有内搭铁式和外搭铁式两种，内搭铁式使用居多；按整流二极管的数量分又有6管、8管、9管、11管等不同形式的交流发电机。

交流发电机配用的调节器有触点式和电子式两大类，触点式调节器现在使用已越来越少，电子式调节器基本上都采用集成电路，分立元件式的晶体管调节器也已很少使用。调节器安装在发电机内部的整体式交流发电机已应用较多。

交流发电机及调节器的进一步发展是：低速充电性能好、工作可靠性好、发电效率更高，以满足汽车电气系统对电源越来越高的要求。

2.1 交流发电机的构造、原理和工作特性

2.1.1 交流发电机的构造

硅整流交流发电机主要由转子、定子、硅整流器和端盖等组成。转子用来建立磁场，

定子中产生的交变电动势，经过硅二极管整流器整流后输出直流电。交流发电机的构造如图 2.1 所示。

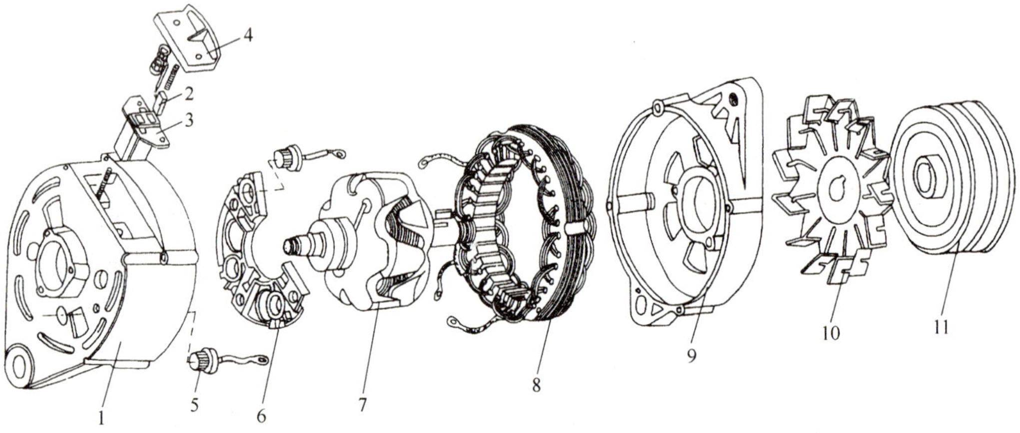

图 2.1　交流发电机的结构

1—后端盖；2—电刷架；3—电刷；4—电刷弹簧压盖；5—硅二极管；6—散热板；7—转子；8—定子总成；9—前端盖；10—风扇；11—皮带轮

1. 转子

汽车交流发电机的转子是发电机的磁极部分，其功用是产生磁场。转子由爪极、磁场绕组、铁芯和滑环组成，如图 2.2 所示。两块爪极上制有 6 个鸟嘴形磁极，压装在转子轴上，爪极间的空腔内装有铁芯，铁芯压装在转子轴上，磁场绕组绕在铁芯上。

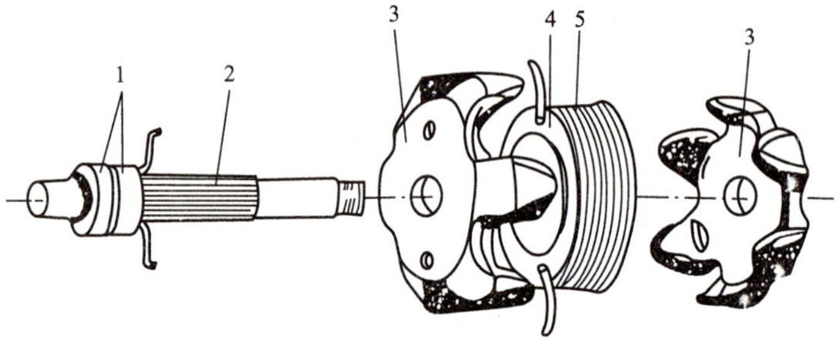

图 2.2　交流发电机转子

1—滑环；2—轴；3—爪级；4—磁轭；5—磁场绕组

滑环由彼此绝缘的两个铜环组成，压装在转子轴的一端并与转子轴绝缘。磁场绕组的两端分别焊接在两个滑环上，两个滑环分别与发电机后端盖上的两个电刷相接触。当两个电刷与直流电源接通时，磁场绕组中便有电流流过并产生轴向磁场，被磁化的爪极中一块为 N 极，另一块磁化为 S 极，于是就形成了 4～8 对相互交错的磁极。国产交流发电机大多是 6 对磁极。将转子爪极设计成鸟嘴形状是为了使磁场呈正弦分布，有利于电枢绕组产生的感应电动势产生较好的正弦波形。

2. 定子

交流发电机的定子是发电机的电枢部分，其功用是产生交流电。由定子铁芯与对称的三相电枢定子绕组组成。定子铁芯由相互绝缘的厚度为 0.5 mm 硅钢片叠成环状，环的内圆表面开有线槽，电枢三相绕组按一定规则对称嵌放在槽内。

三相绕组的连接方法有星形连接（简称 Y 连接）和三角形连接（简称 Δ 连接）两种，如图 2.3 所示。当采用 Y 连接时，三相绕组的 3 个末端 U_2、V_2、W_2 连接在一起，称为中性点，3 个始端 U_1、V_1、W_1 作为交流发电机的输出端，如图 2.3(a)所示。当采用 Δ 连接时，一相绕组的始端与另一相绕组末端连接，共有 3 个节点，即为交流发电机的输出端，如图 2.3(b)所示。三相电枢绕组一般为 Y 连接，也有采用 Δ 连接的。

为保证电枢三相绕组产生大小相等、相位差 120°(电角度)的对称电动势，三相绕组的绕制应遵循下列原则。

(1) 每项绕组匝数完全相等。

(2) 每个线圈的节距必须相同。

(3) 三相绕组的起端在定子槽内排列必须相隔 120°电角度。

3. 整流器

交流发电机整流器的作用是将发电机定子绕组产生的三相交流电变换为直流电。一般由 6 只硅整流二极管和安装二极管的散热板等组成。

硅整流二极管通常直接压装在散热板或发电机后端盖上，其中压装在发电机后端盖上的 3 只硅二极管引线为负极，外壳为正极，俗称“负极管”或“反烧管”，管壳底部用黑字标记；压装在散热板上的 3 只硅二极管，其引线为正极，外壳为负极，则俗称“正极管”或“正烧管”，管壳底部用红字标记。这样，6 只硅整流二极管和发电机后端盖和散热板便组成了发电机整流器总成。散热板通常由铝合金制成，它与后端盖用尼龙或其他绝缘材料制成的垫片隔开，并用螺栓通至后端盖外部作为发电机的火线接柱“B”(“+”、或“电枢”)接线柱。交流发电机整流二极管安装示意图如图 2.4 所示。

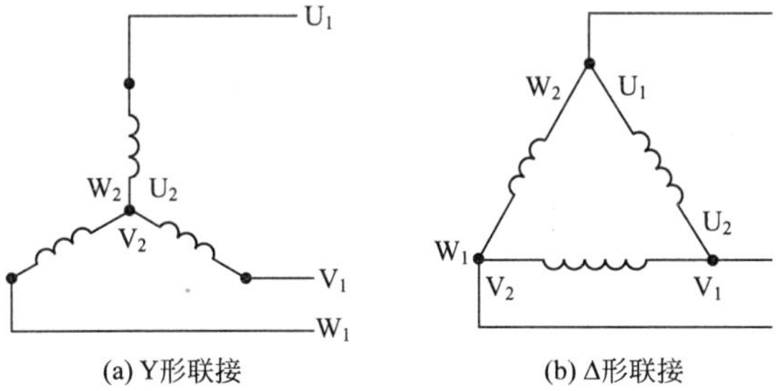

图 2.3　三相绕组的联接方法

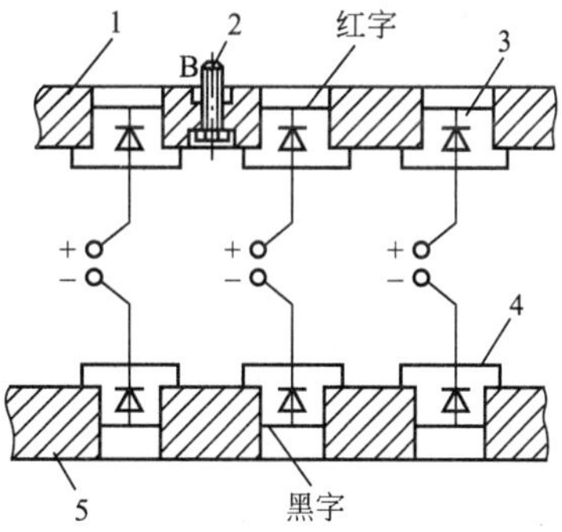

图 2.4　交流发电机硅整流二极管安装示意图

1—散热板；2—火线接线柱；3—正二极管；4—负二极管；5—后端盖

4. 端盖和电刷总成

交流发电机的前后端盖均由铝合金压铸或用砂模铸造而成，这是因为铝合金为非导磁性材料，可减少漏磁并具有轻便、散热性能良好的优点。为提高轴承孔的机械强度，增加其耐磨性，在发电机端盖的轴承座孔内镶有钢套。

电刷总成由两只电刷、电刷弹簧和电刷架组成。两只电刷装在电刷架的孔内，凭借电刷弹簧的压力与滑环保持接触，用于给发电机转子绕组提供磁场电流。

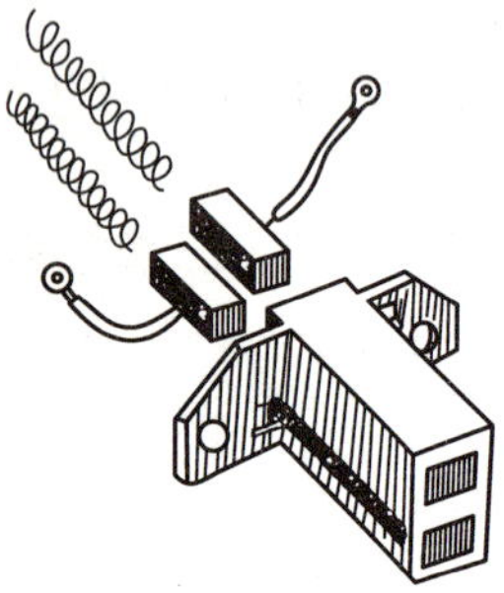
图 2.5　电刷架结构

电刷架安装在发电机的后端盖上。目前国产交流发电机的电刷架基本采用图 2.5 所示结构，它可以直接从发电机的外部取下，拆装维修比较方便。

交流发电机有内搭铁和外搭铁之分，两只电刷引线的接法也不同。对于内搭铁交流发电机，其磁场绕组直接在发电机内部搭铁，两只电刷引线中一根与后端盖上的磁场接线柱“F”（或“磁场”）相连接，另一根则直接与发电机外壳上的搭铁接线柱“—”（或“搭铁”）连接。而外搭铁式交流发电机由于其磁场绕组是通过所配的调节器搭铁，因此，两只电刷接线柱均与发电机外壳绝缘，分别用“F+”和“F—”表示。

为了保证交流发电机在工作时不致因温度过高而损坏，在交流发电机转子轴上装有用钢板冲制而成或用铝合金压铸而成的风扇，发电机后端盖上有进风口，前端盖上有出风口，当转子轴旋转时，风扇也一起旋转使空气高速流经发电机内部，对发电机进行强制冷却。

5. 交流发电机的型号

根据中华人民共和国汽车行业标准 QC/T 73—1993《汽车电气设备产品型号编制方法》规定，国产交流发电机的型号组成分如下 5 部分。

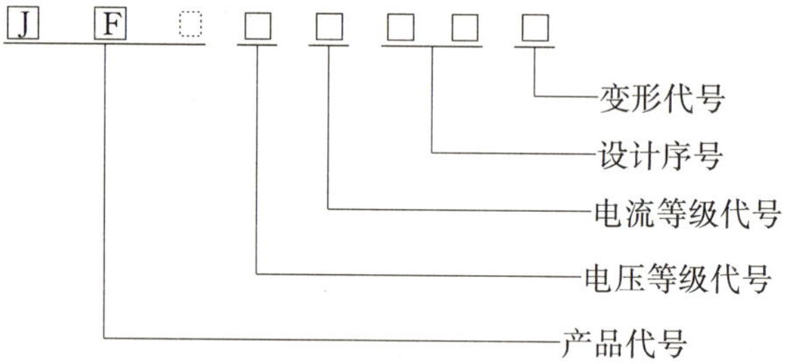

(1) 产品代号：交流发电机的产品代号有 JF、JFZ、JFB 和 JFW 4 种，分别表示交流发电机、整体式交流发电机、带泵交流发电机和无刷交流发电机(字母“J”、“F”、“Z”、“B”和“W”分别为“交”“发”、“整”、“泵”和“无”字的汉语拼音第一个大写字母)。

(2) 电压等级代号和电流等级代号：分别用 1 位阿拉伯数字表示，其含义分别见表 2-1、表 2-2。

表 2-1　电压等级代号

电压等级代号	1	2	3	4	5	6
电压等级/V	12	24	—	—	—	6

表 2.2　电流等级代号

电流等级代号	1	2	3	4	5	6	7	8	9
电流等级/A	～19	≥20 ～29	≥30 ～39	≥40 ～49	≥50 ～59	≥60 ～69	≥70 ～79	≥80 ～89	≥90

(3) 设计序号：按产品设计先后顺序，以 1～2 位阿拉伯数字组成。

(4) 变形代号：交流发电机以调整臂位置作为变形代号。从驱动端看，在中间不加标记；在右边时用 Y 表示；在左边时用 Z 表示。

例如：JF152：表示交流发电机，其电压等级为 12V、电流等级为大于 59A，第二次设计。桑塔纳、奥迪 100 型轿车用 JFZ1913Z 型交流发电机，是电压等级为 12V、电流等级为不小于 90A，第 13 次设计，调整臂在左边的整体式交流发电机。

2.1.2　交流发电机的工作原理

1. 发电原理

三相交流发电机的工作原理如图 2.6 所示。交流发电机的转子为一旋转磁场，当转子由发动机皮带轮带动旋转时，磁力线和定子绕组之间做相对切割磁力线运动，在三相绕组中产生交流电动势，其频率为

$$f=\frac{pn}{60}\text{Hz} \tag{2-1}$$

式中：P 为磁极对数；n 为发电机转速 r/min。

在汽车交流发电机中，由于转子磁极呈鸟嘴形，其磁场分布近似于正弦规律，所以感应电动势也近似于正弦波形。三相绕组在定子槽中是对称绕制的，因此，三相电动势大小相等，相位差互为 120°电角度，其瞬时值为

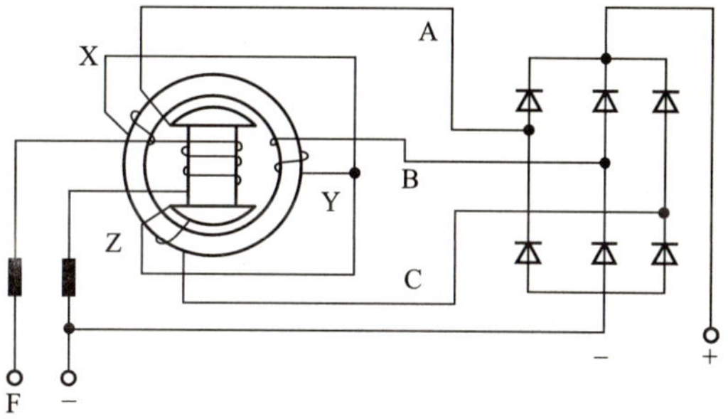

图 2.6　交流发电机工作原理

$$e_A=E_m\sin\omega t=\sqrt{2}E_\phi\sin\omega t \tag{2-2}$$

$$e_B=E_m\sin(\omega t-120°)=\sqrt{2}E_\phi\sin(\omega t-120°) \tag{2-3}$$

$$e_C=E_m\sin(\omega t-240°)=\sqrt{2}E_\phi\sin(\omega t-240°) \tag{2-4}$$

式中：E_m 为每相电动势的最大值(V)；ω 为电角速度($\omega=2\pi f$)；E_ϕ 为发电机每相绕组中所产生电动势的有效值。

$$E_\varphi=4.44KfN\Phi=C_e n\Phi \tag{2-5}$$

式中：K 为绕组系数，采用整距集中绕组时，$K=1$；f 为感应电动势的频率(Hz)；N 为每相绕组的匝数(匝)；Φ 为磁极磁通(Wb)；C_e 为发电机结构常数。

2. 整流过程

硅二极管具有单向导电特性。当二极管处于正向电压(即二极管正极电位高于负极电位)时，二极管呈低电阻，处于导通状态；而加反向电压(正极电位低于负极电位)时，二

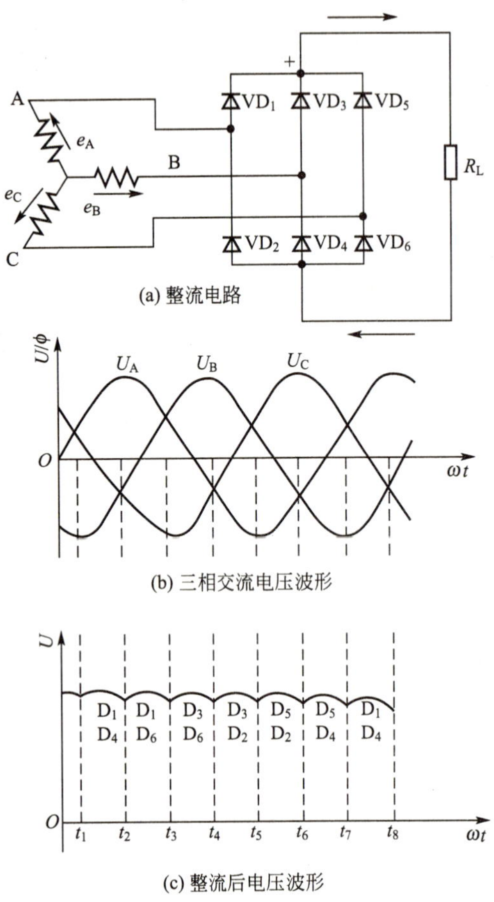

图 2.7　三相全波桥式整流电路及电压波形

极管呈高电阻，处于截止状态。利用硅二极管的这种单向导电性组成整流电路，把交流电变成直流电。在交流发电机中，6 只二极管组成的三相全波桥式整流电路，如图 2.7(a)所示。

其整流原理如下。

由于 3 只正极管（VD_1、VD_3、VD_5）的正极分别接在发电机三相绕组的首端(A、B、C)，而它们的负极同接在元件板上，所以在某一瞬间，哪一相的电压最高，哪一相就获得正向电压而导通，正极电位最高的二极管导通后，就使另两只二极管的负极电位高于正极而不能导通。由于 3 只负极管（VD_2、VD_4、VD_6）的负极也分别接在三相绕组的首端，而它们的正极同时接在后端盖上，所以在某一瞬间，哪一相的电压最低，哪一相的负极管就导通，负极电位最低者导通后，就使另两只二极管的正极电位低于负极电位而不能导通。

根据以上原则，三相桥式整流器的整流过程如下：在 $t=0$ 时(图 2.7(b))，$U_A=0$，U_B 为负，U_C 为正，故二极管 VD_5、VD_4 处于正向电压而导通。B、C 之间的线电压加在负载上。在 $t_1 \sim t_2$ 时间内，U_A 最高而 U_B 最低，VD_1、VD_4 处于正向电压而导通。A、B 之间的线电压加在负载上。在 $t_2 \sim t_3$ 时间内，U_A 仍为最高，U_c 最低，故 VD_1、VD_6 导通。A、C 之间的线电压加在负载上。以此类推，周而复始。在负载上得到一个比较平缓的直流脉动电压，其波形如图 2.7(c)所示。发电机输出直流电压的平均值为

$$U=1.35U_{AB}=2.34U_{\Phi}\text{（Y 形联接）} \qquad (2-6)$$

$$U=1.35U_{\Phi}\quad\text{（Δ 形联接）} \qquad (2-7)$$

式中：U 为输出直流电压的平均值；U_{AB} 为定子绕组输出线电压的有效值($U_{AB}=\sqrt{3}U_{\Phi}$)；U_{Φ} 为每相绕组相电压的有效值。

交流发电机转速相同、相电压相同时，Y 形接法比 Δ 形接法具有较高的输出电压，因此，采用 Y 形接法的交流发电机在发动机转速较低时便可向蓄电池充电，而采用 Δ 形接法的交流发电机则需较高的发动机转速才能向蓄电池充电。所以，大多数的汽车用交流发电机采用 Y 形接法。

如考虑硅二极管正向导通时的电压降 U_d，则应减去 U_d，汽车用二极管的 U_d 约为 0.2～0.6V。

由于三相桥式整流电路中，在交流电的每一个周期内，每只二极管只有三分之一的时间导通，所以每只二极管的平均电流 I_D 只为负载电流的 I 三分之一。即

$$I_D=\frac{1}{3}I \tag{2-8}$$

每只二极管所承受的最高反向电压为线电压 U_{AB} 的最大值，即

$$U_{DRM}=\sqrt{2}U_{AB}=\sqrt{2}\cdot\sqrt{3}U_{\Phi}=2.54U_{\Phi}=1.05U \tag{2-9}$$

实际上，汽车交流发电机所选用的二极管，其反向工作电压要高得多，这是因为汽车电路中，其他电气设备产生的自感电动势，可能会作用于交流发电机的二极管上，所以反向电压必须要有一定的安全系数。

有的交流发电机带有中心抽头，它是从三相绕组的中性点引出来的，如图 2.8 所示，其接线柱的记号为“N”。中性点对发电机外壳(即搭铁)之间的电压 U_N 是通过 3 只负极管 VD_2、VD_4、VD_6 半波整流后得到的直流电压。

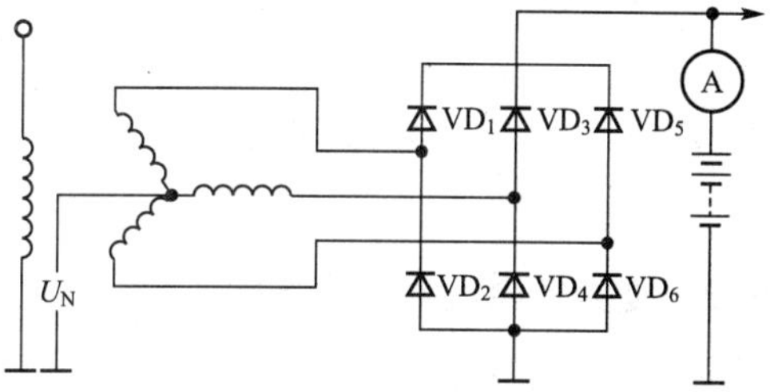

图 2.8 带有中心抽头的交流发电机

故
$$U_N=\frac{1}{2}U \tag{2-10}$$

中性点电压一般用来控制各种用途的继电器，如磁场继电器、充电指示灯继电器等。

3. *激磁方法*

交流发电机在无外接直流电源时，由于转子保留的剩磁很弱，因此在低速时，仅靠剩磁产生的电动势(小于 0.6V)并不能使二极管导通，发电机也就不能发电。为了克服这一缺点，在发电机开始发电时采用他励方式，即由蓄电池供给励磁电流，以增强磁场，使发电机在低速转动时电压能够迅速上升，从而实现发动机怠速时发电机便可向蓄电池充电。当发电机向蓄电池充电时，发电机内部的励磁电流由发电机自己提供，发电机由他励方式转变为自励方式，所以说交流发电机的励磁方法是先他励，后自励。

图 2.9 所示是交流发电机的一种激磁电路图，当开关 K 接通时，蓄电池就通过调节器的触点向发电机激磁绕组供电。但这种激磁电路存在一个缺点，开关 K 闭合后，如果停车时司机忘记切断开关 K，则蓄电池就会通过调节器长时间向激磁绕组供电。对汽油机而言，开关 K 就是点火开关，问题还不太大；但对柴油机来说，K 是电源开关，停车后忘记切断开关的可能性很大。为了克服这一缺点，有的交流发电机增加了 3 只二极管，专供激磁电流，所以又叫激磁二极管，如图 2.10 所示。

当开关 K 闭合时，激磁电路为：蓄电池正极→指示灯→调节器触点→激磁绕组→搭铁→蓄电池负极，此时，充电指示灯亮。

当发动机起动后，随着发电机转速上升，其输出电压超过蓄电池电动势时，发电机一方面可向蓄电池充电，另一方面则通过 3 只激磁二极管向激磁绕组自行提供激磁电流，此时，充电指示灯由于两端电位相等而熄灭。停车后，如果司机忘记切断电源开关 K，蓄电池将通过调节器向激磁绕组提供激磁电流，使充电指示灯又点亮，从而提醒司机切断电源开关。

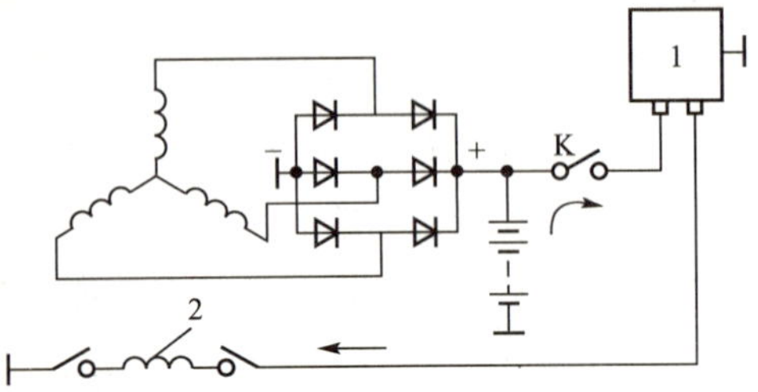

图 2.9　交流发电机的激磁电路

1—电压调节器；2—激磁绕组

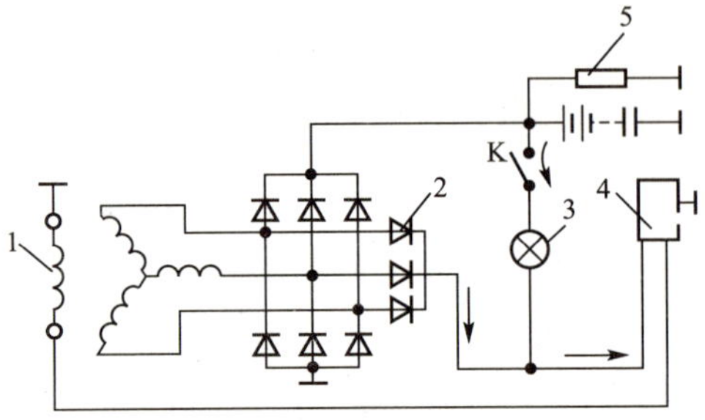

图 2.10　九管交流发电机的原理图

1—激磁绕组；2—激磁二极管；3—充电指示灯；4—调节器；5—负载电阻

2.1.3　交流发电机的工作特性

汽车用交流发电机的工作特点是转速变化范围大，因此，了解汽车交流发电机输出电流、端电压与转速之间的变化关系即交流发电机的特性显得很重要。交流发电机的特性有空载特性、输出特性和外特性等。

1. 空载特性

空载特性是指发电机空载时，发电机端电压与转速之间的关系，即 $I=0$ 时，U 与 $f(n)$的函数关系，其特性曲线如图 2.11 所示。从特性曲线可以看出，随着转速的升高，端电压上升较快，由他励转入自励发电时，即能向蓄电池补充充电，进一步证实了低速充电性能好的优点。因此，空载特性是判定硅整流发电机充电性能是否良好的重要依据。

2. 输出特性

输出特性也称负载特性，是指发电机向负载供电时，保持发电机端电压不变，发电机输出电流与发电机转速之间的关系，即当 U 为常数的情况下，I 与 $f(n)$的函数关系，如图 2.12 所示。由输出特性可知：发电机转速较低时，其端电压低于额定电压，此时发电机不向外供电；当发电机空载时，电压达到额定电压值时的转速 n_1，称为空载转速。只有当发电机转速高于 n_1 时才可能向外供电。当发电机达到额定电压时的转速称为空载转速 n_1，发电机达到额定功率时的转速称为满载转速 n_2。空载转速和满载转速是交流发电机的两个主要指标，在产品说明书中均有规定。

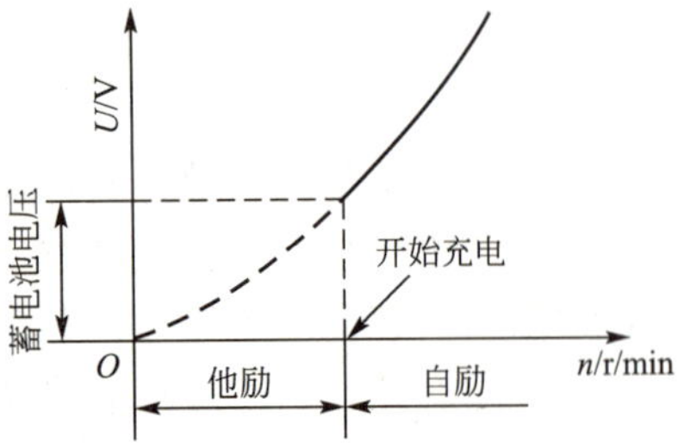

图 2.11　交流发电机的空载特性

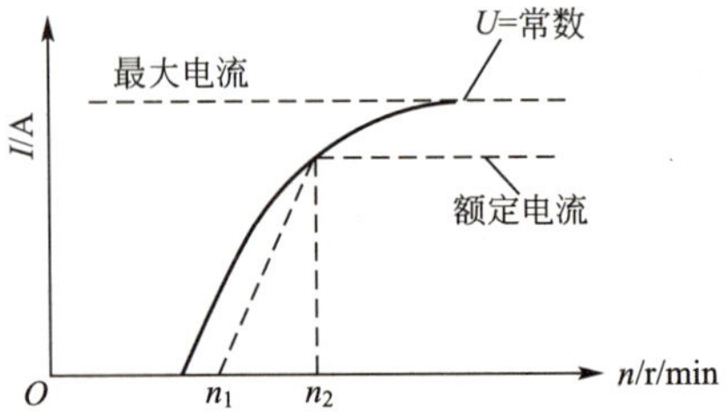

图 2.12　交流发电机的输出特性

此外，当发电机转速达到一定值以后，发电机输出电流不再随转速的升高和负载电阻的减小而增大，这时的电流值称为发电机的最大输出电流或限流值，交流发电机的最大输出电流约为额定电流的1.5倍。其原因如下：①发电机定子绕组具有一定的感抗。当发电机的转速很高时，电动势的交变频率很高，电枢绕组的感抗作用大，阻碍交流电流的能力增强，可产生较大的内部电压降。②定子电流的增大使电枢反应增强，即定子电流形成的磁场对转子磁场产生去磁作用，反过来使定子绕组中的感应电动势下降。通过上述两种共同作用的结果，使得发电机的输出电流不再增加，因而交流发电机具有自身限制输出电流的作用，汽车用交流发电机不需设置电流限制器。

3. 外特性

外特性是指发电机转速一定时，其端电压与输出电流的关系，即 n 为常数时，U 与 $f(I)$ 的函数关系，如图2.13所示。从外特性曲线可以看出，随着输出电流(即负载)的增加，发电机的端电压下降较快，且转速越高，下降的斜率越大。因此，当发电机在高速运转时，如果突然失去负载，则其端电压急剧升高，这时发电机中的二极管以及调节器中的电子元件将有被击穿的危险。

另外，当输出电流增大到一定值时，如负载再增加其输出电流不仅不会增加，反而会同端电压一起下降，即在外特性曲线上存在一个转折点。因此，当发电机短路时，其短路电流是很小的，这也说明交流发电机具有自身限制电流的功能。一般交流发电机工作在转折点以前。

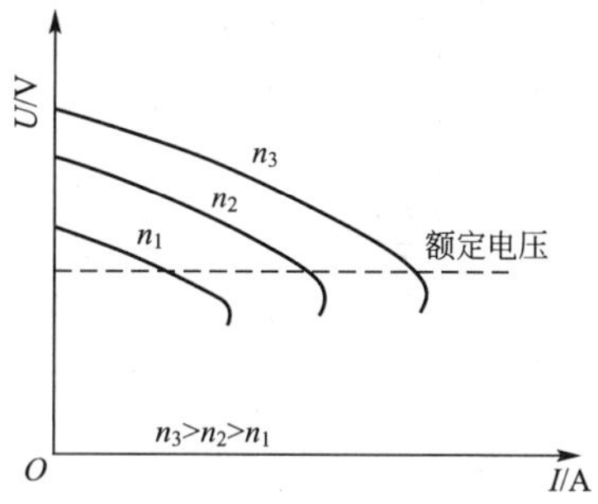

图2.13 交流发电机的外特性

2.2 交流发电机的调节器

由于交流发电机由发动机曲轴按固定传动比驱动旋转，其转速随着发动机的不同工况而大幅度变化，同时由交流发电机工作特性曲线可知，交流发电机的输出电压随发电机转速的增加而增加很快，但是车上的用电设备则要求供给恒定电压，因此交流发电机必须设置电压调节器，以使其输出电压在一定转速范围内保持恒定。

交流发电机调节器是把交流发电机的输出电压控制在规定范围内的控制装置，又称为电压调节器，简称调节器。汽车采用的调节器有触点式和电子式两大类。由于触点式调节器有体积大、结构复杂、触点振动频率低、触点易烧蚀及故障率高等缺点，已经不适应现代汽车对电源系统的要求。本书主要介绍电子式调节器。

2.2.1 电压调节器原理及方法

从发电机各电枢绕组电动势与发电机的转速和磁极的磁通成正比已导出公式

$$E_{\phi}=C_{e}n\phi$$

忽略发电机内阻电压降，就有

$$U\approx E=C_{e}n\phi$$

E_ϕ 与交流发电机的转速和每级磁通 ϕ 的乘积成正比。而交流发电机的输出电压 U 正比于交流发电机的感应电动势 E_ϕ，因此，当发电机转速变化时，要使交流发电机的端电压保持稳定，必须相应地改变每级磁通 ϕ。然而每级磁通 ϕ 的多少取决于发电机磁场电流的大小，故在发电机转速变化时，只要自动调节发电机的蕊场电流就可使发电机输出电压保持恒定。电压调节器就是利用这一原理调节发电机电压的。

汽车用发电机电压调节器电压调节的方法如图 2.14(a)所示。调节器动作的控制参量为发电机电压，即当发电机的电压达设定的上限值 U_2 时，调节器动作，使磁场绕组的励磁电流 I_f 下降或断流，从而减弱磁极磁通，致使发电机电压下降；当发电机电压下降至设定的下限值 U_1 时，调节器又动作，使 I_f 增大，磁通加强，发电机电压又上升；当发电机的电压上升至 U_2 时又重复上述过程，使发电机的电压在设定的范围内脉动，得到一个稳定的平均电压 U_e。发电机在某一转速下，调节器起作用后的发电机电压波形如图 2.14(b)所示。

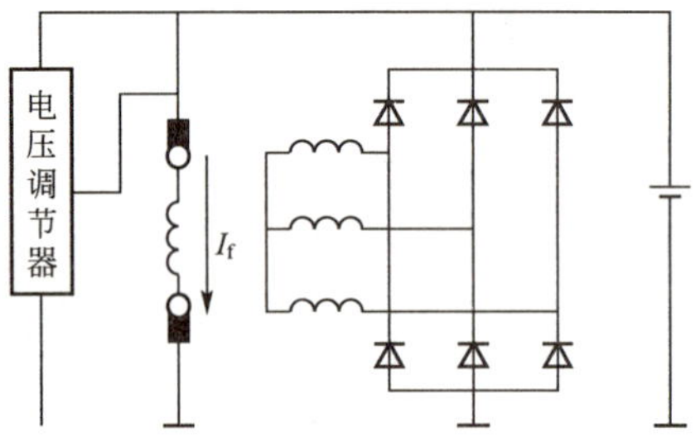

(a) 发电机电压调节器原理

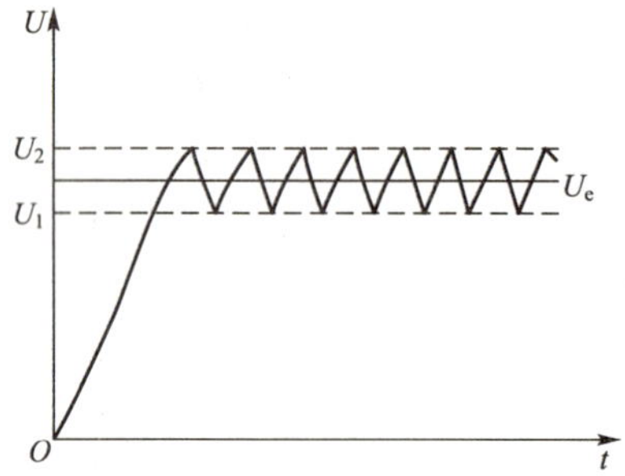

(b) 发电机电压调节器工作时的电压波形

图 2.14　发电机电压调节器基本原理

2.2.2　交流发电机电压调节器的分类及型号

交流发电机所用的调节器种类繁多、形式各异，按其结构特点和工作原理大致可分为机械电磁振动式(触点式)和电子式两大类。

1. 电磁振动式调节器

电磁振动式调节器是通过一对或两对触点的反复开闭改变磁场电路的电阻来调节磁场电流的。按触点对数的多少分为单级式和双级式两种。

2. 电子调节器

1) 按结构分类

(1) 晶体管式调节器：是指将分立电子元件焊接在印制电路板上而制成的调节器，如解放 CA1091 型载货汽车用 FTD106 型电子调节器和东风 EQ1090 型载货汽车用 FTD149 型电子调节器。

(2) 集成电路式调节器：是指将若干电子元件集成在基片上，具有发电机电压调节全部或部分功能的芯片所构成的调节器。目前，大多数汽车(如捷达、桑塔纳、天津夏利、奥迪轿车、北京切诺基、长丰猎豹 PAJERO 汽车、东风 EQ2102 型越野汽车和斯太尔 SX2190 等)都采用了集成电路式调节器。与分立元件晶体管式调节器相比，集成电路式调节器具有体积小、结构紧凑、电压调节精度高、故障率低等特点。集成电路式调节器多装于发电机的内部，这种发电机也被称为整体式发电机。

2）按搭铁形式分类

(1) 内搭铁型调节器　是指与内搭铁型交流发电机配套使用的调节器，其特点是第二级开关电路中的晶体管 VT_2 串联在调节器的电源端子“+”与磁场绕组端子“F”之间，如 FTD146 型调节器。

(2) 外搭铁型调节器　是指与外搭铁型交流发电机配套使用的调节器，其特点是第二级开关电路中的晶体管 VT_2 串联在调节器的磁场绕组端子“F”与搭铁端子“—”之间，如 FTD106 型调节器。

内搭铁型调节器只能配用内搭铁型发电机，外搭铁型调节器只能配用外搭铁型发电机，两者不能随意互换；否则，励磁电路不通，发电机不发电。

目前，现代汽车已广泛采用整体式交流发电机。随着微机控制技术在汽车上的应用，直接利用微机控制交流发电机的输出电压是电子调节器发展的趋势。

2.2.3　触点振动式电压调节器

触点式电压调节器又称电磁振动式电压调节器，包括单级触点式调节器和双级触点式调节器两类，其基本原理都是通过改变触点闭合或断开时间的长短，来改变激磁电流的大小，从而将发电机的端电压控制在一定范围。但由于交流发电机的转速高，磁场电流大，采用普通单级触点式电压调节器，触点间极易产生火花，使触点烧蚀严重。因此，一般在普通单级触点式调节器线路上采用灭弧系统或采用两对触点的调节器来解决上述矛盾，从而提高触点的使用寿命。

图 2.15 所示为一典型的(FT61 型)双级触点式调节器的结构及电路原理图。其中 R_1 为加速电阻，R_2 为调节电阻，R_3 为温度补偿电阻。R_3 由镍铬丝制成，其电阻温度系数很小，由于当它串入磁化线圈电路中时，可使整个磁化线圈电路中的电阻值随温度的变化相应减小，故能使调节的电压值不随温度的变化而变化。磁化线圈 3 的一端经 R_3 搭铁，另一端接在 R_1 及 R_2之间，并通过 R_1、点火开关 SW 与发电机火线接线柱“+B”相接，感受着发电机的电压。

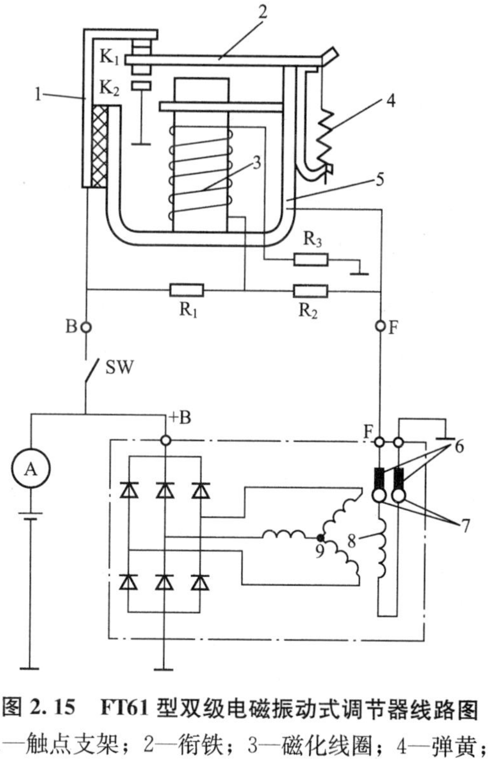

图 2.15　FT61 型双级电磁振动式调节器线路图

1—触点支架；2—衔铁；3—磁化线圈；4—弹簧；5—磁扼；6—电刷；7—滑环；8—磁场绕组；9—三相绕组；R_1—加速电阻(1Ω)；R_2—调节电阻(8.5Ω)；R_3—补偿电阻(13Ω)；K_1—低速触点；K_2—高速触点

FT61 型调节器的工作原理如下。

闭合点火开关 SW，蓄电池电流同时流经调节器磁化线圈 3 和发电机的磁场绕组 8。磁化线圈 3 的电路为：蓄电池正极→电流表→点火开关 SW→调节器接线柱“B”→R_1→磁化线圈 3→R_3→搭铁→蓄电池负极。由于电流流入磁化线圈产生的电磁力不能克服弹簧拉力，所以低速触点 K_1 仍保持闭合。此时，磁场电流的电路为：

蓄电池正极→电流表 A→点火开关 SW→调节器接线柱“B”→静触点支架 1→低速触点 K_1→衔铁 2→磁扼 5→调节器磁场接线柱“F”→发电机接线柱“F”→电刷和滑环→磁场绕组 8→滑环和电刷→发电机“—”接线柱→搭铁→蓄电池负极。

(1) 发电机低速运转时，由于磁场电流由蓄电池供给，使转子磁场增强，于是电压很快升高。

(2) 发电机转速升高，当发电机电压高于蓄电池电压时，则磁场电流和磁化线圈中的电流均由发电机供给。

(3) 随着发电机转速的增高，当发电机电压达到工作电压时，磁化线圈 3 的电磁吸力增强，克服弹簧拉力，将衔铁 2 吸下，使低速触点 K_1 打开（K2 仍处于打开状态）。此时磁场电路为发电机火线接线柱“+B”→点火开关 SW→调节器接线柱“B”→R_1→R_2→调节器接线柱“F”→发电机接线柱“F”→磁场绕组 8→发电机“—”接线柱。由于磁场电路中串入了 R_1 和 R_2，使磁场电流减小，发电机电压降低。当发电机电压下降而略低于工作电压后，通过磁化线圈的电流减小，电磁吸力减弱，K_1 在弹簧拉力作用下重又闭合，电阻 R_1、R_2 又被短路，使磁场电流增加，发电机电压再度升高。当发电机电压升至略高于工作电压后，K_1 又被打开。如此重复上述过程 K_1 不断振动，使发电机电压保持稳定。

(4) 发电机高速运转时，即使 K_1 打开，R_1、R_2 串入磁场电路中，因其阻值较小，发电机电压仍会继续升高，增大磁化线圈的吸力，将衔铁吸的更低，而使高速触点 K_2 闭合。K_2 闭合时，由于磁场绕组的两端均搭铁而被短路，于是发电机电压急剧下降。与此同时，磁化线圈的吸力减小，衔铁在弹簧拉力作用下，又停在中间位置，使 K_1、K_2 都打开，磁场电路中又串入 R_1、R_2，电压重又升高。如此重复，触点 K_2 不断振动使发电机电压保持稳定。

2.2.4 电子式电压调节器

电磁振动式调节器由于有触点、弹簧、铁芯和线圈等机械部分，不仅结构复杂、重量和体积大，且致命弱点是触点易烧蚀、氧化，使得调节器可靠性差、寿命低，对无线电干扰也大，触点开闭动作迟缓。如果发电机在高速满负荷下突然失载，就可能由于触点不能马上切断激磁回路而导致发电机瞬时过电压，对整流二极管或其他电子元件造成危害。电子调节器则以三极管代替触点，不但开关频率提高，且不会产生火花，调节效果好，具有重量轻、体积小、寿命长、可靠性高等优点，所以电子调节器使用愈来愈广泛。最早的电子调节器为晶体管式调节器，目前广泛采用的是集成电路式调节器。

1. 电子式调节器的基本原理

电子式调节器是利用晶体管的开关特性，通过改变晶体管饱和导通和截止的相对时间来调节发电机的励磁电流，其电压调节的基本电路如图 2.16 所示。

1) 电子式调节器基本电路的工作原理

R_1、R_2 组成分压器，将发电机电压按一定比例加于稳压管 VS。VS 根据发电机电压的变化导通或截止。VT_1 为小功率晶体管，起放大作用，VT_1 的导通或截止由 VS 控制。

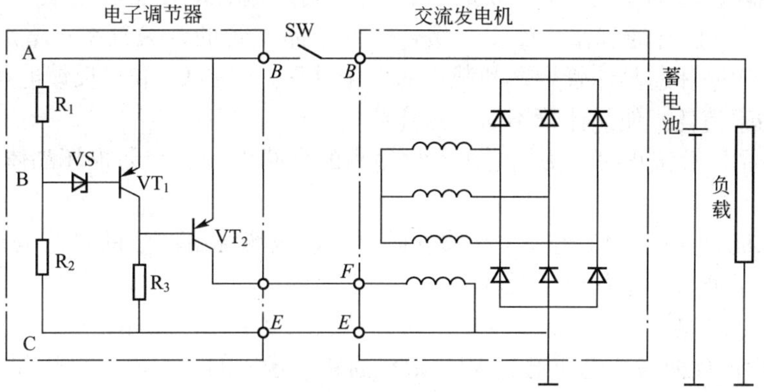

图 2.16 晶体管调节器的基本电路

大功率晶体管 VT_2 用于控制励磁电流，VT_2 饱和导通时，发电机磁场绕组励磁回路通路，VT_2 截止时，励磁回路断路。电路参数的设置使 VT_1、VT_2 均工作在开关状态。

在发电机电压达到调节电压以前，R_1 上的分压低于稳压管 VS 的导通电压，VS 不导通，VT_1 也不导通；VT_1 截止时 VT_2 的基极电位很低，使 VT_2 有足够高的正向偏压而饱和导通，发电机励磁回路通路。当发电机的电压上升至设定的调节电压时，R_1 上的分压达到稳压管 VS 的导通电压，VS 导通，VT_1 同时饱和导通，VT_1 饱和导通后，VT_2 失去正向偏压而截止，发电机励磁回路断路。发电机无励磁电流时，其电动势及端电压迅速下降，当降到 R_1 上的分压不足以维持 VS 导通时，VS 截止，VT_1 也截止，又使 VT_2 导通，发电机励磁回路又通路。如此反复，使发电机的电压维持在设定的调节电压值。

当发电机的转速上升时，发电机电压上升速率增大，下降速率减小，使调节器控制 VT_2 的截止时间相对增加，发电机的平均励磁电流减小，从而使发电机电压保持稳定。

2) 基本电路的不足和改善措施

电子式调节器的基本电路并不能满足使用中交流发电机的调压需要，实际电子式调节器还有一些其他的电子元件和电路来弥补基本电路的不足。图 2.17 为满足实际使用要求的电子式电压调节器电路。

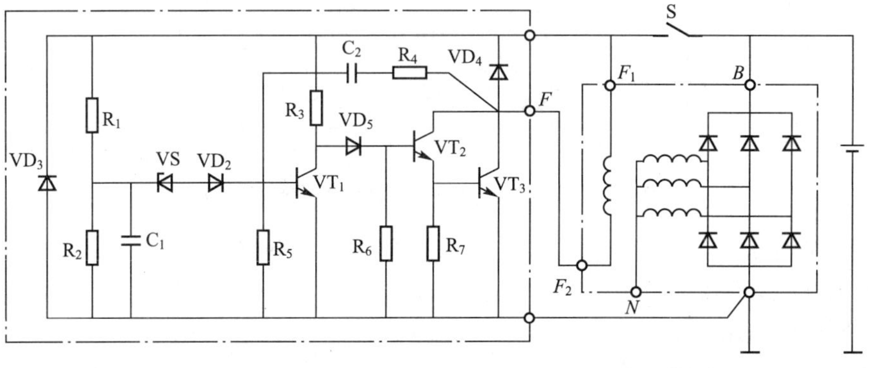

图 2.17 满足实际使用要求的电子式电压调节器

该电路在以下几个方面做了改善。

(1) 晶体管的开关频率过高，使晶体管集电极耗散功率($P_c=I_cU_c$)过大，这使晶体管容易过热而烧坏。增加了与 R_2 并联的电容 C_1，利用电容电压变化需要一定的充放电时间，使稳压管 VS 的导通和截止变得迟缓，降低了晶体管的开关频率；增加 R_4、C_2 作为正反馈电路，用来加速晶体管导通和截止的变化过程。电容 C_1 和正反馈电路 R_4、C_2 减小了晶体管的功率消耗，使晶体管不易过热烧坏。

(2) 开关晶体管截止时，磁场绕组产生很高的自感电动势容易损坏晶体管和稳压管等电子元件。

加续流二极管 VD_4 后，当开关晶体管截止时，磁场绕组产生的自感电动势经 VD_4 形成通路，保护了调节器中的电子元件。

(3) 汽车电源如果产生反向瞬变电压，容易造成电子元件损坏。

加 VD_3 后，反向瞬变电压通过 VD_3 形成通路，输入的反向电压只是 VD_3 的正向导通电压，从而防止了电源反向瞬变电压对调节器电子元件造成损害。

(4) 稳压管 VS 导通电压随温度上升而上升，导致发电机的调节电压随之增大。加温度系数为负的 VD_2，起到温度补偿作用。

(5) VT_1 饱和导通实际导通电压不为零时，有可能使 VT_2 不能可靠截止。加 VD_5 后，由于其分压作用，使 VT_1 饱和导通时 VT_2 能可靠截止。

(6) VT_3 需要通过较大的励磁电流，加 VT_2 用于电流放大，使 VT_3 能控制励磁电流。

2. 晶体管式电压调节器

晶体管式电压调节器是由分立电子元件焊接于印制电路板上而制成的电子调节器。印制电路板被固定在冲压的铁盒或铝盒内，有的在盒内加注硅橡胶等，以利于元件的固定和晶体管的散热。晶体管式调节器示例如下。

1) JFT126、JFT246 型晶体管式调节器

电路板固定在钢板冲压的盒内，内部充满 107 硅橡胶，电路如图 2.18 所示。

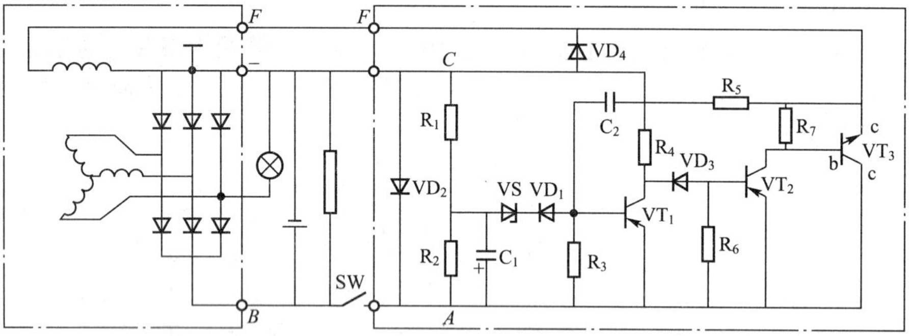

图 2.18　JFTl26、JFT246 型晶体管式调节器

VT_3 为低频大功率硅管，与 VT_2 组成复合管，其电路原理参见前面的有关叙述。JFT126、JFT246 型及它们的一些变型晶体管调节器的电路结构相同，只是部分元件的参数有所不同，以适用于不同功率、不同型号的内搭铁式交流发电机。

2) JFT106 型晶体管调节器

电路板封装于铝合金壳体内，适用于外搭铁型交流发电机，电路如图 2.19 所示。

图 2.19 所示电路中采用了稳压管 VS，不仅利用其正向导通特性来吸收电源的反向瞬变电压，并且利用其稳压特性吸收由于负载电流突然减小、蓄电池连接突然断开等原因造

成的正向瞬变过电压，以保护调节器中的电子元件。电路中与 R_2 并联的 R_3、与 C_1 并联的 C_2 用于对电阻、电容参数的设定和调整，其他元件的作用及电路原理如前面所述。

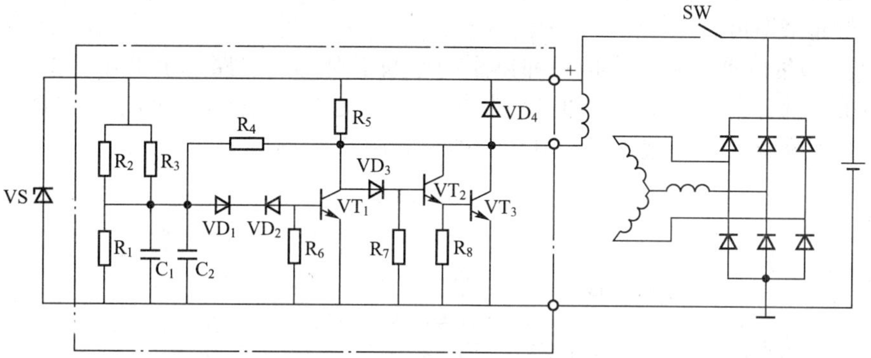

图 2.19 JFT106 型晶体管调节器

3. 集成电路电压调节器

集成电路，是指在一块微小基片上，组装着许多半导体元件和其他电路元件所构成的电子电路。它是自分立元件型晶体管调节器取代触点式调节器以来，对晶体管调节器的改进或更新换代产品。目前，国产新型汽车大多数已采用内装式晶体管或集成电路电压调节器。

集成电路调节器除具有晶体管调节器的性能外，还有如下优点。

(1) 体积很小。可以把它组装到发电机内部，简化接线，减少线路损失，从而使发电机的实际输出功率提高 5%～10%。

(2) 电压调节精度高。电磁振动式调节器的电压调节精度为±1.0V，晶体管调节器为±0.5V，而集成电路调节器则为±0.3V。当发电机在不同转速范围内变化时，其电压的变化可限定在 0.1V 以内。采用集成电路调节器可使汽车电系的工作电压保持稳定，并且基本上不需要对调节器进行检修和调整。

(3) 集成电路调节器用塑料或树脂封装，故能承受潮湿、泥土、油污、低温等恶劣环境的影响，它还有耐高温(130℃)的特点。

(4) 内部没有可移动零件，能承受较大机械振动和冲击。

(5) 使用寿命长，可达 16 万千米以上。

(6) 具有自检、保护等功能。

现在汽车上所装用的集成电路调节器通常是以混合集成电路技术为基础的。混合集成电路采用了两种技术，即半导体技术和厚膜或薄膜技术。它把无源元件电阻、电容及导线和有源元件三极管、二极管及稳压管等分立元件同时制在一块基片上，构成集成电子电路。

图 2.20 所示是厚膜电路板导体和绝缘体的分

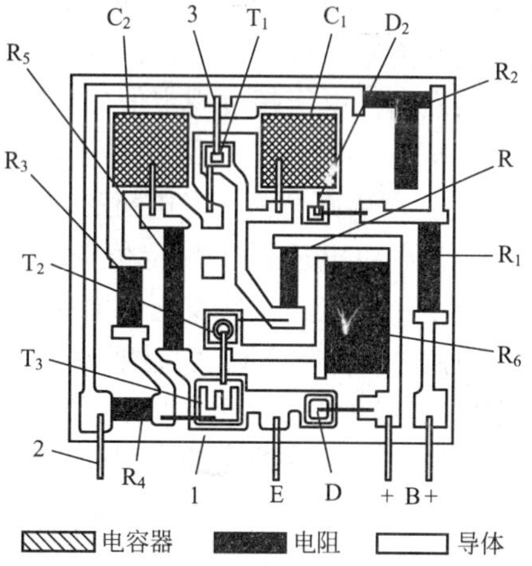

图 2.20 厚膜集成电路元件在基片上的布置

1—基板；2—引出导线；3—联接器；V_1—输入晶体管；V_2—中间晶体管；V_3—输出晶体管；D_2—调节电压用稳压管；D—灭弧二极管

布及分立元件的连接方法。

若需调整集成电路调节器的调压值，可通过改变图 2.19 中电阻 R_2 的阻值加以调节，同时采用电桥电路来自动控制其电阻值的变化。电路制成后，置于铝质的壳体中，用塑料或树脂灌封起来即可。

JFTl52 型集成电路调节器是一种典型的厚膜混合集成电路调节器，它由外壳、安装板、电路板 3 部分组成。调节器通过安装板安装在交流发电机的电刷架上，适用于 14V、350～500W 的外搭铁交流发电机，其内部线路如图 2.21 所示。

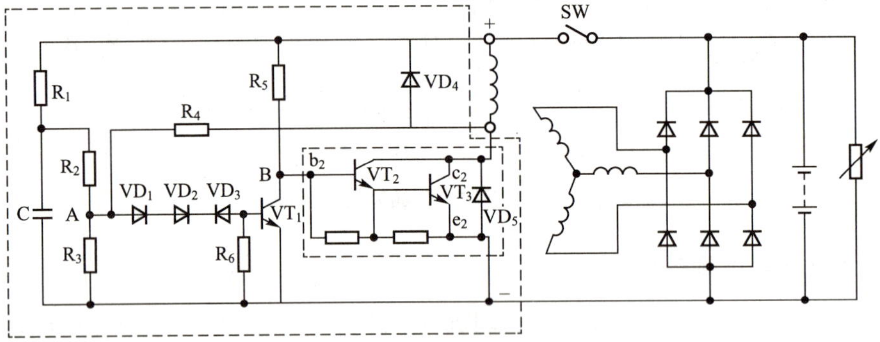

图 2.21　国产 JFT152 型集成电路调节器电路图

工作原理如下。

当接通点火开关 SW 后，蓄电池电压便加在由电阻 R_1、R_2 和 R_3 组成的分压器上，此时，A 点电压低于稳压管 VD_3 的反向击穿电压，故 VD_3 不导通，三极管 VT_1 因无基极电流而截止。VT_1 截止时，蓄电池便通过 R_5 向 VT_2 提供基极电流，使 VT_2、VT_3 导通。电流便从蓄电池“+”极→点火开关→磁场绕组→VT_3 的集电极、发射极→搭铁→蓄电池“−”极构成回路，发电机有磁场电流流过，于是随发电机转速的升高，交流发电机电压也相应升高。

当发电机电压超过规定值(14V±0.2V)时，A 点电压大于稳压管 VD_3 的反向击穿电压，则 VD_3 导通，VT_1 因获得基极电流也导通，VT_1 导通时，其集电极电压降低使 VT_2、VT_3 截止，从而切断了发电机磁场电路，使发电机输出电压迅速降低。

当发电机电压低于规定值时，VD3 重又截止，VT_1 也截止，VT_2、VT_3 重又导通，又接通了磁场电路，使发电机电压重新升高。如此反复，发电机电压便被稳定在规定值。

电路中 VD_1、VD_2 为温度补偿二极管，R_4 为正反馈电阻，VD_4 为续流二极管，VD_5 用于保护大功率三极管 VT_2 免受瞬间过电压的冲击而损坏，电容 C 起降低三极管的开关频率，减小三极管损耗的作用。

2.3　新型交流发电机

随着汽车交流发电机技术的发展与进步，各汽车生产大国相继开发出了结构先进、性能优良的新型交流发电机。目前汽车装备的主要有 8 管交流发电机(如夏利轿车发电机)、9 管交流发电机(如斯太尔汽车发电机)、11 管交流发电机(如奥迪、桑塔纳轿车发电机)和无刷交流发电机(如东风 EQ2102、EQ1108、EQ1141 型汽车发电机)，这些发电机一般都制作成整体式结构。下面介绍其结构特点和工作原理。

2.3.1 无刷交流发电机

普通交流发电机需要通过电刷与滑环将励磁电流导入旋转的磁场绕组，工作中可能出现电刷过度磨损、电刷在刷架中卡滞、电刷弹簧失效、滑环脏污等而使电刷与滑环接触不良等现象，造成发电机不发电或发电不良。无刷交流发电机则可克服普通交流发电机的这一缺陷，因此在汽车上得到了应用，比如东风 EQ2102 型越野汽车、部分东风 EQ1090 型载货汽车和跃进 NJ1041、NJ1061 型载货汽车等都已配装无刷交流发电机。

汽车用无刷交流发电机有爪极式、永磁式、励磁机式、感应子式等不同的类型，爪极式无刷交流发电机的应用较多。这里只介绍两种。

1. 爪极式无刷交流发电机

图 2.22 所示为一种爪极式无刷交流发电机的结构示意图。其结构特点是磁场绕组 9 通过一个磁扼托架固定在后端盖 7 上，两个爪极只有一个爪极 8 直接固定在转子轴上，另一爪极 4 的固定方法有两种，一种是用非导磁材料焊接(如铜焊焊接)固定在爪极 8 上；另一种是用非导磁连接环固定在爪极 8 上。在爪极 4 的轴向制有一个大圆孔，磁轭托架 2 由此圆孔伸入爪极的空腔内。在爪极与磁轭托架之间、磁轭托架与转子磁轭之间留有附加间隙 n_1 和 n_2，以便转子转动。当驱动带轮带动转子轴旋转时，一个爪极就带动另一爪极在定子内一起转动。

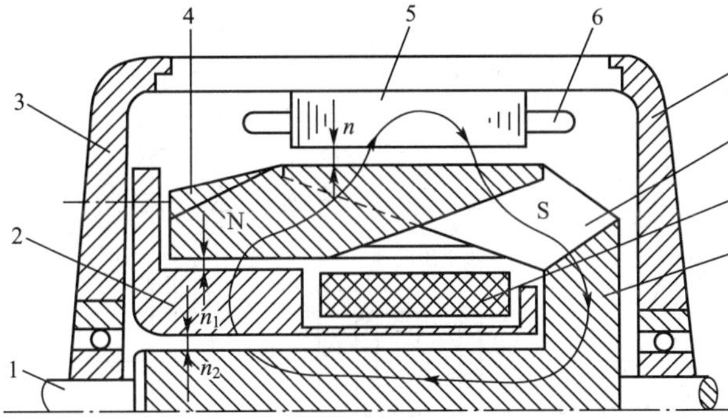

图 2.22 爪极式无刷交流发电机结构示意图

1—转子轴；2—磁扼托架；3—前端盖；4、8—爪极；5—定子铁芯；
6—定子绕组；7—后端盖；9—磁场绕组；10—转子磁轭

当固定不动的磁场绕组通入直流电后，产生的磁场使爪极磁化，其主磁的通路径为：由转子磁轭出发，经附加间隙 n_2→磁轭托架→附加间隙 n_1→左边爪极的磁极→主气隙 n→定子铁芯→主气隙 n→右边爪极的磁极 S→转子磁轭而形成闭合回路。爪形磁极的磁通是单向通道，即左边爪极的磁极全是N极，右边爪极的磁极全是S极，或者相反。因为无刷交流发电机的磁场绕组静止不动，转子上的爪极在磁场绕组与定子铁芯之间旋转，所以在转子旋转时，磁力线会交替穿过定子铁芯，定子槽中的三相绕组就会感应产生交变电动势形成三相交流电，经整流电路整流后即可输出直流电。

爪极式无刷交流发电机的优点是结构简单、维护工作量少、工作可靠性高，可在潮湿和多尘环境中工作，而且工作时无火花，减少了无线电干扰。这是因为无刷交流发电机没有滑环和电刷，不存在电刷与滑环接触不良而导致发电不稳或不发电等故障。但爪极式无刷交流发电机也有缺点：由于汽车发电机转速最高可达 1 万 r/min 以上，因此连接两块爪极的制造工艺要求高、焊接困难；此外，由于主磁通路径中增加了几个附加间隙，因此在输出功率与有刷交流发电机相同的情况下，必须增大磁场绕组电流，这就对控制磁场电流的调节器提出了更高的要求。

2. *永磁式无刷交流发电机*

永磁式无刷交流发电机的磁场是以永磁材料为转子磁极而产生的旋转磁场，常用的永磁材料有铁氧体、铬镍钴、稀土钴、钕铁硼等。图 2.23 是采用钕铁硼材料做永磁转子的结构示意图。

具有较高剩磁力和矫顽力的钕铁硼永磁体采用瓦片式结构，并用环氧树脂粘结在导磁扼上。

永磁式交流发电机的磁场强度是固定不变的，因此不可能像其他类型的交流发电机那样通过调节磁场绕组励磁电流的方法来达到稳定电压的目的。

图 2.24 是永磁式交流发电机电压调节器的电路原理图，3 只二极管 VD_1、VD_2、VD_3 与 3 只晶闸管 VT_1、VT_2、VT_3 组成三相半控桥式整流电路向外输出直流电，VD_1～VD_6 组成的三相桥式整流电路向晶闸管控制极提供触发电压，电路中串联着电压调节器的触点 K。电压调节器的 K 为常闭触点，电磁线圈并接于发电机的输出端。

其电压调节原理如下。

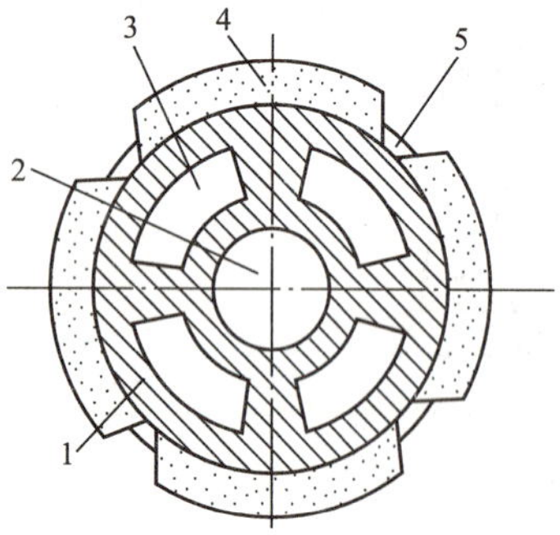

图 2.23　钕铁硼永磁转子结构

1—导磁扼；2—转轴；3—通风口；
4—永磁体；5—环氧树脂胶

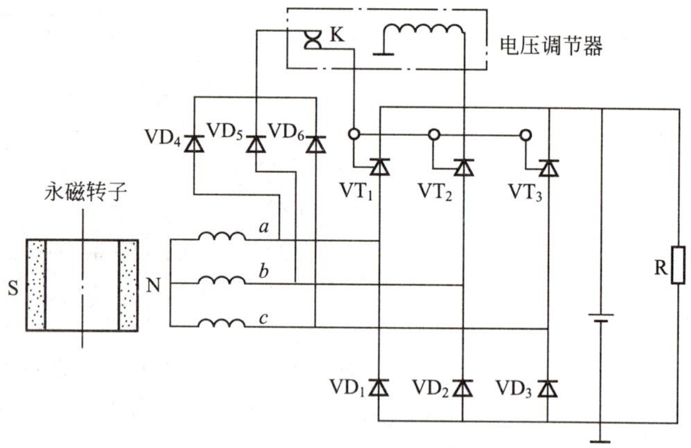

图 2.24　永磁发电机电压控制原理

电压调节器触点 K 闭合时，晶闸管控制极获得正向触发电压而导通，三相桥式整流电路向外输出三相全波整流电压。当发电机随转速的升高整流电压上升至设定的上限值时，电压调节器线圈产生的磁力使触点 K 断开，晶闸管因控制极失去正向触发电压而截止，发电机的电压随之迅速下降；当发电机电压下降至下限值时，电压调节器触点因其线圈产生的磁力减弱而重新闭合，晶闸管又获得正向触发电压而导通，发电机端电压迅速上升。如此反复，使发电机的输出电压在一定的范围内波动。

永磁式无刷交流发电机具有体积小、重量轻、维护方便、比功率大、低速充电性能好等优点，若永磁材料的性能有更进一步的提高，永磁式无刷交流发电机将会有快速的发展。

2.3.2 高效型交流发电机

有的交流发电机在三相绕组的中点与发电机的输出端及搭铁端连接两只二极管，利用中性点的谐波电压来提高发电机的输出功率。试验表明，加装中性点二极管后，交流发电机在高速(大于2000r/min)时的输出功率可提高10%～15%。相比于普通的6管或9管硅整流交流发电机，加装两中性点二极管的8管或11管硅整流发电机为高效型交流发电机。

1. 中性点输出电压分析

如前所述，电枢绕组采用Y形联接的交流发电机中，其中性点电压U_N是发电机端电压的1/2，这是指平均电压，实际上，中性点电压包含有直流分量与交流分量。交流分量以平均电压为中心交变振荡，其振幅随发电机转速的上升而增大。当发电机转速高于2000r/min时，中性点的瞬时峰值电压就可能高于发电机的输出电压。其原因是当交流发电机空载时，由于鸟嘴形磁极使磁场分布近似为正弦曲线，从而使三相感应电动势的波形接近于正弦波。当发电机正常工作有电流输出时，由于电枢反应(定子绕组输出电流产生的磁场对磁场电流产生的磁场的影响称为电枢反应)的强弱、漏磁、铁磁物质的磁饱和以及整流二极管的非线性特性等因素，将会导致交流发电机内的磁通分布变为非正弦分布，从而造成交流发电机感应电动势和输出电压的波形产生畸变，相电压的实际波形如图2.25(a)所示。分析证明，图2.25(a)所示输出电压畸变波形是由图2.25(b)所示的正弦基波和图2.25(c)所示的三次谐波(波形频率为基本频率3倍的波)叠加而成的。

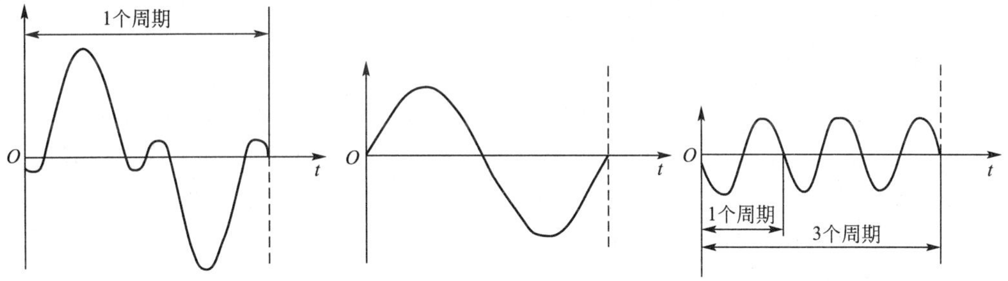

(a) 相电压畸变波形　(b) 相电压基波　(c) 三次谐波波形

图2.25 发电机输出电流时的畸变波形

如果将交流发电机三相绕组输出电压波形进行分解，就可得到如图2.26所示的三相电压的基波电压和三次谐波电压波形。由图2.26可见，尽管三相电压的基波相位差为120°电角度，然而各相的三次谐波之间的相位却是相同点(即相位差为零)。

当三相绕组采用Y形联接时，因为线电压(输出电压)是两相电压之差，而三次谐波电压大小相等，相位相同，可以互相抵消，所以发电机对外输出的电压反映不出三次谐波电压，但相电压可以反映出三次谐波电压，且该三次谐波电压的幅度随发电机转速升高而升高，如图 2. 27 所示。可见，交流发电机中性点电压是由三相正弦基波电压整流得到的直流电压 U_N 和三次谐波电压(交流电压)u_N 叠加而成。

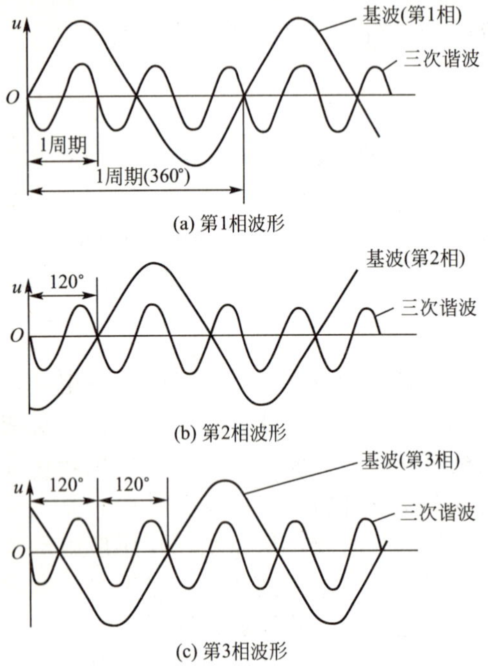

图 2. 26　各相绕组基波与三次谐波

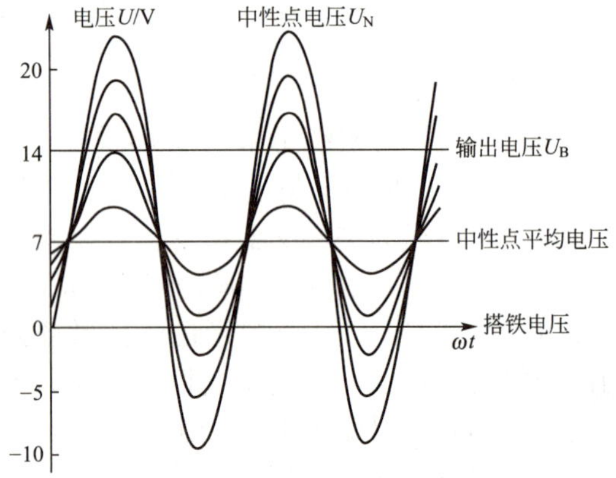

图 2. 27　不同转速时中性点电压波形

当发电机转速升高到一定程度(超过 2000r/min)时，交流电压的最高瞬时值有可能超过发电机的直流输出电压 U，最低瞬时值则可能低于搭铁端电压(0V)，如图 2. 27 所示。如果在中性点与发电机输出端“B”、以及中性点与搭铁端“E”之间分别连接一只整流二极管，那么，当交流电压高于发电机输出电压 U 或低于 0V 时，就可向外输出。

2. 8 管交流发电机

在普通交流发电机的基础上加装两只整流二极管，就变成了 8 管交流发电机。如天津夏利 U7100、TJ7130 型轿车用 JFZ1542 型 14V、45A 交流发电机。该 8 管交流发电机的主要结构特点是在发电机中性点“N”与输出端“B”以及与搭铁端“E”之间连接了两只整流二极管 VD_7、VD_8，称为中性点二极管，如图 2. 28 所示。

其工作原理如下。

(1) 当中性点的瞬时电压 u_N 高于输出电压平均值 U_B 时，二极管 VD_7 导通，从中性点输出的电流如图 2. 28(a)中箭头方向所示。其电路为：定子绕组→中性点二极管 VD_7→输出端子“B”→负载→负极管→定子绕组。

(2) 当中性点瞬时电压 u_N 低于 0V(搭铁电位)时，二极管 VD_8 导通，流过中性点二极管 VD_8 的电流如图 2. 28(b)中箭头方向所示。其电路为：定子绕组→正极管→输出端子“B”负载→中性点二极管 VD_8→定子绕组。

通过上述分析可知，只要在发电机三相绕组的中心抽头处连接两只整流二极管，就可利用中性点输出的交流电压来增加交流发电机的输出电流。

图 2.29 所示为同一个交流发电机在不改动发电机结构的情况下，在中性点处加装两只整流二极管前后其输出电流随发电机转速变化而变化的曲线图。由图可知，发电机转速在 2000r/min 以上，中性点加装两只整流二极管的发电机与原发电机相比，其输出电流有明显增加，且随发电机转速的增加，其输出电流增加的幅度不断加大，到发电机转速大于6000r/min(相当于发动机转速超过 2000r/min)时，其输出电流增加的幅度基本趋于相等。实验证明，对于同样的发电机，在其中性点处加装两只整流二极管后，其输出功率可增大11%～15%。

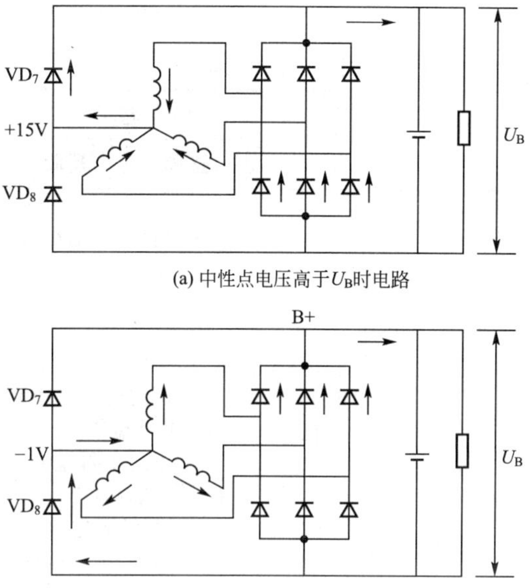

(a) 中性点电压高于U_B时电路

(b) 中性点电压低于0V时电路

图 2.28　中性点二极管工作原理

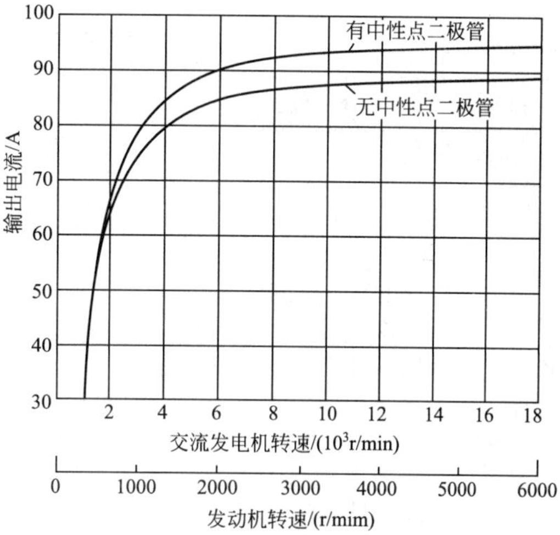

图 2.29　加装中性点二极管前后发电机输出电流比较图

2.4　交流发电机的检查、测试与故障诊断

2.4.1　交流发电机的检测技术

1. 交流发电机的检修

交流发电机运转 750h，汽车行驶 3 万千米后，一般发电机进行一次分体检修。其中，电刷及轴承是主要检查项目。若电刷磨损量超过限值，轴承间隙过大或有明显损伤时，必须及时予以更换。

交流发电机电气部分的故障主要有以下几项。

(1) 整流二极管烧坏而使发电机电压过低，造成充电电流过小或不充电。

(2) 发电机磁场绕组或电枢绕组有短路、断路或搭铁而使发电机发电电压过低或不发电。

(3) 电刷与滑环接触不良而使磁场绕组励磁电流过小或无励磁电流，造成发电机电压过低或不发电。

若发电机不发电或发电不良，则应对其进行检修。

2. 交流发电机解体前的检查

通过各种不解体检测方法，以确定发电机是否有故障和故障的大致部位。

1）检测交流发电机各接线柱之间的电阻

根据所测得的电阻值正常与否来判断连接两接线柱之间部件和线路是否有故障。内搭铁型发电机(JF132)和外搭铁型发电机(JF1522)检测的接线柱、接线柱之间的电阻参数及测量不正常时的可能故障见表2-3。

表2-3 检测JF132、JF1522型交流发电机各接线柱之间的电阻

	"F"与"—"	"F_1"或"F_2"与"—"	"F_1"与"F_2"	"B"与"—"	
				正向	反向
JF132	6～8Ω	—	—	40～50Ω	>1000Ω
JF1522	—	∞	≈4Ω		
检测可能的异常情况及故障原因	① 电阻值为0，则"F"接线柱搭铁或滑环之间短路 ② 电阻值过小，则为磁场绕组有短路 ③ 电阻值过大，则为电刷与滑环接触不良 ④ 电阻值为∞，则为磁场绕组或引线连接断路	① 电阻值为0，则"F1"或"F2"接线柱搭铁 ② 电阻值不为∞，则为磁场绕组绝缘不良	① 电阻值为0，则"F"接线柱搭铁或滑环之间短路 ② 电阻值过小，则为磁场绕组有短路 ③ 电阻值过大，则为电刷与滑环接触不良 ④ 电阻值为∞，则为磁场绕组或引线连接断路	① 正向电阻过小，有二极管短路 ② 正向电阻过大，有二极管断路 ③ 正反向电阻均为0，则"B"端子搭铁正、负极管至少有一只短路	

(1)"B"与"—"之间连接整流二极管，故有正反向电阻之分。由于万用表红表笔(+)连接其内部电源的负极，黑表笔(—)连接其内部电源的正极，因此测正向电阻时是黑表笔接"—"，红表笔接"+"(或"B")，测反向电阻时则将表笔调换连接。

(2)由于二极管的电阻呈非线性，用同一万用表的不同电阻挡位或不同型号的万用表测量时，万用表内部电源加在二极管上的电压会有所变化，测得的电阻值也会有较大的差别。表2-3中"B"与"—"之间的正向电阻是用万用表R×1Ω挡时的测量值。

(3)"F"为内搭铁型发电机的磁场接线柱，"F_1"和"F_2"是外搭铁型发电机的磁场接线柱。

2）电压波形显示检测

当发电机内部的二极管或电枢绕组有断路或短路时，发电机的输出电压波形就会异常，利用示波器通过电压波形显示，能够准确而迅速地进行故障分析和检修质量鉴定。各种电压显示波形的分析如图2.30所示。

3）交流发电机的试验

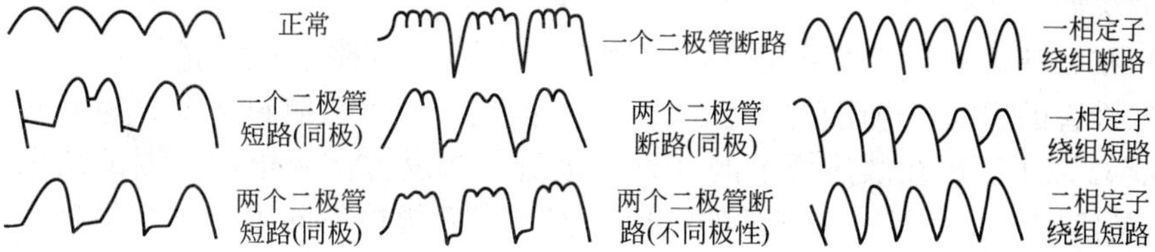

图 2.30 交流发电机各种故障的输出电压波形

图 2.31 为交流发电机试验电路，试验时，将发电机固定在试验台上，并由调速电动机驱动，先合上 K_1，由蓄电池向激磁绕组供电，然后逐渐提高发电机转速，并记下电压升高到额定值时的转速，即空载转速。然后打开 K_1 并合上 K_2，由发电机自己激磁，调节负载电阻，记下额定负载情况下电压达到额定值时的转速，即满载转速。试验结果应符合表 2-4 的规定，否则表明发电机有故障。

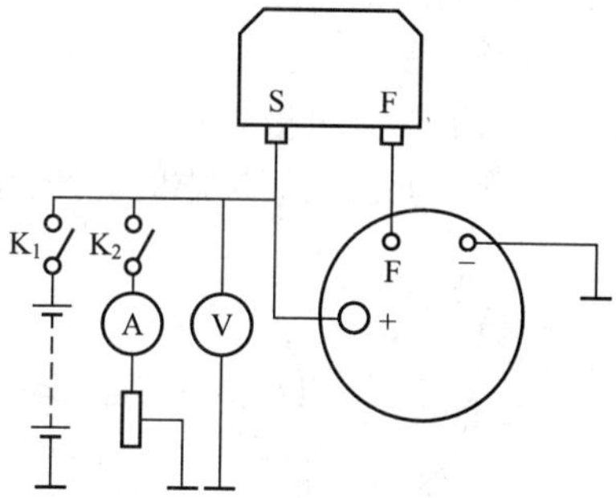

图 2.31 交流发电机试验台电路

表 2-4 国产交流发电机规格型号及参数

发电机型号	额定数据			空载转速/(r/min)	满载转速/(r/min)
	功率/W	电压/V	电流/A		
JF11 JF13 JF132	350	14	25	1000	2500
JF12 JF23	350	28	12.5	1000	2500
JF21 JF152 JF153	500	14	36	1000	2500
JF22 JF25	500	28	18	1000	2500
JF1000 JF210	1000	28	356	1000	2250
2JF150	150	44	11	1050	2000
JF200	200	14	15	1000	3500
JF01	175	14	13	1300	3500

3. 交流发电机解体后的检修

1）硅二极管的检查

拆开定子绕组与硅二极管的连接线后，用万用表 R×1 挡逐个检查每个硅二极管的性能。检查方法如下。

测量压在后端盖上的二极管时，将万用表的(－)测试棒(黑色)搭端盖，(＋)测试棒(红色)搭二极管的引线，电阻值应在8～10Ω范围内。然后将测试棒交换进行测量，电阻值应在1000Ω以上。压在散热板上的3只二极管是相反方向导电的，测试结果也应相反(上述数值是使用500型万用表测试的结果，若万用表规格不同则测试结果将有所变化)。若正反向测试时，电阻值均为零，则二极管短路；若电阻值均为无限大，则二极管断路。短路和断路的二极管均应更换。

在更换二极管时，必须识别二极管的正负极性。在负极搭铁的交流发电机中，压在后端盖上的二极管为负极管；压在散热板上的二极管为正极管。如果装错，同样会将二极管烧坏。当管壳上无任何标志时，应用万用表判断二极管的极性。

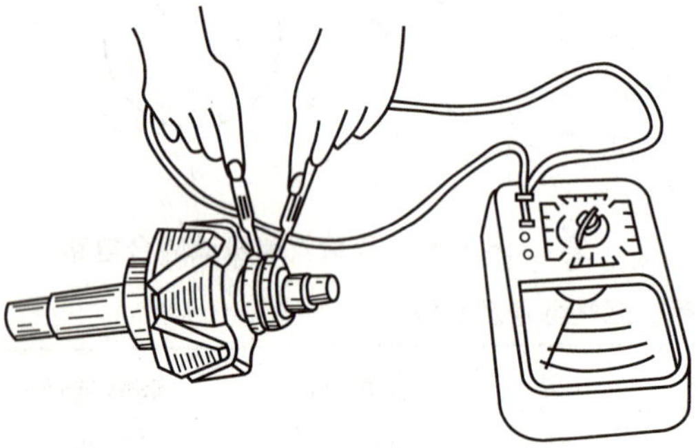

图 2.32　用万用表测量磁场绕组阻值

2) 磁场绕组的检查

用万用表检查磁场绕组，如图2.32所示。若电阻符合表2-5的规定，则说明磁场绕组良好；电阻小于规定值，说明磁场绕组有短路；若电阻无限大，则说明磁场绕组已经断路。然后按图2.33所示的方法，检查磁场绕组的绝缘情况。灯亮说明磁场绕组或滑环搭铁。磁场绕组若有断路、短路和搭铁故障时，一般需更换整个转子或重绕磁场绕组。重绕磁场绕组时可参考表2-5所列数据。

表 2-5　JF系列交流发电机定子、磁场绕组参数

型号	定子绕组						磁场绕组		
	槽数	每个线圈匝数	导线直径/mm	每相串联线圈数	节距	三相绕组接法	匝数	导线直径/mm	电阻值/Ω 20℃
JF11	36	13	1.08	6	1～4	星形	520	0.62	5.3
JF13	36	13	1.04	6	1～4	星形	530	0.62	5.3
JF12	36	25	0.83	6	1～4	星形	1060	0.44	19.3
JF23	36	25	0.83	6	1～4	星形	1100	0.47	20
JF21	36	11	1.08×2	6	1～4	星形	575	0.64	5
JF152	36	11	1.35	6	1～4	星形	600	0.67	5.5
JF22	36	21	1.08	6			1000	0.47	18
JF25	36	21	1.0	6	1～4	星形	1100	0.47	20
2JF750	36	8	1.2	6	1～4	星形	600	0.86	3.53
JF172	36	7	1.68	6	1～4	星形	700	0.74	5
JF750	36	15	0.93×2	6	1～4	星形	950	0.67	8.5
JF27	36	15	1.25	6	1～4	星形	1100	0.59	13
JF1000	42	12	1×2	7	1～4	星形	1250	0.67	14.7
JF210	36	14	1.08×2	6	1～4	星形	1200	0.67	13

（续）

型号	定子绕组						磁场绕组		
	槽数	每个线圈匝数	导线直径/mm	每相串联线圈数	节距	三相绕组接法	匝数	导线直径/mm	电阻值/Ω 20℃
JF01	42	21	1.04	4	1～4	星形	500	0.53	5
JFZ1813Z	36	7	2.0	6	1～4	星形	450	0.85	2.7
JFZ1813ZB	36	7 双线	1.3	6	1～4	星形	450	0.85	2.7
JFZ1815Z	36	7 双线	1.3	6	1～4	星形	350	0.67	3.3

3）定子绕组的检查

用万用表按图 2.34 所示的方法，检查定子绕组是否断路。按图 2.35 所示的方法，检查定子绕组是否搭铁。

定子绕组若有断路、短路和搭铁等故障，而又无法修复时，则需重新绕制。JF 系列交流发电机定子绕组的各项数据见表 2-5。

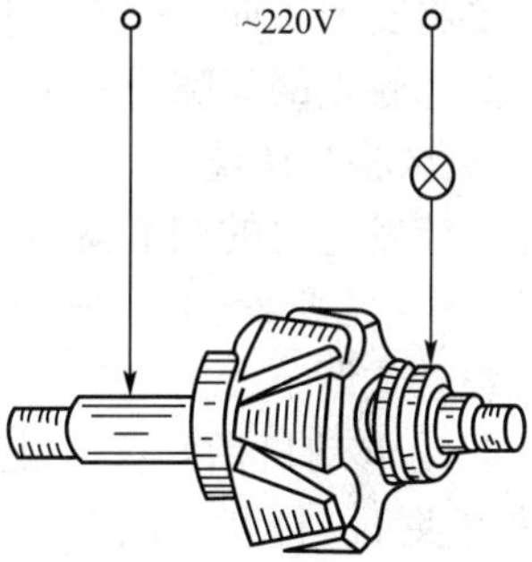

图 2.33　磁场绕组绝缘情况检查

4）发电机的装复

发电机装复之前，要在端盖的球轴承中加注润滑脂，一般只能填满轴承空腔的 1/2～3/4，不能注满。如加注过多，会使发电机运转时润滑脂溢出，脏污滑环，造成激磁不良。同时轴承内盖与端盖之间要加一片 0.3～0.5mm 的牛皮纸，以防润滑脂向发电机内溢出。

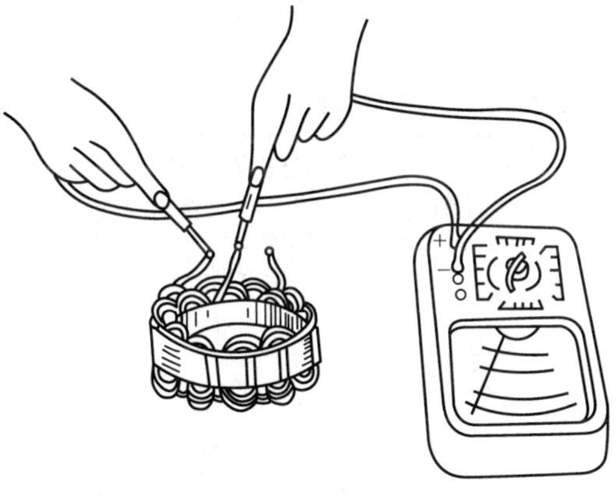

图 2.34　定子绕组断路检查

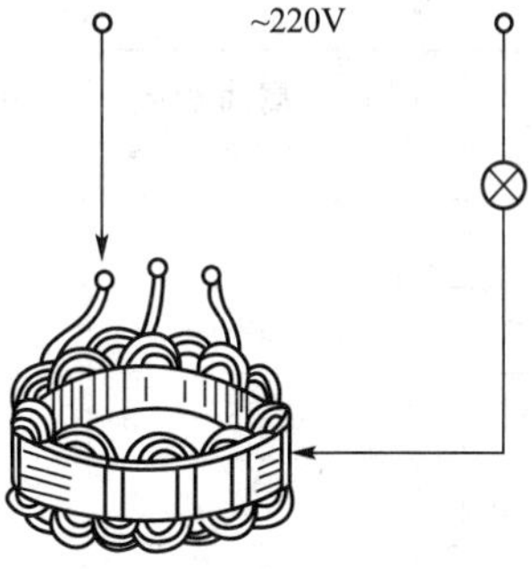

图 2.35　定子绕组搭铁检查

发电机装复后，需进行空载和满载试验，如性能符合表 2-4 的规定，即可交付使用。

装复的发电机还可以在汽车上进行试验。将蓄电池搭铁线暂时拆下，把一块 0～40A 的电流表串接到发电机电路中，再把一块 0～50V 的电压表接到发电机 B 与 E 之间，恢复蓄电池的搭铁线，以保证操作安全。起动机启动发电机，并提高转速，当发电机转速为 2500r/min 时，电压应在 14V 或 28V 以上，电流应为 10A 左右。此时打开前照灯、雨刮器等负荷，电流应为 20A 左右，表明发电机工作正常，可以投入使用。

2.4.2 调节器的检查与调整

1. 触点式电压调节器

1）触点、电阻和线圈状况的检查

检查触点是否氧化、烧蚀，电阻是否烧断以及线圈有无断路、短路等故障。调节器各线圈的匝数、线径、电阻值以及各电阻的阻值等数据均应符合有关规定。

2）各部间隙的检验与调整

电磁振动式调节器各部间隙的调整数据见表 2-6。以 FT61 型调节器为例，衔铁与铁芯间的间隙为 1.05～1.15mm，如不合规定，可将静触点 K_1 支架 1 上的螺丝松开，然后按需要将支架 1 向上或向下移动即可。

高速触点的间隙为 0.2～0.3mm，若不合规定，可移动触点 K2 的支架进行调整。

3）试验与调整

交流发电机的调节器需要调整的基本数据是低载时调节电压值以及低载与半载调节电压的差值(见表 2-6)，所需设备与试验交流发电机相同，按图 2.31 接线，现以 FT61 型电磁振动式调节器为例加以说明。

起动电动机后，先合上开关 K_1，让蓄电池向发电机激磁。待发电机自己激磁后，再将开关 K_1 打开，闭合开关 K_2。在发电机转速为 3000r/min 时，调节可变电阻，使发电机处于低载状况(12V 交流发电机为 4A，24V 交流发电机为 2A)，记下调节器所维持的电压值。若不合规定，用改变弹簧张力的方法，予以调整，直到调好为止。然后再调节可变电阻，使发电机处于半载状况(即输出电流为额定电流的一半)，记下调节器所维持的电压值。低载与半载调节电压的差值应符合表 2-6 规定。若超过+0.5V 时，可适当减小衔铁与铁芯间的气隙；若差值为负值时，可适当放大衔铁与铁芯间的气隙。

表 2-6 电磁振动式调节器的调整数据

型号	规格/V	高速触点间隙/mm	衔铁与铁芯的气隙/mm	低载时调节电压值/V	低载与半载调节电压的差值/V	磁场继电器闭合电压/V
FT70	12	0.3～0.4	1.2～1.3	13.8～14.5	≯0.5	—
FT70A	24	0.3～0.4	1.2～1.3	27.6～29.0	≯1.0	—
FT61	12	0.25～0.3	1.05～1.15	13.2～14.2	≯0.5	—
FT61A	24	0.2～0.3	1.2～1.3	27.6～29.0	≯1	8～10
FT121	14	0.25	1.0～1.2	13.5～14.5	≯0.5	4～5
FT221	28	0.25	1.0～1.2	27.0～29.0	≯1.0	8～10
FT212	28	0.25	1.0～1.2	27.0～29.0	≯1.0	

2. 晶体管调节器的检查、试验与调整

1）晶体管调节器的故障与检查

晶体管调节器由于使用不当或质量不佳，可能出现如下故障。

(1) 发电机不发电。发电机不发电可能因为功率三极管断路、稳压管或小功率三极管损坏等而使功率三极管始终处于截止状态而造成的。

(2) 发电机电压过高、充电电流过大，车上灯泡特亮或烧坏，蓄电池电液沸腾，消耗过快。出现这种现象的原因一般为大功率三极管短路、稳压管或小功率管损坏而使大功率三极管始终处于饱和导通状态。

如出现上述故障现象，可将调节器从车上拆下进行检查。方法是用一台电压可调的直流稳压电源(输出电压 0～30V、电流 3A)和一只 12V(或 24V)、20W 的车用小灯泡代替发电机磁场绕组，按图 2.36 接线后进行试验。

由于内搭铁和外搭铁式晶体管调节器灯泡的接法不同，在试验接线时应知道调节器的搭铁形式。

调节直流稳压电源，使其输出电压从零逐渐增高时，灯泡应逐渐变亮。当电压升到调节器的调节电压(14V±0.2V 或 28V±0.5V)时，灯泡应突然熄灭。再把电压逐渐降低时灯泡又点亮，并且亮度随电压降低而逐渐减弱，则说明调节器良好。电压超过调节电压值，灯泡仍不熄灭或灯泡一直不亮，说明调节器有故障。

如果没有可调直流稳压电源，也可用两个 12V 蓄电池串联，如图 2.37 所示接线。再将调节器的“+”端逐级接触蓄电池单格电池的“+”端，使电压逐级变化来代替可调直流电源，同样可进行试验。

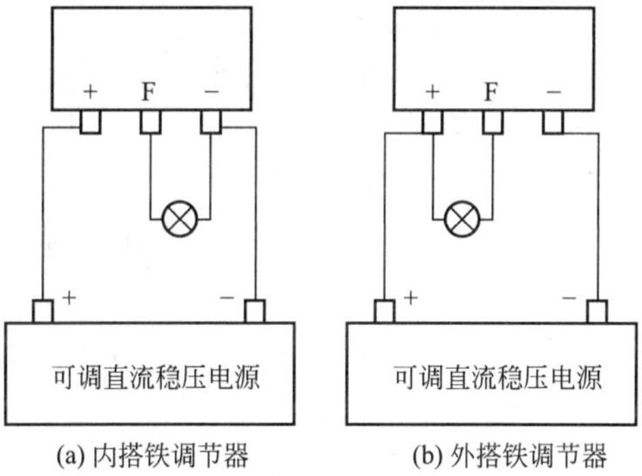

图 2.36 晶体管调节器的故障判断

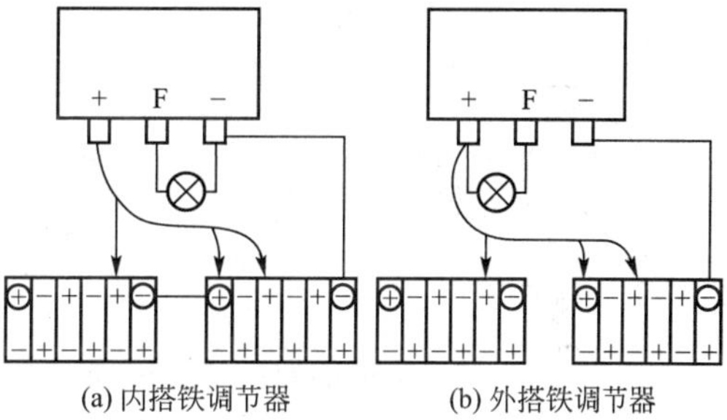

图 2.37 用蓄电池和灯泡检查晶体管调节器

2) 晶体管调节器的就车检查

在调节器“F”接线柱和发电机“F”接线柱之间，串联一只量程为 10A 的直流电流表，如图 2.38 所示，用以测量激磁电流和转速之间的变化关系。起动发动机，如果电流表无指示，多为大功率管断路；如果电流表有指示，但在低速时无变化，而在转速升高到 800～1000r/min 之后，电流随发动机转速的升高而加大，说明大功率管短路或稳压管、小功率管断路，这时发电机电压过高，导致蓄电池过充电；如果电流随发动机转速的升高而减小(图 2.38 中虚线所示)，则表明调节器完好。

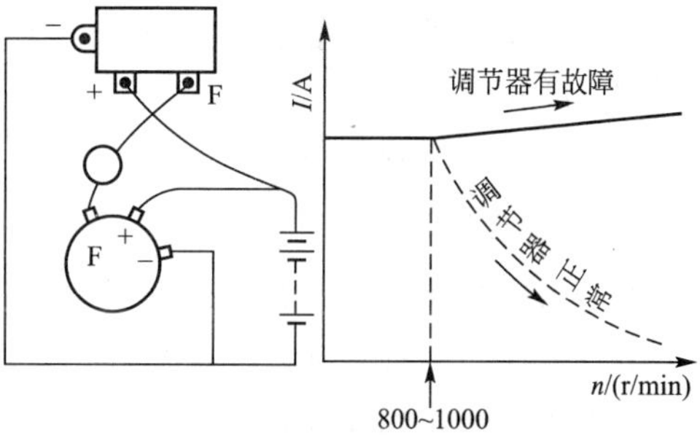

图 2.38 晶体管调节器的检查

3. 内装集成电路调节器的检查

由于集成电路调节器都是用环氧树脂封装或塑料模压而成的全密封结构。因此，损坏或失调后，只能更换新件，而无法修复或调整，故只需检查出调节器好坏即可。

判断集成电路调节器好坏的最简单方法是就车检查。检查之前，应首先搞清楚发电机、集成电路调节器与外部连接端子的含义。

带有集成电路调节器的整体式交流发电机与外部(蓄电池、线束)连线端子通常用“B+”(“+B”)、“IG”、“L”、“S”(“R”)和“E”(“－”)等符号表示，这些符号通常在发电机端盖上标出，其含义如下。

“B+”(“+B”)：为发电机输出端子，用一根很粗的导线连至蓄电池正极或起动机上。

“IG”：通过线束接至点火开关。在有的发电机上无此端子。

“L”：为充电指示灯连接端子，该导线通过线束接仪表板上的充电指示灯或充电指示继电器。

“S”(或“R”)：为调节器的电压检测端子，通过一根稍粗的导线通过线束直接连接蓄电池的正极。

“E”：为发电机和调节器的搭铁端子。

上述端子的含义也可参考多功能集成电路调节器一节的有关电路。

就车检查集成电路调节器所需的设备与检查晶体管调节器时相同。

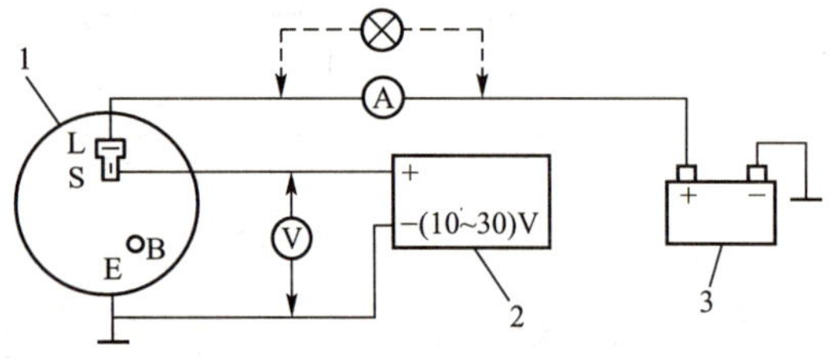

图 2.39　集成电路调节器的检查

1—交流发电机；2—可调直流稳压电源；3—蓄电池

首先拆下整体式发电机上所有连接导线，在蓄电池正极和交流发电机“L”接线柱之间串联一只5A电流表，如无电流表，可用12V/20W车用灯泡代替(对24V调节器可用24V、25W的车用灯泡)，再将可调直流稳压电源的“+”极接至交流发电机的“S”接头，“－”极与发电机外壳或“E”相接，如图2.39所示。

接好后，调节直流稳压电源，使电压缓慢升高，直至电流表A指零或测试灯泡熄灭，该直流电压就是集成电路调节器的调节电压值。如该值在13.5～14.5V的范围内，说明集成电路调节器正常。否则，说明该集成电路调节器有故障。

也可从发电机上拆下集成电路调节器进一步检查，其检查方法基本上同检查晶体管调节器的方法相同。但要注意：接线时应搞清楚调节器各引脚的含义，否则，会因为接线错误而损坏集成电路调节器。

4. 调节器的代换

调节器在使用过程中若损坏而又无法买到原配件时，就产生了调节器的代用问题。尤其是进口汽车，车型复杂，改进也快。若调节器损坏，很难买到原配调节器，即使能买到其价格也很昂贵，因此经常会用国产调节器替换进口调节器。

调节器的代换应遵循以下原则：

(1) 标称电压应相同。即14V发电机应配14V的调节器，28V发电机配28V调节器。

(2) 代用调节器所配发电机功率应与原发电机功率相同或相近。

(3) 搭铁形式应相同。即内搭铁发电机应配内搭铁调节器；外搭铁发电机应配外搭铁发电机。如代用调节器的搭铁形式与发电机的搭铁形式不同，可改变发电机的搭铁形式。

(4) 代用调节器的结构形式应尽量相同或相近，这样可使接线变动最小，代换容易成功。

(5) 安装代用调节器时，应尽量装在原位或离发电机较近处。

2.4.3 交流发电机充电系统的使用与故障诊断

1. 交流发电机与调节器的正确使用

为了保证电源系统的使用性能，交流发电机与调节器在使用中应注意以下几点。

(1) 汽车交流发电机均为负极搭铁，蓄电池搭铁极性必须与发电机一致。否则，蓄电池正向加在整流二极管上会烧坏二极管。

(2) 发电机运转时，不能短接交流发电机的“B”和“E”端子(即用试火花的方法)来检查发电机是否发电。否则，容易烧坏整流二极管。

(3) 一旦发现发电机不发电或充电电流很小时，就应及时找出原因并排除故障。如果继续运转，那么故障就会扩大。例如，当一只二极管短路后，就会导致其他二极管和定子绕组被烧坏。

(4) 当整流器的6只整流二极管与定子绕组连接时，禁止使用220V交流电源检查发电机的绝缘情况。否则，将会损坏二极管。

(5) 调节器与交流发电机的搭铁形式、电压等级必须一致。否则，充电系统不能正常工作。对于外搭铁型发电机和外搭铁型调节器，磁场电流是由电源正极，经点火开关SW、磁场绕组、调节器“磁场”端子“F”流入调节器，再经调节器内部大功率晶体管(NPN型晶体管)后，从调节器“搭铁”端子流回电源负极。对于内搭铁型发电机与内搭铁型调节器，磁场电流则是由电源正极，经点火开关SW，从调节器“+”端子流入，先经内部大功率晶体管（PNP型），从调节器“磁场”端子“F”流出，再经发电机磁场绕组、搭铁回到电源负极。由此可见，内搭铁型调节器只能与内搭铁型发电机配用；外搭铁型调节器只能与外搭铁型发电机配用。否则，发电机就没有磁场电流而不能输出电压，蓄电池使用寿命将大大缩短。当调节器与发电机的搭铁形式不匹配而又急需使用时，只能通过改变发电机磁场绕组的搭铁形式，使发电机与调节器的搭铁形式一致。

(6) 交流发电机的功率不得超过调节器所能匹配的功率。调节器所能匹配的功率，取决于大功率晶体管的功率。发电机功率越大，磁场电流亦越大(如14V/750W交流发电机的磁场电流为3～4A；14V/1000W交流发电机，其磁场电流为4～5A)。磁场电流越大，对大功率晶体管的技术要求就越高，成本也就越高。大功率发电机的调节器配小功率发电机使用时，虽然不会影响充电系统工作，但成本较高，不经济。然而，小功率发电机的调节器则不能与大功率发电机配用，因为一方面是调节器会因超负荷工作而使使用寿命大大缩短；另一方面是控制磁场电流的晶体管的管压降增大，磁场电流最大值减小，发电机空载转速和额定转速都将增高，交流发电机的输出性能将降低。

(7) 汽车停驶时应断开点火开关，以免蓄电池长时间向磁场绕组放电。在汽车上，一旦接通电源，调节器的大功率管就始终处于导通状态，汽车停驶时大功率管始终导通(夜间停驶也是如此)，而且此时磁场电流接近最大值，不仅会使电子调节器使用寿命大为缩短，而且还会导致蓄电池亏电。试验证明：当调节器不受开关控制而直接与充足电的蓄电池连通时，使用5～7天，蓄电池便不能起动发动机，调节器的使用寿命也只有100天左右。

2. 充电系统常见故障及其诊断

充电系统常见的故障是不充电、充电电流过大或过小、充电电流不稳定等。充电系统的电路结构不同，故障现象和涉及的故障原因、故障诊断方法等也不尽相同。下面以一普通的充电系统(图2.40)为例，介绍充电系统常见故障的诊断方法。

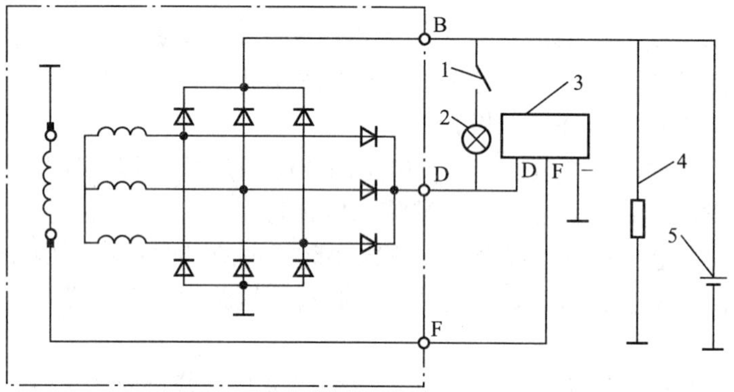

图2.40 发电机端电压直接控制的充电指示灯电路(9管整流)

1—点火开关；2—充电指示灯；3—调节器；4—用电设备；5—蓄电池

1) 不充电(充电指示灯不亮)

(1) 故障现象：接通点火开关时，充电指示灯不亮，并且蓄电池会很快亏电。

(2) 故障原因：充电电路的故障。点火开关至发电机“F”接线柱线路有断路，熔丝烧断(发电机励磁回路有熔断器保护的充电电路)。

发电机的故障：磁场绕组有断路，电刷与滑环严重接触不良。

调节器的故障：电子式调节器开关晶体管断路或内部电路故障而使开关晶体管不能导通。

充电指示灯已烧坏。

(3) 故障诊断：检查连接发电机励磁回路的熔丝(若有的话)，如果已烧断则予以更换。接通点火开关后，测量调节器“D”接线柱对地电压。若电压为0V，则应检查调节器“D”接线柱至点火开关的线路有无断路及充电指示灯是否烧坏；若为蓄电池电压，则进行下一步。

在接通点火开关时，测量调节器“F”接线柱对地电压。若电压为0V或很低，则需检修或更换调节器；若为蓄电池电压，则进行下一步。

在接通点火开关时，测量发电机“F”接线柱对地电压。若电压为0V，则需检修发电机至调节器之间的电路；若为蓄电池电压，则需检修发电机。

2) 不充电(充电指示灯不熄灭)

(1) 故障现象：发动机以怠速以上的转速运转时，充电指示灯不熄灭(装电流表的充电系统，电流表指示放电)，并且蓄电池会很快亏电。

(2) 故障原因：充电电路的故障。发电机“D”或“F”接线柱搭铁，发电机“D”、“F”至调节器“D”、“F”之间线路有搭铁。

发电机的故障：电枢绕组有短路、断路或搭铁，磁场绕组有短路或搭铁，整流二极管有断路或短路等。

调节器的故障：调节器内部电路搭铁。

机械故障：发电机安装松动或传动带磨损而打滑。

(3) 故障诊断：检查发电机传动带是否松动打滑，如果是，予以排除；如果不是，则进行下一步。

检查有关线路有无搭铁，直观检查有关线路线束无破损搭铁后，还需用万用表进行检查，拆下发电机“D”和“F”接线柱上的接线，测量“D”和“F”导线端子与接地之间的电阻，应为∞。如果电阻为0或很小，则为线路搭铁或有漏电故障，应予以修理或更换。如果无搭铁，则进行下一步。

检查发电机是否正常发电，方法是：拆下调节器“F”上的导线，并与“D”相接(短路调节器)，然后使发电机在怠速以上的转速下运转，看充电指示灯是否熄灭。如果能熄灭，说明发电机能正常发电，需检查或更换调节器。如果充电指示灯仍不熄灭，则为发电机有故障，应对其进行检修或更换。

3) 充电电流过小

故障现象：充电指示灯能熄灭或在较高的转速下才能熄灭，充足电的蓄电池很容易出现亏电，夜间前照灯亮度低(装有电流表的充电系统，发动机在中速以上运转，且蓄电池存电不足，比如刚刚起动不久的情况下，电流表指示的充电电流在5A以下，或发动机在中速以上时，开前照灯电流表即指示放电)。

充电电流过小的故障原因有以下几项：

(1) 充电线路连接不良，接触电阻过大。

(2) 发电机有故障。磁场绕组有局部短路，电刷与滑环接触不良，电枢绕组有断路或短路，整流二极管有短路或断路。

(3) 调节器电子元件性能变化而使调节电压值下降(电子调节器)。

(4) 发电机传动带打滑。

故障诊断步骤如下。

(1) 检查发电机传动带的松紧度与充电线路的连接，如果传动带过松，将其调整至适当程度；如果线路连接处有松动，则将其紧固。

(2) 检查发电机是否正常发电，方法是：拆下调节器“F”上的导线，并与“D”相接(短路调节器)，然后慢慢提高发电机的转速，并测量发电机“D”或“B”接线柱对地电压。如果电压能随发电机转速的升高而上升至调节电压值，则说明发电机正常，应检修或更换调节器。如果发电机转速升高时，电压变化很小，在发电机转速很高时也达不到调节电压值，则为发电机故障，应对其进行检修。如果检查发电机、调节器及线路等均无故障，但蓄电池很容易出现亏电，则可能是蓄电池极板硫化，应检查或更换蓄电池。

4) 充电电流过大

故障现象：汽车各种灯泡易烧，蓄电池电解液消耗过快(装有电流表的充电系统，电流表始终指示 10A 以上的充电电流）。

充电电流过大的故障原因有以下两项。

(1) 调节器故障。电子调节器开关晶体管短路或其他电子元件故障而使开关晶体管不能截止。

(2) 线路故障。电子调节器接线错误。

故障诊断：检查调节器与发电机的连接线路是否有误或调节器的搭铁是否良好，若线路无问题，则应检查或更换调节器。

5) 充电电流不稳定

故障现象：充电指示灯忽明忽暗变化不定(装有电流表的，电流表指针来回摆动)。

充电电流不稳定的故障原因有以下几项。

(1) 发电机故障。电刷与滑环接触不良，内部导线连接处松动。

(2) 调节器故障。调节器元件松动或搭铁不良。

(3) 电路故障。充电系统有关线路连接处松动。

(4) 发电机传动带较松，时而打滑。

诊断故障步骤如下。

(1) 检查发电机传动带的松紧度及线路连接，必要时予以调节和紧固。

(2) 拆下调节器“F”接线柱导线，连接于“D”接线柱(将调节器短路)，使发电机保持高怠速运转。如果充电指示灯忽明忽暗现象消失，则说明发电机无故障，应检修或更换调节器。如果充电指示灯仍有忽明忽暗的变化，则需检修发电机。

习　题

一、名词解释

1. 交流发电机的输出特性
2. 交流发电机的空载特性
3. 交流发电机的外特性

二、填空题

1. 汽车交流发电机的________是发电机的磁极部分，其功用是产生磁场。
2. 交流发电机的________是发电机的电枢部分，其功用是产生交流电。
3. 交流发电机________的作用是将发电机定子绕组产生的三相交流电变换为直流电。
4. 交流发电机的________电压等于交流发电机输出电压的一半。
5. 交流发电机电子式调节器的大功率管短路时，交流发电机将发生________现象。

三、思考题

1. 交流发电机的基本组成有哪些部分？各起什么作用？
2. 何谓交流发电机的输出特性？交流发电机为什么具有这样的输出特性？
3. 何谓交流发电机的外特性？交流发电机具有这样的外特性的原因有哪些？
4. 交流发电机的电压调节原理是什么？
5. 电子式调节器如何对交流发电机进行电压调节？
6. 发电机充电指示灯有何作用？交流发电机充电指示灯的控制方式有哪些？
7. 如何检查交流发电机是否有故障？如何通过试验来检验交流发电机的性能好坏？

第3章 起动系统

本章教学要点

知识要点	掌握程度	相关知识
起动机的结构及工作原理	掌握起动系统的组成及作用 掌握起动机的组成及其作用	起动系统和起动机的区别
直流串励式电动机	掌握电动机的结构、工作原理	直流电动机的结构及工作原理 直流电动机转矩自动调节原理
传动机构	了解起动机的传动机构，掌握单向离合器的构造及工作原理	传动机构的组成，滚柱式、摩擦片式、扭簧式单向离合器
起动机的工作特性	掌握起动机的工作特性	电动机的转矩特性、机械特性，起动机的功率特性
起动机的分类及型号	了解起动机的种类及型号	
电磁控制强制啮合式起动机	掌握两种典型起动机的构造及工作原理	国产 QD124 型起动机 丰田汽车常规型起动机
其他形式的起动机	掌握电枢移动式起动机的工作原理；了解齿轮移动式起动机工作原理；掌握减速式起动机的工作原理	电枢移动式起动机 齿轮移动式起动机 减速式起动机
起动机驱动保护电路	掌握驱动保护电路的作用，掌握起动机驱动保护电路的工作原理	起动机的驱动保护电路
起动机的试验与调整	了解起动机的试验与调整方法	起动机的试验与调整
起动系统的常见故障及排除	了解起动系统的常见故障及排除方法	起动系统的常见故障

导入案例

发电机与起动机是历史上最伟大的电学发明！1831年，英国物理学家法拉第在证明磁能生电以后，发明了第一台转轮式发电机。而美国物理学家亨利于1831年发现自感现象后，发表了介绍电动机的论文。根据发电机原理，做成与发电机原理相反的电动机(马达)，这就是起动机。可以说，发电机技术进步的同时就有了起动机。1912年凯迪拉克轿车使用了直流发电机。1962年通用汽车公司采用了二极管整流的交流发电机。目前汽车使用的发电机都是交流发电机。

在汽车未安装电起动装置之前，汽车发动机都必须用手柄摇动曲轴来起动，既费力又危险。一旦发动机起动，手摇曲柄很容易从人们手中脱开旋转起来，有时曲柄会打伤驾驶员发生事故。起动机就是在一次偶然事故后产生的，1910年凯迪拉克汽车公司老板亨利·利兰德的一位好友为一辆抛锚的凯迪拉克轿车摇起动手柄时，由于发动机产生回火而被手柄打伤额部致死。由此利兰德邀请工程师查尔斯·凯特林研究发动机的电起动装置。1912年凯迪拉克轿车开始使用了电起动装置。

汽车发动机不能自己起动，它必须借助外力转动曲轴而实现起动。发动机由静止状态转为运转状态的过程称为起动，即发动机依靠外力带动、使其依靠自身运转的惯性，而进入连续不断的吸气、压缩、燃烧、排气运行循环时，发动机才能视为完全起动。汽车发动机常用的起动方式有人力起动和电力起动等。人力起动最简单，但不方便，劳动强度大，目前在有些载货汽车上还作为后备方式而保留着。电力起动方式操作轻便，起动迅速、可靠，且具有重复起动的能力，所以现代汽车基本都采用这种起动方式。

汽车起动系统主要由起动机、起动继电器、起动开关(汽油机的起动开关和点火开关在一起，所以通常简称点火开关)和蓄电池等组成，如图3.1所示。

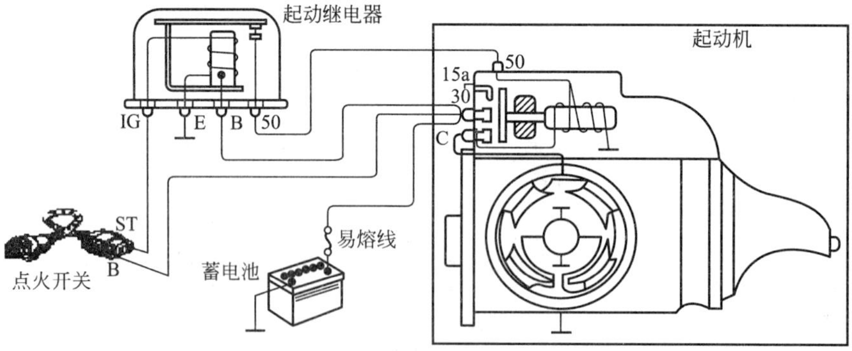

图3.1 起动系统的组成

起动机是起动系统中的特有部件，其作用是将蓄电池的电能转变为机械能，驱动发动机使其起动。在各种各样的起动装置中，目前汽车上普遍使用的是电力起动机，即以电动机作为起动动力将蓄电池的电能转换成机械运动来起动发动机。

3.1 起动机的结构及工作原理

起动机由直流电动机、传动机构和电磁开关三部分组成，目前汽车用起动机都采用直流串励式电动机。图 3.2 所示为一典型起动机的整体结构图，图中拨叉 1、驱动齿轮 3 和单向离合器 4 构成了起动机的传动机构。

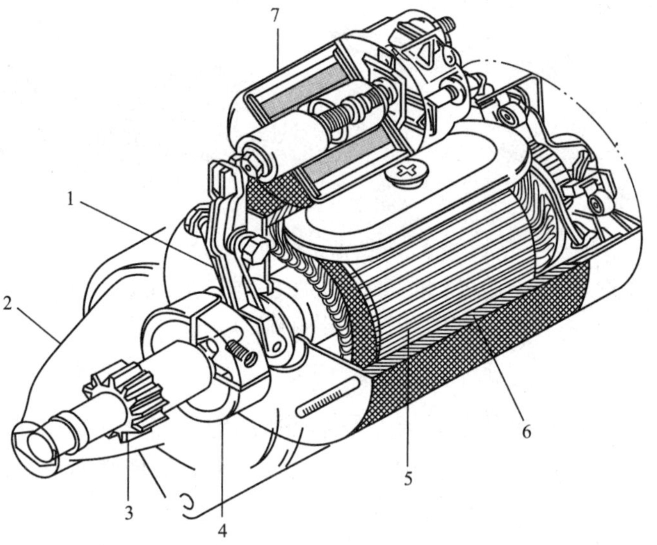

图 3.2 起动机整体结构图

1—拨叉；2—传动机构外壳；3—驱动齿轮；4—单向离合器；5—串励式直流电动机；6—起动机机壳；7—电磁开关

起动机三大组成部分的作用如下。

(1) 直流串励式电动机。其作用是产生转矩，即将蓄电池电能转变为机械能。

(2) 传动机构。其作用是在发动机起动时，使起动机驱动齿轮啮入飞轮齿环，将起动机转矩传给发动机曲轴；而在发动机起动后，使驱动齿轮自动打滑，避免起动机发生电枢飞散的“飞车”事故。

(3) 控制装置(电磁开关)。用来接通和切断电动机与蓄电池之间的电路，控制起动机驱动齿轮与发动机飞轮的啮合与分离。在有些汽油机上，还具有接入和隔除点火线圈附加电阻的作用。

3.1.1 直流串励式电动机

1. 电动机的构造

励磁绕组与电枢绕组串联的电动机称为直流串励式电动机。直流串励式电动机主要由磁极、电枢、电刷以及机壳等组成，如图 3.3 所示。

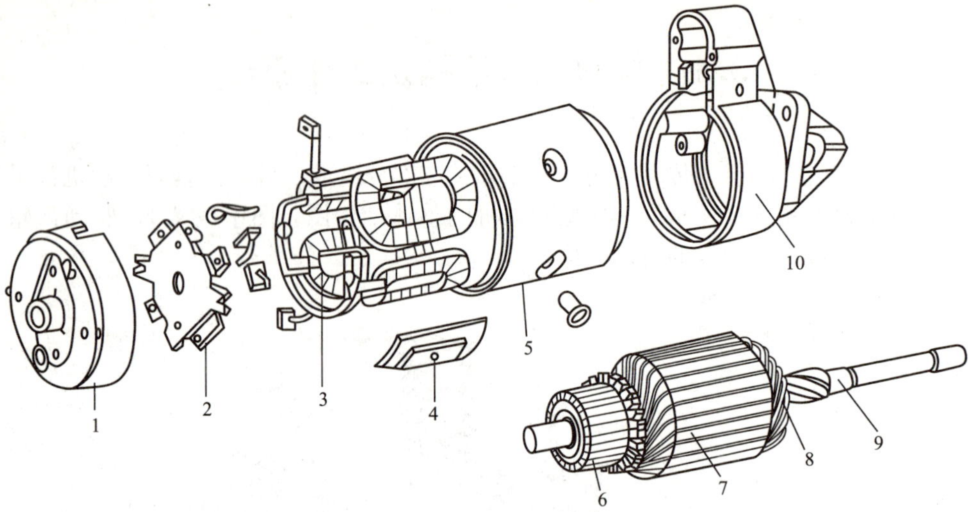

图 3.3 直流电动机的结构

1—端盖；2—电刷架；3—磁场绕组；4—磁极铁芯；5—机壳；6—换向器；7—电枢铁芯；8—电枢绕组；9—电枢轴；10—后端盖

1）磁极

磁极的作用是建立电动机的电磁场，是电动机的定子部分。它由磁极铁芯和装在铁芯上的磁场绕组组成(图 3.3)。磁场绕组用矩形截面的裸铜条绕制而成，磁极铁芯一般由低碳钢制成，并通过螺钉固定在电动机壳体上。

磁极与磁路如图 3.4 所示，汽车用起动机上一般是 4 个(2 对)磁极，为增大起动机电磁转矩，大功率起动机(功率超过 7.5kW)可装有 6 个(3 对)磁极。但不论采用几对磁极，其磁场绕组所产生的极性必需相互交错。

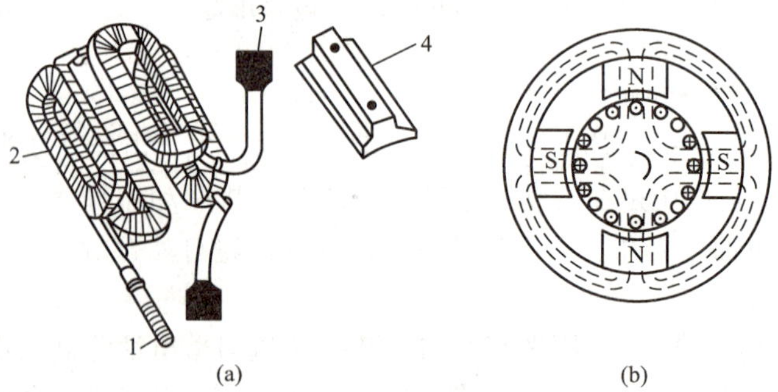

图 3.4 磁极与磁路

1—绝缘接线柱；2—磁场绕组；3—绝缘电刷；4—磁极铁芯

磁场绕组一端接在外壳的绝缘接线柱上，另一端与两个非搭铁电刷相连，当起动开关接通时，起动机的电路为：蓄电池正极→绝缘接线柱→磁场绕组→绝缘电刷→电枢绕组→搭铁电刷→搭铁→蓄电池负极。

磁场绕组和电枢绕组常见的连接方式有两种，一种是 4 个绕组相互串联，如图 3.5(a)所示。另一种是 4 个绕组两串两并，如图 3.5(b)所示。

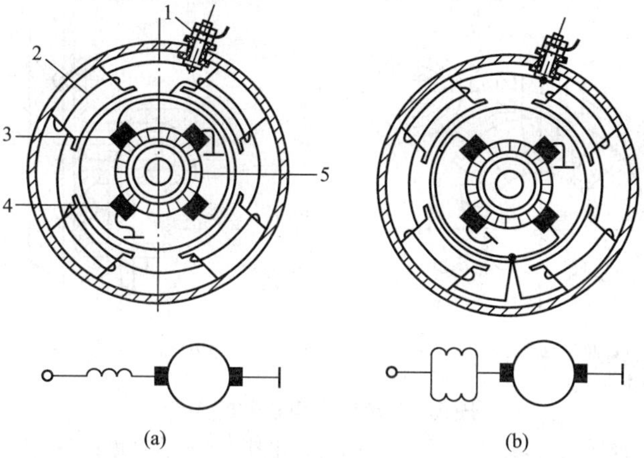

图 3.5 磁场绕组的接法

1—绝缘接线柱；2—磁场绕组；3—绝缘电刷；4—搭铁电刷；5—换向器

2）电枢

电枢的作用是通入电流后，在磁极磁场的作用下产生一个方向不变的电磁转矩。电枢是电动机的转子部分，它主要由电枢轴、电枢铁芯、电枢绕组及换向器等组成(图 3.3)。电枢铁芯用多片互相绝缘的硅钢片叠加而成，它的内圆开有花键槽，用于与电枢轴的固定；电枢铁芯的外圆也有开槽，用于绕放电枢绕组。电枢绕组用很粗的矩形裸铜线采用波绕法绕制在电枢铁芯的外圆槽内，各绕组的端子则焊接在换向器的接线槽内。

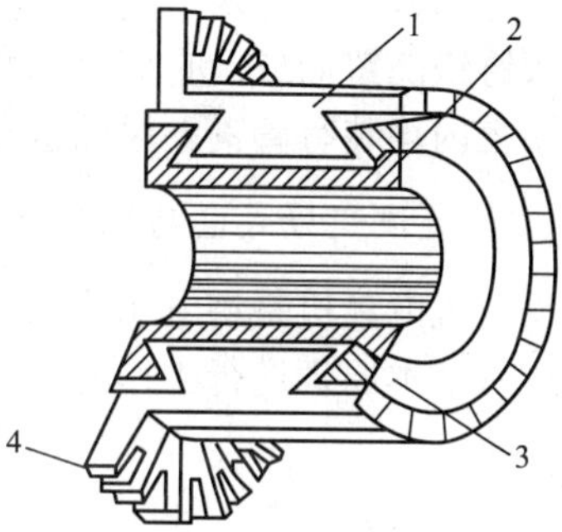

图 3.6 换向器构造

1—铜片；2—轴套；3—压环；4—接线槽

换向器的作用是连接磁场绕组、电枢绕组和电源，并保证电枢产生的电磁力矩方向不变，使电枢轴能输出固定方向的转矩。换向器的结构如图 3.6 所示，它由许多截面呈燕尾形的铜片围合而成，铜片嵌在换向器轴套和压环组成的槽中，铜片之间以及铜片与轴套、压环之间均用云母绝缘。铜片一端有用于焊接电枢绕组线头的接线槽。

3）电刷与刷架

电刷和换向器配合使用，用来连接磁场绕组和电枢绕组的电路，并使电枢轴上的电磁力矩保持固定方向。

电刷装在电刷架中，借助盘形弹簧压力将其紧压在换向器上，电刷架固定在前端盖上，如图 3.7 所示。电刷的个数与磁极数相同，4 个磁极的电动机中两个电刷架与端盖绝缘，称为绝缘电刷架，另外两个电刷架与端盖直接铆合而搭铁，称为搭铁电刷架。也有的电动机是通过磁场绕组的一端与机壳连接实现内部电路搭铁，这种电动机的所有电刷架都与机壳绝缘。

电刷由铜和石墨粉压制而成，加入铜是为了减少电阻并增加耐磨性。

4）机壳及端盖

机壳用钢管制成，一端开有窗口，作为观察电刷与换向器工作之用，平时用防尘箍盖

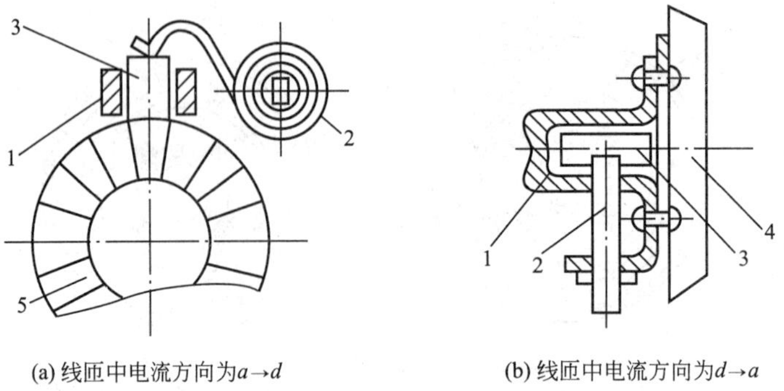

图 3.7　电刷与电刷架的组合

1—框式电刷架；2—盘形弹簧，3—电刷；4—前端盖；5—换向器

住。机壳上只有一个电流输入接线柱并在内部与磁场绕组的一端相接。机壳的内壁通过螺钉固定磁极。

起动机有前后两个端盖。前端盖一般用钢板压制而成，其上装有 4 个电刷架，后端盖为灰铸铁浇铸而成。它们分别装在机壳的两端，靠两个长螺栓与电动机机壳固定在一起。两端盖内均装有青铜石墨轴承套或铁基含油轴承套，以支承电枢轴。

2. 直流串励式电动机的工作原理

直流电动机是将电能转变为机械能的设备，它是根据通电导体在磁场中受到电磁力作用这一基本原理进行工作的，其工作原理如图 3.8 所示。

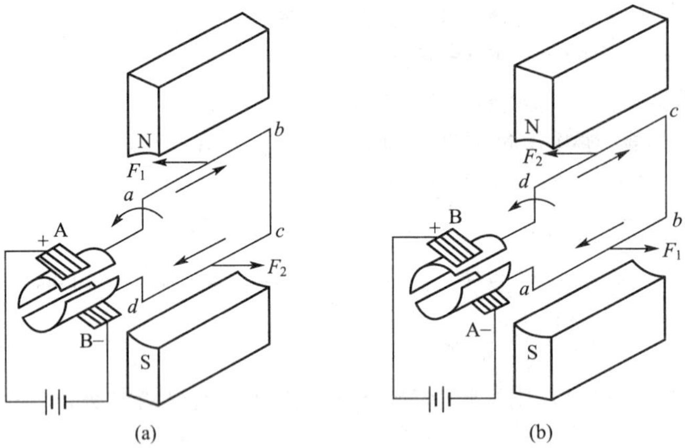

图 3.8　直流电动机的工作原理

电动机的电刷与直流电源相接，电流由正电刷和换向片 A 输入，经电枢绕组后从换向片 B 和负电刷流出(图 3.8(a))。此时绕组中的电流方向为 $a \to d$，由左手定则可以确定导体 ab 受向左的作用力 F_1，导体 cd 受向右的作用力 F_2，且 F_1 与 F_2 相等，整个绕组受到逆时针方向的转矩作用而转动。当电枢转过半周(图 3.8(b))，换向片 B 与正电刷接触，换向片 A 则与负电刷接触，绕组中的电流方向变为 $d \to a$，因而在 N 极和 S 极下面导体中的电流方向总是保持不变，电磁转矩的方向也就不变，使电枢受转矩作用仍按逆时针方向

转动。这样在电源连续对电动机供电时，电枢就不停地按同一方向转动。

由于一个线圈所产生的转矩太小，转速又不稳定，因此实际的直流电动机为了产生足够大的、且能保持转速稳定的电磁力矩，其电枢上绕有很多组线圈，换向器的铜片也随之相应增加。

3. 直流电动机的转矩

由电磁理论可知，当直流电动机接上直流电源时，由于载流导体在磁场中受到电磁力的作用，产生电磁转矩使电枢旋转。而作用在电枢每根导线上的平均电磁力为

$$F=BIL \tag{3-1}$$

式中：B 为每一磁极下的平均磁感应强度；I 为导体内电流强度；L 为导体有效长度。

设电动机中有 $2P$ 个磁极（P 为磁极对数），每个磁极的磁通量为 Φ，电枢的直径为 D，则每一磁极下的电枢表面积为

$$A=\frac{\pi DL}{2P} \tag{3-2}$$

每一磁极下的平均磁感应强度

$$B=\frac{\Phi}{A} \tag{3-3}$$

导体内的电流强度

$$I=\frac{I_s}{2\alpha} \tag{3-4}$$

式中：I_s 为电枢电流；α 为电枢绕组的支路对数，当采用波绕法时，$\alpha=1$。

作用在电枢上的电磁转矩

$$M=F\cdot\frac{D}{2}\cdot Z \tag{3-5}$$

式中 Z 为电枢绕组的总根数。将式(3-1)、式(3-2)、式(3-3)、式(3-4)、式(3-5)进行整理后，得出直流电动机转矩

$$M=\frac{PZ}{2\pi\alpha}I_s\Phi$$

式中：$\frac{PZ}{2\pi\alpha}$取决于直流电动机的结构，为一常数，用 C_m 表示，称为电机常数。

则电动机通电后所产生的电磁转矩 M 与磁极的磁通量 Φ 及电枢电流 I_s 之间的关系为

$$M=C_m I_s\Phi \tag{3-6}$$

由上述推导可知，直流电动机电磁转矩的大小与电枢电流及磁极磁通量的乘积成正比。欲增大电动机的转矩，应增大其电枢电流或增强其磁通。

4. 直流电动机转矩自动调节原理

直流电动机通电时，产生电磁转矩，使电枢旋转。然而电枢旋转时，其绕组又会切割磁力线，电枢绕组中又会产生感应电动势，其方向用右手定则判定。该电动势恰好与外加电枢电流方向相反，因此称为反电动势，其大小为

$$E_f=C_e n\Phi \tag{3-7}$$

式中：C_e 为与电机结构有关的常数［$C_e=PZ/(60\alpha)$］；n 为电动机转速。

由于反电动势的存在，直流电源加在电枢上的电压 U，一部分用来平衡反电动势，另

一部分则降落在电枢绕组的电阻上，即

$$U=E_f+I_sR_s \tag{3-8}$$

式中：R_s 为电枢回路的电阻，它包括电枢绕组的电阻以及电刷与换向器的接触电阻。

式(3-8)是电动机运行时必须满足的一个基本条件，称为电压平衡方程式。

由式(3-8)可求出电枢电流 I_s

$$I_s=\frac{U-E_f}{R_s}=\frac{U-C_e n\Phi}{R_s} \tag{3-9}$$

当电动机的负载增加时，由于电枢轴上的阻力矩增大，电枢转速降低，而使反电动势随之减小，电枢电流则增大，因此，电动机转矩将随之增大，并且直到电动机的电磁转矩增大到与阻力矩相等时为止，这时电动机将在新的负载下以新的较低的转速平稳运转。反之，当电动机的负载减小时，电枢转速上升，反电动势增大，则电枢电流减小，电动机转矩相应减小，直至电动机的转矩减小到与阻力矩相等时为止，电动机则在较高转速下稳定运转。

可见，当负载发生变化时，电动机的转速、电流和转矩将会自动地作相应的变化，以满足负载的需要，使之在新的转速下稳定运转。因此直流串励式电动机具有转矩自动调节的功能，这是汽车起动机采用直流串励式电动机的原因之一。

3.1.2 起动机的传动机构

起动机的传动机构包括单向离合器、驱动齿轮和拨叉等(图 3.1)。单向离合器起着单向传递扭矩将发动机起动，同时又能在起动后自动打滑的作用，以防止发动机起动后飞轮反拖电动机电枢高速飞转而产生危险。驱动齿轮用于和发动机飞轮齿环相连，实现力的传递。拨叉的作用是与移动衬套一起使单向离合器做轴向移动，将驱动齿轮与发动机飞轮啮合。

起动机传动机构的形式很多，但不论何种形式，都应满足下列要求：

(1) 齿轮啮合容易，不产生冲击现象。

(2) 因为起动机驱动齿轮与发动机飞轮齿圈的速比很大，所以在发动机起动后驱动齿轮应能自动打滑并能自动脱离与发动机飞轮齿圈的啮合。

(3) 发动机工作时，起动机驱动齿轮不能再啮入飞轮齿圈。

起动机传动机构中最关键的部件是单向离合器。现代汽车上常用的单向离合器有滚柱式、摩擦片式、扭簧式和棘轮式等多种形式。

1. 滚柱式单向离合器

滚柱式单向离合器有十字腔和十字块两种结构，图 3.9 和图 3.10 分别为十字腔滚柱式单向离合器和十字块滚柱式单向离合器的结构图。尽管两种结构形式不同，但工作原理相似，下面以十字块滚柱式单向离合器为例说明滚柱式单向离合器的结构及工作过程。

驱动齿轮 1 采用 40 号中碳钢加工淬火而成，与外壳连成一体，外壳内装有十字块 3 和 4 套滚柱 4 及弹簧，离合器的外壳与十字块装配后形成 4 个楔形槽，槽中有 4 个滚柱，滚柱的直径大于槽窄端又小于槽宽端；护盖 7 与外壳相互扣合密封成一整体。十字块与花键套筒刚性连接，整个单向离合器利用花键套筒套装在电枢轴的花键部位，使单向离合器

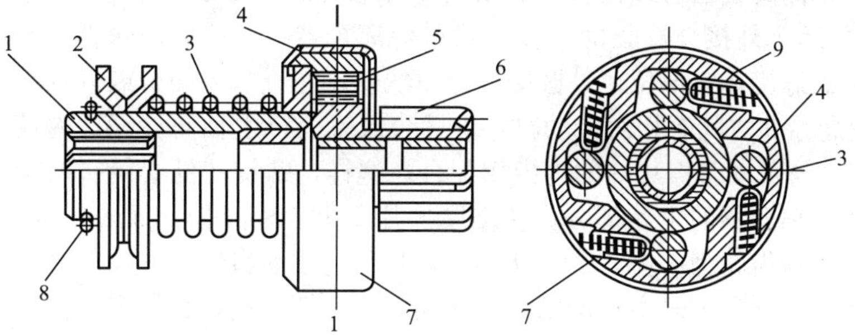

图 3.9 十字腔滚柱式单向离合器

1—传动套筒；2—移动衬套；3—缓冲弹簧；4—带十字腔座圈；5—滚柱；6—驱动齿轮；7—罩壳；8—卡簧；9—弹簧

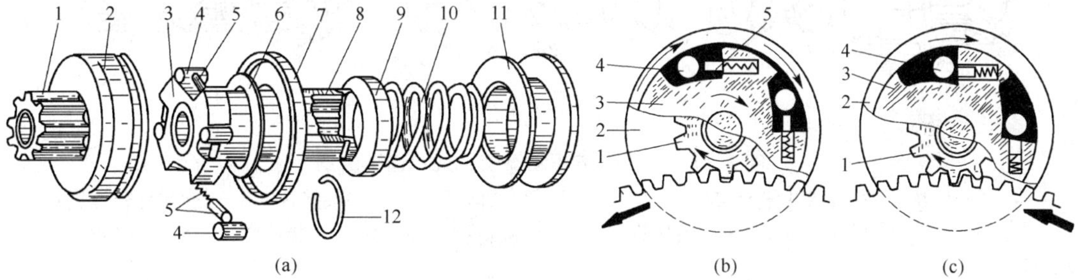

图 3.10 十字块滚柱式单向离合器

1—驱动齿轮；2—单向离合器外壳；3—十字块；4—滚柱；5—压帽与弹簧；6—垫圈；7—单向离合器护盖；8—花键套筒；9—弹簧座；10—缓冲弹簧；11—移动衬套；12—卡簧

总成可以轴向移动和随轴转动。在花键套筒的外面套有缓冲弹簧及移动衬套，一般移动衬套上即固装着拨叉，如图 3.10 所示。

由于离合器外壳与十字块之间为宽窄不同的楔形槽，单向离合器的工作即通过改变滚柱在楔形槽中的位置得以实现。发动机起动时，传动拨叉将单向离合器沿花键推出，使驱动齿轮啮入发动机飞轮齿环。同时，电枢轴通过花键带动十字块相对于外壳作顺时针转动，使滚柱滚向槽窄端而被卡紧，外壳随十字块一起转动，电动机的电磁转矩就通过单向离合器传递到驱动齿轮而驱动发动机曲轴旋转，如图 3.10(b)所示。

发动机起动后，曲轴转速增高，飞轮齿圈有可能带动驱动齿轮旋转，当其转速大于十字块时，十字块相对于外壳的逆时针转动使滚柱滚向槽宽端而打滑(图 3.10(c))，从而避免了发动机飞轮带动起动机电枢高速旋转而造成“飞散”事故的危险。

滚柱式单向离合器结构简单紧凑，坚固耐用，工作可靠，在中小功率的起动机上被广泛采用，但在传递较大转矩时，滚柱容易变形而卡死。因此，滚柱式单向离合器不适用于较大功率的起动机。

2. 摩擦片式单向离合器

大功率的起动机上多采用摩擦片式单向离合器，它是通过摩擦片的压紧和放松来实现离合的。

摩擦片式单向离合器有外接合鼓驱动式和齿轮柄驱动式两种结构形式。

图 3.11 所示为外接合鼓驱动摩擦片式单向离合器，其单向离合器的螺旋花键套筒 9 安装在电枢轴的螺旋花键部位，外圆则通过三线螺旋花键与内接合鼓 8 连接，当内接合鼓 8 与螺旋花键套筒 9 之间有相对转动时，内接合鼓就会产生轴向移动；内接合鼓外圆上有 4 个轴向凹槽，与主动摩擦片 6 的内齿相配合；这样，螺旋花键套筒、内接合鼓以及主动摩擦片就构成了离合器的主动部分。从动摩擦片 7 上有外突齿，插入外接合鼓 1 的槽中，而外接合鼓与驱动齿轮为一体；这样从动摩擦片和与驱动齿轮为一体的外接合鼓就构成了离合器的从动部分。安装时主从动摩擦片相间安装，螺旋花键套筒自左向右还装有弹性圈 4、压环 11 和调整垫片 5，端部用螺母 3 轴向固定。

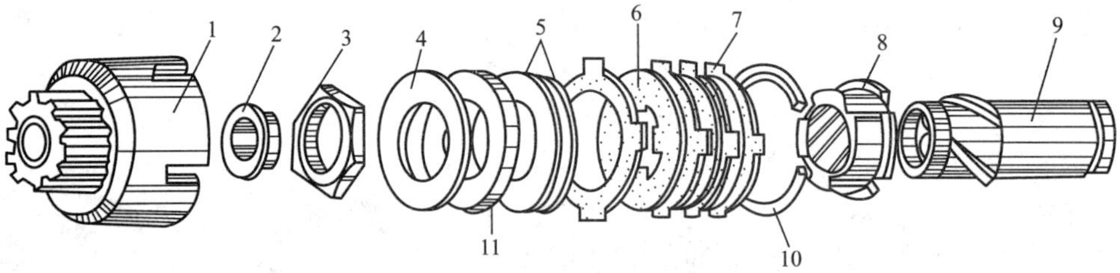

图 3.11　外接合鼓驱动摩擦片式单向离合器

1—外接合鼓；2—止推套筒；3—调整螺母；4—弹性圈；5—调整垫片；6—主动摩擦片；7—从动摩擦片；8—内接合鼓；9—螺旋花键套筒；10—卡簧；11—压环

图 3.12 所示为齿轮柄驱动摩擦片式单向离合器，其外接合鼓 1 用半圆键固定在电枢轴

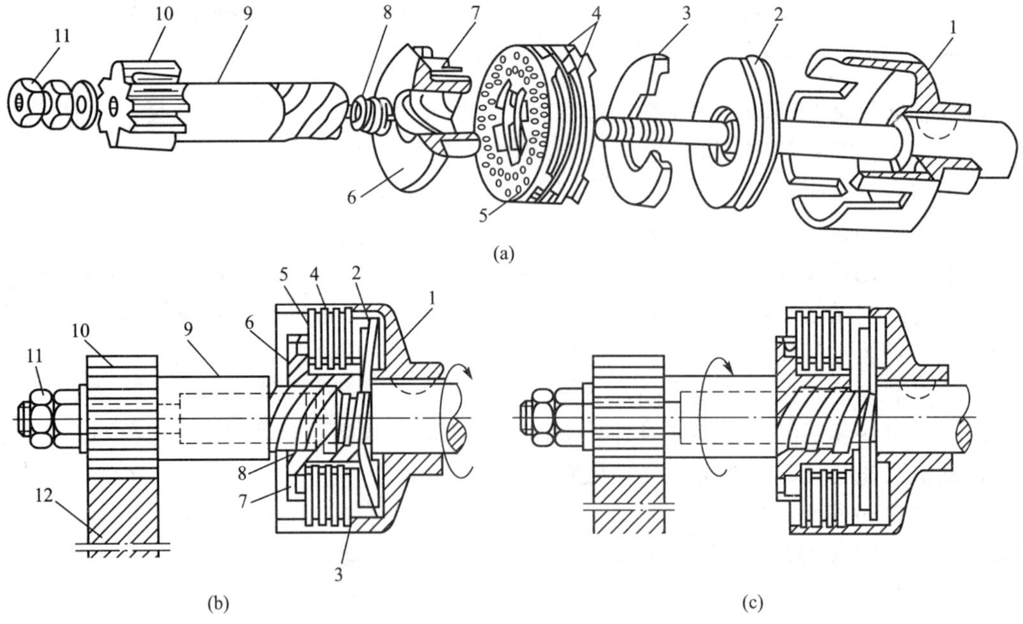

图 3.12　齿轮柄驱动摩擦片式单向离合器

1—外接合鼓；2—弹性圈；3—压环；4—主动片；5—被动片；6—内接合鼓；7—小弹簧；8—减振弹簧；9—齿轮柄；10—驱动齿轮；11—锁紧螺母；12—发动机飞轮齿圈

上，两个弹性圈 2 和压环 3 依次沿电枢轴装进外接合鼓中，青铜主动片 4 的外凸齿装入外接合鼓的切槽中；钢制的被动片 5 以其内齿插入内接合鼓 6 的切槽中，内接合鼓具有螺线孔并旋在起动机驱动齿轮柄 9 的三线螺纹上，齿轮柄则自由地套在电枢轴上，内垫有减振弹簧 8，并用螺母锁紧以免从轴上脱落。与外接合鼓驱动式相同，主从动摩擦片相间安装，内接合鼓 6 上有两个小弹簧 7，轻压各片，以保证它们彼此接触。

外接合鼓驱动式和齿轮柄驱动式两种单向离合器的结构不同，但工作原理基本相似，下面以齿轮柄驱动摩擦片式单向离合器为例说明其工作过程。

如图 3.12(b)所示，起动时起动机电枢轴带动发动机曲轴旋转，内接合鼓沿螺旋线向右移动而将主从动摩擦片压紧，通过其摩擦力将电枢的电磁力矩传递给驱动齿轮，进而传给飞轮。发动机起动后，起动机驱动齿轮被飞轮带动旋转，当其转速超过电枢转速时(图 3.12(c))，内接合鼓则沿着螺旋线向左退出，主从动摩擦片松开，这时驱动齿轮虽高速旋转，但不驱动电枢，从而避免了电枢超速“飞散”的危险。

摩擦片式单向离合器所传递的最大转矩是由于内接合鼓 6 顶住弹性圈而被限制的，因此在压环与摩擦片之间加减薄垫片即可调整最大转矩。

3. 扭簧式单向离合器

扭簧式单向离合器的结构如图 3.13 所示。起动机驱动齿轮套在起动机电枢轴的光滑部分，连接套筒 6 套在电枢轴的螺旋花键上，两者之间由两个月牙形圈 3 连接。月牙形圈的作用是使驱动齿轮与连接套筒之间不能作轴向移动，但可相对转动。在驱动齿轮柄和连接套筒 6 上包有扭力弹簧 4，扭力弹簧的两端各有 1/4 圈内径较小，并分别箍紧在齿轮柄和连接套筒上。

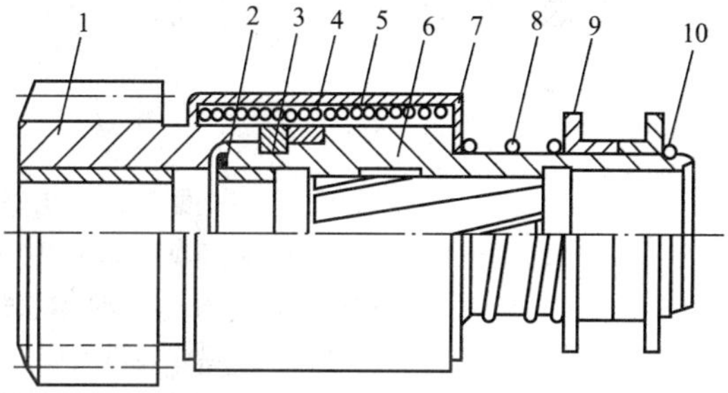

图 3.13 扭簧式单向离合器

1—驱动齿轮；2—挡圈；3—月牙形圈；4—扭力弹簧；5—护圈；6—套筒；7—垫圈；8—缓冲弹簧；9—移动衬套；10—卡簧

当起动机带动曲轴旋转时，扭力弹簧扭紧，包紧齿轮柄与连接套筒，于是电枢的扭矩通过扭力弹簧 4、驱动齿轮 1 传至飞轮齿环，使发动机起动。发动机起动后，驱动齿轮的转速高于起动机电枢，则扭力弹簧放松，这样飞轮齿圈的转矩便不能传给电枢，即驱动齿轮只能在电枢轴的光滑部分上空转，以避免电枢发生超速“飞散”的危险。

这种单向离合器具有结构简单、工艺简化、寿命长、成本低等优点。但因扭力弹簧圈数多，轴向尺寸较长，故只适用于大功率柴油机。

3.1.3 起动机的控制装置

起动机的控制装置包括点火开关、电磁开关和起动继电器等。电磁开关与拨叉铰接在一起，利用同轴的挡铁和活动铁芯来控制起动机主电路的通断，同时控制驱动齿轮与飞轮的啮合与分离。

1. 电磁开关的结构

电磁开关主要由活动铁心、保持线圈、吸引线圈、接触盘等组成，如图 3.14 所示。

电磁开关两主接线柱1、13分别连接蓄电池和电动机，两主接线柱在电磁开关内部有相应的触点，由接触盘4将其接通；电磁开关接线柱12内部连接吸引线圈和保持线圈，外部通过线路连接起动开关或起动继电器；附加电阻短路接线柱2(柴油机和电子点火式汽油机无此接线柱)与点火线圈初级绕组相连，在起动时，由接触盘将其内部的触点与主触点接通，将点火线圈附加电阻短路。电磁开关活动铁心的右端通过螺钉连接拨叉，左端连接接触盘的推杆(或与推杆保持一定的间隙)。当活动铁心被电磁开关线圈吸动左移时，就会带动拨叉上部和接触盘同时左移。

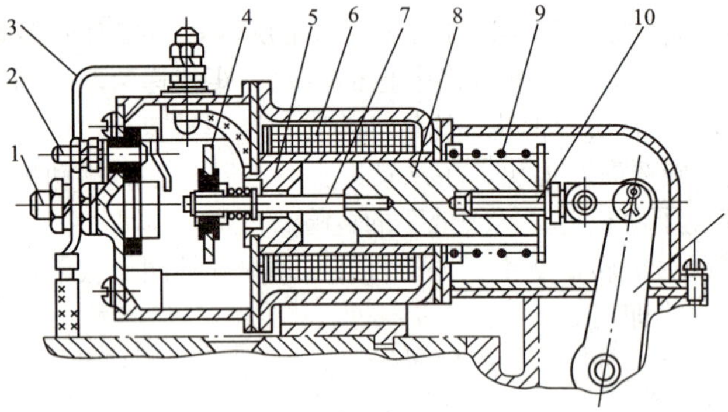

(a) 内部结构　　　　(b) 外观

图 3.14　电磁开关的结构

1、13—主接线柱；2—附加电阻短路接线柱；3—导电片；4—接触盘；5—磁轭；6—吸引线圈及保持线圈；7—接触盘推杆；8—活动铁心；9—回位弹簧；10—调节螺钉；11—拨叉；12—电磁开关接线柱

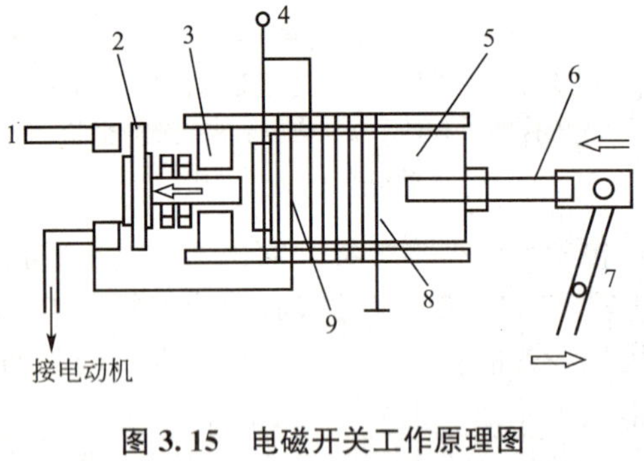

图 3.15　电磁开关工作原理图

1—电源接线柱；2—接触盘；3—磁轭；4—电磁开关接线柱；5—活动铁心；6—拉杆；7—拨叉；8—保持线圈；9—吸引线圈

2. 电磁开关的工作原理

电磁开关的工作原理如图3.15所示，电磁开关内的吸引线圈与电动机串联，保持线圈与电动机并联。

电磁开关接线柱接通电源(接通起动开关)时，吸引线圈和保持线圈同时通电，两线圈产生的磁力使活动铁心克服回位弹簧力而左移(图3.15中箭头方向)，使接触盘左移而接通电动机主电路，与此同时活动铁心带动拨叉转动而将驱动齿轮拨向飞轮齿圈。

电动机通过接触盘接通主电路时，吸引线圈被接触盘短路，但保持线圈仍然通电，所产生的磁力使铁心位置可以保持不动。

起动开关断开瞬间，接触盘还未回位，电源通过接触盘使电磁开关两线圈仍然通电，但此时吸引线圈所产生的磁力与保持线圈的磁力互相抵消，活动铁心在回位弹簧力的作用下退回，使驱动齿轮和接触盘退回原处，电动机断电停止工作。

3.1.4 起动机的工作特性

起动机的工作特性包括转矩特性、机械特性和功率特性。

1. 转矩特性

起动机的转矩特性是指电动机的电磁转矩随电枢电流变化的关系，即 $M=f(I_s)$。

为了更深刻理解串励式直流电动机的特性，这里把它与并励式直流电动机进行比较。图 3.16 所示为并励式直流电动机的电路图，由于磁场绕组与电枢绕组并联，所以流过磁场绕组的激磁电流 I_j 为

$$I_j=\frac{U}{R_j}$$

式中：U 为蓄电池电压；R_j 为磁场绕组的电阻。

由上式可知，当电源电压 U 和磁场绕组的 R_j 不变时，I_j 为一定值，它所产生的磁通量也是定值(忽略电枢反应的影响)，即并励式直流电动机无论磁路是否饱和，其磁通量 Φ 均为常数，则其输出的电磁转矩为

$$M=C_m\Phi I_s=CI_s \tag{3-10}$$

式中：$C=C_m\Phi$ 为一常数。

可见在并励式直流电动机中，由于磁通量 Φ 为常数，所以电磁转矩只与电枢电流成正比。

图 3.17 为串励式直流电动机的电路图，由于串励式直流电动机的磁场绕组与电枢绕组串联，故电枢电流 I_s 与激磁电流 I_j 相等。因此在磁路未饱和时，磁通量 Φ 与电枢电流 I_s 成正比，即 $\Phi=C_1I_s$。所以在起动开关刚接通电动机电磁场的磁路未饱和时电动机转矩为

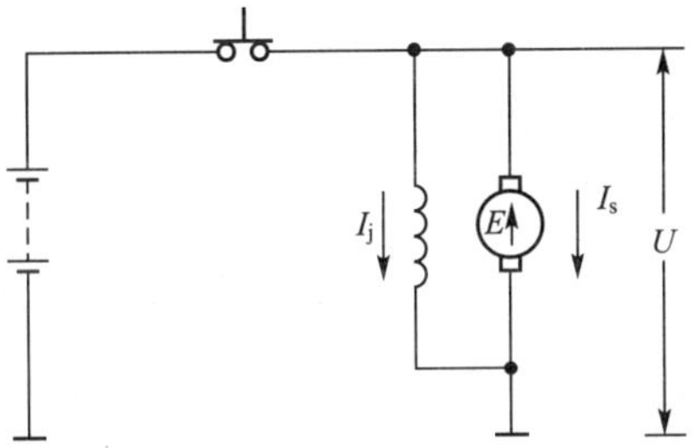

图 3.16 并励式直流电动机的电路图

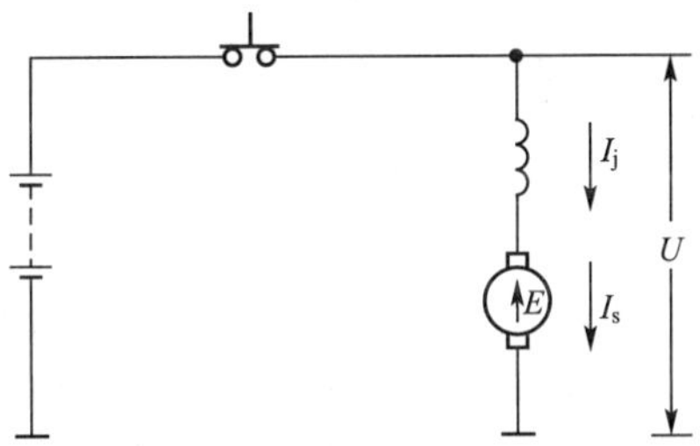

图 3.17 串励式直流电动机的电路图

$$M=C_m\Phi I_s=C_mC_1I_s^2=CI_s^2 \tag{3-11}$$

式中：C_m、C_1 为电机常数，$C=C_mC_1$。

而当电动机电磁场的磁路饱和后其磁通量与并励式电动机一样，Φ 为常数，则电动机的转矩为

$$M=C_m\Phi I_s \tag{3-12}$$

由式(3-11)和式(3-12)可知，串励式直流电动机的电磁转矩在磁路未饱和时，与电枢电流的平方成正比；在磁路饱和后，其电磁转矩与电枢电流呈线性关系。这是串励式直流电动机的一个重要特点，即在电枢电流相同的情况下串励式直流电动机的电磁转矩要比

并励式直流电动机大，如图 3.18 所示。

在起动瞬间，由于发动机的阻力矩很大，起动机处于完全制动的情况下，$n=0$，反电动势 $E_f=0$。此时电枢电流将达最大值，产生最大转矩，从而使发电机易于起动。这是汽车起动机采用串励式直流电动机的又一主要原因。

2. 机械特性

起动机的机械特性是指其电动机的转速随电磁转矩变化而变化的关系，即 $n=f(M)$。

这里把串励式直流电动机与并励式直流电动机进行比较。在并励式直流电动机中，根据电压平衡方程(式(3-9))可得电动机的转速为

$$n=\frac{U-I_sR_s}{C_m\Phi} \tag{3-13}$$

由于并励式直流电动机的 Φ 一直为常数，而其电枢电阻 R_s 又很小，所以当电枢电流 I_s 增大(即转矩增大)时，电机转速下降不大，具有硬的机械特性，如图 3.19 中虚线所示。

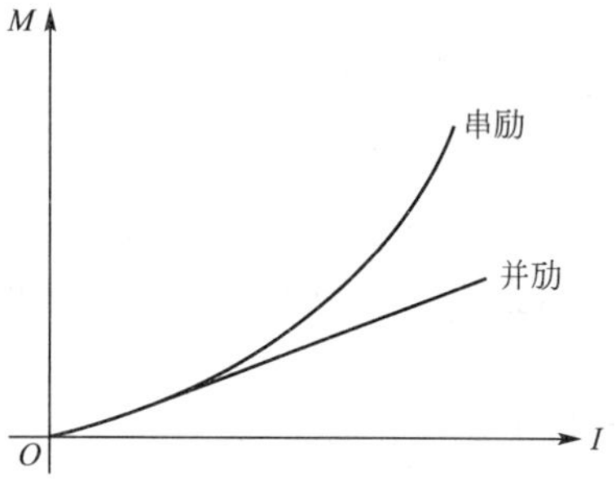

图 3.18 直流电动机转矩特性

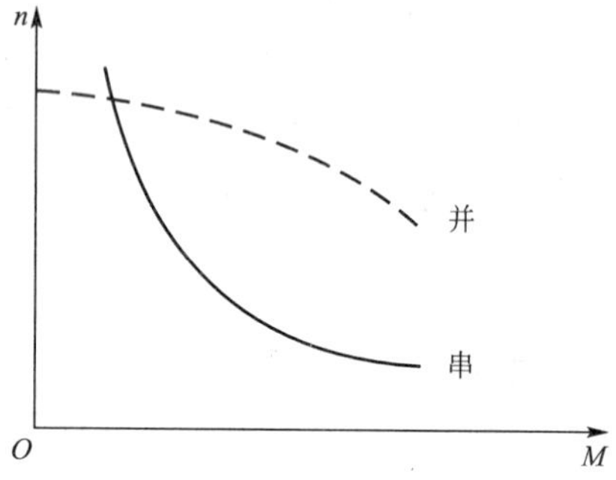

图 3.19 串励式直流电动机机械特性

而在串励式直流电动机中，其电压平衡方程式为

$$n=\frac{U-I_s(R_s+R_j)}{C_m\Phi} \tag{3-14}$$

由式(3-13)和式(3-14)可知，串励式直流电动机的 $I_s(R_s+R_j)$ 要大于并励式直流电动机的 I_sR_s，所以当电动机的 I_s 增加时串励式直流电动机的转速 n 相对下降明显。此外，串励式直流电动机在磁路未饱和时，由于 Φ 不是常数，I_s 增大时，其转速 n 将随 I_s 的增加而下降得更加显著，又由于转矩 M 正比于电枢电流 I_s 的平方，所以串励式直流电动机的转速随转矩的增加而迅速下降，即具有软的机械特性，如图 3.19 所示。

由于串励式直流电动机具有软的机械特性，即轻载时转速高、重载时转速低。重载时转速低可使起动安全可靠，对起动汽车发动机十分有利。这是汽车起动机采用串励式直流电动机的又一原因。

串励式直流电动机在轻载时转速很高，易造成电机“飞车”事故，因此对于功率较大的串励式直流电动机，不允许在轻载或空载下运行。

3. 功率特性

起动机的功率特性是指串励式直流电动机的功率与电枢电流的变化关系。

串励式直流电动机的功率可由式(3-15)确定

$$P=\frac{Mn}{9550} \tag{3-15}$$

起动机的功率特性曲线是一条基本对称的抛物线，如图 3.20 中的 P 曲线。将串励式直流电动机的转矩特性曲线、机械特性曲线和功率曲线叠加到同一坐标中，就可得到起动机的特性曲线图。图 3.20 即为 QDl24 型起动机的特性曲线图，由图可知：

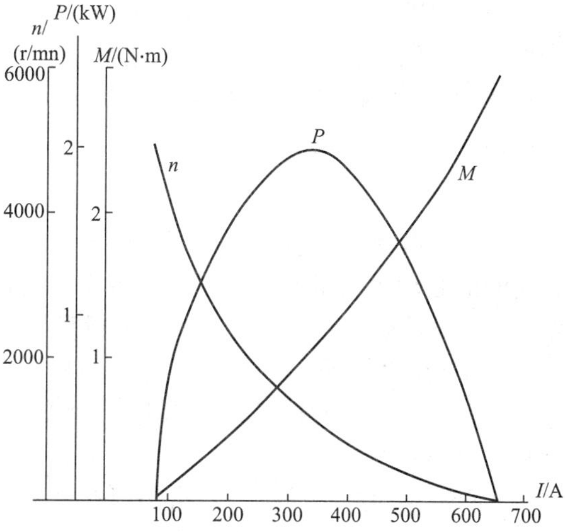

图 3.20 起动机的特性曲线

(1) 发动机即将起动时，即起动机刚接入瞬间，此时 $n=0$，电枢电流最大(称为制动电流)，转矩也达到最大值(称为制动转矩)，此时功率为零。

(2) 在起动机空转时，电枢电流 I_s 最小(称为空载电流)，转速 n 达最大值，称为空载转速，此时功率也为零。

(3) 在起动电流接近制动电流的一半时，起动机的功率最大。

由于起动机运转时间很短，允许它以最大功率运转，所以把起动机的最大输出功率称为起动机的额定功率。

3.2 起动机的分类及型号

3.2.1 起动机的分类

在各种起动机的 3 个组成部分中，电动机部分一般没有本质的差别，控制方法也基本相同，都采用电磁控制方式，即借助按钮或点火开关钥匙控制起动机电磁开关的电磁铁，再由电磁铁控制主电路开关，以接通或切断主电路，实现发动机的平顺起动。因此一般都按照起动机的总体结构和传动机构的啮入方式进行分类。

1. 按起动机总体结构分类

按起动机总体结构的不同，可分为电磁式、永磁式和减速式起动机。

(1) 电磁式起动机。其直流电动机的磁场为电磁场，由电磁开关控制起动机主电路的通与断。如桑塔纳轿车用 QD1225 型，东风 EQ2102 型汽车用 QD2623 型 24V、4.5kW 起动机，东风 EQ1090 型汽车用 QD124、QD1212 型，解放 CA1091 型汽车用 QD1215 型起动机，均为电磁式起动机。

(2) 减速式起动机。传动机构设有减速装置的起动机。其电动机一般采用高速小型电动机，质量和体积比电磁式起动机减小 30%～50%。主要用于轿车和轻型越野汽车，如桑塔纳 2000GSi 型轿车、丰田轿车起动机、切诺基吉普车用 DW1.4 型起动机，南京依维柯用 QDJ1317 型起动机。减速式起动机的缺点是结构和工艺比较复杂。

(3) 永磁式起动机。直流电动机的磁场由永久磁铁产生。由于磁极采用永磁材料(铁氧体或钕铁硼等)制成，无需磁场绕组，因此，电动机结构简化、体积小、质量轻。主要用于轿车和轻型越野汽车，如奥迪 100 型轿车、BJ2020 和 BJ2021 型吉普车用起动机。

2. 按传动机构啮入方式分类

按传动机构啮入方式不同，起动机可分为强制啮合式、电枢移动式和同轴齿轮移动式等。

(1) 强制啮合式起动机。利用电磁开关的电磁力拉动杠杆机构，使驱动齿轮强制啮入飞轮齿圈的起动机。主要优点是工作可靠性高，因此，现代汽车广泛采用。

(2) 电枢移动式起动机。指利用磁极产生的电磁力使电枢产生轴向移动，从而将驱动齿轮啮入飞轮齿圈的起动机。其特点是结构比较复杂，主要用于大功率汽车发动机，东欧汽车采用较多，如太脱拉 T111、T138、斯柯达 706R、却贝尔 D250、D420、D450 等汽车起动机。

(3) 同轴移动式起动机。是指利用电磁开关推动电枢轴孔内的啮合推杆移动，使驱动齿轮啮入飞轮齿圈的起动机。主要用于大功率汽车发动机，如斯太尔 SX2190 型汽车用 QD2745 型起动机和奔驰 Benz2026 型汽车用 KB 型起动机。

3.2.2 起动机的型号

汽车起动机的型号是根据中华人民共和国汽车行业标准 QC/T 73—1993《汽车电气设备产品型号编制方法》的规定而构成的，其型号组成如图 3.21 所示，各代号的含义如下。

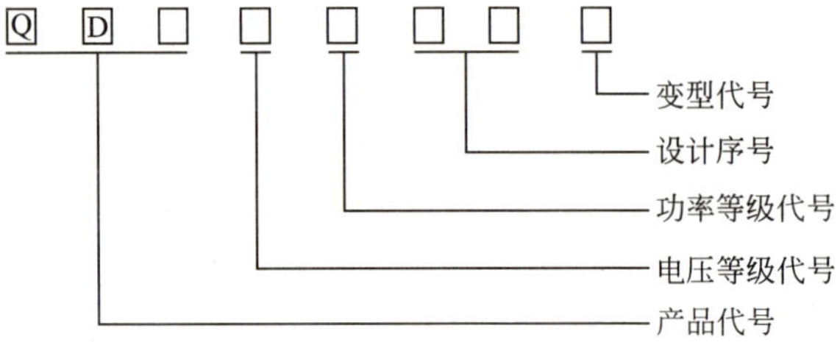

图 3.21 起动机型号的组成

产品代号：有 QD、QDJ、QDY 3 种，分别表示普通电磁式起动机、减速式起动机、永磁式起动机或永磁式减速起动机。字母“Q”、“D”、“J”、“Y”分别为汉字“起”、“动”、“减”、“永”汉语拼音的第一个大写字母。

电压等级代号：用一位阿拉伯数字表示，其含义见表 2-1。

功率等级代号：用一位阿拉伯数字表示，其含义见表 2-2。

设计序号：按产品设计先后顺序，由 1～2 位阿拉伯数字组成。

变型代号：主要电气参数和基本结构不变的情况下，一般电气参数的变化或结构有某些改变时称为变型，以汉语拼音大写字母 A、B、C…顺序表示。

例如：QD1225 型起动机表示额定电压为 12V、功率为 1～2kW，第 25 次设计的起动机。

阅读材料3-1

起动机基本参数的选择

1. 起动机功率的选择

为了使发动机能迅速、可靠地起动，起动机必须具有足够的功率。

起动发动机所必需的功率，决定于发动机的最低起动转速和发动机的起动阻力矩，并可按下式计算

$$P=\frac{M_Q n_Q}{9549.3} \quad (\text{kW})$$

式中：P 为起动机功率(kW)；M_Q 为发动机的起动阻力矩(N·m)；n_Q 为最低起动转速(r/min)。

发动机的起动阻力矩是指在最低起动转速时的发动机阻力矩。发动机阻力矩包括摩擦阻力矩、压缩损失力矩和驱动发动机辅助机构的阻力矩。摩擦阻力矩主要由活塞与气缸壁的摩擦以及曲轴轴承的摩擦所决定，另外还决定于润滑油的粘度。压缩损失力矩主要决定于气缸的容积和压缩比的大小，气缸容积和压缩比愈大，则压缩损失力矩愈大。驱动发动机辅助机构的阻力矩包括驱动发电机分电器、汽油泵、机油泵和水泵等的阻力矩。因此，发动机的阻力矩主要取决于气缸的工作容积、缸数、压缩比、转速和温度等。

各型发动机的阻力矩应由实验方法确定。温度为0℃时发动机的阻力矩可用下列经验公式求得

$$M=C_0 L$$

式中：L 为发动机的工作容积，单位为L；C_0 为系数，不同发动机的系数见表3-1。因此，起动发动机所必需的功率，对于汽油机：$P=(0.18\sim0.22)L$(kW)；对于柴油机：$P=(0.74\sim1.1)L$(kW)。

表3-1 不同发动机的系数

缸数　发动机	C_0		
	4	6	8
汽油机　压缩比为5	3	3.5	3.8
汽油机　压缩比为7	3.5	4	4.2
柴油机　压缩比为15	7	.2	7.4

发动机的最低起动转速是指保证发动机可靠起动的曲轴最低转速。对于汽油机来说，要使它可靠起动，需要3个条件。

(1) 气缸中吸入可能着火的混合气。

(2) 压缩行程终了时，混合气要具有一定的温度和压力，使第一次爆发后发动机能继续工作。

(3) 点火装置能发出可靠的火花。

上述条件都直接与曲轴的转速有关，其中第一个条件对转速的要求起着决定作用。根据汽化条件，汽油机通常取最低起动转速为50～70r/min。柴油机靠压缩点火，而压缩行程终了的空气温度则取决于周围介质的温度、气缸壁的温度和压缩时间的长短。柴

油机的最低起动转速一般为 100～200r/min。

2. 传动比的选择

起动机与发动机之间的传动比应能保证发动机可靠起动，同时能使起动机达到最大功率。如选择不当，则起动机的功率不能充分利用，发动机仍会起动困难。因此，必须正确选择传动比，以使起动机在发动机最低起动转速时能发出本身的最大功率。

选择传动比时，应使起动机工作在最大功率则最为有利，即最佳传动比是与起动机的最大功率相对应的。在实际工作中，传动比选得往往比最佳值稍小，这时虽然起动机的工作电流有所增大、功率减小了一些，但起动机的转矩却增大较多，对起动非常有利。

此外，传动比的选择还要受飞轮齿环和起动机驱动齿轮的限制。通常起动机驱动齿轮一般为 9～13 齿(个别情况有 5～7 齿的)。在汽油机中，起动机与曲轴的传动比一般为 13～17；柴油机因其起动转速较高，传动比较小，一般为 8～10。

3. 蓄电池容量的确定

起动机的功率 P 确定后，可按如下经验公式确定蓄电池的容量 C

$$C=(600\sim800)\frac{P}{U}$$

式中：C 为蓄电池额定容量(A·h)；P 为起动机额定功率(kW)；U 为起动机额定电压(V)。

对于大功率的起动机(7.5kW 以上)，蓄电池的容量可以选择比计算值小些。

3.3 电磁控制强制啮合式起动机

由电磁开关控制起动机主电路的通、断，并利用电磁开关的电磁力使驱动齿轮强制啮入飞轮齿圈的起动机称为电磁操纵强制啮合式起动机。其特点是结构简单、操作方便，在现代汽车上应用最为广泛。

3.3.1 丰田汽车常规型起动机

丰田汽车常规型起动机的单向离合器为滚柱式，其结构原理如图 3.22 所示。当点火开关位于起动位置时，端子 50 将蓄电池电流传至保持线圈和吸引线圈。流经吸引线圈的电流通过端子 C，流至电动机励磁线圈和电枢线圈。由于吸引线圈接入电动机的电路中，所以通过电动机励磁线圈和电枢的电流较小，因此电动机运转速度较低。与此同时，吸引线圈与保持线圈所产生的磁场，将可动铁芯向右拉动，压住回位弹簧，并使驱动齿轮通过传动杆向左移动，与发动机飞轮齿圈啮合。在此阶段，起动电动机低速运转，使齿轮间可以平顺啮合。

螺纹花键的作用是帮助驱动齿轮与齿圈平顺啮合。

当电磁开关和螺纹花键将驱动齿轮推至与发动机齿圈完全啮合的位置时，固定在可动铁芯尾端的接触片使端子 50 和端子 C 短路而接通主开关。这一短路连接使较强的电流通过起动机，从而使电动机以较大的转矩转动。螺纹花键使驱动齿轮更牢固地与发动机齿圈

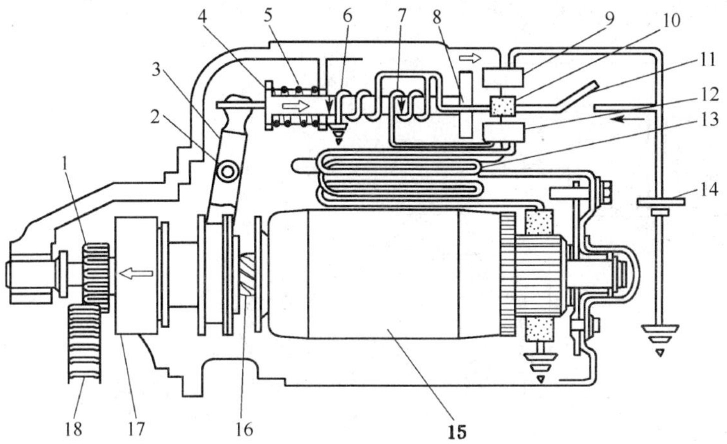

图 3.22 丰田汽车常规型起动机

1—驱动齿轮；2—转轴；3—拨叉；4—可动铁芯；5—复位弹簧；6—保持线圈；7—吸引线圈；8—接触片；9—端子 30；10—端子 50；11—点火开关；12—端子 C；13—励磁线圈；14—蓄电池；15—电枢；16—螺纹花键；17—单向离合器；18—发动机飞轮齿圈

啮合。与此同时，吸引线圈两端的电压相等，没有电流流过吸引线圈，而可动铁芯由保持线圈所施加的电磁力保持在原位。

发动机起动后，将点火开关从起动位置扭回至点火位置，便切断了端子 50 的电流，但此时主开关仍保持闭合状态，蓄电池电流便从端子 C，经吸引线圈流至保持线圈。由于流经保持线圈的电流与吸引线圈中的电流方向相反，两个线圈所产生的磁场相互抵消，使回位弹簧将可动铁芯拉回，便切断了曾经作用在电动机上的强电流，同时可动铁芯将驱动小齿轮与发动机齿圈分离。

3.3.2 国产 QD124 型起动机

QD124 型起动机是一种有起动继电器的电磁控制强制啮合式起动机，其单向离合器为滚柱式。东风 EQ1090 型汽油车采用的即是 QD124 型起动机。

QD124 型起动机的结构如图 3.23 所示。它的起动继电器为一常开型电磁继电器，其铁芯上的线圈一端搭铁，一端接起动机开关接线柱 4，由点火开关控制。起动继电器用来接通电磁开关线圈的电路，借以保护点火开关起动触点，避免开关触点烧蚀，延长使用寿命。

发动机起动时，将点火开关 3 旋至起动挡位，起动继电器线圈有电流通过，吸下可动触点臂，使继电器触点闭合，从而接通了电磁开关线圈的电路，电流由蓄电池正极→主接线柱 4→电流表→点火开关起动触点→起动继电器“点火开关”接线柱→线圈→搭铁→蓄电池负极，起动继电器触点 1 闭合，接通了电磁开关电路。其回路为：蓄电池正极→主接线柱 4→起动继电器的电池接线柱→触点 1→起动继电器的起动机接线柱→电磁开关接线柱↗吸引线圈 13→导电片 7→主接线柱 5→起动机→搭铁→蓄电池负极。
↘保持线圈 14→蓄电池负极。

两个线圈的电流同方向产生合成电磁力将可动铁芯 15 吸入，在起动机缓慢转动之下，拨叉 19 推出滚柱式离合器 21，使驱动齿轮 22 柔和地啮入飞轮齿环。当驱动齿轮与飞轮齿

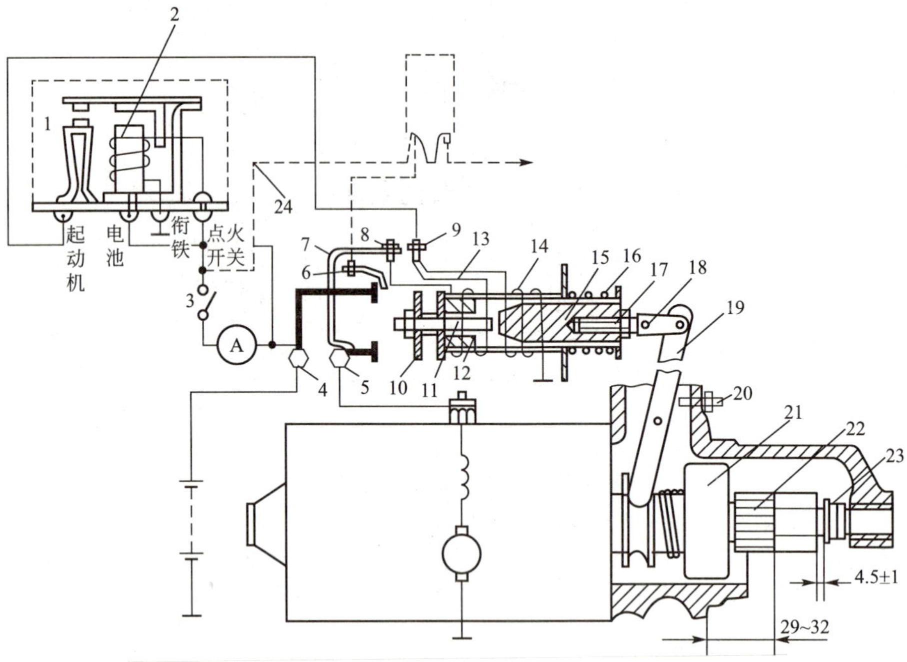

图 3.23　QD124 型起动机的电路

1—继电器触点；2—继电器线圈；3—点火开关；4、5—起动机开关接线柱；6—点火线圈附加电阻短路接线柱；7—导电片；8—接线柱；9—起动机接线柱；10—接触盘；11—推杆；12—固定铁芯；13—吸引线圈；14—保持线圈；15—可动铁芯；16—复位弹簧；17—调节螺钉；18—连接片；19—拨叉；20—定位螺钉；21—滚柱式单向离合器；22—驱动齿轮；23—限位螺母；24—附加电阻线

环接近完全啮合时，可动铁芯 15 推动接触盘 10 将起动机的主电路接通，起动机便以正常转速起动发动机。

主电路接通时，吸引线圈 13 被短接，齿轮的啮合靠保持线圈 14 产生的电磁力维持在吸合位置，此时保持线圈的工作电路为：蓄电池正极→主接线柱 4→起动继电器电池接线柱→触点→起动继电器的起动机接线柱→电磁开关接线柱 9→保持线圈 14→搭铁→蓄电池负极。

当发动机起动后，离合器开始打滑，松开点火开关钥匙即自动转回到点火挡位，起动继电器线圈断电，触点 1 跳开，使电磁开关两个线圈串联，吸引线圈 13 流过反向电流，加速电磁力的消失，其电路为：蓄电池正极→主接线柱 4→接触盘 10→主接线柱 5→导电片 7→吸引线圈 13→接线柱 9→保持线圈 14→搭铁→蓄电池负极。由于电磁开关电磁力迅速消失，可动铁芯 15 和活动杆 11 在回位弹簧作用下返回。接触盘 10 先离开主接线柱 4、5，触头切断了起动机与蓄电池之间的电路，点火线圈附加电阻也随即接入点火系。最后拨叉将打滑的离合器拨回，驱动齿轮便脱离了飞轮齿环，起动机完成起动工作。

图 3.23 中定位螺钉 20 用于调整驱动齿轮的左极限位置，保证其尺寸为 29～32mm，以防止驱动齿轮回位后与飞轮齿圈相碰；调整螺钉 17 用于调整驱动齿轮的右极限位置，保证其尺寸为 4.5±1mm，以防止驱动齿轮伸出过多。

3.4 其他形式的起动机

3.4.1 电枢移动式起动机

电枢移动式起动机是借助磁极磁力，移动整个电枢而使驱动齿轮啮入飞轮齿环的起动机，其基本电路如图 3.24 所示。

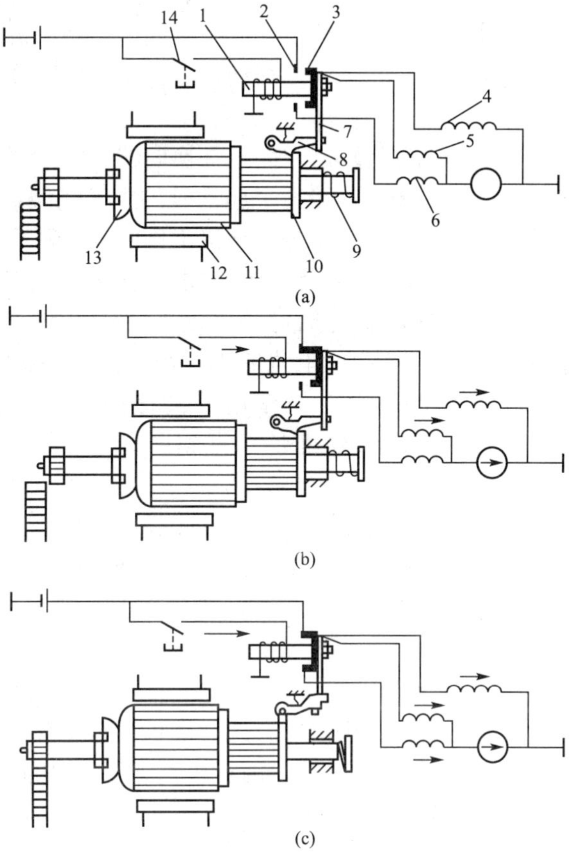

图 3.24 电枢移动式起动机的电路图

1—电磁开关；2—静触点；3—接触桥；4—并联辅助励磁绕组；5—串联辅助励磁绕组；6—磁场绕组；7—挡片；8—扣爪；9—复位弹簧；10—圆盘；11—电枢；12—磁极；13—摩擦片离合器；14—起动开关

起动机电枢 11 在复位弹簧 9 的作用下与磁极 12 错开一定距离，且换向器比较长。起动机的壳体上装有电磁开关 1，其磁化线圈由起动开关 14 控制，活动触点为接触桥 3。起动机有 3 个磁场绕组，主磁场绕组 6 由扁铜条绕制，串联辅助磁场绕组 5 和并联辅助磁场绕组 4 则用细导线绕制。

这种起动机一般采用摩擦片式单向离合器。

电枢移动式起动机的工作过程分为两个阶段，串联辅助励磁绕组主要在第一阶段工作，第二阶段中由于串联辅助励磁绕组与主磁场绕组并联而几乎被短路；并联辅助励磁绕组则在两个阶段中都工作，不但可以增大吸引电枢的磁力，而且可以起限制空载转速的作用。

当接通起动开关 14 时，电磁开关 1 的磁化线圈通电，使其电磁铁产生吸力，吸引接触桥 3，但由于扣爪 8 顶住了挡片 7，接触桥只能上端闭合，接通了串、并联辅助励磁绕组电路，其通路为：

蓄电池正极→静触点 2→接触桥 3 上端 ↗并联辅助励磁绕组 4→搭铁→蓄电池负极。
↘串联辅助励磁绕组 5→电枢→搭铁→蓄电池负极。

并联辅助励磁绕组和串联辅助励磁绕组产生的电磁力克服复位弹簧 9 的反力，吸引电枢向左移动。此时由于串联辅助励磁绕组的电阻大，流过电枢绕组的电流很小，起动机仅以较小的速度旋转，这样电枢低速旋转并向左移动，使驱动齿轮柔和地啮入飞轮齿环。这是起动机工作的第一阶段。

电枢移动使小齿轮完全啮入飞轮齿环后，固定在换向器端面的圆盘 10 顶起扣爪 8，使挡片 7 脱扣，于是接触桥 3 的下端闭合，接通了起动机的主磁场绕组 6，起动机便以正常的工作转矩和转速驱动发动机曲轴旋转，这是起动机工作的第二阶段。

在起动过程中，摩擦片离合器 13 结合并传递扭矩；发动机起动后，离合器打滑，曲轴转矩便不能传到起动机电枢轴上。这时起动机处于空载状态，转速增高，电枢中反电动势增大，使串联辅助励磁绕组 5 中的电流减小。当电流小到磁极磁力不能克服复位弹簧 9 的反力时，电枢 11 在复位弹簧 9 的作用下被移回原位，于是驱动齿轮脱开，扣爪 8 回到锁止位置，为下次起动做好准备。直到断开起动开关后，起动机才停止旋转。

电枢移动式起动机保护“飞车”的能力和反击的能力不受功率限制，因此可做成大功率起动机。它的不足之处是不宜在倾斜位置工作，结构复杂，传动比不够大。另外，当离合器摩擦片磨损后，摩擦力会大大降低，因此需要经常调整。

3.4.2 减速式起动机

减速式起动机与普通带电磁开关的强制啮合式起动机没有本质的区别，只是在起动机的电枢和驱动齿轮之间增加了一套减速机构，因此可将起动机电枢的工作转速设计得较高，然后通过减速机构使驱动齿轮的转速降低并增加转矩。

根据电机原理可知，若电磁功率不变，当转速增加时，则电动机的电枢直径、电枢铁芯长度可相应减小。因此装减速齿轮后，可采用小型、高速、低转矩的电动机，从而使起动机的重量与体积可减少 30%～35%，不仅提高了起动性能，且使蓄电池的负担减轻。

减速起动机的缺点是机械零件增加，电动机高速运转，结构及生产工艺均比普通起动机复杂。

减速起动机的减速装置有内啮合、外啮合和行星齿轮式 3 种，如图 3.25 所示。

1. 内啮合减速式起动机

内啮合减速式起动机的驱动齿轮轴向移动需用拨叉拨动，因此，内啮合减速式起动机的外形与普通起动机相似。图 3.26 为 QD254 型减速起动机的结构原理图。

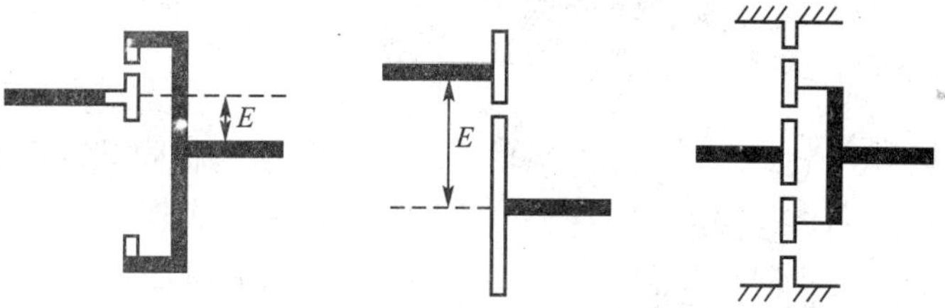

图 3.25　减速起动机减速机构的类型

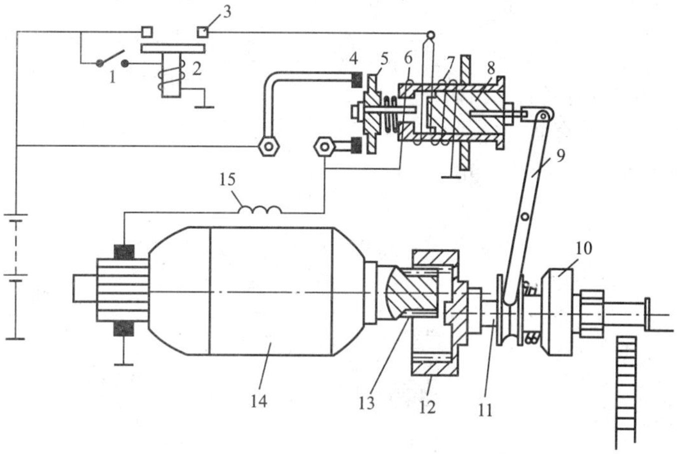

图 3.26　QD254 型减速起动机结构原理图

1—起动开关；2—起动继电器磁化线圈；3—起动继电器触点；4—主触点；5—接触盘；6—吸引线圈；7—保持线圈；8—活动铁芯；9—拨叉；10—单向离合器；11—螺旋花键轴；12—内啮合减速齿轮；13—主动齿轮；14—电枢绕组；15—磁场绕组

该起动机的结构特点是：电动机为小型高速串励式直流电动机，在电枢轴端有主动齿轮 13，它与内啮合减速齿轮 12 相啮合。内啮合齿轮与螺旋花键轴 11 固连，螺旋花键上套有滚柱式单向离合器 10。其工作原理如下：

起动时，接通起动开关 1，蓄电池电流便流过起动继电器磁化线圈 2，于是触点 3 闭合，接通了电磁开关中吸引线圈 6 和保持线圈 7 的电路。在两线圈电磁吸力的共同作用下，活动铁芯 8 被吸入，同时带动拨叉 9 将单向离合器 10 推出，使驱动齿轮与飞轮齿环啮合。当驱动齿轮与飞轮齿环接近完全啮合时，活动铁芯推动接触盘的杆使接触盘 5 将触点 4 接通，于是起动机主电路接通，电枢开始高速旋转。电枢的旋转经主动齿轮 13、内啮合减速齿轮 12 减速，再经螺旋花键轴传给单向离合器，最后通过单向离合器传递给驱动齿轮使发动机起动，以后的工作过程则与 QD124 型起动机相同。

由于内啮合式减速机构传动中心距小，可以有较大的减速比，适用于较大功率的起动机。

2. 外啮合减速式起动机

外啮合减速式起动机的电磁开关铁芯的移动可直接推动驱动齿轮轴向移动。这种起动

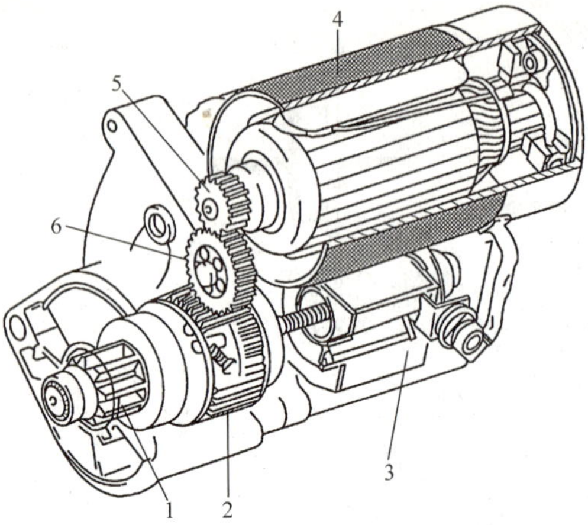

图 3.27　减速式起动机的结构

1—驱动齿轮；2—单向离合器；3—电磁开关；4—电动机；5—小齿轮；6—惰轮

机无需拨叉，其外形与普通起动机有较大的差别。

一些外啮合式减速机构为了使电磁开关铁芯与驱动齿轮同轴，在其主、从动齿轮之间还可以用一个惰轮进行过渡传动，图 3.27 所示的外啮合减速式起动机就是这种结构。

这种起动机主要由电磁开关、结构紧凑的高速电动机、惰轮、单向离合器和驱动齿轮等部件构成，其单向离合器壳体上制有从动齿轮。电磁开关的可动铁芯可直接推动驱动齿轮，使其与发动机齿圈啮合。

图 3.28 所示是丰田车用减速式起动机的工作原理图，其结构与图 3.27 所示结构的主要区别是在单向离合器右边同轴设有离合器齿轮作为从动齿轮。具体工作过程如下：

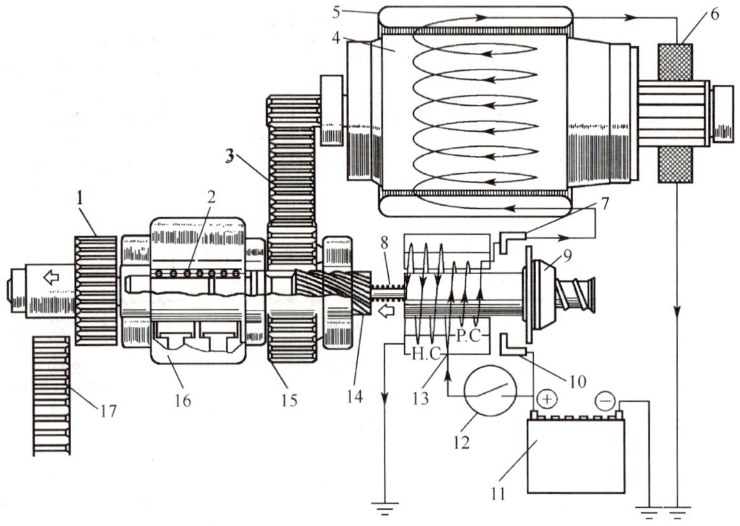

图 3.28　丰田车用减速式起动机的原理示意图

1—驱动齿轮；2—回位弹簧；3—惰轮；4—电枢；5—励磁线圈；6—电刷；7—端子 C；8—可动铁芯回位弹簧；9—可动铁芯；10—端子 30；11—蓄电池；12—点火开关；13—端子 50；14—螺旋花键；15—离合器齿轮；16—单向离合器；17—齿圈

点火开关位于起动位置时，端子 50 将来自蓄电池的电流传至保持线圈和吸引线圈。电流随后从吸引线圈，通过端子 C，流至励磁线圈和电枢线圈。由于已励磁的吸引线圈所造成的电压降，限制了电动机励磁线圈和电枢的电流供应，这时电动机只以低速运转。同时，吸引线圈和保持线圈产生一个相同方向的磁场，将可动铁芯朝左推，压住回位弹簧。小齿轮因此向左移动，直至与齿圈啮合。在此阶段，电动机低速运转，使齿轮之间可以平顺啮合。螺纹花键也同时帮助小齿轮与齿圈更加平顺地啮合在一起。

当电磁开关和螺纹花键将小齿轮推至与齿圈完全啮合的位置时，固定在可动铁芯上的接触片，使端子 30 和端子 C 短路而接通主开关。这一短路连接使较强的电流通过电动机，从而使电动机以较大的转矩转动，螺纹花键使小齿轮与齿圈啮合得更牢固。与此同时吸引线圈两端的电压变得相等被短路，因此电流不再流经吸引线圈。这时可动铁芯只是由保持线圈所施加的磁力保持在原位。

起动完毕，点火开关自动从起动位置扭回至点火位置，切断了施加在端子 50 上的电流。但主开关仍保持闭合状态，部分电流便从端子 C 通过吸引线圈流至保持线圈。由于流经保持线圈的电流与点火开关位于起动位置时的电流方向相同，保持线圈便产生了拉动可动铁芯的磁力。另一方面，电流在吸引线圈中的反向流动产生了要将可动铁芯回复原位的磁力。这两个线圈所产生的磁场相互抵消，使回位弹簧将可动铁芯拉回，切断了施加在电动机上的强电流，可动铁芯也几乎同时将小齿轮与齿圈分离。

外啮合减速式起动机的传动中心距较大，受起动机结构的限制，其减速比不能太大，因此，一般只在小功率的起动机上应用。与同样尺寸和重量的常规式起动机相比，这种起动机可以产生更大的转矩。

3. 永磁减速式起动机

永磁式起动机的主要特点是磁场由永久磁铁产生，取代了普通起动机中的磁场绕组和磁极铁芯，具有结构简单、体积小、质量轻等优点，它适合装于空间较小的车辆上。

北京 BJ2021(切诺基)吉普车上装用的 12VDW1.4 型起动机(德国波许公司生产)即永磁减速式起动机，如图 3.29 所示。起动机中有 6 块永久磁极，用弹性保持片固定于机壳内，传动机构为滚柱式单向离合器，减速装置为行星齿轮减速装置，它以电枢轴齿轮为太阳轮，另有 3 个行星齿轮及一个固定内齿圈，其啮合关系如图 3.30 所示。

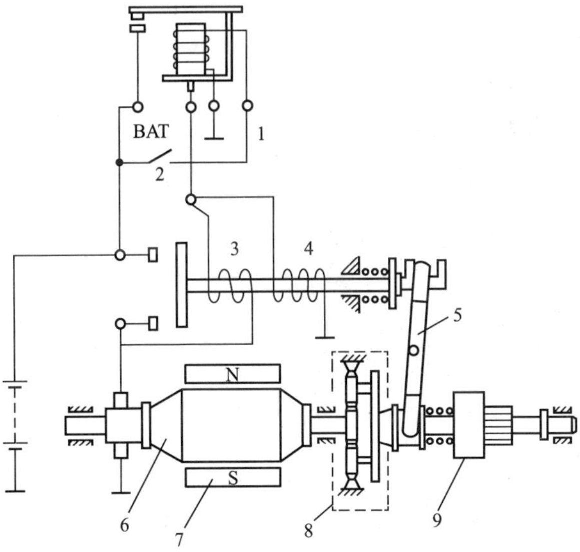

图 3.29　12VDW1.4 型永磁减速式起动机的原理图

1—继电器；2—点火开关；3—吸引线圈；4—保持线圈；5—拨叉；6—电枢；7—永久磁极；8—行星齿轮减速装置；9—滚柱式单向离合器

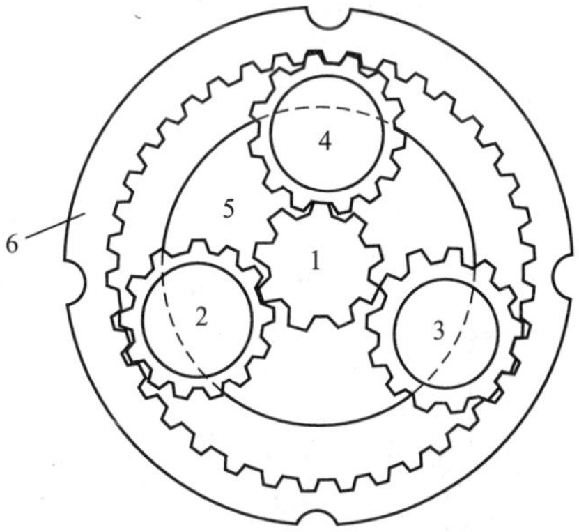

图 3.30　行星齿轮减速装置的啮合关系

1—太阳轮；2、3、4—行星齿轮；5—行星轮支架(输出轴)；6—内齿圈太阳轮压装在电枢轴上与3个行星齿轮同时啮合，3个行星齿轮的轴压装在一个圆盘上(行星齿轮在轴上可以灵活转动)。该圆盘与驱动齿轮轴制成一体，驱动齿轮轴一端制有螺旋花键，与单向离合器传动套筒内的螺旋花键配合；内齿圈由塑料注塑而成，3个行星齿轮在其上滚动，内齿圈的外缘制有定位用的槽，以便嵌放在后端盖上。

起动继电器有两对触点，一对触点控制吸引线圈和保持线圈的电路，另一对触点(图中未画出)用于起动时短路点火系统初级电路中的附加电阻，以增大初级电流，改善起动性能。起动机不工作时，起动继电器的两对触点均处于打开状态。

该起动机的工作过程与QD124型起动机基本相同，不同之处在于电枢轴产生的转矩需经行星齿轮减速装置才能传给起动机的驱动齿轮。转矩传递程序为：电枢轴产生的转矩经电枢轴齿轮(太阳轮)→行星齿轮及支架→驱动齿轮轴→滚柱式单向离合器→驱动齿轮→飞轮。

行星齿轮啮合式减速机构具有结构紧凑、传动比大、效率高的特点。行星齿轮啮合式起动机由于输出轴与电枢轴同心、同旋向，电枢轴无径向载荷，可使整机尺寸减小；除了增加行星齿轮减速机构的差别，行星齿轮式减速起动机其他轴向位置上的结构与普通起动机相同，因此配件是通用的。

3.5 起动机驱动保护电路

当发动机起动后，若驾驶员未及时释放起动开关，就会造成单向离合器的磨损和蓄电池的消耗。而当发动机工作时，如不慎将起动开关再次接通，就会造成起动机驱动齿轮与发动机齿圈的撞击，从而加速了它们的损坏。为了防止这种现象的发生，在有些起动机上增加了保护装置保证起动机的安全。

起动机保护电路的作用：发动机一旦起动后，应能使起动机自动停止工作；发动机工作时，即使错误地接通了起动开关，起动机也不会工作。

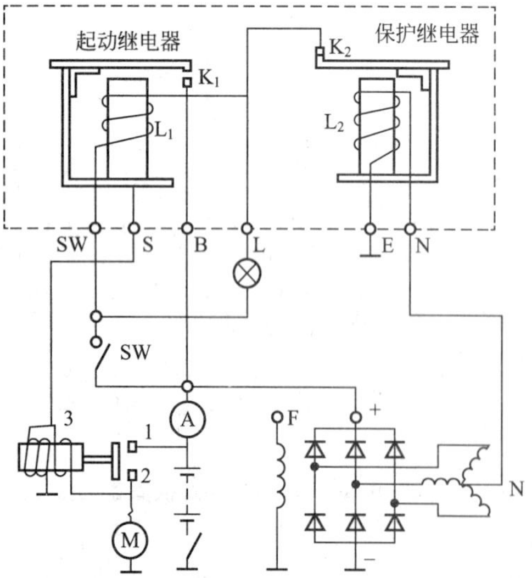

图3.31　东风EQ1090F型起动机保护电路工作原理图

现代汽车应用的起动机保护电路都是依靠汽车交流发电机的中性点电压以及相应的继电器来完成的。

图3.31所示是东风EQ1090F型起动机保护电路工作原理图。该起动机的保护装置是起动复合继电器，它由起动继电器和保护继电器两部分组成。起动继电器的触点是常开的，其作用是控制起动机电磁开关的工作。保护继电器的触点是常闭的，磁化线圈一端搭铁，一端接至发电机的中性点，承受交流发电机中性点电压，其作用是保护起动机并控制充电指示灯。

起动时，将点火开关旋至起动挡位，则起动继电器的常开触点 K_1 闭合，充电指示灯亮。其电路为：

蓄电池正极→电流表 A→点火开关↗接线柱 SW→线圈 L_1→K_2、磁轭→搭铁→蓄电池负极。
↘充电指示灯→"L"接线柱→K_2、磁轭→搭铁→蓄电池负极。

线圈 L_1 产生电磁吸力，于是 K_1 闭合，将起动机电磁开关吸引线圈和保持线圈的电路接通。其电路如下：

蓄电池正极→电流表 A→接线柱 B→K_1→磁轭→接线柱 S↗保持线圈→搭铁→蓄电池负极。
↘吸引线圈→起动机磁场绕组、电枢绕组→搭铁→蓄电池负极。

在吸引线圈和保持线圈两个线圈电磁吸力的共同作用下，将起动机主电路接通，蓄电池电流流经起动机磁场绕组和电枢绕组，使起动机正常起动。

发动机起动后，如驾驶员没有及时松开点火开关，由于交流发电机电压升高，当中性点电压达 5V 时，在保护继电器线圈 L_2 的电磁力作用下 K_2 打开，切断了充电指示灯的电路，充电指示灯熄灭，同时又将 K_1 的电路切断，于是 K_1 打开，则起动机电磁开关释放，切断了蓄电池与起动机间的电路，起动机便会自动停止工作。

发动机工作时，在交流发电机中性点电压的作用下，K_2 一直处于打开状态，L_1 中无电流，则 K_1 始终处于打开状态，起动机电路就不能接通。所以即使驾驶员操作失误，又将点火开关旋至起动挡时，起动机也不会工作，这就避免了起动机驱动齿轮被打坏的危险，从而起到了保护起动机的作用。

3.6 起动机的试验与调整

1. 空载试验

空载试验的目的是测量起动机的空载电流和空载转速，并与标准值比较，以判断起动机内部有无电路和机械故障。其试验方法如下。

将起动机夹在试验台的夹具上，按图 3.32 接线。

接通起动机电路(每次试验不超过 1min，以免起动机过热)，起动机应运转均匀、电刷下无火花。记下电流表、电压表的读数，并用转速表测量起动机转速，其值应符合规定。

若电流大于标准值，而转速低于标准值，表明起动机装配过紧或电枢绕组和磁场绕组内有短路或搭铁故障。若电流和转速都小于标准值，则表示起动机线路中有接触不良的地方，如电刷弹簧压力不足，换向器与电刷接触不良等。

2. 全制动试验

全制动试验应在空载试验的基础上进行，空载试验不合格的起动机不应进行全制动试验。

全制动试验的目的是测量起动机在完全制动时所消耗的电流(制动电流)和制动力矩，以判断起动机主电路是否正常，并检查单向离合器是否打滑，其试验方法如下。

将起动机夹在试验台上，使杠杆的一端夹住起动机驱动齿轮的 3 个齿(图 3.33)。按下开关 K，起动机通电，呈现制动状态。观察单向离合器是否打滑并迅速记下电流表、电压表及弹簧秤的读数，其值均应符合规定。

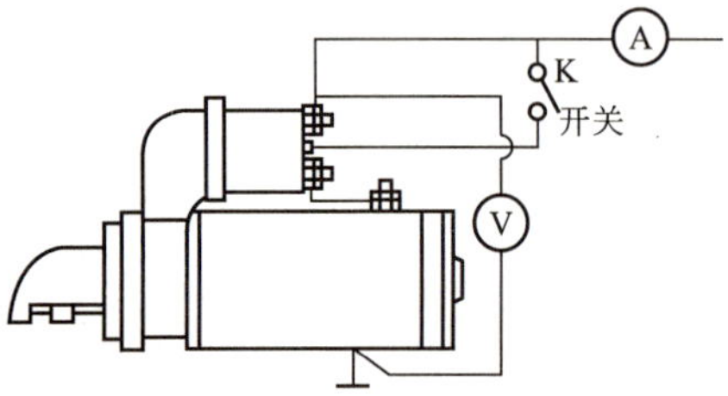

图 3.32　起动机空载试验电路图

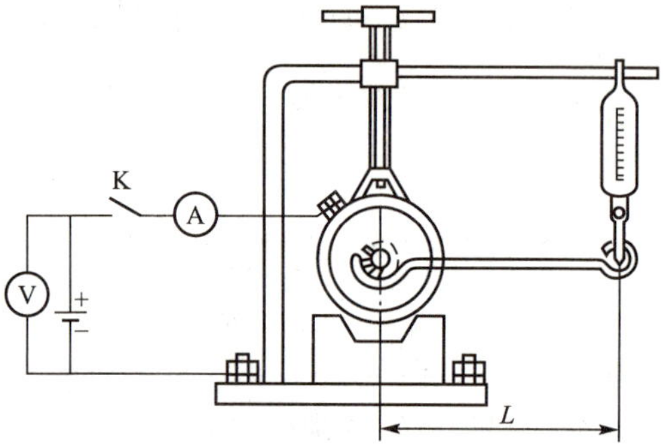

图 3.33　起动机的全制动试验

若制动力矩小于标准值而电流大于标准值，则表明磁场绕组或电枢绕组中有短路或搭铁故障。若制动力矩和电流都小于标准值，表明线路中接触电阻过大。若驱动齿轮锁止而电枢轴有缓慢转动，则说明单向离合器有打滑现象。

全制动试验应注意：每次试验通电时间不超过 5s，以免损坏起动机及蓄电池，试验过程中，工作人员应避开弹簧秤夹具，防止发生伤害事故。

3.7　起动系统的常见故障及排除

1. 起动机不转

1）故障现象

起动时，接通起动开关，起动机不转动，无动作迹象。

2）故障原因

可能的故障原因有以下几种(以有起动继电器起动系统为例)：

(1) 蓄电池严重亏电或极板硫化、短路等，蓄电池极桩与线夹接触不良，起动电路导线连接处松动而接触不良等。

(2) 电动机换向器与电刷接触不良，磁场绕组或电枢绕组有断路或短路，绝缘电刷搭铁，电磁开关线圈断路、短路、搭铁或其触点烧蚀而接触不良等。

(3) 起动继电器线圈断路、短路、搭铁或其触点接触不良。

(4) 点火开关接线松动或内部接触不良。

(5) 起动系统控制线路有断路，导线接触不良或松脱、熔丝烧断等。

3）故障诊断

(1) 按喇叭或开大灯，如果喇叭声音小、嘶哑或不响，灯光比平时暗淡，说明电源有问题，应先检查蓄电池极桩与线夹、起动电路导线接头处是否有松动，触摸导线连接处是否发热。若某连接处松动或发热则说明该处接触不良，若线路连接无问题，则应对蓄电池进行检查。

(2) 如果判断电源无问题，用工具将起动机电磁开关上连接蓄电池和连接内部电动机的两接线柱短接，如果起动机不转，则说明是电动机内部有故障，应拆检起动机；如果起动机空转正常，则进行下一步检查。

(3) 用工具将电磁开关接线柱与起动机电源接线柱相连，如果起动机不转，则说明起动机电磁开关有故障，应拆检电磁开关；如果起动机运转正常，则说明故障在起动继电器或有关的线路。

(4) 用起子将起动继电器上连接蓄电池和连接起动机的两接线柱直接相连，如果起动机不转，则应检查连接这两个接线柱的导线；如果起动机能正常运转，则再做下一步检查。

(5) 将起动继电器上连接蓄电池和连接点火开关的两接线柱直接相连，如果起动机能正常运转，则说明是起动继电器不良，应拆修或更换起动继电器；如果起动机不能正常运转，则故障在起动继电器至点火开关的导线或点火开关，应对其进行检修。

2. 起动机运转无力

1) 故障现象

起动时，驱动齿轮能啮入飞轮齿环，但起动机转速明显偏低甚至停转。

2) 故障原因

可能的故障原因有以下几项。

(1) 电源故障：蓄电池亏电或极板硫化、短路，起动电源导线连接处接触不良，等等。

(2) 起动机故障：换向器与电刷接触不良，电磁开关接触盘和触点接触不良，电动机磁场绕组或电枢绕组有局部短路，等等。

3) 故障诊断

首先检查起动机电源，如果起动机电源无问题，则应拆检起动机。

3. 起动机空转

1) 故障现象

起动时，起动机转动，但发动机不转。

2) 故障原因

(1) 单向离合器打滑。

(2) 飞轮齿环的某一部分严重缺损。

3) 故障诊断

将发动机飞轮转一个角度，如果故障随之消失(但以后还会再现)，则为飞轮齿环有缺损，应焊修或更换飞轮齿环；如果转动飞轮后起动机仍然空转，则需检修单向离合器。

4. 驱动齿轮与飞轮齿环撞击

1) 故障现象

起动时，可听到驱动齿轮与飞轮齿环的金属碰击声，驱动齿轮不能啮入。

2) 故障原因

(1) 电磁开关触点接通时间过早，驱动齿轮在啮入飞轮齿环以前就已高速旋转起来。

(2) 飞轮齿环磨损严重或驱动齿轮磨损严重。

3) 故障诊断

先适当调整电磁开关触点的接通时间，若打齿现象不能消失，则应拆修起动机驱动齿轮和飞轮齿环。

5. 电磁开关吸合不牢

1）故障现象

起动时发动机不转，可听到驱动齿轮来回窜动的声响。

2）故障原因

（1）蓄电池亏电或起动机电源线路有接触不良之处。

（2）起动继电器的断开电压过高。

（3）电磁开关保持线圈断路、短路或搭铁。

3）故障诊断

先检查起动机电源线路连接是否良好，若无问题，可将起动继电器连接蓄电池的接线柱和连接起动机的接线柱短接，如果起动机能正常转动，则为起动继电器断开电压过高，应予以调整；如果故障仍然出现，则应对蓄电池进行补充充电，如果蓄电池充足电后故障仍不能消除，则应拆检起动机电磁开关。

应用案例3-1

常见起动机实物图

型号：QDJ131
适用机型：五十铃4JB1、4JA1、国产493发动机
额定电压/V：12
额定功率/kW：20
旋转方向：CW

型号：QDJ243
适用机型：五十铃4BC2、4BA1发动机
额定电压/V：24
额定功率/kW：3.5
旋转方向：CW

型号：QDJ1331
适用机型：五十铃4JB1、4JA1、国产493发动机
额定电压/V：12
额定功率kW：20
旋转方向：CW

型号：QDJ2431
适用机型：五十铃4BC2、4BA1
额定电压/V：24
额定功率/kW：3.5
旋转方向：CW

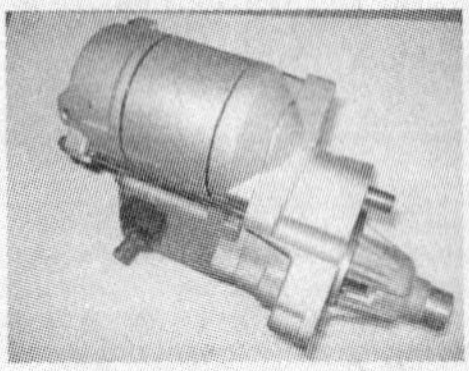

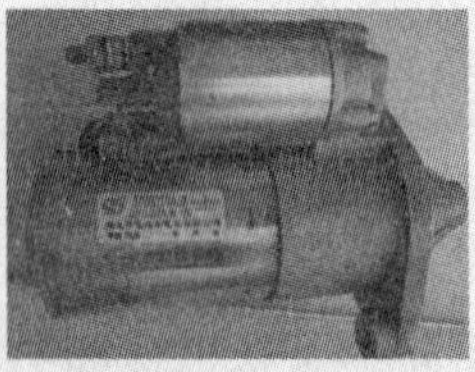

习题

一、名词解释

1. 减速型起动机
2. 永磁式起动机
3. 起动机制动转矩

二、填空题

1．减速型起动机按齿轮啮合方式可分为________啮合式、______啮合式及__________啮合式3种。

2. 起动机空载试验时，若电流和转速均低于标准值，说明起动机线路中有__________故障。制动试验时，若制动电流小于标准值，电动机空转，表明起动机__________。

3. 汽车起动机主要由__________、__________和__________三大部分组成。

4. 为了延长__________的寿命，汽车起动机每次起动的时间应小于______ s，两次起动间隔时间应大于______ s。

5. 起动机单向离合器的作用是起动时单向__________，起动后__________，以免造成电动机电枢发生“飞车”事故。

6. 电磁操纵式起动机主开关接通后，电磁开关中的铁芯被________线圈电磁力保持在吸合位置。

7. 起动机空转试验的接通时间不得超过________；起动机作全制动时间不得超过________。

8. 单向离合器打滑时，可能会导致________。

9. ________式单向离合器最大传递转矩可以调整。

三、问答题

1. 减速型起动机有何优点？
2. 汽车起动机为什么要采用串励式直流电动机？
3. 起动机一般由哪几部分组成？各部分的作用是什么？
4. 直流电动机的基本组成是什么？其工作过程如何？
5. 串励式直流电动机负载变化时是如何自动调节转矩的？
6. 起动机的工作特性有哪些？影响起动机功率的因素有哪些？
7. 试述电磁操纵强制啮合式起动机的工作原理。
8. 起动机常见的单向离合器有几种？各有什么特点？
9. 试述滚柱式单向离合器的结构与工作原理。

第4章 点火系统

本章教学要点

知识要点	掌握程度	相关知识
对点火系的要求	掌握汽油发动机对点火系的基本要求 了解点火系的分类 掌握各种点火系的基本原理	对点火系统的要求 点火系的分类
点火系的组成及工作原理	理解、掌握各种点火系的组成及作用 掌握点火系的工作原理 掌握点火系的工作特性 了解影响点火系次级电压的因素	点火系的组成 点火系的工作原理 点火系工作过程分析 点火系的工作特性
点火系的主要部件	掌握点火线圈的组成及工作原理 掌握开磁路和闭磁路点火线圈的结构 掌握火花塞的构造 掌握各种点火系分电器的组成、结构 掌握各种点火系分电器各组成部分的构造及工作原理 掌握断电器的结构及工作原理 掌握各种信号发生器的结构及工作原理 掌握点火器的组成，掌握磁感应式、霍尔式点火器的组成、结构及工作原理，了解光电式信号发生器的结构及原理	点火线圈 火花塞 分电器 点火器
电容放电式点火系	掌握电容放电式点火系的组成及基本工作原理 掌握分析电容放电式点火系工作过程的方法	电容放电式点火系的组成 电容放电式点火系的工作原理
点火系的使用与故障检查	了解传统点火系和电子点火系点火正时的调整和检查方法 掌握点火系的试验，包括点火线圈发火强度试验、点火配角试验和点火提前角试验 掌握点火系基本的故障检查方法	点火正时 点火系的试验 点火系的故障检查

导入案例

能够按时在火花塞电极间产生电火花的全部设备称为点火系。

汽车发动机的工作循环是由吸气、压缩、做功、排气4个行程组成，而点火环节是在汽油发动机的压缩行程末期进行的。点火系只在汽油发动机上使用。

1886年，第一辆以4循环内燃机为动力的汽车是以磁电机为电源的点火系，其电火花是靠永磁微型发电机产生，因此称之为磁电机点火系。1907—1908年，美国的查尔斯·凯特林(C. F. Kettering)试制出一种可靠而完善的点火装置，并用于凯迪拉克汽车，这种点火装置由蓄电池和发电机提供电能，因此称为蓄电池点火系。最初的蓄电池点火系没有点火提前角自动调节装置，一直到1931年，美国人首先使用了能自动根据发动机负荷和转速来调节点火提前角的真空点火提前调节装置和离心点火提前调节装置。此后，这种点火装置迅速得到完善，在汽车上得到了广泛的应用。这种点火装置被称为"传统点火系"。

随着对汽车发动机动力性、经济性及排放控制要求的日益提高，人们逐渐发现传统点火系结构的本身存在一些不可避免的缺陷，这些结构本身固有的缺陷对于进一步提高发动机转速、降低燃油消耗和废气排放存在一定障碍，因此发动机点火系进行了多次改进。20世纪60年代初期，出现了晶体管辅助点火系，这种点火系增加了一个电子放大器，使得点火性能得到了较大的提高；但由于这种点火装置还保留了触点，触点本身造成的一些缺点还不能完全消除，因此很快就被无触点的电子点火系所取代。无触点电子点火系也叫做普通电子点火系，在20世纪60年代末期开始推广应用，且很快得到普及。1976年，美国通用公司又首次将微处理器应用于点火时刻控制，此后微机控制电子点火系的应用日渐增多，并与汽油喷射、怠速控制等发动机其他电子控制进行综合控制。目前微机控制点火系的应用已非常广泛。

无论哪一种点火系，其基本结构都相似，都是由电源、分电器、点火线圈和火花塞等组成，只是低压回路中触发点火信号的装置有所区别。图4.1所示为点火系的基本组成及其在发动机上的安装位置。

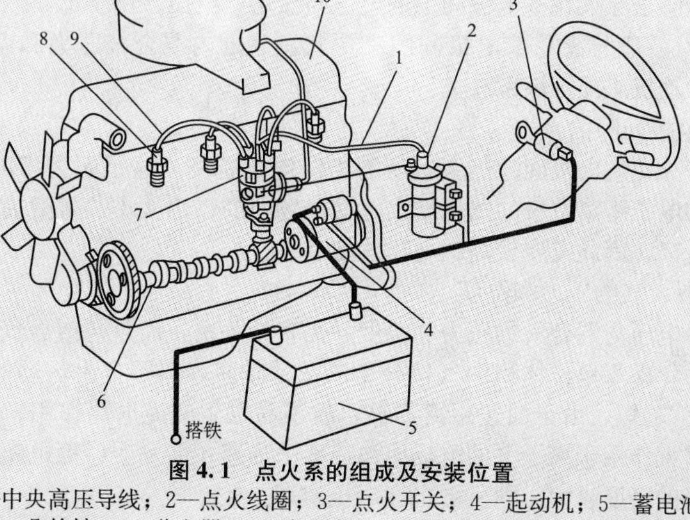

图4.1　点火系的组成及安装位置

1—中央高压导线；2—点火线圈；3—点火开关；4—起动机；5—蓄电池；
6—凸轮轴；7—分电器；8—火花塞；9—分缸高压导线；10—发动机

4.1 概　　述

点火系是点燃式发动机用于提供点火能量、控制点火顺序和点火时刻的装置，其具体作用就是把汽车电源系统的低压电转变成高压电，并按发动机气缸工作顺序适时地引入气缸形成电火花、点燃可燃混合气，从而使发动机正常工作。点火系性能的好坏对发动机的工作影响很大。

4.1.1 对点火系的要求

为了使发动机在各种工况下均能保证可靠而准确地点火，点火系必须满足下列基本要求。

1. 能产生足以击穿火花塞电极间隙的高电压

点燃式发动机气缸中点燃可燃混合气的电火花是由高压电击穿火花塞电极间隙而产生，其产生原理如下：

在正常状态下，任何气体中都有少量的气体分子游离成正离子和电子，这些电子或独立存在、或与中性分子结合形成负离子。当正负电极两端加有电压时，在电场力的作用下，电极间的正离子便会向负电极运动、负离子和电子便会向正电极运动；离子和电子的运动会撞击中性分子而形成电流。当正负电极两端施加的电压较低时，离子和电子的运动速度较慢、动能较小，不能将中性分子撞破，气体中只有少量离子和电子导电，因此电流很小，正负电极之间不能形成电火花。当正负电极两端施加的电压增高时，离子和电子的运动速度加快、动能增大；当电压升到足够高时离子和电子便将中性分子撞破，使中性分子分裂成正离子和负离子或电子，新产生的离子和电子在电场力的作用下，也以很高的速度分别向正负两极运动，并又撞击其他中性分子；如此反复，电极间隙之间的离子和电子便骤然增多，大量的离子、电子激烈地运动与碰撞就会发出大量的热，当温度达到一定值时，会产生弧光放电，放电电流强度急剧增大，便产生了电火花(即电弧光放电现象)。

点火系中能够击穿火花塞电极间隙的电压叫做击穿电压，用字母 U_j 表示。

击穿电压 U_j 一般与火花塞电极间隙和形状、气缸内混合气压力和温度、电极温度、电极极性以及发动机工况等因素有关。

1）火花塞电极间隙的大小

实验证明，火花塞电极间隙越大，所需击穿电压越高。这是因为当电极间隙增大时，气体中的离子和电子距离电极的路程增大，受电场力的作用减小，碰撞前所获得的动能不足以引起碰撞电离，因此需要较高的电压才能点火。

2）气缸内混合气的压力和温度

火花塞击穿电压与混合气的压力和温度并无直接关系，而是与混合气的密度有关。混合气的密度越大，即每单位体积中气体分子的数量越多，离子自由运动的距离(即两次碰撞之间的距离)就越短，由于加速距离不够，故不易发生碰撞电离作用。只有提高加在电极上的电压，增大作用于离子上的电场力，使离子加速才能发生碰撞电离而使火花间隙击穿。因此混合气的密度越大，则所需击穿电压越高。

压力和温度的改变直接影响着混合气的密度：当混合气压力增大时，混合气密度增大，所需击穿电压增大；当混合气温度增高时，由于混合气密度减小而所需击穿电压降低。火花塞击穿电压与混合气温度和压力的关系如图4.2所示。

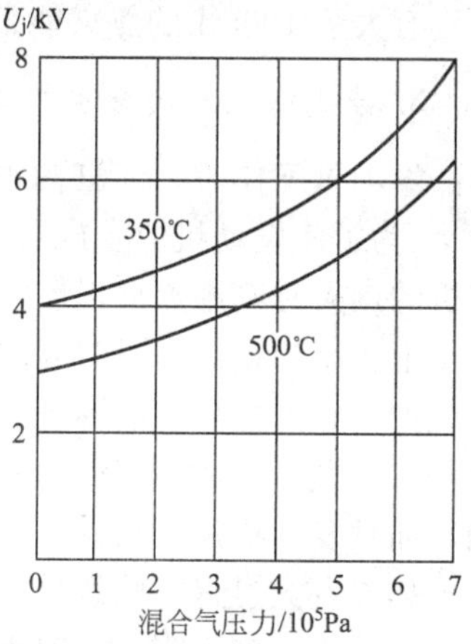

图4.2 击穿电压与混合气压力的关系

3）电极的温度

实验证明，当火花塞的电极温度高于混合气温度时，击穿电压可降低约30%～50%。这是因为电极温度越高，包围在电极周围的气体密度就越小，越容易发生碰撞电离的缘故。在发动机工作的整个过程中火花塞电极温度几乎均高于混合气温度，只有起动工况不同，所以这也是冬天发动机难以起动的原因之一。

4）电极的极性

实验证明，如果将温度高的电极作为负极，则同一火花塞所需击穿电压可降低约20%。这是因为热的金属表面比冷的金属表面容易发射电子，发动机在工作过程中，由于绝缘层的原因，火花塞中心电极温度较侧电极温度高很多，因而电子容易从中心电极向侧电极发射，使火花塞间隙处离子化程度高，火花塞容易跳火。因此目前无论是哪一种点火系统，其高压回路电流都是由侧电极流向中心电极，即高压回路的搭铁极为正极，以此来达到降低火花塞击穿电压的目的。

5）发动机的工况

发动机工作情况不同时，火花塞的击穿电压也不同，其值随发动机的转速、功率、压缩比、点火提前角以及混合气的成分而改变。发动机起动时，由于气缸壁、活塞以及火花塞的电极都处于冷态，吸入的混合气温度低、雾化不良，加之火花塞电极之间还可能积有机油或汽油，因此所需击穿电压最高。另外在汽车加速时所需击穿电压也较高；而在发动机高速时和发动机处于大负荷时所需的击穿电压则较低。

综上所述，为了保证点火可靠，点火装置必须具有一定的高压储备，使之在发动机所有工况下送往火花塞电极间的电压均大于该工况下火花塞的击穿电压值。但过高的次级电压将造成绝缘困难、成本增加，因此在设计点火系统高压电路时尽可能地降低火花塞击穿电压。点火系高压回路的次级电压通常限制在30kV以内。

2. 电火花应具有足够的能量

当高压电在电极间隙之间跳火时，其电能将变成热能，从而点着可燃混合气。为使混合气能可靠点着，火花塞产生的电火花必须具有足够的能量。火花能量越大，则混合气越易点着，发动机的着火性能就越好；反之，火花能量越小，着火性能就越差。

点着混合气必需的能量与发动机工况、混合气成分和浓度、电极间隙和形状等因素有关。当发动机正常工作时，由于压缩终了时混合气的温度已接近其自燃温度，因此所需火花能量很小，一般只需1～5mJ。但在发动机启动、怠速和加速时，由于混合气雾化质量较差，需要较高的火花能量。为了提高发动机的燃油经济性而燃烧稀混合气，因此也需要增大火花能量。

在发动机整个工作过程中，起动工况(特别是冬季)是最恶劣工况，所需点火能量最高，达50～80mJ。因此要使混合气在任何工况都能可靠点燃，点火系提供的电火花应保证具有大于 100mJ 的点火能量。

3. 点火时刻应与发动机工况相适应

发动机工作时，气缸内混合气从开始点火到完全燃烧需要一定的时间(约千分之几秒)。为了使发动机能发出最大功率，点火时刻不应在压缩行程终了，而应适当提前。汽油机的点火时刻用点火提前角来表示，点火提前角是指从火花塞电极间跳火开始到活塞运行至上止点为止这一段时间内曲轴所转过的角度。

如果点火过早，则燃烧的大部分在压缩行程进行，气缸内压力急剧升高，活塞上行阻力增大，虽然最大燃烧压力高，但是所做的功并非最大，不仅使发动机功率下降，油耗增加，而且发动机运行粗暴，振动和噪音大，甚至还会引起发动机的爆震燃烧。

如果点火过迟，则燃烧大部分在活塞下行时容积增大的情况下进行，燃烧压力损失太大，发动机功率下降，同时由于炽热的燃气与气缸壁的接触面积增大，热损失增多，导致发动机过热，油耗增大。

通常把发动机发出最大功率且油耗最小时所对应的点火提前角称为最佳点火提前角。

不同发动机的最佳点火提前角各不相同，即使是同一台发动机，在不同工况下的最佳点火提前角也不相同。影响最佳点火提前角的因素如下。

1) 转速和负荷

发动机转速越高，最佳点火提前角应越大。这是因为发动机转速升高时，在同一时间内，活塞将移动较大距离，曲轴也相应地转过较大的角度；而混合气的燃烧速率却几乎不变(或略有增加)。因此当转速升高时，为使发动机同样发出最大功率，最佳点火提前角应随之增大。

此外，在同一转速下，随着发动机负荷的增大，最佳点火提前角应减小。这是由于发动机负荷大即节气门开度大时，吸入气缸的混合气量增多，压缩行程终了时的压力和温度增高，使燃烧速度加快，因此最佳点火提前角随负荷增大应减小。

2) 起动及怠速

当发动机处于起动和怠速工况时，虽然混合气燃烧速度较慢，但混合气的全部燃烧时间却只占较小的曲轴转角。如果点火过早，则燃烧过程可能在活塞运行至上止点以前就结束而使曲轴反转，因此发动机起动和怠速时，应减小点火提前角(一般为 5°～6°)或不提前。

3) 汽油品质

汽油发动机在一定条件下，会出现爆燃现象。爆燃是由于气体压力和温度过高，在燃烧室内离点燃中心较远处的可燃混合气自燃而造成的一种不正常燃烧。爆燃时火焰以极高的速度向外传播，在气体来不及膨胀的情况下，温度和压力急剧升高，有时还会形成压力波以音速向前推进，当这种压力波撞击燃烧室壁时就发出尖锐的敲缸声。爆燃会使机件过快磨损，热负荷增加、噪声增大、功率下降、油耗上升，对发动机极为有害。

发动机爆燃与汽油品质有关，辛烷值是评定汽油抗爆性能的指标。我国车用汽油目前采用辛烷值划分其牌号，有 90 号、93 号和 97 号等。汽油的牌号越大，辛烷值越高，其抗爆性能越好，越不容易产生爆燃；而汽油的牌号越小，越容易产生爆燃。

因此发动机使用过程中，如果更换燃油品种，应对点火提前角进行调整，如使用低牌号(辛烷值低)汽油时，应适当减小点火提前角；反之，当使用高牌号汽油时，点火提前角应适当增大。

使用同一牌号的汽油，如点火过早，混合气的燃烧也容易转为爆燃，这是因为燃烧是在压力增高的时候进行的，燃烧室中先燃烧的部分混合气膨胀而压缩未燃烧的混合气，使其温度急剧上升到自燃温度而突然自行全部着火，形成爆燃。

4）其他

影响最佳点火提前角的因素还有很多，如混合气空燃比、发动机进气压力和冷却水温度等。

当空燃比为理论空燃比（A/F＝14.7）左右时，所需的最佳点火提前角最小，这是因为此时的燃烧速度最快。因此，当混合气变稀或变浓时，最佳点火提前角都相应增大。

进气压力减小时，由于扰流变弱，压缩终了的压力和温度也相应减小，使燃烧速度变慢，因此最佳点火提前角应增大。如在高原地区，随着海拔高度的增加，空气变稀薄，大气压力变低，应适当增大点火提前角。

发动机冷却水温低时，为尽快暖机，应适当增大点火提前角，而当水温高时，为减少 NO_X 和 HC 的排放量应适当减小点火提前角。

总而言之，为了使发动机在把热能转换成机械能的过程中输出最大功率，点火系必须在适应上述情况下，实现最佳点火。

阅读材料4-1

汽油的抗爆性

汽油的抗爆性是指汽油在发动机的气缸内燃烧时防止产生爆燃的能力。爆燃是汽油机的一种不正常燃烧，它是在特定的情况下，当混合气已燃烧了2/3～3/4时，由于受到气缸温度、压力上升的影响，在未燃部分的混合气中产生大量不稳定的过氧化物，在正常火焰前锋未到达前，由于剧烈氧化而自燃，产生许多火焰中心，火焰传播极快，形成压力脉冲，使气缸内产生清脆的金属敲击声的现象。

汽油的抗爆性用辛烷值评定。辛烷值是代表点燃式发动机燃料抗爆性的一个约定数值。在规定条件下的标准发动机试验中，通过和标准燃料进行比较来测定，用和被测定燃料具有相同抗爆性的标准燃料中异辛烷的体积百分数表示。测定的方法有研究法（RON）和马达法（MON）两种。

我国车用汽油目前采用研究法辛烷值划分其牌号。汽油的牌号表示在和试验汽油抗爆性能相同的异辛烷与正庚烷所组成的混合物中异辛烷所占的体积百分数。例如90号汽油：其辛烷值是90个单位，它的抗爆性能与含有90％异辛烷的混合物相同。

4.1.2 点火系的分类

点火系的分类方式有很多，下面根据不同的分类方式对各种点火系的特点进行叙述。

1. 按点火系统的电源进行分类

按照点火系的电源进行分类，有磁电机点火系和蓄电池点火系两类。

磁电机点火系由磁电机本身产生点火所需的电源，由于结构的原因，磁电机点火系目前仅适用于单缸或两缸的汽油发动机。因此磁电机点火系在汽车上早已不使用，目前在某些摩托车上还有少量的应用。

蓄电池点火系的电源是蓄电池和发电机，适用于多缸发动机。目前汽车上使用的都属于此类点火系。

2. 按点火系储存点火能量的方式进行分类

按照点火系储存点火能量的方式进行分类有电感储能式点火系和电容储能式点火系。

电感储能式点火系中，用于产生高压电火花的能量以磁场能的方式储存在点火线圈中，其储能元件是点火线圈。发动机工作时，点火系统将点火能量以磁场能的形式储存在点火线圈中，在需要点火时再将部分点火能量转换为电场能量并分配到火花塞电极间隙上跳火点燃混合气。电感储能式点火系的点火能量 W_L 与线圈的电感量 L 和线圈电流 I 的平方成正比

$$W_L=\frac{1}{2}I^2L$$

电容储能式点火系中，用于产生高压电火花的能量以电场能的方式储存在电容器中，其储能元件是专门的储能电容器。发动机工作时，点火系先将点火能量以电场能的形式储存在专用电容器中，在需要点火时储能电容向点火线圈初级绕组放电，同时在次级绕组中感应产生高压电并加到火花塞电极上跳火点燃混合气。电容储能式点火系的点火能量 W_c 与其电容器的电容值 C 和电容器电压 U 的平方成正比

$$W_c=\frac{1}{2}CU^2$$

电感储能式点火系的结构简单、成本较低，目前汽车上使用的都是电感储能式点火系。电容储能式点火系的结构复杂、成本较高，其致命的缺点是放电持续时间较短(5～50μs；电感储能式为1～2ms)，对发动机启动、低速点火和燃烧稀薄混合气极为不利，因此主要用于转速较高的赛车发动机。

3. 按照低压回路触发点火信号的装置不同进行分类

按照点火系低压回路触发点火信号的装置不同可分为传统点火系、普通电子点火系和微机控制点火系3种类型。

1) 传统点火系

传统点火系是利用机械开关(即触点的闭合和打开)来控制点火线圈初级电流的通断而完成点火工作的，其控制点火线圈初级电流通断的装置是断电器。

传统点火系在汽车上应用较早，其应用的持续时间将近一个世纪。但随着对汽车发动机燃油经济性和排放指标等要求的提高，这种点火系已无法适应现代发动机的点火要求，目前已被先进的点火系所取代。

2) 普通电子点火系

普通电子点火系是利用半导体元件，如晶体三极管、可控硅等作为开关，接通或断开点火线圈初级电流而完成点火工作的。

普通电子点火系的发展经历了两个过程，即有触点晶体管辅助点火系和无触点电子点火系。有触点晶体管辅助点火系是一种保留机械开关(触点)的电子点火系，与传统点火系不同的是其机械开关(即触点)不用于直接控制点火线圈的初级电流，而是用于控制点火三

极管的基极电流。这种点火系由于无法克服机械触点存在的诸多缺点，很快就被淘汰。

无触点电子点火系则彻底取消了机械开关(触点)，取而代之的是点火信号发生器和点火器。这种点火系主要由点火器、分电器、点火信号发生器、点火线圈和火花塞等组成。点火器是由半导体元件(如三极管、可控硅等)组成的电子开关电路，其主要作用是根据点火信号发生器产生的点火脉冲信号，接通和断开点火线圈初级电路，起着传统点火系中断电器触点的作用。点火信号发生器装在分电器内，它可根据各缸的点火时刻产生相应的点火脉冲信号，控制点火器接通和断开初级电路的具体时刻。

无触点电子点火系在控制点火线圈初级电流的过程中彻底消除了机械触点存在的问题，但是其点火提前角的控制还是由离心式点火提前调节装置和真空式点火提前调节装置来完成，使点火提前角的精确控制受到限制，所以很快就被微机控制点火系所取代。

无触点电子点火系按照点火触发信号产生的方式不同又有磁感应式、光电式、霍尔式等多种。

目前许多在用车辆的点火系还在使用着无触点普通电子点火系。

3) 微机控制电子点火系

微机控制电子点火系是由发动机电子控制单元(ECU)产生点火信号，控制点火线圈初级电流的通断而完成点火工作。这种点火系主要由与点火有关的各种传感器、电子控制单元、点火器、点火线圈、配电器、火花塞等组成。

发动机的最佳点火提前角不仅决定于发动机的工作转速和负荷，而且还与发动机水温、进气温度、可燃混合气的空燃比、燃油的品质等多种运行参数和使用因素有关。前述传统点火系和普通电子点火系的点火时刻均由机械式点火提前装置完成，而且只能对点火提前角作范围有限的、粗略的线性调节，并且仅考虑了发动机转速和进气管真空度两个影响因素，远不能保证发动机的最佳点火时刻。而微机控制的电子点火系其点火提前角的控制则由电子控制单元根据发动机各种传感器的信号进行三维的精确控制，使发动机在任何工况下都能处于最佳的点火时刻，从而最大限度地改善了发动机的动力性和经济性，降低排气污染。

目前，微机控制的电子点火系已经基本普及。

4.2 点火系的组成及工作原理

4.2.1 点火系的组成

1. 传统点火系

传统点火系是一种电感储能、机械触点式的点火系统，主要由电源、点火开关、点火线圈、分电器和火花塞等部件组成，如图 4.3 所示。

(1) 电源及点火开关。电源为蓄电池和发电机，标称电压多为 12～14V，其作用是供给点火系所需的电能。点火开关的作用是控制点火系的初级电路，点火开关一旦断开，发动机就会立即熄火。

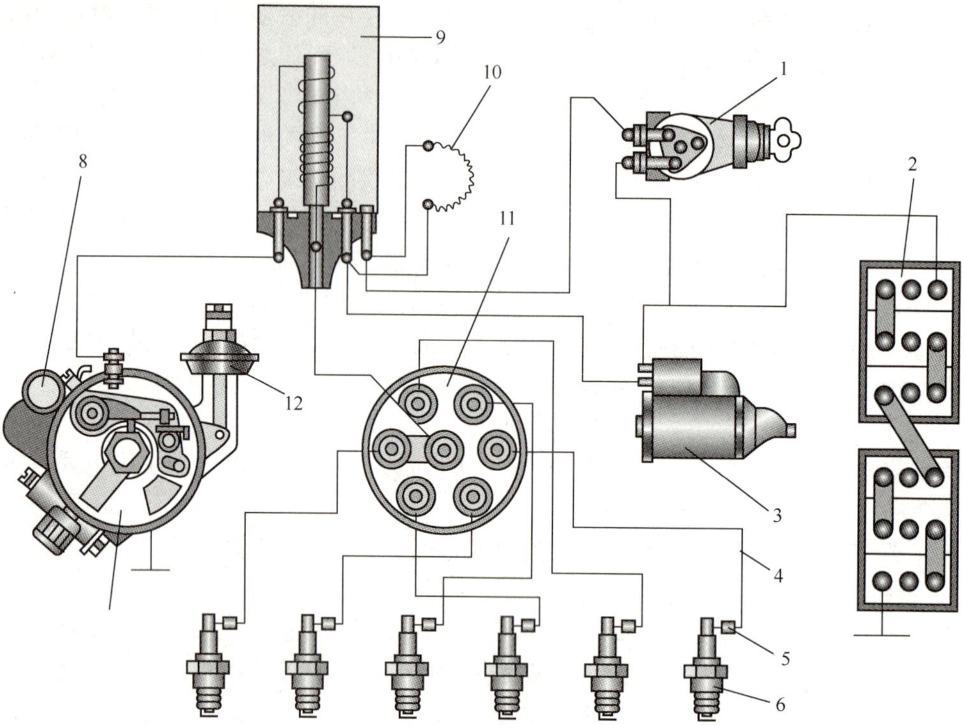

图 4.3 传统点火系的组成

1—点火开关；2—蓄电池；3—起动机；4—高压导线；5—阻尼电阻；6—火花塞；7—断电器；8—电容器；9—点火线圈；10—附加电阻；11—配电器；12—真空点火提前调节装置

(2) 点火线圈。点火线圈的功用是将电源供给的低电压转变为点火所用的高压电，其构造与自耦变压器相似，主要由铁芯、初级绕组和次级绕组组成。

(3) 火花塞。火花塞的作用是将点火线圈次级绕组产生的高压电引入气缸燃烧室，产生电火花点燃混合气。

(4) 分电器。传统点火系的分电器主要包括断电器、配电器、电容器和点火提前调节装置等。断电器的作用是接通或切断点火线圈的初级电路；配电器的作用是将点火线圈产生的高压电按气缸工作顺序送往各缸火花塞；电容器与断电器触点并联，其作用是减小断电器触点分开时的火花，延长触点使用寿命；点火提前机构的作用是根据发动机的转速、负荷和汽油品质的变化来改变点火提前角。

2. 普通电子点火系

以使用时间较长、功能比较完善的无触点普通电子点火系为例进行介绍。这种点火系统又称为半导体点火系或晶体管点火系，主要由低压电源(蓄电池或发电机)、分电器及安装在分电器内部的点火信号发生器、点火器、点火线圈、火花塞等组成，图 4.4 所示是一种电感储能、无触点的普通电子点火系的组成图。

在上述普通电子点火系组成部分中，其电源及点火开关、点火线圈、火花塞的功能与传统点火系完全相同；所不同的是系统中取消了断电器，取而代之的是增加了点火器和点火信号发生器。由于点火信号发生器一般安装在分电器内部，其分电器的结构与传统点火系有所区别。

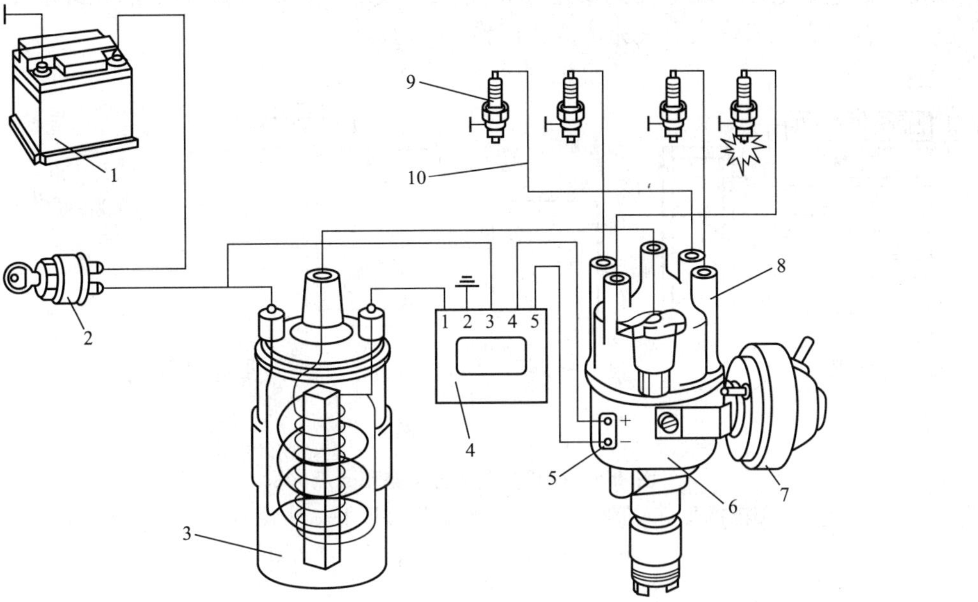

图 4.4 无触点普通电子点火系的组成

1—蓄电池；2—点火开关；3—点火线圈；4—点火器；5—点火信号发生器；6—分电器；
7—真空点火提前调节装置；8—配电器；9—火花塞；10—高压阻尼线

(1) 点火器。点火器又称点火电子组件或点火控制器，由半导体元器件(如二极管、三极管等)组成电子开关电路，主要作用是根据点火信号发生器产生的点火脉冲信号，接通和切断点火线圈初级绕组电路。

(2) 分电器。无触点普通电子点火系的分电器由点火信号发生器、配电器和点火提前调节装置组成。其中配电器和点火提前调节装置的功能与传统点火系相同，只是增加了点火信号发生器。

点火信号发生器装在分电器内，其功用是根据发动机点火时刻要求，产生控制点火的脉冲信号。

点火信号发生器与点火器的共同作用取代了传统点火系中的断电器。具体的工作过程是：点火信号发生器根据各缸的点火时刻产生相应的点火脉冲信号，触发点火器内部的末级大功率三极管的导通或截止，接通或断开点火线圈的初级电路，完成点火工作。

3. 微机控制电子点火系

微机控制电子点火系按照是否保留分电器可分为有分电器式和无分电器式两种。

有分电器微机控制电子点火系又称为非直接点火系统，该系统中，点火线圈产生的高压电经过分电器中的配电器按照点火顺序分配至各汽缸，使各缸火花塞依次点火完成点火工作；无分电器微机控制电子点火系又称为直接点火系，该系统中没有分电器，其点火线圈上的高压线直接与火花塞相连，工作时点火线圈产生的高压电直接送到火花塞，点火顺序的控制由发动机电子控制单元 ECU 根据各传感器输入的信息而完成。

有分电器微机控制电子点火系主要由与点火有关的各种传感器、电子控制单元 ECU、点火器、点火线圈、分电器、火花塞等组成，如图 4.5 所示。在这种点火系中，分电器只保留了前述分电器中配电器的功能，即将点火线圈产生的高压电按照点火顺序分配至各缸，使各缸火花塞依次点火完成点火工作。

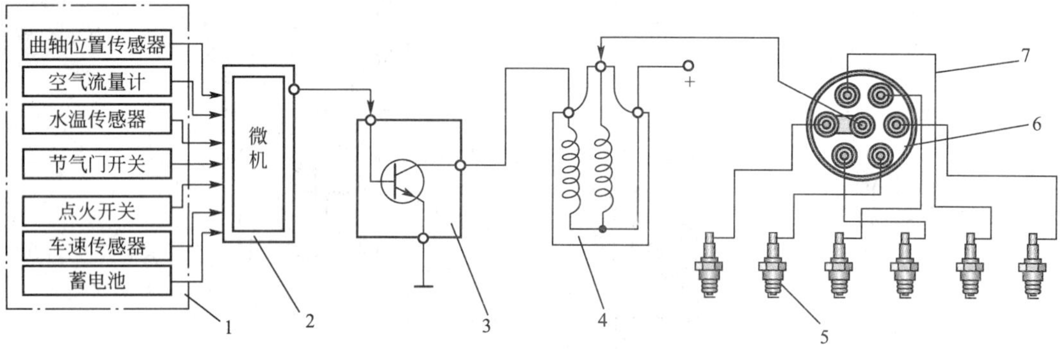

图 4.5　微机控制有分电器电子点火系的组成

1—传感器及输入信号；2—电子控制单元 ECU；3—点火器；4—点火线圈；5—火花塞；6—分电器；7—高压阻尼线

这种点火系点火提前角的控制由发动机电子控制单元 ECU 来完成，可以对点火时刻实现精确控制。

4.2.2　点火系的工作原理

点火系工作的基本原理是利用电磁感应原理，把来自蓄电池或发电机的 12～14V 低压电，经点火线圈转变为 15～30kV 的高压电，由分电器按一定规律分配到各缸火花塞，击穿其电极间隙而点燃混合气。

传统点火系和电子点火系的工作原理分别如图 4.6 和图 4.7 所示，无论是哪一种点火系，其工作原理基本相同。

1. 传统点火系

如图 4.6 所示，发动机工作时，断电器凸轮在分电器轴的驱动下旋转，交替地将断电器触点闭合或打开。断电器触点闭合时初级线圈内有电流流过，并在线圈铁芯中形成磁场。

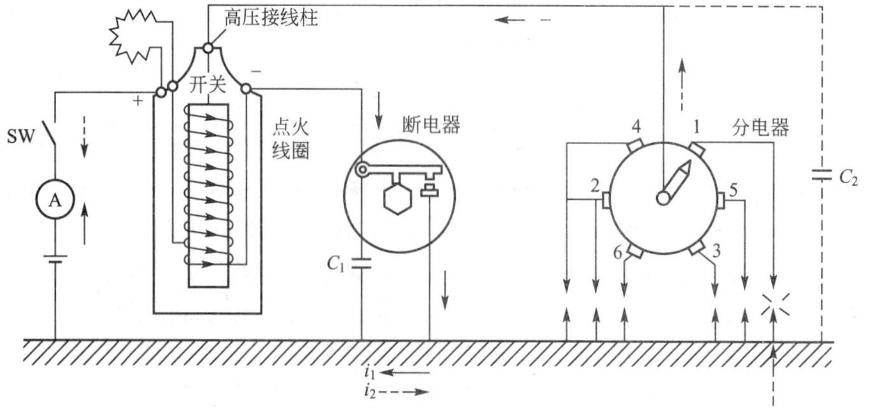

图 4.6　传统点火系工作原理示意图

触点打开时，初级电流被切断，使磁场迅速消失，此时在初级线圈和次级线圈中均产生感应电动势。由于次级线圈匝数多，可感应出高达15～20kV的高电压。该高电压可击穿火花塞间隙，形成火花放电。

在点火开关SW接通的情况下，低压电路中初级电流 i_1(图中实线箭头所示)的回路为：蓄电池正极→电流表→点火开关SW→点火线圈“＋”接线柱→附加电阻→“开关”接线柱→点火线圈初级绕组→点火线圈“—”接线柱→断电器触点→搭铁→蓄电池负极。

次级线圈中高压电流 i_2(图中虚线箭头所示)的回路为：次级绕组→点火线圈“开关”接线柱→附加电阻→点火线圈“＋”接线柱→点火开关SW→电流表→蓄电池→搭铁→火花塞侧电极、中心电极→配电器旁电极、分火头、中央电极→点火线圈高压接线柱→次级绕组。

发动机工作时，分电器轴在发动机凸轮轴驱动下连续旋转，使断电器触点不断地闭合、打开，点火线圈就不断产生高压电并由配电器按点火顺序轮流分配到各缸火花塞产生电火花点燃混合气，这样的过程周而复始，保证发功机的正常工作。

2. 电子点火系

如图4.7所示，发动机工作时，信号发生器的转子在分电器轴(或配气凸轮轴)的驱动下旋转而在其感应线圈中产生信号电压(微机控制点火系则是由ECU根据各传感器信息而产生触发信号)，该信号电压以方波的形式输入点火器后控制其末级大功率三极管的导通与截止，完成点火工作。

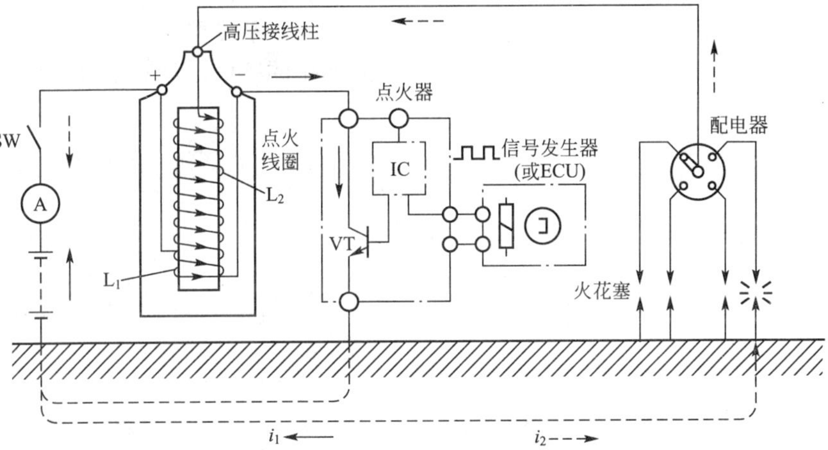

图4.7 电子点火系工作原理示意图

点火开关SW接通时，在信号发生器(或ECU)触发信号的作用下，当点火器末级大功率三极管VT导通时，点火线圈初级绕组中有初级电流 i_1 流过(图中实线箭头所示)，其电路为：蓄电池正极→电流表A→点火开关SW→点火线圈“＋”端子→初级绕组 L_1→点火线圈“—”端子→点火器末级大功率三极管VT→搭铁→蓄电池负极。电流流过点火线圈初级绕组时，在铁芯中形成磁场。当点火器大功率三极管VT截止时，初级电路被切断，初级电流迅速消失，铁芯中的磁通迅速变化，在初级绕组 L_1 和次级绕组 L_2 中分别产生自感应电动势和互感应电动势。设计时将点火线圈次级绕组的匝数足够多，以保证能够感应出足以击穿火花塞电极间隙的高压电动势。次级绕组产生的高压电流经的路径(图中虚线所示)为：次级绕组 L_2→点火线圈“＋”端子→点火开关SW→电流表A→蓄电池→搭铁→

火花塞侧电极、中心电极→配电器旁电极、分火头→点火线圈高压接线柱→次级绕组。

点火器的大功率三极管每截止一次，点火线圈就产生一次高压电；分电器轴每转一转，配电器就按发动机的点火顺序，轮流向各缸火花塞输送一次高压电。发动机工作时，信号发生器转子在发动机凸轮轴驱动下连续旋转，并不断产生点火信号控制三极管导通与截止，点火线圈就不断产生高压电并由配电器按照点火顺序分配到各缸火花塞产生电火花点燃混合气，保证发动机正常工作。

综上所述，发动机的点火系有两个电路，初级电流 i_1 流经的电路称为低压电路或初级电路；高压电流 i_2 流经的电路称为高压电路。不论是哪一种点火系，其工作过程都可分为 3 个过程，即：初级电路接通，初级电流 i_1 增长过程；初级电路切断，次级绕组产生高电压的过程；火花塞电极之间产生火花放电过程。

若要停止发动机的工作，只要断开点火开关，切断低压电源的电路即可。

4.2.3 点火系工作过程分析

1. *初级电路接通，初级电流 i_1 按指数规律增长*

传统点火系的初级电路包括蓄电池、点火开关、附加电阻 R_f、点火线圈初级绕组 L_1、断电器触点和电容器 C_1，其等效电路如图 4.8 所示。

电子点火系与传统点火系不同的是大功率三极管 VT 取代了断电器触点和电容器，点火系初级电流的导通与截止由大功率三极管 VT 控制。其初级回路的等效电路如图 4.9 所示，图中 R_1 为初级绕组的内电阻，电阻 R_Z 和电容器 C_R 是设置在点火器内部的阻容保护电路，其功用是防止大功率三极管 VT 被点火线圈产生的感应电动势击穿而损坏。

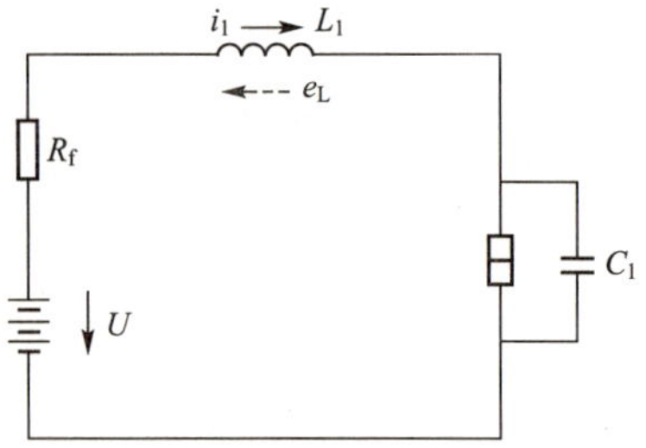

图 4.8 传统点火系初级电路等效电路

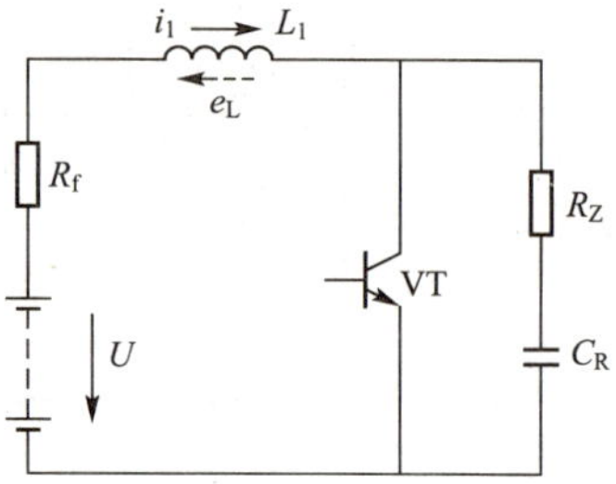

图 4.9 电子点火系初级电路等效电路图

当三极管 VT 导通时(传统点火系当断电器触点闭合时)，由蓄电池或交流发电机提供的初级电流 i_1(传统点火系 i_1 经附加电阻 R_f)就会流过点火线圈初级绕组 L_1，并在点火线圈的铁芯中产生磁场。当铁芯中磁通量随电流的增加而增大时，在初级绕组中便会产生自感电动势 e_L，由楞次定律可知，自感电动势 e_L 的方向与初级电流 i_1 的方向相反，即阻碍初级电流磁场的增长。

根据基尔霍夫电压定律可得电压平衡方程式

$$U+e_L=i_1R \qquad (4-1)$$

式中：U 为电源电压；i_1 为初级电流；R 为初级电路电阻，包括初级绕组内电阻 R_1、电源内阻以及线路电阻等，传统点火系还包括附加电阻 R_f；e_L 为初级绕组 L_1 中的自感电动势。

$$e_L=-L\frac{di_1}{dt} \qquad (4-2)$$

式中：L 为初级绕组电感；$\frac{di_1}{dt}$ 为初级电流 i_1 的增长率。

将式(4-2)代入式(4-1)得

$$U-i_1R=L\frac{di_1}{dt} \tag{4-3}$$

将式(4-3)整理、积分后得

$$i_1=\frac{U}{R}(1-e^{-\frac{R}{L}t}) \tag{4-4}$$

式中：t 为三极管 VT 导通时间(传统点火系为断电器触点闭合时间)。

由式(4-4)可知，当初级电路接通后初级电流 i_1 将按指数规律增长，并逐渐趋于极限值 $I_{max}\left(\approx\frac{U}{R}\right)$。理论上，当 $t\to\infty$时，初级电流 i_1 达到极限值 I_{max}，对于汽车上的点火线圈而言，初级电路导通约 20ms(电子点火系发动机 5000r/min 时，三极管 VT 导通时间只需 4～5ms)即可达到满足点火需要的初级电流值 I_p，把 I_p 称为初级断电电流。

在初级电路导通(初级电流增长)过程中，不仅在点火线圈初级绕组 L_1 中感应产生自感电动势 e_L(约 20V)，在次级绕组 L_2 中也会产生约 1.5～2 kV 的互感电动势，但该互感电动势的电压较小，不能击穿火花塞电极间隙放电。

初级电路接通时初级电流 i_1 的波形变化如图 4.10(a)所示，所对应的在次级绕组 L_2 中感应的互感电动势 U_2 的波形如图 4.10(b)所示。

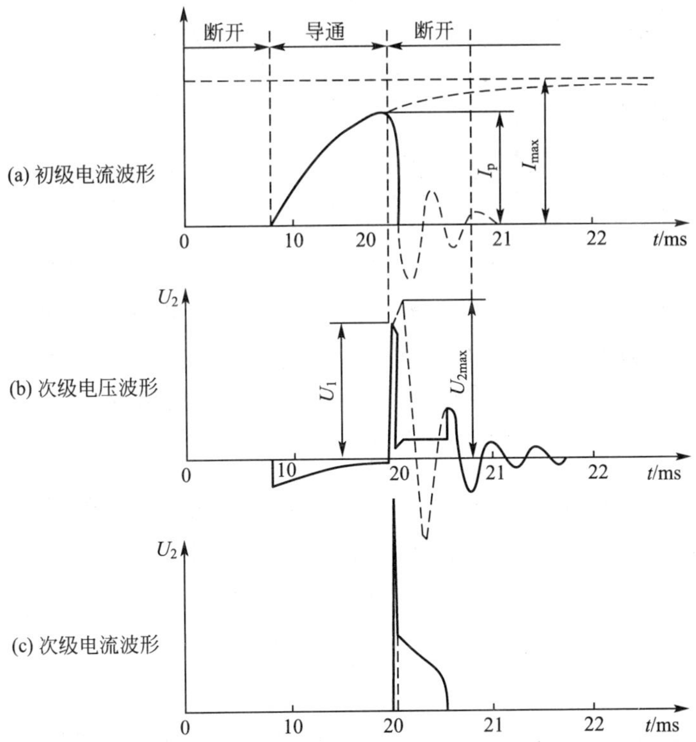

图 4.10 点火系工作过程波形图

2. 初级电路切断，次级绕组产生高电压

上述已知，初级电路导通后，初级电流按指数规律增长。当三极管 VT 导通时间(传统点火系为触点闭合时间)延长至 t_b、初级电流 i_1 增长到 I_P 时，三极管 VT 截止(传统点火系为触点被断电器凸轮顶开)，初级电路切断。此时初级电路的断电电流 I_P 可用数学公式表达为

$$I_P=\frac{U}{R}(1-e^{-\frac{R}{L}t_b}) \tag{4-5}$$

在初级电路被突然切断后，I_P将迅速降到零，点火线圈铁芯的磁通量迅速减少，这时在初级绕组和次级绕组中都将产生感应电动势。在初级绕组 L_1 中，由于绕组匝数少而产生约200～300V 的自感电动势 e_L；在次级绕组 L_2 中，由于绕组匝数多，产生的互感电动势 e_M 很高，可达 15～30kV。这个互感电动势一般称为次级电压，就是用于击穿火花塞间隙产生电火花的高压电。

次级绕组输出次级电压最大值 U_{2max}的大小对发动机能否可靠点火影响很大。为了分析方便，这里将根据初级电流断开后点火系的等效电路进行分析，做传统点火系与电子点火系的等效电路，如图 4.11 和图 4.12 所示。图中 C_1 是指初级电容中的电容总和，包括：初级电路中初级绕组匝与匝之间所具有的电容，电子点火系阻容保护电路中所设有的电容 C_R(传统点火系中与断电器触点并联的电容器)的容值等；图中 C_2 是指在次级电路中分布电容的总和，包括次级绕组匝与匝之间所具有的电容、高压线与发动机机体之间所具有的电容、火花塞中心电极与侧电极之间所具有的电容等。

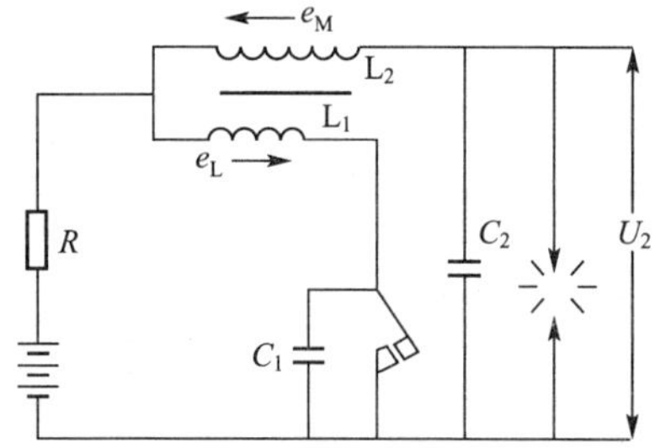

图 4.11 初级电路断开后传统点火系等效电路

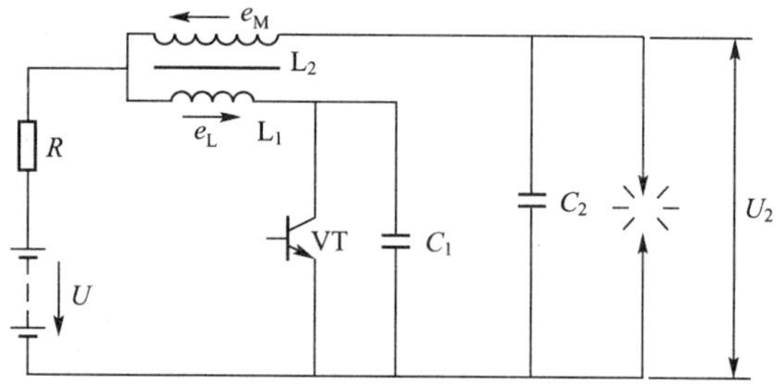

图 4.12 初级电路断开后电子点火系等效电路

次级绕组输出次级电压最大值 U_{2max}可以根据能量守恒定律推导求得。

在初级电路导通期间，点火线圈初级绕组 L_1 储存的磁场能 W_P 为

$$W_P=\frac{1}{2}I_P^2L \quad (J) \tag{4-6}$$

在初级电路被突然切断后，初级绕组 L_1 中所产生的自感电动势 e_L 将向电容器 C_1 充电，次级绕组 L_2 中所产生的互感电动势 e_M 也向高压电路的分布电容 C_2 充电。

当电容器 C_1 的充电电压达到最大值(用 U_{1max}表示)时，在电容器 C_1 中储存的电场能 W_{c1}为

$$W_{C_1}=\frac{1}{2}C_1U_{1max}^2 \tag{4-7}$$

当电容器 C_2 的充电电压达到最大值(用 U_{2max}表示)时，在电容器 C_2 中储存的电场能 W_{c2}为

$$W_{c2}=\frac{1}{2}C_2U_{2max}^2 \tag{4-8}$$

根据能量守恒定律，如果忽略热损耗和电磁能量损失，那么在初级电流截止前初级绕组中储存的磁场能 W_P 将全部转化为初级电流截止后电容器 C_1 和 C_2 中的电场能，即

$$W_P=W_{c1}+W_{c2}$$

即

$$\frac{1}{2}I_P^2L=\frac{1}{2}C_1U_{1max}^2+\frac{1}{2}C_2U_{2max}^2 \tag{4-9}$$

假设初级绕组 L_1 和次级绕组 L_2 之间具有完全的磁路联系，即无磁损失，且耦合系数等于1，则根据法拉第电磁感应定律和理想变压器变压比的计算公式可得

$$\frac{N_1}{N_2}=\frac{U_{1max}}{U_{2max}}$$

所以

$$U_{1max}=\frac{N_1}{N_2}U_{2max} \tag{4-10}$$

式中：N_1、N_2 分别为初级和次级绕组的匝数。将式(4-10)代入式(4-9)并整理后得

$$U_{2max}=I_P\sqrt{\frac{L}{C_1\left(\frac{N_1}{N_2}\right)^2+C_2}} \tag{4-11}$$

考虑到有热损失和磁损失，故

$$U_{2max}=\eta I_P\sqrt{\frac{L}{C_1\left(\frac{N_1}{N_2}\right)^2+C_2}} \tag{4-12}$$

式中：效率 η 一般为0.75～0.85。

由式(4-12)可知，当点火线圈结构一定时，次级电压的最大值 U_{2max} 与初级断电电流 I_P 成正比，并随电容量 C_1、C_2 的增大而减小。

设计制作点火系统时，火花塞的击穿电压 U_j 必须在发动机工作的任何工况都低于次级电压最大值 U_{2max}。当次级电压 U_2 达到 U_j 时，就使火花塞电极间隙被击穿而形成电火花，此时次级电压突然下降，次级电压的波形如图4.10(b)中实线所示，如果次级电压最大值 U_{2max} 小于火花塞击穿电压 U_j，将不能击穿火花塞间隙，则次级电压 U_2 将按图4.10(b)中虚线变化，在几次振荡之后消失。与此同时，在次级电路中也会形成高压放电电流 i_2，其波形如图4.10(c)所示。

需要说明的是，在初级电路被突然切断后，在初级电路中由电感 L、电阻 R 和电容 C 组成振荡回路，会产生衰减振荡，其波形如图4.10(a)中虚线所示。

次级电压上升的时间对火花塞工作性能的影响很大，电压上升时间越短，则损失越小，用于点火的能量就越多。

3. 火花塞电极间火花放电过程

火花塞电极间火花放电过程一般有电容放电和电感放电两部分。

电容放电过程是指火花塞间隙被击穿时，储存在 C_2 中的电场能维持的放电过程，其特点是放电时间极短，1μs左右，放电电流大，可达几十安培，放电电压高。由于电火花是在次级电压达到最大值 U_{2max} 以前发生的，所以电容放电仅消耗线圈磁场能 W_P 的一部分。电容放电时，伴随有迅速消失的高频电磁振荡波，频率约为 10^6～10^7Hz，是产生无线电干扰的主要因素，因此，必须采取抑制措施。

火花塞电极之间跳火以后，火花塞间隙的放电电阻减小，线圈磁场的其余能量将沿着电离的火花间隙缓慢放电，通常将点火线圈剩余磁场能量维持的放电过程称为电感放电过程，又称为火花尾。其特点是放电时间持续较长，达几毫秒，但放电电流较小，约几十毫安，放电电压较低，约为 600V。实验证明，电感放电可以起到预热作用，因此，持续时间越长，点火性能越好。

火花塞电极间火花放电过程次级电压的实际波形如图 4.13 所示。

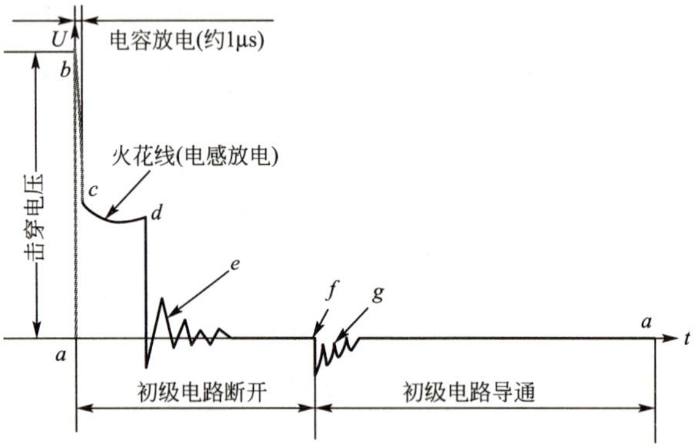

图 4.13　标准次级电压波形

图中波形上各点的含义如下。

a 点：初级电路导通瞬间。

a—*b*：次级电压急剧上升段，U_{ab}为击穿电压值。

b—*c*：电容放电阶段。

c—*d*：电感放电阶段。

e 段：火花消失后，剩余磁场所维持的衰减振荡(第一次振荡)。

f 点：初级电路导通瞬间。

g 段：初级电路刚刚导通时，由于电流突然接通而引起的少许振荡(第二次振荡)。

a—*f*：初级电路断开的全部时间。

f—*a*：初级电路导通的全部时间。

4.2.4　点火系的工作特性

研究点火系的工作特性以及影响次级电压的因素，对点火系的设计和使用具有重要的指导意义。

1. 工作特性

点火系的工作特性是指点火系所能产生的最大次级电压 U_{2max} 随发动机转速变化的规律，即 $U_{2max}=f(n)$。

由式(4-11)可知，次级电压的最大值 U_{2max} 与初级断电电流 I_P 成正比。当电源电压和点火线圈匝数一定时，I_P 与初级电路导通时间 t_b 有关。因此，研究发动机转速 n 对 U_{2max} 的影响，首先应确定发动机转速 n 与初级电路导通时间 t_b 的关系。

对于 4 冲程发动机，其点火周期为

$$T=\frac{30\cdot k}{zn}=\frac{120}{zn}\quad(\mathrm{s})$$

式中：k 为发动机行程数；z 为发动机气缸数；n 为发动机转速(r/min)。

设 τ_b 为初级电流相对导通率，是指在一个点火信号周期内，大功率三极管导通时间(传统点火系为触点闭合时间)t_b 所占的比率，即 $\tau_b=\frac{t_b}{T}$。

因此得出发动机转速 n 与初级电路导通时间 t_b 的关系

$$t_b=\tau_b\frac{120}{zn}\tag{4-13}$$

将式(4－13)代入式(4－5)得出初级断电电流的值为

$$I_P=\frac{U}{R}(1-e^{-\frac{R}{L}\cdot\frac{120\tau_b}{zn}})\tag{4-14}$$

又根据式(4－11)，即可得出点火系最大次级电压 U_{2max} 与发动机转速的关系

$$U_{2max}=\frac{U}{R}(1-e^{-\frac{R}{L}\cdot\frac{120}{zn}\tau_b})\sqrt{\frac{L}{C_1\left(\frac{N_1}{N_2}\right)^2+C_2}}\tag{4-15}$$

根据式(4－15)作点火系的工作特性曲线如图4.14所示。

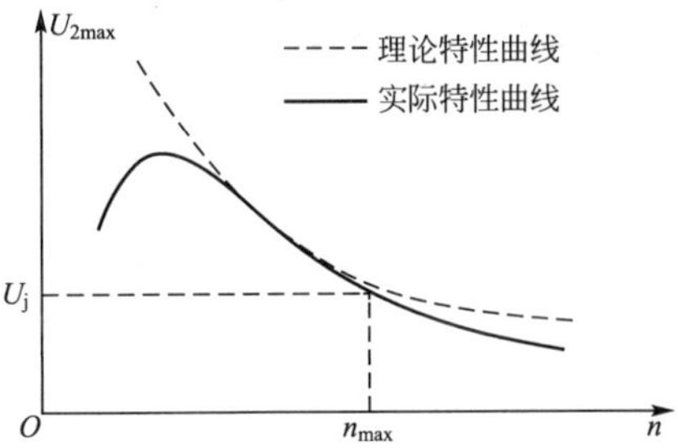

(a) 传统点系工作特性曲线

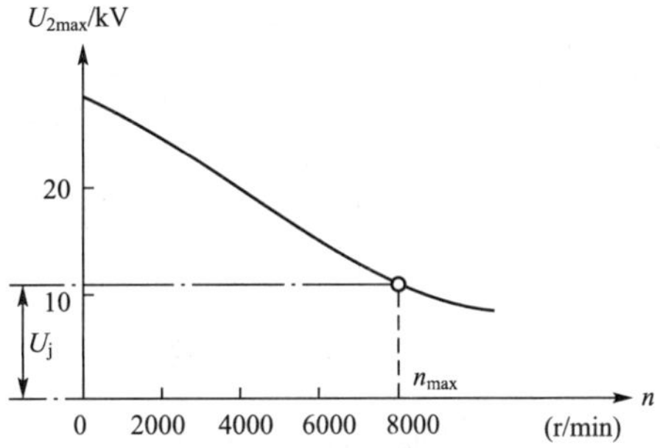

(b) 电子点火系工作特性曲线

图 4.14　点火系的工作特性曲线图

2. 影响次级电压最大值 U_{2max} 的因素

1) 发动机转速

由式(4－15)可知，次级电压的最大值随发动机转速的升高而降低，这是因为初级电流是按指数规律增长的，当转速升高时，由于三极管导通(或触点闭合)时间缩短，初级电流来不及上升到较大数值，而使初级断电电流 I_P 减小，次级电压最大值 U_{2max} 降低。

发动机转速对点火系最高次级电压的影响很大。在点火系工作特性曲线(图4.14)中，根据发动机所用火花塞的击穿电压做一条水平虚线，那么此水平虚线与工作特性曲线的交点即为该发动机的极限转速 n_{max}，超过此转速发动机将不能保证可靠点火。因此次级电压最大值随发动机转速升高而降低是发动机高速时容易断火的主要原因。

电子点火系在设计时其大功率三极管的相对导通率是按发动机的极限工作转速来选定，可以保证三极管具有足够的导通时间，从而保证发动机高速时能可靠点火。另一方面，为防止大功率三极管在发动机低速时导通时间过长和初级电流过大而导致点火线圈、大功率三极管过热损坏，在点火器(或ECU)中一般都有导通角控制电路和限流控制电路，

将导通率控制在15%～75%，将初级断电电流控制在某一稳定值。这样使发动机在高速和低速时都能稳定、可靠地点火。

而传统点火系则不然，由于其初级电路的导通是靠断电器的机械触点完成的，在发动机高转速时，触点开闭运动速率高，容易形成颤动，造成触点的机械滞后和磁滞后，限制了发动机的极限转速 n_{max}。另一方面，在发动机低转速范围，由于低速时触点闭合时间长，初级电流较大，触点开启速率低，使触点间容易形成较强的触点火花，造成点火能量损失和初级电流的下降速率减小，也使 U_{2max} 下降，如图 4.14(a)所示。

2）发动机的气缸数

同样根据式(4－15)，当同一只点火线圈用于 4 缸或 6 缸发动机时，作点火系次级电压最大值 U_{2max} 与发动机转速 n 的关系曲线，如图 4.15 所示。不难看出，在使用相同火花塞的情况下，发动机同一转速下其气缸数越多，次级电压最大值 U_{2max} 越低，发动机的极限转速 n_{max} 越低。

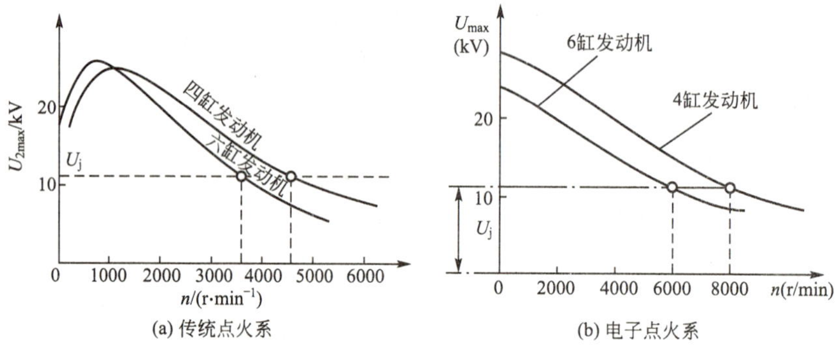

图 4.15　发动机气缸数不同时，U_{2max} 与 n 的关系

这是因为发动机曲轴每转两转，点火的次数与发动机气缸数相等。发动机的气缸数越多，发动机曲轴每转两转点火的次数就越多，初级回路导通的时间缩短，初级断电电流减小，使次级电压降低。

3）火花塞积炭

积炭是指燃料和润滑油在高温和氧的作用下所形成的产物。发动机工作时，如果可燃混合气过浓、雾化不良或窜入燃烧室的润滑油过多，燃烧时就会在火花塞电极间以及绝缘体裙部上形成积炭，统称为火花塞积炭。火花塞的积炭层是具有一定电阻的导体，当火花塞间隙形成积炭时，相当于在火花塞电极间并联了一个分路电阻，使次级电路形成闭合回路，如图 4.16 所示。这样当初级电路断开，次级电压增长时，在所形成的次级电路闭合回路内会产生泄漏电流，消耗部分电磁能，从而使 U_{2max} 降低。当积炭严重，导致泄漏电流严重时，会使 U_{2max} 低于火花塞击穿电压而不能点火，迫使发动机停止工作。

遇此情况，可将火花塞接线端子上的高压导线吊起 3～4mm 间隙，使火花塞重新跳火，这种方法称为“吊火”。这是因为“吊火”后，相当于在火花塞电路中增加了一个附加间隙，使泄漏电流不能产生，只有当次级电压升高到较高值时，才能同时击穿附加间隙和火花塞间隙跳火，并产生电火花点着可燃混合气。可见火花塞积炭严重时，采用“吊火”的方法，能改善点火。但这种方法不能长时间使用，只能作为临时应急措施，这是因

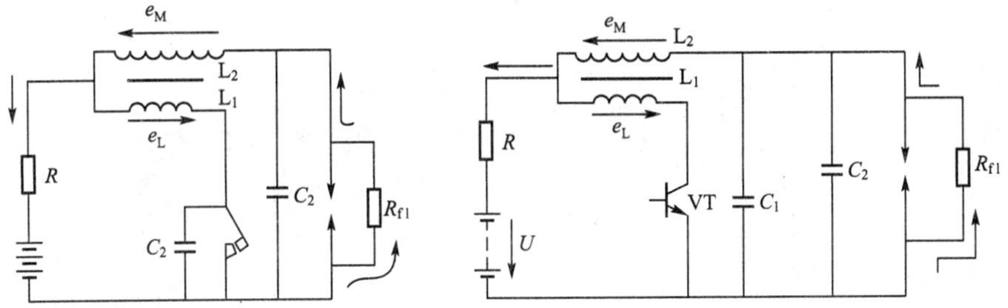

(a) 传统点火系　　(b) 电子点火系

图 4.16　火花塞积炭形成分路电阻

为击穿两个串联间隙所需的电压比击穿一个间隙所需的电压要高得多，会使点火线圈、火花塞等部件的绝缘负荷加重。此外使用“吊火”时还应注意防火安全。

为了避免火花塞积炭对次级电压产生影响，目前国内外生产的大多数火花塞在中心电极的上端都预留有 2.54～6.35mm 的附加间隙或设置有较大阻值的抗干扰电阻。

4.3　点火系的主要部件

点火系的主要部件有点火线圈、火花塞、分电器，电子点火系还包括点火器。其中分电器的结构及组成相差较大，不同类型的点火系其分电器内包含的内容各不相同。

4.3.1　点火线圈

点火线圈是点火系的重要部件之一，它像一个变压器，主要由初级绕组、次级绕组和铁芯等组成。

按照磁路结构的形式不同，点火线圈分为开磁路式点火线圈和闭磁路式点火线圈。

1. 开磁路式点火线圈

开磁路式点火线圈的结构如图 4.17 所示，图中序号 8、10、17、18、19、20 只在传统点火系三接线柱式点火线圈中所特有。

点火线圈的中心是用浸有绝缘漆的硅钢片叠成的铁芯，在铁芯外面套有绝缘的纸板套管。次级绕组分层绕在绝缘纸套上，次级线圈为直径为 0.06～0.10mm 的漆包铜线，匝数为 25000～30000 匝(传统点火系为 11000～23000 匝)，其内电阻约为 2500～4000Ω(20℃)(传统点火系一般为 6000～8000Ω)，为了提高绝缘强度，每层绕组之间都用绝缘纸隔开。初级绕组采用直径为 0.5～1.0mm 的高强度漆包铜线，分层绕在次级绕组的外面，以利于散热，因为初级绕组流过电流较大、通电时间较长，产生热量较多，初级绕组的匝数为 230～370 匝，其内电阻约为 0.5～1Ω(20℃)(传统点火系一般为 1.5～3Ω)。绕组绕好后在真空中浸以石蜡和松香的混合物，以增强绝缘。绕组和外壳之间装有导磁钢套，用来构成导磁回路。瓷质绝缘座装在壳内底部，以防止高压电向外壳放电。为了提高绝缘强度和防止潮气进入点火线圈，在壳内装好胶木盖、瓷质绝缘座、带铁芯的绕组总成和导磁钢套之后，再用沥青与变压器油的混合物填充密封。

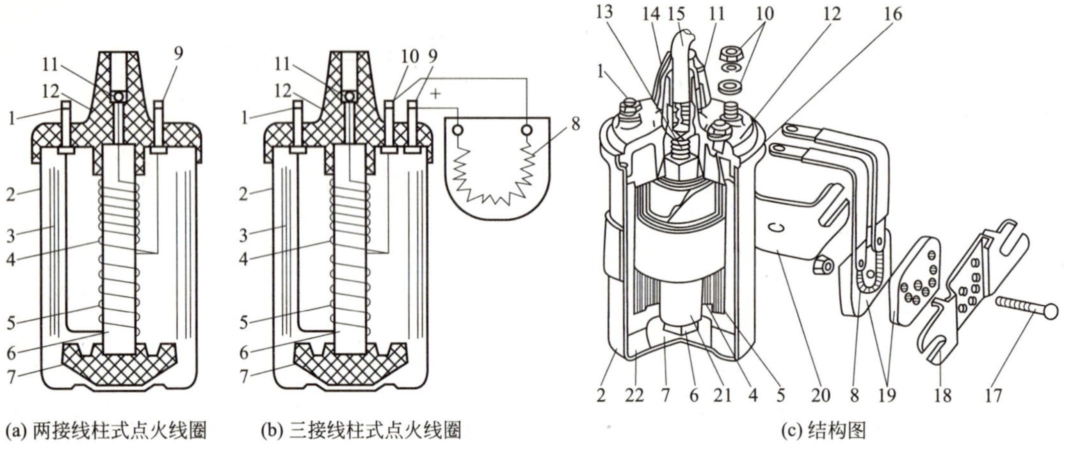

图 4.17　开磁路点火线圈

1—“－”接线柱；2—外壳；3—导磁钢套；4—次级绕组；5—初级绕组；6—铁芯；7—绝缘座；8—附加电阻；9—“＋”接线柱；10—“开关”接线柱(接起动机)；11—高压接线柱；12—胶木盖；13—弹簧；14—橡胶罩；15—高压阻尼线；16—橡胶密封圈；17—螺钉；18—附加电阻盖；19—附加电阻瓷质绝缘体；20—附加电阻固定架；21—绝缘纸；22—封料

胶木绝缘盖及接线端子采用热模压铸工艺制成，中央铸有高压线插孔；胶木盖与外壳之间采用卷压工艺封装。根据胶木绝缘盖上低压接线端子数目的不同，点火线圈分为两接线柱式和三接线柱式两种，电子点火系普遍采用两接线柱式点火线圈。

两接线柱式点火线圈的绝缘盖上有“＋”接线柱、“－”接线柱和高压接线柱，“＋”接线柱连接点火开关，“－”接线柱连接点火器(传统点火系采用两接线柱式点火线圈时“－”接线柱连接断电器)。

三接线柱式点火线圈适用于传统点火系，其绝缘盖上一般有“＋”接线柱、“－”接线柱、“开关”接线柱和高压接线柱，它们分别连接点火开关、断电器、起动机附加电阻短路接线柱和配电器中央电极。与两接线柱式点火线圈的主要区别是外壳上装有一个附加电阻，为固定该电阻，增加了一个低压接线柱(“开关”接线柱)。附加电阻用低碳钢丝、镍铬丝或纯镍丝制成，具有受热时电阻迅速增大，冷却时电阻迅速降低的特性。附加电阻与点火线圈初级绕组串联，在发动机工作时，可自动调节初级电流，改善起动和高速时的点火特性。

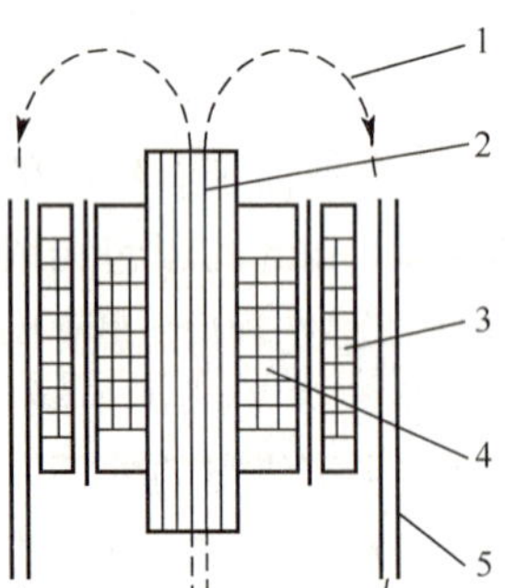

图 4.18　开磁路点火线圈磁路图

1—磁力线；2—铁芯；3—初级绕组；4—次级绕组；5—导磁钢套

当初级电流流过点火线圈的初级绕组时，使铁芯磁化，磁通由铁芯经导磁钢套构成回路，其磁路如图 4.18(a)所示。由于磁路的上下部分都是从空气中通过，初级绕组在铁芯中产生的磁通需经壳体内的导磁钢套形成回路，铁芯与导磁钢套没有构成闭合磁路，所以将这种点火线圈称为开磁路式点火线圈。

开磁路式点火线圈磁路的磁阻大，漏磁较多，能量损失多。

2. 闭磁路式点火线圈

闭磁路式点火线圈与开磁路式点火线圈的主要区别是铁芯的形状，其铁芯一般有口字形或日字型，如图 4.19 所示。

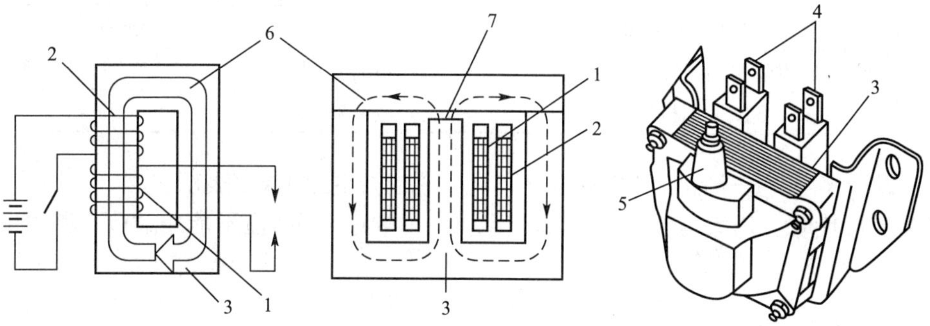

(a) 口字形铁芯磁路图　(b) 日字形铁芯磁路图　(c) 结构图

图 4.19　闭磁路点火线圈

1—次级绕组；2—初级绕组；3—铁芯；4—初级绕组接线端子；5—高压插孔；6—磁力线；7—气隙

闭磁路式点火线圈的铁芯由浸有绝缘漆的导磁钢片叠合成“口”字形或“日”字形。铁芯内分别绕有次级绕组和初级绕组，其磁路如图 4.19 所示。闭磁路式点火线圈的壳体采用热熔性塑料注塑而成，填充剂采用热熔性树脂作为绝缘填充物，其绝缘性、密封性均优于开磁路式点火线圈。因为磁路几乎是闭合的，所以称这种点火线圈为闭磁路式点火线圈。为了减少磁滞现象，“日”字形点火线圈的铁芯设有一个微小的气隙(图 4.19 中 7)。

闭磁路点火线圈的优点是漏磁少、磁路的磁阻小，因而能量损失小，其能量转换效率可达 75%(开磁路点火线圈只有 60%)。与开磁路式点火线圈相比，在产生相同次级电压的条件下，绕组匝数大大减少，体积小，结构紧凑。目前，国内外生产的小轿车普遍采用闭磁路式点火线圈。

3. 点火线圈的规格型号

根据汽车行业标准 QC/T 73—1993《汽车电气设备产品型号编制方法》规定，点火线圈的型号组成如下：

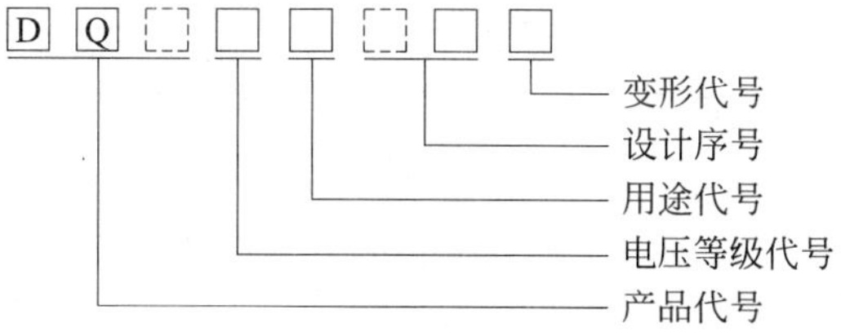

(1) 产品代号：点火线圈的产品代号为DQ、DQG和DQD 3种，分别表示点火线圈、干式点火线圈和电子点火系统用点火线圈(早期代号为JDQ，表示晶体管点火用线圈)。

(2) 电压等级代号："1"表示12V。

(3) 用途代号：点火线圈的用途代号用1位阿拉伯数字表示，其含义如下。

1—单、双缸发动机用	6—8缸以上发动机用
2—4、6缸发动机用	7—无触点点火系统用
3—4、6缸发动机用(带附加电阻)	8—高能点火系统用
4—6、8缸发动机用(带附加电阻)	9—其他(包括3、5、7缸发动机)点火系统用
5—6、8缸发动机用	

(4) 设计序号：按产品设计先后顺序，用1～2位阿拉伯数字表示。

(5) 变形代号：用大写英文字母A、B、C… 顺序表示(但不能用"O"和"I"两个字母)。

4.3.2 火花塞

火花塞的作用是将点火线圈产生的高压电引入发动机燃烧室，在其电极间隙中产生电火花点燃混合气。

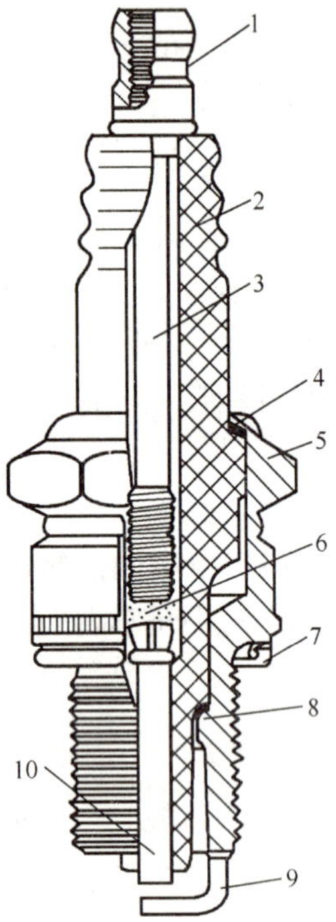

图4.20 火花塞的构造

1—接线螺母；2—绝缘体；3—金属杆；4、8—内垫圈；5—壳体；6—导体玻璃；7—多层密封垫圈；9—侧电极；10—中心电极

1. 火花塞的工作条件及其要求

火花塞的工作条件十分恶劣，发动机工作时它将承受很大的机械负荷、化学负荷、热负荷及电负荷。而火花塞工作的好坏对发动机的工作影响极大，因此对火花塞具有较高的要求。

(1) 混合气燃烧时气缸内最高压力可达5.8～6.9MPa，火花塞在气缸内的部分将受到如此高气体压力的冲击，因此要求火花塞在气缸内的主要零件应有足够的机械强度。

(2) 发动机工作时，火花塞裙部将受到高温燃烧产物的作用，由于燃烧产物中含有多种活性气体和物质(如臭氧、氧、一氧化碳、氧化硫和氧化铅等)，会使火花塞电极腐蚀，因此火花塞的电极应采用难熔、耐蚀的材料制作。

(3) 混合气燃烧时火花塞下部受到1500～2000℃的高温燃气作用，而进气时又要受到0～600℃混合气的突然冷却，因此要求火花塞在气缸内的部分能承受温度剧烈变化引起的热应力；且要求火花塞有适当的热特性，使其裙部保持一定的温度，既不能有局部过热，也不可温度过低。

(4) 发动机工作时产生电火花的电压最高可达3万伏以上，这就要求火花塞应能承受冲击性的高电压作用，火花塞的绝缘体应有足够的绝缘强度。

2. 火花塞的构造

火花塞的结构如图4.20所示。在钢制壳体5的内部固定有高氧化铝陶瓷绝缘体2，使中心电极与侧电极之间保持足够的绝缘强度。绝缘体孔的上部装有金属杆3，通过接线螺母1与高压分线相连，下部装有中心电极10。金属杆与中心电极之间加装电阻填料或氧化铝陶瓷绝缘材料进行密封。多层密封垫圈7起密封和导热作用。为了便于拆装，壳体上部制有6角体，下部制有固定螺纹，螺纹下端焊有弯曲的侧电极。火花塞借助壳体下部的螺纹旋入气缸盖中，旋紧时多层密封垫圈7受压变形，保证壳体与缸盖之间密封良好。

火花塞的电极一般用镍锰合金制成，具有良好的耐高温、耐腐蚀和导电性能。为了提高耐热性能，有的采用镍包铜电极。普通火花塞的电极间隙(中心电极与侧电极之间的间隙)为0.6～0.8mm，采用高能电子点火时，电极间隙可增大至0.8～1.2mm。

3. 火花塞的热特性

为了适应不同发动机的需要，火花塞因侧电极的形状和绝缘体裙部长度的不同有多种形式。

火花塞工作时，周期性地受到高温燃气作用，使绝缘体裙部温度升高，这部分热量主要通过壳体、绝缘体、中心电极、金属杆等传至缸体散发到空气中。当吸收和散发的热量达到平衡(实践证明，当火花塞绝缘体裙部的温度保持在500～600℃)时，落在绝缘体上的油滴能立即烧去，不形成积炭，这个温度称为火花塞的自净温度。低于这个温度，火花塞常因产生积炭而漏电，导致不点火；高于这个温度，当混合气与炽热的绝缘体接触时，可能早燃而引起爆燃，甚至在进气行程中燃烧而引起回火现象。

绝缘体裙部温度取决于裙部受热和散热情况。要使裙部经常保持在自净温度，就必须使火花塞吸收的热量与散发的热量趋于平衡状态，并在发动机转速和功率正常变化的范围内保持稳定。火花塞壳体下部的内径越大、绝缘体裙部越长，吸收的热量就越多。绝缘体吸收的热量，除一小部分被进气时的新鲜混合气带走外，其余大部分都要经火花塞壳体与绝缘体之间的密封垫圈传给火花塞壳体，然后再传给发动机气缸盖，还有一小部分则由中心电极传出。所以裙部越长，传热路径就越长，散热就越困难。

火花塞的热特性是指火花塞绝缘体裙部的温度和热传导性能，影响火花塞裙部温度的主要因素是绝缘体裙部长度。绝缘体裙部长的火花塞，受热面积大，传热距离长，散热困难，裙部温度高，称为热型火花塞；反之，裙部短的火花塞，受热面积小，传热距离短，容易散热，裙部温度低，称为冷型火花塞。

火花塞裙部温度高低还与气缸工作温度有关。对于大功率、高压缩比和高转速发动机，由于其燃烧室温度相对较高，为了防止产生炽热点火，应当采用冷型火花塞；对于小功率、低压缩比和低转速发动机，由于其燃烧室温度相对较低，为了防止形成积炭，应采用热型火花塞。

火花塞的热特性常用热值或炽热数表示，其标定方法各国不尽相同。我国是以绝缘体裙部长度标定的热值(1～11)表示火花塞的热特性。热值代号1、2、3为低热值火花塞，称为热型火花塞；热值代号4、5、6为中热值火花塞，称为中热型火花塞；热值代号7、8、9、10、11为高热值火花塞，称为冷型火花塞。数字越小，表示火花塞越热；数字越大，表示火花塞越冷。

现代汽车使用的火花塞还有能抑制电磁干扰的电阻型和屏蔽型火花塞、具有多个旁电极的多电极火花塞以及采用贵金属制作电极的贵金属电极火花塞等。火花塞的发展方向是提高着火性能、延长电极寿命、提高抗污染能力和抗干扰能力。

4.3.3 分电器

传统点火系用分电器主要由断电器、电容器、配电器和点火提前调节装置组成。

普通电子点火系用分电器由点火信号发生器、配电器和点火提前调节装置组成。

微机控制点火系的分电器则只有配电器，有时将曲轴位置传感器安装在分电器内。

1. 传统点火系用分电器

传统点火系用分电器的结构如图 4.21 所示。分电器外壳由铸铁制成，下部压有石墨青铜衬套；分电器轴由配气机构凸轮轴上的斜齿轮驱动，利用速比为 1∶1 的斜齿轮由发动机配气凸轮轴经机油泵轴驱动。发动机曲轴与分电器轴转速比为 2∶1，即曲轴每转两转分电器轴转一转。

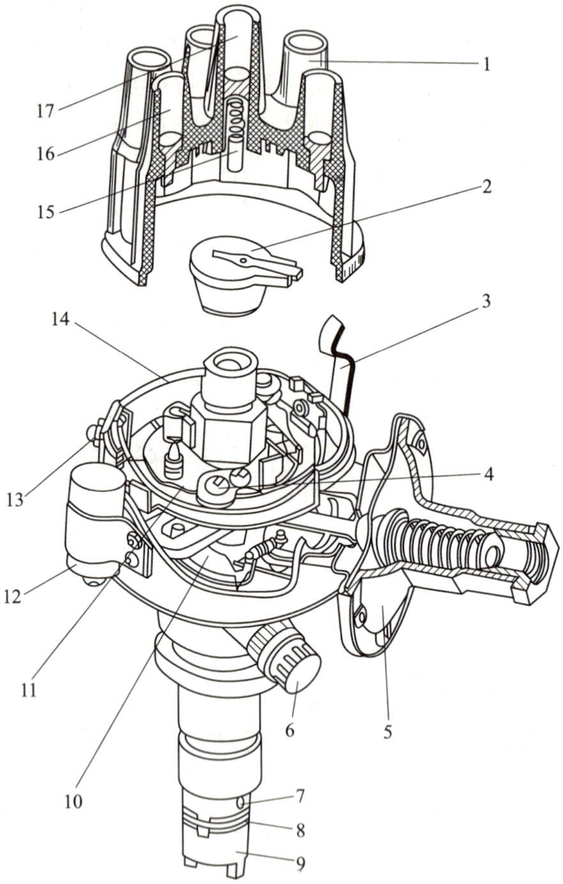

图 4.21 分电器的构造

1—分电器盖；2—分火头；3—分电器盖弹簧夹；4—调整螺钉；5—真空点火提前调节器；6—辛烷选择器；7—固定销及联轴器；8—联轴器钢丝；9—联轴器；10—离心点火提前调节器；11—断电器底板；12—电容器；13—断电器接线柱；14—分电器外壳；15—配电器中心电极；16—旁电极高压线插孔；17—中心电极高压线插孔

1）配电器

配电器的功用是分配高压电，安装在分电器的上方(图4.21)，由分电器盖1和分火头2组成，分电器盖和分火头一般用胶木粉热模压铸而成。分电器盖的中央压铸有中央高压线插孔和中心电极，中心电极下部装有带弹簧的炭精柱，可使中心电极弹性地压在分火头的导电片上。分火头插装在断电器凸轮顶端，和断电器凸轮一起旋转，其上有金属导电片。沿分电器盖内圆周上压铸有与发动机气缸数相等的旁电极，这些旁电极分别与盖上的旁电极高压插孔相通，用于插接各缸高压分线。

当分火头旋转时，它上面的导电片轮流和各旁电极相对，将点火线圈产生的高压电按气缸的工作顺序送往各缸火花塞。导电片距离旁电极有0.2～0.8mm的间隙，当初级电流切断时，次级电路的高压电流将以火花的形式跳过该间隙。

2）断电器

断电器的功能是周期性地接通或切断点火系的初级电路。

断电器的结构如图4.22所示，它是由一对触点副和断电器凸轮组成。固定触点与支架3安装在能相对分电器外壳转动的活动底板6上，固定触点搭铁。活动触点固定在触点臂的一端，活动触点与壳体之间是绝缘的，它通过触点臂经触点弹簧片与分电器低压接线柱相通。活动触点臂有孔端松套在活动底板的销轴上，通过触点臂弹簧片的弹力使其靠向断电器凸轮的轴心，活动触点臂中部连有夹布胶木顶块，靠弹簧片13压紧在凸轮上。断电器凸轮与拨板制成一体(图4.23)，套装在分电器轴上，经离心点火提前调节器的离心重块由分电器轴驱动。

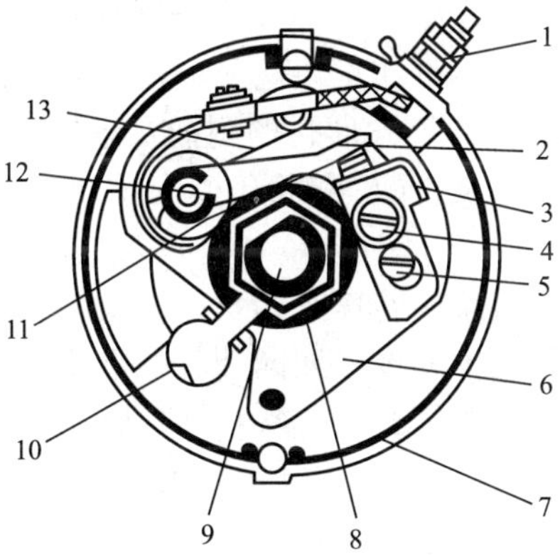

图4.22 断电器

1—接线柱；2—活动触点臂与活动触点；3—固定触点与支架；4—固定螺钉；5—偏心调整螺钉；6—活动底板；7—分电器壳；8—断电器凸轮；9—分电器轴；10—油毡；11—胶木顶块；12—销轴；13—活动触点臂弹簧片

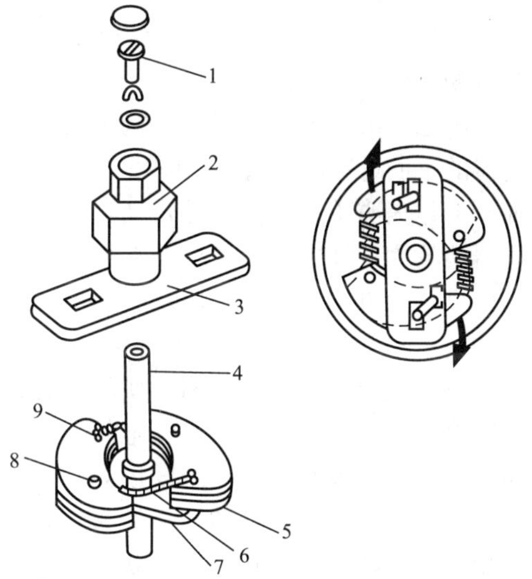

图4.23 离心点火提前调节器

1—固定螺钉；2—断电器凸轮；3—拨板；4—分电器轴；5—重块；6—弹簧；7—托板；8—销钉；9—销轴

断电器凸轮的凸角数与气缸数相等，当断电器凸轮旋转至凸轮平面时，断电器触点闭合，初级绕组中有电流流过；当断电器凸轮旋转使凸角顶开触点时，初级电路便被切断。断电器凸轮周而复始地转动，断电器触点就会周期性地开闭。

活动触点与固定触点的间隙可借助转动偏心螺钉 5 进行调整。

3）电容器

电容器与断电器触点并联，其作用是减少断电器触点分开时产生的火花，减少触点的烧蚀积炭，延长触点寿命。

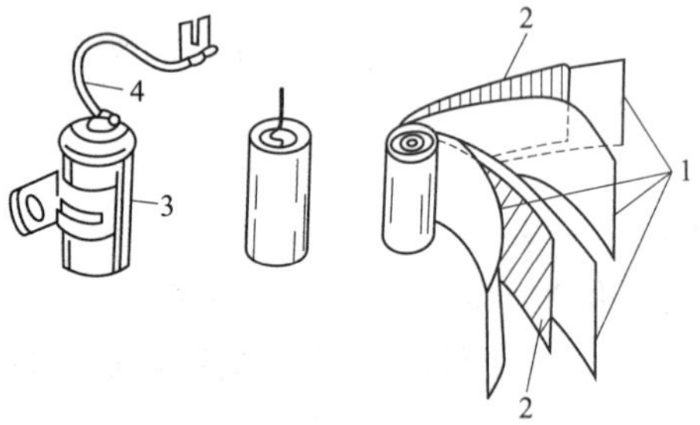

图 4.24　电容器

1—蜡纸；2—铝箔；3—外壳；4—引出线

电容器装在分电器的壳体上(图 4.21 中序号 12)，其结构如图 4.24 所示。它由两条铝箔或锡箔组成，在两条箔带之间夹以绝缘蜡纸，然后卷成筒状在真空中抽去层间空气，再经浸蜡处理后装在金属外壳 3 中。其中一条箔带的底部与外壳紧密接触；另一条箔带则通过与外壳绝缘的导电片由导线引出。

电容器工作时要承受触点打开时初级绕组产生的 200～300V 自感电动势，因此要求其耐压为 500V。

4）点火提前调节器

在分电器内装有两个调节点火提前角的调节器，它们分别是离心点火提前调节器和真空点火提前调节器。

(1) 离心点火提前调节器。离心点火提前调节器的作用是发动机转速变化时，根据需要自动改变点火提前角。

离心点火提前调节器的结构如图 4.23 所示，它的离心重块、托板等主要零件装在断电器的下面(图 4.21)。调节器的托板 7 固定在分电器轴上，两个重块 5 分别套在托板的销轴 9 上，离心重块可绕销轴转动，其另一端由弹簧拉着，可使重块向分电器轴靠拢；与断电器凸轮为一体的拨板 3 松套在分电器轴 4 上，而拨板的长方形孔槽则插在重块的销钉 8 上。重块随分电器轴一起转动，而断电器凸轮则是通过插入拨板孔槽内重块上的销钉带动。

发动机转速增高时，离心块的离心力逐渐增大，自某一转速开始，离心块的离心力便克服弹簧拉力，使离心块向外甩开，离心块上的销钉便推动拨板连同凸轮顺着原来旋转方向相对于分电器轴转过一个角度，使凸轮提前顶开触点(电子点火系：离心块上的销钉推动拨板带着信号发生器转子沿原来旋转的方向相对于分电器轴转过一个角度)，使点火提前角增大。随发动机转速的不断提高，点火提前角不断加大。当转速超过一定值时，销钉靠在拨板长方孔槽的外缘上，重块不能继续甩开，点火提前角达到最大值。如果发动机转速继续升高，点火提前角将不再增大。当发动机转速降低时，重块的离心力相应减小、弹簧将重块拉回，使点火提前角自动减小。

两个重块的弹簧一般由两个不同粗细的钢丝绕成，弹力不同。低速范围内只有细弹簧起作用，点火提前角增大得较快；高速范围内两根弹簧同时工作，点火提前角的增大比较平稳。

(2) 真空点火提前调节器。真空点火提前调节器的作用是当发动机负荷(即节气门开度)发生变化时，根据需要自动改变点火提前角。

真空点火提前调节器装在分电器壳体的外侧(图 4.21)，主要由外壳、膜片、弹簧、拉杆等部件组成，如图 4.25 所示。

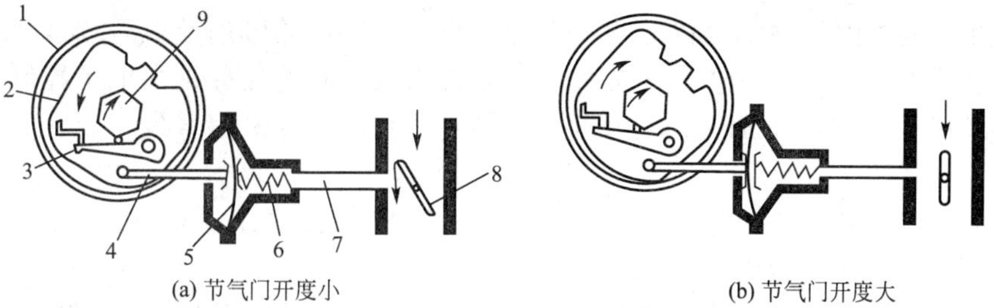

图 4.25　真空式点火提前机构工作原理图

1—分电器壳体；2—活动底板；3—触点副；4—拉杆；5—膜片；6—弹簧；7—真空连接管；8—节气门；9—凸轮

在真空点火提前调节器的壳内固定有膜片 5，膜片将其内部分成两个腔室，位于分电器壳体一侧的腔室与大气相通，另一个腔室用管子与节气门下方的小孔连接；膜片中心固装着拉杆 4，拉杆的一端固装一销钉，断电器(或信号发生器)活动底板就套装在拉杆的销钉上，因此拉杆运动可带动断电器(或信号发生器)活动底板转动，使点火提前角改变。平时膜片 5 在弹簧 6 的作用下拱向分电器壳体一侧，并通过拉杆，带动断电器(或信号发生器)活动底板处于某一位置。

当发动机负荷很小时，节气门开度小(图 4 - 25(a))，小孔处的真空度较大，吸动膜片向右拱曲，拉杆 4 拉动活动底板带着断电器的触点副逆分电器轴旋转方向转动一定角度，使触点提前开启(电子点火系则是拉杆拉动信号发生器活动底板带着信号发生器转子逆分电器轴旋转方向转动一定角度，使点火控制器功率三极管提前截止)，点火提前角增大。当发动机负荷加大即节气门开度增大时(图 4 - 25(b))，小孔处真空度减小，膜片在弹簧作用下向左拱曲，使点火提前角自动减小。

怠速时，节气门接近全闭，此时节气门下方的小孔处于节气门上方，该处的真空度几乎为零，于是弹簧推动膜片使点火提前角减小或基本不提前。发动机全负荷工作时，节气门全开，小孔处的真空度也很小，点火提前调节器几乎不起作用，点火提前角调节量很小。

真空式点火提前调节器有多种形式，但其点火提前角调节原理基本相同。

(3) 辛烷选择器。为了适应不同汽油的不同抗爆性能，在换用不同品质的汽油时，应适当调整点火时刻，为此在早期的分电器上常装有辛烷选择器(图 4.21 中的序号 6)。它装在分电器的壳体上，用来转动分电器的壳体。不同形式的分电器，其辛烷选择器的结构也不同，但其原理基本相同，即逆着凸轮旋转方向转动分电器壳体时，点火提前角增大；反之，则点火提前角减小。壳体转动的多少，一般可从刻度板上看出。

2. 电子点火系用分电器

普通电子点火系用分电器由点火信号发生器、配电器和点火提前调节装置组成，微机控制电子点火系的分电器则只有配电器。

无论哪种点火系，其配电器的结构和工作原理都完全相同。普通电子点火系和传统点火系中点火提前调节装置的结构和工作原理也都完全相同，前已述及，这里都不再赘述。

与传统点火系分电器所不同的是，普通电子点火系中由点火信号发生器和点火器的共同作用来完成控制初级电流通断的任务，取代了传统点火系中的断电器。点火信号发生器一般安装在分电器内(也有个别发动机直接装于配气机构凸轮轴前端或后端)，而点火器则安装在分电器外。微机控制电子点火系控制初级电流通断的任务则由电子控制单元 ECU 和点火器来完成。因此下面只介绍普通电子点火系分电器中信号发生器的结构及工作原理。

普通电子点火系中常见的信号发生器有磁感应式、霍尔式和光电式 3 种。

1）磁感应式信号发生器

图 4.26 所示为日本丰田汽车 20R 型发动机所装用的磁感应式点火信号发生器，它装在分电器内的活动底板上。主要由装在分电器轴上的信号转子、永久磁铁、铁芯(支座)和绕在铁芯上的传感线圈组成。信号转子由分电器轴驱动，转子上的凸齿数与发动机气缸数相等。

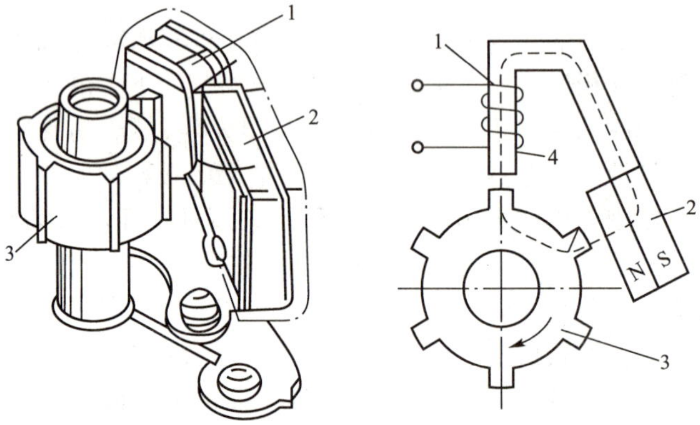

(a) 结构图　　(b) 磁路图

图 4.26　磁感应式信号发生器

1—传感线圈；2—永久磁铁；3—信号转子；4—铁芯

磁感应点火信号发生器是利用电磁感应原理工作的。当通过传感线圈的磁通发生变化时，在传感线圈内便产生交变电动势，它相当于一个小的发电机。永久磁铁的磁路如图 4.26 所示：永久磁铁 N 极→空气隙→信号转子→空气隙→铁芯→永久磁铁 S 极。

图 4.27 是该磁感应式信号发生器的工作原理图，其工作过程如下。

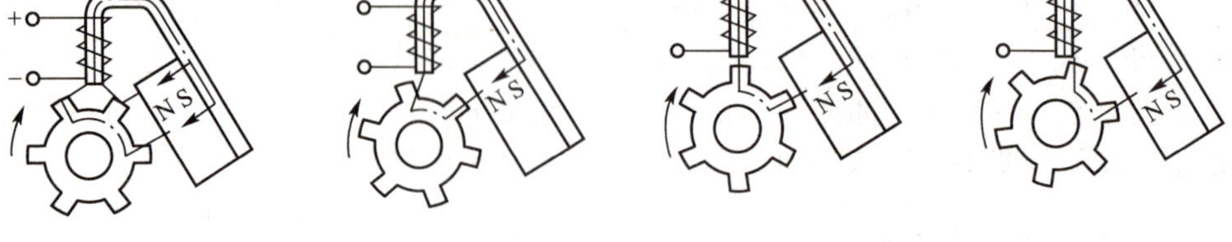

(a)　(b)　(c)　(d)

图 4.27　磁感应式信号发生器工作原理图

当发动机工作时，信号转子由分电器轴带动旋转，这时信号转子的凸齿与铁芯间的空气隙不断发生变化，使通过传感线圈的磁通量发生变化，在传感线圈内便不断产生交变电动势。

如图 4.27(a)所示，当信号转子的两个凸齿中央正对铁芯的中心线时，磁路中凸齿与铁芯间的空气隙最长，通过传感线圈的磁通量最小，且磁通变化率为零，如图 4.28 中的 *A* 点。

信号转子不断地作顺时针转动，它的凸齿逐渐接近铁芯，凸齿与铁芯间的空气隙越来越小(即磁阻逐渐变小)，则穿过传感线圈的磁通逐渐增多，于是在传感线圈中便产生感应电动势。根据楞次定律，其感应电动势的方向总是阻碍磁通的增长，其大小与磁通的变化率 $d\Phi/dt$ 成正比。此时的磁通和感应电动势如图 4.28 中的 *AB* 段。信号转子继续转动，当信号转子凸齿的齿角与铁芯边缘相对时(图 4.27(b))，通过传感线圈的磁通量急剧增加，磁通的变化率 $d\Phi/dt$ 最大，则所对应的感应电动势最大，如图 4.28 中的 *B* 点，即信号发生器的信号电压有正的最大值。

当信号转子转过图 4.27(b)所示位置后，虽然磁通量仍在增加，但磁通变化率降低(图 4.28 中 *CD* 段)；当信号转子的凸齿正好与铁芯对正时(图 4.27(c))，转子凸齿与铁芯间空气隙最小，穿过传感线圈的磁通量最大(即磁阻最小)，此时磁通的变化率 $d\Phi/dt=0$，故传感线圈中的感应电动势为零(图 4.28 中 *C* 点)。

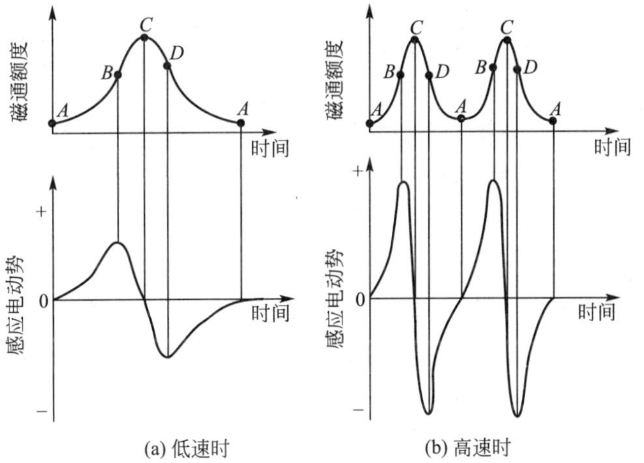

图 4.28 传感线圈中磁通量及感应电动势情况

信号转子继续旋转，转子凸齿逐渐转离铁芯对正位置，转子凸齿与铁芯间的空气隙越来越大，磁通作减少变化(图 4.28 中 *CD* 段)。当信号转子另一凸齿的齿角正对铁芯的边缘时(图 4.27(d))，磁通急剧减少，其减少的磁通变化率最大，故线圈中的感应电动势最高，信号发生器的信号电压呈负的最大值(图 4.28 中 *D* 点)。此后，由于磁通减少的速率变慢，故线圈中的感应电动势呈负值减小(图 4.28 中 *DA* 段波形)。信号转子继续旋转，转子凸齿又回到图 4.27(a)所示位置。

由此可见，信号转子每转过一个凸齿，传感线圈中就会产生一个周期的交变电动势，即电动势出现一次最大值和一次最小值，传感线圈相应地输出一个交变电压信号。信号转子每转一圈(发动机曲轴转两转)，传感线圈就会产生与发动机气缸数相同个数的交变电压信号输入点火器。每当信号电压达到一定值时，点火器便切断点火线圈初级电流，次级绕组中就会感应产生高压电使火花塞跳火。

图 4.29 所示是用于解放 CA1092 型汽车的磁感应式点火信号发生器。此信号发生器的永久磁铁(磁性永磁片 5)为盘状，其一面为 N 极，一面为 S 极。安装在磁铁上端的软铁(定子 4)有与发动机气缸数相等的 6 个向上弯曲的极爪，构成定子磁极，导磁转子 2 的 6 个极爪则向下弯曲，传感线圈安装在导磁转子与定子之间，并与转子同心。定子、磁性永磁片和导磁板三者用铆钉铆合后套在底板的轴套上，并受真空提前机构拉杆的控制。整个装置呈对称分布。

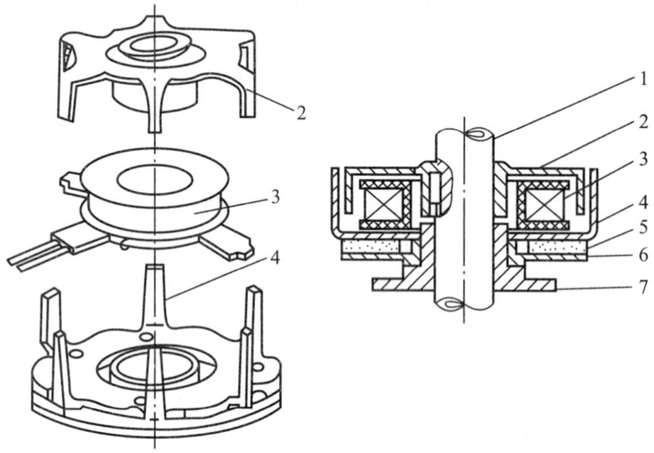

图 4.29　解放 CA1092 型汽车磁感应式无触点火信号发生器

1—分电器轴；2—导磁转子；3—传感线圈；4—定子；5—磁性永磁片；6—导磁板；7—底板

该点火信号发生器的磁路为：永磁片的 N 极→定子→定子爪与转子爪之间的空气隙→转子→传感线圈铁芯→导磁板→永磁片的 S 极。

当分电器轴带动导磁转子转动时，转子与定子爪极之间的气隙就会发生周期性变化，使穿过传感线圈的磁通也发生变化，从而在传感线圈内产生与发动机曲轴位置相对应的交变感应电动势。导磁转子每转一圈便产生 6 个交变信号，其幅值与转速成正比。该交变信号的两个端子将加在点火器相应的端子作为点火的触发信号。

磁感应式信号发生器的突出优点是不需要外加电源，永久磁铁起着将机械能变换为电能的作用，其磁能不会损失。当发动机转速变化时，转子凸齿(或爪极)转动的速度相应发生变化，铁芯中的磁通变化率也将随之发生变化。转速越高，磁通变化率就越大，传感线圈中的感应电动势也就越高。转速不同时，磁通和感应电动势的变化情况如图 4.28(a)和图 4.28(b)所示。

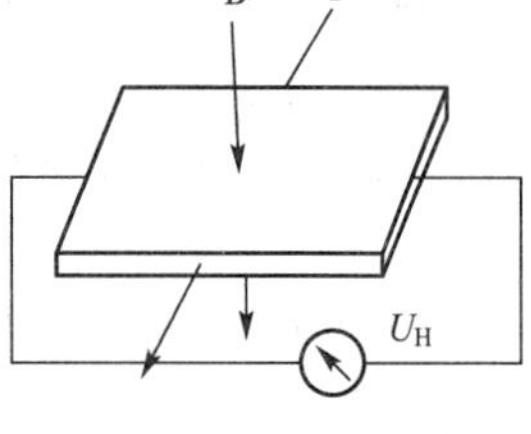

图 4.30　霍尔效应原理

2) 霍尔式信号发生器

霍尔式信号发生器是根据霍尔效应制成，霍尔效应(Hall effect)是由美国物理学家爱德华 · 霍尔(Edward H · Hall)在 1879 年发现的。霍尔效应的原理如图 4.30 所示，把一个通有电流的长方体形白金导体板放入垂直于磁力线、磁感应强度为 B 的磁场中时，在白金导体的两个横向侧面上（平行于电流方向的两个侧面）就会产生一个垂直于电流方向和磁场方向的电压。当取消磁场时电压立即消失。该电压被称为霍尔电压 U_H，霍尔电压 U_H 与通过白金导体的电流 I 和磁感应强度 B 成正比，即

$$U_H=\frac{R_H}{d}IB \tag{4-16}$$

式中：R_H 为霍尔系数；d 为白金导体(或半导体基片)厚度；I 为电流；B 为磁感应强度。

由式(4-16)可知，当电流 I 为定值时，霍尔电压 U_H 随磁感应强度 B 的大小而变化。

霍尔效应原理在自动控制技术领域直到 1947 年发现半导体器件之后才得以广泛应用。实验证明，半导体材料也存在霍尔效应，且霍尔系数远远大于金属材料的霍尔系数，而且价格低廉，因此目前都用半导体基片制作霍尔元件。

霍尔式信号发生器的基本结构如图 4.31 所示，主要由触发叶轮 1、霍尔集成块 2、带导磁板的永久磁铁 3 等组成。触发叶轮与分火头制成一体由分电器轴带动，其叶片数与气缸数相等。霍尔集成块的外层为霍尔元件，与同一基板的其他部分制成霍尔集成电路。触发叶轮的叶片在霍尔集成块和永久磁铁之间转动。

霍尔信号发生器工作时，霍尔元件产生的霍尔电压 U_H 是 mV 级，信号很微弱，需要进行信号处理，这一任务由集成电路来完成。霍尔集成电路由放大电路、稳压电路、温度补偿电路、信号变换电路和输出电路等组成。霍尔元件产生的霍尔电压 (U_H)信号，经过放大、脉冲整形，最后以整齐的矩形脉冲(方波)信号 U_G 输出，其原理框图如图 4.32 所示。

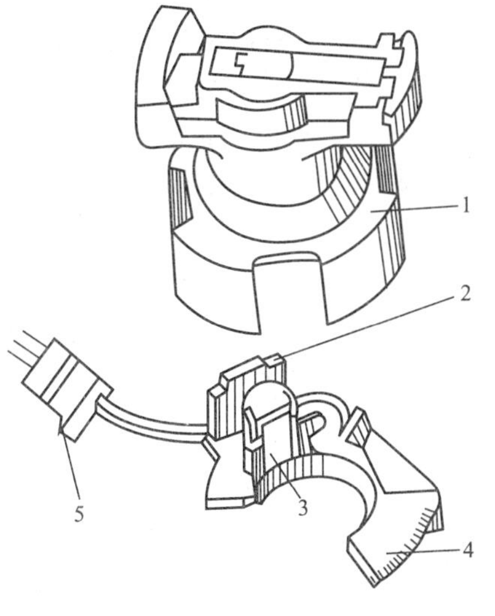

图 4.31　霍尔发生器

1—触发叶轮；2—霍尔集成块；3—带导磁板的永久磁铁；4—霍尔传感器底板；5—专用插接器

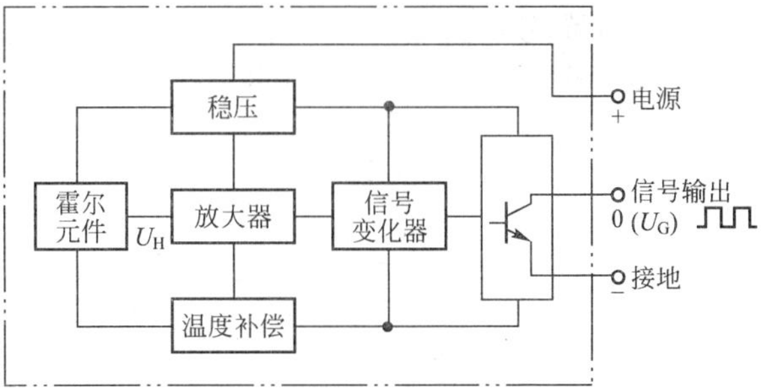

图 4.32　霍尔集成电路内部原理框图

霍尔信号发生器是一个有源器件，它需要提供电源才能工作，霍尔集成块的电源由点火器提供。如图 4.30 所示，霍尔信号发生器应该有 4 个端子，即电源输入输出端子和信号电压的正负端子，把电源输出端子和信号电压负端子统一设为搭铁端子，这样霍尔信号发生器就有 3 个对外端子(3 根引出线)，用专用插接器与点火器相连接，其中一根是电源输

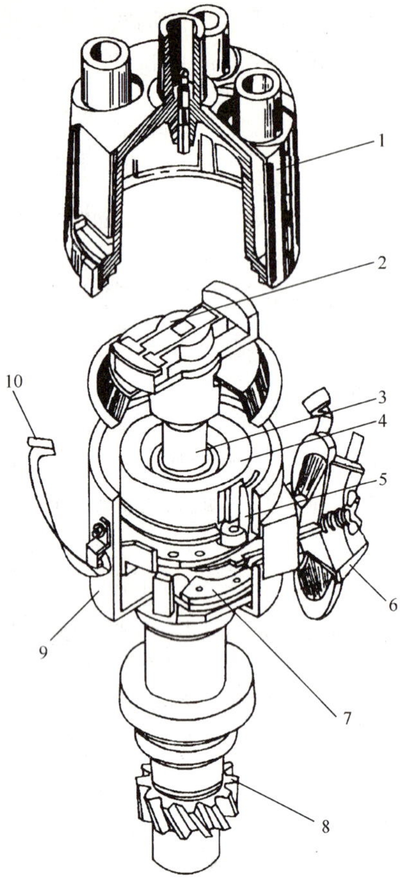

图 4.33 霍尔式分电器结构

1—分电器盖；2—分火头；3—信号转子轴；4—带缺口的信号转子；5—霍尔信号发生器；6—真空提前装置；7—离心提前装置；8—驱动齿轮；9—分电器壳体；10—弹簧夹子

入线，一根是霍尔信号电压输出线，一根是接地线；插接器插座上的“+”端子为电源端子，“0”端子为信号电压输出端子，“—”端子为搭铁端子。

图 4.33 为装有霍尔式点火信号发生器的分电器结构图，该点火装置仍采用传统的离心式与真空式点火提前机构。离心提前机构装在信号发生器固定底板的下部，信号发生器转子活络地套在凸轮上(图 4.23)，其拨板的长方形孔套在离心重块的销钉 8 上，受离心块驱动。当分电器轴转动时，离心块上的销钉即通过拨板带动信号发生器转子转动，使点火提前角改变。真空提前机构装在分电器壳体的外侧，信号发生器底板套装在其活动底板的销钉上，活动底板的结构与传统分电器基本相同(图 4.25)，销钉与固装着真空提前机构膜片的拉杆连接，因此拉杆运动可带动信号发生器底板转动，使点火提前角改变。平时膜片通过拉杆使信号发生器底板处于某一位置。

霍尔信号发生器的工作原理如图 4.34 所示，当触发叶轮转动时，每当叶片进入永久磁铁与霍尔元件之间的空气隙时，磁场便被触发叶轮的叶片旁路(图 4.34(a))，而没有作用于霍尔元件上，这时霍尔元件不产生霍尔电压，集成电路输出级的三极管处于截止状态，信号发生器输出高电位。

当触发叶轮的叶片离开永久磁铁与霍尔元件之间的空气隙时(图 4.34(b))，永久磁铁的磁通便通过导磁板 4 和霍尔集成块构成回路，这时霍尔元件产生霍尔电压，集成电路输出级的三极管处于导通状态，信号发生器输出低电位。

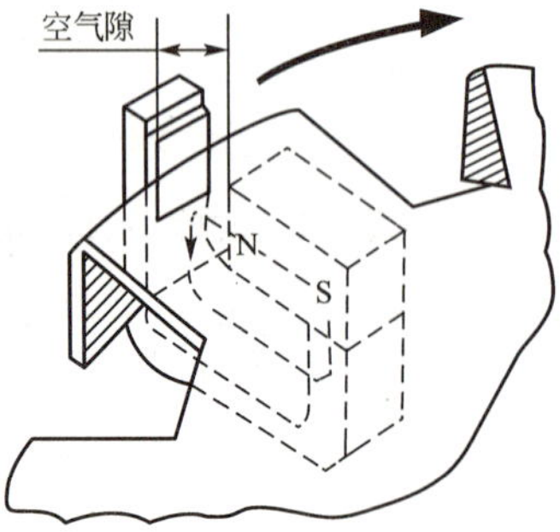

(a) 触发叶轮的叶片进入空气隙

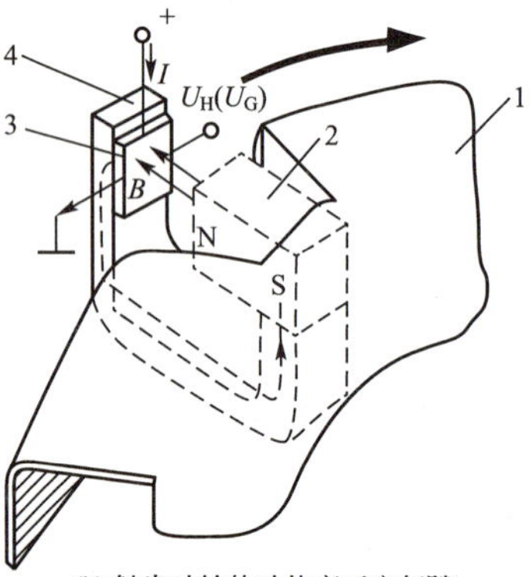

(b) 触发叶轮的叶片离开空气隙

图 4.34 霍尔式点火信号发生器的工作原理

1—触发叶轮的叶片；2—永久磁铁；3—霍尔元件及集成电路；4—导磁板

由上述可知，叶片进入空气隙时信号发生器输出信号 U_G 为高电位，叶片离开空气隙时信号发生器输出信号 U_G 为低电位。分电器不停地转动，上述方波便不断地产生，其工作波形如图 4.35 所示。图(a)表示叶片在不同位置时，通过空气隙(或者说通过霍尔元件)的磁感应强度。图(b)表示叶片在不同位置时，霍尔元件产生霍尔电压 U_H 的波形。图(c)表示叶片在不同位置时，霍尔集成电路输出信号电压 U_G 的波形。

信号发生器输出的方波信号 U_G 输入点火器进行触发并控制点火系工作。

信号发生器输出波形中，高低电位的时间比由触发叶轮叶片的分配角(叶片宽度)决定。如桑塔纳轿车用分电器高低电位的时间比为 7∶3。

霍尔式电子点火系与磁感应式电子点火系相比，其突出的优点是霍尔式电子点火系的点火信号发生器输出的点火信号幅值、波形不受发动机转速的影响，即使发动机转速很低时，也能输出稳定的点火信号，因此，低速性能好，有利于发动机的起动。并且发动机在任何工况下，霍尔式点火信号发生器均能输出高低电平时间比一定的方波信号，故点火正时精度高，且易于控制。另外，霍尔式点火信号发生器无需调整，不受灰尘、油污的影响，使得霍尔式电子点火系的工作性能更加可靠、耐久，因此应用非常广泛。

霍尔式传感器与磁感应式传感器不同之处是需要外加电源。

3) 光电式信号发生器

光电式点火信号发生器是利用光敏元件(光敏三极管或光敏二极管)的光电效应原理制成的，它安装在分电器内，通常由光源、光接收器和遮光盘 3 部分组成，如图 4.36 所示。

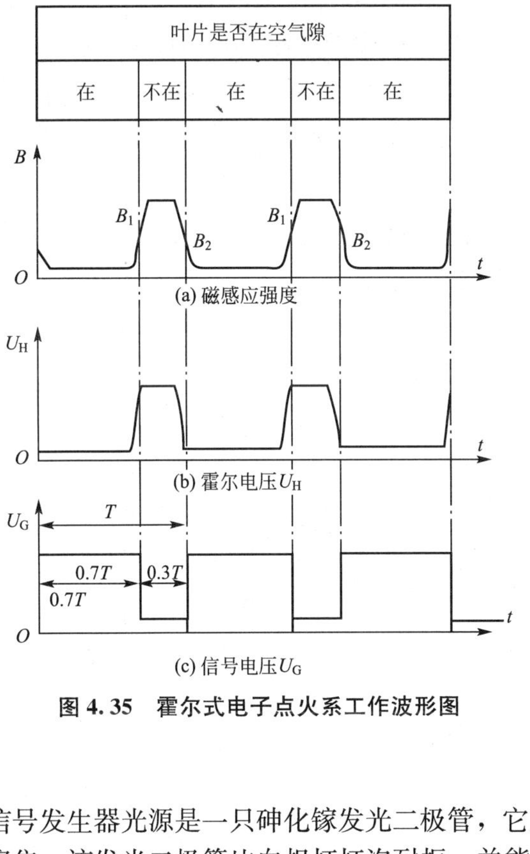

图 4.35　霍尔式电子点火系工作波形图

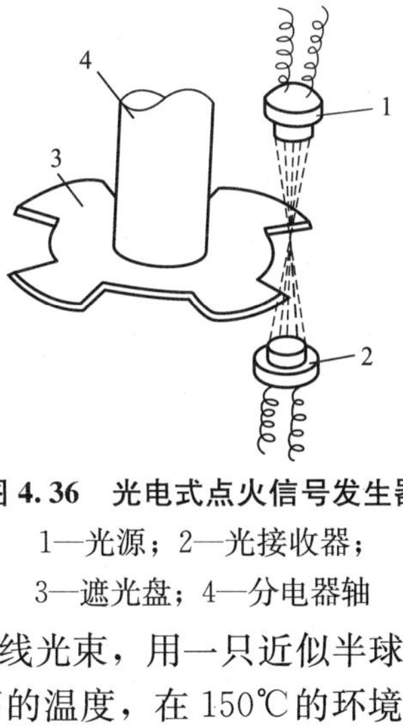

图 4.36　光电式点火信号发生器

1—光源；2—光接收器；
3—遮光盘；4—分电器轴

信号发生器光源是一只砷化镓发光二极管，它发出红外线光束，用一只近似半球形的透镜聚焦。该发光二极管比白炽灯灯泡耐振，并能够耐较高的温度，在 150℃的环境温度下能连续工作，工作寿命很长。

光接收器是一只硅光敏三极管，它与光源相对，并相距一定距离，以使红外线光束聚焦后，照射到光敏三极管上。光敏三极管的工作与普通三极管的不同之处是它的基极电流由光产生，因此不必在基极上输入电信号，也无需基极引线。

遮光盘用金属或塑料制成，装在分电器轴上，位于分火头下面，盘的外缘伸入光源与光接收器之间，盘的外缘上开有缺口，缺口数与气缸数相等。缺口处允许红外线光束通过，其余实体部分则能挡住光束，当遮光盘随分电器轴转动时，即按一定位置产生光电点火信号。当点火器接收到由光敏三极管产生的触发信号后，控制点火系的工作。

4.3.4 点火器

点火器是电子点火系的核心部件，又称为点火电子组件或点火控制器。点火器性能的高低和技术状态的好坏，直接影响点火系的工作性能和工作状态。

点火器的基本功能是根据点火信号发生器送来的脉冲电信号，通过其内部大功率三极管的导通与截止，控制点火线圈初级电路的接通与切断。比较完善的点火器还具有恒流控制、导通角(闭合角)控制、停车断电控制和过压保护控制等功能。

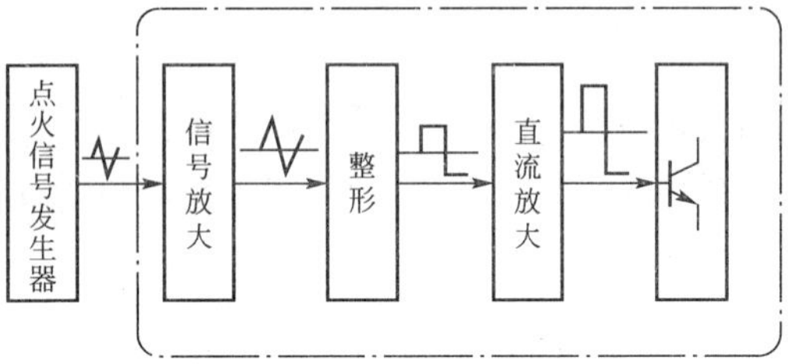

图 4.37 点火器基本功能电路

点火器壳体一般用铝材模铸而成，以利于散热；内部电路用导热树脂封装，壳体上封装有一个插座，用以与点火线路的线束插头连接。点火器的电路结构多种多样，其基本功能电路如图 4.37 所示。下面以几种典型的点火器为例介绍其作用原理。

1. 丰田汽车 20R 型发动机所装用的点火器

该点火器组装在一个小盒内，其基本电路如图 4.38 中序号 2 所示。它由点火信号检

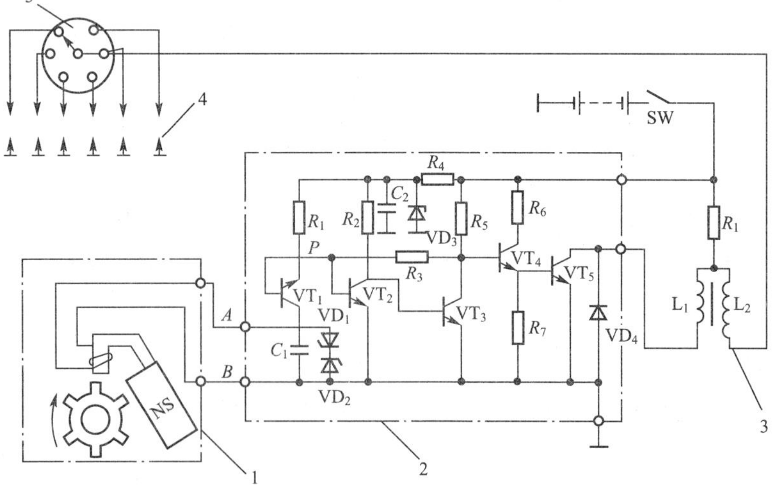

图 4.38 磁感应式电子点火系电路图

1—磁感应式点火信号发生器；2—点火器；3—点火线圈；4—火花塞；5—分电器

出电路(晶体管 VT_2)，开关放大电路(晶体管 VT_3、VT_4)和大功率三极管 VT_5 3 部分组成。主要有 5 只晶体三极管，其中 VT_1 起温度补偿作用，其发射极与基极相接，相当于一个二极管，只有当图中 P 点电位高于 A 点电位 1 时，VT_1 才导通；VT_2 为触发管；VT_3 和 VT_4 管起放大作用，将 VT_2 的输出进行放大以驱动 VT_5；VT_5 为大功率三极管，与点火线圈初级绕组 L_1 串联，控制初级电流的通断。

丰田汽车 20R 型发动机点火系的工作原理如下。

将点火开关接通后。

(1) 当发动机未工作，信号发生器的信号转子不动时，点火器 AB 端无输入信号，这时点火线圈的初级绕组有电流流过。电路为：蓄电池"+"极→点火开关 SW→R_4→R_1→P 点→$VT_{1(b,c)}$→A 点→传感线圈→B 点→搭铁→蓄电池"—"极。这时电路中 P 点的电位较高，使 VT_2 管的发射极加正向电压而导通，故其集电极电位降低到约等于 0，使 VT_3 截止。VT_3 截止时，蓄电池通过 R_5 向 VT_4 提供偏流使之导通，此时，R_7 上的电压加到 VT_5(b、e;)，使 VT_5 导通。这样初级电路接通，电路为：蓄电池"+"极→点火开关 SW→附加电阻 R_f→点火线圈初级绕组 L_1→$VT_{5(c,e)}$→搭铁→蓄电池"—"极。此时初级绕组中有电流通过，在点火线圈中形成磁场。

(2) 起动发动机，分电器开始转动，信号发生器开始产生交变电动势信号，当传感线圈输出"+"信号(即 A 端为"+"、B 端为"—")时，由于 VT_1 的集电极加反向偏压而截止(此时的 VT_1 与二极管的反向截止相同)，故 P 点仍保持较高的电位，使 VT_2 导通。于是，VT_3 截止，VT_4 和 VT_5 导通，点火线圈初级绕组仍有电流流过。

(3) 当传感线圈输出"—"信号(即 A 端为"—"、B 端为"+")时，VT_1 管则加正向电压而导通。此时 P 点电位降低，于是 VT_2 截止。当 VT_2 截止时，蓄电池通过 R_2 向 VT_3 提供偏流，使 VT_3 导通，VT_4 和 VT_5 立即截止，点火线圈初级电流被切断，磁场迅速消失，次级绕组 L_2 产生高电压。此高电压再由配电器分配至各缸火花塞使之跳火，点燃可燃混合气。

发动机不断转动，周而复始重复上述过程，点火线圈不断产生高压电。信号发生器的信号转子每转动一周，各个气缸便轮流点火一次。

由上述可知，该点火器工作中，只要点火开关处于接通状态，尽管发动机还未转动，由于 VT_2、VT_5 导通，点火线圈中就有初级电流，因此停车时，不要忘记切断点火开关。

(4) 其他元件的作用

VT_1 管起温度补偿作用，使 VT_2 的导通与截止时间不受温度影响。

稳压管的作用：VD_1、VD_2 两个稳压管反向串联后，与点火信号发生器的传感线圈并联，其作用是当传感线圈产生的信号电压高于稳压管的反向击穿电压时，稳压管立即导通，将传感线圈输出的正向和负向信号电压波峰全部削平，使其稳定在某一数值，保护 VT_1 和 VT_2 不受损害。VD_3 与 R_4 组成稳压电路，其作用是保证 VT_1 和 VT_2 在稳定的电源电压下工作，因为电源电压升高时，会使 P 点电位升高，造成 VT_2 导通时间增长，点火时间延迟。VD_4 的作用是保护 VT_5 管：当 VT_5 截止时，VD_4 可将初级绕组的自感电动势限制在某一值之内，保护 VT_5 不致被击穿。

C_1 的作用是消除点火信号发生器传感线圈输出电压波形上的毛刺，使电压平滑稳定，防止误点火，使点火时间准确无误。C_2 与 R_4 组成阻容吸收电路，其作用是吸收瞬时过电压，防止误点火。电阻 R_3 为正反馈电阻，加速 VT_2(也即 VT_5)翻转。

需要说明的是，配用磁感应式信号发生器的点火器应有 5 个端子，但是在实际点火器上一般设有 6 个端子。图 4.39 所示为一典型的磁感应式普通电子点火系的电路结构图，其中点火器与信号发生器连接的有两个端子(端子 2 和端子 3)，端子 1 为备用端子，其他端子的含义可参考图 4.38。

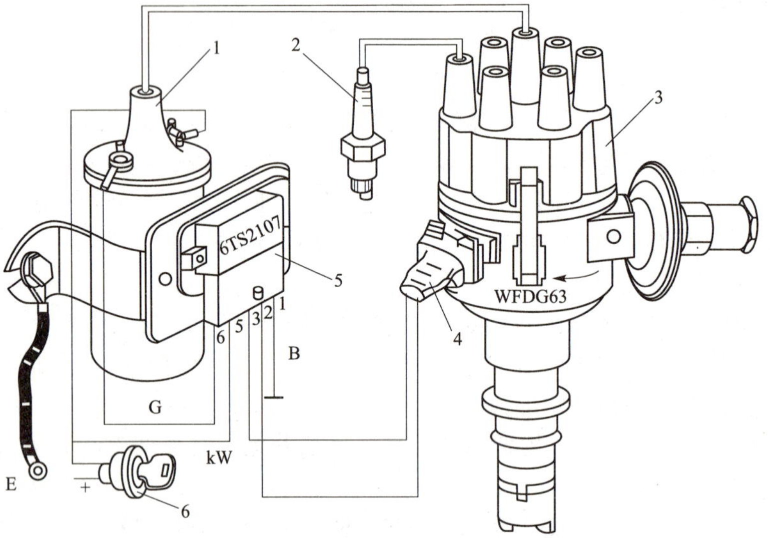

图 4.39　典型的磁感应式普通电子点火系电路结构图

1—点火线圈；2—火花塞；3—分电器；4—信号发生器输出插座；5—点火器；6—点火开关

2. 德国波许公司专为霍尔式点火信号发生器相配的点火器

图 4.40 所示为德国波许公司专为霍尔式点火信号发生器相配的点火器内部电路，它由三极管 VT_1、VT_2、VT_3 及相应的阻容元件组成，其工作原理如下。

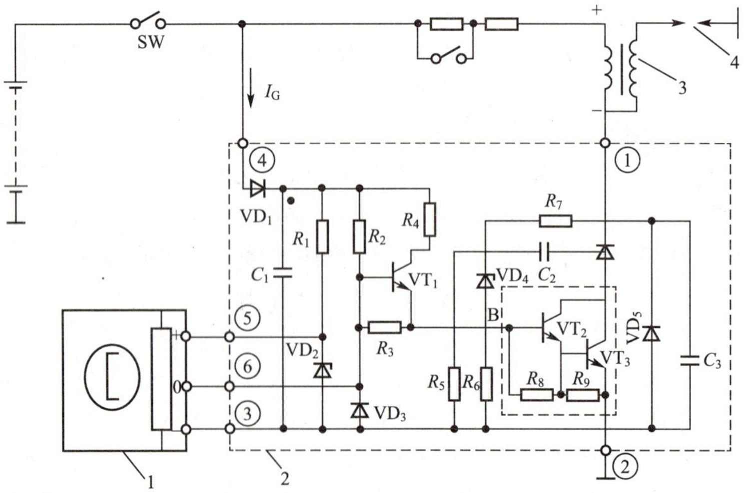

图 4.40　德国波许公司霍尔式电子点火系电路图

1—霍尔点火信号发生器；2—点火器；3—点火线圈；4—火花塞

接通点火开关SW，起动发动机，分电器开始转动。当霍尔信号发生器触发叶轮的叶片进入永久磁铁与霍尔元件之间的空气隙时(图4.35)，霍尔信号发生器“0”端子输出信号U_G为高电平，这时点火器中的三极管VT_1导通，由VT_2和VT_3组成的复合管得到基极电流而饱合导通，点火线圈初级绕组电路接通而有初级电流i_1；当霍尔信号发生器触发叶轮的叶片离开空气隙时，霍尔信号发生器“0”端子输出的点火信号U_G由高电平下跳为低电平，三极管VT_1因基极电压下降而截止，三极管VT_2、VT_3也因失去基极电流而迅速截止，从而切断了点火线圈的初级电流i_1，使次级绕组产生高压电，完成点火工作。

对比装有磁感应式信号发生器和装有霍尔式信号发生器点火系的电路图(图4.38和图4.40)不难发现，装有磁感应式信号发生器的点火器对外端子有5个，而装有霍尔式信号发生器的点火器对外端子有6个。这是因为霍尔式信号发生器是有源器件，其信号发生器需要外加电源，所以霍尔式信号发生器比磁感应式信号发生器多了一个电源输入端子。图4.41为较早期桑塔纳轿车装用的霍尔式电子点火系的电路结构图，点火器4上共有7个端子，其中点火器与信号发生器连接的有3个端子(端子3、端子5、端子6)，端子7为备用端子，其他端子的含义可参考图4.40。

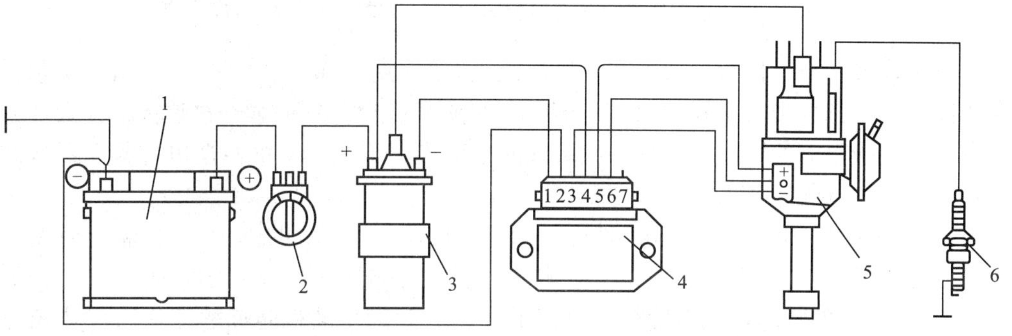

图4.41 桑塔纳轿车霍尔式电子点火系统

1—蓄电池；2—点火开关3—点火线圈；4—点火器；5—分电器；6—火花塞

目前单一功能的点火器已被由专用点火集成电路为核心的混合集成电路组成的点火器所取代，其中，专用点火集成电路以意大利生产的L497较为著名，其功能较全、性能优越、工作可靠，且价格低廉。我国较早期生产的上海桑塔纳、奥迪100、高尔夫、捷达等轿车均采用以L497为核心组成的点火器。专用点火集成电路L497为双列16脚集成电路，它是一种典型的多功能专用点火集成电路。该点火器在完成基本点火功能的同时，还具有点火线圈限流保护功能、闭合角控制功能、电流上升率控制功能、停车慢断电保护功能及过电压保护等功能。

图4.42为较早期奥迪、桑塔纳轿车装用的霍尔式电子点火系的组成及电路连接图。该点火系的基本工作原理与上述波许公司霍尔式点火系基本相同，均采用霍尔点火信号方波后沿(下降沿)触发点火的方式。

(1) 基本原理：霍尔式信号发生器输出的脉冲信号输入给L497芯片的脚5，经过内部放大、驱动电流由脚14输出，再控制大功率三极管VT的导通与截止。接通点火开关，发动机曲轴带动分电器转动时，信号发生器转子叶片交替穿过霍尔元件的空气隙。当转子叶片进入空气隙时，霍尔信号发生器输出11.1～11.4V的高电压(高电平)，通过点火器中

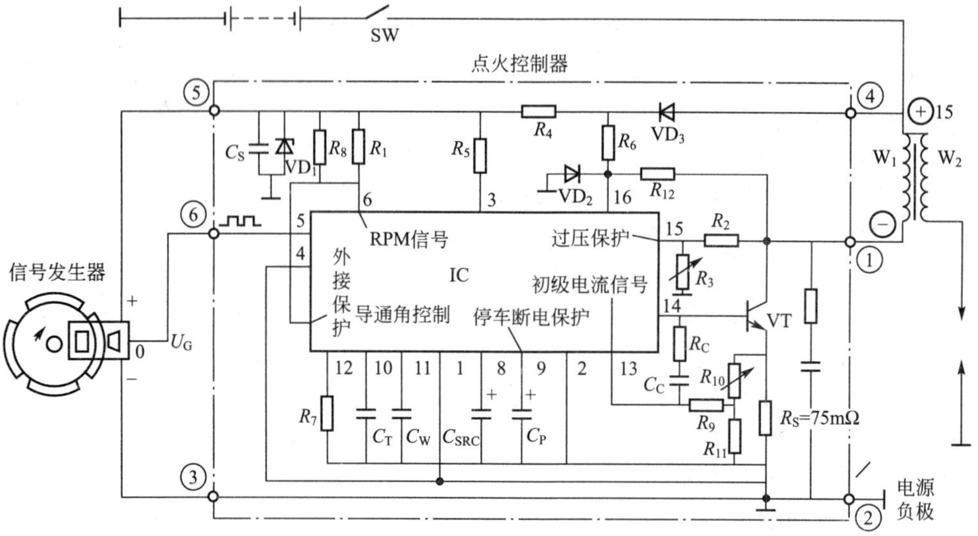

图 4.42　早期奥迪、桑塔纳轿车的霍尔式电子点火系电路图

的集成电路使大功率三极管导通饱和，接通点火线圈初级电路；当转子叶片离开霍尔元件的空气隙时，霍尔信号发生器输出 0.3～0.4V 的低电压(低电平)，通过点火器使大功率三极管截止，初级电流的骤然消失使得次级线圈感应出大于 20 kV 的高压电，配电器将此高压电按点火顺序分配给各工作缸火花塞。

(2) 通电时间控制：通电时间控制也称闭合角控制。L497 的脚 10 是控制定时器的定时端，其外接电容 C_T 可利用对它的充放电来控制大功率管 VT 的导通时间，C_w 上的电压 U_w 决定于发动机的转速，从而使初级电流的通电时间随发动机转速的变化而保持相应的值，保证了高速时的点火性能。

(3) 点火线圈初级电流上升率的控制：由 L497 芯片上的电容 C_{SRC}、脚 12 上的偏置电阻 R_7 组成初级电流上升率控制电路，它可调整点火线圈初级电流上升的速率。如果检测到初级绕组中的电流小于其额定值的 90%时，该控制电路便在输入信号向低电平转换前加大其电流上升速率，使初级绕组中的电流加大。

(4) 停车断电保护：电路工作时，保护电路不停地检测输入的信号发生器信号电压电平的高低。若输入高电平，电路即以恒定的充电电流向电容器 C_p 充电，若输入为低电平，则 C_p 向外放电。一旦汽车熄火，霍尔信号发生器给出的高电平时间超过一定值，此时 C_p 上的电压值即达到限流回路的正常工作电压，因而控制电路工作，使初级绕组内的电流逐渐下降为零。当霍尔输入信号再次降为低电平时，C_p 又迅速放电，电流控制回路便又恢复到正常的工作电流值。

L497 芯片还有过压保护功能，使点火器的工作更加稳定、性能更强。

3. 与光电式点火信号发生器相配的点火器

图 4.43 所示为与光电式点火信号发生器相配的点火器内部电路，它由三极管 VT_1、VT_2、VT_3、大功率管 VT_4 及相应的阻容元件组成，该点火器的作用是把光接收器 P_e 的信号电流放大，从而通过大功率三极管接通和切断点火线圈的初级电流。其工作原理如下。

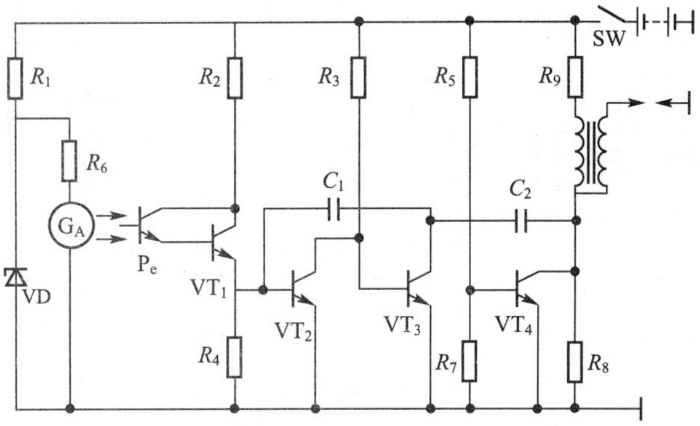

图 4.43 光电式点火系电路

砷化镓红外线二极管 G_A 为红外线光源，用稳压管 VD 控制使它在固定的电压下工作，硅光敏三极管 P_e 为光接收器。发动机工作时，遮光盘随分电器轴转动，当遮光盘上的缺口通过光源时，则红外线通过缺口照到硅光敏三极管 P_e 上，使其导通，VT_1 也随之导通。VT_1 导通后，给 VT_2 提供基极电流，使 VT_2 导通。VT_2 导通时，VT_3 由于发射极被短路而截止。VT_3 截止时，VT_4 由于 R_5、R_7 的分压获得基极电流而导通，于是接通了点火线圈的初级电路。当遮光盘的实体部分遮住红外线时，VT_1、VT_2 立即截止，VT_3 导通，VT_4 截止，使初级电流中断，在点火线圈的次级绕组中产生高压电动势。

稳压管 VD 使镓砷红外线二极管工作电压维持在 3V 左右。R_8 的作用是当 VT_4 截止时，给初级绕组中的自感电动势提供回路，起保护 VT_4 的作用。

该点火系统次级电压可达 28～30kV，次级电压上升时间只有 25μs，每个火花输入能量为 50mJ。

上述光电式点火系统的优点是触发器的触发信号完全由遮光盘的位置(也即曲轴的位置)所决定而与转速无关，故在分电器转速很低时仍能正常发出触发信号，保证正常工作。此外，结构简单对制造精度要求不高且成本低。缺点是弄脏后灵敏度将会降低。

4.4 电容放电式点火系

电容放电式点火系的基本特点是它用于产生电火花的能量不是以磁场能的形式储存在点火线圈中，而是以电场能的形式储存在专门的储能电容中。在需要点火时，储能电容向点火线圈的初级绕组放电，同时在次级绕组中感应出高压电，使火花塞跳火，完成点火工作。

4.4.1 电容放电式点火系的组成

电容放电式点火系的结构及基本工作原理如图 4.44 所示，它由直流升压器、储能电容器、开关元件(可控硅)、触发器以及点火线圈、分电器、火花塞等组成。

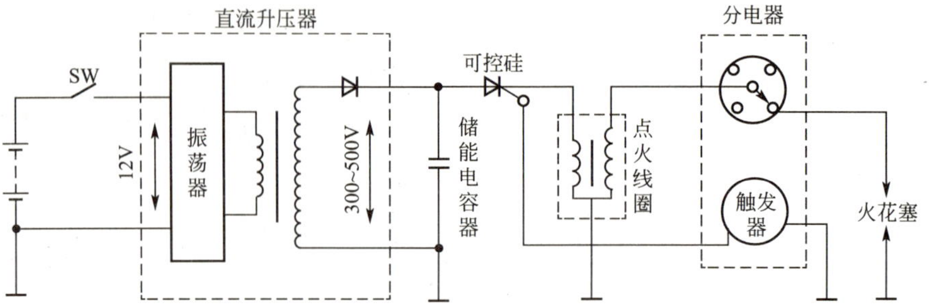

图 4.44　电容放电式点火系统

1. 直流升压器

直流升压器包括振荡器、变压器和整流器 3 部分，其作用是将蓄电池 12V 的低电压转变为交流电并升压，再经整流器整流为 300～500V 的直流电，向储能电容充电。

(1) 振荡器：将电源 12V 的直流电转变成交流电，供变压器工作。

(2) 变压器：将振荡器产生的低压交流升压成为 300～500V 左右的交流电。

(3) 整流器；将变压器输出的交流电整流为 300～500V 的直流电，用以对储能电容器充电。

2. 储能电容器

储能电容器的容值一般为 0.5～2μF，用于储存产生电火花的能量。

3. 可控硅

可控硅的作用是在非点火时间里，隔断储能电容与点火线圈的连接，以使直流升压器能迅速为电容器充足电；在点火触发信号输入时，则迅速导通，让储能电容及时向点火线圈初级绕组放电，同时使点火线圈次级绕组产生高压电。

可控硅是一个开关元件，由触发器在规定的点火时间触发导通。

4. 触发器

触发器按获得触发信号的不同，又可分为有触点式和无触点式两类。有触点式一般采用断电器触点进行触发；无触点式采用类似信号发生器的触发器进行触发，使可控硅及时导通或截止。

无论是什么样的触发器，一般都和分电器同轴，装于分电器内。

4.4.2　电容放电式点火系的工作原理

电容放电式点火系的基本工作原理是触发器发出指令信号使可控硅关断时，直流升压器输出的 300～500V 直流高压电向储能电容器充电；触发器发出指令信号使可控硅导通时，储能电容器向点火线圈的初级绕组放电，与此同时，在次级绕组中感应出约 20～30kV 的高压电，使火花塞跳火，完成点火工作。

电容放电式点火系的储能过程不受点火信号控制，只要点火开关接通，直流升压器便开始工作，储能过程就已开始进行。电容放电式点火系与电感放电式点火系不同，其点火线圈初级电流增长和次级线圈产生高压电同步，即储能电容放电的过程就是初级电流 i_1 增长的过程，同时也是在次级绕组感应出高压电(约15～30kV)、使火花塞跳火的过程。

电容放电式点火系的工作过程可分下面两个阶段进行分析。

1. 触发器发出指令使可控硅关断时储能电容的充电过程

此时的等效电路如图4.45所示。其中U_B为直流升压器的输出电压，R_0为直流升压器的内阻，C_1为储能电容器的电容值。

当储能电容C_1充电时，根据克希荷夫电压定律，其端电压U_c将按指数规律增长

$$U_C=U_B(1-e^{-\frac{1}{R_0C_1}}) \tag{4-17}$$

式中：R_0C_1称为充电电路的时间常数，用字母τ来表示。

当充电时间$t=3R_0C_1$时，储能电容C_1的电压即可上升到接近于稳定值U_B，这时C_1储存的电场能为

$$W_C=\frac{1}{2}C_1U_B^2 \tag{4-18}$$

保证电容放电式点火系正常工作的条件是：当发动机以最高转速运转时，储能电容C_1能够在极短的、连续产生两次火花的时间间隔内充足电。也就是说，在连续两次跳火的时间间隔内，C_1上的电压应来得及充到和直流升压器输出电压U_B相等的数值。即时间常数τ应满足如下要求：

$$\tau=R_0C_1\leqslant\frac{20\cdot W}{Zn_{max}}\quad(s) \tag{4-19}$$

式中：Z为发动机的气缸数；n_{max}为发动机最高转速；W为冲程系数，二冲程发动机$W=1$，四冲程发动机$W=2$。

储能电容器的电容量C_1常选0.5～2μF；直流升压器的内阻R_0由其输出电阻决定，一般地说，直流升压器的功率越大则其输出电阻越小。

因此，只要正确选择C_1和R_0，使其R_0C_1满足式(4-19)的要求，则高速时就能确保把储能电容C_1的电压值充到U_B值。

2. 触发器发出指令使可控硅导通时储能电容放电的过程

假设点火线圈中的初级绕组和次级绕组间没有直接耦合，且耦合系数为1，次级电路的分布电容以一个集中电容C_2代替，则此时的等效电路如图4.46所示。其中$C_2\left(\frac{N_2}{N_1}\right)^2$是次级电路分布电容折算到初级电路上的电容，$L_1$为初级绕组的电感，$R_1$为初级电路的电阻。

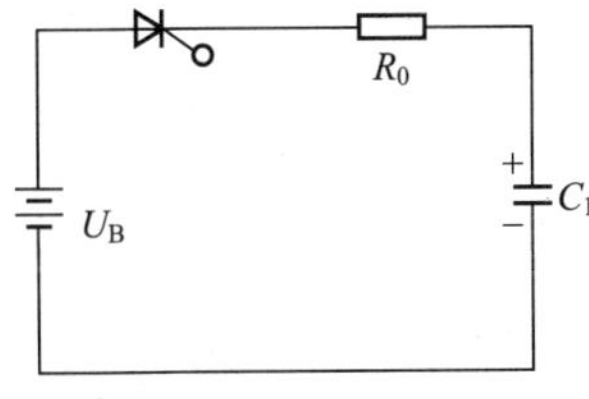

图4.45 可控硅关断、储能电容充电时的等效电

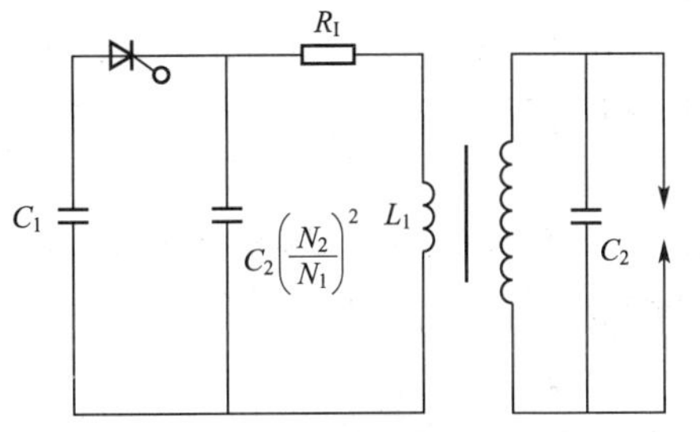

图4.46 可控硅导通、储能电容放电时等效电路

可控硅即将导通的瞬间，储能电容上储存的电荷量为

$$Q=C_1U_B \tag{4-20}$$

可控硅导通后，由于附加电容 $C_2\left(\frac{N_2}{N_1}\right)^2$ 被并联到储能电容 C_1 上，使 C_1 上的电压下降，其值为 U_{1max}

$$U_{1max}=\frac{Q}{C_1+C_2\left(\frac{N_2}{N_1}\right)^2}=\frac{C_1U_B}{C_1+C_2\left(\frac{N_2}{N_1}\right)^2} \tag{4-21}$$

即可控硅导通后，储能电容的端电压最大值为 U_{1max}，它将向初级绕组放电，同时在次级绕组中感应出高压的互感电动势，该次级电压的最大值为

$$U_{2max}=U_{1max}\frac{N_2}{N_1}=\frac{C_1U_B}{C_1+C_2\left(\frac{N_2}{N_1}\right)^2}\frac{N_2}{N_1} \tag{4-22}$$

一般 $C_1\gg C_2\left(\frac{N_2}{N_1}\right)^2$，所以

$$U_{2max}\approx U_B\frac{N_2}{N_1} \tag{4-23}$$

由此可得出结论：只要适当选择 C_1，即可使 C_2 对次级电压最大值的影响减小到最低限度，且可认为点火系次级电压的最大值基本不受转速和次级分布电容的影响。

3. 电容储能式点火系的优缺点

由于储能电容器充电、放电的时间极短，且可控硅的动作速率极高(5～10μs)，所以次级电压几乎不受转速的影响，而且在发动机高速情况下，次级电压也不降低，可保证在转速高达10000r/min的4冲程4缸发动机和转速高达5000r/min的4冲程8缸的发动机中可靠工作。

电感放电式点火系是利用点火线圈初级绕组储能且在初级电流断开时产生高压火花，而电容放电式点火系则是利用电容器储能，在储能电容器向初级绕组放电的同时产生高压火花，因此电容放电式点火系的能量利用率较高。

电容放电式点火系的主要缺点是火花放电时间过短，仅5～50μs，而电感储能式可达1～2ms。由于火花持续时间太短，不能确保气缸内混合气的充分燃烧，尤其是燃气混合不良及燃用稀混合气时更是如此，使得发动机在起动和低速工况下点火不良，同时，还会使排放增加。

电容放电式点火系的另一个缺点是由于高的次级电压上升率，会对无线电产生严重的干扰。此外，该系统结构复杂，体积较大，成本高。

由于上述缺陷，限制了电容放电式点火系在一般汽油机上的推广使用，而仅用于转速较高的汽油机，如赛车发动机等。电子控制的电容放电式点火系，可以以霍尔效应式(或其他型式)的传感器作为点火参考信号，用微机(ECU)控制点火时刻，发送点火触发信号，采用储能电容放电的方式使点火线圈初级绕组通过电流，并在次级绕组感应出高电压，使火花塞间隙放电。这种电容放电式点火方式越来越多地被用于汽油机的稀薄燃烧和代用燃料发动机的高能点火系统。由于电容放电式的点火系存在火花持续时间短的缺点，同时它的次级电压又上升极快，所以为了保证可靠点火和提高发动机的性能，这种电控电容放电式点火系多采用顺序多次点火或多火花塞的方式解决。

4.5 点火系的使用与故障检查

4.5.1 点火正时

点火正时就是让分电器轴的位置与发动机活塞的位置相匹配，使点火系统能有正确的初始点火提前角。发动机实际工作时，真空点火提前调节器和离心点火提前调节器是在此点火提前角的基础上调节点火提前角的。因此，点火正时的准确与否对发动机能否在适当的时间点火影响很大。为了保证发动机气缸中的混合气在正确的时刻被点燃，在安装分电器总成或更换燃油品质时，应进行点火正时。

点火正时均以第一缸为基准，不同的发动机其调整方法略有差异，但基本步骤相似。一般步骤如下。

1. 传统点火系的点火正时

1）检查断电器触点的间隙

触点间隙的大小不仅影响最高次级电压，对点火时刻也有较大的影响，如果点火正时调整完以后再调整触点间隙，就会使调整好的基本点火提前角又有所变化。因此，应首先检查触点的间隙，若不在规定的范围内，应调整至规定值。

2）找出第一缸压缩终了上止点

可用如下方法找出第一缸压缩终了上止点。

先拆下第一缸的火花塞，用干净的棉纱(或用拇指)堵住火花塞螺孔，顺着发动机旋转方向摇转曲轴，当棉纱被冲出时，或拇指感觉气缸内有较大的气体压力时，即为第一缸压缩行程，再慢慢转动曲轴，使飞轮上的第一缸上止点记号与飞轮壳或曲轴皮带轮上的标记对正，然后装回火花塞。

3）确定断电器触点刚刚打开的位置

松开分电器紧固螺钉，先顺分电器轴旋转方向转动分电器外壳，使断电器触点处于闭合状态，然后拔出中央高压线，使高压线端距缸体3～4mm，接通点火开关，慢慢地逆分电器轴旋转方向转动分电器外壳至高压线端跳火，此时分电器的位置就是断电器触点刚刚打开的位置。

如有辛烷选择器时，应先将辛烷选择器调整至“0”的刻度位置上。

4）按点火顺序接好高压线

分火头所对的分电器盖旁电极插孔插第一缸高压线，然后顺着分电器轴旋转的方向，按点火顺序插好其他各缸的高压线。

5）检查点火正时

(1）发动机空转检验。起动发动机，使水温升到70～80℃，在发动机怠速运转时突然加速，如发动机转速能迅速增加，并伴有轻微的敲击声随后立即消失，表明点火时间正确；如果在急加速时发动机出现了爆燃(尖锐的金属敲击声)，说明点火时间过早，应顺分电器轴旋转方向转动分电器外壳，使点火提前角适当减小；如发动机转速不能随节气门打开而立刻升高，并有发“闷”之感，排气管出现“突突”声且冒黑烟，则为点火过迟，应逆分电器轴旋转方向转动分电器外壳，适当调大初始点火提前角。

(2) 汽车在行驶中进行检查。在平直路面汽车以 20km/h 行驶时(发动机走热至 70～80℃)，挂直接挡突然加速(将油门踩到底)，如果在车速急增时能听到微弱的敲击声，但很快消失，表明点火时间正确；如果急加速时发动机爆燃较为严重(明显的金属敲击声)，表示点火过早；如果急加速时虽无爆燃发生，但加速感到沉闷，则说明点火时间过迟，应对其再进行调整，直至适当为止。

2. 电子点火系的点火正时

(1) 找到第一缸压缩终了上止点，方法同传统点火系统。

(2) 调整分电器。转动分电器轴或分电器外壳，使分电器上的分火头指向分电器壳体上的标记，或分电器壳体上的标记与缸体上的标记对准，装入分电器，并旋紧固定螺钉。

(3) 将机油泵的驱动轴旋至规定位置。如桑塔纳轿车要求机油泵驱动轴上的扁平部与曲轴方向平齐；切诺基轿车 2.5L 发动机要求机油泵驱动轴上的扁槽定位在时钟 11 点钟稍前位置。

(4) 安装分火头，并转动分电器轴使分火头指向分电器壳体上的标记或规定方向，或者使信号转子与传感器部分的相对位置符合要求。如桑塔纳轿车要求分火头指向分电器壳体上的第一缸标记，切诺基轿车 2.5L 发动机要求分火头的位置位于 2 点钟的位置。

(5) 慢慢装入分电器，分电器完全装入正确位置后，分火头应指向规定位置。如桑塔纳轿车分火头指向分电器壳体上的第一缸标记；切诺基轿车 2.5L 发动机要求分火头的位置应位于刚过 3 点钟的位置。将分电器固定螺钉按规定扭矩紧固。

(6) 插好中央高压线，按发动机的点火顺序，插接好分缸高压线。插接时，第一缸的高压线应插接在正对分火头的旁电极座孔内，然后顺分火头的旋转方向，按点火次序插接好其余各缸的高压线。

(7) 检查点火正时。检查电子点火系的点火正时和检查传统点火系的点火正时一样，有发动机空转时检验和行驶过程中检验，检验方法相同。除此之外，电子点火系还可用发动机点火提前角检测仪检测其规定转速下的点火提前角，并通过与标准的点火正时参数比较，来判断点火正时正确与否。下面以正时灯校正点火正时为例进行说明。

安装正时灯，把正时灯的红色和黑色导线分别接至蓄电池的正负极上，把正时灯的传感器信号接至第一缸火花塞上，如果是霓虹灯，则可将其红线接至第一缸火花塞上，黑色线接在火花塞高压线上。连接转速表，将转速表的红线接点火线圈负接线柱，黑线接机体(搭铁)。用粉笔或白漆在点火标记上划上细线，并在相应的指标上涂上白色记号。发动发动机，调整发动机转速至规定值(一般为 650～750r/min)，用正时灯照射正时标记，每次第一缸点火时，正时灯发出的光正好照耀点火正时记号。预涂的白色细线与白色指标刚好对正，说明点火正时，如与指标不能对正，说明点火过早或过迟，便要调整分电器的位置，达到点火正时的要求。

4.5.2 点火系的试验

点火系的试验实质上主要是对点火线圈和分电器进行试验，试验内容包括跳火性能试验、点火配角试验和点火提前角性能试验等。试验一般在电器万能试验台上进行，也可在自制的分电器试验台上进行。下面以霍尔式电子点火系的试验为例进行说明。

1. 点火线圈发火强度试验

点火线圈发火强度试验是通过跳火间隙的测量来判断点火线圈在不同转速下产生的次级电压，检查其工作性能是否良好。试验点火线圈的发火强度，是在万能试验台上利用三针放电装置进行，如图 4.47 所示。

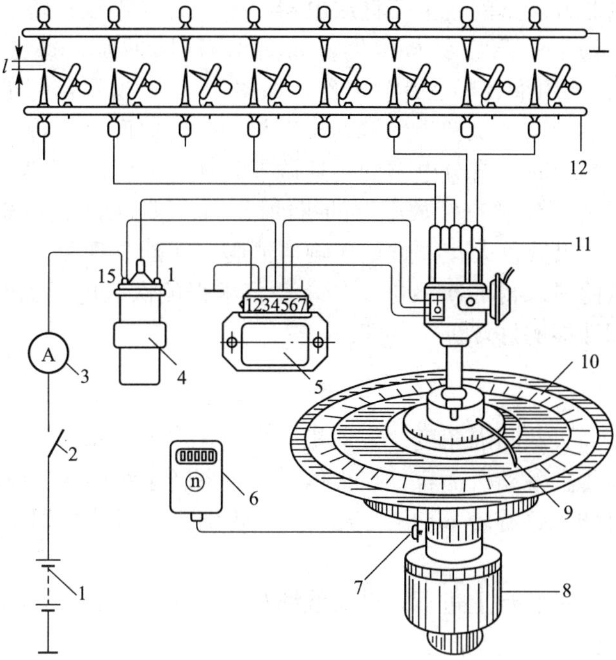

(a) 试验原理电路

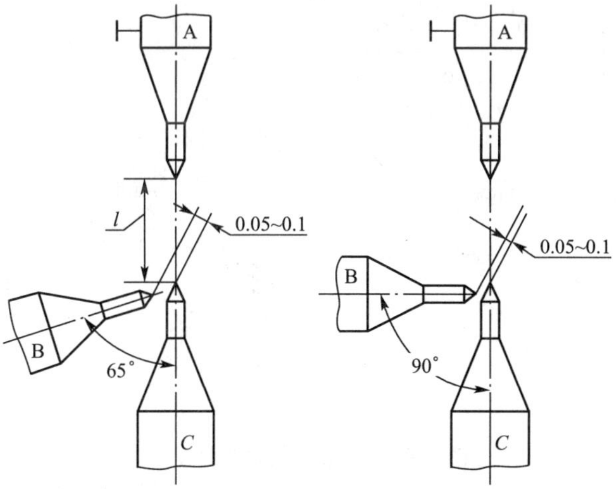

(b) 65°形三针放电器　　(c) 垂直形三针放电器

图 4.47　点火线圈发火强度试验图

1—蓄电池；2—点火开关；3—电流表；4—被测点火线圈；5—点火器；6—转速表；7—转速传感器；8—调速电动机；9—旋转放电针；10—刻度盘；11—分电器；12—三针放电器；l—放电电极间隙

三针放电器有两个主电极 A、C 和一个辅助电极 B。电极 A 搭铁，电极 C 接分高压线，辅助电极 B 不与其电路连接，它和主电极 C 之间有 0.05～0.1mm 的间隙(图 4.47(b)、(c)所示)。增加辅助电极 B 的目的是使它和主电极 C 之间形成小火花，促使主电极间隙中气体电离，从而使击穿电压比较稳定。移动主电极 A 可以改变 A、C 之间的电极间隙 l。

将待测分电器固装在试验台上，并配用相应的电源和待测点火线圈；用高压线将分电器的旁电极插孔与电器万能试验台上三针放电器的主电极 C 连接；将三针放电器的电极间隙 l 调到 7mm(注：采用 65°形三针放电器，如图 4.47(b)所示，每击穿 7mm 电极间隙，约需击穿电压 15kV；采用垂直形三针放电器，如图 4.47(c)所示，每击穿 10mm 间隙，所需击穿电压 15kV)，然后起动试验台的调速电动机使分电器低速运转，待点火线圈温度升高到工作温度(60～70℃)时，将分电器的转速调节到规定数值(一般为 3000r/min，传统点火系为 1500r/min)。然后调整三针放电器的搭铁极 A，使跳火间隙逐渐增大，直到点火线圈能在 30s 内连续地发出蓝色火花，且跳火响声清脆、无断火现象。此时，测量间隙的大小(毫米数)，计算试验所求得的次级电压值，并将求得的次级电压值与标准规范作比较，即可知道该点火线圈性能的好坏。

2. 点火配角试验

点火配角通常称为火花间隔角度。发动机工作时，点火配角应均匀，否则，点火时刻就会提前或推迟。对 4 缸发动机而言，点火信号发生器转子每旋转 90°就应跳火一次；对 6 缸发动机而言，信号转子每旋转 60°应跳火一次，否则，说明分电器轴磨损或凸轮磨损不均匀等，应进行修理。

试验仍在电器万能试验台上进行，试验线路如图 4.48 所示，具体方法如下。

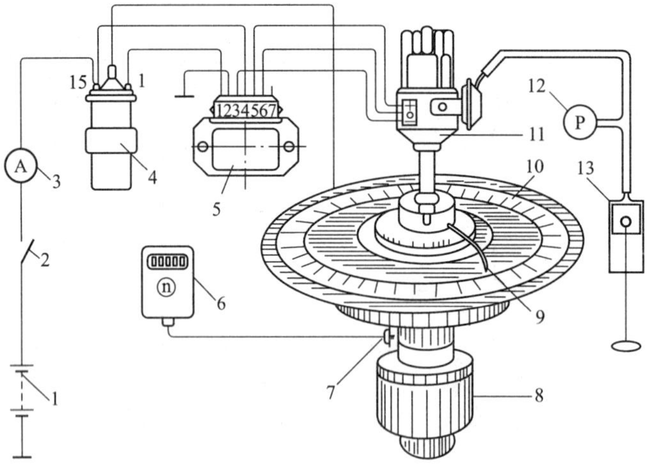

图 4.48　分电器试验线路图

1—蓄电池；2—点火开关；3—电流表；4—点火线圈；5—电子控制器；6—转速表；7—转速传感器；8—电动机；9—旋转放电针；10—刻度盘；11—分电器；12—真空表；13—真空泵

(1) 将点火线圈上的中央高压线连接到刻度盘旁边的插孔中，旋转放电针，使其尖端与刻度盘之间有 2～3mm 的间隙，放电针搭铁极与蓄电池负极相通。

(2) 起动试验台调速电机，并将分电器转速调到50～100r/min，观察旋转放电指针与刻度盘之间出现火花的间隔角度是否均匀。以任意一缸为基准，其余各缸在刻度盘上跳火间隔角度偏差值应不大于±1°。如角度偏差超过标准，通常是分电器轴松旷、弯曲所致。

3. 点火提前角性能试验

点火提前性能试验的目的是检查离心提前装置和真空提前装置的调节性能。试验还是在电器万能试验台上进行，试验线路与火花间隔角度试验相同，如图4.48所示。具体方法如下。

1) 离心提前性能试验

进行离心提前性能试验时，真空提前装置上的真空管必须拆下。先将分电器转速调到最低转速(50～100r/min)，然后将刻度盘上的“0”对准某一个火花，再逐渐升高分电器轴转速，同时察看规定转速时的点火提前角是否符合规定标准。如不符合标准，可通过改变离心弹簧的弹力进行校正。如校正无效，则需更换离心弹簧。

2) 真空提前性能试验

进行真空提前性能试验时，将分电器转速保持在1000r/min，使离心提前装置调节的点火提前角保持不变。然后抽动真空泵使真空度均匀地增大，再使真空度均匀地减小，同时察看规定真空度时的点火提前角是否符合规定标准。如不符合，可通过增减真空提前装置接头处的垫圈使弹簧的弹力改变进行校正。

4.5.3 点火系的故障检查

汽车运行期间，发动机不能起动或起动后运转不均匀以及中途熄火等，问题大都出在点火系或燃油供给系，一般来说，若发动机在运行中突然熄火，再次起动仍无法起动，多为电路故障。若发动机在运行中逐渐熄火多为油路故障。当确定发动机是由于点火系故障而不能起动时，必须首先判断出故障所在部位，然后再逐步查找故障的具体位置。一般可遵循如下步骤。

点火系的电路由电源线路、低压线路和高压线路3部分组成。

(1) 检查蓄电池供电是否正常：可按喇叭或开大灯检查，如喇叭不响，大灯不亮，则故障在电源部分，如蓄电池搭铁不良，或者是蓄电池电压过低容量不足等。

(2) 根据跳火情况进行判断：拔出分电器的中央高压线，使其端头距气缸体6～8mm。接通点火开关，摇转曲轴，观察高压线端头的跳火情况，这里称之为“试火”。

如火花强烈，表示低压电路和点火线圈良好，故障在高压电路部分。如无火花或火花弱，表示故障在低压电路或点火线圈。

1. 高压电路故障判断

判断高压电路故障可以采用第二次试火的方法，即装回中央高压线，从火花塞上拆下高压线头，使其端头距气缸体2～4mm，摇转曲轴，对缸体进行试火。如跳火很强，表示分电器和高压线正常，故障在火花塞或点火正时不准；如无火花，则应更换所测气缸的高压线再行试验，如果均无火花，则表示故障在分电器盖、分火头或高压导线(绝缘损坏或潮湿漏电)。

2. 点火线圈、高压导线和分火头的检查

点火线圈的检查主要通过测量点火线圈初级绕组和次级绕组的电阻值进行，其值应符合规定值。如丰田汽车 20R 型发动机所装用点火线圈初级绕组的电阻值应为 1.3～1.7Ω，次级绕组的电阻值应为 10～15kΩ。早期桑塔纳轿车的点火线圈初级绕组电阻值为 0.52～0.76Ω，次级绕组的电阻值为 2.4～3.5kΩ。测量前应拆除点火线圈上的导线。测量初级绕组电阻值时，表头应接在点火线圈“+”（或“15”）与“—”（或“1”）接柱之间；测量次级绕组电阻值，表头应接在点火线圈“+”（或“15”）与高压插孔（或“4”）之间。

高压导线和分火头的检查，都是通过测量其电阻值进行判断的，其值应符合规定值。在检查高压导线时，为防止把高压导线折断，一般应连同橡皮套一起拔出。如高压线断裂、电阻值不符合规定或变形则应更换。

3. 低压电路故障判断

经过对高压部分和点火线圈检查后确认是低压部分故障时，则应对低压线路进行检查。各种点火系高压电路和点火线圈的结构和原理基本都相同，而低压电路的结构及原理区别较大，所以进行低压电路的故障判断时应视电路结构的不同而分别对待。由于传统点火系已基本淘汰，微机控制点火系设计先进、工作可靠，使用中一般很少发生故障，所以这里以普通电子点火系为例进行说明。

普通电子点火系的低压部分包括电源、信号发生器和点火器 3 部分。进行故障判断时也应分 3 部分进行。电源电路的检查前已述及，也是通过开大灯、按喇叭的方法检查，因此低压部分的主要工作是判断问题出在点火信号发生器还是点火器。下面分别对磁感应式电子点火系和霍尔式电子点火系低压部分故障的诊断方法加以说明。

1）磁感应式

仍以日本丰田(Toyota)汽车 20R 型发动机所装用的无触点式磁感应电子点火系为例加以说明。

对这种点火系进行第一次试火时，一般采用如图 4.49 所示的跨接线进行，具体方法是：关断点火开关，拆掉点火线圈“—”接柱上的全部导线以防止损坏点火器。将跨接线 1 端搭铁，3 端接点火线圈“—”接柱。拔出分电器盖上的中央高压线，使其端部离气缸体 5～7mm。然后，接通点火开关，用跨接线端部 4 间断地碰触点火线圈“—”接柱。每当拿开时，高压线的端部应产生一个火花。检查中跨接线用的电容器的作用和传统点火系中与触点并联的电容器作用相同。因跨接线碰触点火线圈“—”接柱时，通过的电流较大，为防止烧坏点火线圈，要求每次接触时间不超过 1s。

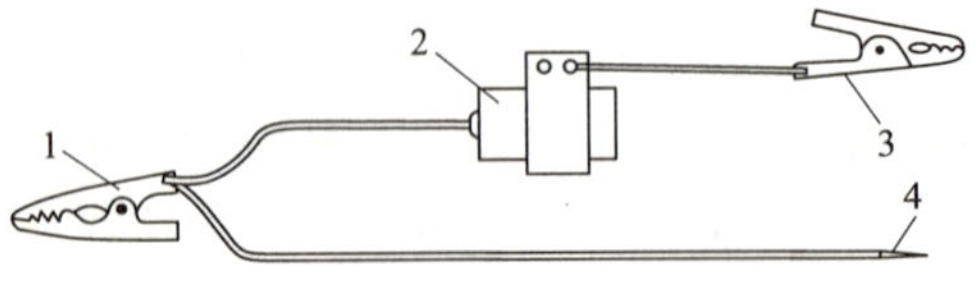

图 4.49　检查点火线圈跳火能力的专用跨接线

1—搭铁夹子；2—电容器；3—接点火线圈“—”接柱；4—间断碰触点火线圈“—”接柱

(1) 信号发生器的检查：用非磁性材料制成的厚薄规，测量信号转子凸齿与传感线圈铁芯间的间隙，应在 0.2～0.4mm 范围内。用万用表测量点火信号发生器传感线圈的电阻，其电阻值应为 160±20Ω。

(2) 点火器的检查：拆开点火器与分电器之间的插接件。在点火器的两根信号输入线(粉红线与白线)间，接一只1.5V的干电池，如图4.50所示。

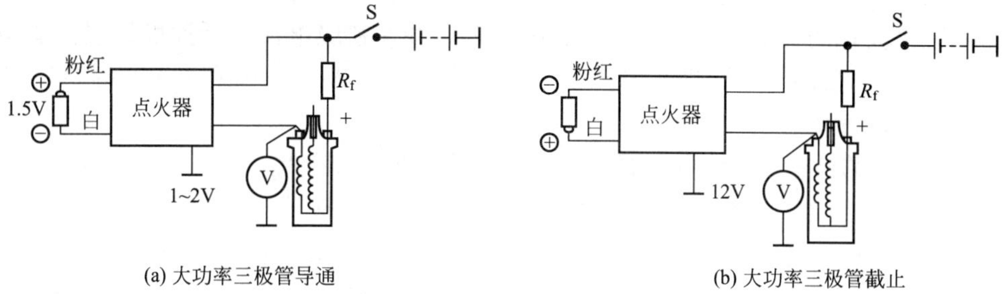

图4.50 点火器的检查

干电池用来模拟信号发生器的输出电压信号。打开点火开关，用万用表电压挡测试点火线圈“—”接柱与搭铁之间电压值，以判断点火器是否有故障。当干电池正向连接时，如图4.50(a)所示，点火器内大功率三极管应处于导通状态，其测试电压值约为1～2V；当干电池反向连接时，如图4.50(b)所示，点火器内大功率三极管应处于截止状态，其测试电压值约为12V。如两次测试电压值均正确，说明点火器正常，否则说明点火器有故障。

注意：每次加干电池测试的时间应尽可能短，一般不要超过10s。

2) 霍尔效应式

以早期桑塔纳轿车霍尔电子点火系为例进行叙述，检查时应参照其基本电路进行分析，如图4.42所示。

这种点火系进行第一次试火时，一般采用如图4.51所示的方法。

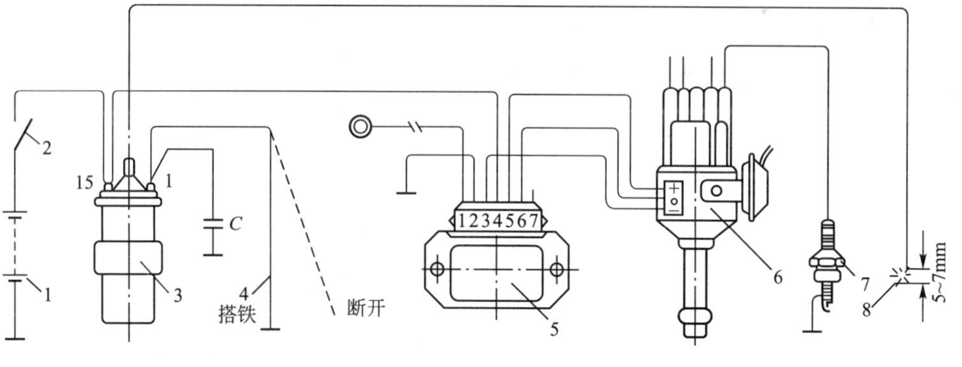

图4.51 检查电源供电能力

1—蓄电池；2—点火开关；3—点火线圈；4—跨接线；5—电子控制组件；6—内装霍尔传感器的分电器；7—火花塞；8—发动机缸体；C—初级电容(0.25±0.10μF)

断开点火开关，拆下点火线圈“1”端子上的导线；拔出分电器盖上的中央高压线并将其端头距发动机缸体5～7 mm；另取一根跨接线并将其一端接到点火线圈“1”端子上，另一端在接通点火开关时短时搭铁(每次搭铁时间不得超过1s)，然后断开(不搭铁)，同时观察高压火花跳火情况。如有火花跳火，说明电源和点火线圈工作良好，故障可能发生在点火控制部件(包括信号发生器和点火器)，可继续进行检查。如无火花跳火，说明点火线圈、点火开关、蓄电池或低压线路有故障，应分别进行检查。

电子点火系一般都采用高能点火线圈，没有设置初级电容。因此，间断搭铁的速度将直接影响跳火火花的强弱。为了防止人工操作跨接线使初级电流切断速度过慢而影响诊断结果，一般在点火线圈“1”端子与搭铁之间连接一只 $0.25\pm0.10\mu F$ 的电容器 C，以提高初级电流的切断速度。

(1) 点火器的检查。确认点火器电源电路是否正常：关断点火开关，拔下点火器的插接件，将万用表(电压挡)两触针接在点火器线束插头的 4 和 2 接柱(参考图 4.51)上。接通点火开关，电压表测得的电压值应约为蓄电池电压。否则，应找出电源断路故障并予以排除。

确认点火器工作性能：关断点火开关，连接好点火器插接件，拔下分电器霍尔信号发生插接件。将电压表两触针接在点火线圈的 15 和 1 接柱(参考图 4.51)上。当接通点火开关时，电压表的电压值应为 2～6V，并在 1～2s 后必须降为零值。否则应更换点火器。

确认点火器向信号发生器输出电压值是否正常：关断点火开关，将电压表的两触针接在霍尔信号发生器线束插头“+”和“—”接柱上。接通点火开关时，电压表测得的电压值应为 5～11V。如低于 5V 或为 0V，再用同样方法对点火器插接件中的接柱 5 和 3 进行测试，若电压值为 5V 以上，则说明点火器与信号发生器之间的线束有断路故障，应予以排除；若点火器插接件接柱 5 与 3 之间电压值也为 5V 以下，则应更换点火器。

(2) 霍尔信号发生器的检查。为了排除干扰因素，该项内容应在点火线圈、点火器及连接导线检查正常的基础上进行。其方法如下。

测量信号发生器的输出电压：关断点火开关，打开分电器盖，拔出分电器盖上的中央高压线并搭铁，将电压表的两触针接在插接件信号输出线(0)和接地线(—)接柱上，如图 4.52 所示。然后按发动机转动方向转动发动机，同时观察电压表上的读数。其值一般在 0～9V 之间变化。当分电器触发叶轮的叶片在空气隙时，其电压值为 2～9V；当触发叶轮的叶片不在空气隙时，其电压值约 0.3～0.4V。若电压不在 0～9V 之间变化，则应更换霍尔信号发生器。(电压表显示的数值，由于车型或生产年代不同，其电压值有所不同，测试时应与同期生产的汽车进行对比判定，或根据维修资料规定数据进行判定)。

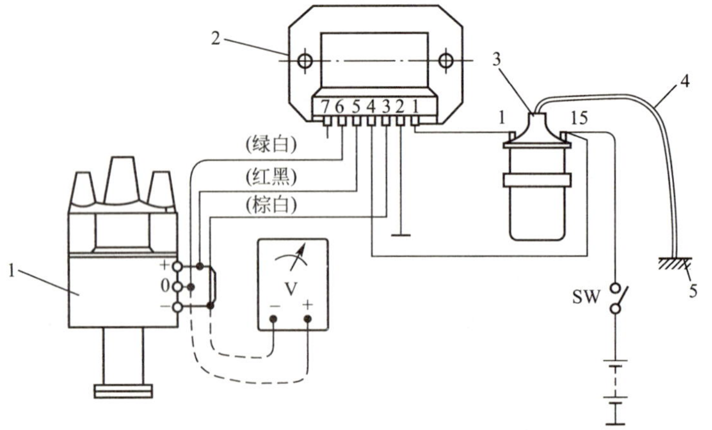

图 4.52　霍尔信号发生器输出电压的检查

1—分电器；2—点火器；3—点火线圈；4—中央高压导线；5—发动机机体

模拟信号发生器：如图 4.53 所示。关断点火开关，打开分电器盖。转动曲轴，使分电器触发叶轮的叶片不在空气隙中。拔出分电器盖上的中央高压线，使其端部离气缸体保持 5～7mm。然后接通点火开关，用小起子(或薄铁板)在信号发生器的气隙中，轻轻插入和拔出，模拟触发叶轮叶片在空气隙动作。如此时高压线端部跳火，说明霍尔信号发生器、点火器、点火线圈及连接导线性能良好。如不跳火，在点火线圈、点火器及连接导线正常的情况下，说明信号发生器有问题，应予以更换。

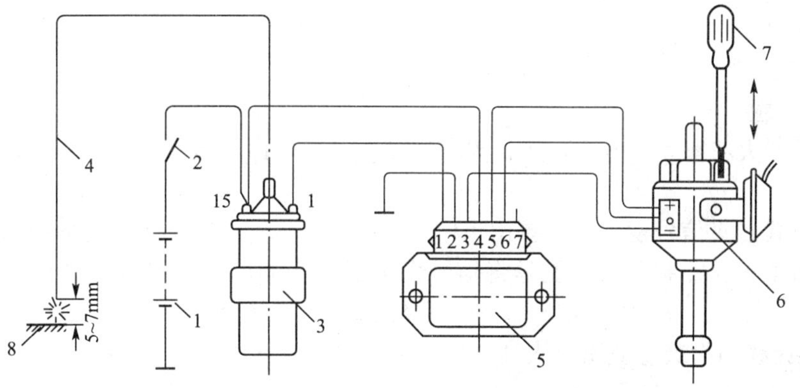

图 4.53 点火控制部件故障诊断

1—蓄电池；2—点火开关；3—点火线圈；4—中央高压线；5—点火器；6—分电器；7—螺丝刀；8—缸体

4. 发动机个别缸不着火故障的判断

发动机个别缸缺火时，运转就不均匀，排气管冒黑烟，并发出有节奏的“突突”声，甚至放炮或回火。其检查方法和步骤如下。

(1) 找出缺火的气缸：用起子将火花塞接线柱逐个搭铁短路。如果短路后，发动机振动加大，从排气管也能听到更加明显的异响，则说明此缸工作；若发动机并没有任何反映，则说明此缸缺火。另外，根据火花塞的温度也可以判断，不着火气缸的火花塞温度常低于正常工作的火花塞。

(2) 找出缺火的原因：将缺火气缸火花塞的高压线拆下，使线端离火花塞接柱 3～4mm。发动机工作时，如有连续的火花，说明故障在火花塞。如有了这个附加间隙后，火花塞开始正常工作，表示火花塞原来有积炭，加了间隙后，使火花塞电压提高，工作后绝缘体温度提高，积炭被烧去而变得清洁了；如有了附加间隙，而工作无变化，则应拆下检查或更换。

(3) 如无连续火花，表明高压线或分电器盖有故障。这时应将高压线一端装回火花塞，而从分电器盖侧接柱孔中拔出它的另一端，把线端放在距座孔 2～3mm 处。如果发动机工作时火花塞间隙中有连续火花，表示高压线的绝缘有损坏；如无火花，则分电器盖漏电。

(4) 如有几个缸同时不着火，应从分电器盖中央极柱孔中拆下高压线，使线端离座孔 2～3mm，进行跳火试验。如有火，表示高压正常，而分电器盖绝缘不良，或几个火花塞有 故障；如跳火有断续现象，表明低压部分或点火线圈有故障。

(5) 有时发动机在汽车行驶中缺火，而在空转时则正常，不能用搭铁的方法检查。这时只能依次换上良好的火花塞作比较观察或拆下全部火花塞，用仪器检验。

习　题

一、名词解释

1. 初级电流
2. 次级电压
3. 霍尔效应

二、填空题

1. 为降低火花塞____电压，延长火花塞____电极寿命，传统点火系一般设计成高压电正极搭铁。

2. 磁电式点火信号发生器主要由____、________、____、________等组成。

3. 晶体管点火控制器的功能是将信号发生器传来的脉冲信号处理并放大，在需要点火的瞬间，将大功率开关管由________状态变为____状态，使点火线圈初级电流突然____，在点火线圈次级感应出点火高电压。

4. 霍尔信号发生器主要由________、____、________等组成。

5. 电容器在分电器上的作用是减少____，提高次级电压。电容器与断电触点成____联。

三、思考题

1. 汽油发动机对点火系的基本要求是什么?

2. 火花塞的电极间隙大小对点火性能有何影响?

3. 传统点火系的基本组成部件有哪些? 其各部分的作用是什么? 它们的工作原理如何?

4. 点火系的工作原理、工作过程及工作特性是什么?

5. 影响最高次级电压的因素有哪些? 为什么?

6. 点火线圈有几种类型? 各有什么不同?

7. 分电器由哪几部分组成? 各组成部分的作用是什么? 各种点火系的分电器有什么区别?

8. 分电器中的点火提前调节装置是如何自动调整点火提前角的?

9. 点火正时的调整及检查方法是什么?

10. 电子点火系统的基本组成部分有哪些? 其控制原理是什么?

11. 无触点电子点火系统其点火信号的产生方式有哪些? 各有什么特点? 各自的工作原理是什么?

12. 普通电子点火系统点火器的作用及工作原理是什么?

13. 电容储能式电子点火系统的组成部件有哪些? 其基本工作原理如何? 具有哪些特点?

第 5 章

照明、信号及仪表系统

本章教学要点

知识要点	掌握程度	相关知识
对汽车前照灯的要求	掌握对汽车前照灯的要求；掌握汽车前照灯的结构组成及工作原理	有明亮和均匀的照明，要防止眩目
前照灯的控制电路	掌握前照灯的控制电路	前照灯自动变光电路
汽车信号系统	了解汽车信号系统，掌握转向灯、报警灯的作用、结构组成及基本原理。了解制动灯和倒车灯的工作过程	转向灯、报警灯、制动灯和倒车灯的工作过程
汽车指示灯系统	了解汽车指示灯系统，掌握冷却液温度指示灯、机油压力指示灯、燃油低液位报警灯等重要指示灯的作用、结构组成及基本原理	冷却液温度指示灯、机油压力指示灯、燃油低液位报警灯
汽车仪表系统	掌握机油压力表、水温表、燃油表、车速里程表和发动机转速表的作用、结构组成及基本工作原理	机油压力表、水温表、燃油表、车速里程表和发动机转速表

5.1 照明系统

5.1.1 汽车照明系统的组成及要求

为了保证汽车夜间行驶的安全，汽车上装有多种照明设备。在一段时间里，汽车照明系统只包括法律上要求的前照灯、尾灯和牌照灯。现在，为了汽车夜间行驶的安全，也为驾驶员提供一个方便、舒适的工作环境，一般轿车有15～25个外部照明灯和约40个内部照明灯。这就说明照明系统在现代汽车上的重要作用。汽车上的灯具大致可分为两类。

(1) 照明灯：如前照灯、雾灯、顶灯和牌照灯等。其要求是照明要好同时还不应使对面来车的驾驶员眩目。

(2) 标识灯：如示廓灯、尾灯、制动灯、转向信号灯、倒车灯等。其要求是必须对其他车辆的驾驶员和行人、交警给出明确的信号，且在夜间能提供具有一定亮度的照明。灯光的颜色选择应兼顾灯具的数量、安装位置并满足法规的要求。

在汽车上，除标识灯的光信号外，也有声音信号如蜂鸣器、语音、电喇叭等。

5.1.2 前照灯

1. 前照灯的照明要求

由于汽车前照灯的照明效果直接影响着夜间行车安全，因此，世界各国多以法律形式规定了汽车前照灯的照明标准，以确保夜间行车的安全，其基本要求如下。

(1) 前照灯应保证车前有明亮而均匀的照明，使驾驶员能看清车前100m内路面上的障碍物。随着汽车行驶速度的提高，对汽车前照灯的照明距离要求也越来越远，现代高速汽车其照明距离应达到200～250m。

(2) 前照灯应能防止眩目，以免夜间两车相会时对方驾驶员眩目而造成交通事故。

2. 前照灯的结构

前照灯由反射镜、配光镜和灯泡三部分组成。

1) 反射镜

反射镜的作用是将灯泡的光线聚合并导向前方。由于前照灯灯泡灯丝发出的光度有限，功率一般为40～60W。如无反射镜，只能照清汽车灯前6m左右的路面。而设置反射镜可使前照灯照距达到150m或更远。反射镜一般用0.6～0.8mm的薄钢板冲压而成，近年来也有用热固性塑料制成的反射镜。反射镜的表面形状为旋转抛物面。其内表面镀银、铝或铬，然后抛光。由于镀铝的反射系数可以达到94%，机械强度也较好，故现在一般采用真空镀铝。

灯丝位于焦点F上，灯丝的绝大部分光线向后射在立体角为ω范围内的反射镜上，经反射镜反射后变成平行光束射向远方，如图5.1所示，使光度增强几百倍，甚至上千倍，达20000～40000cd以上，从而将车前150m甚至400m内的路面照得足够清楚。

2）配光镜

配光镜又称散光玻璃，它用透光玻璃压制而成，是很多块特殊的棱镜和透镜的组合体，其几何形状比较复杂，一般为圆形和矩形，如图 5.2 所示。配光镜的作用是将反射镜反射出的平行光束进行折射，使车前路面和路缘都有良好而均匀的照明。

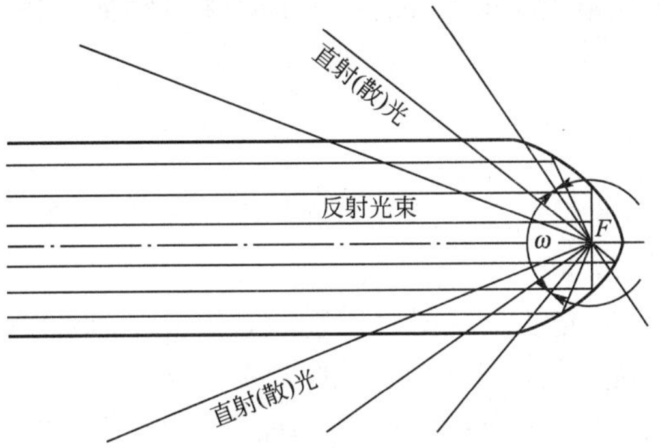

图 5.1　反射镜的聚光作用

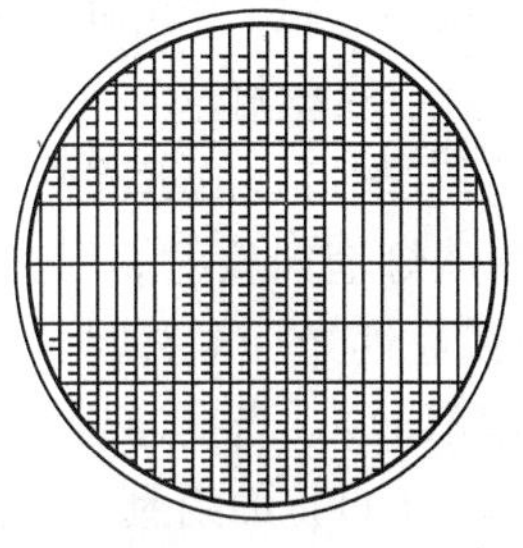

图 5.2　配光镜

3）灯泡

目前汽车前照灯的灯泡有下列两种。

(1) 充气灯泡，又称白炽灯泡，其灯丝用钨丝制成，因钨的熔点高、发光强。但由于钨丝受热后会蒸发，将缩短灯泡的使用寿命。因此制造时，要先从玻璃灯泡内抽出空气，然后充入约 86%的氩和约 14%的氮的混合惰性气体。在充气灯泡内，由于惰性气体受热后膨胀会产生较大的压力，这样可减少钨的蒸发，增强发光效率，延长灯泡的使用寿命。

为了缩小灯丝的尺寸，常把灯丝制成紧密的螺旋状，这对聚合平行光束是有利的。

(2) 新型的卤钨灯泡。虽然白炽灯泡的灯丝周围抽成真空并充满了惰性气体，但是灯丝的钨仍然要蒸发，使灯丝损耗。而蒸发出来的钨沉积在灯泡上，将使灯泡发黑且寿命较短。近年来，国内外开始使用一种新型光源——卤钨灯泡，即在灯泡内所充的惰性气体中渗入某种卤族元素。卤族元素(简称卤素)是指碘、溴、氯、氟等元素。

卤钨灯泡是利用卤钨再生循环反应的原理制成的。其再生循环的基本过程是：从灯丝上蒸发出来的气态钨与卤素反应生成了一种挥发性的卤化钨，它扩散到灯丝附近的高温区又受热分解，使钨重新回到灯丝上，被释放出来的卤素继续扩散参与下一次循环反应，如此周而复始，防止了钨的蒸发和灯泡变黑的现象。

卤钨灯泡尺寸小，灯泡壳用耐高温、机械强度较高的石英玻璃或硬玻璃制成，所充入惰性气体的压力较高，且因工作温度高，灯内的工作气压将比其他灯泡高很多，故钨的蒸发也受到工作气压的限制。在相同功率下，卤钨灯的亮度为白炽灯的 1.5 倍，寿命比白炽灯长 2～3 倍。

现在使用的卤素一般为碘或溴，称为碘钨灯泡或溴钨灯泡。我国目前生产的是溴钨灯泡。

3. 前照灯的防眩

眩目是指人的眼睛突然被强光照射时，由于视神经受刺激而失去对眼睛的控制，本能地闭上眼睛，或只能看见亮光而看不见暗处物体的生理现象。

为了避免前照灯的强光线使对面来车驾驶员产生眩目，而造成交通事故，并保持良好的路面照明，在现代汽车上，普遍采用双丝灯泡的前照灯。其中一根灯丝为远光灯丝，光度较强，灯丝放在反射镜的焦点上；另一根灯丝为近光灯丝，光度较弱，位于焦点的上方或前方。当夜间行驶无迎面来车时，可通过控制电路接通远光灯丝，使前照灯光束射向远方，便于提高车速。当两车相遇时，接通近光灯丝，前照灯光束倾向路面，使车前 50m 内路面被照得十分清晰，从而避免迎面来车驾驶员的眩目现象。

双丝灯泡有以下几种形式。

1）常用双丝灯泡

常用双丝灯泡的远光灯丝位于反射镜的焦点上，而近光灯丝则位于焦点的上方并稍向右偏移(从灯泡向反射镜看去)。其工作情况如图 5.3 所示。

当接通远光灯电路时，远光灯丝发出的光线由反射镜反射后，沿光学轴线平行射向远方(图 5.3(a))。当接通近光灯丝时，射到反射镜 bab_1 面上的光线由反射镜反射后倾向路面(图 5.3(b))，而射到反射镜 bc 和 b_1c_1(由焦点平面 bb_1 到端面)上的光线反射后倾向上方，但倾向路面的光线占大部分，从而减小了对迎面来车驾驶员的刺激作用。

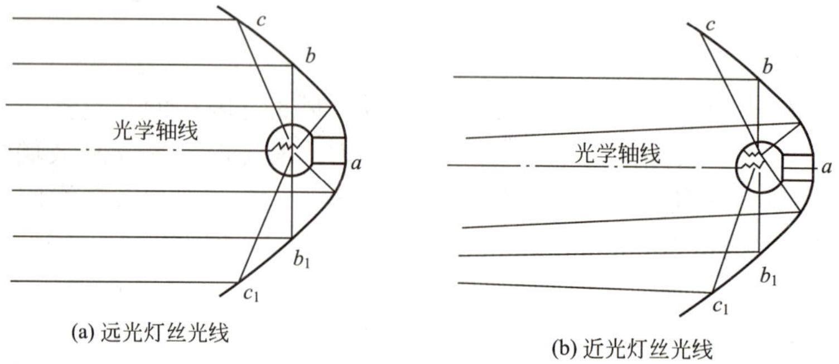

(a) 远光灯丝光线　　(b) 近光灯丝光线

图 5.3　常用双丝灯的工作情况

2）具有配光屏的双丝灯泡

图 5.4 为国产 T－170B 型具有配光屏的双丝灯泡。远光灯丝 3 仍位于反射镜焦点处，而近光灯丝 1 则位于焦点前上方并在灯丝 1 下面装有金属制的配光屏 2，由于近光灯丝射向反射镜上部的光线倾向路面，而配光屏挡住了灯丝 1 射向反射镜下半部的光线，故没有向上反射可能引起眩目的光线。

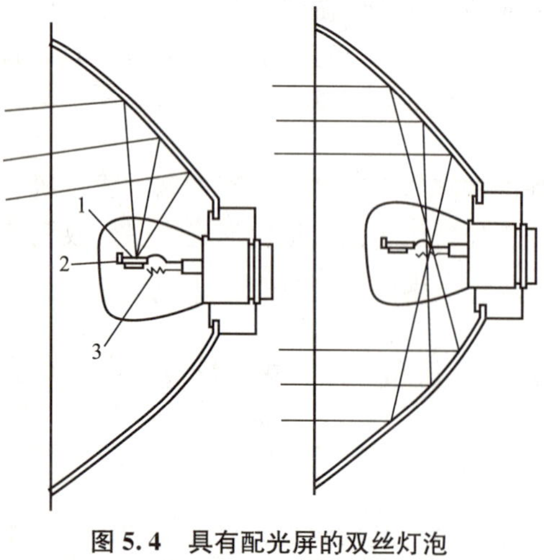

图 5.4　具有配光屏的双丝灯泡

1—近光灯丝；2—配光屏；3—远光灯丝

3）非对称配光的双丝灯泡

安装时，若将配光屏偏转一定角度(配光屏单边倾斜 15°)，近光灯丝发出的光线经反射镜和配光镜后即为非对称配光，如图 5.5(c)所示。这种配光特性符合联合国欧洲经济委员会制定的 ECE 标准，所以又称 ECE 方式，是比较理想的配光，已被世界所公认，我国现已采用。另外还有被称为 Z 形配光的非对称配光，如图 5.5(b)所示。它不仅避免了迎面汽车驾驶员眩目，还可以防止车辆右边的行人和非机动车辆驾驶人员产生眩目。

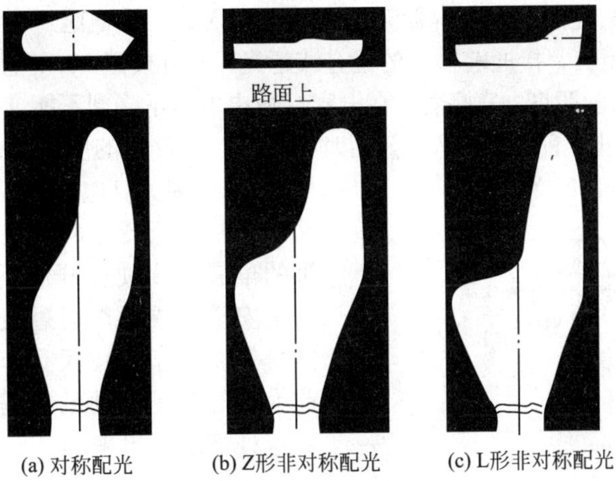

图 5.5 近光灯光形

4. 前照灯的分类

前照灯按反射镜的结构形式可分为可拆卸式、半封闭式和全封闭式 3 种。

可拆卸式前照灯因其气密性不良，反射镜容易受潮气和灰尘污染而降低反射能力，现已基本淘汰。

半封闭式前照灯，其配光镜靠卷曲反射镜边缘上的牙齿，而紧固在反射镜上，二者之间垫有橡胶密封圈，灯泡从反射镜后端装入，灯泡可以互换，目前仍被各国广泛采用。

全封闭式前照灯，其反射镜和配光镜用玻璃制成一体，形成灯泡，里面充以惰性气体。全封闭式前照灯反射镜不受大气中灰尘和潮气污染，它的发光率较高，一个功率约 30W 的前照灯可产生 7.5 万 cd 的照度，且使用寿命长。目前美国、日本生产的汽车几乎全部采用这种全封闭式前照灯，我国生产的汽车也已大量采用。这种前照灯的缺点是灯丝烧坏后，只能更换整个前照灯总成。

5. 前照灯的控制电路

1) 前大灯关闭延时控制电路

1970 年，美国通用汽车公司研究出一种前大灯关闭延时固态元件控制装置，使驾驶员在关闭前照灯和点火开关后，只要接通仪表板上的按钮开关，就能使前照灯延长一段时间关断，以便于汽车停放在无照明的车库时，延长切断前照灯照明，直到司机离开车库后，自动切断前照灯。

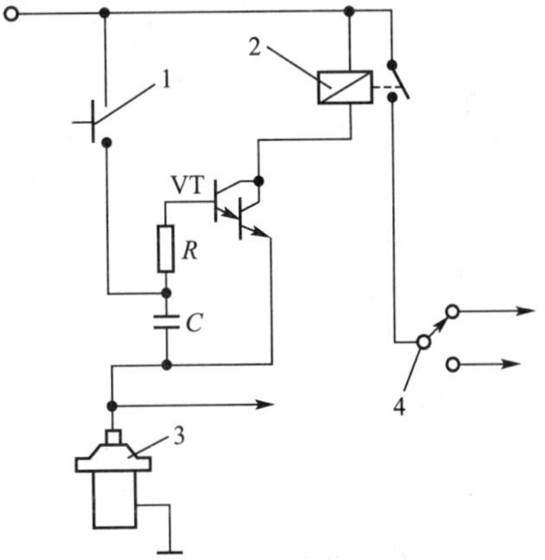

图 5.6 延时切断前照灯电路图

1—按钮开关；2—继电器；3—发动机机油压力开关；4—变光开关

图 5.6 为一前大灯关闭延时控制电路的原理图。图中机油压力开关，当发动机不运转时，它的触点是

闭合的，此时才与搭铁接通。而当发动机运转时，靠机油压力使触点断开。VT 是高增益的复合晶体管，用来接通继电器线圈。VT 的发射极通过机油压力开关搭铁，所以只有当发动机停止或机油压力不足时才接通。*RC* 组成延时电路，当切断点火和前照灯电路后，按下按钮 1 时，电容器 *C* 开始充电，当电容器充电电压达到 VT 的导通电压时，VT 导通，电流流经继电器线圈，触点闭合，接通前照灯的远光或近光，松开按钮 1，则电容器通过 *R* 向 VT 放电，维持其导通状态，前照灯一直亮着。在电容 *C* 放电电压下降到不能维持 VT 的导通所必需的基极电流时，VT 截止，前照灯熄灭。延迟时间取决于 *C* 及 *R* 的参数，一般可延迟约 1min。

2）提醒关灯电路

有时白天行车时，在细雨濛濛或雾天阴沉的早晨，驾驶员开灯不是为了照明，而是为了安全，或者在通过较长的隧洞而打开前照灯等。由于是白天行车，有时人们会忘记前大灯开关是接通的，提醒关灯电路就是针对这种情况提出来的。

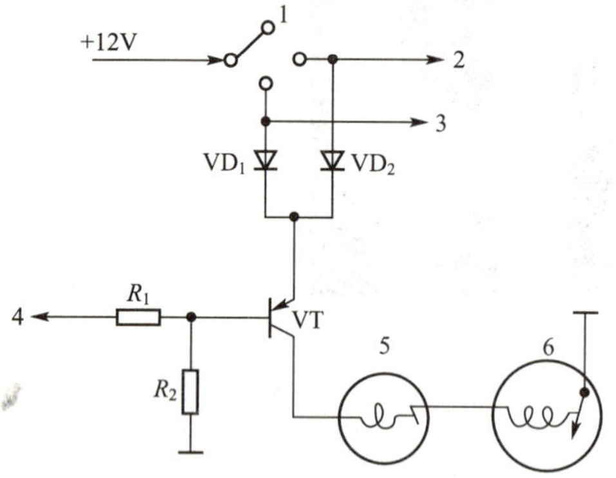

图 5.7 提醒关灯装置电路原理图

1—原有的灯开关；2—至前照灯；3—至停车灯；4—接点火开关控制的任何导线；5—闪光器；6—蜂鸣器

图 5.7 所示为提醒关灯装置电路图。它在点火开关断开而前照灯（或停车灯）仍然亮着的情况下，电流经二极管 VD_1（或 VD_2），使 VT 产生基极电流而导通，蜂鸣器发出声音提醒驾驶员关灯。当接通点火开关时，VT 的基极电位提高，VT 截止，蜂鸣器不发出声音。

3）前照灯自动变光电路

在夜间行驶时，为了防止对迎面来车造成眩目，驾驶员必须频繁使用脚踏变光开关，分散了驾驶员的注意力。前照灯自动变光装置可以根据迎面来车的灯光自动地调节前照灯的近光和远光。

图 5.8 为电路原理图，其工作原理如下：继电器 K 的常闭触点与远光灯灯丝相接，常

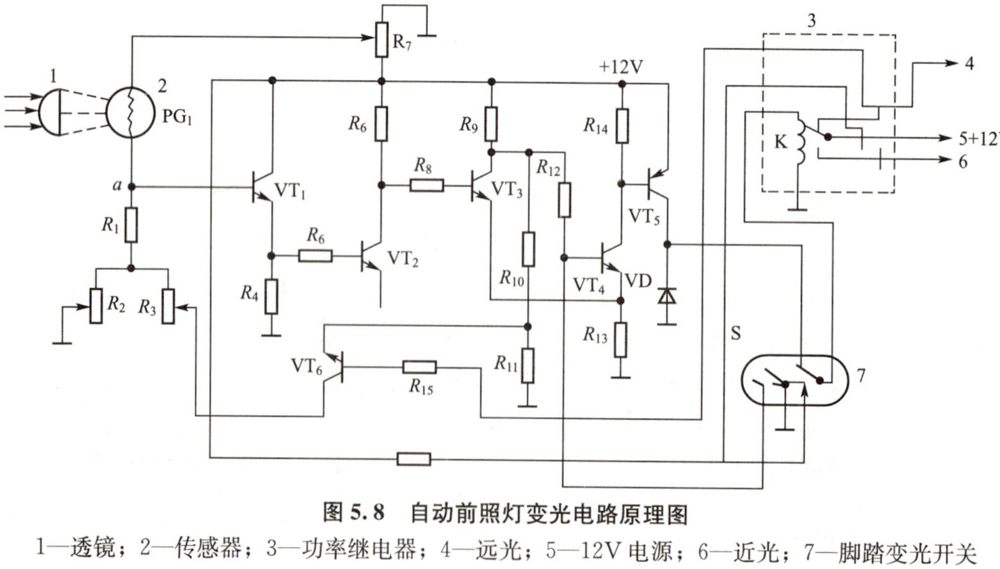

图 5.8 自动前照灯变光电路原理图

1—透镜；2—传感器；3—功率继电器；4—远光；5—12V 电源；6—近光；7—脚踏变光开关

开触点与近光灯灯丝相通。脚踏变光开关 S 由驾驶员控制，图中实线位置为接通远光灯位置，虚线为接通近光灯位置。光敏电阻 PC_1 用来传感光照情况，其电阻值反比于光照强度，在黑暗中，PC_1 呈高阻态，但当受到一定的光照射时，它的电阻值便迅速下降。PC_1 和 R_7、R_1、R_2、R_3、VT_6、R_{11}一起组成分压器。射极输出器 VT_1 的输出，由 VT_2 放大并反相，VT_2 的输出加在施密特触发器 VT_3 和 VT_4 上，VT_4 的集电极控制继电器激励级 VT_5。

当脚踏变光开关处于远光位置(图示实线位置)，若迎面无来车，PC_1 呈高阻态，a 点呈低电位，VT_1 截止，VT_2 截止，VT_3 导通，VT_4 截止，VT_5 也由于基极电位提高而处于截止状态。继电器 K 线圈无电流，常闭触点接通远光灯。当迎面有来车时，来车灯光照射到 PC_1 上。使 PC_1 阻值迅速下降，a 点电位迅速提高，VT_1 导通，VT_2 也随之导通，VT_3 截止，VT_4、VT_5 导通，继电器 K 线圈得电，常开触点闭合而接通近光灯。如果迎面来车的前照灯也转换到近光灯，光敏电阻 PC_1 接收的光通量减少，但由于此时 VT_6 已处于截止状态而使 R_3 和 R_{11}从 R_2 的并联电路中隔除，从而使 a 点电位仍能使 VT_1 处于导通状态而维持近光。只有当迎面来车驶过而 PC_1 无光照射而呈高阻态时，VT_1 才截止，VT_5 也随之截止，继电器 K 线圈失电，常闭触点闭合而恢复远光。

当驾驶员将脚踏变光开关处于近光位置时，继电器 K 的线圈直接从蓄电池得电使常开触点闭合而接通近光灯。而与 PC_1 上有无光照射无关。由此可见，自动变光电路发生故障时，驾驶员仍可通过脚踏变光开关操作远光或近光，丧失的只是自动从远光变近光和由近光变远光的能力。

5.1.3 其他照明灯

1. 雾灯

雾灯是在有雾、下雪、暴雨和尘埃弥漫时有效地照明道路和提供信号的灯具，结构与前照灯相似，灯泡为单丝，发光一般为黄色，其安装位置大多比前照灯低，大约离地50cm，装在保险杠上面或下面。

2. 牌照灯和倒车灯

牌照灯是用于照亮汽车后牌照的灯具，发光为白色。

倒车灯是汽车倒车时为观察后方障碍物和指示倒车信号而设置的灯具，由倒车灯开关控制。一般汽车倒车灯开关置于变速器上，挂倒挡时，此开关接通。

3. 内部照明灯

内部照明灯包括顶灯、仪表照明灯等。

(1) 顶灯：装在车厢或驾驶室内顶部，作为内部照明之用。

(2)仪表照明灯：装在仪表板上，用来照明仪表。

(3) 工作灯：为了便于夜间检修，设有工作灯，经插座与电源相接。有的在发动机罩下面还装有发动机检修灯，其作用与工作灯相同。

(4) 其他辅助灯：包括阅读灯、工具箱灯等。

4. 光纤照明

在只需要微弱光线且不便安装灯泡的地方如仪表板表面、烟灰盒、门锁孔等处，往往可采用光纤照明。

光纤照明是一种远距离传输光线的装置，它以普通车用灯泡为光源，让光线通过光导纤维传到末端，发出微光，照亮一定范围。

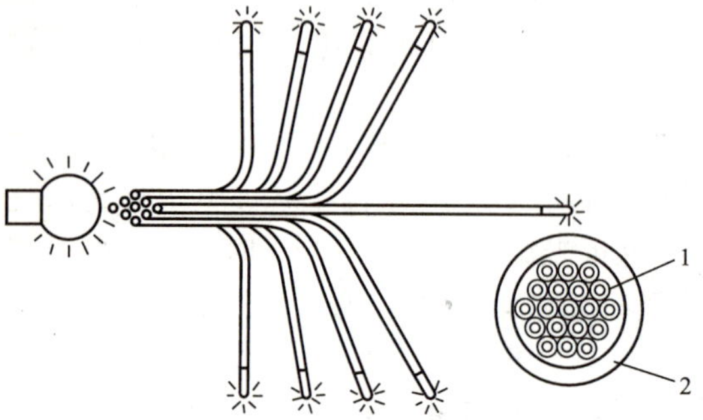

图 5.9　光纤照明

1—光导纤维；2—套管

光导纤维由有机玻璃丝制成，它的外部包有具隔光作用的透明的聚合物质，当灯泡产生的光线通过光导纤维时，在其内部经多次反射、折射而传到末端。多根光导纤维合在一起就组成了光缆，如图 5.9 所示。光缆外部包有不透明的套管。

光缆可以任意弯曲或扭转，而不影响光线的传输，并且增加光导纤维的数量就可以增加光缆输出端的亮度，故在无法安装灯泡的地方已得到广泛应用。

5.2　信号系统

5.2.1　信号灯

汽车上通常有 3 种主要的信号灯，即转向灯、制动灯和倒车灯。

1. 转向灯

汽车转向信号灯的作用是在汽车转弯时，车外的转向信号灯和仪表板上的指示灯同时发出闪光信号，以提醒其他车辆及行人和司机本人，表明汽车向左或向右转向行驶。其灯光信号采用闪烁的方式，以引起交警、行人及其他车辆驾驶员的注意，提高车辆的行驶安全性。转向信号灯还兼有危险报警信号灯的作用，如遇危险情况，前后左右 4 个转向信号灯同时闪烁，作为危险报警信号。

转向灯包括转向信号灯、转向指示灯和闪光器。一般来说，转向和报警都采用同一闪光器，用不同开关进行控制。

1）转向信号灯

转向信号灯是当汽车转向时，通过闪光器使位于驾驶室外的、左侧或右侧的前后转向信号灯闪烁发光，从而向周围车辆或行人发出转向信号的灯具。

2）转向指示灯

转向指示灯安装在驾驶室内仪表板上，是标志汽车转向并为驾驶员提示转向灯正在工作的灯具。与转向信号灯并联，并一起工作。

3）闪光器

闪光器是控制转向信号灯闪烁频率的装置。闪光器按结构和工作原理的不同，可分为热丝式、电容式、翼片式和电子式等多种。热丝式闪光器结构简单，制造成本低，但闪光频率不稳定，使用寿命短、信号灯的亮暗不够明显，且不能兼作危险报警闪光器，今后将趋于淘汰，但目前我国仍广泛使用。而电容式和电子式闪光器，由于工作频率稳定，灯光亮暗明显，且可兼作危险报警闪光器，还可在电路中增加少量元件，对闪光灯灯泡损坏情况做出监视信号，因此目前正大力推广使用。

(1) 热丝式闪光器。图5.10为热丝式闪光器的结构和工作原理图。

当转向开关未接通时，活动触点4在镍铬丝5的拉力下，与固定触点3分开。当汽车转弯前，接通转向开关12，则电流便从蓄电池正极→接线柱9→活动触点臂→镍铬丝5→附加电阻8→转向开关12→相应的转向信号灯和转向指示灯→搭铁→蓄电池负极，形成回路。此时，由于附加电阻8和镍铬丝5串入电路中，电流较小，故转向信号灯和指示灯的灯光较暗。经过较短时间后，镍铬丝受热膨胀而伸长，使触点3、4闭合，此时电流从蓄电池正极→接线柱9→活动触点臂→闭合触点3、4→线圈2→转向开关12→转向信号灯和转向指示灯→搭铁→蓄电池负极，形成回路。由于附加电阻8及镍铬丝5被短路隔除，而线圈2中有电流通过，产生电磁力，使触点3、4闭合更为紧密，线路中电阻小，电流大，故转向信号灯及指示灯灯光较亮。与此同时，镍铬丝被短路隔除，逐渐冷却而收缩，触点3、4又打开，附加电阻8及镍铬丝又串入电路，灯光又变暗，如此反复，从而使转向信号灯及指示灯一明一暗地不停闪烁，直至关断转向开关。我国规定闪烁频率为90±30次/min。当频率过高或过低时，可扳动调节片6，改变镍铬丝5的拉力，以及触点间隙进行调整。

(2) 电容式闪光器。电容式闪光器的结构与工作原理如图5.11所示。它主要是由一个继电器和一个电容器组成。在继电器的铁芯6上绕有串联线圈3和并联线圈4，电容器7采用大容量的电解电容器(约1500μF)，电容式闪光器是利用电容器充、放电延时特性，使继电器的两个线圈产生的电磁吸力时而相加，时而相减，继电器便产生周期的开关动作，从而使转向信号灯闪烁。其工作原理如下。

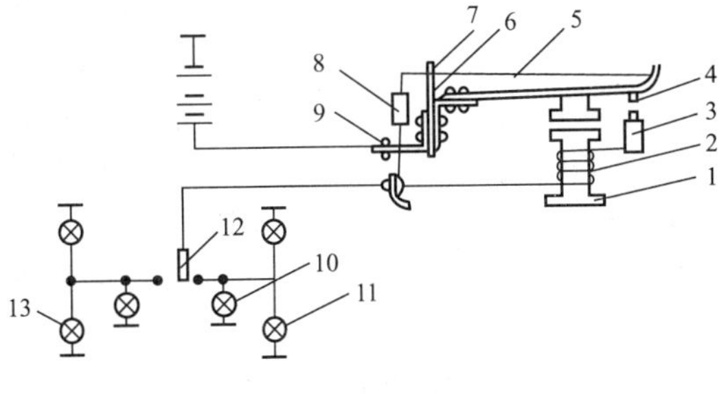

图5.10 热丝式闪光器

1—铁芯；2—线圈；3—固定触点；4—活动触点；5—镍铬丝；6—调节片；7—玻璃球；8—附加电阻；9—接线柱；10—转向指示灯；11—后转向灯；12—转向开关；13—前转向灯

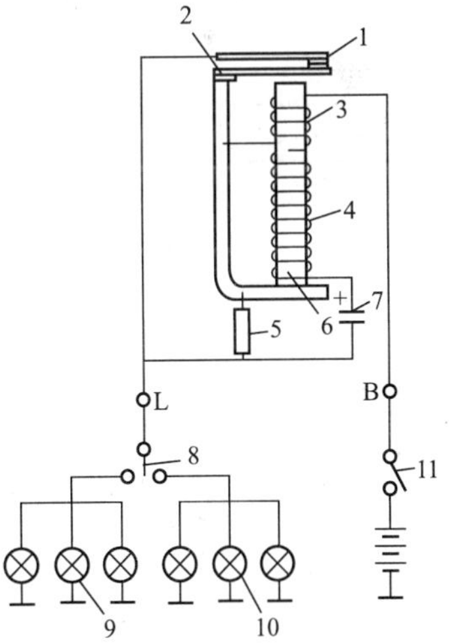

图5.11 电容式闪光器

1—触点；2—弹簧片；3—串联线圈；4—并联线圈；5—灭弧电阻；6—铁芯；7—电解电容器；8—转向灯开关；9—左转向信号灯和指示灯；10—右转向信号灯和指示灯；11—电源开关

当汽车向左转弯时，接通转向灯开关 8，左转向信号灯 9 就被串入电路中，电流从蓄电池正极→电源开关 11→接线柱 B→串联线圈 3→常闭触点 1→接线柱 L→转向灯开关 8→左转向信号灯和指示灯 9→搭铁→蓄电池负极，形成回路。此时并联线圈 4、电容器 7 及电阻 5 被触点 1 短路，而电流通过线圈 3 产生的电磁吸力大于弹簧片 2 的作用力，触点 1 迅速被打开，转向信号灯及转向指示灯的灯光处于暗的状态(转向信号灯和指示灯尚未来得及亮)。

触点 1 打开后，蓄电池向电容器 7 充电，其充电电流由蓄电池正极→电源开关 11→接线柱 B→串联线圈 3→并联线圈 4→电容器 7→接线柱 L→转向灯开关 8→左转向信号灯和指示灯 9→搭铁→蓄电池负极，形成回路。由于线圈 4 电阻较大，充电电流很小，不足以使转向信号灯亮，则转向信号灯仍处于暗的状态。同时充电电流通过串联线圈 3 和并联线圈 4 所产生的电磁吸力方向相同，使触点继续打开。随着电容器的充电，电容器两端的电压逐渐升高，其充电电流逐渐减小，串联线圈 3 和并联线圈 4 的电磁吸力减小，使触点 1 重又闭合。

触点 1 闭合后，转向信号灯和指示灯处于亮的状态，此时电流由蓄电池正极经接线柱 B、串联线圈 3、常闭触点 1、接线柱 L、转向灯开关 8、左转向信号灯和指示灯 9，回到蓄电池负极。

与此同时，电容器通过线圈 4 和触点 1 放电，其放电电流通过线圈 4 时产生的磁场方向与线圈 3 相反，所产生的电磁吸力减小，故触点仍保持闭合，左转向信号灯和指示灯 9 继续发亮。随着电容器的放电，电容器两端电压逐渐下降，其放电电流减小，则线圈 4 的退磁作用减弱，串联线圈 3 的电磁吸力增强，触点 1 重又打开，灯变暗。如此反复，继电器的触点不断开闭，使转向信号灯和指示灯发出闪烁。灭弧电阻 5 与触点 1 并联，用来减小触点火花。

(3) 翼片式闪光器。翼片式闪光器是利用电流的热效应，以热胀条的热胀冷缩为动力，使叶片产生突变动作，接通和断开触点，使转向信号灯闪烁。根据热胀条受热情况的不同，可分为直热式和旁热式两种。

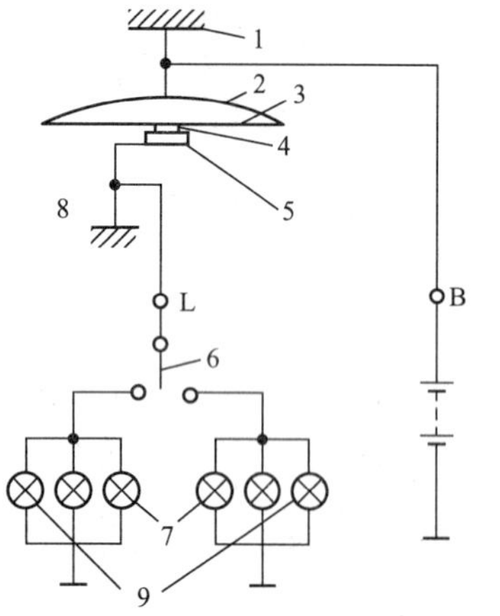

图 5.12　直热翼片式闪光器

1、8—支架；2—叶片；3—热胀条；4—动触点；5 静触点；6—转向开关；7—转向指示灯；9—转向信号灯

直热翼片式闪光器的结构与工作原理如图 5.12 所示。它主要由叶片 2、热胀条 3、动触点 4、静触点 5 及支架 1、8 等组成。叶片 2 为弹性钢片，平时靠热胀条 3 绷紧成弓形。热胀条由膨胀系数较大的合金钢带制成，在其中间焊有动触点 4，在动触点 4 的对面安装有静触点 5，整个弹跳组件被焊在支架 1 上，支架的另一端伸出底板外部作为接线柱 B。静触点 5 焊在支架 8 上，支架 8 伸出底板外部作为另一接线柱 L。热胀条 3 在冷态时，使触点 4、5 闭合。

汽车转向时，接通转向灯开关 6，蓄电池即向转向信号灯供电，电流由蓄电池正极→接线柱 B→支架 1→叶片 2→热胀条 3→动触点 4→静触点 5→支架 8→接线柱 L→转向灯开关 6→转向信号灯 9 和指示灯 7→搭铁→蓄电池负极，形成回路，转向信号灯 9 立即点亮。

这时热胀条3因通过电流而发热伸长，叶片2突然绷直，动触点4和静触点5分开，切断电流，于是转向信号灯9熄灭。当通过转向信号灯的电流被切断后，热胀条开始冷却收缩，又使叶片突然弯成弓形，动触点4和静触点5再次接触，接通电路，转向信号灯再次发光，如此反复，使转向信号灯一亮一暗地不停闪烁，指示车辆的行驶方向，直至切断转向开关。

国产SG124型旁热叶片式闪光器的结构与工作原理如图5.13所示。它的主要功能零件是不锈钢制成的叶片6(也称弹簧片)，叶片上固定有热胀条1，热胀条上绕有电阻丝2，电阻丝的一端与热胀条1相连，另一端与静触点5相连，叶片6靠热胀条1绷紧成弓形。动触点4固定在叶片6上，整个弹跳组件焊在支架7上，由支架伸出底板外部作接线柱B，静触点与接线柱L相连。闪光器不工作时，触点4和5处于分开状态。

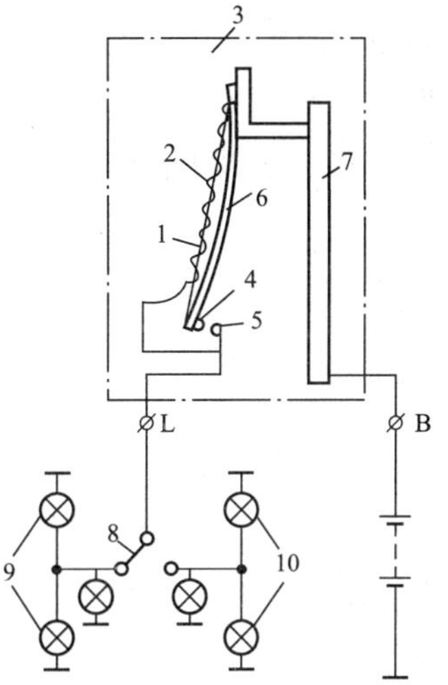

图5.13 SG124型旁热叶片式闪光器

1—热胀条；2—电阻丝；3—闪光器；4—动触点；5—静触点；6—叶片；7—支架；8—转向灯开关；9—左转向信号灯和指示灯；10—右转向信号灯和指示灯

当汽车向左转弯时，接通转向灯开关8，电流由蓄电池正极→接线柱B→支架7→电阻丝2→静触点5→接线柱L→转向灯开关8→左转向信号灯和指示灯9→搭铁→蓄电池负极，构成回路。这时信号灯虽然有电流通过，但由于电阻丝2的电阻较大，电路中电流较小，此时信号灯不亮。同时，电阻丝加热热胀条1，使热胀条受热伸长，于是叶片6依靠自身弹性使触点4与5闭合。电流则从蓄电池正极→接线柱B→支架7→叶片6→动触点4→静触点5→接线柱L→转向灯开关8→左转向信号灯和指示灯9→搭铁→蓄电池负极，形成回路。此时由于电流不再通过电阻丝2，电流增大，转向信号灯和指示灯发亮。同时，因触点4与5闭合，电阻丝被短路，使热胀条1逐渐冷却收缩，拉紧叶片，触点4与5再次分开，如此反复变化，使转向信号灯9一明一暗地不停闪烁，指示车辆的行驶方向，直至切断转向开关。

(4) 电子闪光器。目前汽车使用的电子闪光器种类繁多，但大体可分为有触点和无触点两种类型。有触点电子闪光器仍以继电器触点来控制转向灯闪烁，但继电器线圈电流的通断则由电子电路来控制。

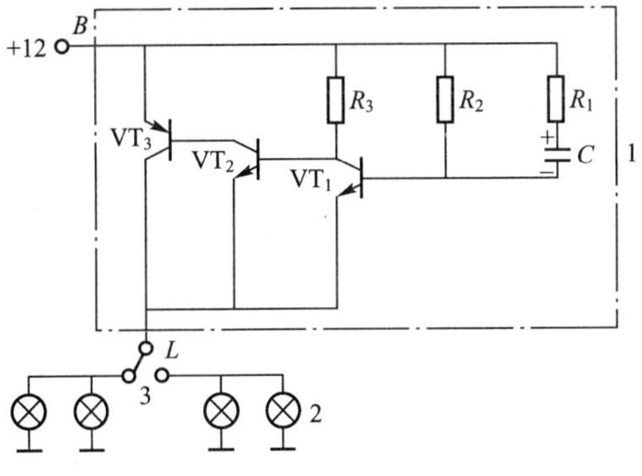

图5.14 国产SG131型无触点闪光器

1—闪光器；2—转向灯；3—转向灯开关

无触点闪光器如图5.14所示，这是国产SG131型无触点闪光器，其工作原理如下：接通转向灯开关，VT_1因有正向偏压而导通，VT_2、VT_3则截止。由于VT_1的集电极电流很小，故转向灯是暗的。此时，电源通过R_1对电容C充电，使得VT_1的基极电位下降，当低于其导通电压时，VT_1截止。VT_1截止后，VT_2通过R_3得到正向偏压而导通。VT_3

也随之导通，转向灯变亮。此时，电容 C 经 R_1、R_2 放电，使 VT_1 的截止保持一段时间，转向灯也保持亮的状态。随着电容 C 放电电流的逐渐减小，VT_1 基极电位开始升高，当达到其正向导通电压时，VT_1 又导通，VT_2、VT_3 又截止，转向灯又变暗。如此循环，使转向灯闪烁。

电子闪光器具有性能稳定和工作可靠的特点，已被现代汽车广泛使用。

3. 制动灯

1）制动信号灯

汽车上采用的第一个信号灯就是制动信号灯，它装在汽车尾部。当汽车进行制动时，制动信号灯亮，给尾随其后的汽车驾驶员发出制动信号，以避免造成追尾事故。

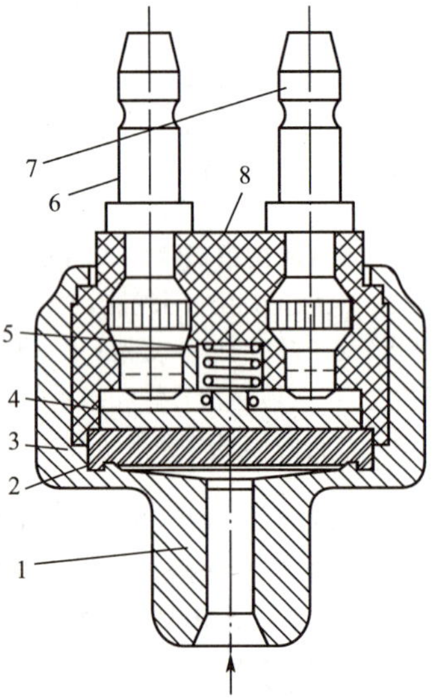

图 5.15　液压式制动信号灯开关

1—管接头；2—膜片；3—壳体；4—动触片；5—弹簧；6、7—接线柱及静触头；8—胶木底座

制动信号灯是与汽车制动系同步工作的，它通常由装在制动系管路中的制动信号灯开关控制。由于汽车有液压制动和气压制动两种方式，因此制动信号灯开关也有液压和气压两种形式。一种是弹簧负载式常开开关，装在制动踏板的后面，当踩下制动踏板时，开关闭合，制动灯亮。另一种是液压或气压式开关，装在制动总泵出口处，当踩下制动踏板，液压管路(或气压管路)中压力增加时，经过开关薄膜的作用，开关闭合，制动灯亮，当释放制动踏板时，管路压力下降，开关又恢复到原来的常开位置。

图 5.15 所示为液压式制动信号灯开关，装在制动总泵的前端。当踩下制动踏板时，制动系中油液压力增大，膜片 2 向上拱曲，克服弹簧 5 的作用力使动触片 4 接通接线柱 6 和 7，制动信号灯通电发亮。松开制动踏板时，油液压力降低，动触片在弹簧 5 的作用下复位，制动信号灯熄灭。

近年来，在一些高档车上还装有高位制动灯，它装在小轿车的后窗中心线的附近。这样，在前后两辆汽车靠得太近时，后面汽车驾驶员就能从高位制动灯的工作状况，知道前面汽车的行驶状况。实践证明，高位制动灯对于防止相撞事故发生，可取得相当好的效果。

2）制动信号灯监视电路

因为制动灯在汽车尾部，信号灯丝的烧断，不易被驾驶员发现，而一旦制动灯丝烧断，在紧急制动时，制动灯不亮，失去了对后面车辆驾驶员的警告作用，很容易发生追尾事故，因此危险性很大。

图 5.16 为制动灯监视电路，用以监视制动灯的工作情况，其工作原理如下。

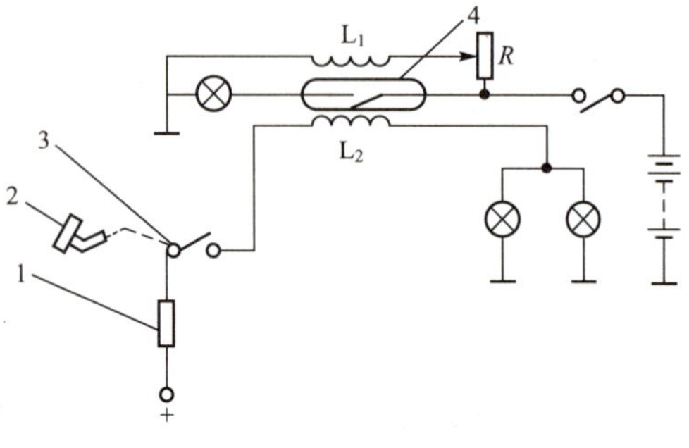

图 5.16　制动信号灯监视电路

1—保险丝；2—制动踏板；3—制动灯开关；4—干簧管继电器

当踩下制动踏板时，电源经保险丝、线圈 L_2 到制动信号灯搭铁成回路，制动灯亮；但流过 L_2 线圈所产生的磁场，还不足以闭合干簧管继电器触点。但在点火开关接通的情况下，经可调电阻 R、L_1 线圈、搭铁成回路，使 L_1 中也产生磁场。这两个磁场叠加时，干簧管继电器触点才闭合，12V 电压加在指示灯上，表示制动灯的工作正常。当一只制动灯损坏时，流过 L_2 的电流减小一半，磁场减弱，干簧管继电器触点不闭合，指示灯不亮，表示制动灯有故障。

监视指示灯的灵敏度可一次调整好，踩下制动踏板时，制动灯开关接通，调整可调电阻 R，直到干簧管触点闭合为止。为了模拟故障，可将一个制动灯拆下，这时，再踩下制动踏板时，指示灯应不亮。

在制动灯电路中，短路的情况比较少见，由于制动灯电路有保险丝，当短路时，保险丝烧断，这时，踩下制动踏板时，指示灯也不亮。

3）制动指示灯

近年来，一些汽车上出现了制动指示灯，该指示灯指示出制动系统可能出现的两种情况。

(1) 点火开关已接通，而手制动器仍停放在制动位置。

(2) 双管路制动系统中任一管路失效。

图 5.17 为其结构示意图。指示灯通过两个并联的开关与点火开关串联。当手制动器处于制动位置时，若接通点火开关，则指示灯亮(通常用自闪灯)，提醒驾驶员在挂挡起步之前，松开手制动器，当松开手制动后，指示灯即熄灭。

双管路制动总泵两管路之间并联一个差压开关。当两管路制动正常时，活塞处于由平衡弹簧控制的中间位置，指示灯不亮。但任一管路失效后，其管路压力下降，当压差达到 1000kPa 以上时，活塞向一边偏移，接通触点，指示灯亮，以示警告。

图 5.18 为气制动系统低压指示灯开关。它装在制动系贮气筒或制动阀压缩空气输入管路中，当电源接通后，制动系气压下降到 35～38kPa 时，由于膜片 4 上的压力减小，于

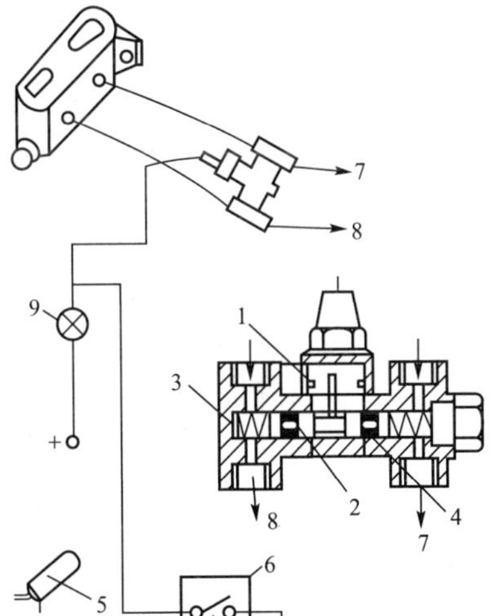

图 5.17　制动指示灯系统

1—触点；2—活塞；3—平衡弹簧；4—密封；
5—手制动手柄；6—手制动开关；
7、8—制动管路；9—指示灯

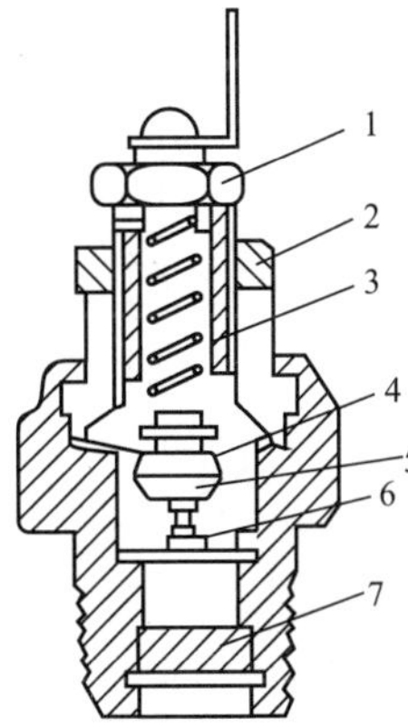

图 5.18　低气压指示灯开关

1—调整螺钉；2—锁紧螺母；3—弹簧；
4—膜片；5—动触点；6—固定
触点；7—滤网

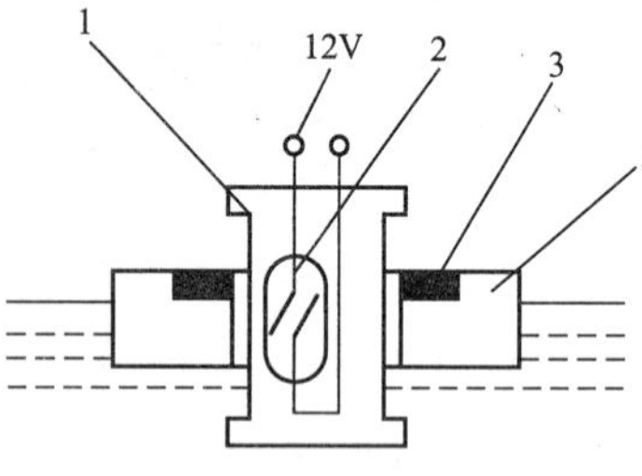

图 5.19　制动液面传感器

1—外壳；2—干簧管；3—永久磁铁；4—浮子

是在回位弹簧 3 的作用下，触点闭合，电路接通，指示灯亮，以示警告。

4)制动液面警告灯

制动液面警告灯的传感器装在制动液贮液罐中，如图 5.19 所示。外壳 1 内装有干簧管继电器，接线柱与液面指示灯相连，浮子 4 上固定着永久磁铁；当浮子随着制动液面下降到规定值时，永久磁铁 3 使干簧管触点闭合，接通指示灯，发出警告；当制动液面上升时，浮子上升，吸力减弱，干簧管触点靠自身弹力张开，指示灯熄灭。

5）制动蹄片磨损警告灯

制动蹄片磨损警告灯的作用是当制动摩擦片磨损到使用极限厚度时点亮，发出报警信号。图 5.20 所示为监测装置两种结构形式的原理图。

图 5.20(a)所示的装置是将一个金属触点埋在摩擦片内部。当摩擦片磨损至使用极限厚度时，金属触点就会与制动盘(或制动鼓)接触而使警告灯与搭铁接通，仪表板上的警告灯 3 便会亮起，以示警告。

图 5.20(b)所示的装置则是将一段导线埋设在摩擦片内部，该导线与电子控制装置 8 相连。当接通点火开关后，电子控制装置 8 便向摩擦片内埋设的导线通电数秒钟进行检查，如果摩擦片已磨损到使用极限厚度，并且埋设的导线已被磨断，电子控制装置则使警告灯 9 亮起，以示制动摩擦片需要更换。

3. 倒车灯

汽车倒车时，为了警告车后行人和车辆驾驶员，在汽车后部常装有倒车灯和倒车报警器，它们均由装在变速器盖上的倒车灯开关自动控制。倒车灯开关结构如图 5.21 所示。当把变速杆拨到倒挡位置时，倒车灯开关中的钢球 9 被松开，在弹簧 5 的作用下，膜片 7

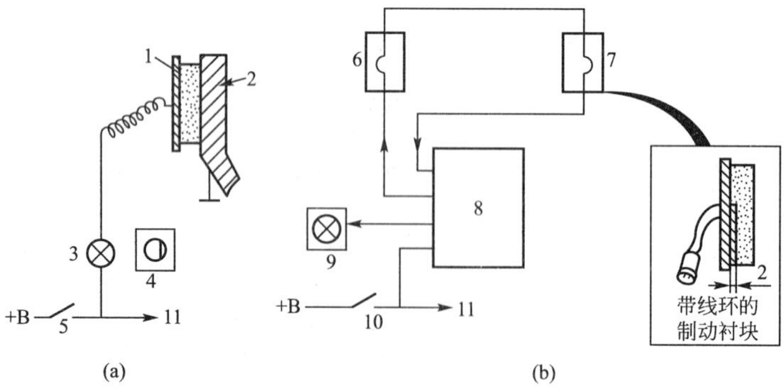

图 5.20　制动蹄片磨损警告装置

1—摩擦片衬块；2—制动盘；3、9—警告灯；4—警告灯图像标志；5、10—点火开关；6、7—摩擦片；8—电子控制装置；11—接点火系统

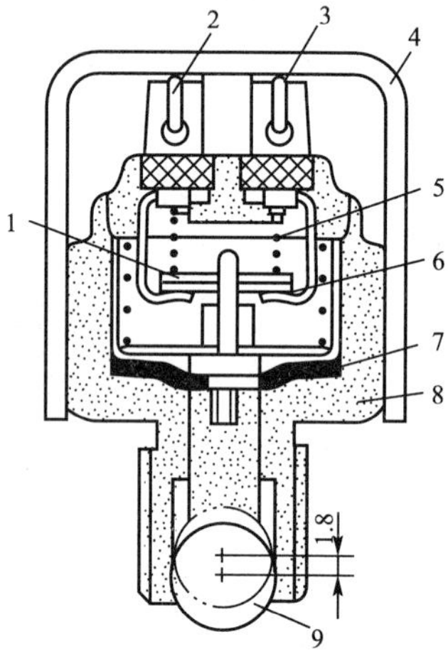

图 5.21　倒车灯开关

1—金属盘；2、3 导线；4—保护罩；5—弹簧；6—触点；7—膜片；8—壳体；9—钢球

和金属盘1也向下移动，使触点6闭合，于是倒车灯、倒车报警器便与电源接通。

如图5.22所示为装有倒车报警器的倒车灯电路，当倒车灯开关闭合后，一方面倒车灯亮，另一方面倒车报警器也通电，由于继电器线圈 L_1 和 L_2 中的电流大小相等方向相反，线圈电磁力抵消，继电器触点4保持闭合，所以倒车报警器喇叭5有声响。随着电容器6被 L_2 中的电流充电，两端电压逐渐升高，L_2 中的电流逐渐减小，当电流减小到一定程度时，两线圈电磁力差值就能克服触点的弹簧力吸开触点4，使电路断开，喇叭5便停止发声。触点4打开后电容器6向两线圈放电，使触点继续断开。随着电容器的放电，其电压下降，两线圈电磁力差值变小，触点4又闭合，喇叭又通电鸣响。如此反复，触点时闭时开，倒车报警器便发出断续的鸣叫声。

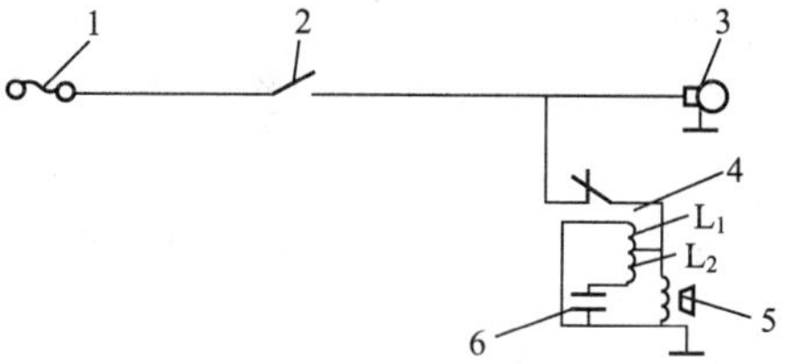

图5.22 倒车报警器电路

1—熔断器；2—倒车灯开关；3—倒车灯；4—继电器触点；5—喇叭；6—电容器

5.2.2 其他指示灯及报警系统

在现代汽车上，指示灯与蜂鸣器辅助仪表一起工作，它主要用来指示汽车的一些参数的极限情况或非正常工况，如冷却液温度、机油压力、充放电状况、燃油液位及制动管路失效等。由于它指示的是极限或非正常工况，故信号灯必须很容易引起驾驶员的注意，因此报警灯颜色一般为红色。

现代汽车为了保证行车安全和提高车辆的可靠性，安装了许多报警装置，如在机油压力过低、燃油储存量过少以及当汽车制动液液面高度不足时便发出报警信号。报警装置一般均由传感器和红色报警灯组成。

1. *冷却液温度指示灯*

冷却液温度指示灯主要是当冷却水温度不正常时发出灯光信号，以示警告。

其传感器与水温传感器相似，由双金属片作为温度敏感元件。双金属片式的冷却液温度指示系统如图5.23所示，图5.23(a)所示为单触点式。图5.23(b)所示为双触点式，它是在单触点式的基础上加以改进的指示灯系统。

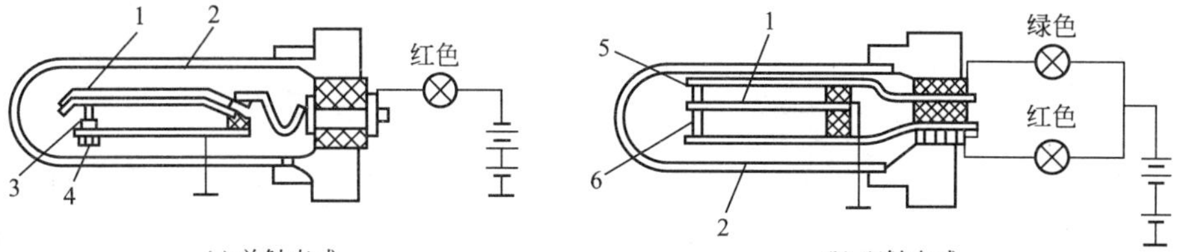

图5.23 温度指示灯

1—双金属片；2—壳体；3—动触点；4—静触点；5—冷触点；6—热触点

当冷却水温升高到90～95℃时，双金属片1向静触点4方向弯曲，使两触点接触，红色警告灯亮，如图5.23(a)所示。图5.23(b)是双触点式指示灯系统，它的双金属片开关是一单刀双掷动作，当水温低于60℃时，开关电路经绿色指示灯搭铁，绿色指示灯亮。向驾驶员提供发动机过冷的警告，使驾驶员不至于突然加速。随着冷却液温度的升高，双金属开关臂脱离冷触点，处于冷和热触点之间的某一位置。当发动机水温超过 95℃时，双金属片向热触点方向弯曲，与热触点闭合，红色指示灯亮，表示发动机过热。

2. 机油压力指示灯

在现代多数汽车上，除机油压力表之外，还配有一个红色指示灯，用来指示机油压力低于安全值的情况，即当机油压力降到规定值以下时，仪表板上的报警灯点亮，以引起驾驶员注意。图 5.24 所示为薄膜式机油压力指示灯原理。当机油压力正常时，机油压力推动薄膜向上拱曲，推杆将触点打开，指示灯不亮；当机油压力过低时，薄膜在弹簧压力作用下触点闭合，红色指示灯亮，以示警告。

图 5.25 所示为弹簧管式机油压力报警灯原理图，它由装在发动机主油道的弹簧管式传感器和装在仪表板上的红色警报灯组成。其传感器内管型弹簧 4 的一端经管接头 1 与发动机主油道相连，另一端与动触点 2 相连，静触点 3 经接触片与接线柱 5 相连。当电源开关闭合后，机油压力低于 50～90kPa 时，管型弹簧 4 变形很小，触点闭合，电路接通，警报灯发亮，表示油压过低；当油压超过此值时，管型弹簧 4 产生的变形较大，使触点分开，电路切断，警报灯熄灭。

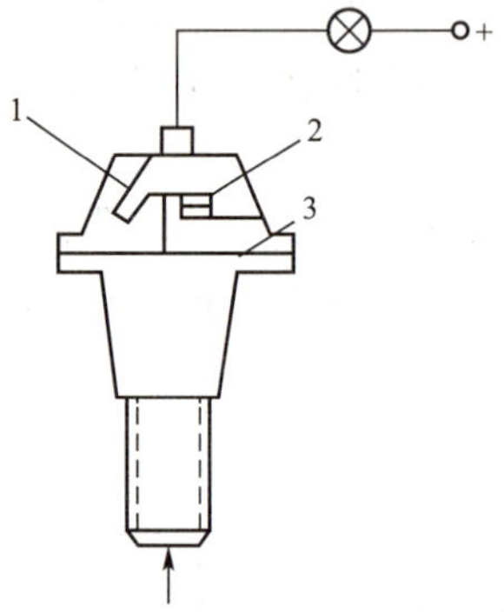

图 5.24　机油压力指示灯

1—弹簧片；2—触点开关；3—薄膜

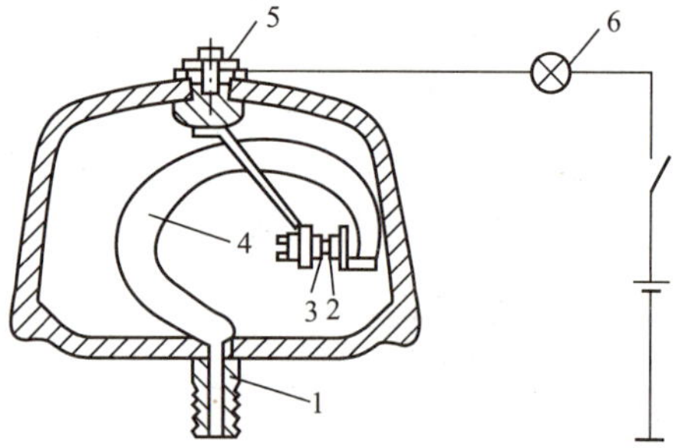

图 5.25　弹簧管式机油压力报警灯

1—管接头；2—动触点；3—静触点；4—管型弹簧；5—接线柱；6—警报灯

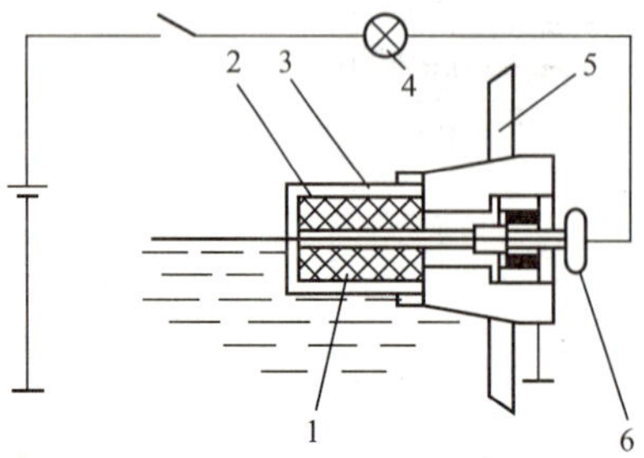

图 5.26　热敏电阻式燃油液位报警灯

1—热敏电阻；2—防爆金属丝网；3—外壳；4—报警灯；5—油箱外壳；6—接线柱

3. 燃油低液位报警灯

燃油低液位报警灯的作用是当燃油箱液位降到规定值以下时，仪表板上的燃油量报警灯点亮，以引起驾驶员注意。图 5.26 所示为热敏电阻式燃油液位报警灯。当燃油箱油液存量多时，热敏电阻元件浸在燃油中散热快，其温度较低，电阻值大，所以电路中电流很小，指示灯不亮。当燃油减少到规定值以下时，热敏电阻露出油面，散热慢，温度升高，电阻值减小，电路中电流增大，指示灯即亮，以示警告。

4. 空气滤清器报警灯

空气滤清器报警装置的作用是当空气滤清器滤芯发生堵塞时，报警灯亮。该装置由负压开关传感器和报警指示灯组成，如图 5.27 所示。

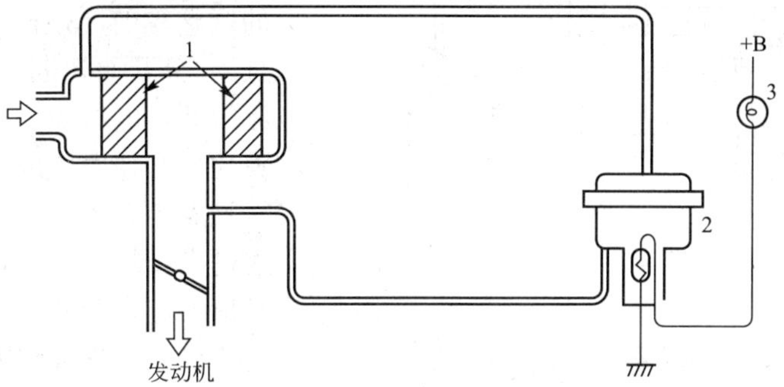

图 5.27 空气滤清器报警装置

1—滤芯；2—负压传感器；3—报警灯

负压传感器内部有一膜片将负压传感器分成上下两个气室，分别由连通管与空气滤清器滤芯的内外侧相通。当两气室气压不相等时，其压力差使膜片移动，带动与之相连的磁铁一起移动。如果上、下两气室的压力差达到某一设定值，膜片的移动将磁铁带动至舌簧开关处，磁铁就会将舌簧开关吸合(接通电路)。

当滤芯未发生堵塞时，负压传感器上、下气室间压力差小，膜片及磁铁的移动量小，舌簧开关处于断开状态。当滤芯堵塞后，负压传感器上、下气室间的压力差增大，膜片及磁铁移动量增大，磁铁使舌簧开关闭合，接通报警灯电路，使其发光报警。

5.2.3 汽车喇叭

汽车上都装有喇叭，用喇叭声音来提示行人和其他车辆，以保证行车安全。

喇叭按发音动力有气喇叭和电喇叭之分；按外形有螺旋形、筒形、盆形之分；按声频有高音和低音之分；按接线方式有单线制和双线制之分。

气喇叭是利用气流使金属膜片振动产生音响，外形一般为筒形，多用在具有空气制动装置的重型载重汽车上。电喇叭是利用电磁力使金属膜片振动产生音响，其声音悦耳，广泛使用于各种类型的汽车上。

电喇叭按有无触点可分为普通电喇叭和电子电喇叭。普通电喇叭主要是靠触点的闭合和断开控制电磁线圈激励膜片振动而产生音响的；电子电喇叭中无触点，它是利用晶体管电路激励膜片振动产生音响的。

在中小型汽车上，由于安装的位置限制，多采用螺旋形和盆形电喇叭。盆形电喇叭具有体积小、重量轻、噪声小等优点。

1. 普通电喇叭

1) 筒形、螺旋形电喇叭

筒形、螺旋形电喇叭的构造如图 5.28 所示。其主要机件由山形铁芯 5、线圈 11、衔铁 10、膜片 3、共鸣板 2、喇叭筒 1、触点 16 以及电容器 17 等组成。膜片 3 和共鸣板 2 借中心杆 15 与衔铁 10、调整螺钉 13、锁紧螺母 14 连成一体。

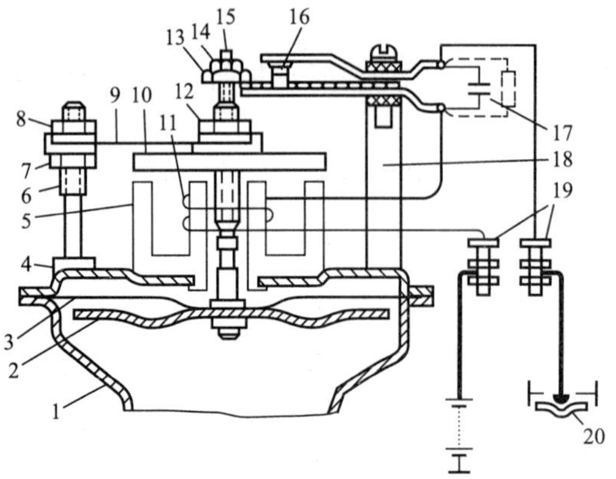

图 5.28　筒形、螺旋形电喇叭

1—喇叭筒；2—共鸣板；3—膜片；4—底板；5—山形铁心；6—接线螺柱；7、13—调整螺钉；8、14—锁紧螺母；9—弹簧片；10—衔铁；11—线圈；12—锁紧螺母；15—中心杆；16—触点；17—电容器；18—导线；19—接线柱；20—按钮

当按下按钮时，电流由蓄电池正极→线圈 11→触点 16→按钮 20→搭铁→蓄电池负极。当电流通过线圈 11 时，产生电磁吸力，吸下衔铁 10，中心杆上的调整螺钉 13 压下活动触点臂，使触点 16 分开而切断电路。此时线圈 11 电流中断，电磁吸力消失，在弹簧片 9 和膜片 3 的弹力作用下，衔铁又返回原位，触点闭合，电路重又接通。此后，上述过程反复进行，膜片不断振动，从而发出一定音调的音波，由喇叭筒 1 加强后传出。共鸣板与膜片刚性连接，在振动时发出陪音，使声音更加悦耳。

为了减小触点火花，保护触点，在触点 16 间并联了一个电容器(或消弧电阻)。

2）盆形电喇叭

盆形电喇叭的工作原理与上述相同，其结构如图 5.29 所示。电磁铁采用螺管式结构，铁芯 9 上绕有线圈 2，上、下铁芯间的气隙在线圈 2 中间，所以能产生较大的吸力。它无喇叭筒，而是将上铁芯 3、膜片 4 和共鸣板 5 固装在中心轴上。当电路接通时，线圈 2 产生吸力，上铁芯 3 被吸下与下铁芯 1 碰撞，产生较低的基本频率，并激励与膜片一体的共鸣板 5 产生共鸣，从而发出比基本频率强得多，且分布又比较集中的谐音。

为了保护触点，在触点 7 之间同样也并联了一只电容器(或消弧电阻)。

2. 电子电喇叭

图 5.30 为盆形电子电喇叭的结构，其电路如图 5.31 所示。

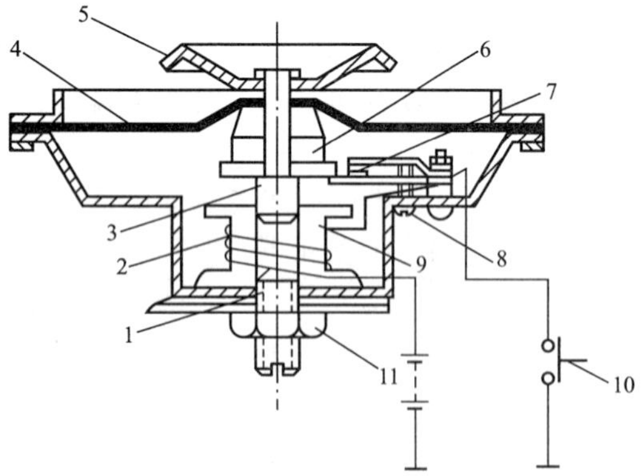

图 5.29　盆形电喇叭

1—下铁芯；2—线圈；3—上铁芯；4—膜片；5—共鸣板；6—衔铁；7—触点；8—调整螺钉；9—铁芯；10—按钮；11—锁紧螺母

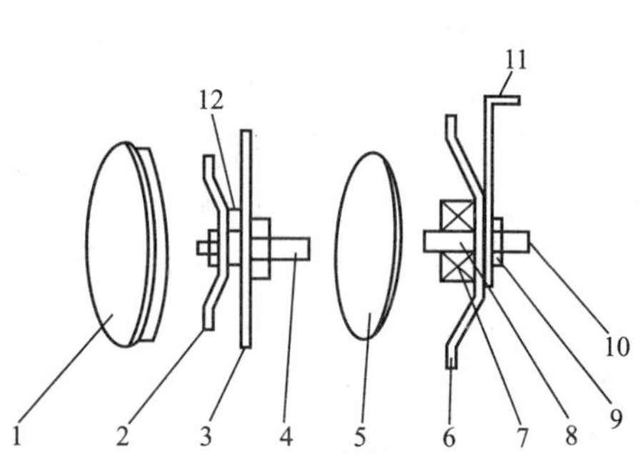

图 5.30　盆形电子电喇叭的结构

1—罩盖；2—共鸣板；3—绝缘膜片；4—上衔铁；5—绝缘垫圈；6—喇叭体；7—线圈；8—下衔铁；9—锁紧螺母；10—调节螺钉；11—托架；12—导线

当喇叭电路接通电源后，由于晶体三极管VT加正向偏压而导通，线圈中便有电流通过，产生电磁力，吸引上衔铁，连同绝缘膜片和共鸣板一起动作，当上衔铁与下衔铁接触而直接搭铁时，三极管VT失去偏压而截止，切断线圈中的电流，电磁力消失，膜片与共鸣板在弹力作用下复位，上、下衔铁又恢复为断开状态，三极管V重又导通，如此周而复始地动作，膜片不断振动便发出响声。

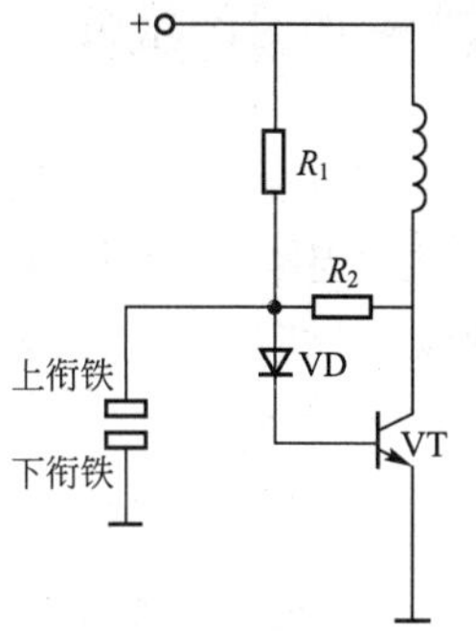

图5.31 WDL－120G型电子电喇叭电路

R1—100Ω；R2—470Ω；VD—2CZ；VT—D478B

3. 喇叭继电器

为了得到更加悦耳的声音，在汽车上常装有两个不同音调(高、低音)的喇叭。其中高音喇叭膜片厚，扬声简短，低音喇叭则相反。有时甚至用3个(高、中、低)不同音调的喇叭，以使喇叭声更加悦耳。

装用单只喇叭时，喇叭电流是直接由按钮控制的，按钮大多装在转向盘的中心。当汽车装用双喇叭时，因为消耗电流较大(15～20A)，用按钮直接控制时，按钮容易烧坏。为了避免这个缺点，采用喇叭继电器，其构造和接线方法如图5.32所示。当按下按钮3时，蓄电池电流便流经线圈2(因线圈电阻很大，所以通过线圈2及按钮3的电流不大)，产生电磁吸力，吸下触点臂1，使触点4闭合接通了喇叭电路。因喇叭的大电流不再经过按钮，从而保护了喇叭按钮。当松开按钮时，线圈2内电流被切断，磁力消失，触点在弹簧力作用下打开，即可切断喇叭电路，使喇叭停止发音。

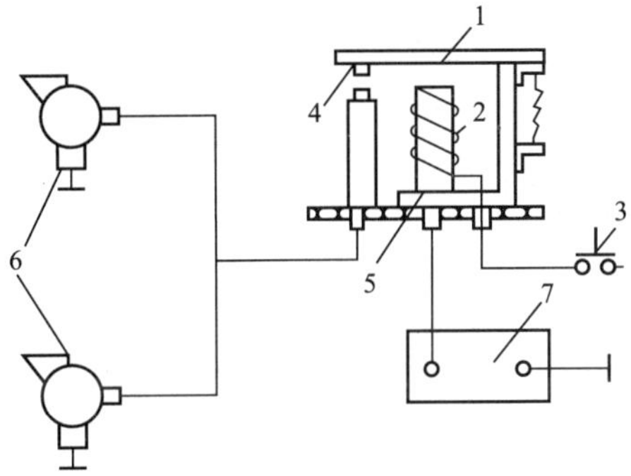

图5.32 喇叭继电器

1—触点臂；2—线圈；3—按钮；4—触点；5—支架；6—喇叭；7—蓄电池；

4. 喇叭的调整

不同形式的电喇叭其构造不完全相同，所以调整方法也不一致，但其原理是基本相同的。喇叭的调整包括音调和音量的调整。

1) 喇叭音调的调整

减小衔铁与铁芯间的间隙，可以提高音调。为此，可先旋松锁紧螺母8和12(图5.28)，再旋松调整螺钉7，并转动衔铁10，减小衔铁与铁芯间的间隙；反之增大间隙，则音调降低。衔铁与铁芯的间隙一般为0.5～1.5mm，间隙太小会发生碰撞，太大则会吸不动衔铁。

调整时铁芯要平整，铁芯与衔铁四周的间隙要均匀，否则会产生杂音。

盆形电喇叭的调整方法是先松开锁紧螺母11(图5.29)，再旋转下铁芯，改变其上、下铁芯间的间隙即可调整音调的高低。

2) 喇叭音量的调整

电喇叭音量的大小与通过喇叭线圈中的电流大小有关。需增大音量时，可先松开锁紧螺母14 (图5.28)，再旋松调整螺钉13，使触点的压力增大。由于触点的接触电阻减小，触点闭合的时间增长，通过线圈的电流增大，所以音量也相应增大；反之喇叭音量就减小。

额定电压为12V时，通过触点的电流一般为7.5A(双音喇叭为15A)。

盆形电喇叭音量的调整是通过旋转调整螺钉8来改变触点7的接触压力(图5.29)，即可改变音量的大小。此外喇叭触点应保持清洁，其接触面积不应低于80%。如果有严重烧蚀应及时进行检修。

5. 电喇叭的维护与保养

(1) 经常保持喇叭外表清洁，各接线要牢固。

(2) 经常检查、紧固喇叭和支架的固定螺钉，保证其搭铁可靠。

(3) 喇叭的固定方法对其发音影响较大。为了使喇叭的声音正常，喇叭不能作刚性安装，而应固定在缓冲支架上，即在喇叭与固定支架之间要装有片状弹簧或橡皮垫。

(4) 经常检查发电机输出电压。电压过高会烧坏喇叭触点，过低(低于喇叭的额定电压)喇叭将发出异常声音。

(5) 洗车时，不能用水直接冲洗喇叭筒，以免水进入喇叭筒而使喇叭不响。

(6) 在检修喇叭时，应注意各金属垫和绝缘垫的位置，不可装错。

(7) 喇叭连续发音不得超过10s，以免损坏喇叭。

5.3 仪表系统

为了监测发动机的运转状况并了解其主要部分的工作情况，及时发现和排除可能出现的故障，汽车上装有各种检查和测量仪表，如电流表、机油压力表、水温表、燃油表、车速里程表和发动机转速表等。这些仪表除应结构简单、工作可靠、耐振、抗冲击性好外，仪表的指示数还必须准确，在电源电压波动时所引起的变化应尽可能小，且不随周围温度的变化而改变。

5.3.1 机油压力表

机油压力表的功用是指示发动机润滑油压力的高低。它由装在发动机主油道或粗滤器上的机油压力传感器和装在仪表盘上的机油压力指示表组成。传感器的作用是承受油压，使电路中的电流随油压的大小而改变；油压指示表的作用是使指针的偏转角随电路中电流的大小而改变，从而指示出机油压力的大小。

机油压力表有双金属式、电磁式和动磁式3种。双金属式机油压力表是指双金属式油压表配有双金属式传感器，电磁式机油压力表是指电磁式油压表配可变电阻式传感器，动磁式机油压力表是指动磁式油压表配可变电阻式传感器。其中以双金属式机油压力表应用最为广泛。

1. 双金属式机油压力表

双金属式机油压力表的结构如图5.33所示。其双金属式传感器装在发动机机油通道上，其膜片中心顶着弯曲的弹簧片3，一端焊有触点，另一端通过壳体搭铁。双金属片4上绕有加热电阻丝，它一端与双金属片的触点相连，另一端则通过接触片6、接线柱7与油压指示表相连。校正电阻 8 与加热电阻丝并联。油压指示表中的双金属片 11，一端固定在调节齿扇 10 上，另一端与指针 12 相连，其上绕有加热线圈 16。

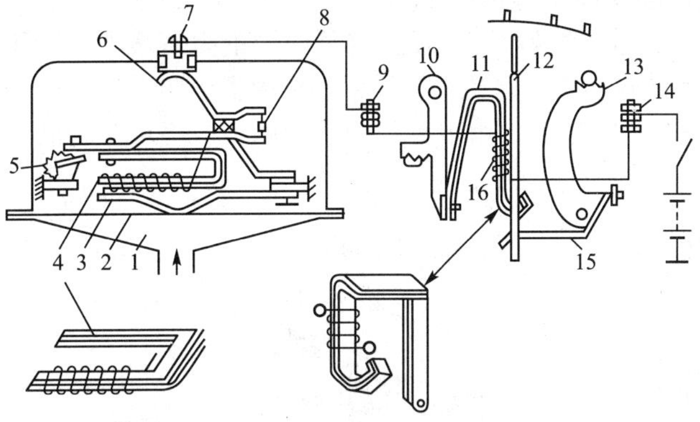

图 5.33　双金属式油压表

1—油腔；2—膜片；3—弹簧片；4—双金属片；5—调节齿轮；6—接触片；7、9、14—接线柱；8—校正电阻；10、13—调节齿扇；11—双金属片；12—指针；15—弹簧片；16—加热线圈

双金属片由两种热膨胀系数不同的金属做成，当加热线圈受热后，由于膨胀系数不同，双金属片受热后将产生弯曲变形。当电源开关接通时，电流由蓄电池正极→点火开关→接线柱 14→加热线圈 16→接线柱 9→传感器接线柱 7→接触片 6→传感器双金属片的加热线圈→触点→弹簧片 3→搭铁→蓄电池负极。由于电流流过双金属片 4 和 11 上的加热线圈，使双金属片受热变形。

如果油压很低时，传感器膜片 2 几乎没有变形，这时触点上压力很小。当电流通过不久而温度略有上升时，双金属片 4 就弯曲，使触点分开，电路即被切断。经过一段时间后，双金属片冷却伸直，触点又闭合，电路又被接通。重复上述过程，触点开闭频率约每分钟 5～20 次。因此，当油压很低时，触点压力小，只要流过加热线圈较小的电流，温度略升高，触点就会分开，这样就会使双金属片触点的闭合时间短，打开时间长，因而电路中电流有效值小，使指示表中双金属片 11 因温度较低而弯曲变形小，指针 12 偏转角度就很小，即指示出较低的油压。

当油压增高时，膜片 2 向上拱曲，触点压力增大，双金属片 4 向上弯曲程度增大。这样只有在双金属片 4 温度较高时，也就是加热线圈通过较长时间的电流后，触点才能分开，而且当触点分开不久，双金属片稍一冷却，触点又很快闭合。因此，当油压高时，触点闭合时间长，断开时间短，而且频率增高。流过双金属片 11 的加热线圈电流平均值加大，变形也增大，指针偏转角度加大，即指示出较高的油压。

为使油压的指示值不受外界温度的影响，双金属片 4 制成“Π”字形，其上绕有加热线圈的一边称为工作臂，另一边称为补偿臂。当外界温度变化时，工作臂的附加变形被补偿臂的相应变形所补偿，使指示表的指示值保持不变。在安装传感器时，必须使传感器壳上的箭头向上，不应偏出垂直位置±30°，使工作臂产生的热气上升时，不致对补偿臂产生影响，造成误差。

2. 电磁式机油压力表

电磁式机油压力表由电磁式油压指示表与可变电阻式油压传感器组成，其结构原理如图 5.34 所示。可变电阻式油压传感器是利用油压大小推动滑臂来改变可变电阻阻值的传感器，当压力升高时，电阻值减小；当压力降低时，电阻值增大。油压指示表中设有两个电磁线圈 W_1、W_2 和铁磁转子，电磁线圈 W_1 与传感器电阻并联。转子上固定指针，称为指针转子，指针转子套装在轴上，由电磁线圈产生的合成磁场驱动而摆动。

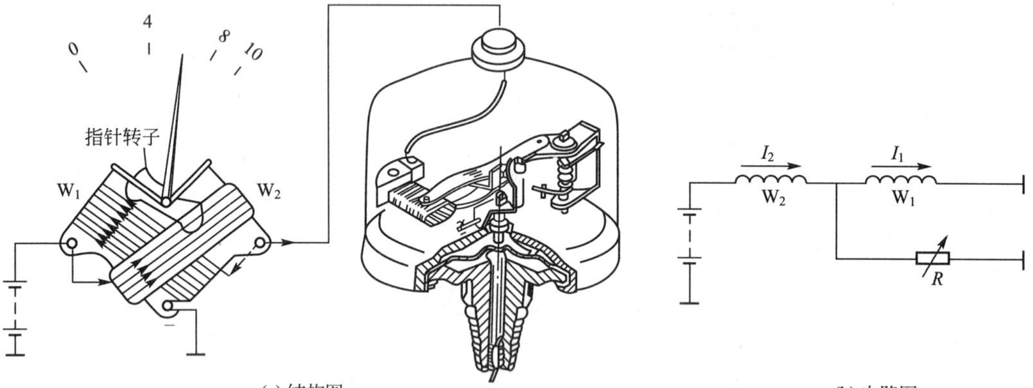

(a) 结构图　　(b) 电路图

图 5.34　电磁式机油压力表

当油压较低时，传感器电阻值较大，电磁线圈 W_2 上的分压值较低，流过线圈 W_2 中的电流相对较小，W_1 中的电流相对较大，两个电磁线圈电流产生的合成磁场驱动转子和指针指向油压较低一边。当油压升高时，传感器电阻值减小，电磁线圈 W_2 上的分压值升高，流过线圈 W_2 中的电流相对增大，线圈 W_1 中的电流相对减小，线圈电流产生的合成磁场驱动转子和指针向油压较高一边偏摆，从而指示油压升高。

电磁式油压表的优点是当电源电压变化时，通过线圈 W_1 和 W_2 的电流成比例地增大或减小，油压指示表指示的油压值不受电源电压变化的影响。

5.3.2　水温表

水温表的标准名称是冷却液温度表，其功用是指示发动机冷却液的工作温度。水温表由安装在发动机冷却水道上的温度传感器和安装在仪表盘上的温度指示表两部分组成。其形式有双金属片式、电磁式、热敏电阻式和动磁式几种。双金属式水温表是指双金属式温度指示表配有双金属式传感器，电磁式水温表是指电磁式温度指示表配热敏电阻式传感器，热敏电阻式水温表是指双金属式温度表配热敏电阻式传感器，动磁式水温表是指动磁式温度指示表配热敏电阻式传感器。其中前两种应用较多。

1. 双金属片式水温表

双金属片式水温表的结构和工作原理与机油压力表基本相同，只是刻度值不一样，如图 5.35 所示。

水温传感器是一个密封的铜质套筒，内装有条形双金属片 2，其上绕有加热线圈，线圈的一端与双金属片的触点相接，另一端通过接触片 3、接线拄 5 与水温表加热线圈串联，

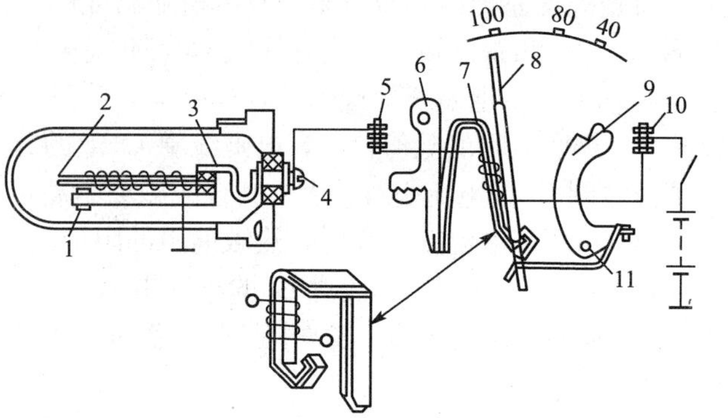

图 5.35 双金属片式水温表

1—固定触点；2—双金属片；3—接触片；4、5、10—接线柱；
6、9—调节齿扇；7—双金属片；8—指针；11—弹簧片

固定触点 1 通过铜质套筒搭铁。其双金属片具有一定的初始压力，当水温升高时，将向上翘曲使触点间的压力减弱。具体工作过程如下。

当点火开关接通时，电流从蓄电池正极→点火开关→指示表双金属片加热线圈→传感器双金属片加热线圈→触点 1→搭铁→蓄电池负极。双金属片 2 经加热线圈加热变形，使触点分离，切断电路；经过一段时间后双金属片冷却伸直，触点重又闭合，电路又被接通，如此反复，电路中形成脉冲电流。该脉冲电流的有效值则取决于水温。

当水温很低时，双金属片 2 经加热变形向上弯曲，触点分开，由于四周温度较低，很快冷却，触点又重新闭合。故流经加热线圈的平均电流大，温度指示表中双金属片 7 变形大，指针指向低温。

当水温增高时，传感器密封套筒内温度也增高，因此，双金属片受热变形后，冷却的速度变慢，所以触点分开时间增长，闭合时间缩短，流经加热线圈的平均电流减小，双金属片 7 变形减小，温度指示表的指针偏转小，指示较高温度。

2. 电磁式水温表

电磁式水温表的结构原理如图 5.36 所示。

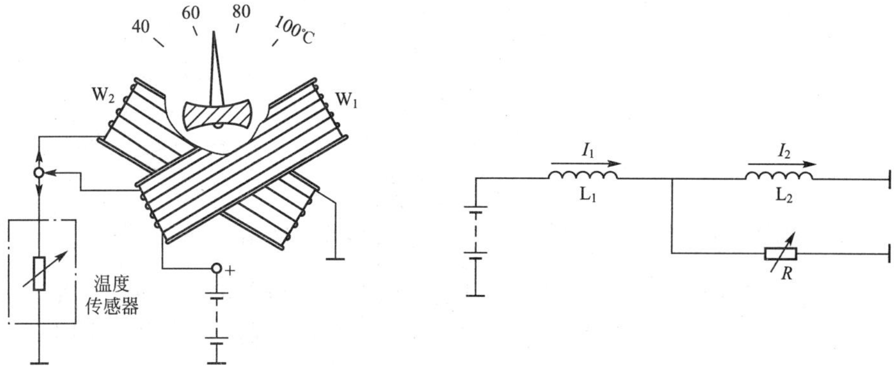

(a) 结构图　　(b) 电路图

图 5.36 电磁式水温表

在温度传感器内装有负温度系数的热敏电阻，其阻值随温度的升高而减小。在温度指示表中有两个电磁线圈 L_1、L_2 和铁磁转子，电磁线圈 L_2 与传感器的热敏电阻并联。铁磁转子上的指针转子套装在轴上，由电磁线圈产生的合成磁场驱动而摆动。

当冷却液温度较低时，热敏电阻的阻值较大，电磁线圈 L_1 上的分压值较低，流过线圈 L_1 的电流相对较小，流过线圈 L_2 的电流相对较大，其合成磁场驱动指针转子向左偏转角度较大，从而指示水温较低。当冷却液温度升高时，热敏电阻的阻值减小，电磁线圈 L_1 上的分压值增大，流过线圈 L_1 的电流相对增大，流过 L_2 的电流相对减小，其合成磁场驱动指针转子向右偏转角度增大，从而指示水温升高。发动机正常工作时，水温一般在 85℃左右。

5.3.3 燃油表

燃油表用来指示燃油箱内储存燃油量的多少，它由装在燃油箱内的传感器和装在仪表板上的燃油指示表组成。燃油表的传感器均为可变电阻式，燃油指示表有双金属片式、电磁式、动磁式等几种。

1. 电磁式燃油表

图 5.37 所示为电磁式燃油表的结构图。其可变电阻式传感器由电阻器、滑片、浮子等组成。浮子漂浮在油面上，随油面的高低而起落，带动滑片使电阻器的阻值随之改变。当油箱内无油时，浮子下降到最低位置，传感器上的电阻器被短路，同时右线圈也被短路；而左线圈在电源电压的作用下，电流达到最大，产生的电磁强度也最大，吸引转子带动指针偏向最左端，指在“0”位上。

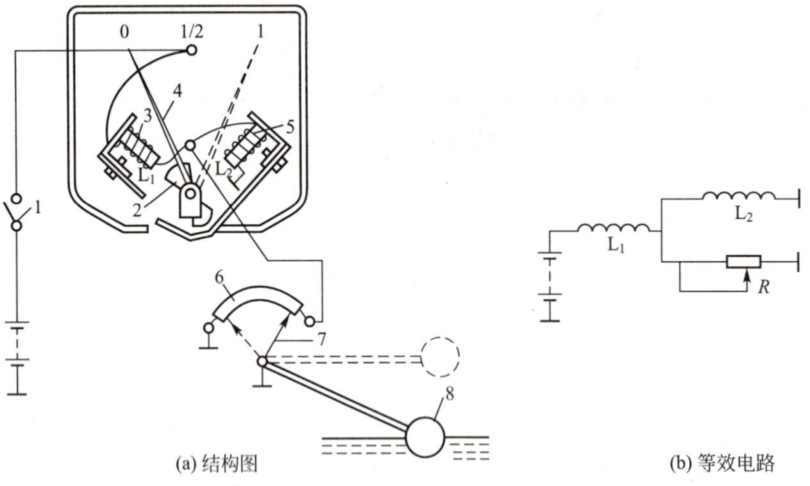

(a) 结构图　　(b) 等效电路

图 5.37　电磁式燃油表

1—电源开关；2—转子；3—左线圈；4—指针；5—右线圈；6—电阻器；7—滑片；8—浮子

电磁式燃油表的指示表中有左右两只铁芯，铁芯上分别绕有左线圈 L_1 和右线圈 L_2，中间置有转子 2，转子上连有指针 4。其中右线圈 L_2 与电阻器并联，左线圈 L_1 与电阻器串联。

电磁式燃油表的工作原理如下：当接通电源后，燃油表中的电流回路是：蓄电池正极→电源开关 1→燃油表接线柱→左线圈 L_1→接线柱↗右线圈 L_2→搭铁→蓄电池负极。

↘接线柱→可变电阻6→滑片7→搭铁→蓄电池负极。

电流通过左线圈 L_1 和右线圈 L_2 时，产生电磁吸力并形成合成磁场，于是，转子2就在合成磁场的作用下转动，使指针指在某一刻度上。

当油箱无油时，浮子下沉，可变电阻6被短路，故此时右线圈5的两端均搭铁也被短路，无电流通过，因此左线圈3在全部电源电压的作用下，通过的电流达最大值，产生的电磁吸力最强，吸住转子2，使指针停在最左面的“0”位上。

随着油箱中油量的增加，浮子上浮，便带动滑片7移动。可变电阻6部分接入，此时左线圈3由于串联了电阻，线圈内电流相应减小，使左线圈电磁吸力减弱，而右线圈5中有电流通过，产生磁场。因此转子3在合成磁场的作用下向右偏转，带动指针指示油箱中的燃油量。如当油箱半满时，在合成磁场的作用下，指针便指在“1/2”位上；当油箱满时，在合成磁场的作用下，指针便指在“1”位上。

有些燃油表中，与左线圈3并联一个分流电阻，使通过左线圈3的电流减小，而右线圈5的电流增大，使转子偏转角增大，以提高指针4的灵敏度。

传感器可变电阻的末端搭铁，可避免滑片与可变电阻接触不良时产生火花，引起火灾的危险。

2. 双金属式燃油表

双金属式燃油表的传感器与电磁式相同，指示表采用双金属片式，其结构及原理与机油压力表和水温表的双金属片式指示表相同，仅刻度不同。当油面高低变化时，可变电阻值将随之变化，从而改变与之串联的加热线圈电流，使双金属片变形带动指针，指示相应的燃油液位。

由于流经指示表双金属片加热线圈的电流，除与可变电阻值有关外，还与供电电压有关。汽车的电源是蓄电池与发电机并联，两者的电位差一般为2V左右，且发电机的端电压虽然经调节器调整，但受负载电流的影响比较大。因此，电源电压变化必然影响双金属片式仪表的测量精度。因此，凡是双金属片结构做指示仪表的，都必须加稳压器。

图5.38是带稳压器的双金属片式燃油表。当电源电压提高时，稳压器中加热线圈的电流增大，双金属片温度升高，使触点间接触压力减小，闭合时间缩短，打开时间增长，

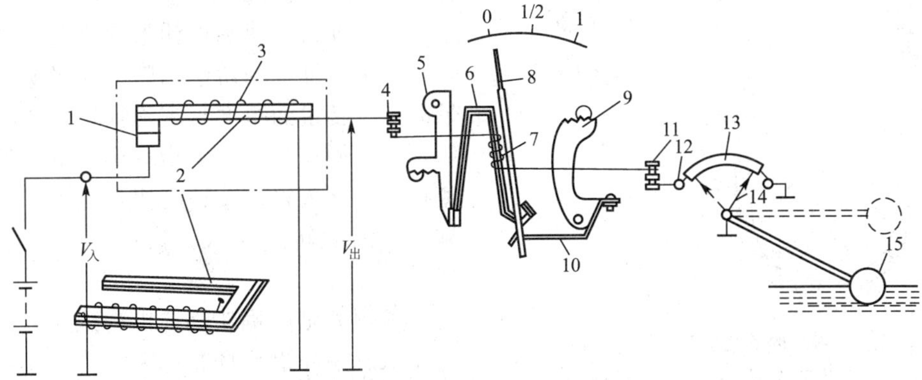

图5.38 双金属式燃油表

1—触点；2—双金属片；3—加热线圈；4、11、12—接线柱；5、9—调节齿扇；6—双金属片；7—加热线圈；8—指针；10—弹簧片；13—可变电阻；14—滑片；15—浮子

从而使加热线圈中的电流减小，端电压 $V_{出}$ 下降；当电源电压下降时，稳压器中加热线圈的电流减小，双金属片温度较低，触点闭合时间增长，打开时间缩短，线圈中平均电流增大，端电压 V 出提高。这样，就使指示仪表始终在一个比较稳定的电压下工作，减少了电源电压波动的影响。具体工作过程如下。

当油箱液面最低时，浮子下沉，滑片处于可变电阻的最右端。当点火开关接通时，由于传感器的电阻全部串入电路中，此时电路中电流最小，燃油表加热线圈 7 只发出微小的热量，使双金属片只产生很小的热变形，带动指针 8 指在“0”处，表示油箱无油。当油箱内油量增加时，浮子上升，滑片向左移动，使部分电阻被短路，只有部分电阻被接入电路，于是流入加热线圈 7 的电流增大，双金属片 6 受热变形增大，带动指针向右边偏转指出相应的读数。当油箱充满时，滑片移至最左端，将可变电阻短路，此时电路中电流最大，指针便偏到最右边，指在“1”处，即表示油箱为满油箱。

5.3.4 车速里程表

车速里程表是用来指示汽车行车速度和累计汽车行驶里程数的仪表。它由车速表和里程表两部分组成，二者装在共同的壳体中，并由同一根轴驱动。

车速里程表按其工作原理可分为磁感应式和电子式两种。

1. *磁感应式车速里程表*

磁感应式车速里程表的结构如图 5.39 所示，其主动轴由变速器或分动器传动输出轴经软轴驱动。

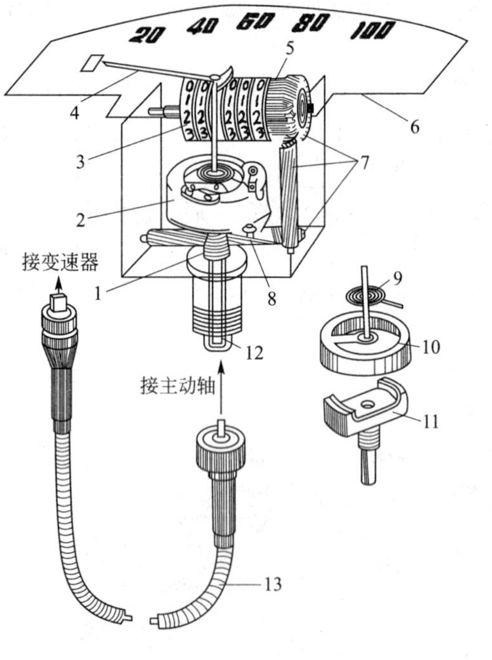

图 5.39 磁感应式车速里程表

1—涡轮；2—磁屏(罩壳)；3—计数器；4—指针；5—数字轮；6—刻度盘；7—传动齿轮；8—蜗杆；9—游丝；10—铝罩；11—永久磁铁；12—主动轴；13—软轴

车速表由与主动轴紧固在一起的 U 形永久磁铁、带有轴与指针的铝罩、磁屏和紧固在车速里程表外壳上的刻度盘等组成。不工作时，铝罩(感应罩)在游丝(盘形弹簧)弹力的作用下，使指针位于刻度盘零的位置。当汽车行驶时，主动轴带着永久磁铁旋转，磁力线在铝罩上引起涡流，涡流产生的磁场与旋转的永久磁铁磁场相互作用产生转矩，克服游丝的弹力，使铝罩朝永久磁铁转动方向转过一个角度，与游丝的弹力相平衡。铝罩带动指针转过的角度与主动轴转速大小成比例，指针便在刻度盘上指示相应的车速。车速越高，永久磁铁旋转越快，铝罩上的涡流越强，因而转矩越大，指针指示的车速也越高。

里程表则由蜗轮蜗杆机构减速并用数字轮显示。蜗杆蜗轮具有一定的传动比，汽车行驶时，软轴带动主动轴，并经 3 对蜗轮蜗杆驱动里程表右边第一数字轮。第一数字轮上所刻数字为 1/10km，两个相邻的数字轮之间又通过本身的内齿和进位数字轮、传动齿轮，形成1∶10的传动比。即当第一数字轮转动一周，数字由9翻转到0时，使相邻的左面第二数字轮转动1/10周，成十进位递增。这样汽车行驶时，就可累计出其行驶里程数。

2. 电子式车速里程表

近年来由于汽车电子装置的普及使用，也为适应后置发动机车身长的特点，电子式车速里程表开始逐渐取代采用软轴驱动的传统车速里程表。采用单片机技术的电子式车速里程表具有日臻完善的功能，不仅可以显示汽车行驶速度和行驶里程，还可以实现限速、报警等功能。因此，在现代轿车中已经广泛采用。

电子式车速里程表用设在变速器上的传感器获取车速信号，并通过导线进行信号的传输。它最大的特点是克服了磁感应式车速里程表用钢缆软轴传输转矩带来的磨损等缺点，具有指示精度高、指示平稳和寿命长的突出优点。

电子式车速里程表主要由车速传感器、电子电路、车速里程指示表组成，它除了能指示汽车行驶速度、记录累计行驶里程外，还具有可以记录单程里程和复零的功能。

车速传感器的作用是能够产生与汽车行驶速度成正比的电信号并输入电子电路。部分奥迪、桑塔纳车型用电子式车速里程表的结构如图5.40所示。

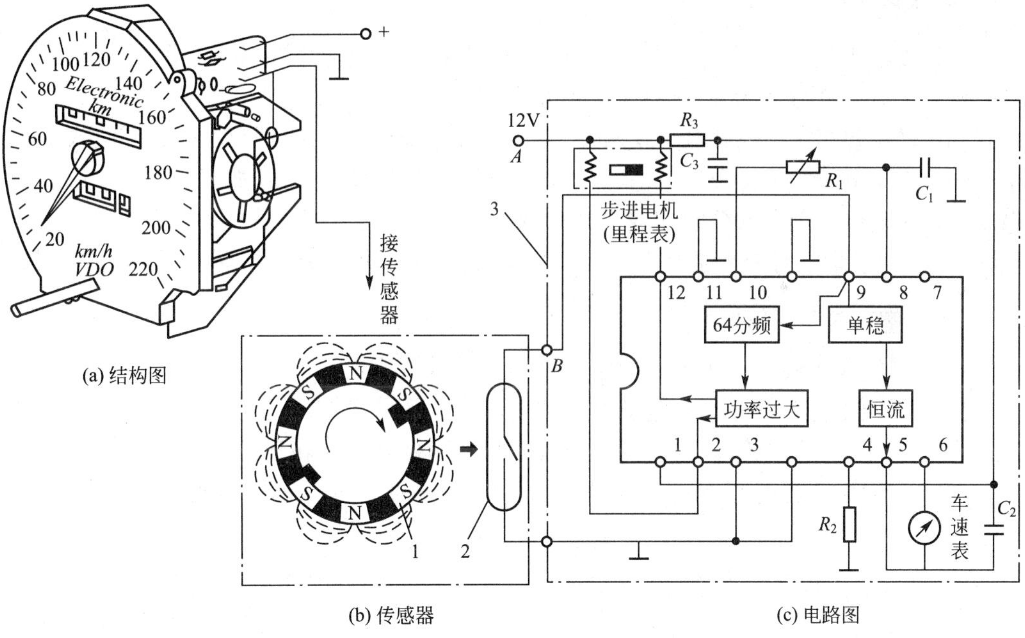

图5.40 电子式车速里程表

1—传感器；2—舌簧开关；3—电子电路

它的传感器由安装在变速器左上侧的舌簧管开关和变速器左输出轴上的磁环组成，磁环是有4对磁极的塑料环，它随左输出轴一同旋转，舌簧管开关触点接近磁场时吸合，离开磁场时断开，产生车速变化的脉冲电流。由变速器驱动的传感器能够产生正比于汽车行驶速度的电信号。传感器的永磁转子每转一周，舌簧开关中的触点闭合8次，产生8个脉冲信号，汽车每行驶1km，车速传感器将输出约四千多个脉冲。

电子电路的作用是将车速传感器输入的与车速成正比的频率信号，经过整形、触发后，输出一个与车速成正比的电流信号。上述车速里程表的电子电路主要包括稳压电路、单稳态触发电路、恒流源驱动电路、64 分频电路和功率放大电路，(如图 5.40(c)所示。车速表的指示精度由电阻 R_1 调节，初始工作电流由电阻 R_2 调节，电阻 R_3 和电容 C_3 用于电源滤波。

车速表实际上是一个磁电式电流表，当汽车以不同车速行驶时，从电子电路接线端子 6 输入与车速成正比的电流信号驱动车速表指针偏转，从而指示相应的车速。在车速表刻度盘上 50～130km/h 的区域标有红色标记，表示经济车速区域。

里程表是由一个步进电动机及 6 位数字的十进位齿轮计数器组成。步进电动机是一种利用电磁铁的作用原理将脉冲信号转换为线位移或角位移的微型电机。车速传感器输出的频率信号经过 64 分频后，再经功率放大器放大到具有足够的功率去驱动步进电动机，带动 6 位数字的十进位齿轮计数器工作，从而记录累计里程和日行驶里程。

累计里程和日行驶里程的任何一位数字轮转动一圈，进位齿轮就会使其左边的相邻计数轮转动 1/10 圈。车速里程表上设有一个单程里程计复位杆，当需要清除单程里程时，只需按一下复位杆，单程里程计的 4 个数字轮就会全部复位为零。

5.3.5 发动机转速表

为了检查和调整发动机，并监视发动机的工作状况，更好地掌握换挡时机，利用经济车速行驶等，在汽车仪表盘上还装有发动机转速表。

发动机转速表有机械式和电子式两种。机械式转速表的结构原理与上述磁感应式车速表基本相同，由于电子式转速表指示平稳、结构简单、安装方便，所以被广泛采用。汽油发动机电子式转速表可从点火系统的初级电路获取，也可从转速传感器获取；后者的转速信号只能从转速传感器获取。对于柴油发动机的电子式转速表的转速信号则只能从转速传感器获取。

1. 电容放电式电子转速表

这种电容放电式电子转速表只能用于汽油发动机转速表。

该发动机转速表由信号源、电子电路和指示表三部分组成。这种转速表的转速信号一般取自点火系统的初级电路，因此可以节省一只转速传感器。转速信号取自点火系统初级电路的发电机转速表电路如图 5.41 所示。当发动机工作时，初级电路不断导通或断开，

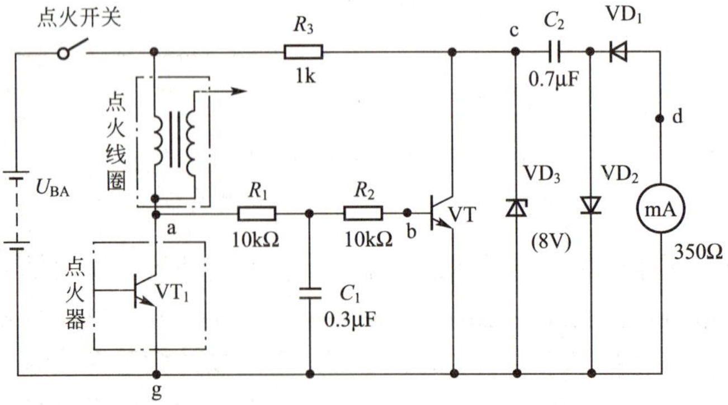

图 5.41　汽油机用电容放电式转速表

其导通或断开的次数与发动机转速成正比(曲轴每转一圈，四缸发动机触点开闭两次；六缸发动机触点开闭三次)。初级电路导通或断开会产生断续电流，经 R_1、C_1 组成的积分电路整形送至三极管 VT，从而取得一个具有固定幅值(电流值)和脉冲宽度(时间)的矩形波电流，此电流通过毫安表(mA)。具体工作原理如下。

当点火器末级大功率管 VT_1 导通时，点火线圈初级绕组接通，三极管 VT 无偏压而处于截止状态，电容器 C_2 被充电，其充电电路为：蓄电池正极→电阻 R_3→电容器 C_2→二极管 VD_2→蓄电池负极，构成回路。

当点火器末级大功率管 VT_1 截止时，点火线圈初级绕组切断，三极管 VT 的基极电位接近电源正极，VT 由截止转为导通状态。此时电容器 C_2 所充满的电荷经毫安表放电。其放电电路为：电容器 C_2 正极→三极管 VT→毫安表 mA→二极管 VD_1，回到电容器 C_2 负极。点火线圈初级电路循环通断，电路重复上述工作过程。

二极管 VD_2 为电容器 C_2 提供充电回路，二极管 VD_1 为电容器 C_2 提供放电回路，C_2 的放电电流通过毫安表。因为电容器 C_2 每次充放电电量 Q 与其电容量 C 和电容器两端电压 U 成正比，即

$$Q = CU$$

所以每个周期 T 内平均放电电流为

$$I = \frac{Q}{T} = \frac{CU}{T} = CUf$$

在电源电压稳定，充电时间常数 $\tau = R_3C_2$ 不变的情况下，C 和 U 是固定值，则通过毫安表的电流平均值 I 只与初级线圈的导通频率 f 成正比，因此毫安表的读数即可直接反映发动机的转速。在上述点火线圈初级电路不断的循环通断过程中，电容 C_2 不断地进行充放电，于是将与发动机转速成正比的放电电流刻度值经过标定刻成发动机转速经过发电机转速表进行显示。

稳压管 VD_3 起稳压作用，使 C_2 再次充电电压不变，以提高测量精度。

这种电容放电式电子转速表的转速信号从点火系统初级电路获取，点火线圈初级绕组导通时会有 250～350V 的自感电动势，由于电子电路对这个自感电动势处理比较麻烦，并且会影响其显示精度，所以汽油发动机汽车也越来越多地采用传感器来获取转速信号。

2. 磁感应式发动机转速表

磁感应式发动机转速表是指采用磁感应式传感器检测发动机转速信号的电子式转速表。这种转速表既可用于测量汽油发动机转速，也可用于测量柴油发动机转速。

磁感应式转速表由磁感应式传感器、电子电路和指示表组成，转速信号一般取自发动机曲轴(或凸轮轴)信号，因此传感器一般都安装在飞轮壳上。

图 5.42 所示为一种数字式汽车发动机转速表的电路图。该转速表的指示表采用大转角(0°～270°)动磁式(指针)指示结构，这种结构既克服了以前转速表存在的抗振性能差、过载能力弱、指针易抖动、指示不稳定等缺点，又符合驾、乘人员长期养成的视、读习惯。加上体积小、结构简单、装配方便、成本低等特点，具有很大的实用价值。

该数字式转速表的工作过程是把发动机转速传感器送来的取样信号送到信号处理电路，通过对信号频率检测，根据不同频率，输出一组不同的控制信号，驱动交叉线圈，产生磁场带动动磁指针偏转指示转速。其具体工作原理如下。

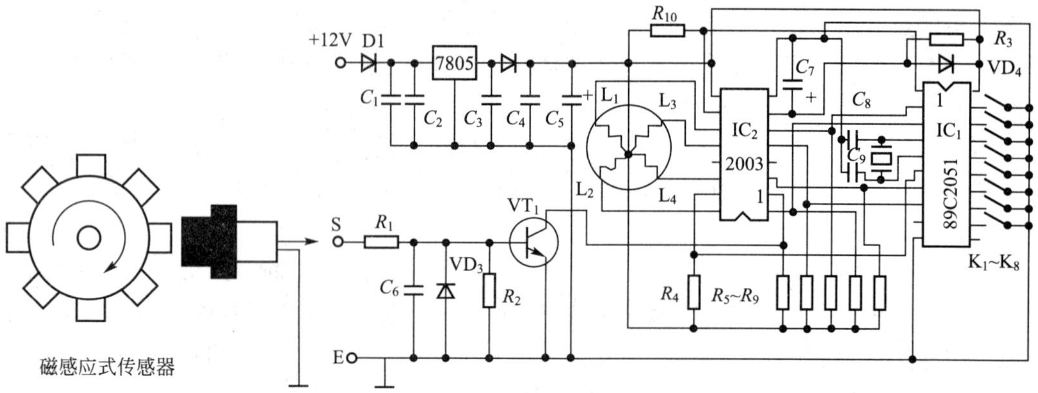

图 5.42　数子式汽车发动机转速表电路图

传感器的取样信号经 R_1 送到 VTl，经过 VTl 放大、整形，送到信号处理电路 IC_1，IC_1 为 89C2051 单片机电路，在芯片内部对输入信号频率(发动机转速)进行检测。根据 IC_1 内部已编程序，根据不同的输入信号频率相应地在 IC_1 输出一组脉宽调制(PWM)信号。

测速是通过定时中断形式进行的，测速显示的主程序流程图如图 5.43 所示。其中包括定时器、计数器的初始值设置、I/O 接口的工作方式设置，起动定时和计数程序，然后发出控制脉冲信号。定时器中断服务程序流程图如图 5.44 所示，首先停止计数，取出计数值和计数时间值，与给定值比较，调用转速指示子程序，重新启动定时，计数后中断返回。从 IC_1 输出的一组 PWM(脉宽调制)波形输入到 IC_2，IC_2 为一反相放大器，其输出信号可驱动表头的 4 组线圈产生磁场，而表头内线圈绕组中央空隙中有一永久磁铁(也称“动磁”、“动铁”)也有一磁场。两磁场相互作用，而使“动磁”连同固定于中央的细长轴发生偏转，长轴上端固定一根指示刻度盘读数的指针，指针便在分度好的刻度盘上稳定地指示出发动机的转速。

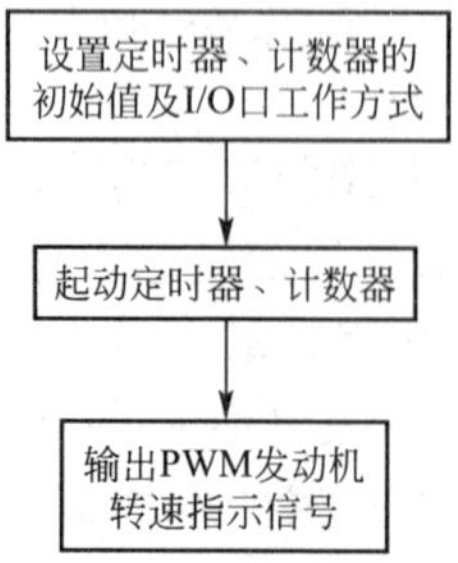

图 5.43　主程序框图

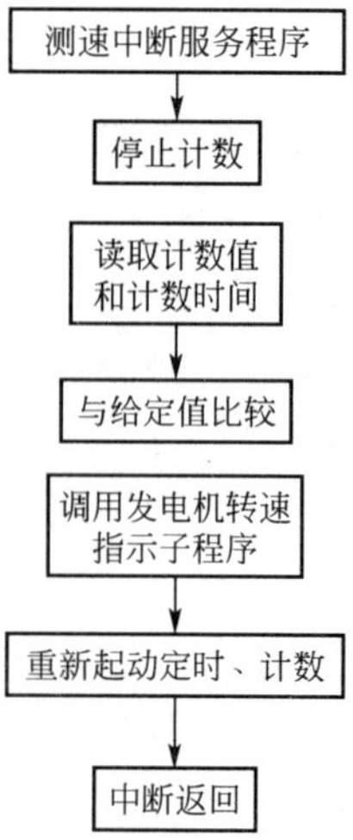

图 5.44　中断服务程序框图

习 题

一、名词解释

1. 眩目
2. 卤素灯泡
3. 报警灯

二、填空题

1. 前照灯应保证车前有__________的照明，使驾驶员能看清车前____ m内路面上的障碍物。随着汽车行驶速度的提高，对汽车前照灯的照明距离也相应要求越来越远，现代高速汽车其照明距离应达到________ m。

2. 前照灯由________，________和________三部分组成。

3. 汽车上通常有3种主要的信号灯，即______、______和______。

4. ______，主要是当冷却水温度不正常时，发出灯光信号，以示警告。

5. 为了提高汽车在雨天和雪天行驶时驾驶员的能见度，专门设置了风窗玻璃________。

三、思考题

1. 前照灯主要组成部件及功用是什么？前照灯有哪些防眩目的光学措施？
2. 电喇叭是如何工作的？如何调整盆形电喇叭的音量和声调？
3. 电子喇叭有何优点？试述电子喇叭的电路原理。
4. 电容式闪光器、翼片式闪光器是如何工作的？
5. 电热式机油压力表是如何工作的？
6. 电热式、电磁式发动机冷却液温度表是如何工作的？
7. 电磁式燃油表是如何工作的？
8. 车速里程表是如何工作的？

第6章

汽车辅助电器

本章教学要点

知识要点	掌握程度	相关知识
风窗清洁装置	掌握电动刮水器基本结构，掌握电动刮水器的工作原理；了解风窗玻璃洗涤器的结构及工作原理；了解后窗玻璃除霜装置的结构及工作原理	电动刮水器 清洗器
电动辅助装置	了解电动车窗的结构及基本工作原理；了解电动天窗的结构及基本原理；了解电动座椅的结构及基本工作原理；了解电动后视镜的结构及基本原理	电动车窗 电动天窗 电动座椅 电动后视镜
中央门锁与防盗	了解中控门锁系统的组成及基本原理；掌握中控门锁控制系统工作原理；了解防盗系统的结构及工作原理	中控门锁系统的组成与功能 中央门锁控制系统 防盗系统
汽车低温起动加热装置	了解柴油机低温起动加热装置的加热方式，掌握几种加热电路的工作原理，了解汽油机的低温起动加热装置	柴油机的低温起动加热装置 汽油机的低温起动加热装置
汽车音响	了解汽车音响的特点；掌握汽车音响的组成及基本原理	汽车音响的特点 汽车音响的组成及基本原理

导入案例

为了满足汽车的各种需要，减轻驾驶员的劳动强度，提高乘员的安全性、舒适性和实用性，在现代汽车上，除了前面所述的各种基本电器设备外，汽车上应用的辅助电器装置越来越多，目前广泛应用的有风窗清洁装置、电动车窗、电动座椅、电动门锁、电动后视镜、电动天线等。

6.1 风窗清洁装置

为了保证在各种使用条件下挡风玻璃表面的干净和清洁，也为了提高汽车在雨天和雪天行驶时驾驶员的能见度，汽车上都装有风窗玻璃刮水器，大部分汽车还装有风窗洗涤装置和除霜装置。

6.1.1 电动刮水器

刮水器的作用是保证驾驶员在雨天、雪天和雾天都有良好的视线，提高在恶劣气候条件下的安全性。

刮水器有真空式、气动式和电动式 3 种。气动式只适用于具有压缩空气气源的汽车，电动式刮水器则应用较广。本书只介绍电动刮水器的基本知识。

1. 电动刮水器的基本结构

电动刮水器是由微型直流电动机驱动，通过联动机构，使挡风玻璃外表面上的刮水片来回摆动，从而扫除挡风玻璃上的雨水或雪。

电动刮水器由刮水电动机和一套传动机构组成，如图 6.1 所示。电动机 11 旋转时，通过蜗杆蜗轮减速，使与蜗轮上偏心相连的拉杆 8 作往复运动，通过拉杆 7、3 和摆杆 2、4、6 带动左、右两刷架 1、5 做往复摆动，安装在刷架上的橡皮刷便刷去风窗玻璃上的雨水、雪或灰尘。

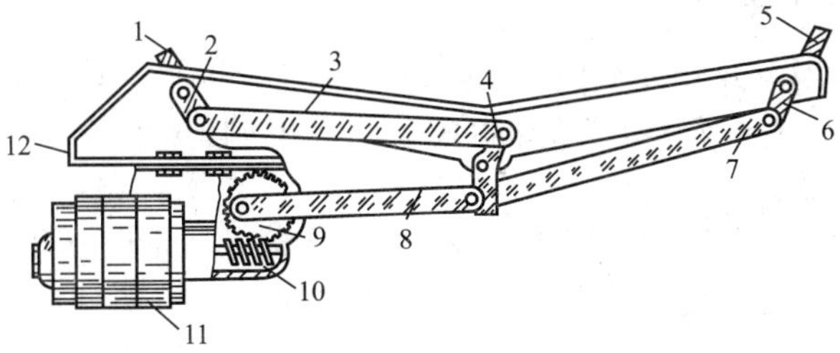

图 6.1 电动刮水器

1、5—刷架；2、4、6—摆杆；3、7、8—拉杆；9—蜗轮；
10—蜗杆；11—电动机；12—底板

刮水电动机是一只微型直流电动机，有电磁式和永磁式两种，其工作电压为 12V 或 24V。永磁式刮水电动机与电磁式刮水电动机的结构基本相同，只是永磁式刮水电动机的磁场由永久磁铁制成。

永磁式刮水器的电动机一般采用永磁三刷电动机，其上装有 3 只电刷。

永磁式三刷电动机的磁极为铁氧体永久磁铁。铁氧体具有陶瓷的脆性、硬性和不耐冲击的特点，而且不易退磁，价格低廉，所以在汽车上得到广泛使用。

为了不影响驾驶员的视线，要求刮水器片能够自动复位，即不管在什么时候切断电源，刮水器的橡皮刷都能自动停止在风窗玻璃的下部。

图 6.2 是一双速刮水电动机的控制电路图。刮水器工作时，利用电动机的 3 个电刷来改变正负电刷之间串联的线圈数，可实现电动机的变速，即当对称电刷(图 6.2 中 B、B_1)通电时，电动机为低速；当偏置电刷(图 6.2 中 B_2)通电时，电动机为高速。而刮水器的不同工作速度即由电动机的高低转速来实现。通过控制开关，可实现刮水器的低速运转、高速运转和停机、复位等功能。

此双速刮水电动机的输出端，由一对涡轮和蜗杆构成了减速器。图 6.2 中的序号 8 为减速器的蜗轮，由尼龙制成。蜗轮 8 上嵌有铜环 9，此铜环分为两个部分，其中面积较大的一片 9 与电动机外壳相连接而搭铁。触点臂 3 和触点臂 5 用磷铜片制成(有弹性)，它们的一端分别铆有触点 4 和触点 6，与蜗轮端面或铜环 7、9 相接触。

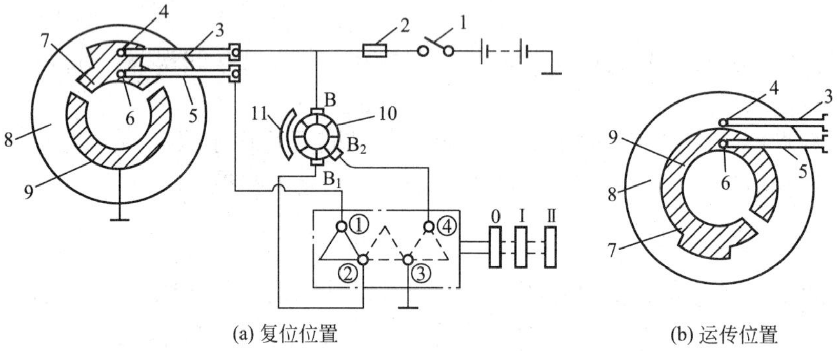

图 6.2　永磁式电动机自动复位装置

1—电源总开关；2—熔断丝；3、5—触点臂；

4、6—触点；7、9—铜环；8—蜗轮；10—电枢；11—永久磁铁

2. 电动刮水器的工作原理

如图 6.2 所示，当电源开关 1 接通，把刮水器开关拉到“1”挡(低速)时，电流从蓄电池正极→开关 1→熔断丝 2→电刷 B→电枢绕组→电刷 B_1→接线柱②→接触片→接线柱③→搭铁，电动机以低速运转。

当刮水器开关拉到“Ⅱ”挡（高速）时，电流从蓄电池正极→开关 1→熔断丝 2→电刷 B→电枢绕组→电刷 B_2→接线柱④→接触片→接线柱③→搭铁→蓄电池负极，形成回路，电动机以高速运转。

当刮水器开关推到“0”挡（停止）时，如果刮水器的橡皮刷没有停到规定的位置，由于触点 6 与铜环 9 接触，如图 6.2(b)所示，则电流继续流入电枢。此时电流从蓄电池正极→开关 1→熔断丝 2→电刷 B→电枢绕组→电刷 B_1→接线柱②→接触片→接线柱①→触点臂 5→触点 6→铜环 9→搭铁→蓄电池负极，形成回路，电动机以低速运转，直至蜗轮转到如图 6.2(a)所示的特定位置。触点 4 和触点 6 通过铜环 7 接通，由于电枢转动时的惯性，

电机不能立即停下来，电动机以发电机方式运行而发电。因为电枢绕组所产生的反电动势的方向与外加电压的方向相反，所以电流从电刷 B_2→触点臂 3→触点 4→铜环 7→触点 6→触点臂 5→接线柱①→接触片→接线柱②→电刷 B_1，形成回路，产生制动转矩，电机迅速停止转动，使橡皮刷复位到风窗玻璃的下部。

3. 间歇式电动刮水器

汽车在毛毛细雨或雾天、小雪天气中行驶时，如按上述的刮水器速度进行刮拭，那么风窗玻璃上的微量水分和灰尘就会形成一个发粘的表面，不仅不能将风窗玻璃刮拭干净，反而会使玻璃模糊不清，留下污斑，影响驾驶员的视线。因此，现代汽车上一般都增设了电子间歇刮水系统。在碰到上述情况时，开动间歇开关，使刮水器按一定周期自动停止和刮拭，即每刮水一次停止 2～12s，这样，可使驾驶员获得良好的视野。

刮水系统的间歇功能主要靠间歇控制器来实现，现以奥迪 100 型轿车间歇控制器为例加以说明。图 6.3 为奥迪 100 型轿车刮水系统电路原理图，它由间歇控制器 1、刮水器开关 2、洗涤电动机 3、刮水电动机 4 等组成，间歇控制器由电子元件与小型继电器组合而成，其工作电压为 12V。

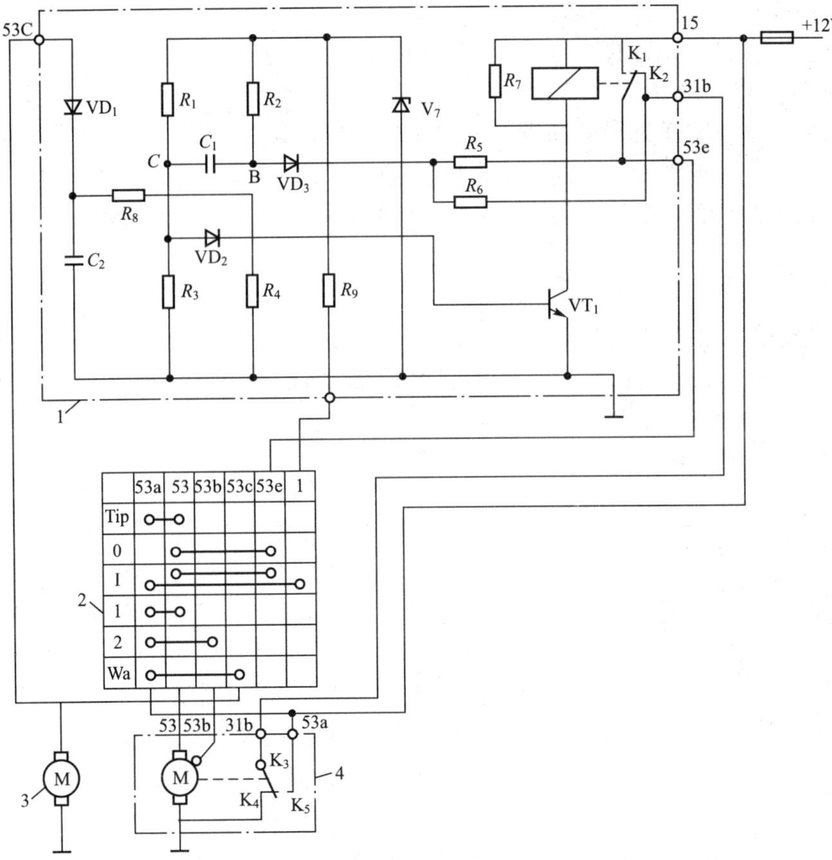

图 6.3 奥迪 100 型轿车刮水系统电路原理

1—间歇控制器；2—刮水器开关；3—洗涤电动机；4—刮水电动机刮水器开关

TiP—点动；0—停；I—间歇；1—慢速；2—快速；Wa—洗涤

间歇控制器的工作原理为：当刮水器开关置于间歇挡（Ⅰ挡）时，电源便经熔断器，刮水器开关 53a 端、刮水器开关内部Ⅰ挡接入间歇控制器的“Ⅰ”端。C_1 被充电。C_1 的充电电路为：蓄电池正极→熔断器→刮水器开关 53a→Ⅰ挡→间歇控制器“1”端→R_9→R_2→C_1→VD2→三极管 VT_1 的基极、发射极→搭铁→蓄电池负极。此时 C 点的电位为 1.6V，B 点的电位为 5.6V，C_1 两端有 4V 的电位差。

C_1 充电时，其充电电流为三极管提供偏流，使三极管导通，接通了继电器线圈的电路，继电器的常开触点 K_1 闭合、K_2 打开，电流经 K_1、53e、开关内的“1”挡、53 端进入刮水电动机的电枢，使刮水电动机慢速旋转，刮水器开始工作。

当橡皮刷往返一次又回到风窗玻璃最下位置、刮水电动机也旋转至自动复位时，K_3、K_4 接通，使 31b 端搭铁，为 C_1 的放电提供了通路。

C_1 放电回路主要有两条：一路经 R_2、R_1 放电，另一条经 VD_3、R_6、31b、电机自动复位触点 K_3、K_4、搭铁、稳压管 VT_2、R_1 放电。放电瞬间 B 点电压突然降到 2.8V，由于 C_1 原有 4V 电位差，使 C 点电位降为－1.2V，三极管 VT_1 的基极电位翻转为低电平，于是三极管截止，切断了继电器线圈的电路，则其常开触点 K_1 又断开，常闭触点 K_2 又闭合，恢复到自然状态时的 31b 与 53e 接通，将电阻 R_5、R_6 并联，加速 C_1 放电，为 C_1 的再充电作准备。

随着 C_1 放电时间的增加，C 点电位逐渐升高，当 C 点电位接近 2V 时，三极管又导通，C_2 又恢复为充电状态。

可见，只要刮水器开关置于间歇挡，电源便接入间歇控制器的“Ⅰ”端，C_1 就会不间断地充、放电，三极管就会导通、截止反复翻转，使继电器反复接通与断开，如此形成了间歇刮水的工作状态，刮洗时间为 2～4s，间歇时间为 4～6s，直到断开刮水器开关。

6.1.2 清洗器

为了及时消除风窗玻璃上的尘土和污物，使驾驶员有良好的视线，现代汽车上大都装有风窗玻璃洗涤器、后窗玻璃除霜装置等清洗设备。

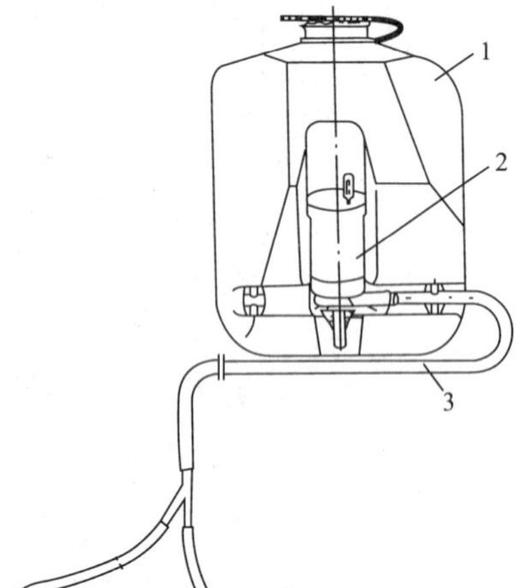

图 6.4 桑塔纳轿车风窗洗涤器

1—储液箱；2—洗涤泵(直流电动机与泵)；3—输水软管；4—喷嘴

1. 风窗玻璃洗涤器

图 6.4 所示为桑塔纳轿车的洗涤器，它由储液箱 1、洗涤泵 2、输水软管 3 和喷嘴 4 等组成。储液箱由塑料制成，其内装有洗涤液，洗涤液一般由水或水与适量的添加剂组成，添加剂有助于清洁或降低冰点，如在水中加入 5%的氯化钠(食盐)可提高洗涤液的润湿与清洁能力，在寒冷地区为了防止洗涤液冻结，可在水中加入 50%的甲醇或异丙基酒精。洗涤泵由一只微型永磁直流电动机和离心泵组成。该电动机是封闭式、短时定额工作的高速电动机，空载转速为 20000r/min。当风窗玻璃上有灰尘或污物时，先开动洗涤泵，将洗涤液以一定压力(88kPa)经喷嘴喷到刮片的上部，

湿润玻璃；然后再开动刮水器，将风窗玻璃上的灰尘或污物刮掉，完成洗涤工作。

使用洗涤器时，应注意先开动洗涤泵，然后开动刮水器，并注意洗涤泵连续工作的时间不得大于5s，使用间歇时间不得少于10s。无洗涤液时，不要开动洗涤泵。

2. 后窗玻璃除霜装置

冬季风窗玻璃上易结冰霜，用刮水器是无法清除的，目前最有效的办法是将玻璃加热进行除霜。

装有空调或暖风装置的汽车上，通过风道将热风吹向前面或侧面的风窗玻璃就可避免结冰，而后窗玻璃常利用电热丝加热的方法来除霜，如图6.5所示。在后窗玻璃的内表面上镀有数条导电膜，形成电热丝，通电加热，即可防止结霜。这种装置的耗电量为30～50W，在轿车上广泛应用。

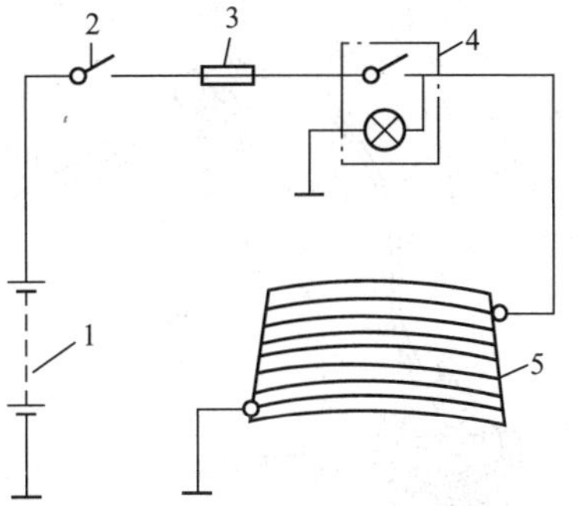

图6.5 后窗除霜装置

1—蓄电池；2—点火开关；3—熔断丝；4—除霜器开关及指示灯；5—除霜器(电热丝)

6.2 电动辅助装置

6.2.1 电动车窗

电动车窗，又称自动车窗、电动摇窗机等，它可使驾驶员或乘员坐在座位上利用开关控制电动机驱动玻璃升降器，实现车窗玻璃的自动升降，即使在行车过程中，也能安全方便地开关车窗。

电动车窗的驱动装置一般由永磁双向电动机和蜗轮蜗杆减速机构组成，现代汽车的每个车窗都装有一个电动机，通过开关控制它的电流方向，实现每个车窗的单独升或降。

1. 电动车窗的组成

电动车窗主要由玻璃升降器、电动机、开关及控制电路等组成。

1) 玻璃升降器

玻璃升降器是电动车窗最主要的组成部分，目前使用的形式有很多种，其分类方法也不同，比如有电动交叉臂式玻璃升降器(图6.6)、电动绳轮式玻璃升降器(图6.7)、软轴式玻璃升降器(图6.8)等。

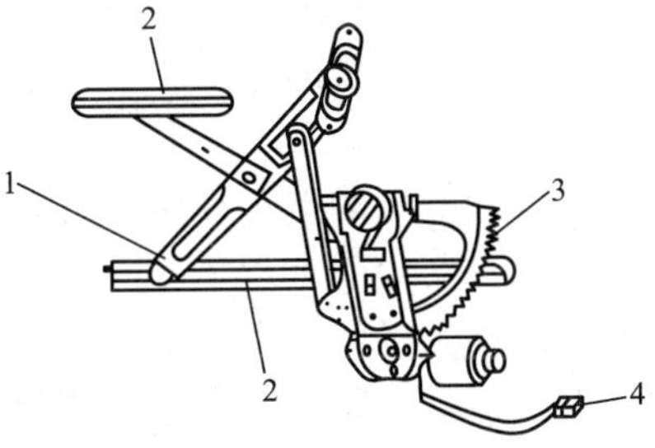

图6.6 电动车窗交叉臂式玻璃升降器

1—调整杆；2—支架与导轨；3—驱动齿扇；5—电动机及插座

交叉臂式玻璃升降器的简单工作原理是：门窗电动机的棘轮带动扇形齿板转动，从而带动交叉臂运动，使门窗玻璃作上下移动。

电动绳轮式玻璃升降器是在电动机的主轴上安装一个蜗轮，经蜗轮减速后，通过转筒和钢丝使玻璃平行地上下滑动。其上端和下端分别设计有挡块，用张紧筒和弹簧保持钢丝的一定拉力，以便机构正常运行。

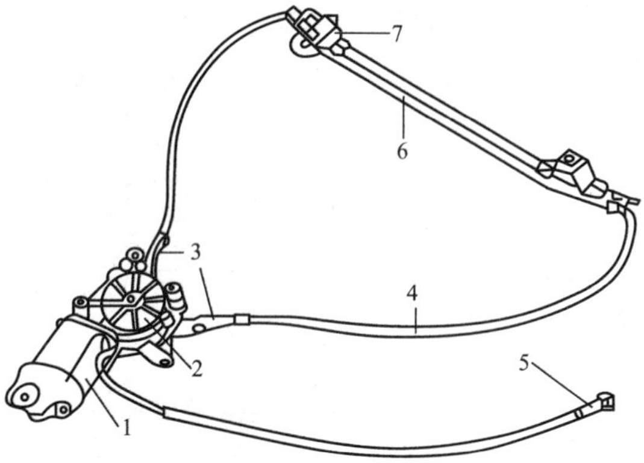

图 6.7　电动车窗绳轮式玻璃升降器

1—电动机；2—涡轮蜗杆；3—减振弹簧；4—绳索；
5—电源接头；6—玻璃升降导轨；7—夹持器

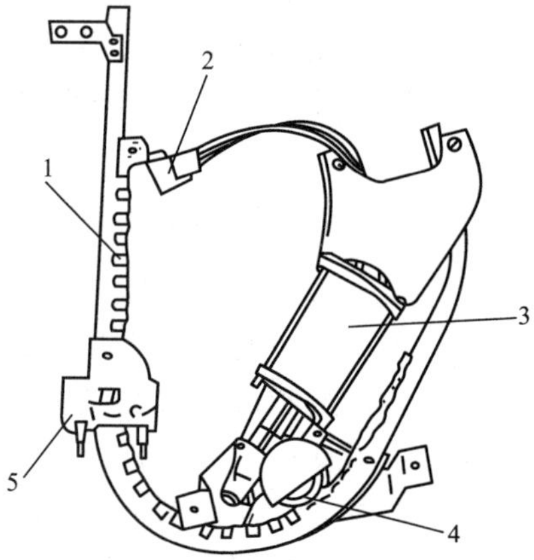

图 6.8　电动车窗软轴式玻璃升降器

1—齿条；2—电缆接头；3—电动机；
4—小齿轮；5—定位架

软轴式玻璃升降器是在电动机的主轴上安装一个小齿轮，小齿轮与软轴上的齿条相啮合，驱动软轴卷绕，带动玻璃沿导轨作上下运动。

电动车窗玻璃升降器的主要技术参数是标称电压、工作电压、额定负载、玻璃行程、玻璃上升时间、电动机最大消耗电流、制动力和寿命等。此外，还要能经受高温、低温、盐雾、尘埃、喷水、振动和冲击等环境试验，并且应使产品能经受电动机制动、电动机过流保护、电磁相容性、噪音和寿命等试验，以保证产品的质量和工作可靠性。

2）电动车窗控制开关

电动车窗的控制开关有两套：一套为主控开关，一般安装在驾驶员侧车门扶手上或仪表板上，由驾驶员控制玻璃升降；另一套为分控开关，一般安装在乘客侧的车门扶手上，可由乘客控制玻璃升降。但是，有些汽车的主控开关上还装有能控制分开关的总开关(安全开关)，它可以切断其他各车窗的电源，使每个车窗的操作开关不起作用，起到安全保护作用。这个开关只能由驾驶员一人操作。

带有延迟开关的电动车窗系统，可在点火开关关断一定时间内或在车门打开以前仍提供电源，使驾驶员和乘客有时间关闭车窗。为了防止电机过载，在电路或电动机内装有一个或多个双金属片式热敏断路器，用以控制电机中的电流。若车窗玻璃因某种原因卡住(如有物体在车窗玻璃上方)，即使操纵开关没有断开，双金属片式热敏断路器也会因电流过大而自动断路，防止夹伤人员及保护驱动电机。

目前好多轿车都已安装了智能型的电动玻璃升降器，这种智能型的电子控制装置有如下 3 个特点。

(1) 具有单按系统：即对开关的一个简单、短暂的轻按，就能将玻璃完全地打开或关闭，这样，驾驶员需要关闭门窗时，不再需要一只手驾驶，提高了驾驶员的舒适性和安全性。

(2) 能够在车外关闭门窗：如果驾驶员走出车外时发现忘记关闭门窗，则不需再进入车内关窗，可在车外通过中央门锁系统，将门窗自动地关闭。

(3) 具有安全控制：当门窗上升而遇到障碍时，能自动地检测出由障碍所引起的阻力，并自动停止门窗的关闭，避免驾驶员或乘员受伤。

3) 电动机

不同车型的电动车窗所采用的电动机及其控制电路各不相同。按电动机类型一般分为永磁式(也叫控制搭铁式)和双绕组串励式(也叫直接搭铁式)两种。

采用双绕组串励式电动机时，电动机一端直接搭铁，电动机有两组磁场绕组，通过接通不同的磁场绕组，使电动机的转向不同，实现车窗玻璃的上升和下降动作，其控制电路如图 6.9所示。

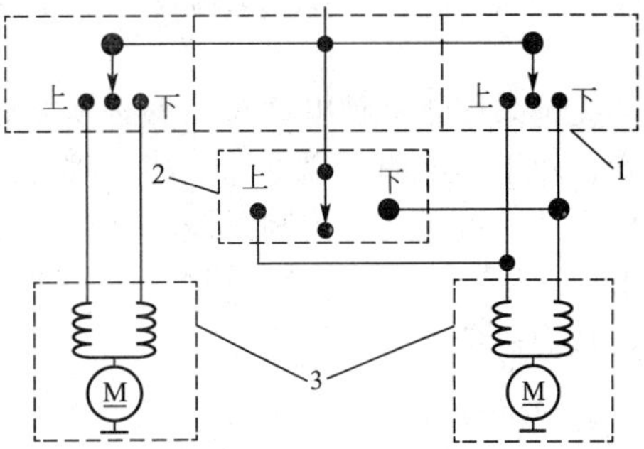

图 6.9 双绕组串励式电动车窗控制电路

1—驾驶员主控开关；2—乘员独立操作开关；3—双向电动机

采用永磁式电动机时，电动机不直接搭铁，电动机的搭铁受开关控制，它是通过改变电动机电枢的电流方向达到改变电动机的运转方向，从而实现车窗玻璃的上升和下降动作，其控制电路如图 6.10 所示。这种控制电路的开关既控制电动机的电源线，又控制电动机的搭铁线，所以开关结构和线路比较复杂。但是电动机结构简单，应用比较广泛。

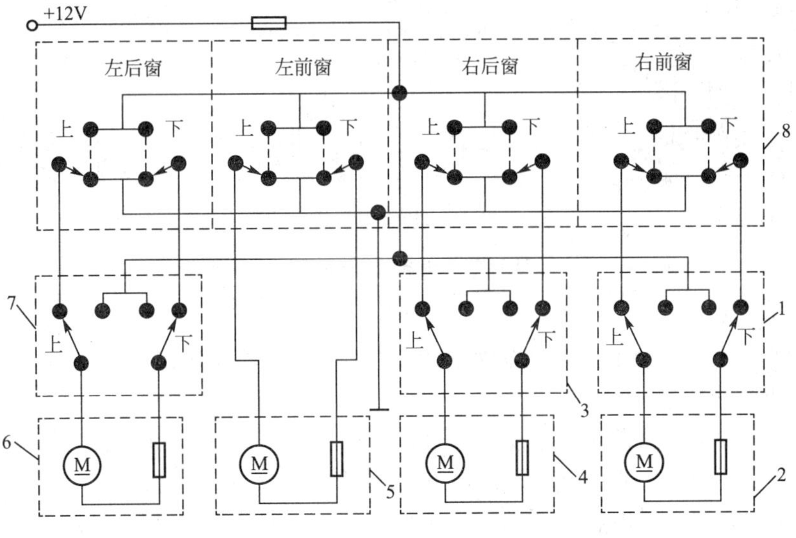

图 6.10 永磁式电动车窗控制电路

1—右前车窗开关；2—右前车窗电机；3—右后车窗开关；4—右后车窗电机；5—左前车窗电机；6—左后车窗电机；7—左后车窗开关；8—驾驶员主控开关组件

为了与不同的升降机构相匹配，电动机输出部分的结构有所不同。与交臂式结构配套的电动机其输出部分是一个小齿轮(图 6.6)，经啮合的扇形齿轮片，通过交臂式升降机构，带动玻璃沿导轨作上下运动。与绳轮式结构配套的电动机其输出部分是一个塑料绳轮(图 6.7)，绳轮上绕有钢丝绳，钢丝绳上装有滑块，电动机驱动绳轮，带动钢丝绳卷绕，钢丝绳上的滑块带动玻璃沿导轨做上下运动。与软轴式结构配套的电动机其输出部分也是一个小齿轮(图 6.8)，通过与软轴上的齿(近似于齿条)相啮合，驱动软轴卷绕，带动玻璃沿导轨做上下运动。

无论采用哪一种电动机，都必须能够正反方向旋转，且具有较高的输出转矩、较低的噪音、较小的体积、扁平外形和短时工作制，并对尘埃及液体具有密封防护性能。门窗电动机内部一般还装有抑制无线电干扰的装置，以防止在使用电动车窗时对车内无线电的接收形成干扰。电动机内部一般还装有过电流保护装置，电动机运动受阻时能自动切断电源，从而避免电动机的烧毁。

2. 电动车窗的控制电路及工作原理

图 6.11 为 4 车门电动车窗玻璃升降器的主控制按钮结构图，图 6.12 所示为该电动车窗的控制电路。该控制电路可以实现手动控制和自动控制。手动控制是指按住相应的手动按钮，车窗可以上升或下降，若中途松开按钮，上升或下降的动作即停止；而自动控制是指按下自动按钮，松开手后车窗会一直上升至最高或下降至最低位置。

该玻璃升降器的电子控制电路由各个车门开关、乘客门窗电动机以及前驱动器(包括开关、电机)等组成，它还具有驾驶座主开关。

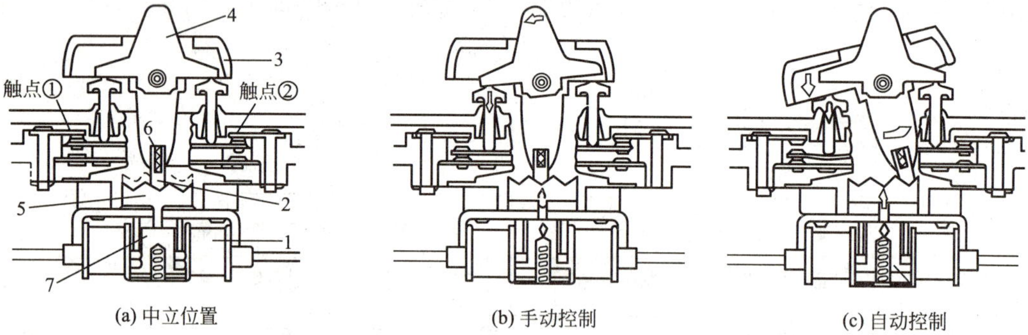

图 6.11　电动车窗主控制按钮结构图

1—螺线管；2—滑销；3—自动旋钮；4—手动旋钮；5—止板；6—弹簧；7—柱塞

下面分别分析该电动车窗控制电路的手动控制和自动控制的工作过程。

1）手动操作控制玻璃升降

以驾驶员侧的玻璃升降为例。如图 6.11(b)所示，当把手动旋钮推向车辆前方时，门窗玻璃即上升。此时，触点①与 UP(向上)接点相连(图 6.12)，触点②处于原来状态，电动机按 UP 箭头方向通过电流，门窗玻璃上升；当把手离开旋钮时，利用其开关自身的回复力，此时开关回到中立位置。若把手动旋钮推向车辆后方，触点①保持原位不动，而触点②则与 DOWN(向下)侧相接，电动机通过的电流按 DOWN 箭头所示的方向流动，电动机反转，以实现门窗玻璃向下移动，直至下降到底。

2）自动控制玻璃升降

当把自动旋钮压向车辆前方时(图 6.11(c))，触点①与 UP 侧相接(图 6.12)，电动机按 UP 箭头方向通过电流，门窗玻璃上升且关闭；与此同时，电阻 R 上电压降低，此电压加于比较器 1 的一端，它与参考电压 Ref. 1 进行比较。Ref. 1 的电压值设定为相当于电动机锁止电流值约为 15A，通常为比较器 1 的低电位端（“—”端)；而比较器 2 的参考电压

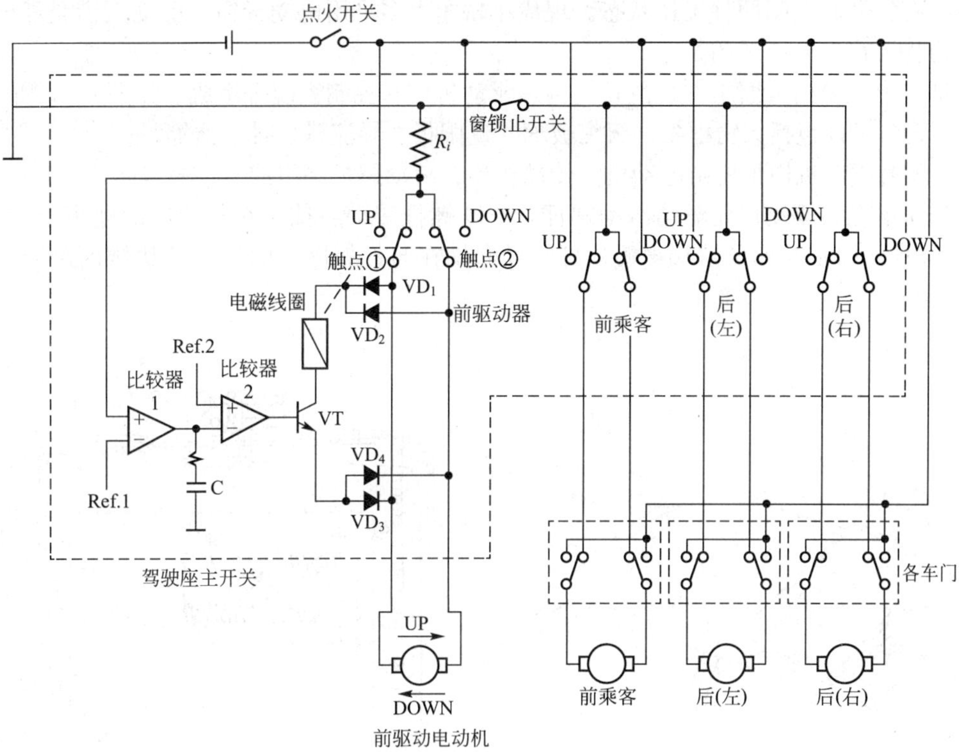

图 6.12 四车门电动车窗玻璃升降器的控制电路

Ref. 2 通常设定为小于比较器 1 的输出，且为高电位端（"＋" 端）。所以，比较器 2 的输出为高电位，故使三极管 VT 正向具有偏流而导通，电磁线圈通过较大的电流。其路径为；蓄电池 "＋" →点火开关→UP→触点①→二极管 VD_1→电磁线圈→三极管 V→二极管 VD_4→触点②→电阻 R→搭铁→蓄电池 "－"。此电流产生较大的电磁力，吸引驱动器开关的柱塞，于是把止板向上顶压，越过止板凸缘的滑锁于原来位置被锁定(图 6.11(c))，这样即使把手离开自动旋钮，开关仍会保持原来的状态。

当门窗玻璃上升至终点位置时，在电机上有锁止电流流动，电阻 R 上的压降增大，当此电压超过参考电压 Ref. 1 时，比较器 1 的输出由低电位转变为高电位，此时，电容器 C 开始充电，当电容器 C 两端电压上升至超过比较器 2 的参考电压 Ref. 2 时，比较器 2 则输出低电位，三极管 VT 立即截止，电磁线圈中的电流被切断，止板在滑锁内因弹簧的反力而被压下，自动旋钮自动回复到中立位置，触点①搭铁，电动机停转。

门窗玻璃自动下降的工作情况与上述情况相反，操作时只需将自动旋钮压向车辆后方即可。

6.2.2 电动天窗

为了增加舒适性，越来越多的现代汽车增加了天窗这一配置。汽车的天窗也可以说是汽车移动式车顶的一种，驾驶员可以通过汽车天窗来采光、通风、遮阳等，有时还可以利用可以开启的车顶做一些类似摄影检阅等工作。

汽车天窗按其开闭能量的来源可分为手动天窗和电动天窗，一般大型客车和大型货车多是靠人力将天窗打开或关闭。大客车的天窗有向上平升、斜升和关闭 3 种状态；大货车的天窗只有斜开和关闭两种工作状态。现代小轿车大多采用电动天窗，电动天窗是靠电动机的动力将天窗打开或关闭的。

电动天窗主要由天窗组件、滑动机构、驱动机构和控制系统等组成，如图 6.13 所示。

(1) 天窗组件包括天窗框架、天窗玻璃、遮阳板、导流槽、排水槽等。

(2) 天窗驱动机构主要由电动机、传动机构、滑动螺杆等组成。

工作时电动机驱动齿轮驱动滑动螺杆，滑动螺杆带动后枕座在其相应的轨道上滑移，如图 6.14 所示。后枕座的滑移，使连杆、导向销在与托架固定的几何形状槽内沿导向槽的轨迹滑动，实现天窗理想的开闭动作。

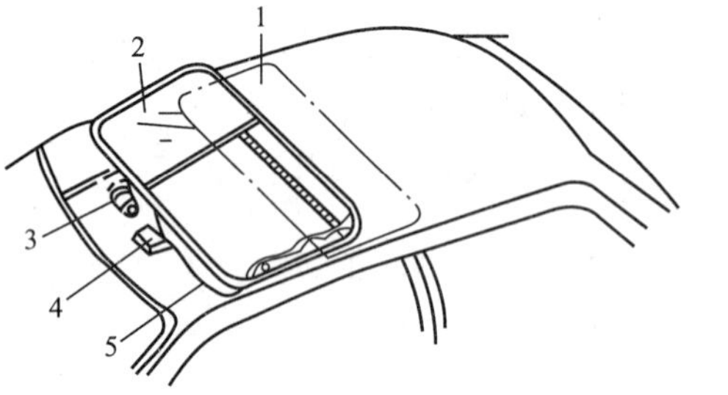

图 6.13　电动天窗的结构

1—遮阳板；2—天窗玻璃；3—电动机及驱动机构；4—电子控制器（ECU）；5—滑动螺杆

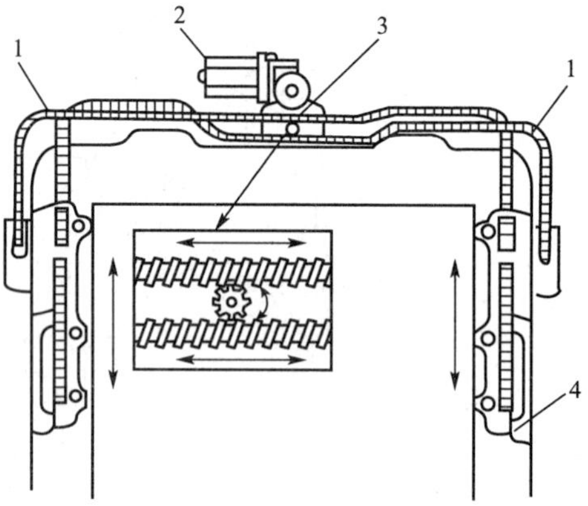

图 6.14　电动天窗的驱动机构

1—滑动螺杆；2—电动机；3—驱动机构；4—后枕座

(3) 电动天窗控制系统主要包括天窗开关、电子控制器、继电器等。

电动天窗的开关可分为开关组和限位开关。开关组的作用是用来使电动天窗执行机构的电动机实现正反转，使天窗实现不同状态的工作。限位开关是用来检测天窗的停止位置，包括完全关闭前 200mm 处的位置、天窗斜降全关闭位置以及天窗完全关闭位置。电子控制器是一个数字控制电路，并设有定时器、蜂鸣器和继电器等。其作用是接受开关输入的信息，通过数字电路进行逻辑运算，确定继电器的动作，以控制天窗电动机的工作。

天窗控制开关有滑动开启和倾斜开启两种功能。滑动开关有滑动打开、滑动关闭和断开 3 个位置；倾斜开关也有斜升、斜降和断开 3 个位置。

一般来说，电动天窗电子控制单元和中央控制器单元之间为电气连接，具有以下功能：通过中央门锁可方便地关闭电动车窗；点火开关关闭后或车门未开时，也具有上述功能。

限位开关一般依靠一个凸轮来检测车顶玻璃所处位置。限位开关安装在车顶玻璃处全关闭位置前约 200mm 的位置，车顶玻璃到达此位置便立即停止滑动。一旦松开限位开关或再次推动滑动开关时，车顶玻璃便会完全关闭。

电动天窗的工作原理与电动车窗基本相同，利用开启和关闭两个继电器，改变电动机电流的方向，驱动电动机实现正反转，使天窗实现不同状态下的工作。

图 6.15 所示为电动天窗实现斜升或斜降的原理示意图。需要开启电动车窗时，按动电动车窗开启开关，这时电子控制器接收到开关输入的信息，使继电器触点闭合，天窗电

动机即开始工作，使电动天窗实现自动开启的动作。

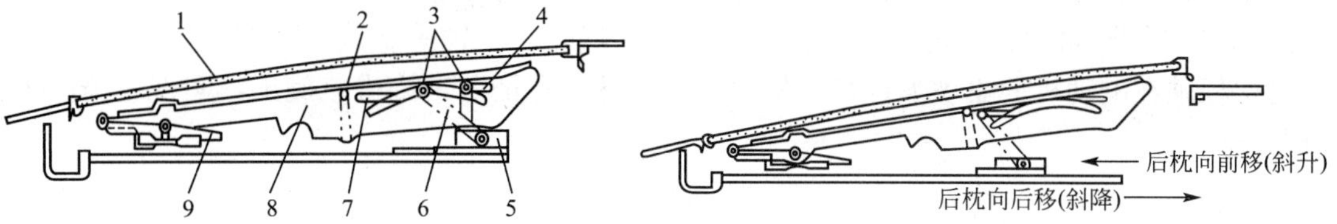

(a) 结构图　　(b) 原理示意图

图 6.15　电动天窗结构及工作原理示意图

1—天窗玻璃；2—导向块；3—导向销；4、7—导向槽；5—后枕座；6—连杆；8—托架；9—前枕座

总的来说，电动天窗与手动天窗相比开启更为便利，而且在开启后可以保持不同的弧度，还具有防夹手和自动关闭等功能。汽车天窗的使用改变了用侧窗换气的方法，利用负压换气的原理，依靠汽车行驶时气流在车顶快速流动形成负压，将车内污浊的空气抽出。由于不是直接进风，而是将污浊的空气抽出，因此使用天窗时，新鲜空气的补充是从车内的进气口进行补充，达到通风换气的作用。

电动天窗越来越受到消费者欢迎，因此越来越多的中低档轿车开始安装电动天窗。

6.2.3　电动座椅

汽车座椅的主要功能是为驾驶员提供便于操作、舒适而又安全的驾驶位置，以及为乘员提供不易疲劳、舒适而又安全的乘坐位置。电动座椅是指以电动机为动力，通过传动装置和执行机构来调节座椅的各种位置，使驾驶员或乘员的乘坐更加舒适。

电动座椅可以非常轻松方便地对汽车座椅的前后、靠背的角度以及头枕的高度等作电动调节，使驾驶员和乘员可根据自己的身材和感觉获得理想的座椅位置，从而满足不同体型驾驶员和乘员乘坐的舒适性要求。除此之外，座椅的调节正向多功能化发展，使座椅的安全性、舒适性、操作性日益提高。电动座椅的种类很多，可以有不同的组合方式。如具有 8 种调节功能的电动座椅，其动作方式有座椅的前后调节和上下调节、座位前部的上下调节、靠背的倾斜调节、侧背的支撑调节、腰椎的支撑调节以及靠枕的上下调节和前后调节。有些车上的电动座椅还能存储座椅位置的若干个数据，只要乘员按动规定按钮，就能调整各个座椅的位置，如果此时不符合存储数据的乘员乘坐，汽车便发出蜂鸣声响信号，以示警告。

电动座椅前后方向的调节量一般为 100～160mm，座位前部与后部的调节量约为 30～50mm。全程移动所需时间约为 8～10s。

1. 普通电动座椅

1）普通电动座椅的组成

电动座椅一般由多个双向电动机、传动机构和控制电路(包括控制开关)3 个主要部分组成，其结构和电动机的安装位置如图 6.16 所示。

(1) 电动机：电动机的数量取决于电动座椅的类型，通常两向移动座椅装有两个电动机，四向移动座椅装有 4 个电动机，最多可达 6 个电动机。大多数电动座椅使用永磁式电动机，通过开关来操纵电动机按不同方向旋转。为防止电动机过载，大多数永磁式电动机内装有断路器。

(2) 传动机构：电动机的旋转运动通过传动机构来改变座椅的空间位置。

① 高度调整机构：高度调整机构由蜗杆轴、蜗轮、芯轴等组成，如图 6.17 所示。调整时蜗杆轴在电动机的驱动下，带动蜗轮转动，从而保证芯轴旋进或旋出，实现座椅的上升与下降。

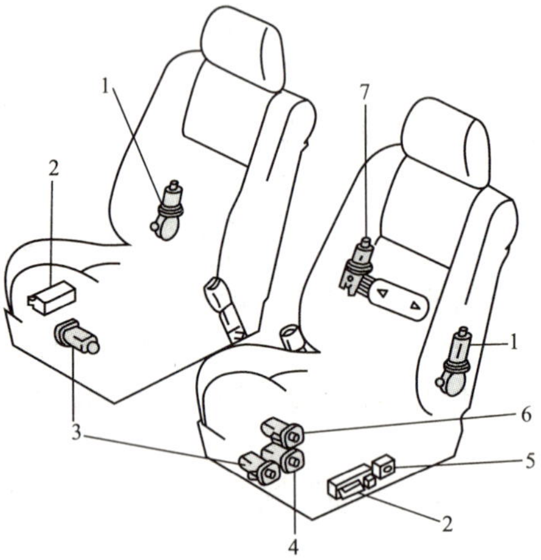

图 6.16　普通电动座椅的结构

1—倾斜电动机；2—电动座椅开关；3—滑动电动机；4—前垂直电动机；5—腰垫开关；6—后垂直电动机；7—腰垫电动机

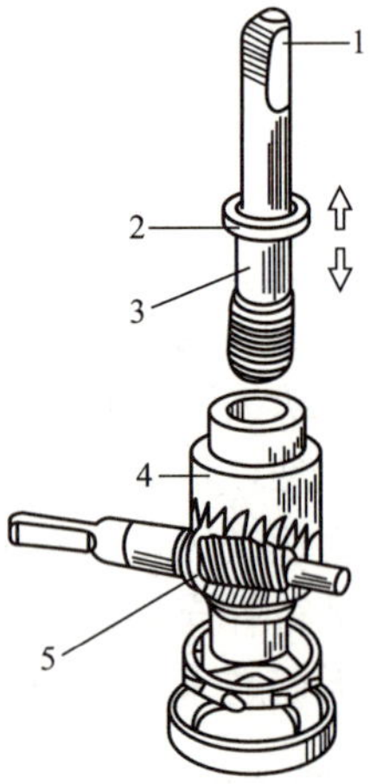

图 6.17　高度调整机构

1—铣平面；2—止推垫片；3—芯轴；4—蜗轮；5—挠性驱动蜗杆轴

② 纵向调整机构：纵向调整机构由蜗杆、蜗轮、齿条、导轨等组成，如图 6.18 所示。纵向调整机构的齿条装在导轨上，调整时，电动机转矩经蜗杆传至两侧的蜗轮 4 上，经导轨上的齿条带动座椅前后移动。

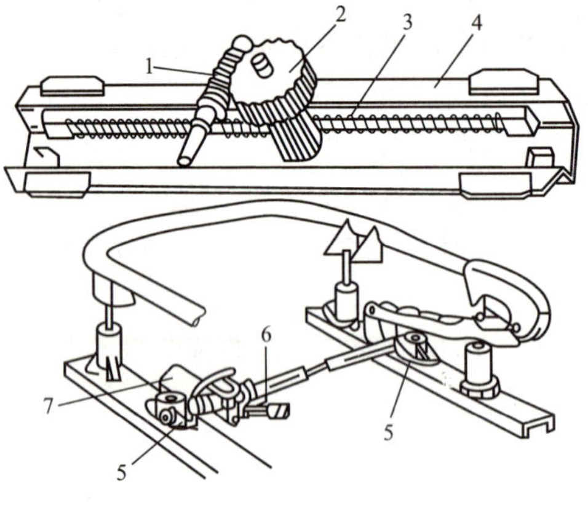

图 6.18　纵向调整机构

1—蜗杆；2—蜗轮；3—齿条；4—导轨；5—支承及导向元件；6—位置传感器；7—调整电动机

2) 电动座椅的控制原理

电动座椅控制电路的原理如图 6.19 所示，它与电动车窗的控制电路相似，通过调整开关控制双向直流电动机的电流方向来实现电动座椅的调整。该电动座椅包括滑动电动机、前垂直电动机、倾斜电动机、后垂直电动机和腰椎电动机，可以实现座椅的前后移动、前部高度调节、靠背倾斜程度调节、后部高度调节及腰椎前后调节。下面以座椅靠背的倾斜调节为例，介绍电路的控制过程。

当电动座椅的开关处于倾斜位置时，如果要调整靠背向前倾斜，则闭合倾斜电动机的前进方向开关，即端子 4 置于左位时，电路为：蓄电池正极→FLALT→FLAMl→DOOR CB→端子 14→(倾斜开关“前”)→端子 4→1(2)端子→倾斜电机→2(1)端子→端子 3→端

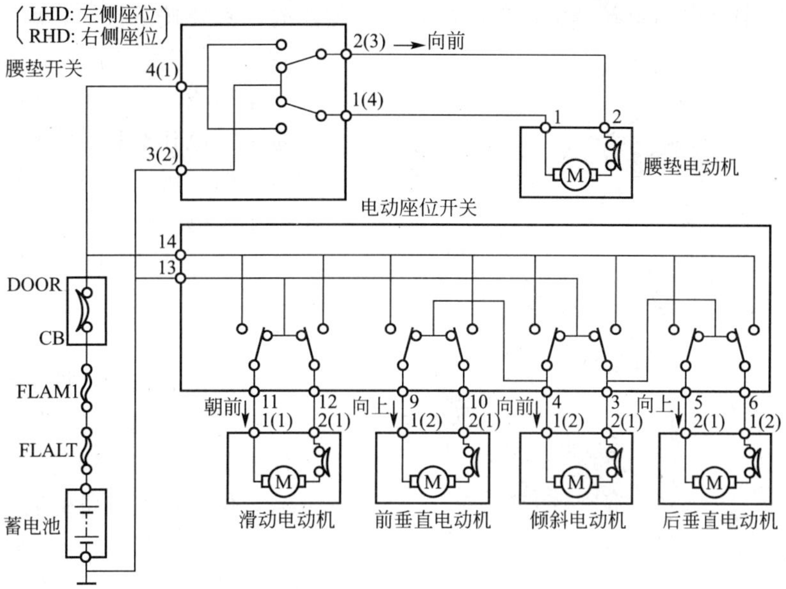

图 6.19 电动座椅的控制电路图

子 13→搭铁。此时，座椅靠背前移。

当端子 3 置于右位时，倾斜电动机反转，座椅靠背后移。其电路为：蓄电池正极→FLALT→FLAMl→DOOR CB→端子 14→(倾斜开关“后”)→端子 3→2(1)端子→倾斜电动机→1(2)端子→端子 4→端子 13→搭铁。此时，座椅靠背后移。

2. 具有自动调节功能的电动座椅

目前，许多高档轿车的座椅均采用了具有自动调节功能的电动座椅(以下简称自动座椅)，这种电动座椅的控制系统采用了具有存储器、记忆功能的电子控制模块，如图 6.20 所示。它能够将设定的座椅调节位置进行记录，使用时，只要按指定的按键开关，座椅就会自动地调节到预先设定的座椅位置上。

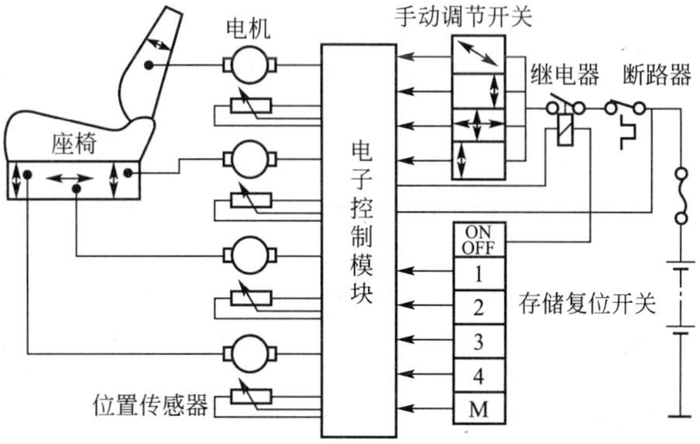

图 6.20 带自动调节功能的电动座椅系统原理图

1）自动座椅的组成及结构

该系统主要由电子控制部分和执行机构等组成。各个位置传感器用来检测座椅的设定位置，当座椅位置设定后，驾驶员按下存储器的按钮，单片微型计算机就把这些电压信号记忆在存储器中，作为重新调整位置时的基准。使用时，只要按下按钮，就能按存储时的状态来调整座椅位置。图 6.21 所示为丰田凌志 LS400 型轿车自动座椅的基本组成和安装位置图。

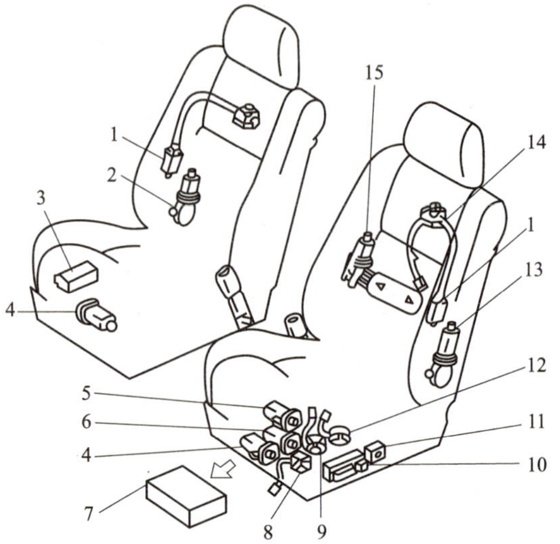

图 6.21 丰田凌志 LS400 型轿车自动座椅的基本组成及安装位置

1—头枕电动机；2—倾斜电动机；3—座椅开关；4—滑动电动机；5—后垂直电动机；6—前垂直电动机；7—自动座椅 ECU；8—滑移位置传感器；9—前垂直位置传感器；10—自动座椅开关；11—腰垫开关；12—后垂直位置传感器；13—倾斜电动机和位置传感器；14—头枕位置传感器；15—腰垫电动机

（1）电子控制部分：如图 6.20 所示，电子控制部分主要由继电器、断路器、控制开关(手动调节开关、存储复位开关)、电子控制模块、位置传感器(电位计)等组成。继电器的作用是接通和断开控制系统的电路。

① 断路器：断路器是一个系统保护装置，其作用是防止电气设备过载，保护电气设备的安全。

② 控制开关：控制开关安装在驾驶员座椅的左侧，它的作用是控制座椅的调节，由手动调节开关和存储复位开关组成，当需要个别调节时，可按开关上的标识进行操作。

存储是通过操纵存储开关，将位置传感器(电位计)输送来的电压信号存储在电子控制模块中，作为以后调节的依据。复位开关的作用是通过操纵复位开关使座椅根据记忆恢复到原来的位置。

③ 电子控制模块(ECU)：主要是用来自动控制座椅的调节。通过操纵座位控制开关，可将座位的前后滑移、前垂直、后垂直位置参数，靠背和头枕的倾斜参数，以及腰垫的位置参数存储在存储器中；当存储与复位开关输入控制信号后，座位在 ECU 的控制下，将自动存储和复位。

④ 位置传感器(电位计)：自动座椅的位置传感器主要有两种形式，一种是滑动电位器式，另一种是霍尔式。

滑动电位器式位置传感器的结构如图 6.22 所示，它主要由座椅电动机驱动的齿轮、螺杆、电阻丝以及能在螺杆上滑动的滑块组成。当调节座椅时，电动机将动力通过驱动齿轮传给螺杆使螺杆转动，螺杆又带动滑块在电阻丝上滑移，相当于一个可变电阻，于是改变了电阻值。根据欧姆定律，电阻值的变化引起电压的变化，当座椅的位置调定后将该电压信号输送给电子控制模块，驾驶员只要按下存储按钮，就能将选定的调节位置进行存储作为重新调节的基准。使用时只要按下指定的按键，座椅就会调节到预先选定的座椅位置上。

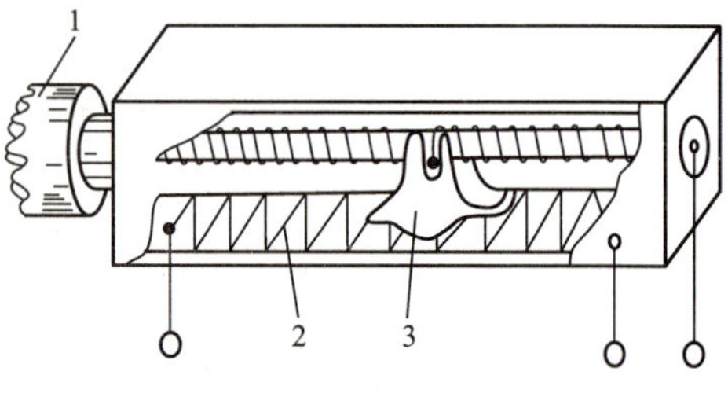

图 6.22 滑动电位器式自动座椅传感器示意图

1—齿轮(电动机驱动)；2—电阻丝；3—滑块

霍尔式位置传感器主要由永久磁铁和霍尔

集成电路组成。根据霍尔原理，霍尔元件中磁通量变化时会产生霍尔电压。永久磁铁安装在电动机驱动的转轴上，由于转轴上磁铁的转动引起霍尔元件中磁通量的变化，从而产生霍尔电压，再经霍尔集成电路进行放大并处理后，将电压信号输送给电子控制模块，实现电动座椅的自动调节。

(2) 执行机构：执行机构用来执行驾驶员的指令，以实现座椅的调整。它主要由电动机、传动装置和调节机构等组成。

电动机是将电能转换为机械能的装置，所产生的转矩通过传动装置驱动调整机构对座椅进行调整。传动装置的作用是将电动机的动力传给调整机构，以使座椅实现调节，它主要由传动轴和联轴器等组成。座椅调节机构主要由蜗轮蜗杆减速器、螺杆和螺母以及支承等组成。

传动轴的一端通过联轴器与电动机连接，另一端与调节机构连接。为了便于布置，传动装置的传动轴有时可以用软传动轴。

电动座椅的电动机大多采用双向式永磁电动机。

2) 自动座椅的控制电路与工作原理

以丰田凌志 LS400 型轿车自动座椅电子调节系统为例进行说明。

丰田凌志 LS400 型轿车自动座椅电子调节系统也是由电子控制机构和执行机构组成。电动机和传动机构等执行器与非电子控制的调节系统基本相同，其不同之处在于控制机构。

自动座椅调节系统的控制机构由 ECU、控制开关、位置传感器组成。ECU 包括自动座椅 ECU 及倾斜和伸缩 ECU，两者之间靠相互通信进行联系或控制。控制开关有操纵开关和限位开关两种：操纵(存储)开关一般采用触摸式或导电橡胶式开关，操作同一个开关，可向 ECU 顺序输入多个控制参数；限位开关用来限制传动部件移动的极限位置。位置传感器用于监测并向自动座椅 ECU 输入座椅不同的位置信号。

丰田凌志 LS400 型轿车自动座椅调节系统的工作原理如图 6.23 所示，系统有电动机连接器 A、传感器连接器 B 和控制开关连接器 C3 个连接器，连接器各端子的连接部位见表 6－1。

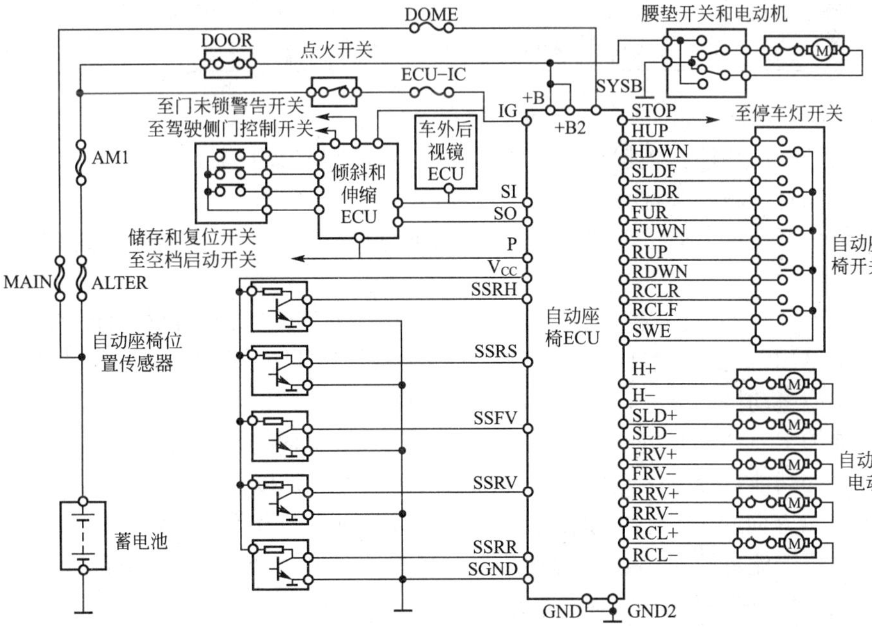

图 6.23 丰田凌志 LS400 轿车座位调节系统电路

表 6-1　丰田凌志 LS400 轿车座位调节系统连接器端子名称

编号	代号	端子名称	编号	代号	端子名称	编号	代号	端子名称
A1	GND	搭铁	B1	STOP	停车灯	C1	HUP	头枕开关(向上)
A2	H_+	头枕电机(向上)	B2	SYSB	电源	C2	SLDF	滑动开关(向前)
A3	SLD_+	滑动电机(向前)	B3	—	备用端子	C3	RCLR	倾斜开关(向后)
A4	FRV_+	前垂直电机(向上)	B4	SSRH	头枕传感器	C4	FUP	前垂直开关(向上)
A5	RRV_+	后垂直电机(向上)	B5	—	备用端子	C5	RUP	后垂直开关(向上)
A6	+B	电源	B6	—	备用端子	C6	SWE	手动开关搭铁
A7	GND2	搭铁	B7	—	备用端子	C7	HDWN	头枕开关(向下)
A8	H_-	头枕电机(向下)	B8	SI	串行通信	C8	SLDR	滑动开关(向后)
A9	SLD_-	滑动电机(向后)	B9	P	空挡启动开关	C9	RCLF	倾斜开关(向前)
A10	RCL_-	倾斜电机(向下)	B10	VCC	位置传感器电源	C10	—	备用端子
A11	RCL_+	倾斜电机(向上)	B11	IG	点火开关	C11	FDWN	前垂直开关(向下)
A12	FRV_-	前垂直电机(向下)	B12	SSRR	倾斜传感器	C12	RDWN	后垂直开关(向下)
A13	RRV_-	后垂直电机(向下)	B13	SSRV	后垂直传感器			
A14	+B2	电源	B14	SSFV	前垂直传感器			
			B15	SSRS	滑动传感器			
			B16	—	备用端子			
			B17	SO	串行通讯			
			B18	SGND	传感器搭铁			

在图 6.23 的工作原理图中，各控制部件的功能如下。

自动座椅开关的功能：当接通该开关时，向自动座椅 ECU 输入座椅前后滑移、前垂直、后垂直、靠背倾斜和头枕高低位置等信号。

存储和复位开关的功能：通过倾斜和伸缩 ECU 将记忆和复位信号输送到自动座椅 ECU 的存储器中。

自动座椅 ECU 的功能：控制各电动机电流的接通与切断、控制执行存储和复位动作。当自动座椅 ECU 接收到自动座椅开关的输入信号后，ECU 立即控制内部的继电器动作，接通或切断相应电动机的电流，并通过动力传动机构驱动座椅移动。座椅位置的存储和复位由倾斜和伸缩 ECU 与自动座椅 ECU 之间的相互通信联系进行控制。

腰垫开关的功能：控制腰垫驱动电动机电流的接通、切断和电动机电流的流向(即控制电动机的旋转方向)。当接收到来自门控保险器 DOOR CB 的电源时，腰垫开关接通，腰垫驱动电动机电流也接通；开关断开则电动机电流切断。腰垫开关不与自动座椅 ECU 连接，腰垫调整位置参数也不能存储在存储器中。

位置传感器的功能：将每个电动机(包括滑动、前垂直、后垂直、倾斜和头枕电动机)

的位置信号输送到自动座椅 ECU，再由自动座椅 ECU 与倾斜和伸缩 ECU 控制存储和复位。丰田凌志 LS400 型轿车各个座位传感器的安装位置如图 6.21 所示。

驱动电动机的功能：提供动力。每个电动机内部都设有电路断路器。座椅前后滑动、前垂直、后垂直、倾斜和头枕电动机由自动座椅 ECU 控制；腰垫驱动电动机由腰垫开关控制。

如图 6.23 所示，丰田凌志 LS400 型轿车自动座椅调节系统的基本原理是：①自动座椅 ECU 根据自动座椅开关输入的座椅前后滑移、前垂直、后垂直、靠背倾斜和头枕高低位置等信号，通过 ECU 内部的继电器分别控制各个驱动电动机动作，使座椅位置达到使用人员设定要求。②位置传感器将每个电动机(包括滑动、前垂直、后垂直、倾斜和头枕电动机)的位置信号输送到自动座椅 ECU，再由自动座椅 ECU 与倾斜和伸缩 ECU 根据存储和复位开关信号控制座椅位置的存储和复位。

总之，汽车电动座椅调节装置的多功能化，使座椅的舒适性、安全性、操纵方便性日益提高。

3. 电动座椅的加热

为了改善驾驶员和乘客的乘坐环境，现在好多轿车上都设置了座椅加热系统，座椅加热系统分为加热速度可调节和加热速度不可调节两种。

1) 加热速度不可调式座椅加热系统

图 6.24 所示为一典型轿车的电动座椅加热系统电路图，该系统的加热速度不可调。

该系统的加热电路可以对座椅进行加热，也可同时对座椅靠背进行加热；系统可以对驾驶员座椅和副驾驶员座椅同时加热，也可以分别进行加热。由图可见，其中的座椅加热线圈和靠背加热线圈为串联连接。该系统的具体工作过程如下。

(1) 只对驾驶员座椅进行加热。车辆在使用过程中，只有驾驶员开车的几率很大，这时则只需对驾驶员座椅进行加热，否则会造成一些不必要的浪费。当只需对驾驶员座椅进行加热时，可操作左前座椅加热开关，使其闭合，此时的电路为：电源→熔断丝 15→端子 12→端子 M21→加热开关→端子 4→恒温器开关→座椅加热丝→靠背加热丝→搭铁。此时，只对驾驶员的座椅进行加热，同时驾驶员座椅加热指示灯(IND)点亮。

(2) 对两个座椅同时加热。由于系统中分别设置了单独的左前座椅加热开关和右前座椅加热开关，所以使用时可根据需要分别单独对两个前座椅进行加热，也可同时进行加热，只需操作其相应开关即可。若要对两个座椅同时加热，则将两个座椅的加热开关同时闭合，此时两座椅的座椅加热线圈和靠背加热线圈串联以后再并联，两指示灯同时点亮。其中的电路分析与上述相同，不再赘述。

2) 加热速度可调式座椅加热系统

图 6.25 所示为一典型轿车的电动座椅加热系统电路图，该系统的加热速度可根据驾驶员或乘员的意愿进行调整。图中 HI 表示快速加热，LO 表示慢速加热。

该电动座椅加热系统驾驶员和副驾驶员座椅的加热器和加热控制开关相同，其安装位置如图 6.26 所示。

下面以驾驶员侧的座椅加热器为例，分析其工作过程。

如图 6.25 所示，当点火开关接通后，电源电流首先经过点火开关给座椅加热器的继电器线圈通电，继电器线圈的电路为：蓄电池“+”→熔断丝→点火开关→继电器线圈→

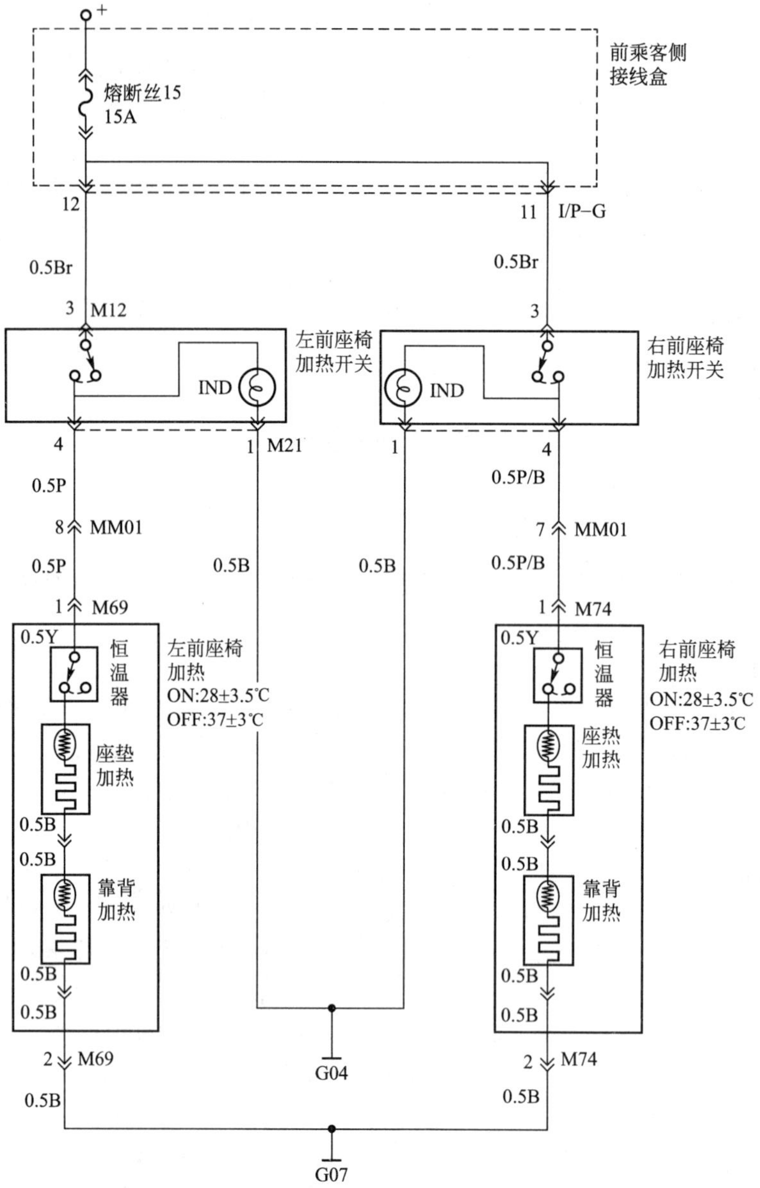

图 6.24　加热速度不可调式电动座椅加热电路图

搭铁→蓄电池“—”。这时继电器线圈产生的电磁力使座椅加热系统的继电器开关保持闭合，接通了座椅加热器的电路。

(1) 当加热器开关处于断开位置(开关处于中间位置)时，加热系统不工作。

(2) 当加热器开关处于“HI”位置时，接通了加热器的快速加热线路，此时加热器电路为：蓄电池“+”→熔断丝→继电器开关→加热器开关端子 5，然后电流分为 3 个支路，一路经：驾驶员座椅加热器开关②→指示灯→继电器端子 4→搭铁→蓄电池“—”，指示灯亮；另一路经：驾驶员座椅加热器开关③→加热器开关端子 6→加热器端子 A1→节温器→断路器→靠背线圈→搭铁→蓄电池“—”；还有一路经：驾驶员座椅加热器开关③→加热

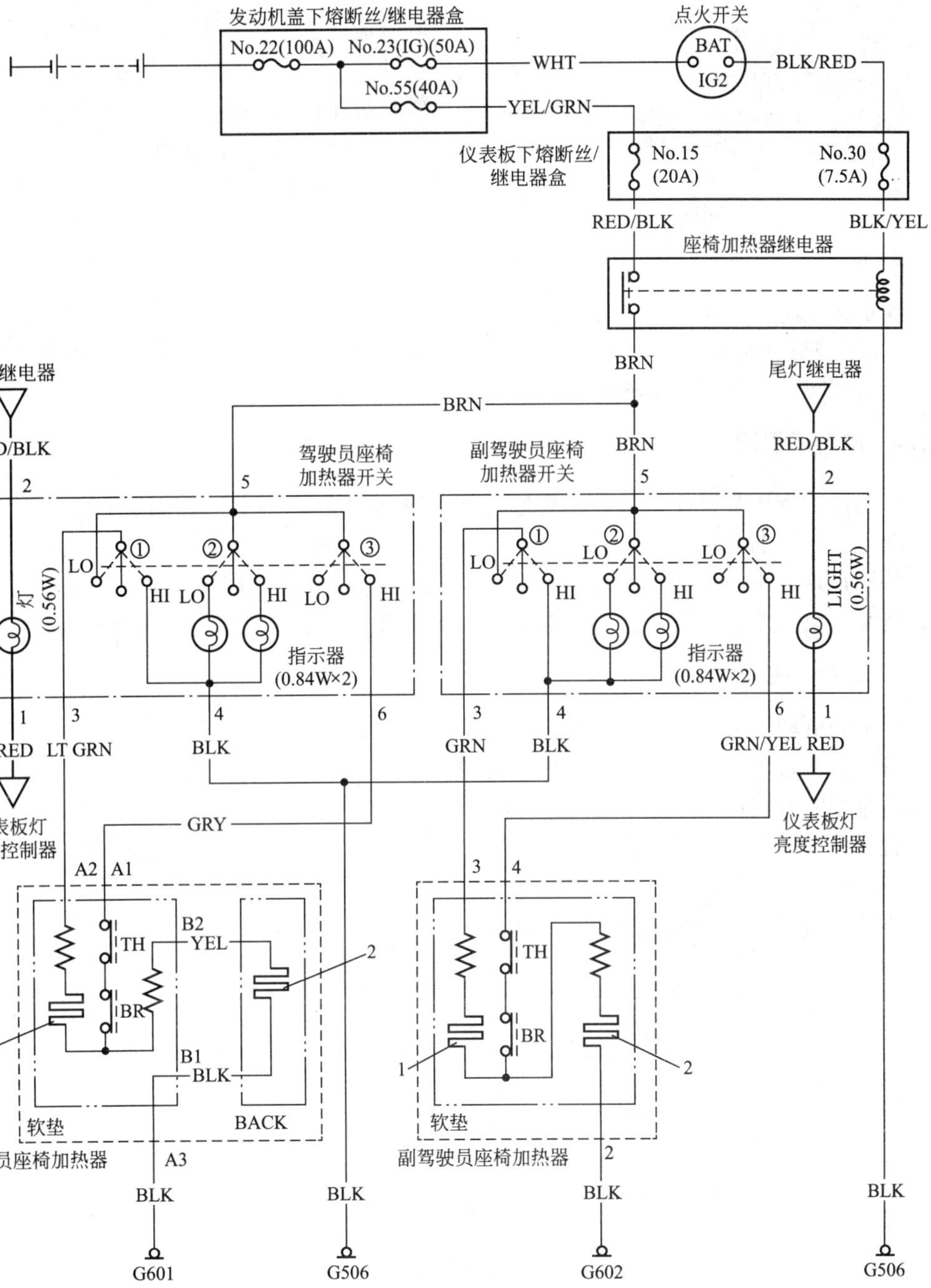

图 6.25 某典型轿车电动座椅加热系统电路图

1—加热器坐垫线圈；2—加热器靠背线圈；TH—节温器；BR—断路器

器开关端子 6→加热器端子 A1→节温器 TH→断路器 BR→座垫线圈→加热器端子 A2→加热器开关端子 3→驾驶员座椅加热器开关①→加热器开关端子 4→搭铁→蓄电池“－”。此时，靠背线圈和座垫线圈并联加热，加热速度较快。

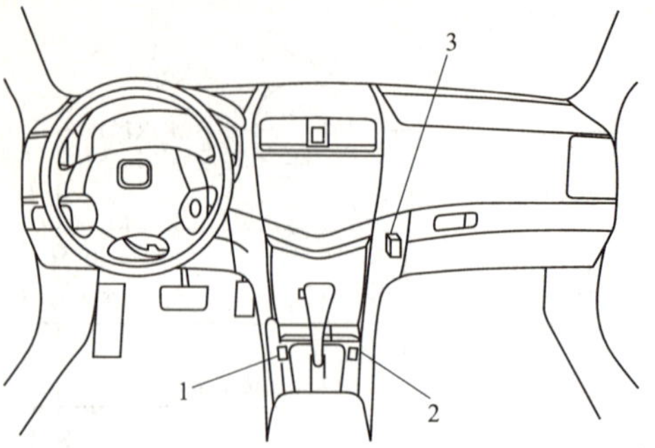

图 6.26 加热器开关和继电器的安装位置

1—驾驶员座椅加热开关；2—副驾驶员座椅加热开关；3—座椅加热器继电器

(3) 当加热器开关处于“LO”位置时，电流流向为：蓄电池“+”→熔断丝→继电器开关端子 5，然后分为两个支路，一路经：驾驶员座椅加热器开关②→指示灯→加热器端子 4→搭铁→蓄电池“−”，低位指示灯亮；另一路经：驾驶员座椅加热器开关①→加热器开关端子 3→加热器端子 A2→加热器座垫线圈→加热器靠背线圈→搭铁→蓄电池“−”。此时，靠背线圈和座垫线圈串联加热，电路中电流较小，因此加热的速度较慢。

6.2.4 电动后视镜

后视镜的作用是方便驾驶员清楚地看到车辆两侧及车辆后面其他运行车辆和路人的位置情况，后视镜的位置与行车的安全性有着密切的关系。后视镜的调整一般来说比较麻烦，特别是乘客车门侧的后视镜。电动后视镜控制系统的应用可以很方便地解决这个问题，驾驶员只需要在驾驶位置上操纵电动后视镜开关，就可以获得比较理想的位置。

1. 电动后视镜的组成

汽车的电动后视镜一般由镜片、调整开关、双电动机、传动和执行机构、外壳及连接件等组成。在每个后视镜镜片的背后都有两个可逆电动机，可操纵其上下及左右运动。通常绕垂直方向的转动由一个永磁电动机控制，绕水平方向的转动由另一个永磁电动机控制。有的电动后视镜还带有伸缩功能，由伸缩开关控制伸缩电动机工作，使两个后视镜可以整体回转伸出或缩回。

典型的后视镜结构和后视镜开关如图 6.27 所示。

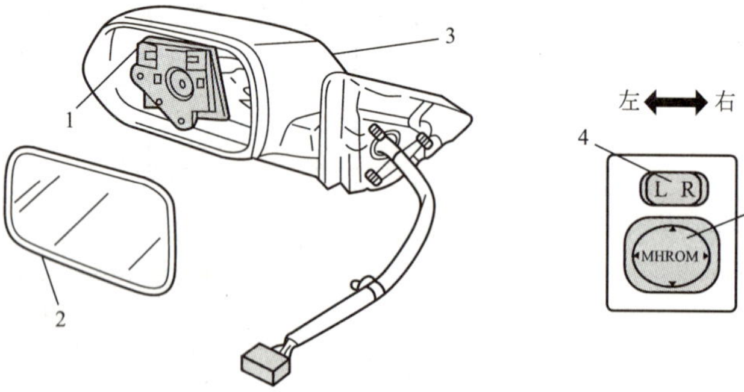

(a) 后视镜结构图　　(b) 开关示意图

图 6.27 电动后视镜的结构和控制开关示意图

1—驱动电动机；2—镜片固定架；3—后视镜壳体；4—左右调整开关；5—后视镜开关

2. 控制电路及工作原理

下面以北京现代索纳塔轿车的电动后视镜电路为例，说明电动后视镜的控制电路的工作原理。

图 6.28 所示为北京现代索纳塔轿车的双后视镜控制电路，每个后视镜都用一个独立的开关控制。操纵开关能使一个电动机单独工作，也可使两个电动机同时工作。

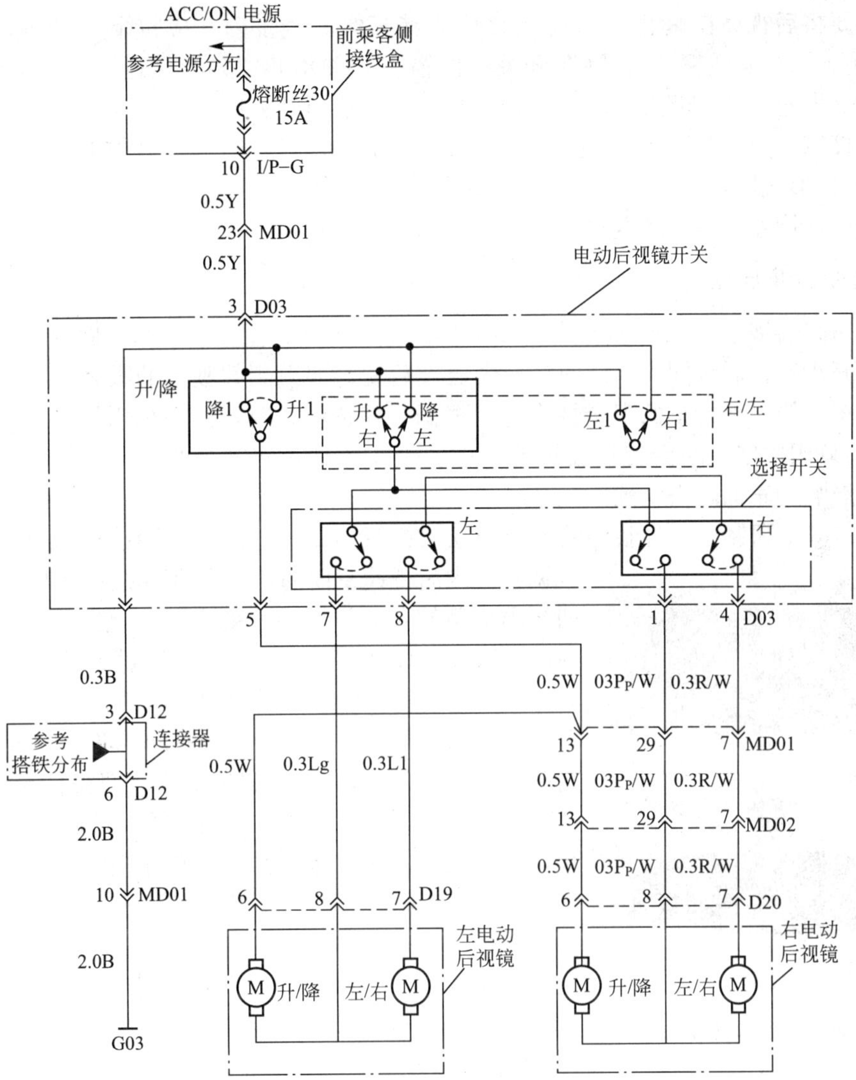

图 6.28　北京现代索纳塔轿车电动后视镜控制电路

在图 6.28 中，电动后视镜开关中的实线框和虚线框分别表示操作时总开关内部的联动情况。现在以左后视镜垂直方向的调整为例来说明该电动后视镜的控制原理。

若要调节左后视镜垂直方向的倾斜程度，需按下“升/降”按钮，该按钮所对应的电路在图 6.28 中电动后视镜开关的实线框内。

1）垂直方向倾斜度向下旋转的调整

当需要将后视镜在垂直方向向下旋转调整其倾斜程度时，则应按下“升/降”按钮到“降”的位置，这时图 6.28 中实线框“升/降”开关中的箭头开关均和“降”接通，其电流方向为：电源→熔断丝 30→开关端子 3→降 1→开关端子 5→左电动后视镜连接端子 6→“升/降”电动机→“左”电动后视镜连接端子 8→开关端子 7→选择开关中的“左”→

“降左”端子→开关端子 6→搭铁→蓄电池“一”，形成回路，此时后视镜就会向下旋转运动。

2）垂直方向倾斜度向上旋转的调整

当需要将后视镜在垂直方向向上旋转调整其倾斜程度时，应按下“升/降”按钮到“升”的位置，则实线框“升/降”开关中的箭头开关均和“升”接通，此时电流的方向为：电源→熔丝 30→开关端子 3→“升右”端子→选择开关中的“左”→端子 7→左电动后视镜连接端子 8→“升/降”电动机→端子 6→开关端子 5→升 1→开关端子 6→搭铁→蓄电池“一”，形成回路，这时左后视镜就会向上旋转运动。

电动后视镜左右运动的电路分析与此类似，此处不再赘述。

3. 自动防眩后视镜

自动防眩后视镜 ADM(Automatically Dipping Mirror)主要用于车内后视镜。

夜晚开车时，后方同向车辆的灯光会通过后视镜照射到驾驶员的眼睛里而产生眩目，影响到开车视线，使行车的安全性降低。根据一些资料研究，如果车辆的速度为 100km/h，当遇有刺眼的眩光时会使驾驶员的反应变慢 1.4 秒，使煞车的制动距离增加近一倍，这将严重影响到车辆的安全性。

现代汽车上研制出一种新型的自动防眩后视镜 ADM，传统的防眩方法是用手动的方式调整室内后视镜镜面的角度来达到防眩作用。现在已经研制出新型的自动防眩后视镜 ADM，它可随后方来光反射的刺眼程度，调整后视镜的镜面反射率，其调整的方式并不是调整镜面角度，而是根据不同的后方光线照度，来调整镜面的反射率。在白天不刺眼的情形下，通常镜面反射率会固定于约 75%的固定反射率，使得白天时仍能维持好的后方视野。但到了晚上则会随着眼睛的刺眼程度大小，随时调整最适合的反射率，越刺眼则反射率越低，反之则反射率较高，可大大地增加夜间行车的视野安全性。

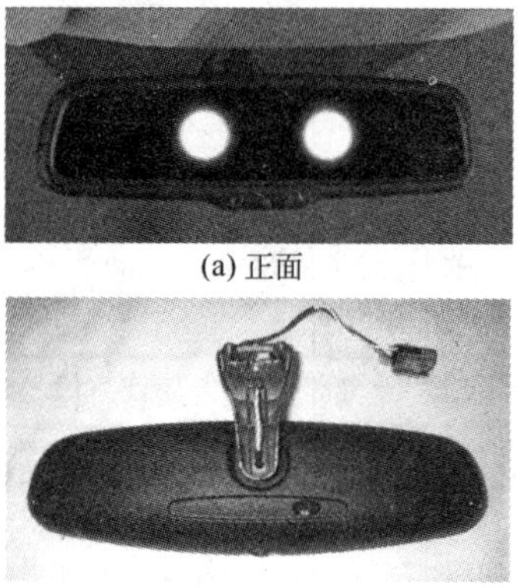

(a) 正面

(b) 背面

图 6.29　自动防眩后视镜

防眩目后视镜由一面特殊镜子、两个光敏二极管和电子控制器组成。两个光敏二极管分别设置在后视镜的前面及背面，分别接收汽车前面及后面射来的光线，如图 6.29 所示。

当车后面跟随车辆的大灯照射在车内后视镜上时，电子控制器接收到两个光敏二极管的信号后就会对比前方和后方光线的强弱，如果后方灯光的亮度大于前面灯光的亮度，电子控制器就会输出电压到后视镜导电层组件，致使后视镜镜面电化层颜色变深，此时再强的光照射在车内后视镜上也不会反射到驾驶者眼睛里。电子控制器接收到同向车辆的光线越强，输出电压就越高，其镜面颜色就越深，这样就达到了对同向车辆防眩的目的。

防眩目后视镜固然能防眩目，但在从车库倒车出来时由于车后面的光线较强而车前光线弱，此时后视镜若变暗就不利于倒车时看清车后情况，因此一些汽车便设计成当汽车挂倒挡时能自动取消防眩目功能，若没有自动取消功能的也会设计有手动取消防眩目功能。因此，在驾驶具有防眩目后视镜的汽车时一定要了解其防眩目功能能否自动取消。

6.3 中央门锁与防盗

为了方便驾驶员和乘客开关车门，现代汽车大都安装了中央控制门锁系统(以下简称中控门锁)，使汽车的使用更为方便和安全。中控门锁系统的功用是：当驾驶员锁住驾驶员车门时，其他所有车门(包括后车门或行李箱门等)都能同时自动锁住；当驾驶员打开驾驶员车门时，其他几个车门能同时打开；另外，为了方便和安全，除了中控门锁外，乘客仍可以利用各车门的机械式弹簧锁开关车门。

6.3.1 中控门锁系统的组成与功能

中控门锁主要由门锁控制开关、钥匙操纵开关、门锁总成、行李箱开启器及门锁控制器等组成。

图 6.30 所示为典型的中央控制门锁的组成及其各部件的安装位置，其各部分的作用及功能如下。

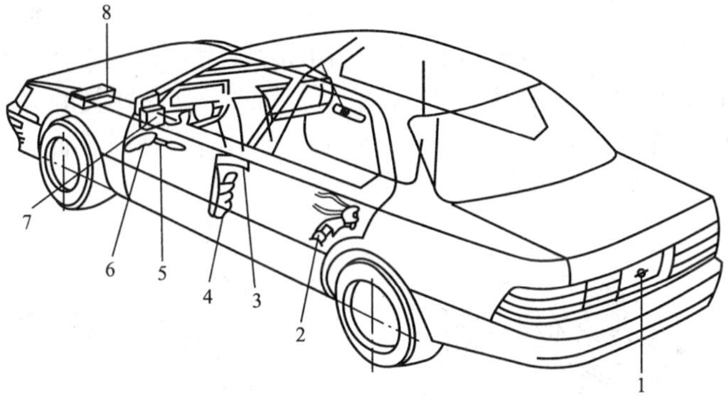

图 6.30 中央控制门锁系统的组成及安装位置

1—行李箱门控器电磁阀；2—左后门锁电动机及位置开关；3—门锁控制开关；4—左前门锁电动机、位置开关及门锁开关；5—左前门锁控制开关；6—No1 接线盒门控线路断路器；7—防盗和门锁控制 ECU 及门锁控制继电器；8—No2 接线盒、DOME 熔丝

1. 门锁控制开关

门锁控制开关一般安装在驾驶员侧前门内的扶手上，为杠杆型开关，通过门锁控制开关可以同时锁上和打开所有的车门。图 6.31 所示为丰田轿车门锁控制开关的位置图。

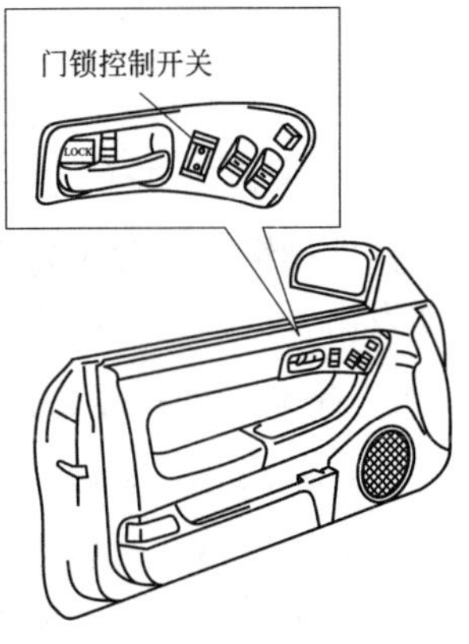

图 6.31 门锁控制开关的位置

2. 门锁总成

门锁总成主要由门锁传动机构、门锁位置开关、外壳等组成，其结构如图 6.32 所示。

门锁传动机构主要由门锁电动机、蜗轮蜗杆组和位置开关等组成。门锁电动机是门锁的执行器，当门锁电动机转动时，蜗杆带动蜗轮转动，蜗轮推动锁杆，车门被锁上或打开，

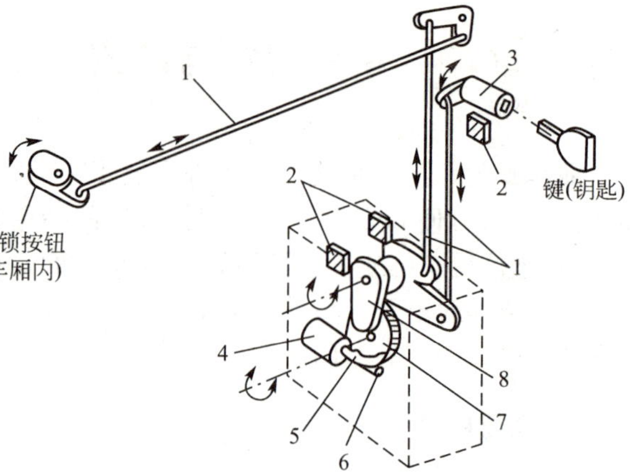

图 6.32　门锁机构示意图

1—连接杆；2—门锁位置开关；3—门键筒体；4—门锁电动机；
5—复位弹簧；6—蜗杆；7—蜗轮；8—锁杆

然后蜗轮在复位弹簧的作用下返回原位置，防止操纵门锁时电动机工作。

门锁位置开关位于门锁总成内，用来检测车门的开闭状态。它由一个触点片和一个开关底座组成，如图 6.33 所示。当锁杆推向锁门位置时，位置开关断开；锁杆推向开门位置时位置开关接通。当车门关闭时，此开关断开；当车门打开时，此开关接通，可将车门开启指示灯线路接通，车门指示灯就会闪烁。

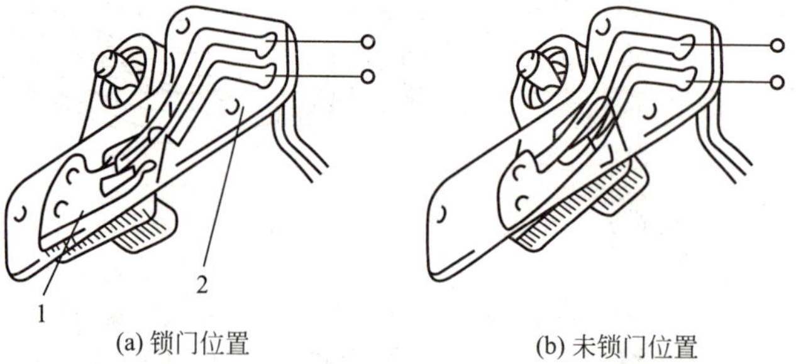

图 6.33　门锁位置开关的工作情况

1—触点片；2—开关底座

3. 钥匙操纵开关

钥匙操纵开关装在每个前门的钥匙门上。当从外面用钥匙开门和关门时，钥匙控制开关便发出开门或锁门的信号给门锁控制 ECU。

4. 行李箱门开启器开关

行李箱门开启器开关一般位于仪表板下面，拉动此开关便能打开行李箱门；行李箱钥匙门靠近行李箱门开启器，如图 6.34 所示。推压钥匙门，断开行李箱内主开关，此时再拉开行李箱开启器开关也不能打开行李箱门。将钥匙插进钥匙门内顺时针旋转打开钥匙门。当主开关再次接通，便可用行李箱门开启器打开行李箱。

5. 行李箱门开启器

行李箱门开启器装在行李箱门上，一般用电磁线圈代替电动机，由轭铁、插棒式铁芯、电磁线圈和支架组成，如图 6.35 所示。当电磁线圈通电时，插棒式铁芯将轴拉入并打开行李箱门。线路断路器用以防止电磁线圈因电流过大而过热。

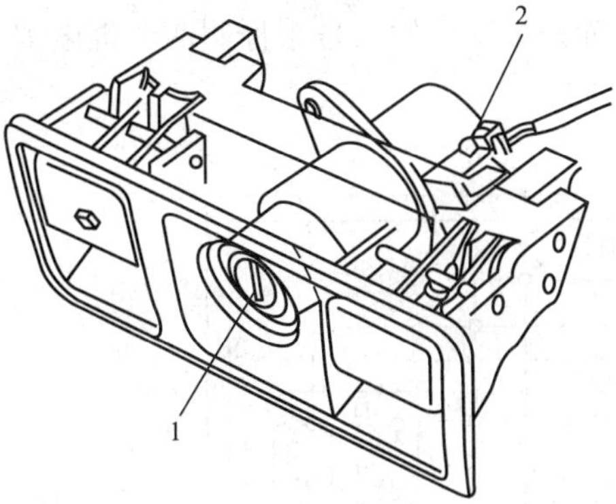

图 6.34 行李箱钥匙门及行李箱开启器开关

1—行李箱钥匙门；2—行李箱开启器主开关

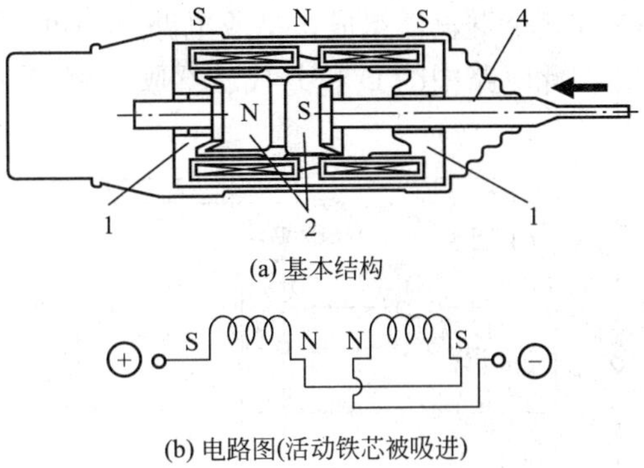

图 6.35 行李箱门开启器

1—固定磁极；2—活动铁芯；3—锁芯轴

6.3.2 中央门锁控制系统

中央门锁控制系统的形式比较多，常见的有继电器式、集成电路-继电器式、ECU 控制式等，还可分为有防盗控制和无防盗控制等。一般来说，继电器式、集成电路—继电器式大多没有防盗控制功能，而 ECU 控制式一般有防盗控制的功能。不论是哪一种控制形式，其内部线路都可能有所不同，但控制方法基本相似。

1. 继电器控制的中控门锁控制系统

图 6.36 所示为使用门锁继电器的中控门锁控制电路。

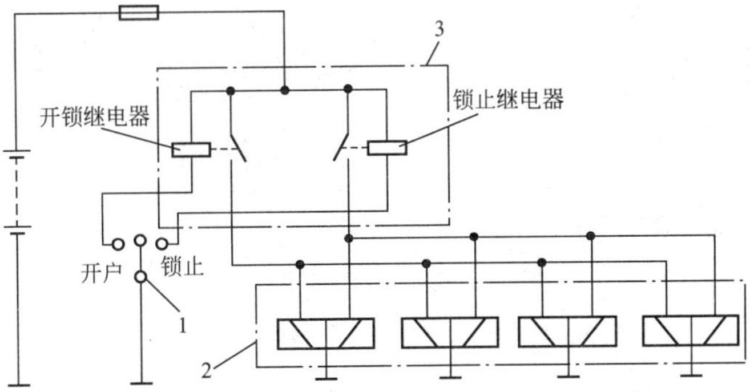

图 6.36 门锁继电器控制的中控门锁电路

1—门锁开关；2—门锁电磁铁；3—门锁控制继电器

当用钥匙转动锁芯，门锁开关中的开启触点闭合时，这样电流便经过蓄电池的正极、熔断丝、开锁继电器线圈后经门锁开关搭铁，开锁继电器开关闭合，电流经过门锁电动机或门锁电磁线圈搭铁，4 个车门同时打开。当用钥匙转动锁芯，门锁开关中的锁止触点闭合时，锁止继电器通电使其开关闭合，4 个车门同时锁住。开关受车速的控制，可以实现自动闭锁。

2. 集成电路-继电器控制的中控门锁系统

图 6.37 为集成电路-继电器控制的中控门锁系统电路。门锁控制器由一块集成电路(IC)和两个继电器组成，集成电路(IC)可以根据各种开关发出的信号来控制两个继电器的工作。此电路中的 D 和 P 代表驾驶员侧和副驾驶员侧。

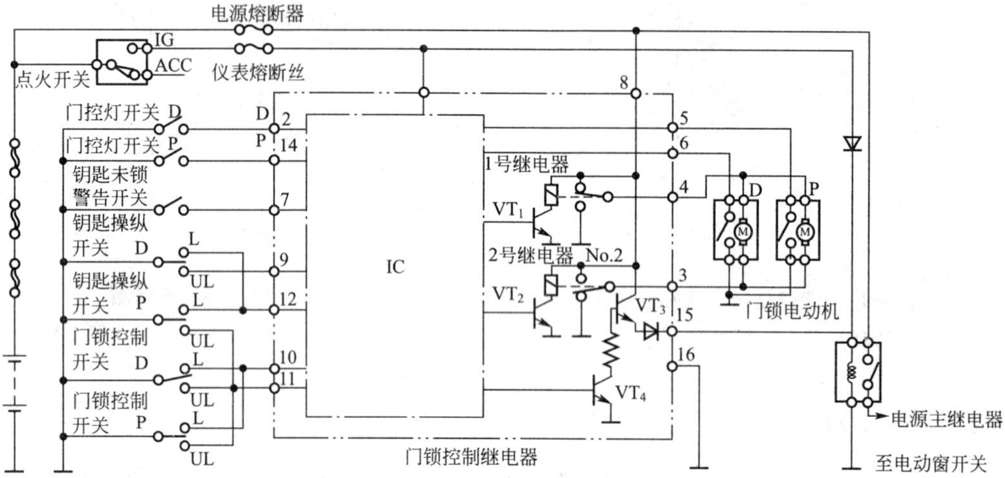

(a) 用门锁控制开关锁门时电路图

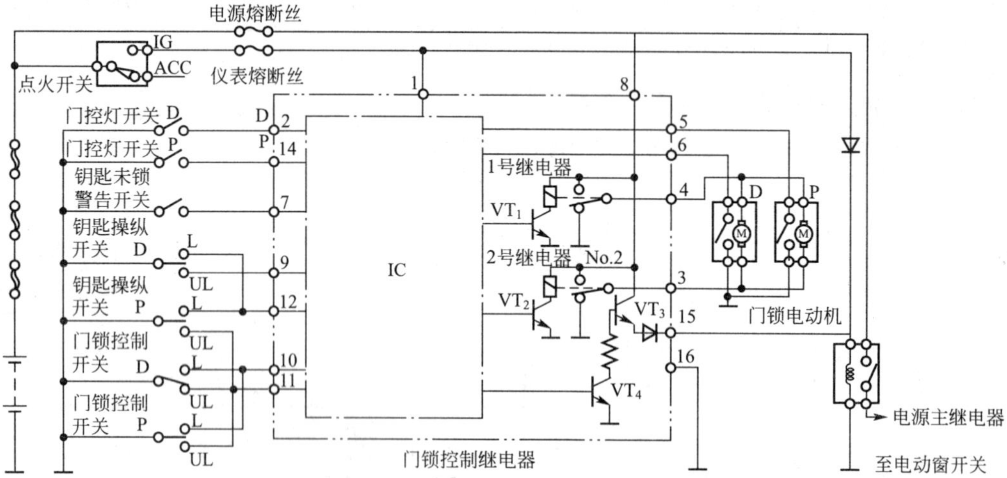

(b) 用门锁控制开关开门时电路图

图 6.37　继电器-集成电路(IC)控制的中控门锁控制电路

1) 用门锁控制开关锁门和开锁

锁门时：如图 6.37(a))所示，门锁控制开关推向锁门 L(LOCK)一侧，门锁继电器的端子 10 通过门锁控制开关搭铁，将 VT_1 导通。当 VT_1 导通时，电流流至 1 号继电器线圈，1 号继电器开关闭合，电流流至门锁电动机，所有车门均被锁住。

开锁时：如图 6.37(b)所示)，将门锁控制开关推向开锁 UL(UN LOCK)一侧，门锁继电器的端子 11 通过门锁控制开关搭铁，将 VT_2 导通。当 VT_2 导通时，电流流至 2 号继电器线圈，2 号继电器开关闭合，电流反向通过门锁电动机，所有的车门均打开。

2）用钥匙操纵开关锁门和开锁(参考图 6.37)

锁门时，将钥匙操纵开关转向锁门 L(LOCK)一侧，门锁继电器的端子 12 通过门锁控制开关搭铁，将 VT_1 导通。当 VT_1 导通时，电流流至 1 号继电器线圈，1 号继电器开关闭合，电流流至门锁电动机，所有车门均被锁住。

开锁时，将钥匙操纵开关推向开锁 UL(UN LOCK)一侧，门锁继电器的端子 9 通过门锁控制开关搭铁，将 VT_2 导通。当 VT_2 导通时，电流流至 2 号继电器线圈，2 号继电器开关闭合，电流反向通过门锁电动机，所有的车门打开。

通过上面的分析我们发现，图 6.37 所示的中控门锁控制系统是一种集成电路和继电器联合控制的中控门锁系统，它没有防盗功能。

3. ECU 控制的中控门锁系统

图 6.38 所示是具有防盗功能的、ECU 控制的中控门锁控制电路，下面分析其工作原理。

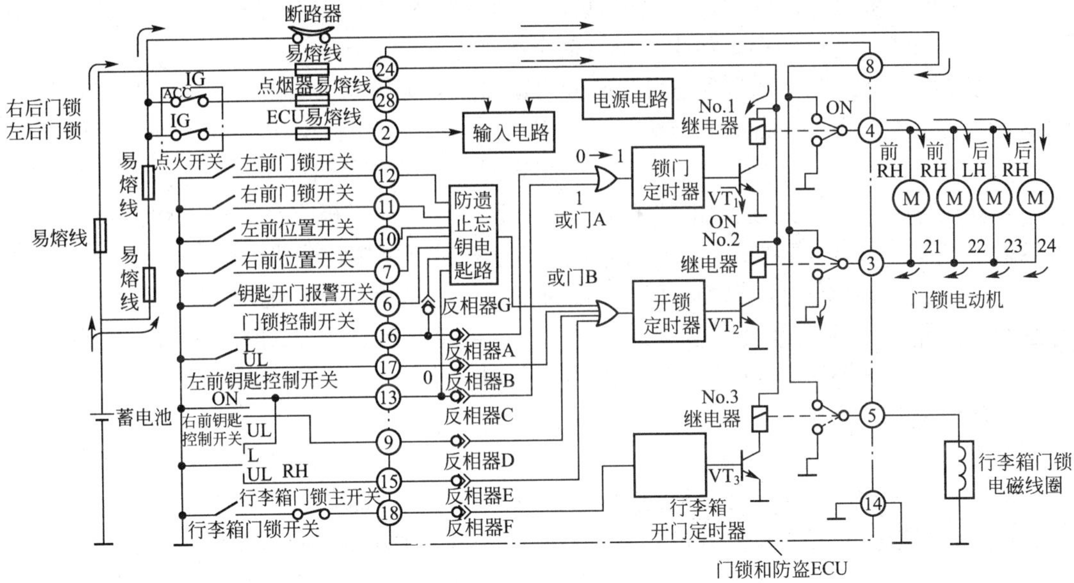

图 6.38　ECU 控制的中控门锁系统电路

1）用钥匙锁门和开锁：

(1) 锁门。当把钥匙插入驾驶员侧或副驾驶员侧门锁的锁芯内并向锁门方向转动时，钥匙控制开关将锁门侧 L(LOCK)接通，门锁和防盗 ECU 的⑯号端子与搭铁极接通，此时“1”信号经端子 13 和反相器 C 送给“或门”A，“或门”A 输出从“0”变为“1”。锁门定时器给晶体管 VT_1 提供基极电流使其导通，No. 1 继电器接通，电流通过继电器线圈的电路为：蓄电池正极→易熔线→断路器→ECU㉔号端子→No. 1 继电器电磁线圈→晶体管 VT_1→搭铁→蓄电池负极。No. 1 继电器通电后使其触点闭合，接通了门锁电动机电路：

电流从蓄电池正极→端子⑧→No. 1 继电器开关→端子④→门锁电动机→端子③→No. 2 继电器开关→搭铁→蓄电池负极，门锁电动机转动，将 4 个门锁全部锁上。

(2) 开锁。将钥匙插入驾驶员侧或乘员侧门锁锁芯内并向开锁方向转动时，钥匙控制开关将开门侧 UL(UN LOCK)接通，门锁和防盗 ECU 的 9 号端子与搭铁之间接通，“1”信号经端子⑰和反相器 B 送到“或门”B，“或门”B 输出从“0”变为“1”。因此，开门定时器给晶体管 VT2 提供基极电流使其导通，No. 2 继电器接通，No. 2 继电器通电后使其触点闭合，接通了门锁电动机电路。电路为：蓄电池正极→端子⑧→No. 2 继电器开关→端子③→门锁电动机→端子④→No. 1 继电器开关→搭铁→蓄电池负极，门锁电动机反向转动，将 4 个门锁全部打开。

2) 用门锁控制开关锁门和开锁

(1) 锁门。当把驾驶员侧或副驾驶员侧门锁控制开关推向锁门侧 L 位置时，门锁和防盗 ECU 的端子⑯与搭铁之间接通，信号“1”由端子⑯和反相器 A 送到“或门”A，“或门”A 的输出从“0”变为“1”。锁门定时器供给晶体管 VT1 基极电流使其导通，No. 1 继电器接通，电流通过继电器线圈的电路为：蓄电池正极→易熔线→熔断器→ECU㉔号端子→继电器 No. 1 电磁线圈→晶体管 VT_1→搭铁→蓄电池负极。

No. 1 继电器通电后使其触点闭合，接通了门锁电动机电路。电路为：蓄电池正极→端子⑧→No. 1 继电器开关→端子④→门锁电动机→端子③→No. 2 继电器开关→搭铁→蓄电池负极，门锁电动机转动，将 4 个车门锁全部锁上。

(2) 开锁。当把驾驶员侧或副驾驶员侧门锁控制开关推向开锁侧 UN 位置时，门锁和防盗 ECU 的⑰号端子与搭铁之间接通，“1”信号经端子⑰和反相器 B 送到“或门”B，“或门”B 输出从“0”变为“1”。因此，开门定时器供给晶体管 VT_2 基极电流使其导通，No. 2 继电器接通，电流通过继电器线圈的电路为：蓄电池正极→易熔线→熔断器→ECU ㉔号端子→N0. 2 继电器电磁线圈→晶体管 VT_2→搭铁→蓄电池负极。

No. 2 继电器通电后使其触点闭合，接通了门锁电动机电路。电路为：蓄电池正极→易熔线→断路器→ECU⑧号端子→继电器 No. 2 接通的触点→ECU③号端子→门锁电动机→ECU④号端子→No. 1 继电器搭铁触点→搭铁→蓄电池负极。门锁电动机反向转动，将 4 个门锁全部开锁。

3) 行李箱门锁的控制

当行李箱门锁主开关和行李箱门锁开关接通时，门锁和防盗 ECU 的⑱号端子与搭铁之间接通，“1”信号经端子⑱和反相器 F 送给行李箱开门定时器，相当于向 ECU 输入一个行李箱开锁请求信号。这时行李箱开门定时器供给晶体管 VT3 基极电流使其导通，No. 3 继电器导通，电流通过继电器线圈的电路为：蓄电池正极→易熔线→熔断器→ECU ㉔号端子→No. 3 继电器电磁线圈→晶体管 VT_3→搭铁→蓄电池负极。

No. 3 继电器通电后使其触点闭合，接通了行李箱门锁电磁线圈的电路。电路为：蓄电池正极→易熔线→断路器→ECU⑧号端子→No. 3 继电器接通触点→ECU⑤号端子→行李箱门锁电磁线圈→搭铁→蓄电池负极，从而使行李箱门锁打开。

4. 遥控门锁系统

为了便于操作，现在很多汽车的中控门锁系统均配备了遥控发射器来实现锁门和开门的远距离遥控控制。即不用钥匙插入门锁即可实现远距离的开锁和闭锁，即使在夜间或黑暗中使用也非常方便。图 6.39 所示为两种中控门锁遥控器的外观图。

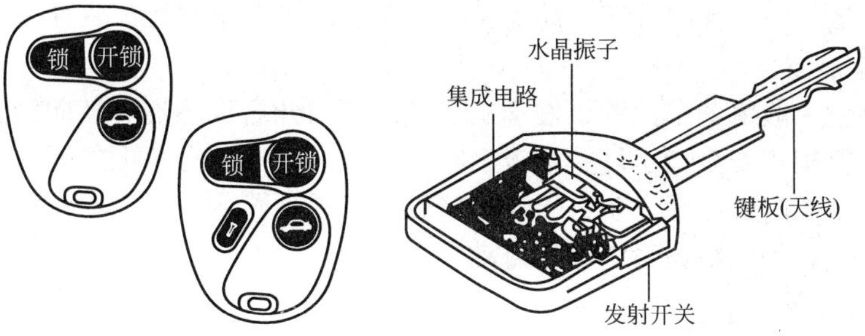

(a) 单独式遥控器　　(b) 与点火钥匙一体式

图 6.39　遥控发射机

遥控门锁系统主要由发射机、分配器、接收机及保险装置等组成。遥控门锁的基本原理是：通过遥控门锁的发射器发出微弱电波，此电波由汽车天线接收后送至中控门锁系统中的 ECU 进行识别对比，若识别对比后的代码一致，ECU 将把信号送至执行器来完成相应的动作。其具体工作过程如图 6.40 所示。

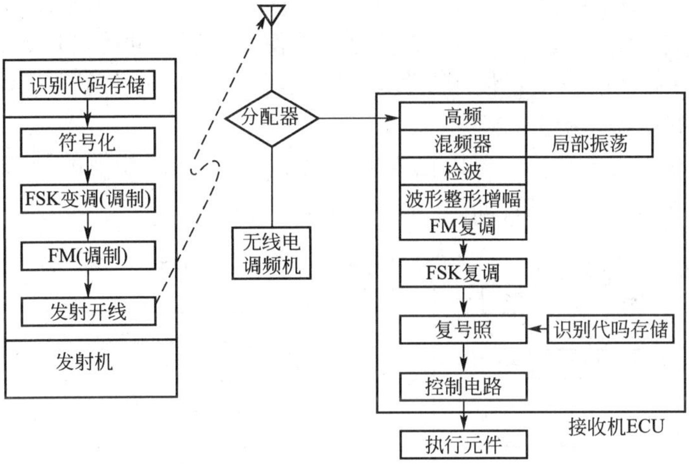

图 6.40　遥控门锁工作示意图

发射机制在键板上(有些与钥匙一体)与通信电路制成一体，采用单芯片集成电路使其体积小型化。一般集成电路的背面为锂电池。发射机开关每按一次，接收机便接收一次上锁或解锁命令。

6.3.3　防盗系统

汽车防盗系统的作用是使偷盗者放弃偷盗该车辆的企图，力图在窃贼接近或进入汽车时，以蜂鸣、警笛、灯光等方式吓退窃贼，并同时引起路人的注意。理想的防盗装置一般安装在较隐蔽的地方，当偷盗者进入汽车或者企图发动汽车时，汽车便发出一种警示的音频信号或光信号，给偷盗者的心理上造成压力。目前很多现代轿车的防盗系统还具备了使偷盗者不能开动汽车的装置。

为了防止车辆被盗，现在很多汽车制造商已经将汽车防盗系统作为车辆的标准装备。

1. 汽车防盗系统的组成

防盗系统一般由防盗保险装置、防盗警报装置和防被盗车辆行驶装置组成。

1）防盗保险装置

防盗保险装置一般由各个门锁、发动机盖锁、车门开启传感器、转向锁止机构、变速器操纵手柄锁止机构、安全指示灯、警报喇叭、警报蜂鸣器及有关电气元件组成。当拔下点火钥匙、将各个车门锁好后，防盗保险装置就进入了预警状态，设在汽车外部能看到的防盗指示灯将点亮，表示防盗系统已经启动。

2）防盗警报装置

当汽车处于防盗预警状态时，防盗警报系统将对车门锁及行李箱门锁等所有开关进行监控，如果有人企图不用钥匙强行进入汽车或打开行李箱盖时，防盗警报装置立即启动，并会发出报警声音信号或光信号。

3）防被盗车辆行驶装置

若盗贼破坏车门车窗非法进入汽车内时，防盗报警系统发出报警信号的同时，还会通过阻止发动机起动、阻止点火系统点火、阻止燃油系统供油、阻止转向系转向、阻止变速器操纵手柄换挡等方式防止车辆行驶。

使用较早的汽车防盗系统一般为机械式，机械式防盗系统是用机械的方法对方向盘、油路、变速器操纵杆等进行控制，如将方向盘锁住使其不能转动等，形式五花八门。由于机械式防盗系统的安全性较差，使用不便，已经被淘汰。目前汽车上广泛使用的是带有ECU控制的电子式防盗系统。

ECU控制的防盗报警系统主要由输入信号(包括传感器和相应的开关信号)、控制单元(防盗器ECU)和执行器组成，如图6.41所示。

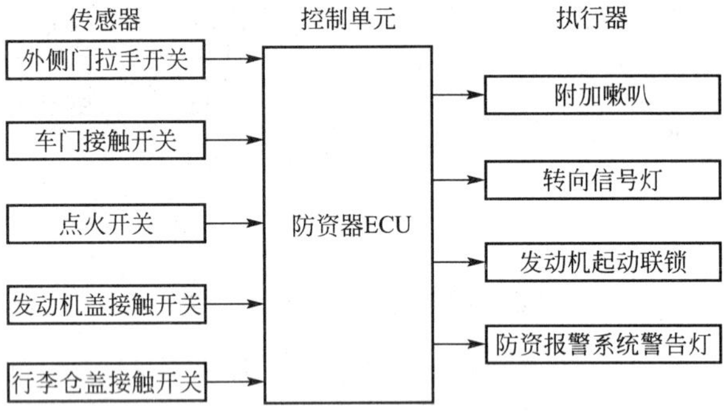

图6.41　防盗报警系统原理框图

2. 汽车防盗系统的基本工作原理

当用钥匙或遥控器锁好所有车门时，电子防盗警报系统进行自检，然后指示器断续闪光，表示系统已经处于监视状态，这时车门不能用门锁控制开关打开，行李箱门不能用行李箱门开启器开关打开，发动机罩也无法正常打开。此后，只有遥控器发出的开门信号被防盗系统ECU接收到或合法钥匙插入锁孔开关，才能使防盗系统ECU解除监视状态，正常打开车门。若不是通过上述手段开启车门或行李箱门，则防盗系统ECU根据各种开关信号判定为非法开启，于是接通喇叭线路和各种警报灯开关继电器进行报警，同时还会使起动机不工作或控制喷油器不喷油或点火系统不点火等。只有使用合法点火钥匙打开左侧或右侧前门，或用合法点火钥匙插入点火锁芯、并将其转至 ACC 或 ON 位置时，才可使防盗系统退出监视状态，指示灯熄灭。

如果用合法点火钥匙打开行李箱门可以临时解除监视状态，但在行李箱门关闭一段时间(约 20s)后，防盗系统的监视状态会自动重新起动。

3. 典型的汽车防盗警报系统

图 6.42 所示为桑塔纳 2000GSi 型轿车汽车防盗警报系统的组成图。它主要由带有脉冲转发器的汽车钥匙、识读线圈、防盗器 ECU、带可变代码的发动机 ECU 以及防盗警告灯等组成。其中车钥匙上的脉冲转发器和识读线圈是整个电子控制防盗系统的信号发生器，防盗器 ECU 是控制单元，而发动机 ECU 是执行器。

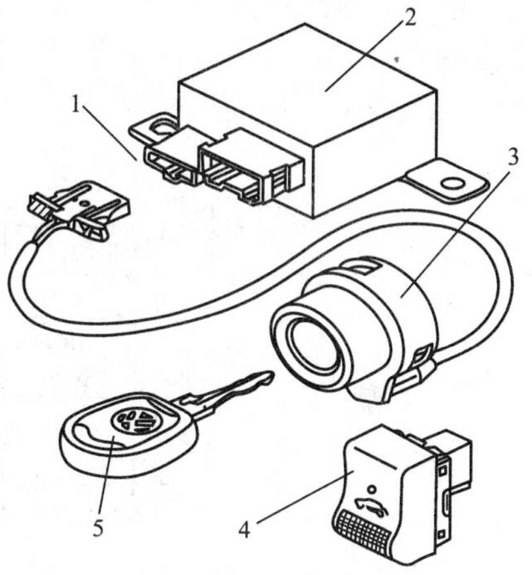

图 6.42　桑塔纳 2000Gsi 型轿车防盗器

1—与发动机 ECU 连接接口；2—防盗器 ECU；3—识读线圈；4—防盗警告灯；5—带转发器的车钥匙

1) 防盗警报系统中各组成部分的功能

(1) 汽车钥匙上的脉冲转发器：在每把车钥匙中都有一只很小的棒状转发器，其内部含有运算芯片和细小的电磁线圈(识读线圈)，来完成信号和能量传递，它是一种不需要电池来驱动的感应和发射元件。当车钥匙插入锁孔并打开点火开关时，防盗器 ECU 即把能量输送给识读线圈，再由识读线圈把能量用感应的方式传送给脉冲转发器。这时脉冲转发器接收感应能量后立即发射出程控代码，并通过识读线圈把程控代码输送给防盗器 ECU，供其核对，以识别其钥匙的合法性。每一辆车的车钥匙即脉冲转发器都有不同的程控代码。

(2) 识读线圈：识读线圈安装在点火开关的锁芯上，通过一定长度的导线与防盗器 ECU 相连，作为防盗器 ECU 的负载，担负防盗器 ECU 与转发器之间信号及能量的传递任务。

(3) 防盗器 ECU：防盗器 ECU 安装在转向柱左边支架中央的线路板上方。在点火开关置于 ON 时，激活脉冲转发器，通过识读线圈把它的程控代码接收回防盗器 ECU。防盗器 ECU 把输入的程控代码与先前存储在防盗器内的车钥匙代码进行核对是否正确。同时，防盗器 ECU 又对发动机 ECU 存储在防盗器 ECU 中的代码进行核对。如果核对后，代码不一致，发动机将在发动后 2s 内中断点火和燃油喷射而熄火。

由于防盗器 ECU 是经过与发动机 ECU 匹配后才介入到发动机电子控制系统中的，因此只有使用被装于汽车上的防盗器 ECU 匹配过并认可的车钥匙，才能安全起动发动机。

(4) 防盗警告灯：当使用合法的车钥匙打开点火开关时，安装在仪表台中部面板上的防盗警告灯会点亮(3s 内)后熄灭。如果使用非法的车钥匙，或者在防盗系统中存在故障，则打开点火开关后，防盗警告灯会连续不停地闪烁。

2) 基本工作原理

汽车出厂匹配后，防盗器 ECU 便存储了该车发动机 ECU 的识别密码以及 3 把钥匙中转发器的识别密码，同时，每个转发器也存储了相应的防盗器 ECU 的有关信息。将钥匙插入点火锁芯并接通点火开关时，防盗器 ECU 首先通过锁芯上的识读线圈将随机数据传输给钥匙中的转发器，经特定运算后，转发器将结果反馈给控制器，控制器将其与 ECU 中存储的识别密码相比较，若密码吻合，系统即认定该钥匙为合法钥匙。防盗器 ECU 还要对发动机 ECU 进行识别，只有钥匙(转发器)、发动机 ECU 的密码都吻合时，防盗器 ECU 才容许发动机 ECU 工作。

防盗器 ECU 通过一根串行通信线(W 线)将经过编码的工作指令传到发动机 ECU，发动机 ECU 根据防盗器 ECU 的数据来决定是否启动汽车。同时，诊断仪可通过串行通信接口(K 线)对系统进行故障诊断、编码等操作。在识别密码的过程(2s)中，防盗指示灯会保持点亮状态。如果有任何错误发生，发动机 ECU 将停止工作，同时，指示灯会以一定频率闪烁。防盗 ECU 和发动机 ECU、诊断仪等部分的连接如图 6.43 所示。

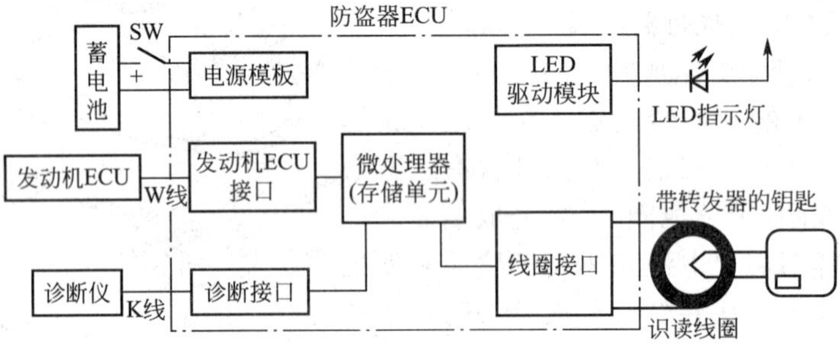

图 6.43　防盗控制原理

3) 汽车钥匙的匹配

钥匙匹配过程有两种类型，一种是生产线使用，此时防盗 ECU 预置为自学习模式，即不需其他设备即可记忆钥匙的匹配过程；另一种是供给售后维修使用，必须借助诊断仪及防盗 ECU 密码才能进行匹配过程。

(1) 生产线上的钥匙匹配。在总装生产线上，当防盗器 ECU、识读线圈安装完毕，且连接器(识读线圈与防盗器 ECU、防盗器 ECU 与发动机 ECU 等)连接正确，用含转发器的钥匙插入点火锁芯并接通点火开关，识读线圈随即建立起联系防盗器 ECU 与转发器的电磁场，自学习模式即被起动。如果防盗器 ECU 能读出转发器信息，则使 LED 指示灯保持常亮，并按照防盗器 ECU 读出并存储该转发器的识别码→防盗器 ECU 内的保密字符写入转发器→进行校验的步骤自动对已插入点火锁芯中的钥匙进行匹配。若整个过程正确无误，LED 灯将熄灭，该钥匙的匹配结束。

如果钥匙匹配期间发生错误(如转发器不能被防盗 ECU 读取等)，防盗器 ECU 会在 2s 内重复执行匹配过程，直至该钥匙被成功匹配。若 2s 后仍不能成功匹配该钥匙，LED 会以 1Hz 的频率闪烁，直至点火开关关闭。

第 1 把钥匙成功匹配后，关闭点火开关，插入第 2 把钥匙并接通点火开关，防盗器 ECU 将重复以上步骤来完成对第 2 把钥匙的匹配；当第 3 把钥匙也匹配成功(即预设的 3 把钥匙全部学习成功)，LED 灯在熄灭 0.5s 后会再点亮 0.5s，然后熄灭。此时，自学习过程全部结束，防盗器 ECU 也随即退出并取消这种学习模式，以后若想重新匹配钥匙，只能通过售后服务的钥匙匹配过程来进行。

需要说明的是：为了提高安全性，自学习模式被起动后，必须在60 s内完成单把钥匙的匹配；否则，学习模式自动终止。只有已成功匹配的钥匙可用来开动汽车。每个防盗器ECU只能使用1次该模式，若要重新匹配钥匙应借助诊断仪及防盗器ECU密码才能进行。

(2) 售后服务的钥匙匹配。防盗器ECU一般有特定的14位识别码及4位密码，可在随车手册注明的位置找到。只有借助诊断仪及防盗器ECU密码才能进行售后服务的钥匙匹配。通过诊断仪向防盗ECU输入密码并输入欲匹配钥匙数量(1～8把)后，防盗器ECU首先将以前匹配过的钥匙信息擦除，使这些钥匙全部失效，随即开始新的钥匙匹配过程，并把当前插入点火锁芯的钥匙作为第一把钥匙来匹配。匹配过程与(1)中自学习过程类似，最后1把钥匙匹配结束后LED会在熄灭0.5s后再点亮0.5s。

在售后服务的钥匙匹配过程中如果发生错误，防盗ECU会马上结束匹配过程，在此过程中刚匹配过的钥匙保持有效。

(3) 汽车防盗器的识别码与密码。汽车防盗器的识别码：防盗器ECU有一个14位字符的识别码和一个4位数的密码。一辆新车，它的密码一般在该车的钥匙牌上，上面用一定方式(如黑胶纸)封住。密码是用来解密和重新配置车钥匙的，车主应在购车后妥善保管好这个“密码”。如果钥匙牌丢失或遗忘了密码，必须先使用该系列车型的专用仪器获得14位字符的识别码，再通过出厂商的服务热线查询密码。

(4) 车辆钥匙的使用与匹配说明。只有使用汽车防盗器控制单元匹配过的钥匙，发动机才能起动。如果需要重新匹配钥匙或增配钥匙，必须同时匹配汽车的全部钥匙。如果合法钥匙遗失，为确保车辆安全必须将其他所有合法钥匙用诊断仪重新进行匹配，以使丢失的钥匙变为非法钥匙。

6.4 汽车低温起动加热装置

汽车在低温和寒冷的冬季起动发动机时，由于机油粘度增高，使起动阻力矩增大；蓄电池也因低温而使放电能力降低，工作性能下降；燃料的雾化性能变坏，致使燃油的雾化困难。种种原因都会造成发动机的起动非常困难，为了使汽车发动机在低温下能够可靠地起动，多数发动机都设有低温起动预热装置，来提高进入气缸的空气(或可燃混合气)温度。尤其是柴油机，由于它的点火方式属于压燃，当进气温度低时，压缩后的混合气会出现达不到燃料自燃温度而无法起动，因此柴油机上基本都设有低温起动加热装置。

低温起动加热的类型有分缸预热和集中预热两种。柴油机一般采用分缸预热，加热器一般安装在各气缸内或进气歧管上；汽油机一般采用集中预热，加热器一般安装在发动机进气管的下方。

6.4.1 柴油机的低温起动加热装置

根据柴油机的功率大小、工作环境、用途的不同，其加热装置有很多种，除进气加热装置外，还有油底壳加热装置、油泵加热装置、蓄电池加热装置和缸体缸盖加热装置等。下面我们主要介绍柴油机的进气加热装置。

1. 加热器

柴油机常用的加热器有电热塞式加热器、热胀式加热器、电磁火焰式加热器、电网式预热器、压力雾化火焰预热器等多种，下面只介绍以下几种。

1）电热塞式加热器

电热塞式加热器适用于分缸预热的柴油机，其作用是对进入燃烧室内的空气进行加热。

采用涡流室或预热室式燃烧室的柴油发动机，由于燃烧室表面积大，在压缩过程中的热量损失较燃料直接喷射式大，致使起动更为困难。为此，一般在涡流室或预热室式柴油机的燃烧室中都装有电热塞，即在发动机的每个气缸都装有一个电热塞。在发动机起动前电热塞可对燃烧室内的空气进行预热。

图 6.44 所示为内装式电热塞的结构图。用铁镍铝合金制成的电热丝 2，一端焊在中心杆 9 上，另一端焊在耐高温不锈钢制造的发热体钢套 1 的底部，在中心螺杆与外壳 5 之间有瓷质绝缘体 7，胶合剂 8 将中心螺杆固定于绝缘体上，为固定好电热丝 2 的空间位置，在钢套内装有具有一定绝缘性能、导热好、耐高温的氧化铝填充剂 3。

各电热塞中心螺杆用导线并联后和蓄电池连接。

电热塞安装在汽缸盖上，各缸电热塞中心螺杆用导线接于电源。发动机起动前，接通电热塞开关，电流经蓄电池正极→电阻丝→中心螺杆→蓄电池负极。

由于电流流经电阻丝，电阻丝和发热体钢套则发热变红，用来加热气缸内的空气，达到预热空气顺利起动的目的。

2）热胀式加热器

热胀式电火焰加热器常作为中小功率柴油机的进气预热装置。

热胀式电火焰加热器的结构如图 6.45 所示。外表绝缘的空心阀体 2 是由线膨胀系数较大的金属材料制成，其一端与进油管接头 3 相连，另一端有内螺纹与有外螺纹的阀芯 5 相连，

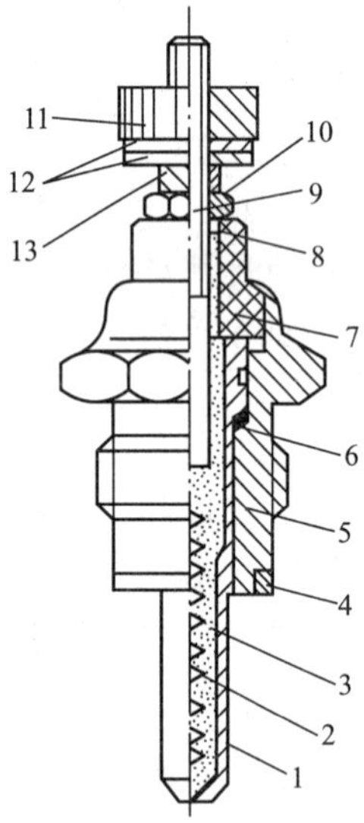

图 6.44　电热塞的结构

1—发热体钢套；2—电热丝；3—填充剂；4、6—密封垫圈；5—外壳；7—绝缘体；8—胶合剂；9—中心螺杆；10—固定螺母；11—压紧螺母；12—压紧垫圈；13—弹簧垫圈

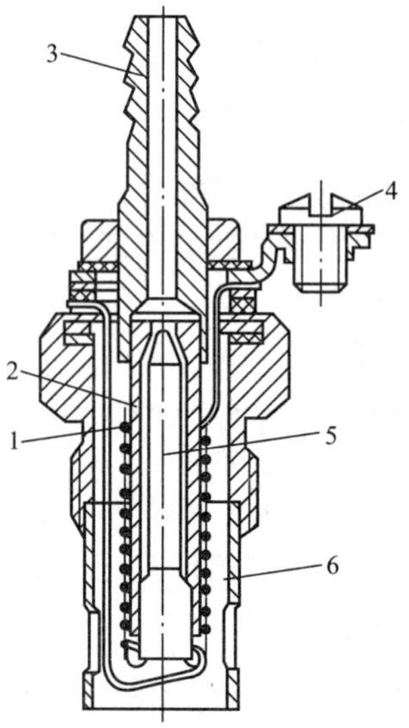

图 6.45　热胀式电火焰预热器

1—电热丝；2—阀体；3—进油管接头；4—接线螺钉；5—阀芯；6—稳焰罩

阀芯的锥形端在预热器不工作时将由管接头的进油孔堵塞，阀体外有外表绝缘的电热丝1。

柴油机起动前接通热胀式电火焰预热器电路后，电热丝通电发热，并加热阀体，使阀体受热伸长，带动阀芯移动，阀芯锥形端离开进油孔，燃油流入阀体内腔受热而汽化，并从阀体的内腔喷出，被炽热的电热丝点燃生成火焰，使进气得到加热。

当起动后关闭预热器电路时，电热丝冷却，阀体也变冷收缩，其锥形端又堵住进油孔而停止燃油的流入，火焰熄灭，预热终止。

3) 电网式预热器

电网式预热器适用于中小(功率)型的柴油机，其结构如图6.46所示。

将电热丝3烧成网状固定在一个片形方壳1内，然后装入进气歧管的管口处。低温起动前接通预热器电路使电热丝发热，从而使进入气缸内的空气流经热电阻丝时而被加热。

4) 压力雾化火焰预热装置

这种预热装置适用于在极寒地区运行的柴油机汽车，它可以使柴油机在－40℃低温下起动，其预热装置原理示意图如图6.47所示。

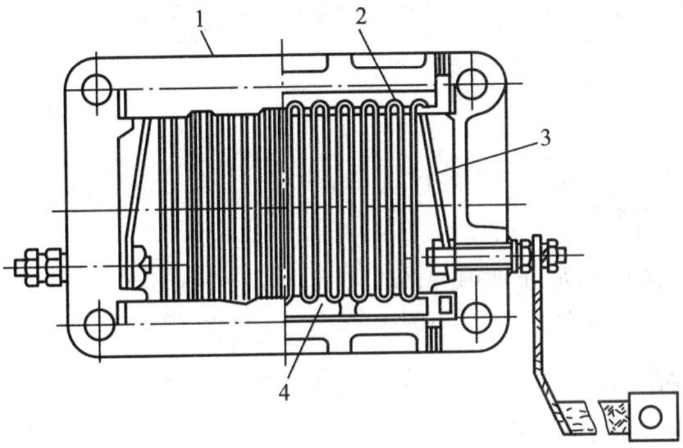

图6.46 电网式预热器

1—片形方壳；2—弹簧；3—电热丝；4—绝缘体

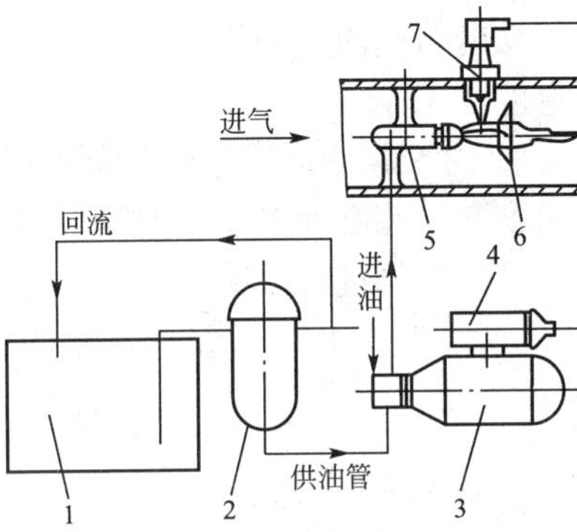

图6.47 压力雾化火焰预热装置示意图

1—油箱；2—滤清器；3—电动输油泵；4—点火线圈；5—喷油器；6—火焰稳定器；7—火花塞；8—点火电缆

这是一种全自动的并且能燃用多种燃料的预热装置，其工作过程是：进入燃烧室的空气经过一个特别的燃烧室，室中装有喷油器5，火花塞7和火焰稳定器6，燃油由电动输油泵3从油箱1吸出后，经滤清器2、输送至喷油器5处，喷入燃烧室。点火线圈4产生点火所需的高压，并经电缆送至火花塞7，使其跳火，点燃喷入燃烧室的燃油，放出的热量加热了进气，使柴油机容易起动。

该装置的电路只有在发动机冷却液温度较低时才开始工作，热机起动时，此装置不工作。另外它还有一个保护线路，确保只有当发动机开始转动时才有火焰产生，在发动机冷机起动时，由火焰所发出的热量可自动增加，且火焰一直保持不灭，直到发动机冷却液达到一定的温度为止。

2. 进气加热装置控制电路

1) 手动操纵的进气加热控制电路

由驾驶员手动操纵的进气加热控制电路如图6.48所示。

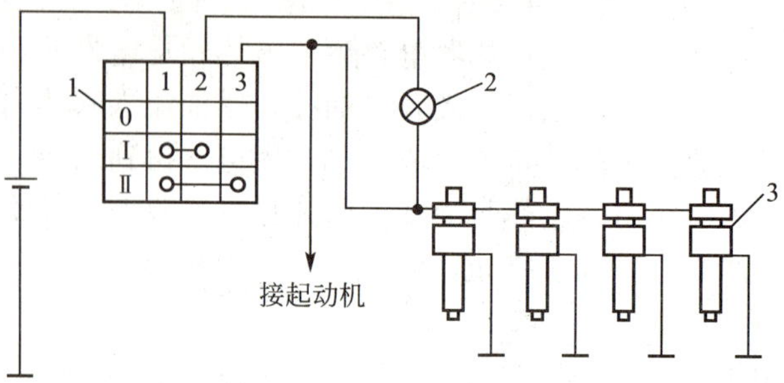

图 6.48　手动操纵的进气加热控制电路

1—起动/加热开关；2—加热指示灯；3—加热器

当气温低起动发动机前，驾驶员先将开关拨至Ⅰ挡(加热挡)，各进气加热器通电产生热量，加热周围的空气。与加热器串联的指示灯这时也亮起，指示进气加热装置在通电状态。一般的加热时间约为 30s，加热后，驾驶员将开关置于Ⅱ挡(起动挡)，同时接通进气加热器和起动电路起动发动机。发动机起动后，则立刻使开关回至 0 位，使起动机和加热器迅速断电停止工作。

2）自动定时控制的进气加热控制电路

具有温度自动控制和加热定时功能的进气加热系统有很多，下面以五十铃 N 系列汽车的起动预热系统为例进行说明。

图 6.49 所示是五十铃 N 系列汽车的起动预热系统控制电路，该系统具有温度自动控制和加热定时功能。系统中的温度传感器实际上是一个阻值呈正温度系数的热敏开关，在感知发动机冷却水温时，温度越高，阻值越大；温度越低，则阻值越小。该热敏开关的设置是当进气温度低于 0℃时，热敏开关接通；当进气温度高于 0℃时，热敏开关断开。

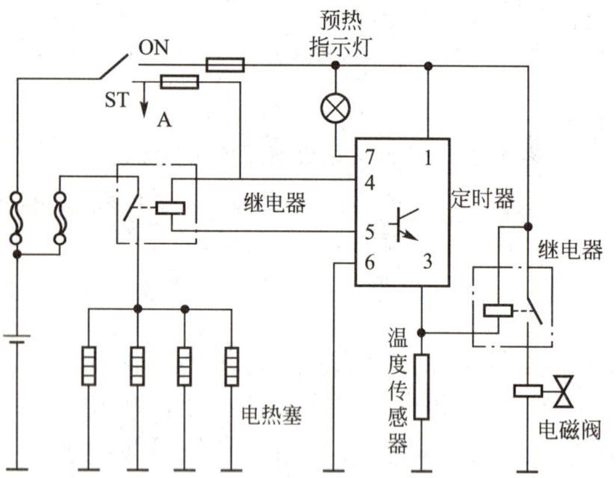

图 6.49　五十铃 N 系列汽车起动预热控制电路

该起动预热电路的基本工作原理如下。

发动机冷却液温度低于 0℃时，热敏开关接通，点火开关置于 ON 位置时，相当于接通了预热定时器的搭铁极，电流由蓄电池“＋”→熔断丝→点火开关 ON→定时器→冷却液温度传感器→搭铁→蓄电池“－”。定时器的导通使电热塞继电器线圈通电，电热塞继电器触点闭合，电流由蓄电池“＋”→熔断丝→电热塞继电器触点→电热塞→搭铁→蓄电池“－”，电热塞电路接通后，电热丝很快发热使燃烧室内空气被加热。与此同时定时器也将预热指示灯搭铁回路接通，使仪表盘上的预热指示灯点亮。待电热塞加热到一段时间后指示灯灭，表示可以起动。这时将点火开关置于起动(ST)位置，起动发动机即可。即使在起动的过程中，定时器仍然给电热塞继电器通电，使电热塞温度达到 1000℃左右，大约 18s 后，定时器自动切断预热供电电路。

发动机冷却液温度高于0℃时，热敏开关断开，点火开关无论是在0N位置还是在起动(ST)位置，电磁阀继电器线圈与定时器电路均被断开，电磁阀、电热塞均不工作，预热指示灯亮约0.3秒后熄灭。

在五十铃N系列汽车的起动预热系统中，还设置有预热电磁阀，它安装于喷油泵的溢流管上。发动机冷却液温度低于0℃时，冷却液温度传感器的阻值很小，相当于接通了电磁阀继电器线圈的搭铁回路，点火开关置于ON位置时，电流由蓄电池“+”→熔断丝→点火开关ON→电磁阀继电器线圈→冷却液温度传感器→搭铁→蓄电池“－”。使电磁阀继电器触点闭合，电磁阀则通电工作，可切断溢流回路，提高喷油压力，使喷油提前进行。

6.4.2 汽油机的低温起动加热装置

冬季气温低时，汽油机也容易出现可燃混合气雾化不良而造成发动机不易启动的现象。因此在一些汽油车上也安装有进气预热系统，以便发动机在冬季温度特别低时发动机能够顺利起动。前已述及，汽油机的低温起动加热一般都采用集中预热的方式。

各种汽车所配装的低温起动加热系统各不相同，下面以桑塔纳轿车的进气预热系统为例来说明汽油机的低温起动加热过程。

桑塔纳轿车的进气预热系统由进气预热器、进气预热控制开关(热敏开关)、进气预热继电器等组成，如图6.50所示。进气预热器一般安装在发动机进气歧管上；进气预热继电器盖上标有“1”字样，安装在中央线路板的2号位置。

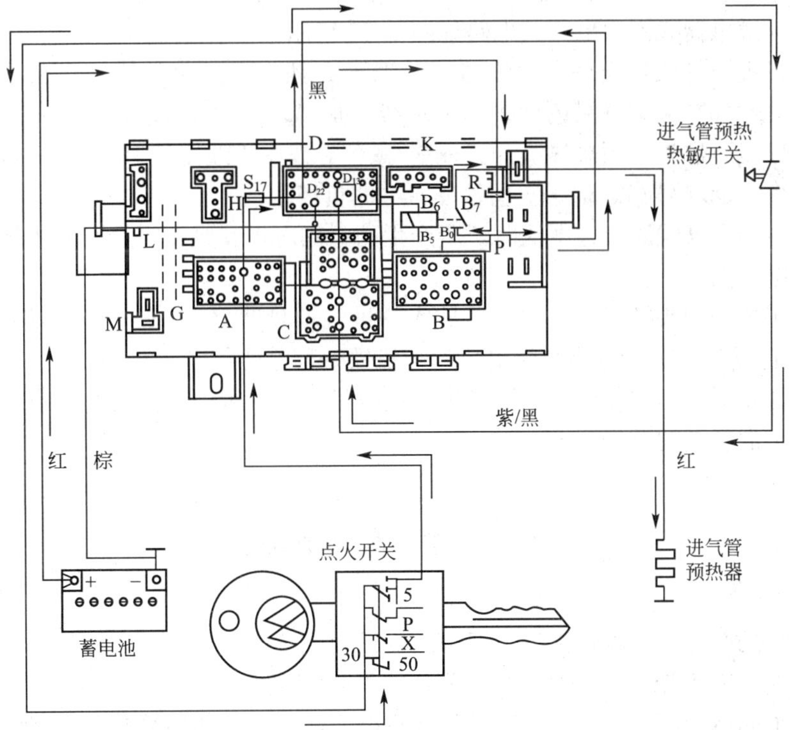

图6.50 桑塔纳轿车进气预热系统控制电路

1. 加热器

该进气预热系统的加热器结构如图 6.51 所示。

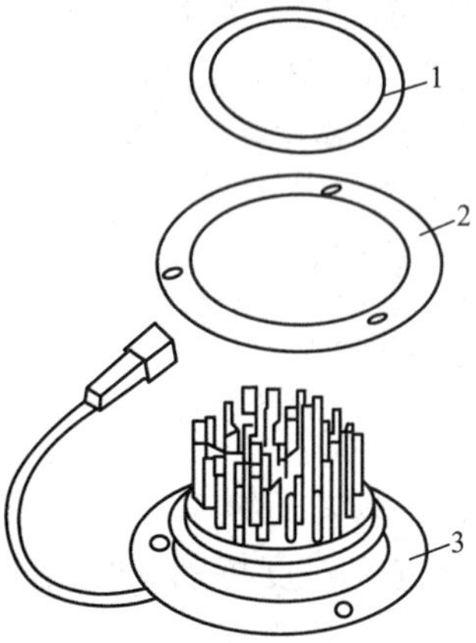

图 6.51 加热器的结构

1—密封圈；2—密封垫；3—加热器

加热器制成多针状，以增大预热面积，装妥后伸进进气管内，加热器通电后其表面温度可达到 180℃左右，混合气吹进时即被预热。当未蒸发的燃油通过时可受热蒸发，从而获得更好的雾化效果。

加热器的发热元件是具有正温度系数的 PTC 电热陶瓷材料，因其具有随温度升高阻值增大的特性，可使加热温度得到自动控制。当外界温度为 25℃时，其电阻值为 0.2～0.4Ω；电路一接通瞬时加热电流将达到 40～60A，温度迅速升高，1min 左右温度即可达 60～80℃，3min 内可达到 180℃，此时，电阻值趋于无穷大，电流趋于零，温度保持不变，电路几乎无电能消耗。

2. 热敏开关

进气预热控制开关为热敏开关，当进气温度低于 60℃时，热敏开关接通；当进气温度高于 70℃时，热敏开关断开。

3. 进气加热系统的基本工作原理

当在低温起动时，由于环境温度比较低，因此进气预热控制系统的热敏开关即接通。这时进气预热继电器线圈通电，其电路如图 6.50 所示。

蓄电池正极→红色导线→中央线路板单端子 P 插座→红色导线→点火开关“30”端子→点火开关“15”端子→黑色导线→中央线路板 A_8 端子→熔断器 S_{17}→中央线路板 D_2 端子→黑色导线→进气管预热热敏开关→紫/黑色导线中央线路板 D_{13}端子→进气预热继电器 B_5 端子→中央线路板 D_{22}端子→搭铁→蓄电池负极。

进气预热继电器线圈接通电流时，所产生的电磁力将其触点吸合，使进气管预热器电路接通，其电路为：

蓄电池正极→中央线路板单端子 P 插座→进气预热器 B_0 端子→继电器触点→继电器 B_7 端子→红色导线→进气管预热器电热丝→搭铁→蓄电池负极。

进气管加热器电热丝通电后，可产生大量热量，加热了进气歧管中的空气，有利于发动机的启动和混合气的燃烧。

6.5 汽车音响

汽车音响的起源是从收音机发展而来的，最初汽车上安装的收音机是用电子管组装而成的。20 世纪 70 年代以后，产生了电子管与晶体管混合型收音机、卡式磁带收音机等，以后又产生了晶体管型收音机。此时的收音机机型体积大、功能简单，电路为晶体管与厚膜电路的混合型。1984 年以后，开始出现了车用 CD 自动转换器、CD 机等。但此时的 CD 机以单机为多数，电路已开始使用集成电路。进入 20 世纪 90 年代，出现了车用 MD 机，由于MD机体积小，音质可与CD媲美，而且持久耐用并可录音，受到人们的普遍喜爱。现在MD机的电路已经选用大规模集成电路和贴片工艺，一些公司已经将液晶显示器、电视调谐器、车载录像机、车载VCD/DVD机等引入车内，使得汽车音响系统的功能不仅仅是欣赏音乐，还在听音乐的基础上增加了观看电视、录像、光盘等视频。

总之随着世界电子工业的迅速发展，汽车音响已从最早的单AM(调幅)收音机发展到现在具有AM/FM(调幅/调频)和SW(短波)收音、磁带放音、CD放音、MD放音、DTA数码音响、DSP(数字信号处理器)、电子分音器、电视接收系统、VCD/DVD影视系统等，形成了多功能、数字化、逻辑化、多性能、高指标、大功率输出的立体声系统。

6.5.1 汽车音响的特点

与家用音响相比，汽车音响系统具有以下特点。

(1) 外形体积小。汽车音响一般使用高密度贴装元件，采用多层立体装配方式。其体积按有关标准规定仅为183mm×50mm×153mm。

(2) 使用环境恶劣。汽车在不同等级的路面上行驶，致使汽车音响受到冲击；同时，汽车音响的安装位置距发动机较近，故经常在高温条件下(温度有时可达60℃)工作，这就要求汽车音响中的元器件焊接装配绝对牢固，很多元件还要用强力胶加以固定。

(3) 采用低压(12V或24V)供电。汽车音响和汽车其他电器设备一样，具有负极搭铁、低压、直流的共同特点。因此，汽车音响一般采取降低扬声器阻抗的方法来提高输出功率，扬声器多为4Ω，也有2Ω或1.6Ω的特制规格，以获得更大的功率。因此，要求汽车音响的功放大、电流线性良好、饱和压降小、效率高，并且具有过热短路保护等措施。

(4) 抗干扰能力强。在整个汽车电器中，发动机的点火装置以及各种电器对汽车音响的信号输入部分均会带来很大的电磁干扰。因此汽车音响中都装有抗干扰装置，如抗干扰集成块、高频扼流圈等。

(5) 调幅/调频接收灵敏度高，动态范围大。汽车音响对调幅段的接受灵敏度一般要求小于50 μV，调频段的接收灵敏度要求小于3μV。调幅段自动增益的范围要求大于40dB，能承受1000mV的大信号而不产生阻塞失真。否则，当汽车在高速公路上飞速行驶时，就无法保证正常地收听；对调频段不仅要求信号捕捉稳定可靠，更要求调频的灵敏度、信噪比等有较高的性能。

(6) 具有夜间灯光照明。为了方便夜间操作，汽车音响都设有透光照明按键，以内部光源照明各个按键的操作字符和旋钮的位置等。

(7) 配用功率大、阻抗小、体积小的扬声器。汽车音响配用的扬声器的阻抗多为4Ω，口径一般在102～152mm之间。扬声器的结构方式分为全频带、同轴二分频或三分频，功率在30～100W之间。扬声器的接线较粗，接线柱采用镀银或镀镍铜线，以降低接触电阻，减小线损。

(8) 其他特殊要求。部分高档汽车音响还具有多功能液晶显示屏，线路输出(LINE OUT，可接大功率汽车音响功放)端口，还有激光唱机输入(CD IN)端口，遥控电源等。

(9) 汽车音响的防盗。某些汽车音响有防盗功能，其类型有两种，一是在被盗时汽车音响的主要部分变为不可拆卸，或强行拆下即损坏，通常利用电磁铁及其他机械锁定装置；二是设定密码，当驾驶员设定密码并进入防盗状态后，音响系统必须输入驾驶员设定的密码，否则不能工作，音响系统可较容易地拆下，但密码不正确时，音响系统不工作。

为了满足人们对音响的享受需求，越来越多的新技术逐渐应用到汽车音响系统，比如：新型的数字磁带录音机/数码盒式录音机、执行语音指令的汽车音响系统、多片连续播放式汽车 CD 唱机、数字调谐技术、全逻辑控制的磁带放音机芯以及模糊逻辑原理在汽车音响上的应用等。

6.5.2 汽车音响的组成及基本原理

汽车音响系统主要由信号源、放大器和扬声器等组成。

1. 信号源

1）收放机

收放机是指收音机和放音机的组合。

收音机是无线电接收装置，专门接收广播节目。一般接收的信号有调幅和调频两种，调幅又分中波和短波。传统的模拟式收音机，一般用于调谐选台。目前汽车使用的收音机大都是数字式收音机，是较高级的无线电接收装置，它采用电子式调谐器，去掉了调谐部分的调台拉线，提高了调谐工作的稳定性，且抗振动性能比模拟式好。电子式调谐器可以实现手动选台和自动搜索选台，还可以实现多种特殊的功能，如按功率大小或信号强度顺序记忆电台、自动跟踪某个电台、设置定时收听广播等。数字式收音机内部由数字集成电路组成，内部电路可发出选台、存储、控制及显示等信号，一次可存储 12～44 个电台，并可实现遥控。

磁带放音机用于盒式磁带的放音，它本身不带功率放大器和扬声器。磁带放音机一般由机芯、电动机、磁头以及放音降噪电路、自动选曲电路等组成。传统的磁带收音机采用的是机械式机芯，机械式磁带放音机噪声太，抗振能力差，容易磨损，但具有结构简单、价格低的优点。目前汽车使用的可调程控式磁带放音机是通过电子控制使继电器、电动机动作，从而完成对磁带走带状态的控制。其优点是可自动进行同一曲重放、择曲播放等高级控制功能，缺点是结均复杂，成本高。

图 6.52 所示为一汽车收放机的电路结构框图，主要由天线、调频调幅信号处理电路、音量音调平衡电路、功率放大电路和扬声器等组成。

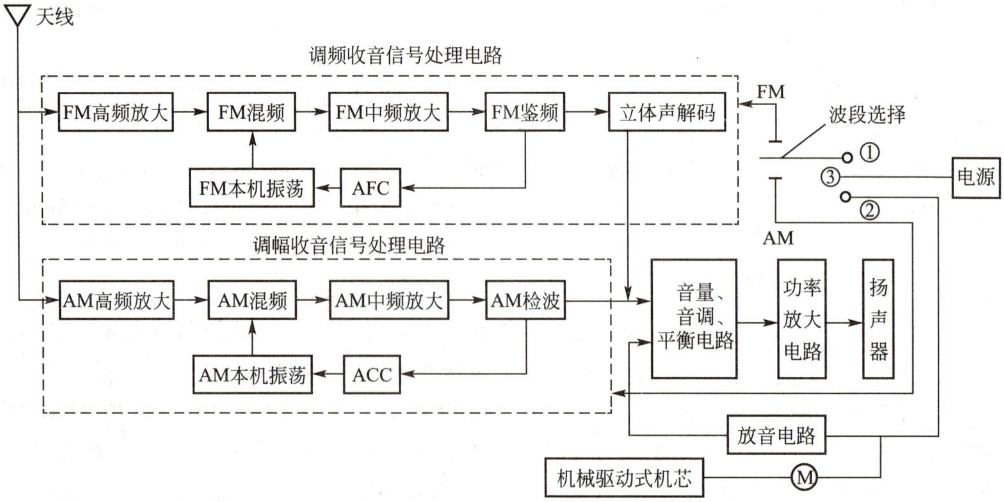

图 6.52 汽车收放机的电路结构框图

当开关中的①、③脚接通时，收音电路工作，收音信号经音调音量平衡控制电路到音频功率放大电路，功率放大电路将收音信号经过放大后驱动扬声器发出声音。

当开关中的②、③脚接通时，放音电路工作，磁带放音信号经音调音量平衡控制电路到音频功率放大电路，功率放大电路将放音信号经过放大后驱动扬声器发出声音。

2）激光唱机

激光唱机又称CD(Compact Disc)。激光唱机具有优异的电声指标，其信噪比和动态范围远远优于传统的电唱机。激光唱机具有自动选曲、程序重放、遥控操作、自动存取唱片、选择放唱、编辑加工、长期记忆等功能，激光唱片又不易磨损，曲目丰富，成为汽车音响的重要组成部分。多片激光唱机在CD唱片仓盒中可同时安放多张唱片，又称换片式CD唱机。多片激光唱机有抽屉式和转盘式两种，抽屉式激光唱机是将多张唱片平行装入一个换片盒内(最多可达7片)，放唱时可连续放音，换片时间为5～6s；转盘式激光唱机采用开盖方式，转盘上放置3～5张激光唱片，开机后可无限循环进行放唱，中途不用打开或中断放唱换片。

激光唱机主要由激光拾音器、伺服传动机构、数模转换系统、控制及显示电路等组成，如图6.53所示。

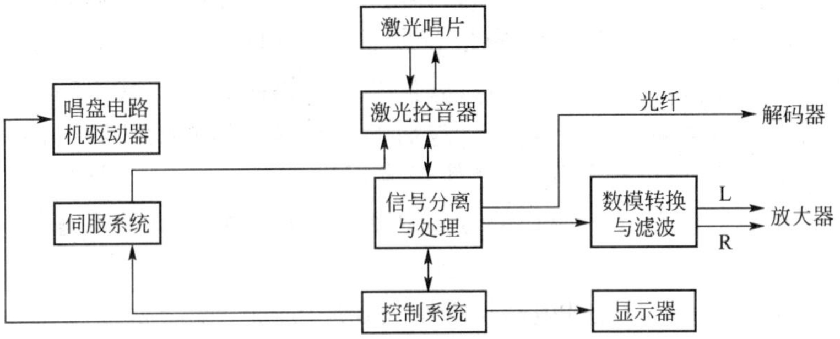

图6.53 激光唱机的组成框图

(1) 激光拾音器。激光拾音器又称光头，是激光唱机的信号传感器，它是现行CD\VCD\DVD等的重要关键部件。其功能是拾取光盘上已调制的数字信号，并将光信号转换成电信号。电信号经过运算得到数据信号、聚焦误差信号、跟踪误差信号等一系列的信号，这些信号传送至数据信息处理电路处理后，得到数据信号如音频信号或视频信号和伺服信号，伺服信号送到各伺服机构，完成聚焦、跟踪和主轴电机伺服等。

激光拾音器按工作方式分为单光束和三光束两种。三光束激光拾音器是用主光束读取信号，两侧的副光束可测量循迹偏离，以保证主光束的准确工作。单光束拾音器则用单一光束兼顾读取信号和测量循迹偏离误差。三光束方式循迹准确，但成本较高；单光束方式结构简单，成本较低。

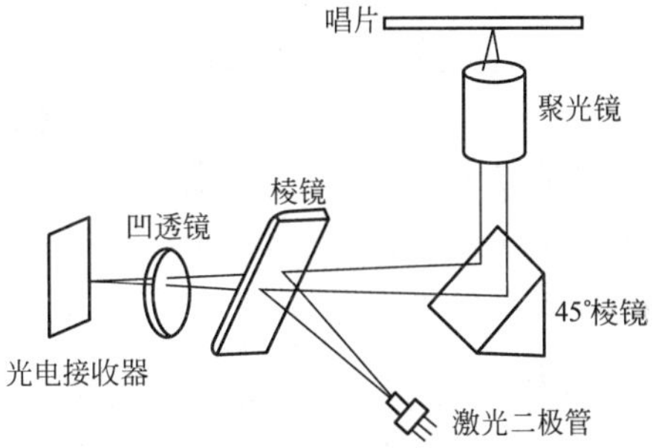

图6.54 激光拾音器的组成

激光拾音器有很多类型，但无论是CD机、DVD机、蓝光DVD机还是刻录机，其光学系统组成和工作原理基本相同。它主要由激光二极管(简称LD)、聚光镜、反射镜和光电接收器(也称光电二极管或光电集成块)等组成。图6.54所示为单激光束拾音方式的激光拾音器的基本结构图，下面以此为例说明其基本原理。

激光二极管(激光源)产生的光源，通过偏棱镜和聚光镜射在CD唱片的信号凹点上。在唱片的凹点处，由于反射光干涉，返回聚光镜的光量少；在CD唱片的没有凹点处，唱片表面光滑如镜，反射光可全部返回聚光镜。最后光电接收器根据聚光镜返回光的多少判断出凹点的有无(光度的强弱)，并将光信号转换成相应的电信号，输出至运算放大器进行放大、运算，得到所需的各种调制信号。

激光二极管，通常由发光二极管和调制二极管组成。发光二极管发出的是输出功率为几mW、波长为780～800nm的红色激光，但因受输入电流和环境温度的影响较大，功率过大时易被破坏，影响发光二极管的使用寿命，而长期使用又可能导致输出功率降低，而且激光二极管是靠反射光的强弱来识别光盘上的信息的，激光束的任一细小的变化都会影响拾取信息的准确性，因此确保发光二极管输出功率的恒定非常重要。调制二极管和其他电路构成一个负反馈回路，即可起到调制发光二极管输出功率的目的，确保发光二极管输出功率的恒定性。

唱片，一个激光唱片上最多可录25亿个凹点，信号凹点的长度及彼此间隔随音乐信号的变化而不同。在扫描过程中，激光拾音器随唱片的转动由内向外拾取信号。

(2) 信号分离与处理电路。从激光拾音器输出的电信号即送入信号分离与处理电路，信号分离与处理电路包括数据分离器和信号处理器两部分。其中的数据分离器能正确识别左右声道信号及各种信号代码，分离后的信号送至信号处理器。信号处理器则将含有音频信号的数字信号进行解码，使其变成标准的脉冲编码，送至数/模转换电路。同时信号处理器还将同步信号、纠错信号及电动机测速信号检出，将有关的控制信号送至控制系统。

激光唱机中的信号分离与处理电路均采用大规模集成电路实现。

(3) 伺服系统。伺服系统采用聚焦伺服电路和循迹伺服电路处理CD唱片转动中的误差及唱片误差。聚集伺服可保证CD唱片的信息区正好位于聚光镜的聚焦平面上，循迹伺服则用来克服唱片加工精度不好所引起的误差。自动稳速伺服电路通过测速传感器给出的校正误差信号来控制电动机，使电动机的转动稳定。

(4) 数模转换电路。数模转换电路又称D/A转换器，在激光唱机中也称DAC，用于将激光拾音器送来的数字信号转换成音频模拟信号。D/A转换电路输出的信号经低通滤波后，可直接送往放大器。

(5) 控制系统和显示器。控制系统对激光拾音器等传送的数字信号进行分析，获得各种控制依据，并对电动机、伺服系统和显示器实施控制。如通过唱盘电动机驱动器得到恒线速误差信号控制唱盘电动机恒速运动，使CD唱片从最内圈的500r/min逐渐变为最外圈的200r/min。在激光唱机中，控制系统通常由一片大规模集成电路组成。

显示器用来显示各种控制信息，如正在放唱的曲目号、放唱方式、放唱时间等。显示系统由单片微处理器和LED显示屏组成，激光唱机的显示屏一般做得较大，以适应多种信息显示的需要。

2. 放大器

放大器的作用是将各种节目信号进行电压放大和功率放大，然后推动扬声器发出声音。放大器主要由前置放大器、功率放大器、环绕声放大器组成，如图6.55所示。

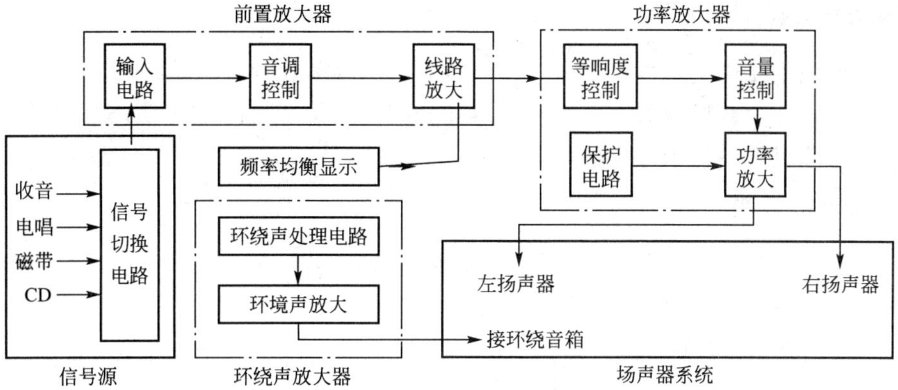

图 6.55　放大器的组成框图

1）前置放大器

前置放大器又称前级放大器，它连接信号源及控制信号的开关，并对各种节目进行必要的处理和电压放大。前置放大器与信号源之间不是简单的连接，其内部还要设置各种均衡电路，用于实现前后级的阻抗匹配和频率补偿。

前置放大器主要包括输入电路、音调控制和线路放大 3 部分。输入电路的作用是对收放机或激光机送来的信号进行均衡和控制，包括阻抗和频率的均衡；音调控制电路是对节目信号的各段频率成分进行提升和衰减，以便满足欣赏的不同需要；线路放大是把弱信号进行放大，以便和功率放大器匹配衔接，因为由信号源传送来的信号需要放大到一定的电压值才能推动功率放大器。

2）功率放大器

功率放大器的作用是对前置放大器送来的电信号进行不失真的电流放大，形成强有力的功率信号去推动扬声器发声。功率放大器主要包括等响度控制电路、音量控制电路、功率放大电路以及保护电路 4 部分。

(1) 等响度控制电路：由于人耳收听低声压级信号时，具有在低频和高频呈衰减的特性，所以在小音量的情况下欣赏音乐时有信号失真的感觉。等响度电路的作用是对小信号中低频和高频部分进行补偿，以弥补人耳的不足；而在大信号重放时，等响度电路不起作用。

(2) 音量控制：音量控制电路用以调节重放音量的大小。调节方法有手动电位器调节、电子音量控制调节和伺服电动机带动音量旋钮调节等。

(3) 功率放大：功率放大电路把前置放大器送来的信号进行电流和电压放大，以推动扬声器发出声音。

(4) 保护电路：由于功率放大器工作在大电流和高电压状态，重放中可能会出现过电流、过电压和过热等情况，此保护电路可自动进行断电，以保护放大电路和扬声器不受损坏。

3）环绕声放大器

环绕声能使听众更具有临场感，使人在欣赏音乐时有被声音围绕的感觉。环绕声放大器主要包括以下两部分。

(1) 环绕声处理电路：环绕声处理电路利用信号延迟方法产生环绕声效果，前方音箱重放正面声源，而环绕处理电路输出经过延迟的环绕信号，以产生一种音乐厅堂的混响效果。

(2) 环绕声放大器带动环绕声箱发声：由于环绕声放大器用于模拟反射声，故其频响一般不需要很宽，功率也不需要过大。

3. 扬声器系统

扬声器系统主要指主扬声器、环绕扬声器等，是汽车音响系统的终端。主扬声器中通常由低音扬声器、中音扬声器、高音扬声器和分频网络组成。一般环绕声只重放 7kHz 以下的反射声，故只需一只中低音扬声器即可。

6.6 晶体管电动汽油泵

汽车上一般装用的是膜片式汽油泵，它安装在发动机缸体上，由发动机凸轮轴上的偏心轮驱动。虽然它结构简单，但在夏季往往会因温度过高，油路中汽油汽化而形成“气阻”现象，导致供油不畅，影响发动机正常工作，因此近年来有的汽车开始装用电动汽油泵。晶体管电动汽油泵的安装位置不受限制，它可以安装在远离发动机的某一通风良好的地方，不仅可以消除高温下的“气阻”现象，而且在改善起动性能和节约汽油方面也是有益的。

6.6.1 晶体管电动汽油泵的构造

晶体管电动汽油泵主要由机械泵和晶体管控制电路两部分组成，其结构如图 6.56 所

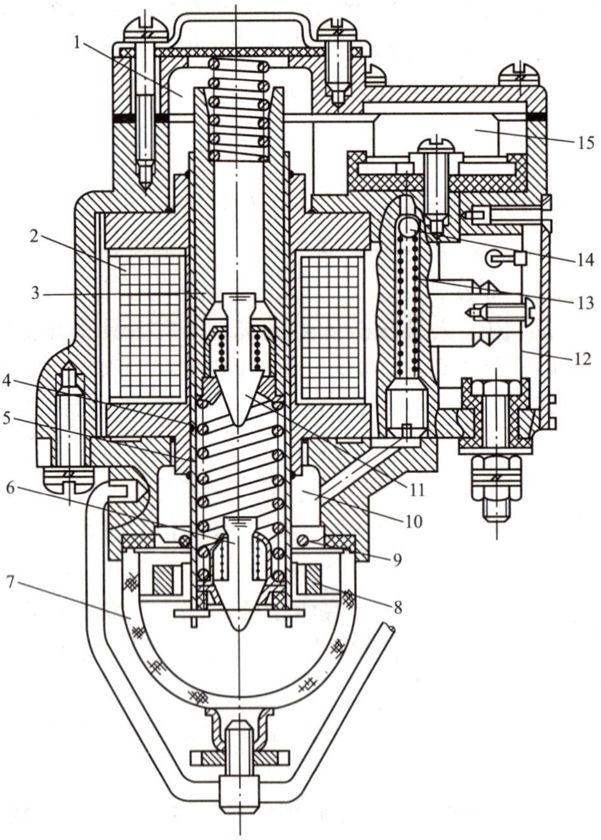

图 6.56 晶体管电动汽油泵的构造

1—油泵上室；2—线圈；3—柱塞；4—回位弹簧；5—泵筒；6—进油阀，7—沉淀杯；8—磁铁；9—过滤网；10—进油腔；11—出油阀；12—线路盖板；13—回油阀弹簧；14—回油阀；15—出油腔

示。机械泵主要由柱塞、回位弹簧、泵筒、进油阀、沉淀杯、磁铁、过滤网、出油阀、回油阀弹簧和回油阀等组成。其控制电路是一种自激式振荡电路，如图 6.57 所示。图中线圈 N_1 即为控制电动汽油泵拄塞上下振动的执行元件。

电动汽油泵泵筒 5 的外部绕有主线圈 N_1 和正反馈线圈 N_2，泵筒内有柱塞 3，柱塞的上面有缓冲弹簧，下面有回位弹簧 4。油泵的工作即是靠主线圈 N_1 和正反馈线圈 N_2 产生的电磁力吸引柱塞上下移动使进油阀打开或关闭而完成的。

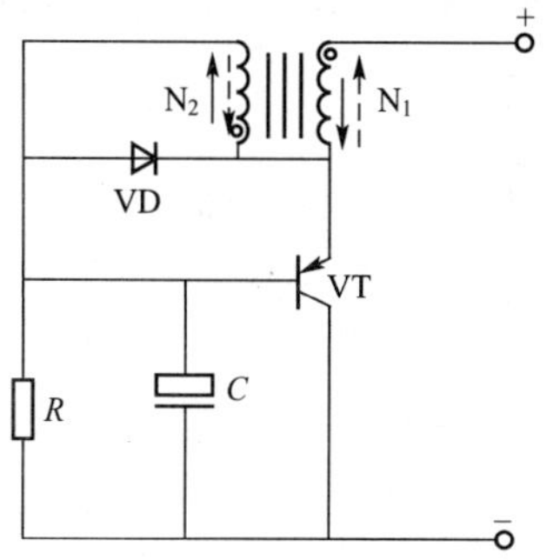

图 6.57 晶体管电动汽油泵电路

6.6.2 晶体管电动汽油泵的工作原理

1. 晶体管控制电路基本原理

当接通电源时，VT 的基极正向偏置而导通，在 VT 的集电极有电流通过。当电流流经线圈 N_1 时，在 N_1 和 N_2 中都将产生感应电动势，其方向如虚线箭头所示。线圈 N_2 的绕向就是要使 N_2 中的感应电动势在 VT 的基极和发射极之间产生正反馈，使 VT 的基极电位降低，进一步促使集电极电流 I_C 增大直至饱和导通。

VT 饱和导通后，I_C 不再增加，线圈 N_1、N_2 的感应电动势下降为零，于是基极电位上升，I_C 减小，线圈 N_1 和 N_2 中又产生反向感应电动势，其方向如图中实线箭头所示。而 N_2 的感应电势使基极电位更高，I_C 更小，直至使 VT 完全截止。

在三极管 VT 集电极电流 I_C 减小的过程中，线圈 N_1、N_2 的感应电势向电容 C 充电，接着电容器 C 储存的电荷通过 R 放电，于是电容 C 的端电压下降，VT 的基极电位降低。当基极电位降低到一定值时，VT 又重新导通，重复上述过程。这样，通过主线圈 N_1 中的电流以每分钟约 1000 次的频率进行交变，调整 RC 时间常数，就可改变其频率。

二极管 VD 起保护作用，避免 VT 被反向击穿。

2. 汽油泵的泵油原理

油泵不工作时，柱塞在回位弹簧 4 的作用下停在泵的上部，此时进油阀 6 和出油阀 11 均处于关闭状态(图 6.56)。

当晶体管控制电路中的三极管 VT 导通时，正反馈线圈 N_2 和电路中的 R 和 C 被短路，主线圈 N_1 中的电流达到最大。它产生的电磁吸力吸引柱塞 3，克服回位弹簧 4 的张力而向下运动，使进油阀 6 关闭，出油阀 11 打开，将进入两阀之间泵筒中的汽油，经出油阀 11 压入油泵上室 1 的出油腔 15。

当晶体管控制电路中的三极管 VT 截止时，主线圈 N_1 不通电，电磁力消失，柱塞 3 在回位弹簧 4 的作用下向上运动，这时出油阀 11 关闭，进油阀 6 打开，汽油从沉淀杯 7 中被吸入两阀之间的泵筒中。

由于控制电路中三极管 VT 不断的交变截止或导通，使柱塞 3 上下往复运动，因而汽油便不断地从油箱通过油管进入沉淀杯 7，再经滤网 9 和磁铁 8 清洁后，被压入油泵上室，经出油管送至喷油器(或化油器)。

发动机怠速或部分负荷时，用油量少。但由于出油阀排出的油量不变，致使出油腔内汽油过剩而使压力增高，当压力达到一定值时，便顶开回油阀 14，使多余的汽油回流到油杯 7。

习　题

一、填空题

1. 刮水器有________、________和________ 3 种。
2. 刮水系统的__________主要靠间歇控制器来实现。
3. 后窗玻璃常利用__________加热的方法来除霜。
4. 电动车窗的驱动装置一般由永磁双向__________和蜗轮蜗杆____________组成。
5. 玻璃升降器是电动车窗最主要的组成部分，目前使用的形式主要有________、________、和____等多种。
6. 柴油机低温起动加热装置一般采用分缸预热，加热器一般安装在________。
7. 汽油机低温起动加热装置一般采用集中预热，加热器一般安装在发动机________。
8. 汽车音响系统主要由__________、__________、__________等组成。

二、思考题

1. 简述电动座椅系统的组成。
2. 与家用音响相比，汽车音响系统具有哪些特点？
3. 电动汽油泵有哪些优点？
4. 试分析门窗升降器的工作过程。
5. 试分析中央门锁的控制过程。

第7章 汽车电路

本章教学要点

知识要点	掌握程度	相关知识
汽车电路的特点	掌握汽车电系与其他电路相比所具有的特点	概述
导线及导线的连接 开关 电路保护器件 继电器	掌握汽车全车线路的构成及各构成部分的作用； 掌握导线的种类、作用及特点； 掌握汽车电路导线的连接方法 掌握汽车电路中开关、电路保护器件、继电器等的作用、结构及连接方法	汽车全车线路的组成
汽车电路图的种类 整车电路图的识读	掌握汽车电路图的种类，了解各类电路图的识读方法	汽车电路图

导入案例

汽车电路是将电源系统、起动系统、点火系统、照明与信号系统、仪表系统以及辅助电器系统等电气或电子元器件，按照它们各自的工作特性以及相互的内在联系，利用熔断器、开关、导线等连接起来构成的整体线路。了解各种电器之间的内在联系，熟悉汽车全车电器线路，是正确使用汽车电器设备和迅速分析与排除电气故障的必要条件。

随着汽车结构和性能的不断改进和提高，汽车上采用的电器和电子设备的种类和数量越来越多，尤其是车用电子控制装置，在原理和结构上也愈来愈复杂，并且逐渐趋于功能的组合化、控制电子化和连接标准化。这对于汽车电气线路也提出了更高的要求，汽车电气线路目前已逐步改变了以前传统的离散式格局，不再是哪里需要哪里装，而是大量采用了以中央配电盒为中心的集中式布线方式，使线路更加整齐有序。随着汽车电控技术的出现和发展，以模拟电路ECU控制的单独控制系统，已逐步发展为数字电路ECU控制的集中控制系统，大大简化了线路的布置。近年来一种无线束单线控制系统开始研究使用，这种技术的应用会使汽车线路变得更加简单。

汽车电路与其他电路相比具有低压、直流、单线制和负极搭铁的特点。

1. 低压

汽车电系的电压较低，有6V、12V、24V 3种额定电压，一般中小型汽车普遍采用12V电系，一些重型汽车采用24V电系，有的重型汽车只是其柴油发动机起动系采用24V电系，其他用电设备仍为12V电系，通过电源转换开关来改变电源的电压。汽车电系采用低压的主要原因是在满足整车用电需求的前提下具有安全、电源简单、蓄电池单格数可较少的优点。

2. 直流

汽车电系采用直流电是因为需要用蓄电池作为发动机电力起动的电源能消耗后也必须用直流电充电，因此汽车上的电气系统一直都是直流电。

3. 单线制

汽车上两个电源及所有的用电设备都是并联，用电设备只用一根导线与电源的正极相连，利用发动机、车身及车架等金属体作为公共回路，与电源的负极相连。单线制具有线路清晰、用线少、安装检修方便等优点。在一些小轿车上，也有部分采用双线制，双线制的用电设备负极用导线连接到一个公共接地点或连接到一根公共地线上。

4. 负极搭铁

为利用发动机、车身及车架等金属体作为公共回路，蓄电池、发电机及各用电设备的一端必须与其安装位置的发动机、车身或车架等机体相连，称为“搭铁”。蓄电池的负极与车体连接的为负极搭铁，蓄电池正极连接车体的则为正极搭铁。现代汽车的电气系统均为负极搭铁。

7.1 汽车全车线路的组成

汽车的全车线路由电源、用电设备、导线、开关、保险装置等构成，其作用是将电源系统、起动系统、点火系统、照明和信号系统、仪表系统、电子控制装置以及辅助电器等，按照它们各自的工作特性和相互内在联系，通过开关、导线、保险装置等连接起来，构成一个整体。

7.1.1 导线及导线的连接

1. 导线

导线是组成汽车电气线路的基础元件。

汽车电气设备的连接导线有高压线和低压线两种，高压线是指用在点火系统次级电路中连接点火线圈、配电器和火花塞之间的连接导线；除此之外其他元件之间的导线都是低压线。还有一种导线的外面设有屏蔽装置，这种导线可以防止无线电的干扰，也可减少汽车电系对环境造成的无线电干扰。

汽车导线多使用带绝缘外层的导线，有单根导线和多股编织线。单根导线一般线芯较硬，不宜随意弯曲，多用于电路内部；多股编织线由很多细线编织而成，具有柔性，在汽车上应用广泛。导线材料多为铜或铝，相对来说，铝材质较轻、价廉、质脆易断，一般只用于线径较粗，且固定不动的地方；铜线芯导线的导电性好，在汽车上使用比较广泛。

图 7.1 所示为各种导线的结构。

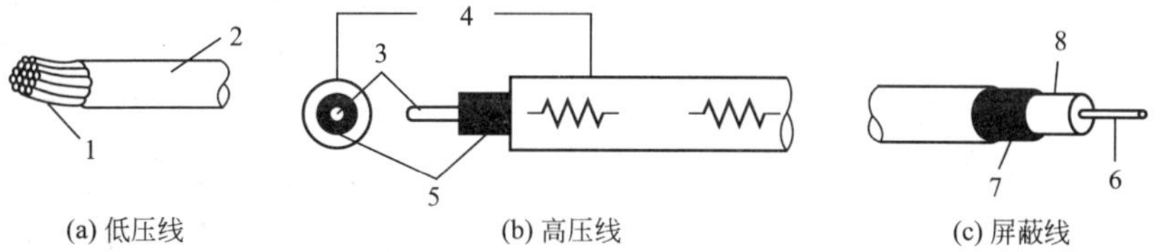

图 7.1 各种导线结构

1、3、6—线芯；2、4、8—绝缘外皮；5—橡胶绝缘体；7—外导体(屏蔽装置)

1）高压线

高压线是用来传送高压电的导线，汽车上所用高压线的工作电压一般为 15～30kV，但通过电流强度较小，因此高压导线的绝缘包层很厚，耐压性能好，但线芯截面积很小，约 1.5mm^2。高压线有铜芯线和阻尼线等几种，为了衰减火花塞产生的电磁波干扰，目前高压线基本都使用高压阻尼线。高压阻尼线的制造方法和结构有多种，常用的有金属电阻丝式和塑料芯导线式，金属电阻丝式又有线芯式和线绕电阻式、塑料芯导线式等多种。

金属阻丝线芯式高压线是由金属电阻丝绕在绝缘线束上，外包绝缘体制成阻尼线；金属阻丝线绕电阻式高压线是由电阻丝绕在耐高温的绝缘体上制成电阻，再与不同形式的绝缘套构成；塑料芯导线式是用塑料和橡胶等材料制成直径为 2mm 的电阻线芯，在其外面紧紧地编织着玻璃纤维，最外面再包上高压 PVC 塑料或橡胶等绝缘体。塑料芯导线式高压线由于其制造过程易于自动化，成本低且可制成高阻值线芯，所以近年来应用越来越广。

不同车型采用的阻尼高压线的阻值不相同，在检修或更换高压线时要注意测量。

2）低压线

低压线是用于除点火系高压线路外所有电气设备之间连接用的导线，低压导线多使用带绝缘外层的多股编织线。标识低压导线性能的主要参数是导线截面积，为了充分发挥连接导线的作用，降低成本，低压线的截面积有多种规格。各种线路采用什么样的导线截面积其主要依据是用电设备绝缘、通过电流的大小和机械强度等，低压导线截面积与允许载流量的关系在一些标准中有所规定。部分低压导线的结构及标称截面积所允许载流值见表 7－1。

表 7－1　普通低压导线结构

标称截面积/mm^2	线芯组成		绝缘层厚度/mm	导线外径/mm	允许电流/A
	铜丝根数	线芯直径			
1.0	7	0.43	0.6	2.6	11
1.5	17	0.52	0.6	2.9	14
2.5	19	0.41	0.8	3.8	20
4.0	19	0.52	0.8	4.4	25
6.0					35
10					50
13					60

为保证足够的电流通过能力和尽量小的电压降，而且不引起导线过热，汽车上每根电线的粗细及长度都应符合规定。通过电流虽然很小，但考虑到导线本身应具有足够的机械强度，其截面也应大于等于 0.5mm^2；起动线路每 100A 电流所产生电压降应不大于 0.15V；对于充电线路，当发电机处于额定负载时，电路压降应不大于 0.3V；对于整车回路，总电压降不得超过 0.8V；汽车线路中蓄电池的导线和起动机的电源线，需要通过 200～1000A 的电流，因此线径最粗，一般为 25～70mm^2。表 7－2 所示为 12V 各用电系统推荐截面积。

表 7－2　汽车 12V 各用电系统推荐截面积

导线的使用部位	标称截面积/mm^2
尾灯、顶灯、指示灯、仪表灯、牌照灯、燃油表、刮水器、水温表等电路	0.5
转向灯、制动灯、停车灯、分电器等电路	0.8
前照灯、电喇叭(3A 以下)电路	1.0
前照灯、电喇叭(3A 以上)电路	1.5

（续）

导线的使用部位	标称截面积/mm^2
其他5A以上电路	1.5～4.0
电源电路	4～25
起动电路	16～95
柴油机电热塞电路	4～6

对于同样材料的导线，导线愈细，电阻愈大，通过电流的能力愈弱；导线加长，其电阻成比例增大。

3）导线的颜色和符号

由于整个汽车上用电设备较多，用线多而繁杂，因此为了安装和维修方便，汽车各条线路的导线均采用不同的颜色，不同用电设备的同一元件、不同接线柱上的低压导线常用不同的颜色加以区分。各国对汽车导线的颜色有不同的规定，如我国要求截面积4.0mm^2以上的导线采用单色，其他导线则采用双色(在主色基础上加辅助色条)。我国汽车用低压导线的主色、代号和用途见表7-3。

表7-3　国产车电路各系统低压线的主色

序号	系统名称	主色	颜色代号
1	电源系	红	R
2	点火、起动系	白	W
3	大灯、雾灯等外部照明系统	蓝	Bl
4	灯光信号系统	绿	G
5	防空灯及车身内部照明系统	黄	Y
6	仪表、警报装置和电喇叭系统	棕	Br
7	收音机、时钟、点烟器等辅助装置	紫	V
8	各种辅助电动机及电气操纵系	灰	Gr
9	电气装置搭铁线	黑	B

在导线的接线图和电路图上，低压线路中常常标注有符号。导线的符号由两部分组成：第一部分是数字，表示导线的截面积(mm^2)；第二部分是英文字母，表示导线的主色和辅助色(即呈轴向条纹状或螺旋状的颜色)。如1.5 RB表示截面积为1.5mm^2、带有黑色条纹的红色低压导线。

2. 导线的连接

1）插接器

为了提高接线速度，减少接线错误，越来越多的汽车在低压线路中采用插接器。插接器由插头和插座两部分组成，按使用场合的实际需要，其形状不同、脚数多少不等，有的甚至颜色也有区别，图7.2所示为几种插接器的形式。插接器由插座和插头、导线接头和塑料外壳组成，如图 7.3 所示。壳上有几个或更多个孔位，用以放置导线接头，在导线接头上带有倒刺，当嵌入塑料壳后自动锁止，在塑料壳上也有锁止结构，当插头和插座接合后自动锁止，防止脱开。在检查及更换插接件时，要注意先打开锁止机构，避免强行拉动导线。

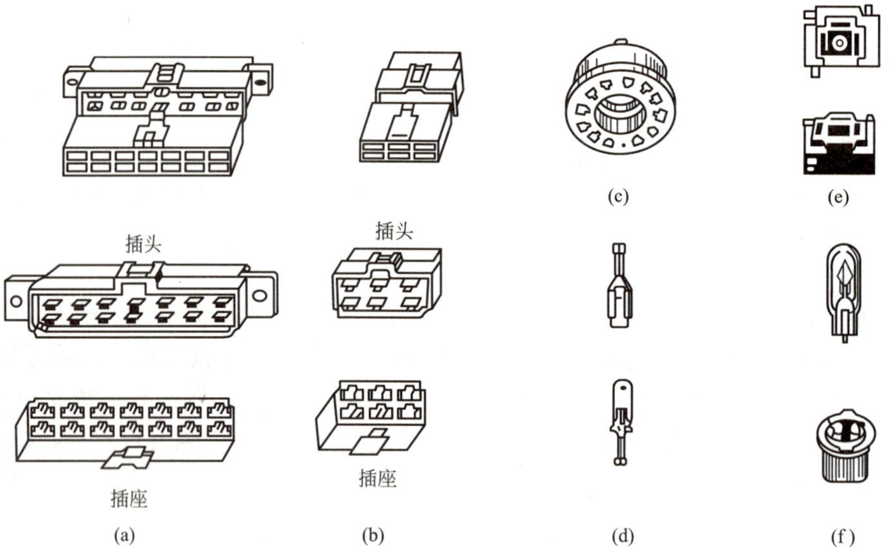

图 7.2　几种插接器

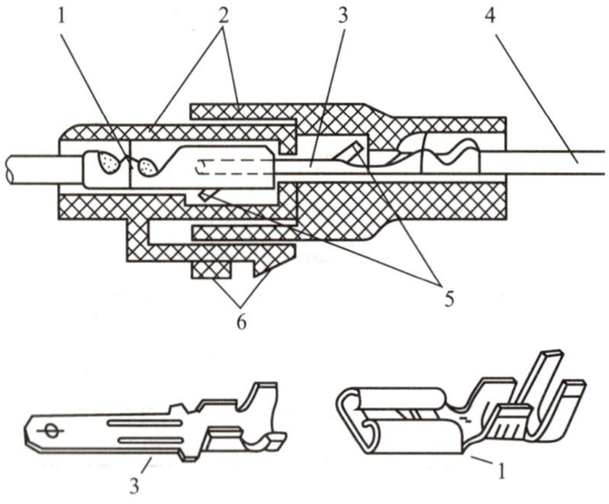

图 7.3　常见插接器结构

1—插座；2—护套；3—插头；4—导线；5—倒刺；6—锁止机构

2）线束

为了使汽车全车线路条理清晰、连接可靠，并有利于保护导线的绝缘及方便安装，一般除高压线外，经常将走向相近的不同规格的电线用棉纱编织带或薄聚氯乙烯带缠绕包扎成束，称线束。线束总成包括电线、端子、插接器、护套及各种附件，其中导线是构成线束总成的主体，端子是线束总成与电器设备实现可靠的电器与机械连接的关键零件，插接器则是对端子及端子与导线连接部位实行密封保护的重要零件。线束在汽车线路中的作用非常重要，一般汽车都有数根线束，各种汽车的电线束在汽车上的布置各不相同。近年来国外汽车为了检修方便，用塑料制成开口的软管，将电线包裹其中，检修时，将开口撬开即可。

安装汽车线束时一般事先将仪表板和总灯开关、点火开关等连接好，然后再往汽车上安装线束。接线时，根据导线颜色区分，分别接于相应的电器上。安装时应注意线束应用卡簧或线束夹子固定，以免松动；线束松紧应适宜，各接线柱必须清洁，接线必须牢固，保证接触良好。线束往车辆上安装时还应注意：线束应按规定位置、走向铺放，安装时线束不能拉得太紧，尤其是在拐弯处更要注意，在绕过锐角或穿过孔、洞时，应用专用橡皮或套管保护，否则线束容易磨坏造成短路、断路等故障，严重时烧毁线束引起火灾；各接头必须连接牢固，接触良好。

7.1.2 开关

开关的作用是人为地或自动地将电路接通或中断。

为了方便有效地控制各用电设备的工作，汽车电路中安装了许多开关。有些开关只控制一种用电设备，功能单一，结构和接线比较简单；有些开关则控制多种用电设备，功能多，结构和接线也比较复杂，如点火开关、灯光开关及组合开关等。按操纵方式不同，汽车开关有旋转式(如点火开关和暖风机开关等)、推拉式、顶杆式、扳柄式、翘板式及组合式等。

1. 点火开关

点火开关是一个多功能开关，它具有自动复位的起动挡位并配有钥匙以备停车时锁住，因此又称为钥匙开关、点火锁。点火开关主要用来控制点火电路、发电机磁场电路、仪表电路、起动继电器电路以及一些辅助电器等，在柴油机上同时还控制柴油机的预热电路，为防止车辆被盗，有的车在点火锁上还设有方向盘锁止功能。点火开关多为三挡或五挡位，三挡开关有 OFF(断)、ON(通)、START(起动)3 个挡位；五挡开关一般有 LOCK(锁止方向盘)、ACC(专用辅助电器)、ON(接通正常工作电路)、HEAT(预热)、START(起动)5 个挡位，图 7.4 为五挡位点火开关的示意图。点火开关一般安装在转向柱管上，有的安装在仪表板台板上。

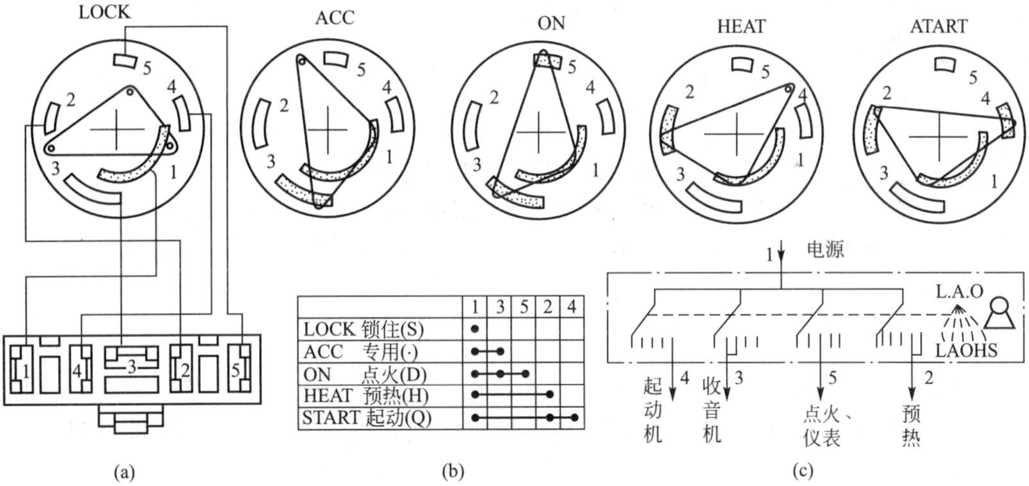

图 7.4 五挡位点火开关示意图

2. 组合开关

组合开关是由两种及两种以上开关集装在一起的开关，它可使操纵更加方便。组合开关一般安装在便于操纵的转向柱上，将需组合的开关如灯光开关、转向灯开关、报警灯开关、刮水器开关、洗涤器开关等组合为一体安装在一个组合体内，但其功能仍然是各自独立的。

汽车上最大的组合开关是安装在转向柱上的将转向灯开关、警报灯开关、灯光开关、前照灯变光开关、刮水器开关、洗涤开关等组合为一体的推拉开关，图 7.5 所示为

JK322A 型组合开关的结构图。

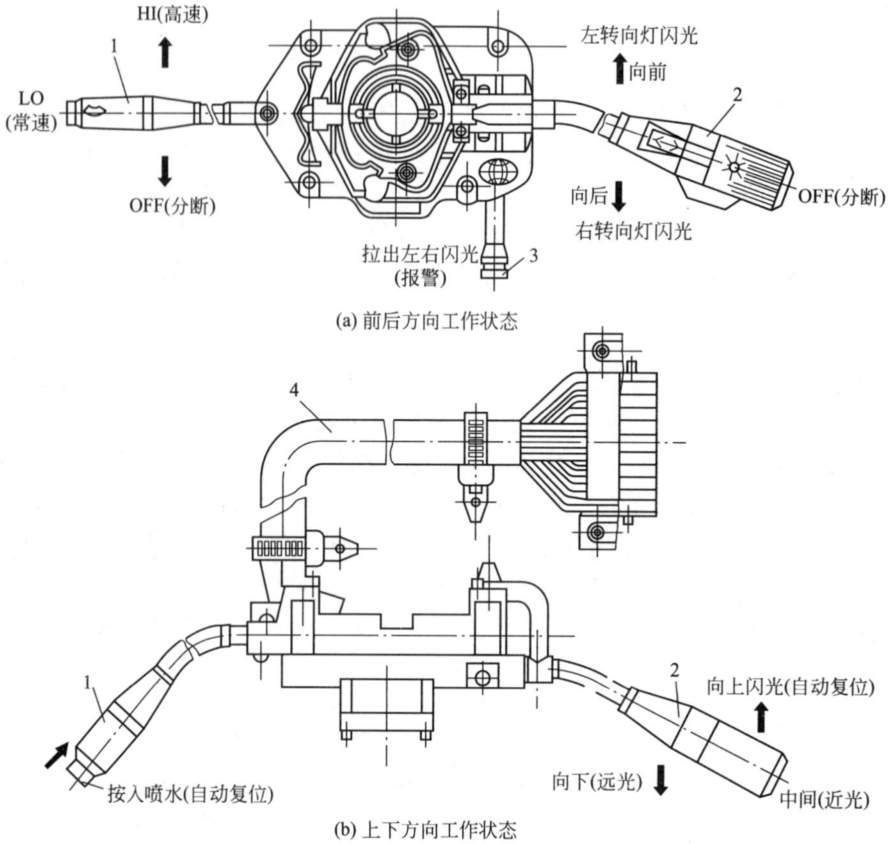

图 7.5　JK322A 型组合开关

1—左组合开关(刮水器操纵手柄与洗涤开关按钮)；2—右组合开关(转向及变光操纵手柄与灯光按钮)；3—危险警报灯开关按钮；4—组合开关线束

7.1.3　电路保护器件

为防止因短路或过载造成线路或用电设备损坏，汽车电气线路中均设有电路保护器件，又称保险器。使用时串接在电源和用电设备之间，当短路或过载时，能够自动切断电源。

汽车常用的电路保护器件有易熔线、熔断器和断路保护器等。

1. 易熔线

易熔线是一种截面一定，可长时间通过额定电流的铜芯或合金导线，常用于保护总体电路或重要电路。当线路中电流超过额定电流数倍时，易熔线将首先熔断以保护线路免遭损坏。易熔线与一般熔丝不同之处在于其熔断反应较慢，而且是导线的形式，与普通导线相比更为柔软。一般长度为 50～200mm，由多股绞合线外包耐热性能好的绝缘护套制成，常接在电路起始端，即蓄电池正极端附近。易熔丝使用时应注意，不要绑扎于线束内，不要被其他物体所包裹。可以通过其绝缘护套的颜色区分其负载能力，易熔线的绝缘护套有棕、绿、红、黑等不同颜色，以表示其不同规格，允许连续通过的电流为10～40A不等，对应5s内熔断时的电流为100～300 A不等。表7-4所示为易熔线的规格。

表7-4 易熔线的规格

标称容量/A	颜色	截面积/mm^2	构成	1m长电阻值/Ω	额定电流/A	5s熔断电流/A
20	棕	0.3	Φ0.32×5股	0.0475	13	约150
40	绿	0.5	Φ0.32×7股	0.0325	20	约200
60	红	0.85	Φ0.32×11股	0.0205	25	约250
80	黑	1.25	Φ0.5×7股	0.0141	33	约300

2. 熔断器

熔断器俗称保险丝，常用于对局部电路进行保护，它在电路中电流过载一定的情况下，可在数秒内熔断，自动切断电路。

熔断器的主要组成部分是熔体，材料是锌、锡、铅、铜等金属的合金，装在一定形状的支架上。熔断器能长时间承受额定电流的负载，熔体的熔断时间决定于流过电流值的大小和自身的结构参数。汽车用熔断器要求流过的电流为额定电流的110%时不熔断；流过的电流为额定电流的135%时，在60s以内熔断；流过电流为额定电流的150%时，20A以内的熔丝在15s以内熔断，30A熔丝在30s内熔断。

常见的熔断器结构分为玻璃管式、瓷芯式、片式、金属丝式和平板式等，图7.6为各种熔断器的结构型式，其中片式熔断器使用较广，一般以颜色区分其载流量大小。各种熔断器的规格见表7-5。汽车上的熔断器只能使用一次，熔断器烧断后，必须更换相同规格的新熔断器，且不能用大于原规格的熔断器替代，更不能用铜丝或普通的导线代替。在汽车上一般都有备用熔断器。

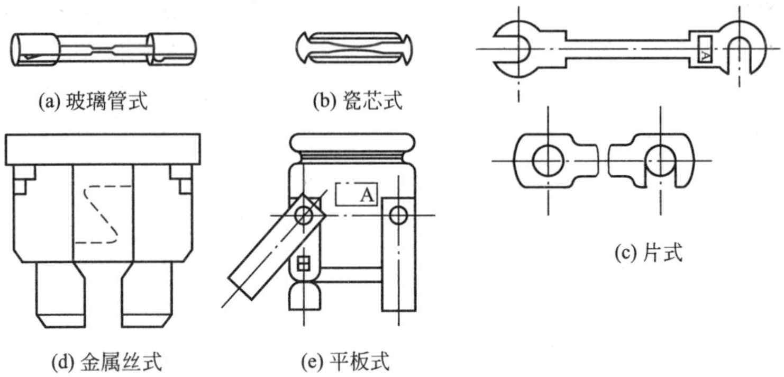

图7.6 各种熔断器的结构型式

表7-5 国产熔断器额定电流规格

型号	额定电流(A)
玻璃管式	2 3 5 7.5 10 15 20 25 30 40
瓷芯式	5 8 16 20 25

（续）

片式	2（无色） 3(紫色) 5(棕色) 7.5(褐色) 10(红色) 15(浅黄) 25(白色) 30(绿色)
金属丝式(直径/mm)	3(0.11) 7.5(0.20) 10(0.25) 15(0.30) 20(0.35) 25(0.40) 30(0.47)
平板式(厚度 mm)	20(0.2) 45(0.4) 60(0.6) 80(0.8)

为便于检查和更换熔断器，汽车上常将各电路的熔断器集中安装在一起，形成熔断器盒。各熔断器都编号排列，有的还在熔断器上涂以不同的颜色，以便于检修时识别。

图 7.7 是一熔断器盒的示例图。通常易熔线比熔断器的熔丝粗一些，被保护线路的工作电流往往较大，一般连接在电源线路和通过电流较大的线路上。

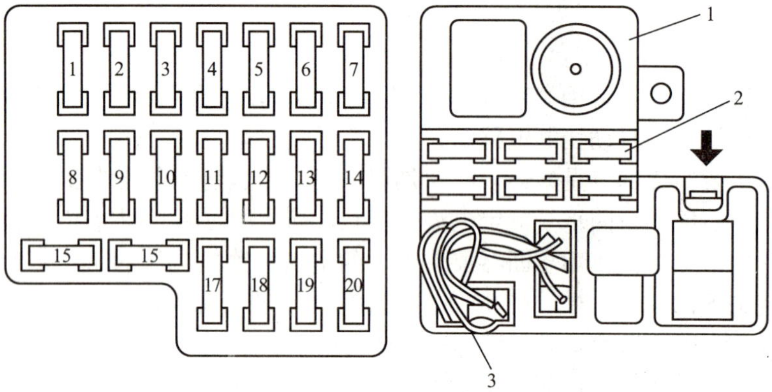

图 7.7 熔断器盒示例图

1—熔断器盒；2—熔断器；3—易熔线

3. 断路器

断路器也称断路保护器，通常用于保护较大容量的电器设备，而且可以重复使用。它的基本组成是一对受热敏双金属片控制的触点，利用双金属片受热弯曲变形的特点工作的。当双金属片通过大于额定电流一定值的电流时，受热弯曲，触点断开，自动切断电路。

断路器按其能否自动复位分为自动复位式和手动复位式两种。自动复位式是在电路发生故障时自动断开，待双金属片冷却后，自动复位使触点闭合；手动复位式是在电路发生故障时断开，排除故障后需用手按压才能将双金属片复位。

常见的自动复位式断路器的结构和工作原理如图 7.8 所示，当被保护线路中的电流超

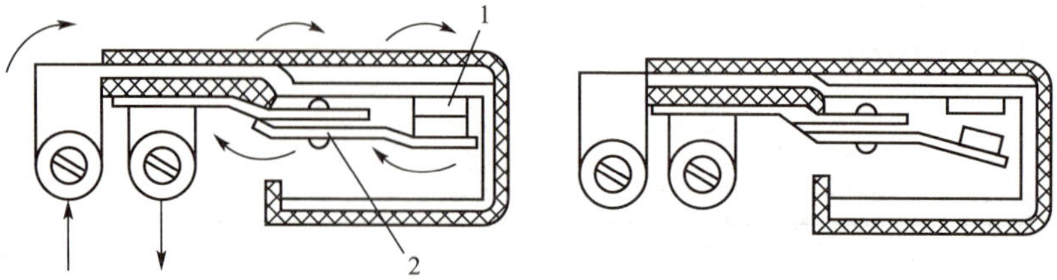

(a) 触点闭合　　(b) 触点分开

图 7.8 自动复位式断路器

过规定值时，双金属片受热弯曲，使触点张开而切断电路；触点分开后，双金属片上没有电流通过，温度降低到一定值后触点重又闭合。如果线路中因电流过大的原因发生故障而未及时排除时，自动复位式断路器就会使电路时通时断，以限制通过线路的电流，起到线路过载保护的作用。部分推拉式照明总开关上的双金属断路器即为这种类型，驾驶员可以从不断闪烁的灯光发现有故障发生；在一些轿车的刮水器和车窗升降电动机等电路中也采用这种断路器。

常见的手动复位式断路器的结构和工作原理如图 7.9 所示，当被保护线路中的电流超过规定值时，双金属片受热向上弯曲，使双金属片两端的触点张开而切断电路。由于双金属片有一定弹力，在切断电路、温度降低后，向上弯曲的双金属片不能自动复位。若要重新接通电路，必须按一下按钮，使双金属片受压复位，才能将触点接通。负载电流的限定值可以通过旋转调节螺钉进行调整。

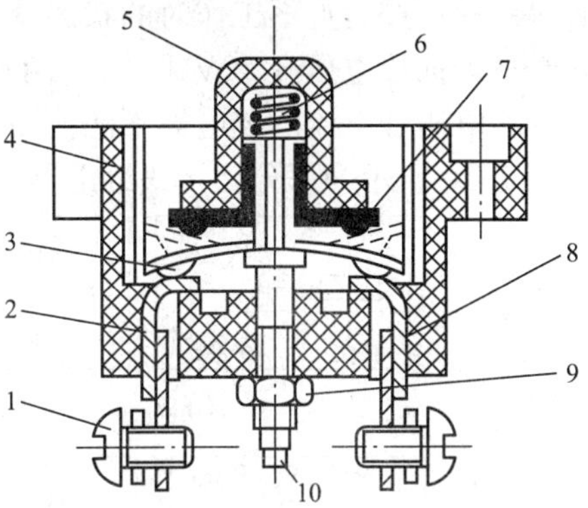

图 7.9　手动复位式断路器

1—接线柱；2、8—静触点；3—双金属片动触点；4—绝缘外套；5—按钮；6—弹簧；7—复位垫圈；9—锁紧螺母；10—调整螺杆

7.1.4　继电器

1. 继电器的作用

汽车用继电器的主要作用是自动控制某些电流的通断，还可以在电路中起到保护某些控制开关的作用。

1）实现自动控制

一些继电器线圈电流由汽车电路中的某个工作电压控制，当电路中的受控电压达到设定的继电器动作电压时，继电器触点将改变工作状态，从而实现自动控制。比如，起动机驱动保护继电器就可在发动机起动后，发电机发电，由发电机的中性电压控制使继电器触点打开，自动断开起动机电磁开关的电路。

2）保护控制开关

控制开关只控制继电器线圈的通断，由继电器线圈产生的电磁力来接通或断开控制开关要控制的电路。加继电器后，控制开关只通过较小的继电器线圈电流，因而开关就不容易损坏，使用寿命得以延长。

2. 继电器的组成及类型

汽车用继电器的的基本组成是电磁线圈和带复位弹簧的触点，其工作方式是利用通电线圈产生的电磁力来改变触点的原始状态。

汽车上的继电器可分为功能继电器和电路控制继电器。功能继电器在将开关接通后能自动控制电路通断转换，以实现特定功能，如闪光继电器、刮水器间歇继电器等。电路控制继电器是单纯实现电路通断与转换的继电器，通过流经开关和继电器线圈的小电流，控制用电设备的大电流，起到减小开关电流负荷，保护开关触点不被烧蚀的作用。常见的电路控制继电器有电源继电器、起动继电器、前照灯继电器、喇叭继电器、空调压缩机继电器等。

电路控制继电器一般由电磁线圈、电磁铁、触点、外壳和接线端子或引脚等组成。继电器线圈通电后，所有触点转换到相反的状态。为了减小继电器线圈断电时产生的自感电动势，保护开关和电子元件，有些继电器线圈两端设置并联电阻或续流二极管。

电路控制继电器按外形分为圆形、方形和长方形 3 种；按引脚数目分为三脚、四脚、五脚等多种；按触点不工作时的状态分动合型、动断型和开闭混合型 3 种。

继电器标称电压有 12V 和 24V 两种，线圈电阻一般分别为 65～85Ω 和 200～300Ω。不同标称电压和电流的继电器不能换用。

图 7.10 所示为部分插接式继电器原理图及插座插脚布置图。

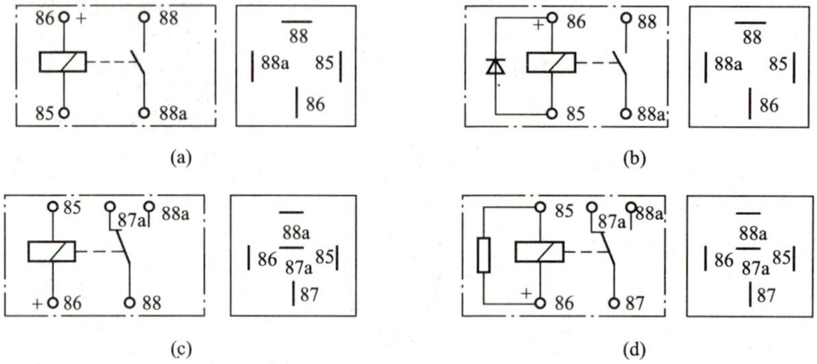

图 7.10　部分插接式继电器原理图及插座插脚布置图

7.1.5　中央接线盒

在现代汽车上常将熔断器、断路保护器和继电器等集中布置在一块或几块安装板上，形成一个或几个中央接线盒，构成整车电器线路控制和电能配给的中心，不仅使全车线路更加集中，线束走向合理、规范，而且为检修提供了很大方便。图 7.11(a)为某型桑塔纳轿车的中央接线盒，该接线盒的正面装有继电器和熔断器的插头，背面是接线插座，如图 7.11(b)所示。

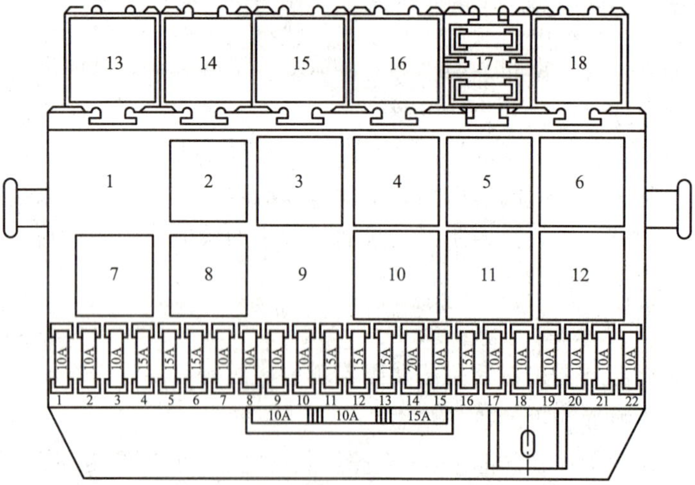

(a) 接线盒正面

图 7.11　桑塔纳轿车中央接线盒

1、3、9、11、13～17—空位；2—进气管预热继电器；4—换挡指示器控制装置；5—空调继电器；6—喇叭继电器；7—雾灯继电器；8—减荷继电器；10—前风窗清洗刮水器间歇继电器；12—报警及转向继电器；18—冷却液不足指示控制器；

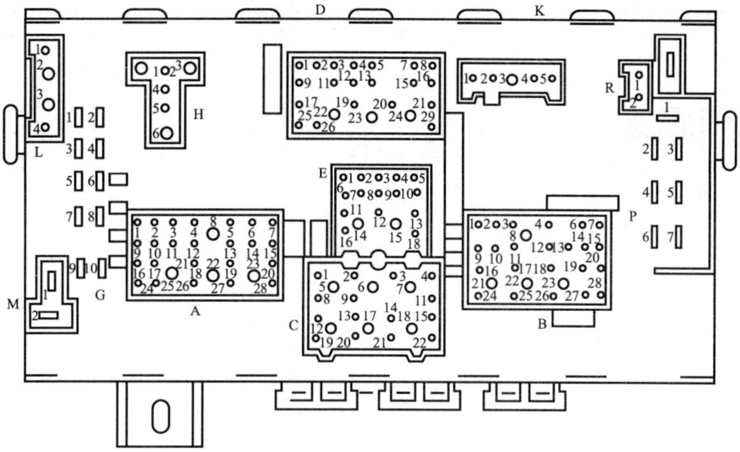

(b) 接线盒背面

图 7.11 桑塔纳轿车中央接线盒(续)

A—仪表板线束插座(蓝色插件)；B—仪表板线束插座(红色插件)；C—发动机室左边线束插座(黄色插件)；D—发动机室右边线束插座(蓝色插件)；E—后灯线束插座(黑色插件)；G—单个线束插座(主要用于冷却液不足指示控制器)；H—空调装置线束插座(棕色插件)；K—安全带警报系统线束插座；L—双音喇叭线束插座(灰色插件)；M—灯光开关 56 和变光开关 56b 接柱接头；N—单个插头(主要用于进气管预热器加热电阻电源)；P—单个插头(主要用于蓄电池火线与中央线路板的连接)；R—空位；

为了便于线路检查和故障诊断，一般在中央接线盒盖或安装板上都标有器件名称或其缩写字母，具体含义见表 7－6。大众系列汽车、丰田系列汽车等都采用了中央接线盒结构。

表 7－6 中央接线盒缩写字母含义

缩写字母	含义	控制、保护电路	缩写字母	含义	控制、保护电路
＋B	电源	直接电源正极	RADIO	收音机	收、放音机
IG、IGN	点火	点火开关控制线路	ENGINE	发动机	发动机熄火阀等
ACC	附件	辅助电器	EE、ECU－B	电子控制	电子控制器电源
GAUG、METER	仪表	仪表、指示灯	…RELAY	…继电器	控制…
CHABGE	充电	充电指示灯	WIPER	刮水器	刮水器及其电路
STOP	制动	制动灯	HEATER	加热器	暖风机继电器
TAIL	尾灯	尾灯及其电路	A/C	空调器	空调器及其电路
FOG	雾灯	雾灯及其电路	PWR、POWER	动力	电动门、窗、座椅
TURN	转向	转向灯	CIG－L、LIGT－TER	点烟器	点烟器
HAZ	危急警报	危急警报闪光器			
HORN	喇叭	喇叭及其继电器	DOME、ROOM	顶灯	顶灯、内照灯

（续）

缩写字母	含义	控制、保护电路	缩写字母	含义	控制、保护电路
HEAD	前照灯	前照灯及其电路	GLOW	预热	预热装置
DEFOR	后窗除霜	后除霜器	BLOWER	风机	电动风扇
PANEL	仪表	仪表及其电路	ECU - IG	电子控制	点火开关来的电源
LOCK	门锁	电动门锁			
EFI	电控燃油喷射	电控燃油喷射	SPARE	备用	

7.2 汽车电路图

汽车电路图是汽车电气设备总线路图的简称，它是将汽车电气设备总线路用图形进行表达的一种方式，是将汽车电器和电子设备用图形符号和代表导线的线条等按照各自的工作特性及相互间的内在联系连接在一起的关系图。由于文字、技术标准等差异，各汽车生产厂家在汽车电路图的绘制、符号标注等方面不尽相同。因此了解各种汽车电路图的特点和阅读方法非常重要。

7.2.1 汽车电路图的种类

汽车电路图有接线图、线束图、线路图、电路原理图等。

1. 线束图

线束图用于表示汽车电路线束和电器的具体布置，是能反映线束走向和有关导线颜色、接线柱编号等内容的线路图。在这种画成树枝样的图上，着重标明各导线的序号和连接的电器设备名称及接线柱名称、各插接器插头和插座的序号。只要将导线或插接器按图上标明的序号连接到相应的电器接线柱或插接器上，就能完成全车线路的装接，这种图给安装和维修带来了极大的方便。

根据所表示的侧重点不同，线束图大致可分为线束结构图、线束定位图和布线图 3 种。线束结构图用以表示汽车电路线束的组成、各条线束的结构和连接部件；线束定位图用于表达一条或几条电路线束的走向、连接点及线束固定等信息；线束布置图用于表达某个电路系统的线束及所连接电气部件的分布情况。

图 7.12 所示为东风 EQ1090 汽车电路线束结构图，图 7.13 所示为富康轿车 TU5JP/K 型发动机电路线束定位图，图 7.14 所示为富康 988 型轿车仪表系统的线束布置图。

线束定位图和布置图可以直观、清晰地反映汽车电路线束的布置和线束所连接器件的具体位置。一些汽车电路线束图还给出了各插接器端子的排列情况，为查找汽车电器和线路故障提供了方便。

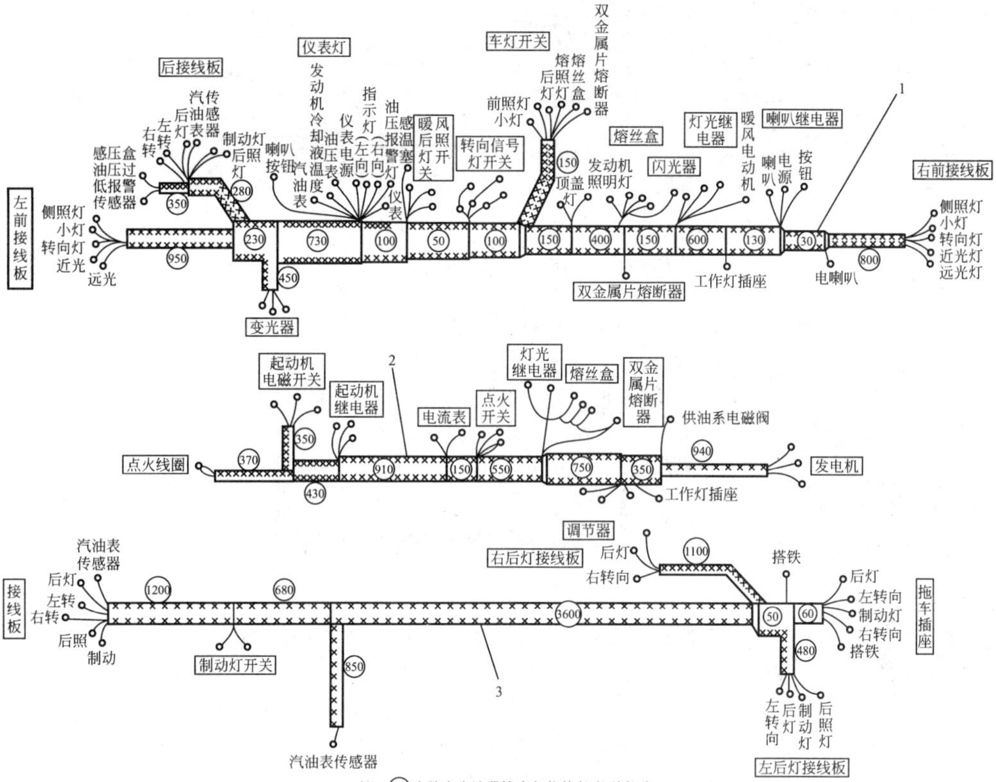

注：○内数字为该段线束包扎的长度,单位为mm。

图 7.12 东风 EQ1090 汽车线束图

1—驾驶室线束；2—电源、点火、起动线束；3—车架线束

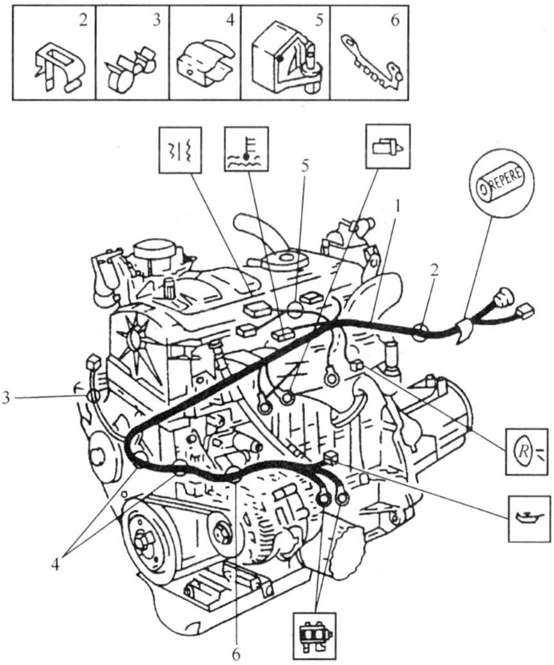

图 7.13 富康轿车 TU5JP/K 型发动机电路线束定位图

1—发动机电路线束；2、3、4—线束卡子；5—线束支架；6—支承夹

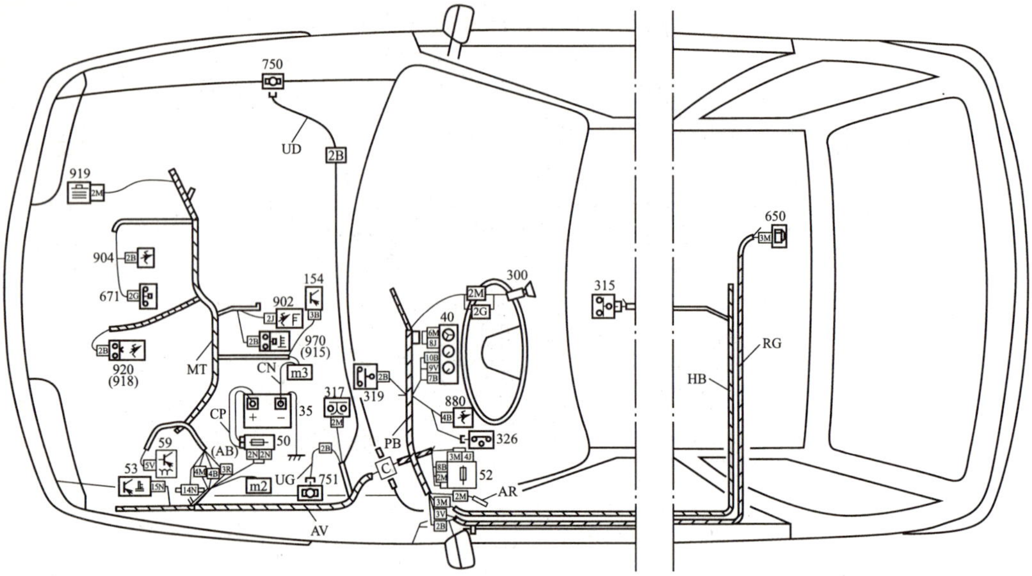

图 7.14　富康 988 轿车仪表系统线束布置图

35—蓄电池；40—仪表板；50—发动机盖下熔断器盒；52—驾驶室内熔断器盒；53—冷却液温度控制盒；300—点火开关；315—手制动灯开关；317—液面开关；319—制动灯开关；326—阻风门开关；650—燃油表传感器；671—机油压力传感器；750—左前制动摩擦片；751—右前制动摩擦片；880—仪表照明变阻器；915、919—冷却液温度传感器；59、154、902、904、918、920、970—未装备

2. 接线图

接线图是一种专门用来标记接线与连接器实际位置、色码、线型等信息的指示图，专门用于检修时查寻线束走向、线路故障及线路复原，并不涉及所连电器的工作原理及型号。虽然接线图中的导线以接近于线束的形式从相应的连接点引出，便于维修时按线、按色查找线路故障，但却不便于进行电路分析。接线图可以是整车电路的接线图，也可以是子系统的接线图。图 7.15 所示为捷达轿车散热器风扇控制电路接线图。

3. 线路图

线路图也称线路分布图，是将所有汽车电器按车上的实际位置、用相应的外形简图或原理简图画出来，并用线条一一连接起来。由于汽车电器的实际位置及外形与图中所示方位基本相符，可直观地了解汽车电系各电器的大致布置情况和线路的实际走向和连接情况，便于循线跟踪查找导线的分支和节点。图 7.16 所示为东风 EQ1090 汽车的电气线路图。

由于线路图线束密集、纵横交错，图的可读性较差，电路分析过程相对较为复杂，因此，现代汽车电气系统用线路图表示的已很少见，常见的是用电路图表示全车电气系统或部分电气系统的电路原理。

4. 电路原理图

电路原理图是指按规定的图形符号，把仪表及各种电器设备，按电路原理由上到下合理地连接起来，然后再进行横向排列形成的电路图。它可以是子系统的电路原理图，也可以是整车电路原理图。

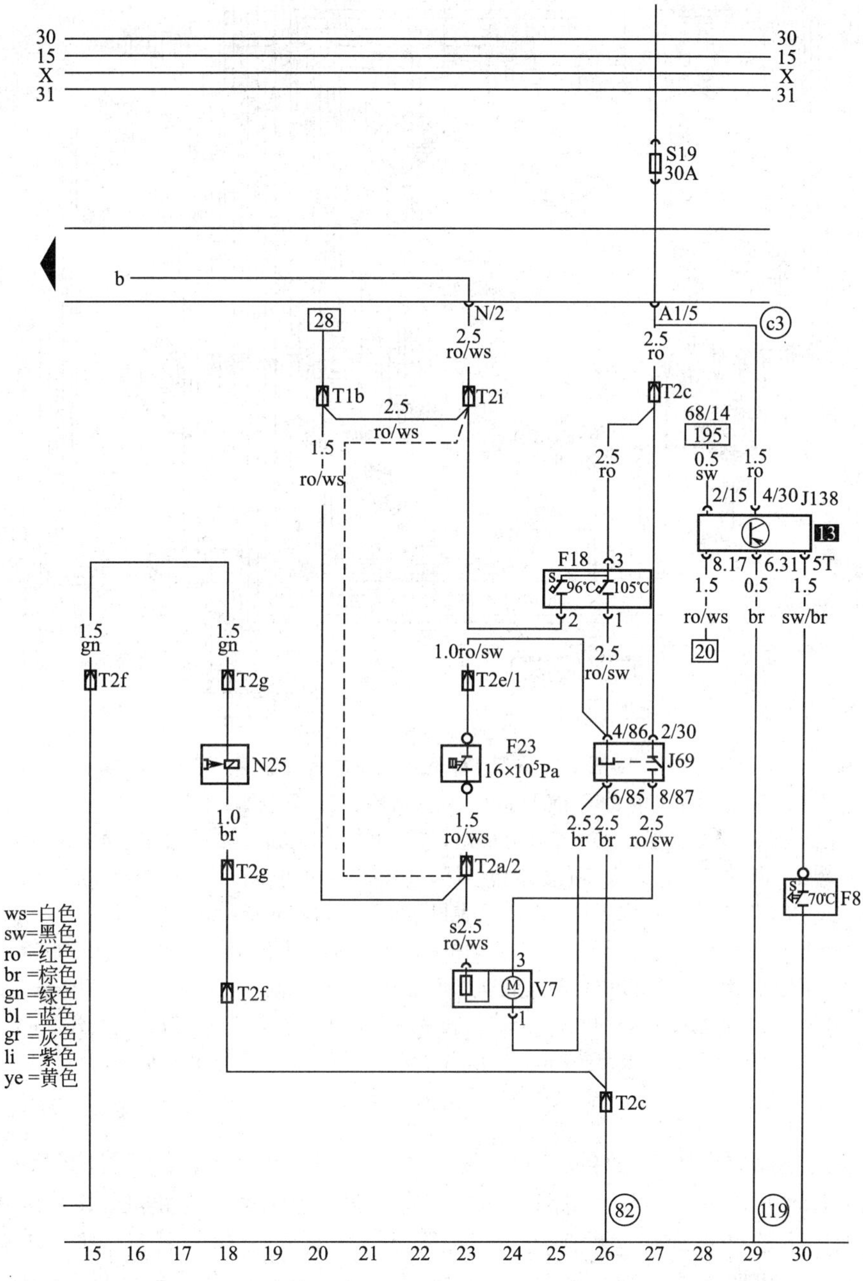

图 7.15 捷达轿车散热器风扇控制电路接线图

F18—散热器风扇热敏开关；F23—高压开关；J69—风扇二挡继电器；
J138—风扇控制单元；N25—空调电磁离合器；T1b—单孔插接器；
T2a、T2c、S19—熔断器；T2e、T2f、T2g、T2i—2 孔插接器；
V7—散热器风扇；F87—风扇起动温度开关

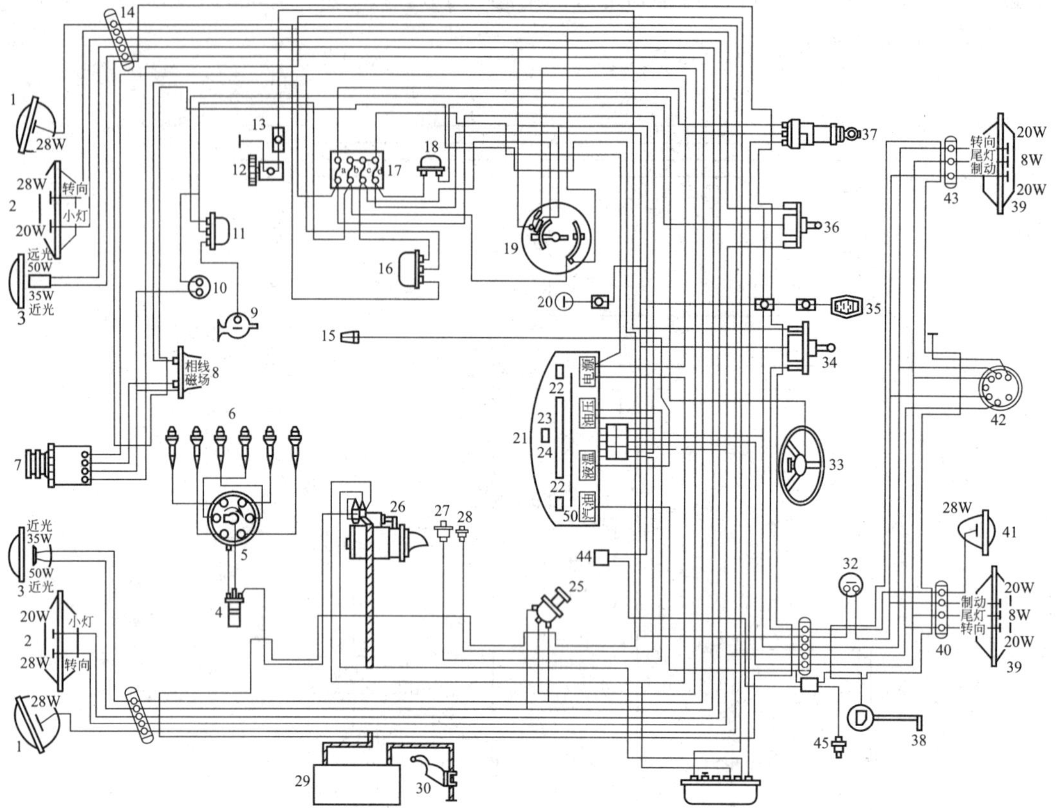

图 7.16　东风 EQ1090 汽车电气线路图

1—前侧灯；2—组合前灯；3—前照灯；4—点火线圈；5—分电器；6—火花塞；7—发电机；8—发电机调节器；9—电喇叭；10—工作灯插座；11—喇叭继电器；12—暖风电动机；13—接线管；14、40、43—接线板；15—冷却液温度传感器；16—灯光继电器；17—熔断器；18—闪光器；19—车灯开关；20—发动机罩下灯；21—仪表板；22—左右转向指示灯；23—机油低压报警灯；24—车速里程表；25—变光开关；26—起动机；27—机油压力传感器；28—低油压报警开关；29—蓄电池；30—电源开关；31—起动组合继电器；32—制动灯开关；33—喇叭按钮；34—后灯和暖风电动机开关；35—驾驶室顶灯；36—转向开关；37—点火开关；38—燃油液面传感器；39—组合尾灯；41—后灯；42—挂车插座；44—低气压蜂鸣器；45—低气压报警开关

子系统的电路原理图多为详图，基本是在第一章到第 6 章所述的各种电气设备中各电路原理图稍作简化而成。而整车电路原理图多为简图，也称整车电路图，图中各电气设备一般用简明图形符号表示，这种画法对线路图作了高度的简化，图面清晰，电路简单明了、通俗易懂，电路连接控制关系清楚，因此对分析系统的工作原理、进行故障诊断非常有利。

7.2.2　整车电路图的识读

目前，应用较为广泛的电路图是从左到右排列，不走折线，图上不出现或很少有导线交叉，一般按电源、起动、点火、仪表和指示灯、照明和信号、刮水器和洗涤器等顺序编排。有些较复杂的电器设备线路，图上采用断线代号解决，采用断线代号时，断线代号一定是成对出现的。

要看懂汽车电路图，首先要具备一定的电工和电子学基本知识，熟悉汽车各种电器与电子设备结构原理，了解各种车型汽车电路图所用图形符号的意义和汽车电器线路的结构特点，包括导线、端子和导线的连线、触点与开关、电器元件、仪表、传感器、电器设备和一些限定符号等。

在对复杂电路图进行分析的时候，首先应该看全图，在对汽车整车电路大体了解后，再根据工作特性对电路按系统进行分解，应用掌握的知识对分解系统进行分析研究，这样可以将电路图简化，可以减少识图难度。按照整体到部分，部分到整体的顺序，就可以对一个复杂电路图结构进行充分的认识。现在大多数汽车的电路图都是按照各个电路系统进行绘制的，阅读起来相对容易一些。

在对线路图和接线图进行分解和研究的时候，要充分利用“回路原则”进行。一般来说，各个电器系统只有电源和总开关是共用的，任何一个电路系统都是一个完整的电器系统，包括电源、开关、保险器、连接器、电器设备、导线、搭铁等。阅读时要首先找到电源线和搭铁线，然后按照开关、熔丝、用电器(或开关)、搭铁的次序运用前面各章所介绍的知识进行原理分析。应特别注意，在电路原理图中，开关和继电器的状态是它们不工作时(电源切断情况下)的状态。

在电路原理图中，图面上往往有多条火线和搭铁线，一般其中一条为常火线，用“30”表示，直接接蓄电池正极，不受任何开关控制；还有一条火线受点火开关控制，只有当点火开关接通后，该火线才有电，用“15”表示；有的汽车采用减荷继电器等控制一条火线，用“X”表示；搭铁线一般用“31”表示，同时有多条搭铁线时，一般是搭铁部位不同。

识读电路图的具体方法是：可以沿着工作电流的流动方向，由电源查向用电设备，即从电源正极出发，回到同一电源的负极；也可以逆着工作电流由用电设备查向电源。识读电路图时也可以从节点入手，有些节点是许多电气设备或电路分支的共用部分，如点火开关、保险丝、电流表等，掌握了这些组成在电路中的作用，就可以将许多相关电路有机地联系起来，而有一些节点可能是电路的连接与转换部分，如继电器触点就可以作为相应电路的电源端。

电路图如果分析的正确，就会形成一条封闭的回路，否则分析可能不正确。

所有的汽车电路图均是由线条、图形符号和文字来表示的，它们遵守一定的规则和约定。但各种车型由于产地和厂家的不同，而在图中采用了一些特定记号，学习和掌握汽车线路的基本标注方法，有助于正确判别接点标记、线型(规格截面)、色码标识等代码信息。

汽车导线的标记形式在各国都基本相同，含义大体包括电路图位置、截面积、主色、辅色等，截面积均是以 mm^2 为单位。汽车电路所用导线以颜色来区分，国际标准化组织(ISO)以英文规定，美国、日本及我国也采用英文字母，有些国家则使用自己的母语字母。识读电路图时应注意各国汽车导线颜色的缩写，如在国产车中，标记为1.5RW的导线，含义为导线截面积为 $1.5mm^2$，电线护套的主色为红色，电线护套的辅色为白色，参考表7-3可知这是电源电路导线。有些高档汽车在导线接头中套有色管，在标记中也有表示。在有些汽车的电路图中，还可能用到2位以上的字母，这些也基本都是从颜色的英文单词简化来的，具体可参阅厂家相应的说明。

由于现代汽车的电路图越来越复杂，很难全部画在一张图上，为了便于查找，有些电路图分成许多区域，沿横向分为1、2、3等区，沿纵向分为A、B、C等区，这样，就可以根据标记方便地找到相应的电路图。

在电路图中，大量使用一些文字和符号，文字通常是用缩略语的形式表示，不同厂家的缩略语并不完全相同，学习一些缩略语会有助于电路图的阅读。各厂家的电路图符号也各有特点，但也有其相似之处，大都是采用一些形象的通用电路符号表示的。

习　题

一、名词解释

1. 单线制
2. 搭铁
3. 负极搭铁
4. 正极搭铁
5. 线束

二、填空题：

1. 汽车电系与其他电路相比具有____________________的特点。
2. 现代汽车电气系统的低压电路均为________搭铁。
3. 汽车电气设备的连接导线有____________、____________两种，前者是指用在点火系统次级电路中连接点火线圈、配电器和火花塞之间的连接导线。
4. 汽车常用的电路保护器件有________、________和____________等。
5. 组成汽车电气线路的基础元件是________。

三、思考题：

1. 线束由哪些部件构成？其各组成部分的作用是什么？
2. 汽车电路中为何要设保险器？它是如何起到保险作用的？
3. 继电器的作用是什么？
4. 汽车电路图有哪几种？各是什么含义？
5. 如何识读电路图？

第二篇

汽车电子控制技术

第8章 电子控制原理基础

本章教学要点

知识要点	掌握程度	相关知识
电子控制系统的组成及作用	掌握电子控制系统的组成及各部分的作用	概述
传感器的组成及特性 空气流量传感器 进气压力传感器 温度传感器 位置传感器 转速传感器和速度传感器 爆震传感器和氧传感器	了解传感器的组成及特性。掌握空气流量传感器的作用；掌握热式空气流量传感器的结构及工作原理；了解其他类型空气流量传感器的结构特点。掌握进气压力传感器的作用，了解进气压力传感器的结构特点；掌握温度传感器的作用，了解温度传感器的结构特点；掌握各种位置传感器作用，掌握曲轴位置传感器的结构特点；掌握转速传感器和速度传感器的作用并了解其结构特点；掌握爆震传感器和氧传感器的作用，了解其结构特点	传感器
输入电路 微机 执行器	掌握输入电路的组成以及各组成部分的作用。掌握微机的组成；掌握微处理器的作用及原理；掌握存储器的组成及作用；了解输出电路的组成。掌握执行器的类型及作用 了解电动机类执行器结构特点；了解电磁阀类执行器的结构特点	电子控制装置

导入案例

电子技术的发展为汽车技术电子化创造了有利的条件，从20世纪50年代就开始研究用晶体管控制点火系统的工作；20世纪60年代初，硅元件整流的交流发电机取代了传统的直流发电机，以晶体管电压调节器代替了电磁振动式电压调节器，随后又发展成为集成电路调节器。自20世纪70年代以来，电子点火系统、电动汽油泵、晶体管闪光器开始广泛应用。后来又出现了以微型计算机控制点火正时、燃油喷射、防抱死制动和自动变速器等多项先进的技术。

随着大规模集成电路技术的发展，使微型计算机的结构更简单，并具有体积小、质量轻以及可靠性高等优点，使之在汽车上的应用越来越多。电子技术已广泛用于汽车的发动机控制，汽车底盘的传动、转向、制动、悬架控制、汽车电子仪表、故障诊断以及音响、通讯、导航等方面，汽车各系统电子化的程度逐年增加。汽车技术电子化被认为是汽车技术发展进程中的一次革命，汽车技术电子化的程度已成为衡量一个国家汽车工业水平的重要标志之一。

20世纪90年代，信息技术在汽车上得到发展。电子化仪表融入无线通信技术使驾驶员不仅可以得到汽车运行状态信息参数，需要时还可得到加速度、平均速度、续驶里程等信息，通过电子地图和GPS系统，驾驶员还可知道汽车的确切位置、达目的地的最佳行车路线。通过与交通信息控制中心的信息交流，可避开交通堵塞路段。通过与汽车故障援救中心网络的信息交流可及时得到故障排查指导和救援。

未来的汽车电子控制技术的发展方向是汽车高度智能化。智能化汽车的控制核心是功能强大的微型计算机，其综合处理信息的速度和能力更高，使各控制系统工作更加协调一致。除此以外，红外摄像，微波雷达、激光雷达、超声波测距与测速雷达等将使汽车的“眼睛”更亮，可实现行驶车间距自动控制、障碍物监测和报警、汽车跑偏自动纠正和报警、驾驶员困倦和酒后提醒和报警，使汽车的行驶安全性、舒适性进一步提高。随着汽车电子控制技术以及智能高速公路系统研究的深入进行，实现汽车自动驾驶也不会太遥远。

8.1 概　　述

电子控制系统就是应用控制装置自动地、有目的地控制、操作机器设备或过程，使之有一定的状态和性能。电子控制系统一般由检测反馈单元、指令及信号处理单元、转换放大单元、执行器和动力源等几部分组成，典型的电子控制系统如图8.1所示。

(1) 检测反馈单元：该单元的功用在于通过各种传感器检测受控参数或其他中间变量，经放大、转换后用以显示或作为反馈信号。

(2) 指令及信号处理单元：该单元接受人机对话随机指令或定值、程序指令，并接受反馈信号，一般具有信号比较、变换、运算、逻辑等处理功能。传统的指令及信号处理单元多采用模拟电路，随着微电子技术和计算机技术的发展，为工程控制系统提供了采用数字计算机指令和信号处理单元的可能性。汽车上所用的指令及信号处理单元多为微处理机。

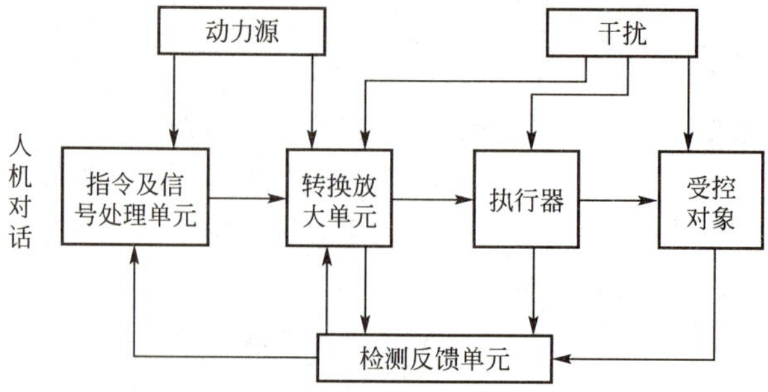

图 8.1　电子控制系统的一般组成

(3) 转换放大单元：该单元的作用是将指令信号按不同方式进行相互转换和线性放大，使放大后的功率足以控制执行器并驱动受控对象。

(4) 执行器：执行器是直接驱动受控对象的部件，可以是电磁元件，如电磁铁、电动机等；也可以是液压或气动元件，如液压或气压工作缸及马达。为了使驱动特性与受控对象的负荷特性相互匹配，还可附加变速机构，如液压马达和行星齿轮传动的组合。

(5) 动力源：动力源为各单元提供能源，通常包括电气动力源和流体动力源两类。

8.2 传　感　器

传感器是指能感受规定的物理量并按一定规律转换成可用输入信号的器件或装置。简单地说，传感器是把非电量转换成电量的装置。

8.2.1 传感器的组成及特性

1. 传感器的组成及类型

传感器通常由敏感元件、转换元件和测量电路 3 部分组成，如图 8.2 所示。敏感元件是指能直接感受(或响应)被测量的部分，即将被测量通过传感器的敏感元件转换成与被测量有确定关系的非电量或其他量。转换元件则将上述非电量转换成电参量。测量电路的作用是将转换元件输入的电参量经过处理转换成电压、电流或频率等可测电量，以便进行显示、记录、控制和处理的部分。测量电路中较多使用电桥电路。应该注意的是有些敏感元件可以直接输出电参量，也就是说，没有敏感元件与转换元件之分。

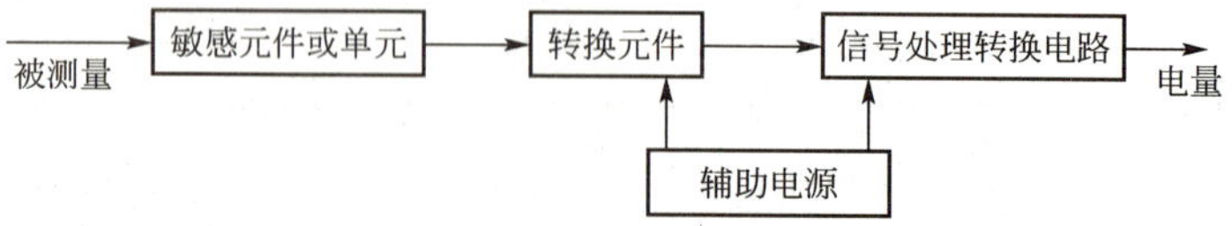

图 8.2　传感器的组成

传感器的种类很多，按被测对象分类有物理量传感器、化学量传感器及生物量传感器；按测量原理分类有结构型、物性型及复合型 3 类。结构型传感器是利用机械构件的变形、位移将被测量转换成相应的电阻、电感、电容等物理量的传感器，在汽车上使用的空气流量计、曲轴位置传感器等就属于这一类。物性型传感器是利用材料的固态物理特性及其各种物理、化学效应工作的传感器，如在汽车上使用的氧传感器、温度传感器等属于这一类。另外，还有按输出方式分成模拟式、数字式传感器；按输入输出特性分的线性、非线性传感器；按能量转换方式分的能量转换型(有源型或发电型)、能量控制型(无源型或参数型)等。

2. 传感器的特性

传感器的特性主要是指输出与输入之间的关系。当输入量为常量或变化极慢时，其关系为静态特性；当输入量随时间较快变化时，其关系为动态特性。传感器的静态特性参数包括灵敏度、线性度、重复性、迟滞、温漂、稳定性(零漂)、分辨率等。传感器的动态特性是对时间变化的输入量的响应特性，为了便于研究，通常用正弦周期输入和阶跃输入作为“标准输入”，考察传感器的响应特性等。下面介绍一些主要的、通用的静态特性参数指标的定义。

1) 灵敏度

灵敏度是指稳态时传感器输出量 y 和输入量 x 之比，或输出量 y 的增量和输入量 x 的增量之比，用 K 表示为

$$K=\frac{\mathrm{d}y}{\mathrm{d}x} \tag{8-1}$$

线性传感器的灵敏度为一常数，而非线性传感器的灵敏度是随输入变化的量。

2) 分辨率

传感器在规定的测量范围内能够检测出的被测量的最小变化量称为分辨率。由于它往往受噪声的限制，所以一般用相当于噪声电平 N 若干倍 C 的被测量表示，即

$$M=\frac{CN}{K} \quad (C\text{ 取 }1\sim5) \tag{8-2}$$

式中：M 为最小检测量。

3) 测量范围和量程

在允许误差限内，被测量值的下限到上限之间的范围称为测量范围。上限值与下限值的差称为量程。

4) 线性度(非线性误差)

在规定条件下，传感器校准曲线与拟合直线间的最大偏差与满量程输出值的百分比称为线性度或非线性误差。

5) 迟滞

迟滞是指在相同的工作条件下，传感器的正行程特性与反行程特性的不一致程度。

6) 重复性

重复性是指在同一工作条件下，输入量按同一方向在全测量范围内连续变化多次所得特性曲线的不一致性。

7) 零漂和温漂

传感器在无输入或输入为另一值时，每隔一定时间，其输入值偏离原示值的最大偏差与满量程的百分比为零漂。而温度每升高1℃，传感器输出值的最大偏差与满量程的百分比，称为温漂。

汽车电子控制用的传感器主要有空气流量传感器、曲轴位置/凸轮轴位置传感器、转

速传感器、爆震传感器、进气温度传感器、冷却液温度传感器、氧传感器等。

8.2.2 空气流量传感器

空气流量传感器 AFS(Air Flow Sensor)又称为空气流量计 AFM(Air Flow Meter)，是进气歧管空气流量传感器 MAFS(Manifold Air Flow Sensor)的简称，其功用是检测发动机进气量大小，并将进气量信息转换成电信号输入电控单元(ECU)，以供 ECU 计算确定喷油时间(即喷油量)和点火时间。进气量信号是控制单元计算喷油时间和点火时间的主要依据。

根据检测进气量的方式不同，空气流量传感器分为“D”型(压力型)和“L”型(空气流量型)两种类型。

“D”型来源于德文“Druck(压力)”的第一个字母，是利用压力传感器检测进气歧管内的绝对压力，测量方法属于间接测量法。装备“D”型传感器的系统称为“D”型燃油喷射系统，控制系统利用该绝对压力和发动机转速来计算吸入气缸的空气量，故又称为速度-密度型燃油喷射控制系统。由于空气在进气歧管内流动时会产生压力波动，发动机怠速(节气门关闭)时的进气量与汽车加速(节气门全开)时的进气量之差可达 40 倍以上，进气气流的最大流速可达 80m/s，因此，“D”型燃油喷射系统的测量精度不高，但是控制系统的成本较低。

“L”型来源于德文“Luftmengen(空气流量)”的第一个字母，是利用流量传感器直接测量吸入进气管的空气流量。因为采用直接测量方式，所以进气量的测量精度较高，控制效果优于“D”型燃油喷射系统。汽车采用的“L”型传感器分为体积流量型(如翼片式、量芯式、涡流式)传感器和质量流量型(如热丝式和热膜式)传感器。质量流量型传感器工作性能稳定、测量精度较高，但是成本也较高。热膜式流量传感器内没有运动部件，因此没有流动阻力，且使用寿命远远长于热丝式流量传感器，国产捷达 AT、GTX 和桑塔纳 2000GSi 轿车均采用热膜式空气流量传感器，安装在空气滤清器与进气软管之间。

1. 翼片式空气流量传感器

翼片式 AFS 又称为叶片式 AFS，是一种利用力矩平衡原理和电位器原理开发研制的机械式传感器，已经持续生产使用多年。具有结构简单、价格便宜、可靠性较高等优点，丰田皇冠(CROWN)2.8(5M－E 发动机)、佳美(CAMRY)、子弹头(PREVIA)、马自达(MAZDA)多用途(MPV)汽车燃油喷射系统都采用了翼片式 AFS。

翼片式空气流量传感器的结构如图 8.3 所示，主要由检测部件、电位计、调整部件、接线插座和进气温度传感器 5 部分组成。

1) 检测部件

检测部件由测量叶片和缓冲叶片组成，其结构如图 8.4 所示。叶片又称为翼片，两块翼片用热模浇铸成一体，翼片总成固定在电位计转轴上。测量翼片在主进气道内随空气流量的变化而偏转，缓冲翼片在缓冲室内偏转。缓冲室起到阻尼作用，当发动机吸入的空气量急剧变化时，使翼片转动平稳，减小翼片脉动。转轴安装在传感器壳体上，靠电位计一端的转轴上装有片状螺旋形复位弹簧，其功用是使测量翼片复位并平衡空气对测量翼片的推力。当弹力与推力平衡时，翼片便处于平衡位置。

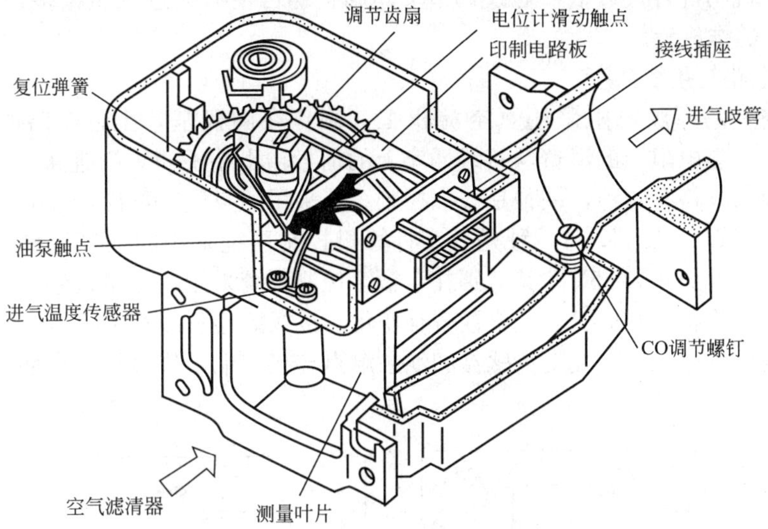

图 8.3　翼片式空气流量传感器

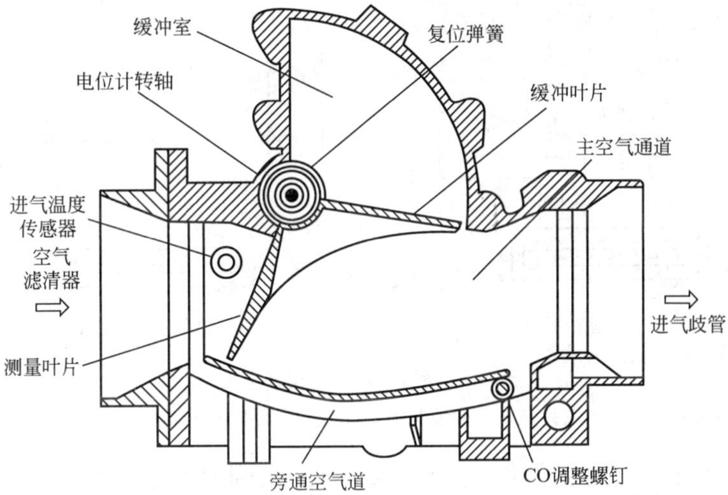

图 8.4　翼片式 AFS 的检测部件

2) 电位计与调整部件

电位计安装在传感器壳体上部，由带平衡配重的滑臂和印制电路板上的镀膜电阻组成(图 8.3)。滑臂中心固定在转轴上，并随转轴一起转动。当翼片带动转轴转动时，滑臂便在镀膜电阻上滑动。配重起到平衡作用，使滑臂平稳偏摆。电位计内设有调整齿扇和片状螺旋形复位弹簧。弹簧形状与时钟弹簧相同，一端固定在转轴上，另一端固定在调整齿扇上，齿扇上制有刻度标记，并用卡簧定位。改变齿扇的定位位置，即可调整复位弹簧的预紧力，从而调整传感器的输出特性。

在主空气通道下方设有旁通进气道，旁通进气道上设有改变旁通进气量的 CO(一氧化碳)调整螺钉，用来调节发动机怠速时一氧化碳排放量。当发动机怠速时的一氧化碳(CO)

含量过高时，说明混合气过浓，通过调节 CO 调整螺钉使旁通进气量增多，混合气变稀，即可降低 CO 的排放量。

3）工作电路与接线插座

印制电路上的厚膜电阻采用真空淀积工艺制作在陶瓷基片上，电路原理及连接如图 8.5 所示，可变电阻上的滑臂与接线插座上的信号输出端子“V_S”连接。翼片式空气流量传感器的内部电路有两种，一种是模拟控制系统采用的空气流量计，其电路如图 8.5(a) 所示，电源电压 $U_B=12V$；另一种是数字计算机控制系统采用的空气流量计，其电路如图 8.5(b)所示，电压 $U_C=5V$。其区别在于数字控制系统采用的流量传感器电路取消了限流电阻 R，传感器插座上接线端子位置略有变化。接线插座一般都为 7 端子插座，分别与传感器内部的电位计、进气温度传感器和油泵触点连接。端子代号标示在插座护套的相应位置上。

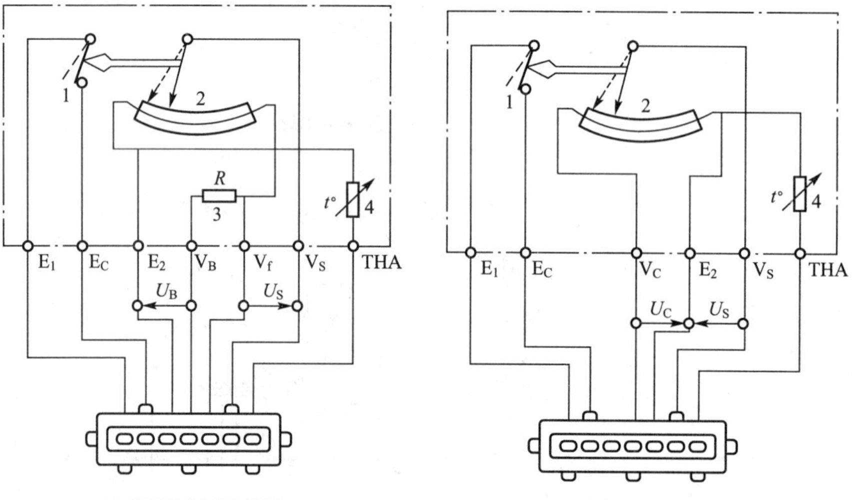

(a) 模拟控制系统采用　　(b) 数字控制系统采用

图 8.5　翼片式 AFS 原理电路

1—油泵触点；2—电位计；3—限流电阻；4—进气温度传感器；$U_B=12V$；$U_C=5V$

电动燃油泵电路控制触点简称为油泵触点，受检测部件控制。当发动机运转翼片稍微偏转后，油泵触点就会闭合，燃油泵电路接通泵油。当发动机熄火后，翼片关闭，油泵触点被配重上的触臂顶开，油泵电路切断而停止转动，此时即使点火处于开关接通位置，油泵也不会运转。这样，在汽车发生翻车、撞车等事故导致油管破裂而点火开关又来不及断开的情况下，可以防止油泵继续泵油导致燃油外溢而发生火灾。

翼片式空气流量传感器的工作原理如图 8.6 所示。当吸入发动机的空气流过传感器主进气道时，传感器翼片就会受到空气气流压力产生的推力力矩和复位弹簧弹力力矩的作用，当空气流量增大时，气流压力对翼片产生的推力力矩增大，推力力矩克服弹力力矩使翼片偏转角度 α 增大，直到推力力矩与弹力力矩平衡为止。进气量越大，翼片偏转角度 α 也就越大。因为翼片总成和电位计的滑臂均固定在转轴上，所以在翼片偏转的同时，滑臂也随之偏转。当空气流量增大时，端子“V_C”与“V_S”之间的电阻值减小，两端子之间输出的信号电压 U_S 降低。

当空气流量减小时，气流压力对翼片产生的推力力矩减小，推力力矩克服弹力力矩使翼片偏转的角度 α 减小，端子“V_C”与“V_S”之间的电阻值增大，两端子之间的输出信号电压 U_S 升高，传感器的输出特性如图 8.7 所示。

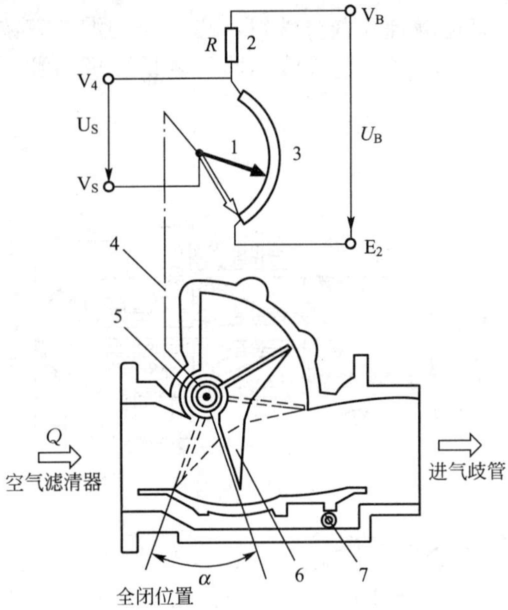

图 8.6 翼片式 AFS 工作原理简图

1—滑动触点臂；2—限流电阻；3—镀膜电阻；4—转轴；5—复位弹簧；6—翼片；7—CO 调整螺钉

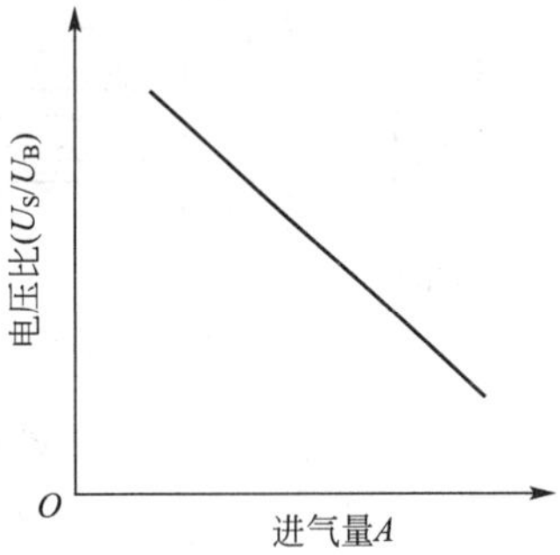

图 8.7 翼片式 AFS 输出特性

对于图 8.5(a)所示电路的传感器，为了避免电源电压 U_B 波动对测量产生的影响，因此将信号电压 U_S 与电源电压 U_B 之比来计算进气量 Q_A 即

$$Q_A=\frac{C}{U_S/U_B} \tag{8-3}$$

式中：Q_A 为体积流量(m^3/s)；C 为常数；U_S/U_B 为电压比。

对于图 8.5(b)所示电路的传感器，为了保证测量的精度，电压 U_C(5V)必须由稳压源提供，这样根据端子“V_S”输出的电压即可精确计算进气量，即

$$Q_A=C/U_S \tag{8-4}$$

众所周知，空气的质量与其温度和大气压力有关。温度越低或大气压力越高，空气质量就越大。翼片式流量传感器检测的是进气气流的体积流量，当进气温度或大气压力发生变化时，相同体积的空气质量就会发生变化。为了避免环境温度和大气压力变化给流量检测带来误差，因此所有检测体积流量的流量传感器都分别采用了进气温度传感器和大气压力传感器进行修正。

2. 量芯式空气流量传感器

量芯式空气流量传感器具有进气阻力小、计量精度和工作可靠性高等优点，新型马自达(MAZDA)929 型轿车即采用这种传感器。

量芯式空气流量传感器的结构与翼片式空气流量传感器相似，如图 8.8 所示，主要由量芯、电位计、进气温度传感器和线束插座等组成。检测部件是一个椭圆球体形量芯，安装在进气道内并可沿进气道移动，即用量芯代替了翼片式传感器的翼片总成。电位计滑臂的一端与量芯连接，另一端设有滑动触点，量芯移动时，触点可在印制电路板的镀膜电阻上滑动。量芯式传感器没有设置旁通进气道和怠速混合气调整螺钉，怠速时的混合气浓度由 ECU 根据氧传感器输入的信号进行调节。量芯式空气流量传感器的测量原理与翼片式传感器相似，如图 8.9 所示。

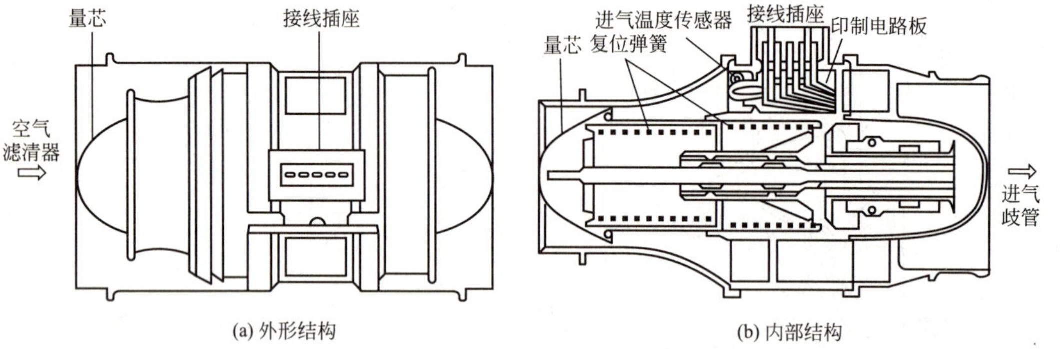

图 8.8　量芯式空气流量传感器的结构

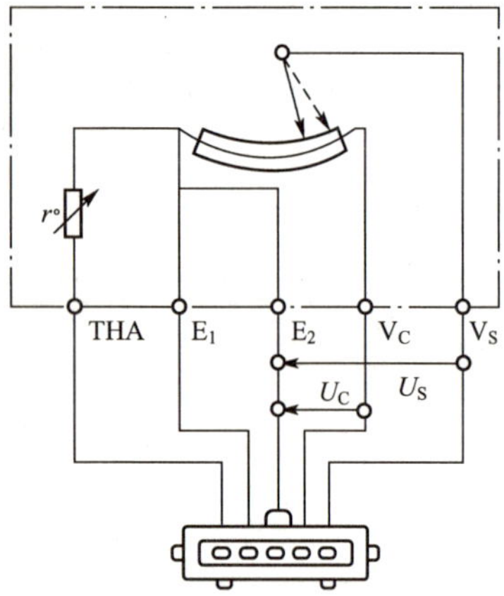

图 8.9　量芯式空气流量传感器原理电路

当节气门开度增大时，发动机的进气量增大，进气道内空气气流对量芯产生的推力力矩增大，气流推力力矩克服复位弹簧的弹力力矩使量芯移动的距离增大，量芯带动电位计滑臂转动的角度增大，传感器输出端子"Vs"与"E_2"之间的阻值减小，输出信号电压降低；反之，当节气门开度减小时，传感器信号电压升高。ECU 根据传感器输入信号电压的高低，即可计算出进气量的大小。

3. 热丝式与热膜式空气流量传感器

热丝式与热膜式空气流量传感器是用于检测吸入发动机空气的质量流量传感器。热丝式空气流量传感器的发热元件是铂金属丝，热膜式空气流量传感器的发热元件是铂金属膜，铂金属发热元件的响应速度很快，能在几毫秒内反映出空气流量的变化，因此测量精度不受进气气流脉动的影响(气流脉动在发动机大负荷低转速运转时最为明显)。此外还具有进气阻力小，不磨损部件等优点，因此目前大多数中高档轿车都采用了这种传感器。

1) 热丝式空气流量传感器

热丝式空气流量传感器装在空气滤清器后方的进气道上，由铂金丝、控制电路等组成，其结构如图 8.10 所示。传感器壳体两端设置有与进气道相连的圆形连接接头，空气入口和出口都设有防止传感器受到机械损伤的防护网。传感器入口与空气滤清器一端的进气管连接，出口与节流阀体一端的进气管连接。

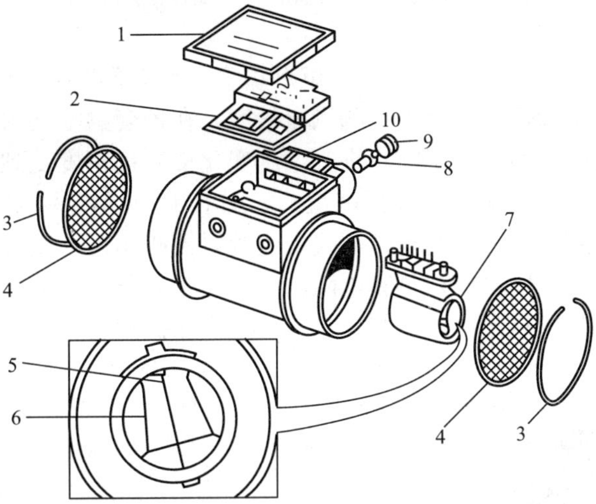

图 8.10 热丝式空气流量传感器(AFS)的结构

1—传感器密封盖；2—印制电路板；3—卡环；4—防护网；5—温度补偿电阻丝(冷丝)；6—铂金丝(热丝)；7—取样管；8—CO 调节螺钉；9—防护塞；10—接线插座

传感器内部套装有一个取样管，取样管中设有一根直径很小(约 70μm)的铂金属丝作为发热元件，并制作成“Π”形张紧在取样管内。传感器工作时，铂金属丝将被控制电路提供的电流加热到高于进气温度 120℃，因此称之为热丝。由于进气温度变化会使热丝的温度发生变化而影响进气量的测量精度。因此在热丝附近的气流上游设有温度补偿电阻。早期制作的流量传感器采用铂金属丝制作温度补偿电阻，该电阻丝靠近进气口一侧，因此称之为冷丝。由于电阻丝在使用中容易折断而导致传感器报废，因此，目前大多数都采用在氧化铝陶瓷基片上印刷制作铂膜电阻。该温度补偿电阻相当于一只进气温度传感器，其电阻值随进气温度变化而变化。当传感器工作时，控制电路提供的电流将使温度补偿电阻的温度始终低于发热元件的温度(120℃)。这样温度补偿电阻的温度起到一个参照标准的作用，使进气温度的变化不至于影响发热元件测量进气量的精度。

2) 热膜式空气流量传感器

热膜式空气流量传感器是热丝式传感器的改进产品，其发热元件采用平面形铂金属膜电阻器，故称为热膜电阻。热膜式空气流量传感器的结构和工作原理与热丝式空气流量传感器基本相同，不同的只是不采用价格昂贵的铂金丝，而将发热体由热丝改为热膜电阻。

热膜电阻的制作方法：首先在氧化铝陶瓷基片上采用蒸发工艺淀积铂金属薄膜，然后通过光刻工艺制作出梳状图形电阻，将电阻值调节到设计要求的阻值后，在其表面覆盖一层绝缘保护膜，再引出电极引线而制成。采用热膜电阻可使制造成本大为降低，且使发热体不直接承受空气流动所产生的作用力，增加了发热体的强度，提高了空气流量计的可靠性和使用寿命。这种传感器目前在很多高档轿车上使用，如博世 LH 型燃油喷射系统、通用别克(Buick)、尼桑千里马(MAXIMA)、尼桑风度(NISSAN CEFIRO)、新捷达王(GETTA GTX)、捷达前卫(GETTA GIX)、红旗 CA7220E 和桑塔纳时代超人(SANTANA2000GSI)等型轿车均采用热膜式空气流量传感器。

捷达 AT、GTX 和桑塔纳 2000GSI 型轿车所用热膜式空气流量传感器的结构如图 8.11 所示。

在传感器内部的进气通道上设有一个矩形护套(相当于取样管)，热膜电阻设在护套中。为了防止污物沉积到热膜电阻上影响测量精度，在护套的空气入口一侧设有空气过滤层，用以过滤空气中的污物。为了防止进气温度变化使测量精度受到影响，在热膜电阻附近的气流上游设有铂金属膜式温度补偿电阻，如图 8.12 所示。温度补偿电阻和热膜电阻与传感器内部控制电路相连，控制电路与线束连接器插座相连，线束插座设在传感器壳体中部。与热丝式流量传感器相比，热膜电阻的阻值比较大，所以消耗的电流较小，使用寿命较长。但是，由于其发热元件表面制作有一层绝缘保护薄膜，存在辐射热传导作用，因此响应特性稍差。

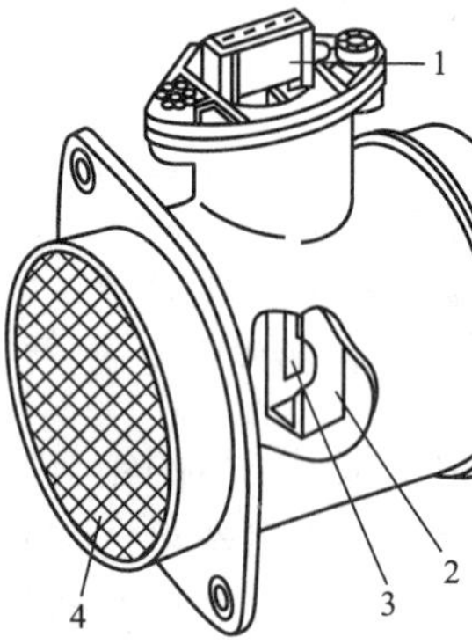

图 8.11　热膜式 AFS 的结构

1—接线插座；2—护套；3—铂金属膜；4—防护网

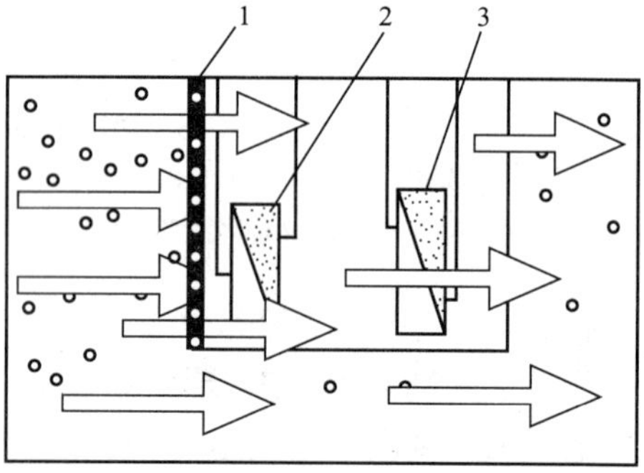

图 8.12　热膜式 AFS 内部元件示意图

1—过滤层；2—温度补偿电阻；3—热膜电阻

3) 热丝式与热膜式空气流量传感器测量原理

(1) 空气流量测量原理，利用热丝或热膜作为发热元件的空气流量传感器，其测量原理完全相同，为了叙述方便，下文将热丝与热膜统称为发热元件。

在强制气流的冷却作用下，发热元件在单位时间内的散热量 H 和发热元件的温度 T_H 与气流温度 T_G 之差成正比，其散热量 H 与气流质量流量 Q_M 之间的函数关系如下

$$H=K\lambda^{1-m}\mu^{m-n}C_P^m(T_H-T_G)Q_M^n \qquad (8-5)$$

式中：K 为常数；λ 为空气热导率；μ 为空气粘性系数；C_p 为空气比热容。m 和 n 的值与流体的性质及雷诺数有关，对于热丝式发热元件，$m=0.3$，$n=0.38\sim0.50$。

设发热元件的加热电流为 I、电阻值为 R_H，在热平衡状态下，散热量等于发热量，即

$$H=I^2R_H \qquad (8-6)$$

由式(8-5)和式(8-6)可得气流的质量流量 Q_M 与加热电流 I 之间的函数关系式如下

$$Q_M=\sqrt[n]{\left(\frac{R_H\cdot K_T}{T_H-T_G}\right)\times I^2} \qquad (8-7)$$

式中：$K_T=K^{-1}\lambda^{m-1}\mu^{n-m}C_p^{-m}$，系数 K_T 值与空气温度 T_G 有关，其温度系数为(0.15%～0.18%)/℃；发热元件的电阻值 R_H 与自身温度 T_H 有关，温度升高，阻值增大。

可见通过控制发热元件的温度 T_H 与空气温度 T_G 之差为一恒定值，就可以根据发热元件的加热电流 I 求得空气气流的质量流量 Q_M。在热丝式与热膜式流量传感器中，采用了恒温差控制电路来实现流量检测。

恒温差控制电路如图 8.13 所示，发热元件电阻 R_H 和温度补偿电阻(进气温度传感器)R_T 分别连接在惠斯登电桥电路的两个臂上。当发热元件的温度高于进气温度时，电桥电压才能达到平衡，并由具有电流放大作用的控制电路 A 控制加热电流(50～120mA)来保持发热元件温度 T_H 与温度补偿电阻温度 T_T 之差保持恒定(即 $\Delta T = T_H - T_T = 120℃$)。

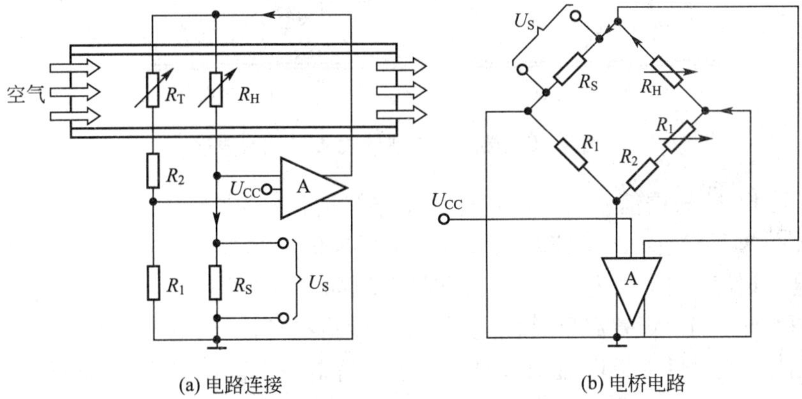

图 8.13　热丝式与热膜式 AFS 电路原理

R_T—温度补偿电阻(进气温度传感器)；R_H—发热元件(热丝或热膜)电阻；
R_S—信号取样电阻；R_1、R_2—精密电阻；U_{CC}—电源电压；U_S—信号电压；A—控制电路

当空气气流流经发热元件使其受到冷却时，发热元件温度降低，阻值减小，电桥电压失去平衡，控制电路将增大供给发热元件的电流，使其温度保持高于温度补偿电阻温度(120℃)。电流增量的大小，取决于发热元件受到冷却的程度，即取决于流过传感器的空气量。当电桥电流增大时，取样电阻 R_S 上的电压就会升高，从而将空气流量的变化转换为电压信号 U_S 的变化。输出电压与空气流量之间近似于 4 次方根的关系，其特性曲线如图 8.14 所示。

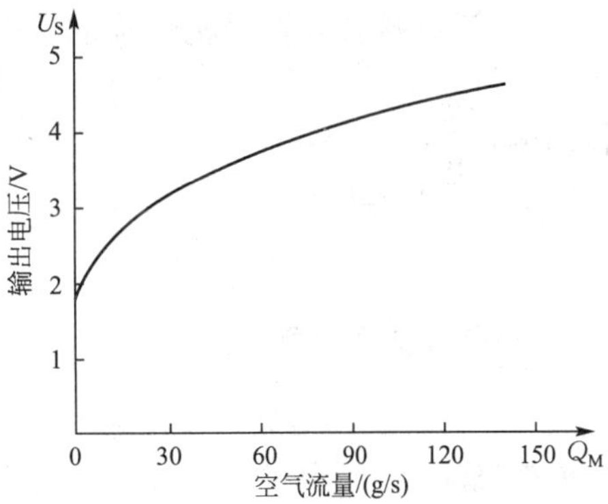

图 8.14　热丝式与热膜式 AFS 输出特性曲线

信号电压输入 ECU 后，ECU 便可根据信号电压的高低计算出空气质量流量 Q_M 的大小。

热膜式与热丝式 AFS 测量原理如图 8.15 所示。当发动机怠速时，其节气门关闭或接近全闭，因此空气流速低，空气量少；如果空气为热空气，则空气温度越高，空气密度越小。所以在体积相同的情况下，热空气的质量小，因此发热元件受到冷却的程度小，阻值减小幅度小，保持电桥平衡需要的电流也小，如图 8.15(a)所示，故取样电阻上的信号电压低。反之，当发动机负荷增大时，由于空气流速快，进入的空气量多，相对来说，空气

为冷空气，发热元件受到冷却的程度就大，阻值减小幅度大，保持电桥平衡需要的电流也大，如图 8.15(b)所示，故取样电阻上的信号电压高。

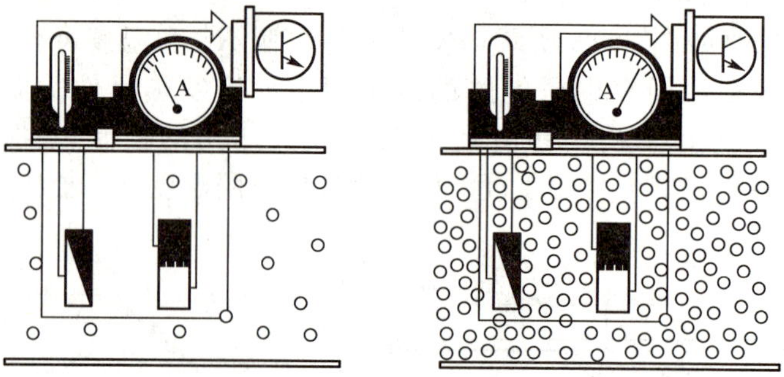

(a) 怠速或热空气时　　(b) 负荷增大或冷空气时

图 8.15　热膜式与热丝式 AFS 测量原理

控制单元 ECU 根据信号电压即可计算出空气量。

捷达 AT、GTX 型轿车怠速时的空气流量标准值为 2.0～5.0g/s。

(2) 温度补偿原理，当进气温度变化时，发热元件的温度就会发生变化，测量进气量的精度就会受到影响。设置温度补偿电阻(温度传感器)后，从电桥电路上可以看出，当进气温度降低使发热元件上的电流增大时，为了保持电桥平衡，温度补偿电阻上的电流相应增大，以保证发热元件温度与温度补偿电阻之差保持恒定，使传感器测量精度不受进气温度变化的影响。

热丝式空气流量传感器在使用一段时间后，由于热丝表面受空气尘埃沾污，其热辐射能力降低将会影响传感器的测量精度，因此控制电路中设计有“自洁电路”来实现自洁功能。每当 ECU 接收到发动机熄火的信号时，ECU 将控制自洁电路接通，将热丝加热到 1000℃并持续 1s，使沾附在热丝上的尘埃烧掉。另一种防止热丝沾污的方法是提高热丝的保持温度，一般将保持温度设定在 200℃以上，以便烧掉黏附的污物。热膜式传感器铂金属膜的面积比热丝的表面积大得多，且覆盖有一层绝缘保护膜，因此不会因沾污污物而影响测量精度。

8.2.3　进气压力传感器

进气压力传感器是进气歧管绝对压力传感器的简称，它是进气量采用歧管压力计量方式的电控汽油喷射系统中最重要的传感器，相当于采用直接测量空气流量的电控汽油喷射系统中的空气流量传感器。由于在发动机运转时，随着节气门开大，进气量增加，进气管真空度随之减小，进气管真空度的大小从一定程度上反映了进气量或发动机负荷的大小。利用进气管真空度信号并结合发动机转速信号和节气门开度信号，能使喷油量的控制达到足够高的精度。

进气压力传感器种类较多，就其信号产生原理可分为半导体压敏电阻式、膜盒式、电容式等。其中半导体压敏电阻式在发动机电子控制系统中应用较为广泛。

1. 半导体压敏电阻式进气压力传感器

半导体压敏电阻式进气压力传感器是根据半导体的压阻效应把压力信号变换成电信

号。其工作温度范围为−30～100℃。这种传感器的特点是尺寸小、精度高、成本低、响应性及耐振性好，不易受温度变化的影响。

半导体压敏电阻式进气压力传感器的结构如图8.16所示，它是由压力转换元件和把转换元件输出信号进行放大的混合集成电路等构成。

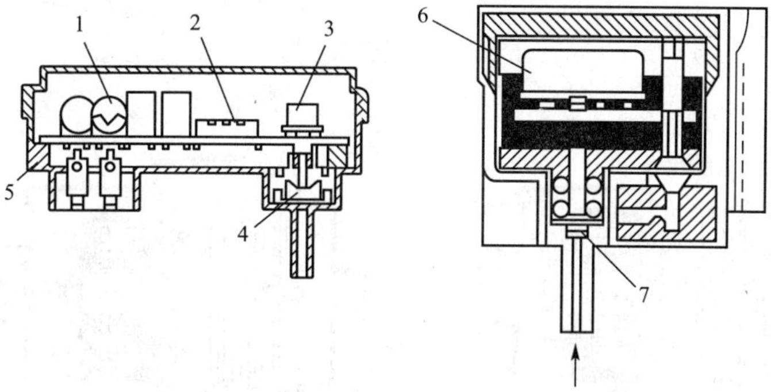

图8.16 压敏电阻式进气压力传感器结构

1—EMI过滤器；2—混合集成电路；3—压力转换元件；4—滤清器；
5—塑料外壳；6—压力转换元件；7—滤清器

这种压力传感器的主要元件是一个很薄的硅片。硅片的一面是真空室，另一面导入进气歧管压力。硅片为约3mm的正方形，其中部经光刻腐蚀形成直径约2mm、厚约5mm的薄膜，薄膜周围有4个应变电阻，以惠斯通电桥方式连接，如图8.17所示。电桥由稳压电源供电，在硅片无变形时电桥处于平衡状态。当进气管压力增加时，硅膜片弯曲，其应变与压力成正比，附着在薄膜上的应变电阻的阻值随应变成正比地变化，这样就可利用惠斯通电桥将硅膜片的变形量变成电信号。因为输出的电信号很微弱，所以需用混合集成电路放大后输出。

半导体压敏电阻式进气压力传感器输出的信号电压具有随进气歧管绝对压力的增大呈线性增大的特性。这种形式的传感器能在较大范围内不受温度变化的影响，因为各个电阻受热后，电阻值的增加是相同的。它还具有可靠、耐用、寿命长等优点。

由于这种压力传感器结构和测量原理的要求，通常将其安装在振动较小的车身处，用一根橡胶管与进气总管相连作为取气管。压力传感器输出的信号电压输入到电子控制单元(ECU)中，ECU从进气管压力的变化间接知道进气量后，再确定燃油喷射时间。压力传感器与ECU的连接电路如图8.18所示。

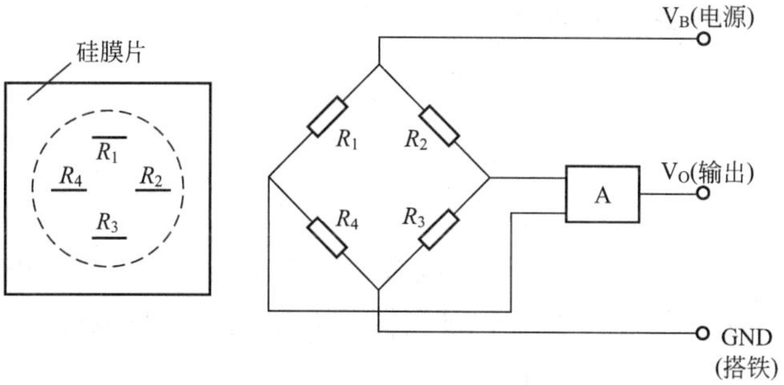

图8.17 压敏电阻式进气压力传感器工作原理

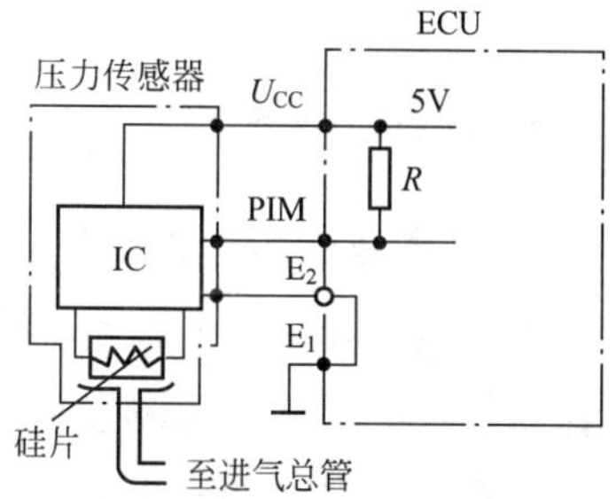

图8.18 压力传感器与ECU的连接

2. 膜盒传动的可变电感式(LVDT)进气压力传感器

该传感器主要由密封的弹性金属膜盒、铁芯、感应线圈和电子电路等组成。图 8.19 所示为 LVDT 进气压力传感器的结构剖面图。膜盒是由薄金属片焊接而成，其内部被抽成真空，外部与进气歧管相通，膜盒外表压力变化将使其产生膨胀和收缩的变化。置于感应线圈内部的铁芯与膜盒联动。

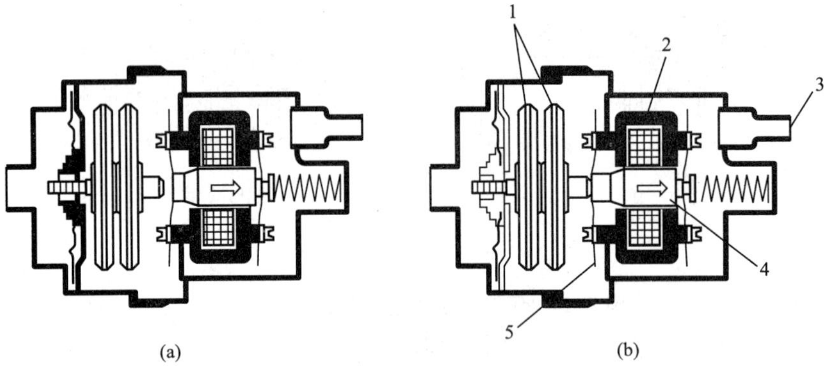

图 8.19 LVDT 式进气压力传感器结构

1—膜盒；2—感应线圈；3—至进气歧管；4—铁芯；5—回位弹簧

感应线圈由两个绕组构成，如图 8.20 所示。一个绕组与振荡电路相连，产生交流电压，在线圈周围产生磁场，另一个为感应绕组，产生信号电压。当进气歧管压力变化时，膜盒带动铁芯在磁场中移动，使感应线圈产生的信号电压随之变化，再将这个随进气歧管压力变化而变化的电压信号送到电子电路经检波、整形和放大后，作为传感器的输出信号送至微机控制装置。

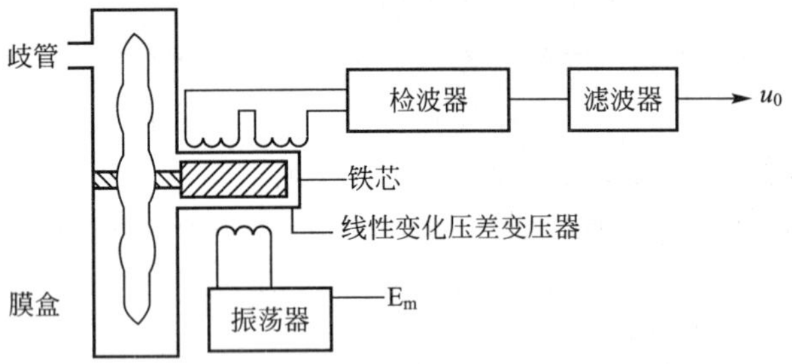

图 8.20 LVDT 传感器的基本原理

8.2.4 温度传感器

1. 温度传感器的功用和类型

温度是反映发动机热负荷状态的重要参数。为了保证控制系统能够精确控制发动机的工作参数，必须随时监测发动机冷却液温度、进气温度和排气温度，以便修正控制参数，计算吸入气缸空气的质量流量以及进行排气净化处理等。

冷却液温度传感器 CTS(Coolant Temperature Sensor)通常称为水温传感器，安装在发动机冷却液出水管上，其功用是检测发动机冷却液的温度，并将温度信号变换为电信号传送给 ECU，ECU 根据发动机的温度信号修正喷油时间和点火时间，从而使发动机工况处于最佳状态运行。

进气温度传感器 IATS(Intake Air Temperature Sensor)安装在进气管路中，其功用是检测进气温度，并将温度信号变换为电信号传送给 ECU。进气温度信号是各种控制功能的修正信号。如果进气温度传感器信号中断，就会导致热起动困难、废气排放量增大。

众所周知，空气质量大小与进气温度和大气(进气)压力高低有关。当进气温度低时，空气密度大，相同体积的气体质量增大；反之，当进气温度升高时，相同体积的气体质量将减小。在采用歧管压力式、翼片式、卡尔曼涡流式、量芯式空气流量传感器的燃油喷射系统中，由于空气流量传感器测定的空气流量为体积流量，因此需要配装进气温度传感器和大气压力传感器。ECU 根据发动机的进气温度和压力信号修正喷油量，使发动机自动适应外部环境温度(寒冷、高温)和压力(高原、平原)的变化。当进气温度低时(空气密度大)，热敏电阻的阻值大，传感器输入 ECU 的信号电压高，ECU 控制喷油器增加喷油量；反之，当进气温度高时(空气密度小)、热敏电阻阻值小、传感器输入 ECU 的信号电压低，ECU 将控制喷油器减少喷油量。

温度传感器的种类很多，常用的有热敏电阻式、金属热电阻式、线绕电阻式、半导体晶体管式等。汽车上普遍采用热敏电阻式温度传感器。

热敏电阻式温度传感器的热敏电阻有正温度系数 PTC(Positive Temperature Coefficient)型热敏电阻、负温度系数 NTC(Negative Temperature Coefficient)型热敏电阻和临界温度型热敏电阻(CTR)等。

制作热敏电阻的材料分为低温、中温与高温 3 种。低温测量用热敏电阻的材料有 MnO-NiO 系列，MnO-CoO-NiO 系列以及 MnO-CoN 系列等等，这些都属于金属氧化物系列的 N 型陶瓷半导体材料，它们在测量与温度补偿领域有广泛的用途。在发动机控制系统中，主要用于水温传感器、进气温度传感器等低温测量用传感器上，即用于测量 300℃以下的传感器上。中温测量用材料有 SiC、$LaCrO_3$、B_4C 系列，但这些材料都难以烧结，很难形成批量生产且价格低廉的产品。高温测量用热敏电阻的材料有 ZrO_2、TiO_2、Y_2O_3、$CaSiO_3$、Al_2O_3、Cr_2O_3 等等，其中 ZrO_2 的熔点高达 2800℃，耐热性能很好，实验证明是制造高温传感器的最佳材料。

2. 热敏电阻式温度传感器的结构

热敏电阻式温度传感器的核心元件为热敏电阻，其结构如图 8.21 所示，主要由热敏

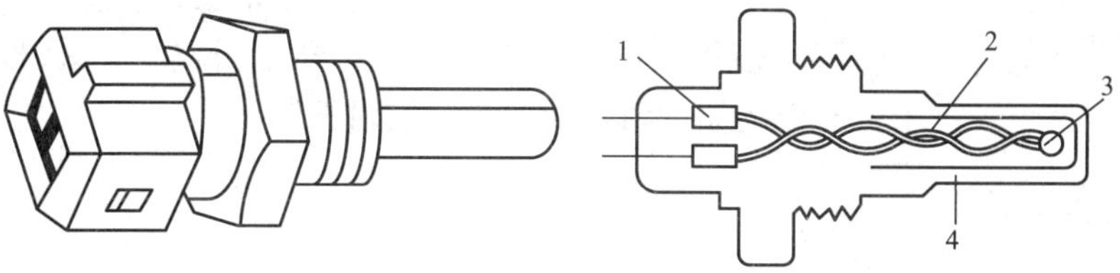

(a) 外形　　(b) 内部结构

图 8.21　热敏电阻式温度传感器

1—接线端子；2—引线；3—热敏元件；4—壳体

电阻、金属引线、接线插座和壳体等组成。在传感器的壳体上制作有螺纹，以便安装与拆卸。接线插座分为单端子式和两端子式两种，中高档轿车燃油喷射系统一般采用两端子式温度传感器，低档轿车燃油喷射系统以及汽车仪表一般采用单端子式温度传感器。如传感器插座上只有一个接线端子，则壳体为传感器的一个电极。目前电控系统使用的温度传感器插座大多数只有两个接线端子，分别与 ECU 插座上的相应端子连接，以便可靠传递信号。

3. 热敏电阻式温度传感器的特性

热敏电阻是利用陶瓷半导体材料的电阻值随温度变化而变化的特性制成，其温度特性如图 8.22 所示。正温度系数(PTC)型热敏电阻随温度的上升而增大，负温度系数(NTC)型热敏电阻随温度的上升而减小，临界温度型热敏电阻(CTR)在某一临界温度下其阻值会发生突变。

汽车上的冷却液温度传感器和进气温度传感器普遍采用 NTC 型热敏电阻。汽车电子控制系统中各温度传感器的工作温度是不同的，比如，发动机冷却液温度传感器的工作温度为－20～130℃，而排气温度传感器的工作温度则为 600～1000℃。

热敏电阻式温度传感器的突出优点是灵敏度高、响应特性好、结构简单、成本低廉。

4. 热敏电阻式温度传感器的原理

温度传感器的工作电路如图 8.23 所示。传感器的两个电极用导线与 ECU 插座连接。ECU 内部串联一只分压电阻，ECU 向热敏电阻和分压电阻组成的分压电路提供一个稳定的电压(一般为 5V)，传感器输入 ECU 的信号电压等于热敏电阻上的分压值。

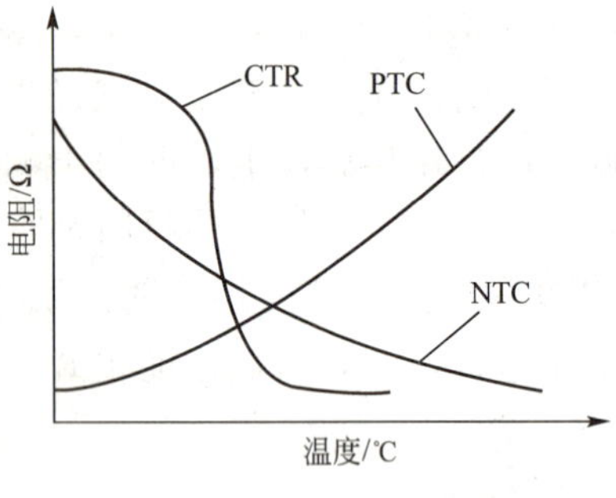

图 8.22　热敏电阻的温度特性

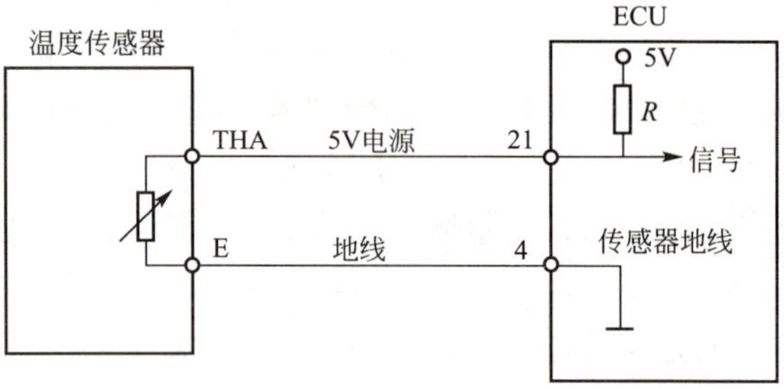

图 8.23　温度传感器工作电路

当被测对象的温度升高时，传感器阻值减小，热敏电阻上的分压值降低；反之，当被测对象的温度降低时，传感器阻值增大，热敏电阻上的分压值升高。ECU 根据接收到的信号电压值，便可计算求得对应的温度值，从而进行实时控制。

8.2.5　位置传感器

目前在汽车上使用的位置传感器有很多，比如有曲轴位置传感器、节气门位置传感器、加速踏板传感器、转向盘转角传感器和车身位移传感器等，下面我们只介绍几种在汽车电子控制系统中最常用的传感器。

1. 曲轴位置传感器

曲轴位置传感器CPS(Crankshaft Position Sensor)又称为发动机转速与曲轴转角传感器，其功用是采集曲轴转动角度和发动机转速信号并输入控制单元(ECU)，电子控制器根据此信号确定点火正时和喷油正时、产生点火和喷油控制脉冲、控制燃油泵工作等。在无分电器电子控制点火系统和控制各缸工作顺序喷油的燃油喷射系统中，曲轴位置传感器还用于识别气缸。发动机电控系统常用的曲轴位置传感器有磁感应式、霍尔式和光电式3种类型。

1）磁感应式

磁感应式发动机转速与曲轴位置传感器的结构与安装形式多种多样，典型的结构形式如下。

(1) 安装于分电器内。安装于分电器内的磁感应式传感器属于导磁转子触发结构形式。图8.24所示为丰田系列汽车6缸发动机采用的曲轴位置传感器结构图，它安装在分电器内，可以向电子控制器ECU输入活塞位置(上止点)、曲轴转角和发动机转速等信息。该曲轴位置传感器由上下两部分组成，上部为曲轴位置(G)信号发生器，下部为曲轴转角(Ne)信号发生器。

G信号的产生：G信号装置用于产生曲轴位置信号，用来判别气缸及检测活塞上止点的位置。它的位置在分电器的上部。G信号装置由带有一个凸缘的信号转子2及相对的G_1、G_2两个传感线圈组成，其基本结构如图8.24(a)所示。当G信号转子上的凸缘通过G_1传感线圈的凸缘时，产生G_1信号；当G信号转子上的凸缘通过G_2传感线圈的凸缘时，产生G_2信号。G_1信号与G_2信号在分电器内相差180°。分电器轴每转一圈，G_1信号或G_2信号，分别出现一次，如图8.25(a)所示。对于6缸发动机，G_1信号用来检测第六缸上止点位置，G_2信号用来检测第一缸上止点的位置。

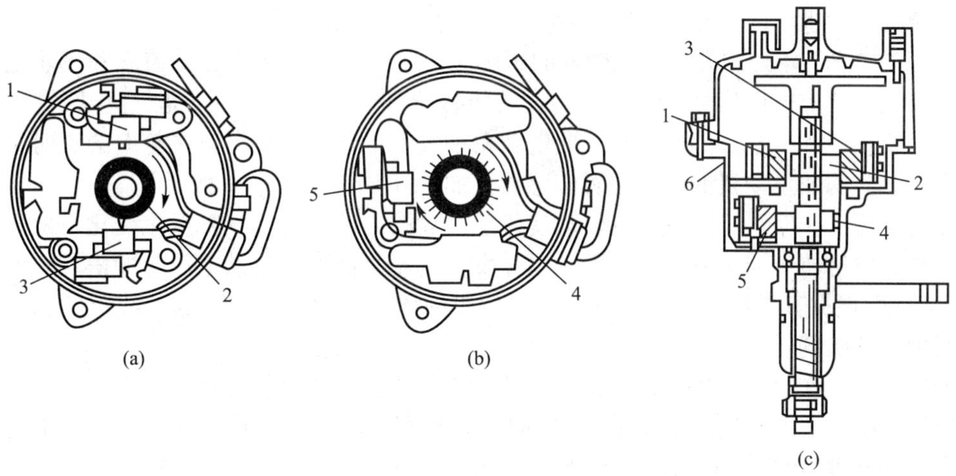

图8.24 磁感应式发动机转速与曲轴位置传感器

1—G_1感应线圈；2—G转子；3—G_2感应线圈；4—Ne转子；
5—Ne感应线圈；6—分电器壳

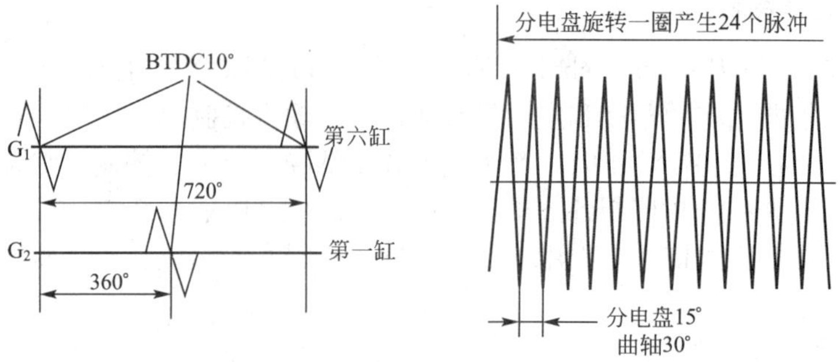

(a) G信号装置的输出信号波形　　(b) Ne信号装置输出信号波形

图 8.25　曲轴位置传感器输出信号波形

Ne 信号的产生：Ne 信号装置用于产生曲轴转角信号和转速信号，主要由信号转子与传感线圈组成，其信号转子装在分电器的下部，其结构如图 8.24(b)所示。信号转子 4 上有 24 个轮齿，固定在分电器轴上，传感线圈固定在外壳内，其工作原理与普通电子点火系中的磁感应信号发生器基本相同。当 Ne 信号转子随分电器轴旋转时，其轮齿与传感线圈凸缘部的空气隙交替发生变化，导致传感线圈内磁通变化而产生交变电动势信号 Ne。因 Ne 信号转子上有 24 个轮齿，所以转子转一圈时，传感线圈中将产生 24 个交变信号，每产生一个交变信号相当于曲轴转角 30°，如图 8.25(b)所示。ECU 通过内部特设的转角脉冲发生器，将 30°转角再均分为 30 等分，使转角的步长成为 1°信号，以满足使用精度的需要。同理，发动机转速的获得，是由 ECU 依据 Ne 信号中两个脉冲波所经过的时间准确计算而得。

对于无分电器的发动机电子控制系统，则有专门的传感器位置，由传感器轴来驱动 Ne 转子和 G 转子，传感器一般安装在凸轮轴或曲轴的相应位置。

不同车型电子控制器采用的计算方法不同，因此 G 转子和 Ne 转子凸齿的齿数以及 G 感应线圈的个数也不同。图 8.26 列出了几种常见的形式。

(2) 安装于飞轮处。安装于飞轮处的磁感应式传感器是利用飞轮的齿圈和飞轮上的正时记号来触发感应电压信号的，这种形式的传感器其飞轮的齿数必须是气缸数的整数倍。其中飞轮的轮齿和一个传感器构成了曲轴转角和发动机转速传感器；飞轮上的正时记号和另一个传感器构成发动机的曲轴位置传感器，如图 8.27 所示。

当发动机工作时，飞轮轮齿的转动使传感器 2 的内部磁路空气隙发生变化，磁阻随之变化，导致通过传感器 2 感应线圈的磁通量发生变化，输出相应的电压脉冲信号，电子控制器 ECU 即根据其脉冲数及脉冲频率确定相应的曲轴转角，同时根据其线圈的脉冲频率计算得到发动机的转速。

当发动机工作时，飞轮上正时记号的转动使传感器 1 的内部磁路空气隙变化，导致通过传感器 1 感应线圈磁通量的变化，从而使传感器 1 的感应线圈产生相应的电压脉冲信号。电子控制器 ECU 接收到该电压脉冲信号后即可判别曲轴的相应位置。

(3) 安装在曲轴与皮带轮之间。日产公司采用的磁感应式曲轴位置传感器就是这种传感器，其结构如图 8.28 所示。它由信号盘和传感器组成，信号盘是一个单独的带有细齿的薄圆盘，安装在曲轴前端皮带轮的后面，随曲轴一起转动。在信号盘的外缘共有 90 个齿，每齿相隔 4°。此外，在信号盘靠外围的同一圆周上设置了相隔角度为 120°的 3 个凸缘。

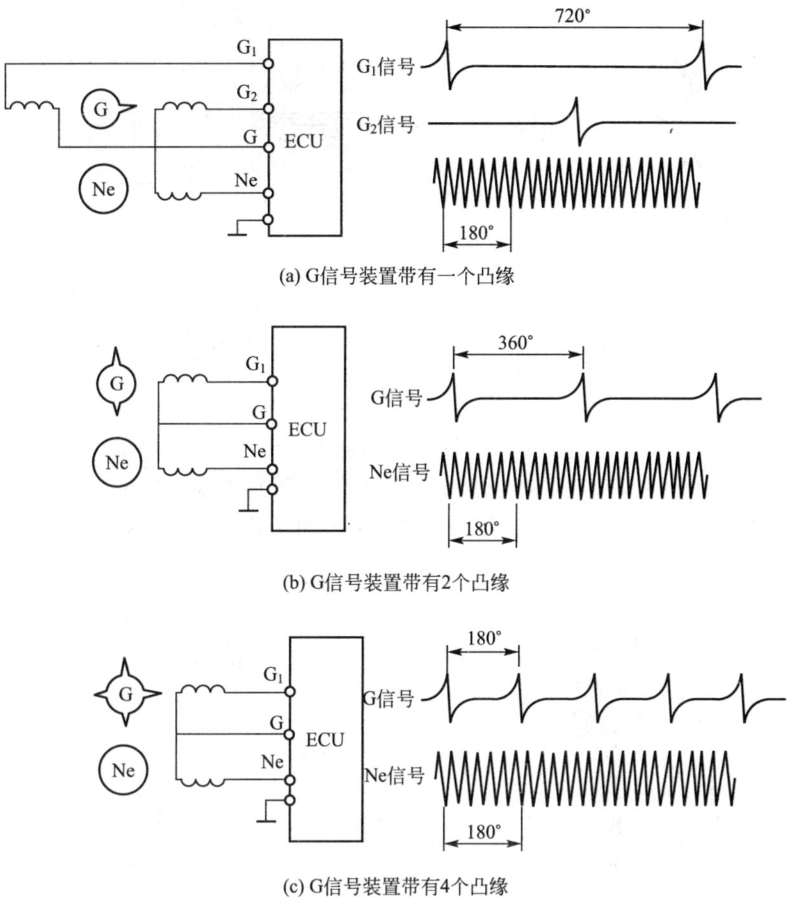

(a) G信号装置带有一个凸缘

(b) G信号装置带有2个凸缘

(c) G信号装置带有4个凸缘

图 8.26　磁感应式发动机转速与曲轴位置传感器的不同形式

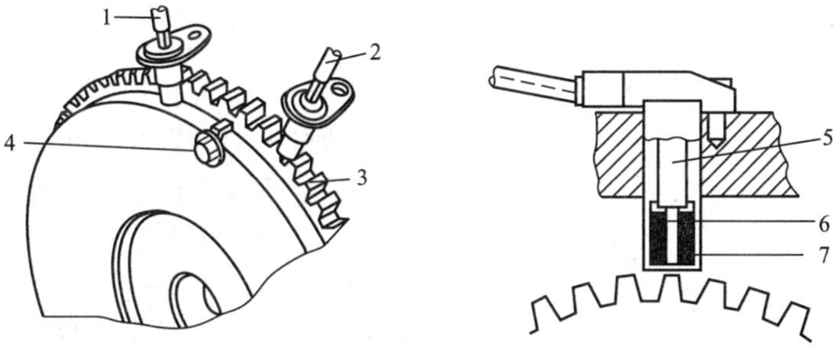

(a) 安装位置　　(b) 内部结构

图 8.27　安装于飞轮处的磁感应式传感器

1—曲轴位置传感器；2—转速传感器；3—飞轮齿圈；4—曲轴位置标记；
5—永久磁铁；6—铁芯；7—感应线圈

传感器安装在信号盘边沿，它主要由 3 个在永久磁铁上绕有线圈的磁头和信号成形放大电路组成，如图 8.28(b)。其中②号磁头对着信号盘的 120°凸缘，用于产生曲轴位置信号，也叫做 120°信号；①号磁头和③号磁头对着信号盘外圆的齿圈，共同产生曲轴转角信

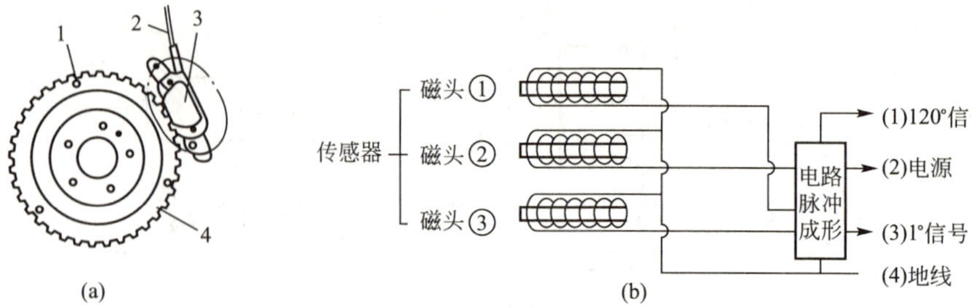

图 8.28　转盘型磁电式曲轴位置传感器

1—曲轴位置凸缘；2—传感器引出线；3—传感器；4—信号转子

号，也叫做 1°信号。

曲轴转角信号的产生：发动机转动时，①号磁头和③号磁头都是每隔 4°曲轴转角产生一个脉冲信号，由于①号磁头和③号磁头相隔 3°曲轴转角安装(图 8.29(a))，所以使①号线圈和③号线圈产生的信号在相位上正好相隔 1°曲轴转角(图 8.29(b))，这两个脉冲信号经成形、放大电路合成后，输出的即是曲轴 1°转角信号。

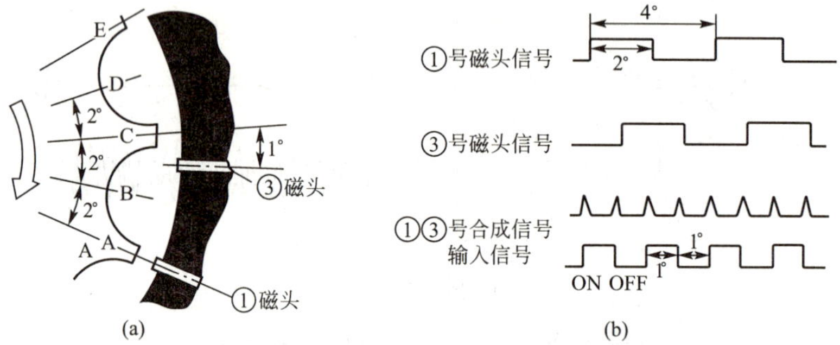

图 8.29　产生曲轴转角 1°信号的原理

曲轴位置信号的产生：发动机每转一圈，②号磁头产生 3 个 120°脉冲信号。由于安装位置的关系，信号盘上的凸缘与②号磁头在上止点前 70°位置相遇(图 8.30)。所以在发动机转动过程中，当各缸活塞行至上止点前 70°时，②号磁头将产生 120°信号，因此也称该位置信号为上止点前 70°信号。

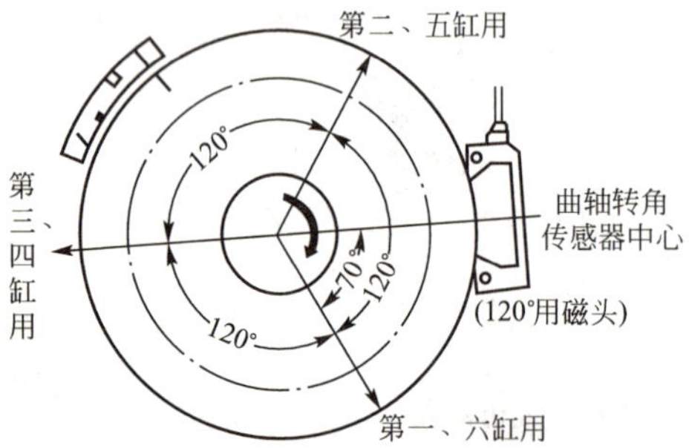

图 8.30　②号磁头与曲轴位置的关系

在发动机工作时，信号盘上的齿和凸缘分别交替地切割磁头的磁力线，使传感器线圈内的磁场周期地发生变化，从而使线圈里产生交变的感应电动势，再经成形、放大电路，最后以脉冲信号输出曲轴转角和曲轴位置信号。

这种传感器的外部设有 4 孔连接器，孔“1”为 120°信号输出线，孔“2”为信号形成、放大电路的电源线，孔“3”为 1°信号输出线，孔“4”为搭铁线。该连接器通过线束将曲轴位置传感器的信号输入 ECU。

2）光电式

光电式发动机转速和曲轴位置传感器多安装在分电器内，传感器部分主要由发光二极管、光敏二极管、遮光盘等组成，其基本工作原理与光电式点火信号发生器相同。

图 8.31 所示为日产车系部分发动机使用的光电式曲轴位置传感器，它由信号盘和信号发生器组成，如图 8.31(a)所示。

信号盘就是遮光盘，装在分电器轴上，其外圆均布有 360 个缝隙(图 8－31(c))，也称为光孔，用于产生曲轴转角信号。在信号盘的外围稍靠内侧的同一圆周上均布着与气缸数相同的光孔(如 6 缸发动机则有 6 个光孔)，用于产生曲轴位置信号，其中一个较宽的光孔是曲轴位置信号的基准孔(图 8－31(c))。

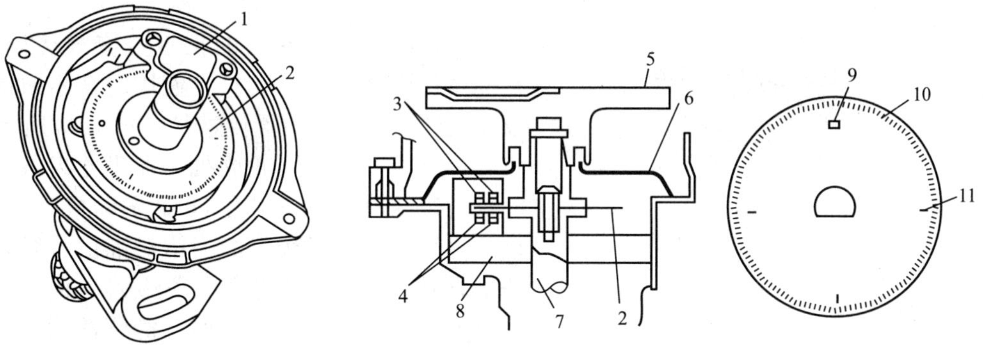

(a) 分电器结构　　(b) 分电器剖面图　　(c) 遮光盘

图 8.31　光电式发动机转速传感器和曲轴位置传感器

1—传感器；2—信号盘；3—发光二极管；4—光敏二极管；5—分火头；6—密封盖；7—分电器轴；8—整形电路；9—第一缸位置信号光孔；10—转角信号光缝；11—位置信号光孔

信号发生器固装在分电器壳体内，主要由两只发光二极管、两只光敏二极管和波形电路组成。两只发光二极管分别正对着两只光敏二极管，发光二极管以光敏二极管为照射目标。信号盘位于发光二极管和光敏二极管之间，当信号盘随发动机曲轴转动时，因信号盘上有光孔，产生透光和遮光的交替变化，则使光敏二极管产生一系列脉冲信号，经波形电路整形放大，输出的就是表征曲轴位置和转角的脉冲信号。发动机每转一圈产生 360 个脉冲信号，即曲轴转角信号；另一组发光-光敏二极管则通过内圆的光孔，每转一圈产生与气缸数相同的脉冲信号，即曲轴位置信号。

当发光二极管的光束穿过信号盘的光孔时，输入微机的信号电压为 5V；当发光二极管的光束被信号盘遮挡时，输入微机的信号电压为 0.3V。电子控制器 ECU 则根据信号电压的方波确定曲轴位置、曲轴转角和发动机的转速。

3）霍尔效应式

霍尔效应式发动机转速与曲轴位置传感器的结构形式多种多样，常见的结构形式如下。

(1) 导磁转子触发的霍尔效应式传感器。安装在分电器内的霍尔效应式传感器与第 4 章所述霍尔效应式点火信号发生器原理完全相同，这里不再重复。图 8.32 所示为美国 GM 公司使用的霍尔效应式传感器，其上的两个导磁转子内外布置，在内外导磁转子的侧面各设置一个信号触发开关。传感器安装在曲轴的前端，导磁转子由曲轴驱动。其产生位置信号和转角信号的原理及信号电压波形如图 8.32(b)所示。

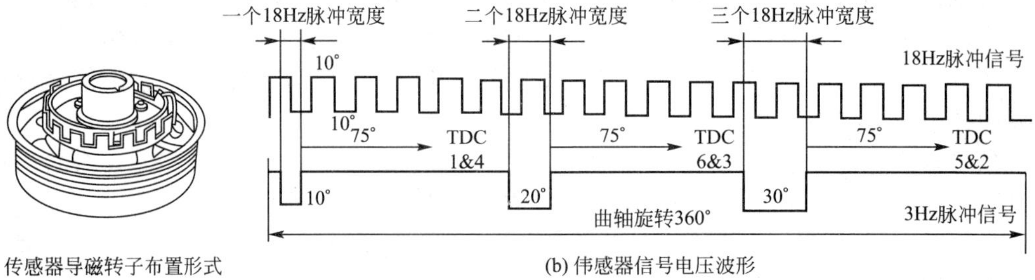

(a) 传感器导磁转子布置形式　　(b) 伟感器信号电压波形

图 8.32　导磁转子内外布置的霍尔效应式传感器

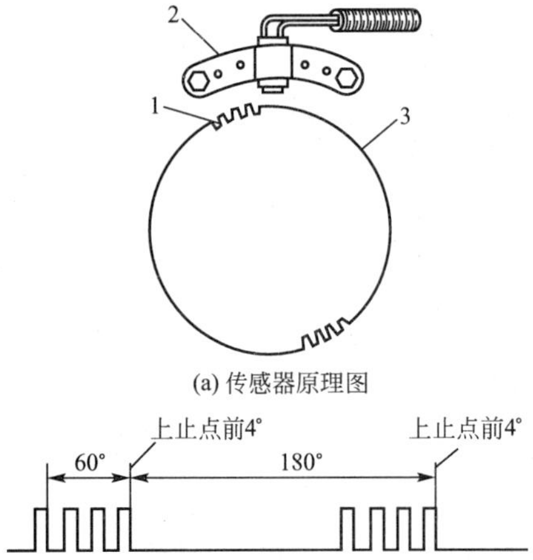

(a) 传感器原理图

(b) 传感器信号电压波形

图 8.33　安装于飞轮处的霍尔效应式传感器

1—槽；2—信号触发开关；3—飞轮

(2) 安装于飞轮处的霍尔效应式传感器。在北京切诺基 4 缸发动机上使用的霍尔效应式发动机转速与曲轴位置传感器如图 8.33 所示。

传感器安装在飞轮壳处，在飞轮齿圈与驱动盘的边缘有对称的两组(6 缸发动机为 3 组)槽，每组均布有 4 个槽。当槽对准信号触发开关下方时，传感器输出高电平(5V)；而当无槽面对准信号触发开关下方时，传感器输出低电平(0.3V)。发动机转动时，每当槽通过时，传感器就输出一个脉冲电压。一个工作循环，传感器输出 4 组(每组 4 个)脉冲信号。槽的分布及传感器的安装位置使传感器产生的第 4 个脉冲的下降沿对应为活塞上止点前 4°曲轴转角。电子控制器根据此脉冲信号即可确定喷油顺序和点火时间及发动机的转速。

2. 节气门位置传感器

1) 节气门位置传感器的功用

各型汽车的节气门位置传感器 TPS(Throttle Position Sensor)都安装在节气门体上节气门轴的一端，其功用是将节气门开度(即发动机负荷)大小转变为电信号输入 ECU，ECU 根据节气门位置信号判别发动机的工况，如怠速工况、部分负荷工况、大负荷工况等，并根据发动机不同工况对混合气浓度的需求来控制喷油时间。在装备有电控自动变速器的汽车上，TPS 信号除输入发动机 ECU 之外，还要输入变速器电控单元(ECT ECU)，作为确定变速器换挡时机和变矩器锁止时机的主要信号之一。

2) 节气门位置传感器的类型

节气门位置传感器按总体结构分为触点开关式、可变电阻式、触点与可变电阻组合式 3 种。桑塔纳 2000GLi 型轿车采用的是有触点开关式和可变电阻式两种，夏利 2000 型、捷达 AT、GTX 型、桑塔纳 2000GSi 型、红旗 CA7220E 型轿车和切诺基吉普车采用的是可变电阻式。按节气门位置传感器输出信号的类型可分为线性(量)输出型和开关(量)输出型两类。

3) 触点开关式节气门位置传感器

(1) 触点开关式节气门位置传感器的结构特点。触点开关式节气门位置传感器TPS的结构如图8.34所示，主要由节气门轴、大负荷触点(又称为功率触点PSW)、凸轮、怠速触点(IDL)和接线插座组成。凸轮随节气门轴转动，节气门轴随油门开度大小而转动。

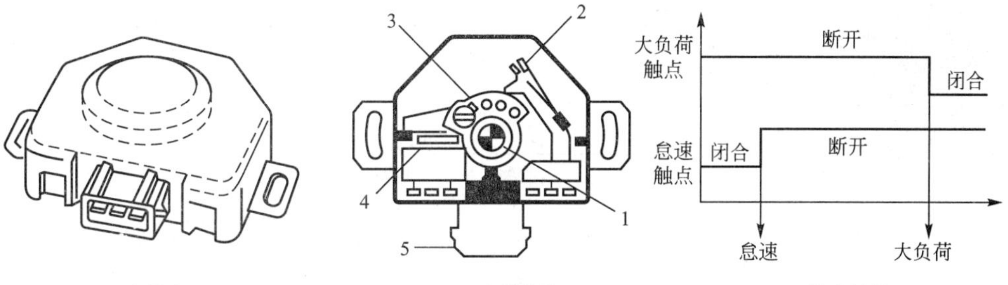

(a) 外形图　(b) 内部结构　(c) 输出特性

图8.34　触点开关式节气门位置传感器的结构

1—节气门轴；2—功率触点(PSW)；3—凸轮；4—怠速触点(IDL)；5—接线插座

(2) 触点开关式节气门位置传感器的输出特性。触点开关式节气门位置传感器的输出特性如图8.34(c)所示。当节气门关闭时，怠速触点IDL闭合、功率触点PSW断开，怠速触点IDL输出端子输出的信号为低电平“0”，功率触点PSW输出端子输出的信号为高电平“1”。ECU接收到节气门位置传感器输入的这两个信号时，如果车速传感器输入ECU的信号表示车速为零，那么ECU判定发动机处于怠速状态，并控制喷油器增加喷油量，保证发动机怠速转速稳定而不致熄火。如果此时车速传感器输入ECU的信号表示车速不为零，那么ECU判定发动机处于减速状态，并控制喷油器停止喷油，以降低排放和提高经济性。

当节气门开度增大时，凸轮随节气门轴转动并将怠速触点IDL顶开，功率触点PSW保持断开状态，怠速触点IDL端子输出高电平“1”，功率触点PSW端子输出也为高电平“1”。ECU接收到两个高电平信号时，便可以判定发动机处于部分负荷状态，此时ECU根据空气流量传感器信号和曲轴转速信号计算确定喷油量。

当节气门接近全部开启(80%以上负荷)时，凸轮转动使功率触点PSW闭合，功率触点PSW端子输出低电平“0”，怠速触点IDL端子保持断开而输出为高电平“1”。ECU接收到这两个信号时，便可以判定发动机处于大负荷运行状态，从而控制喷油器增加喷油量，保证发动机输出足够的动力，故将大负荷触点称为功率触点。

当节气门全开时，ECU将控制系统进入开环控制模式，此时不采用氧传感器信号。如果此时汽车空调器在工作，那么ECU将中断空调主继电器信号约15s，以便切断空调电磁离合器线圈电流，使空调压缩机停止工作，增大发动机输出功率，提高汽车的动力性。

4) 触点与可变电阻组合式

触点与可变电阻组合式节气门位置传感器的结构与内部电路如图8.35所示。

该节气门位置传感器相当于一个加设了怠速触点的滑片式电位器，测节气门位置滑片和测节气门全关(怠速)滑片都与节气门联动。节气门开度变化时，节气门位置滑片在电阻体上作相应的滑动，电位器输出与节气门位置相对应的电压信号 VTA。在节气门关闭时，节气门关闭滑片使怠速触点 IDL 处于接通状态。触点与可变电阻组合式节气门位置传感器的输出特性如图 8.35(b)所示。

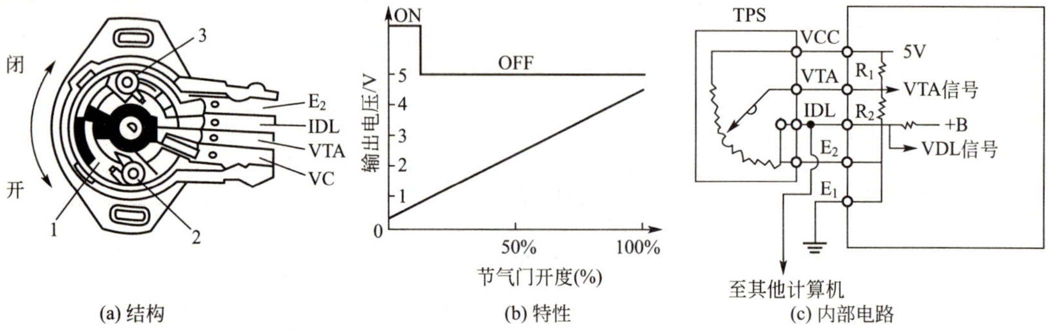

图 8.35 触点与可变电阻组合式节气门位置传感器

1—滑片电阻；2—测节气门全关滑片；3—测节气门位置滑片；

VCC—电源；VTA—节气门位置输出信号；IDL—怠速触点；E—搭铁

3. 加速踏板传感器

在操纵普通发动机时，驾驶员只要踩动加速踏板(油门踏板)就可通过滑绳或拉杆操纵汽油机的节气门或柴油机的喷油泵供油齿杆，使汽车按驾驶员的意愿加速、等速或减速行驶。在电控发动机上，加速踏板传感器(也称为踏板位移发送器)承担了机械连接的功能，它检测踏板的位移和转角，并将此电气信号传输给发动机电控单元进行控制。

电位器式加速踏板传感器的主要部分是电位器，电位器产生一个与踏板位置有关的电压，ECU 按存储在控制单元中的传感器特性线，将电压信号转换成加速踏板的位移或角度位置信号。

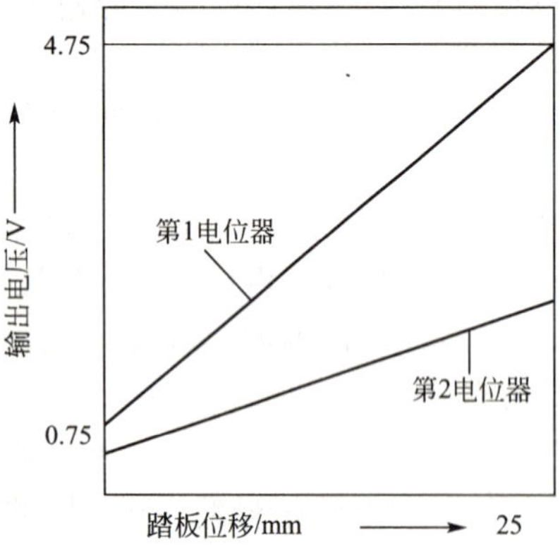

图 8.36 有冗余电位器的加速踏板传感器特性

为诊断和防止出现故障，电位器式加速踏板传感器一般做成双传感器系统，即冗余设计。加速踏板传感器是监控系统的组成部分，为识别故障，需要保持两电位的独立信号。一种形式的传感器工作时只用第二个电位器，它在发动机所有工况下供电，电压大小为另一个电位器(第一个电位器)的一半，如图 8.36 所示。还有一种形式的传感器用怠速开关代替第二个电位器。怠速开关将加速踏板的怠速位置信号传输到控制单元。

对于有自动变速器的汽车，还使用另一种开关以产生汽车在高挡换低挡时的电信号。

4. 转向盘转角传感器

转向盘转角传感器主要监测转向盘转动的角度和转动方向。转向盘转角传感器主要有光电式和磁电式两种，目前汽车上使用较多的为光电式转向盘转角传感器。

1）光电式转向盘转角传感器

光电式转向盘转角传感器原理如图 8.37 所示。

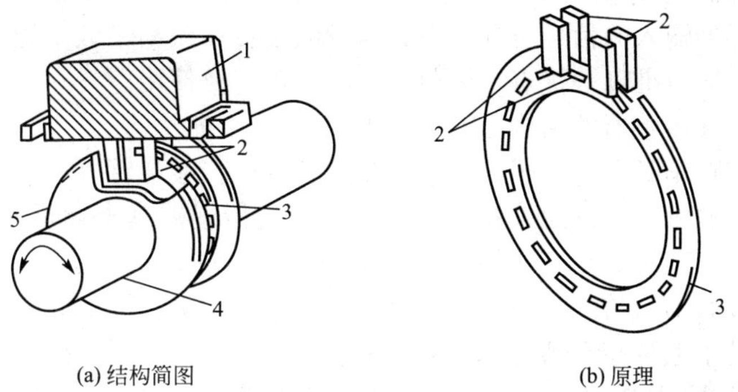

图 8.37 光电式转向盘转角传感器

1—转向盘转角传感器；2—光电耦合元件；3—遮光盘；4—转向器轴；5—转向器圆盘

传感器的遮光盘上有尺寸相同且均布的透光槽，当转向盘转动而带动遮光盘转动时，两对光电耦合器便产生脉冲电压。电子控制器根据传感器输出的脉冲个数就可判断转向盘转过的角度。

设置两个光电耦合器是为了让电子控制器能辨别转向盘的转动方向。A、B 两个光电耦合器产生的信号脉冲其脉宽相同，但相位上相差 90°，电子控制器可根据 A 信号从高电平转为低电平(下降沿)时，B 信号是高电平还是低电平来判断转向。如果 A 信号在下降沿时，B 信号是高电平，则为右转向；如果 A 信号在下降沿时，B 信号为低电平，则为左转向，如图 8.38 所示。

2）磁电式转向盘转角传感器

磁电式转向盘转角传感器的组成与原理如图 8.39 所示。

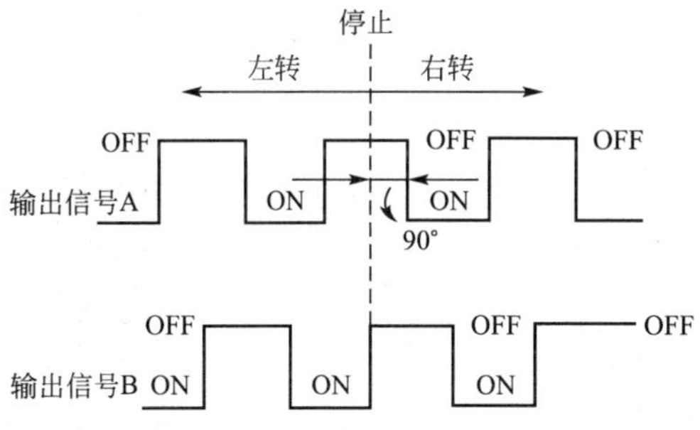

图 8.38 转动方向判断原理

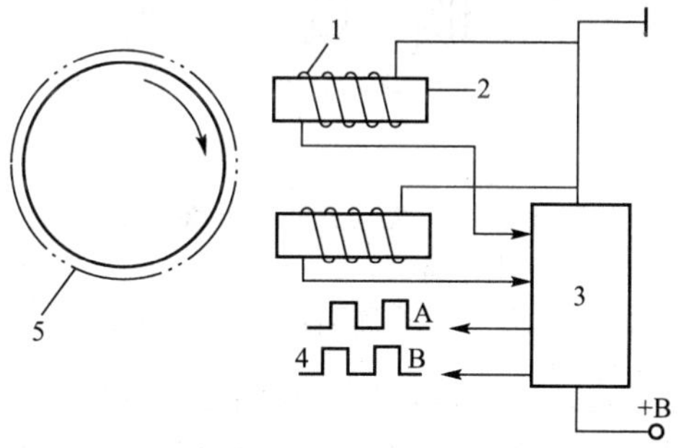

图 8.39 磁电式转向盘转角传感器

1—感应线圈；2—永久磁铁；3—传感器集成电路；4—传感器输出信号；5—齿盘

当转向盘转动时，通过转向轴带动齿盘转动，齿盘的齿和齿隙交替通过铁芯，使感应线圈产生交变的感应电动势。此电动势经传感器的信号处理电路放大、整流及整形后向电子控制器输出。电子控制器根据传感器输入的脉冲数确定转向盘的转动角度，根据 A 信号在下降沿时，B 信号的高低电平来判断转向盘转动的方向。

5. 车身位移传感器

车身位移传感器也称车身高度传感器，用于监测车身相对于车桥的位移，电子控制器根据车身位移传感器输入的信号可计算得到车身的位移和振动参数。光电式车身位移传感器具有结构简单、定位准确等优点，因此在汽车上被广泛使用。

光电式车身位移传感器的结构与安装位置如图 8.40 所示。

传感器被固定在车身上，传感器通过连接杆和拉杆与悬架臂(或车桥)连接。当车身的高度发生变化时，拉杆就会推拉连接杆摆动，并通过传感器遮光转子轴使遮光转子转动，从而使传感器输出随车身高度变化的信号。

如图 8.41 所示，布置在遮光转子两边的 4 个发光二极管和光敏三极管组成了 4 对光电耦合器。遮光转子上分布有透光槽，转子在某一位置时，对有光线透过的光电耦合器，光敏三极管受光而输出通路(ON)信号，而对没有光线透过的光电耦合器，输出断路(OFF)信号。遮光转子透光槽的长度和位置分布使得遮光转子在每一个小的转角范围内，都有与之对应的一组“ON”、“OFF”光电信号输出。

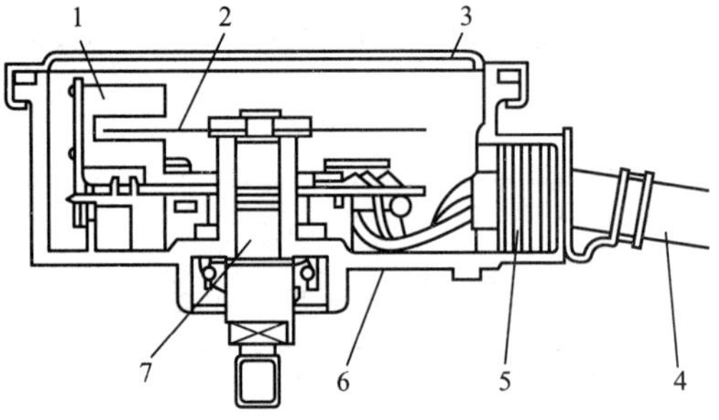

图 8.40　光电式车身位移传感器结构

1—光电耦合器；2—遮光盘；3—传感器盖；
4—导线；5—金属油封；6—传感器壳；7—轴

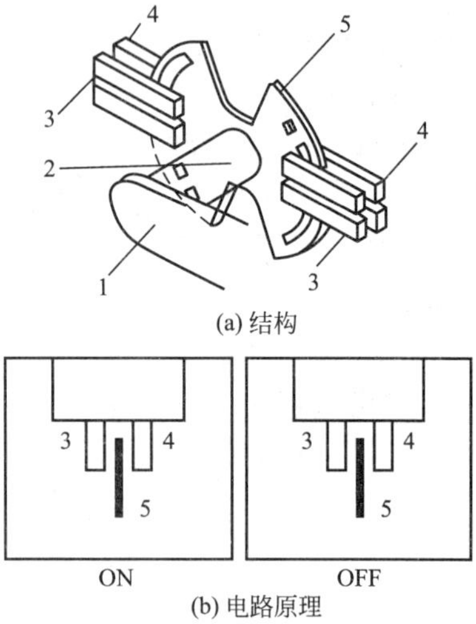

图 8.41　光电式车身位移传感器原理

1—连接杆；2—轴；3—发光元件；
4—光敏元件；5—遮光盘

通过连接杆，将车身的移动变成遮光转子的转动。比如某一车身位移传感器在车身高度变化范围内有 16 组信号输出，每一组信号都代表某一车身的位置，于是电子控制器根据传感器输入的一组信号就得到了车身位移信息。电子控制器根据信号的变化情况，得到了车身高度变化的幅度和振动的频率，可判断车身的振动情况；控制器根据一段时间(一般为 1ms)内车身高度在某一区间的频度来判断车身的高度。

8.2.6　转速传感器和速度传感器

1. 轮速传感器

在防抱死制动控制(ABS)系统和驱动防滑转控制(ASR)系统中，轮速传感器可向电子控制器 ECU 提供反映车轮转速的电信号，ECU 则根据此信号计算车轮角加速度或滑移率、滑转率，并据此参数实现车轮防抱死、防滑转的控制。

轮速传感器有磁感应式、霍尔式等多种类型。常见的轮速传感器按极轴的形式分凿式、菱式和柱式 3 类，其安装形式如图 8.42 所示。

1）磁感应式车轮转速传感器

磁感应式轮速传感器由齿圈、铁芯、永久磁铁和线圈组成，其结构组成如图 8.43 所示。

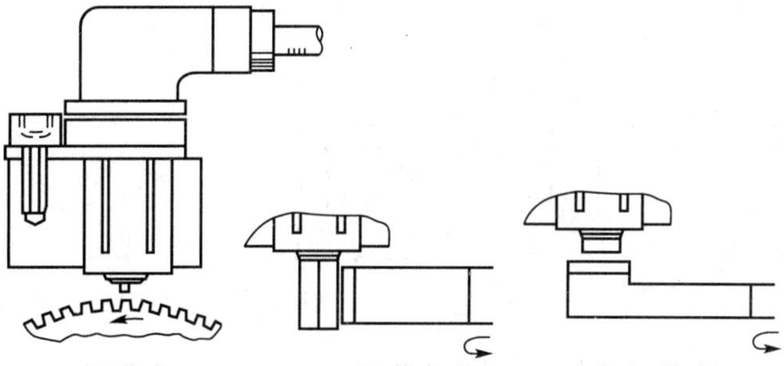

(a) 凿式　　(b) 菱式　　(c) 柱式

图 8.42　车轮转速传感器的形式

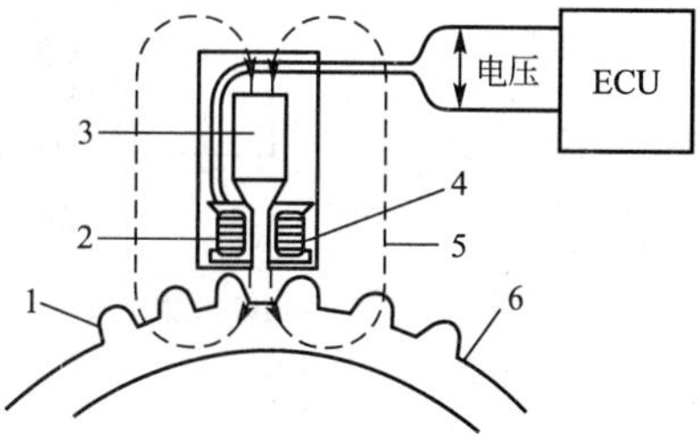

图 8.43　电磁感应式轮速传感器

1—凸齿；2—永久磁铁；3—铁芯；4—电磁线圈；5—磁极；6—齿圈

图 8.44 是该轮速传感器的工作原理图，当铁芯端部对着齿圈的齿槽时，通过电磁线圈的磁力线较少；当铁芯端部对着齿圈的齿顶时，通过电磁线圈的磁力线较多。因齿圈和车轮固定在一起，随车轮一起转动，而传感器是固定不动的，所以铁芯端部交替对应齿圈的齿槽和齿顶，那么穿过电磁线圈的磁力线就会由少到多，再由多到少交替变化，也就是说通过磁化线圈的磁通会发生变化，从而在磁化线圈中感应出交变的感应电压，该感应电压的频率与车轮的转速成正比。

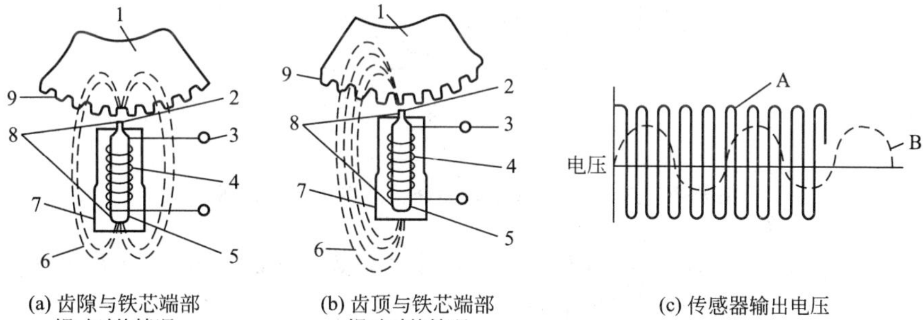

(a) 齿隙与铁芯端部相对时的情况　　(b) 齿顶与铁芯端部相对时的情况　　(c) 传感器输出电压

图 8.44　电磁感应式车轮转速传感器的工作原理

1—齿圈；2—铁芯端部；3—线圈引线；4—线圈；5—铁芯；6—磁力线；7—磁感应式传感器；8—磁极；9—齿圈的齿顶

2）霍尔式轮速传感器

霍尔式车轮转速传感器由传感头和齿圈组成。传感头由永久磁铁、霍尔元件和电子电路等组成，如图 8.45 所示。永久磁铁的磁力线穿过霍尔元件通向齿轮，齿轮相当于一个集磁器。当齿轮位于图 8.45(a)所示的位置时，穿过霍尔元件的磁力线分散，磁场相对较弱。当齿轮位于图 8.45(b)所示时，穿过霍尔元件的磁力线集中，磁场相对较强。齿轮转动时，使得穿过霍尔元件的磁力线密度发生变化，因而引起霍尔电压的变化。霍尔元件将产生一个毫伏级的准正弦波电压，此信号由电子电路转换为标准的脉冲电压，输入 ECU，如图 8.46(a)所示。由霍尔元件输出的 mV 级准正弦波电压，经放大器放大为 V 级的电压信号，送往施密特触发器，施密特触发器将正弦波信号转换成标准的脉冲信号再送至放大级放大后输出。各级波形如图 8.46(b)所示。

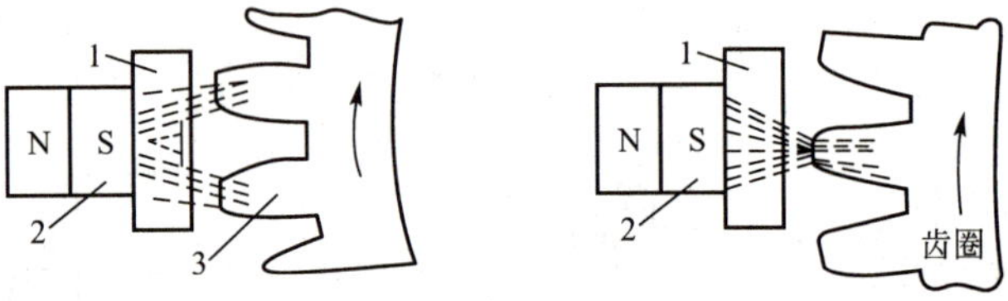

(a) 齿隙与永永久磁铁对正时　　(b) 齿顶与永久磁铁对正时

图 8.45　霍尔效应式轮速传感器的磁路

1—霍尔元件；2—永久磁铁；3—齿圈

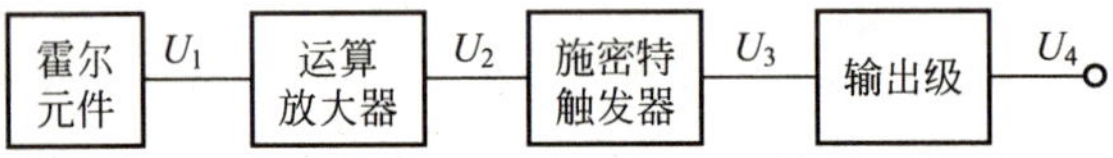

(a) 电路原理框图

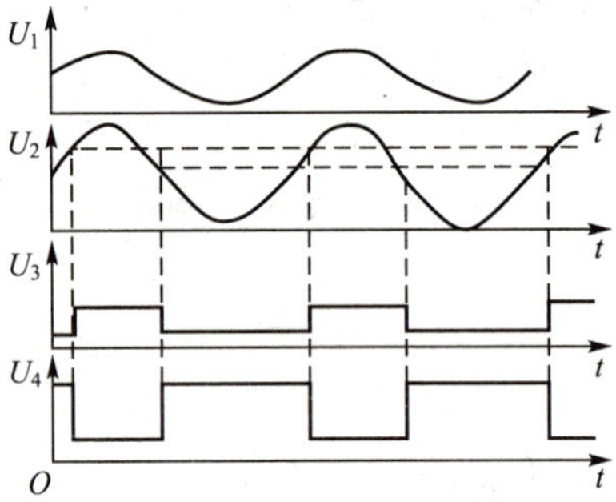

(b) 信号波形

图 8.46　霍尔效应式车轮转速传感器的电路及波形

霍尔式车轮转速传感器具有输出信号电压幅值不受转速的影响、频率响应高(其响应频率高达 20kHz)、抗电磁波干扰能力强等优点。

2. 车速传感器

车速传感器用来测量汽车的行驶速度。它一般通过检测变速器输出轴转速，向电子控制器 ECU 提供汽车行驶速度的电信号。车速传感器信号在自动变速器控制、悬架控制、巡航控制、点火系统等电子控制系统中是重要控制参数或辅助控制参数。按产生信号的原理不同，车速传感器有磁感应式、霍尔效应式、光电耦合式、舌簧开关式等多种类型。其中磁感应式、霍尔效应式、光电耦合式车速传感器其组成及工作原理与同类型的发动机转速/曲轴位置传感器相同，但车速传感器转动轴由变速器输出轴通过齿轮驱动或直接用变速器输出轴上的某一齿轮为信号触发。

图 8.47 所示为一光电耦合式车速传感器结构图，它装在组合仪表内，其工作原理与前面的光电式曲轴位置传感器一样，当转速表软轴转一圈时，光敏二极管产生 20 个脉冲，经分频后变成 4 个脉冲，送给 ECU。

舌簧开关型车速传感器一般也装在组合仪表内，其结构如图 8.48 所示。舌簧开关是在一个玻璃管内装有两个细长触头构成的开关元件，其触头由磁性材料制成，当其附近有磁场作用时，其触头就会互相吸引而闭合或者互相排斥而断开。舌簧开关式车速传感器由通过软轴驱动的永久磁铁和舌簧开关构成。当磁铁转子在软轴的驱动下转动时，舌簧开关就会在永久磁铁的作用下呈周期性地开关，产生与车速相对应的脉冲电压，ECU 即根据触点信号检测输出车速。

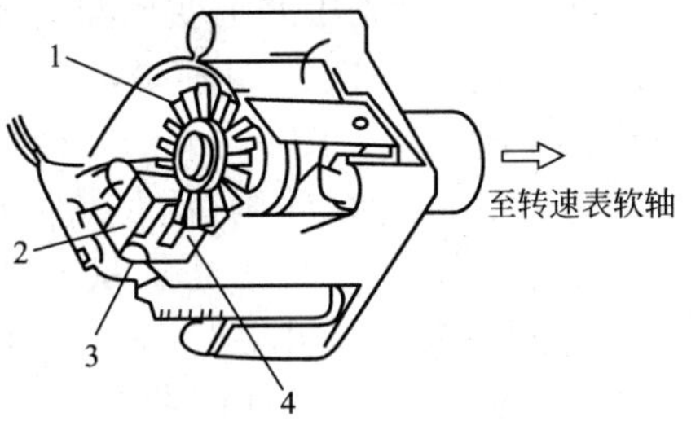

图 8.47 光电耦合式车速传感器

1—带切槽光盘；2—发光二极管；
3—光电耦合器；4—光敏晶体管

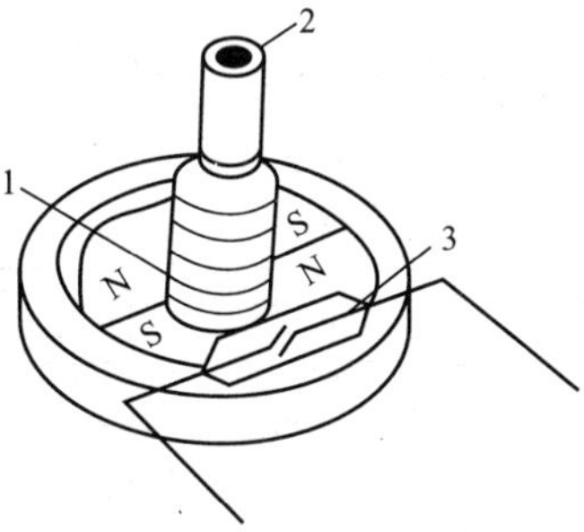

图 8.48 舌簧开关式车速传感器

1—磁铁转子；2—接转速表；
3—舌簧开关

3. 角速度传感器

角速度传感器包括横摆角速度传感器和俯仰角速度传感器。以横摆角速度传感器为例说明其工作原理。

横摆角速度传感器有两种结构：一种是基于石英技术的线性振动系统，如压电调谐叉；另一种是振动壳角速度传感器。压电调谐叉上一般有 4 个压电元件，下端用于驱动，上端用于测量。汽车转弯行驶时，科氏加速度产生的力使得叉子末端的挠度超出叉子的摆动平面，致使安装在叉子上端的压电元件产生振动，就可以测得角速度。这种传感器的基本部件是一个小的金属空心圆柱体，如图 8.49 所示，筒上有 4 对 8 个压电元件，其中 4 个(1，2 两对)用来激振，使圆柱体处于谐振状态，4 个用来测量圆柱体节点的振动。当没有横摆角速度时，金属圆柱体没有转矩的作用，4 个测量片的输出为零；当有横摆角速度时，振动波节就发生变化，4 个测量片就能检测到振动，控制单元根据其输出的 U_A，就可以测量横摆角速度的大小。

4. 加速度传感器

加速度传感器的构成原理如图 8.50 所示。其铁芯(或砝码)用弹性元件支承，当有加速度产生时，由惯性力引起铁芯(或砝码)发生位移，检测位移的大小即可计算加速度的大小。

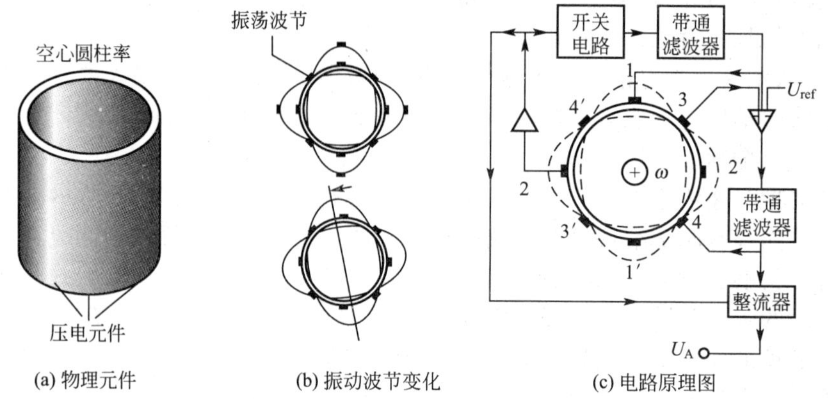

图 8.49　横摆角速度传感器

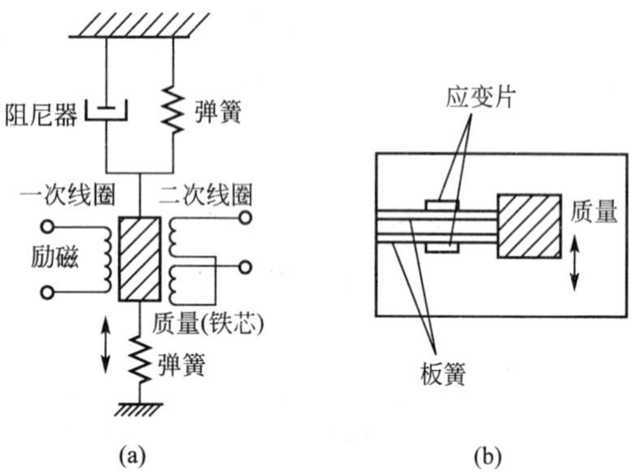

图 8.50　加速度计的构造原理

图 8.50(a)是利用差动变压器的加速度计原理，它通过一次线圈励磁，二次线圈检测位移量的大小。图 8.50(b)是使用应变片的加速度计原理，砝码(质量块)在加速度的作用下，板簧产生变形，从而通过应变片来检测位移的大小。这种方式可以同时检测两个或三个轴向的加速度。

测量线加速度的传感器种类很多，均可采用。但为了降低成本，也可在速度传感器测的车速信号基础上通过微分电路获得。

8.2.7　爆震传感器

在发动机电子控制系统中，当点火时刻采用闭环控制时，就能有效地抑制发动机产生爆燃。爆震传感器 DS(Detonation Sensor)是点火时刻闭环控制必不可少的重要部件，其功用是将发动机爆震信号转换为电信号传递给 ECU，ECU 根据爆震信号对点火提前角进行修正，从而使点火提前角保持最佳。

发动机爆燃是混合气异常燃烧导致气缸压力急剧上升而引起发动机缸体产生的振动，在爆燃时，爆燃区局部压力突升，并以极高的速度向周围传播，这种压力波强迫气缸壁等零件振动，并产生高频的金属敲击声。根据爆燃的这些特点，可以通过检测发动机燃烧室压力的变化、发动机振动频率、发动机噪声 3 种方法判别发动机是否产生了爆燃。直接检测燃烧室压力变化来检测发动机振动的方法测量精度较高，但传感器安装困难，且耐久性较差，一般用于测量仪器，实际应用的压力检测传感器均为间接检测式。检测发动机缸体振动频率来检测爆震的主要优点是测量精度高、传感器安装方便且输出电压较高，因此现代汽车广泛采用，检测混合气燃烧噪声为非接触式检测，其耐久性较好，但测量精度和灵敏度较低，实际应用比较少。

根据行使汽车发动机的检测条件及对测量精度的要求，汽车上普遍采用测发动机缸体振动的方法检测爆燃。用于检测发动机爆燃的爆震传感器主要有压电式和磁致伸缩式两种。通用和日产汽车采用的是磁致伸缩式爆震传感器。桑塔纳2000GLi、2000GSi、捷达AT、GTX型等国产轿车采用的是压电式爆震传感器。压电式爆震传感器有共振型和非共振型两种，共振型爆震传感器的结构与非共振型基本相同，只是在壳体内设有一个共振体，如图8.51所示。

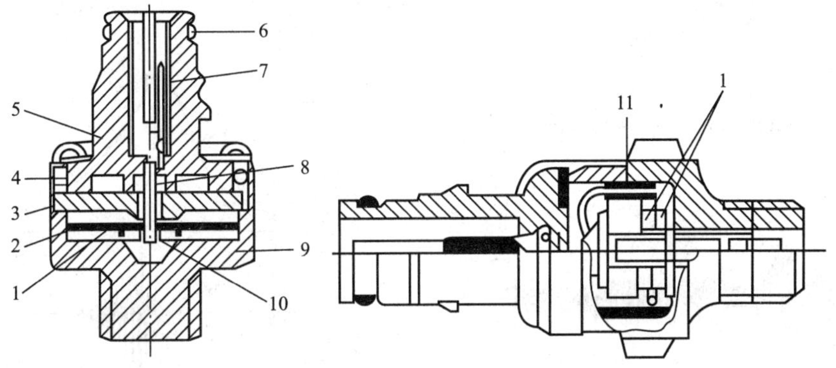

(a) 共振型　　(b) 非共振型

图8.51　压电式爆震传感器

1—压电元件；2—振荡片；3—基座；4、6—O形环；5—连接器；7—接线端子；8—密封剂；9—外壳；10—引线；11—配重

压电式爆震传感器是利用压电效应制成的。由石英晶体、钛酸钠等晶片制成的压电元件在受力变形时，因内部产生极化现象而在其表面分别产生正负两种电荷。受力消失时，元件变形恢复，电荷也立即消失。从正、负电荷的两个表面可引出电压信号，电压的大小与所受力成正比。在压电式传感器内设置一个振子，用以在传感器随被测物体振动时给压电元件施力。被测物体振动越大，传感器振子的振动也越大，压电元件产生的电压信号幅值也就越大。压电式爆燃传感器就是依据这样的原理制成的。

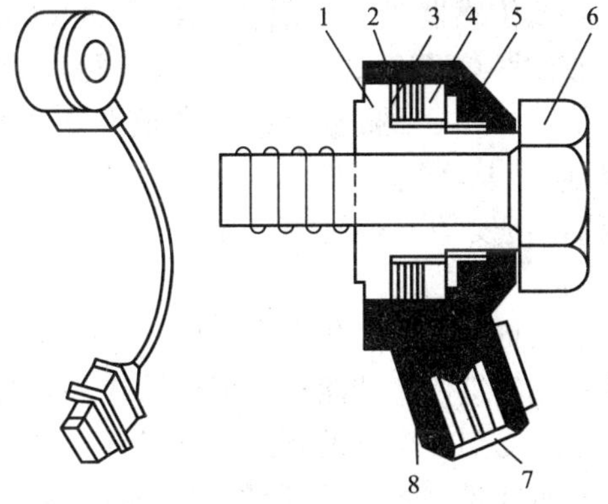

(a) 传感器外形　　(b) 内部结构

图8.52　压电式爆震传感器的结构

1—套筒底座；2—绝缘垫圈；3—压电元件；4—惯性配重；5—塑料壳体；6—固定螺栓；7—接线插座；8—电极

目前，大多数汽车采用了压电式爆震传感器，其结构大同小异。桑塔纳2000GLi、2000GSi、捷达AT、GTX型轿车采用的非共振型压电式爆震传感器的结构如图8.52所示，主要由套筒、压电元件、惯性配重、塑料壳体和接线插座等组成。桑塔纳2000GLi型轿车采用了一只爆震传感器，安装在缸体右侧(车前视)2、3缸之间；桑塔纳2000GSi、捷达AT、GTX型轿车采用两只爆震传感器，一只检测1、2缸爆震信号、另一只检测3、4缸爆震信号，安装在发动机缸体的进气道一侧。

当发动机缸体产生振动时，传感器套筒底座及惯性配重随之产生振动，套筒底座和配重的振动作用在压电元件上，由压电效应可知，压电元件的信号输出端就会输出与振动频率和振动强度有关的交变电压信号，如图 8.53 所示。试验证明：发动机爆震频率一般在6～9kHz 之间，其振动强度较大，所以信号电压较高。发动机转速越高，信号电压幅值越大。因为发动机爆震是在活塞运行到压缩上止点前后产生，此时缸体振动强度最大，所以爆震传感器在活塞运行到压缩上止点前后产生的输出电压较高，爆震传感器输出信号与曲轴转角的对应关系如图 8.54 所示，传感器的灵敏度约为 20mV/g(g=9.8m/s^2)。

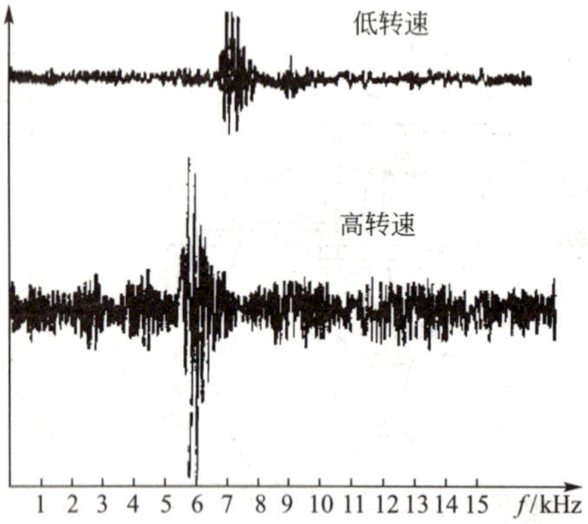

图 8.53　转速不同时非共振型爆震传感器输出波形

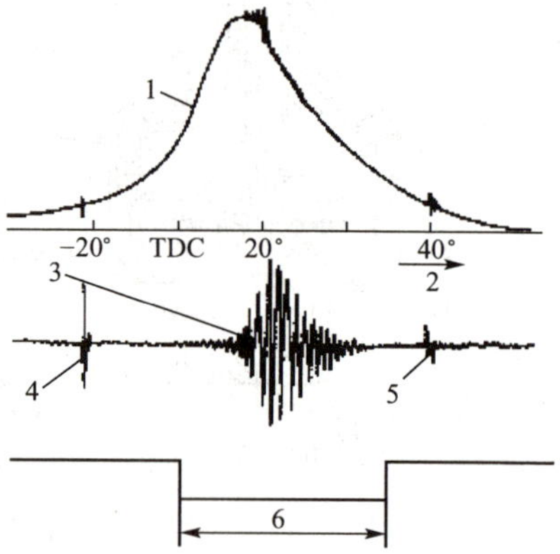

图 8.54　爆震传感器输出信号的对应关系

1—气缸压力；2—曲轴角度；3—信号电压；4—电火花干扰；5—电磁阀复位干扰；6—爆震判别范围

8.2.8　氧传感器

氧传感器是排气氧传感器 EGO(Exhaust Gas Oxygen Sensor)的简称，其功用是通过监测排气中氧离子的含量来获得混合气的空燃比信号，并将该信号转变为电信号输入 ECU。ECU 根据氧传感器信号，对喷油时间进行修正，实现空燃比反馈控制(闭环控制)，从而将空燃比 A/F 控制在 14.7(过量空气系数 a 为 0.98～1.2 之间的范围内)，使发动机得到最佳浓度的混合气，从而达到降低有害气体排放量和节约燃油的目的。

氧传感器有氧化锆(ZrO_2)式和氧化钛(TiO_2)式两种类型，氧化锆式又分为加热型与非加热型氧传感器两种，氧化钛式一般都为加热型传感器。氧化钛式氧传感器价格便宜，且不易受到硅离子的腐蚀，越来越多的汽车采用这种氧传感器。

氧化锆式氧传感器的结构如图 8.55 所示，主要由钢质护管、钢质壳体、锆管、加热元件、电极引线、防水护套和线束插头等组成。锆管是在二氧化锆(ZrO_2)固体电解质粉末中添加少量的添加剂压力成形后，再烧结而成的陶瓷管，其加工工艺与火花塞绝缘体的成形工艺完全相同。二氧化锆晶体的体积变化量为 4%左右，其体积变化容易导致晶体老化而失效(阻止氧离子扩散)，加入添加剂的目的就是防止二氧化锆晶体老化。常用的添加剂有氧化钇 Y_2O_3、氧化钙 CaO、氧化镁 MgO、氧化镱 Yb_2O_3 等，目前添加的是氧化钇(Y_2O_3)。锆管制做成试管形状，以便氧离子能均匀扩散与渗透。

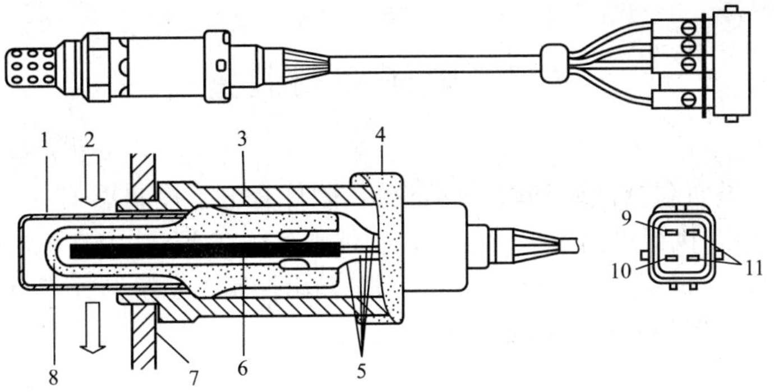

图 8.55 氧化锆式氧传感器结构

1—钢质护管；2—排气；3—壳体；4—防水护套；5—电极引线；6—陶瓷加热元件；
7—排气管；8—二氧化锆固体电解质陶瓷管(锆管)；
9—加热元件电源端子；10—加热元件搭铁端子；11—信号输出端子

传感器内侧通大气，外侧直接与排气接触。在锆管的内外表面都涂覆有一层金属铂(Pt)作为电极，并用金属线与传感器信号输出端子连接。为了防止发动机排出的废气腐蚀外层铂电极，在外层铂电极表面还涂覆有一层陶瓷保护层。

金属铂除了起到电极作用将信号电压引出传感器之外，另一个更重要的作用是催化作用。在催化剂铂的作用下，当发动机排气中的有害气体一氧化碳(CO)与氧气(O_2)接触时，就会生成二氧化碳(CO_2)无害气体，其化学反应方程式为

$$2CO+O_2 \xrightarrow{\text{铂催化}} 2CO_2 \qquad (8-8)$$

混合气空燃比信号的获取：在400℃以上的高温时，氧传感器氧化锆内表面处气体中氧的浓度与外表面排气中氧的浓度有很大差别，就使氧化锆元件内外侧两铂电极之间产生信号电压。当混合气稀时(空燃比大)，排气中氧的含量高，传感器元件内外侧氧浓度差小，氧化锆元件内外侧两电极之间产生的电压很低(接近0V)；反之，混合气浓(空燃比小)时，在排气中几乎没有氧，传感器元件内外侧氧浓度差很大，内外侧电极之间产生的电压高(约1V)。

由于氧化锆只有在400℃以上的温度时才能正常工作，为保证发动机在进气量小、排气温度低时也能正常工作，有的氧传感器中还装有对氧化锆元件进行加热的加热器。加热器亦受ECU控制。氧传感器与ECU的连接线路如图8.56所示。

氧传感器输出特性如图8.57所示，在理论空燃比(14.7)附近，氧传感器输出电压信号值有一突变。

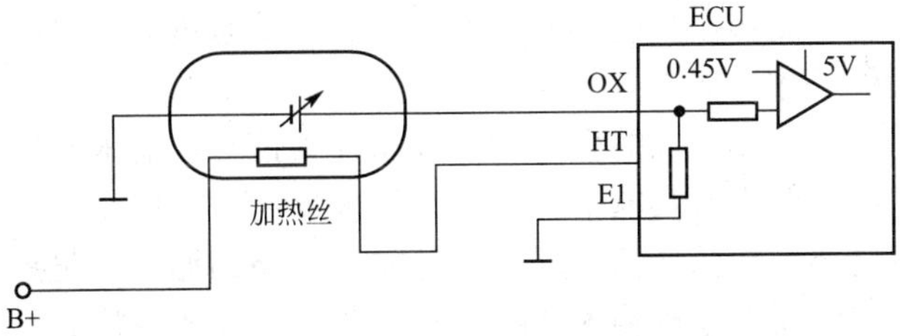

图 8.56 氧传感器与ECU的连接

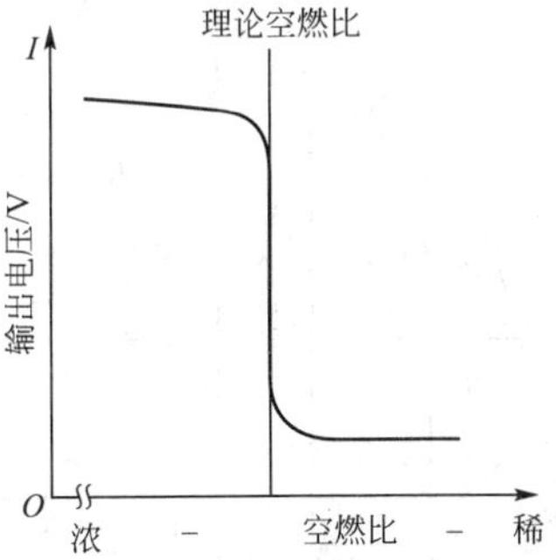

图 8.57 氧传感器输出特性

8.3 电子控制装置

汽车电子控制装置包括硬件和软件两部分，硬件有电子控制器 ECU (Electronic Control Unit)及其接口、执行机构、传感器等；软件则存储在 ECU 中支配电子控制系统完成实时测控功能，包括各种数据采集、计算处理、输出控制、系统监控与自诊断等。

汽车电子控制装置的基本结构如图 8.58 所示。

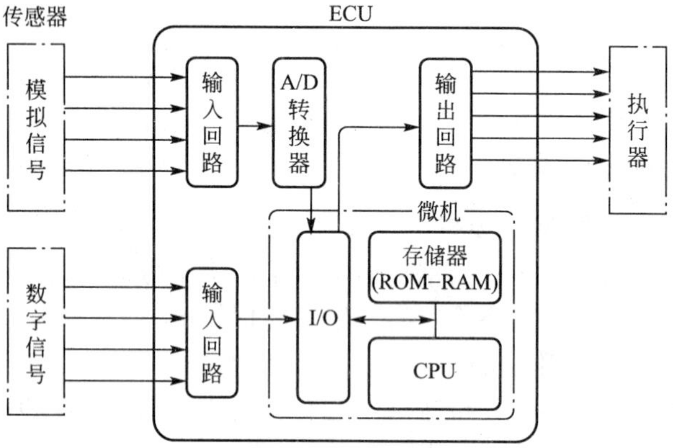

图 8.58 电子控制器 ECU 的基本组成

8.3.1 输入电路

电子控制装置输入电路的作用是将传感器、开关等各种形式的输入信号进行预处理，转换为微机可接受的数字信号。ECU 的输入信号主要有 3 种形式，即数字信号(包括开关信号)、模拟信号和脉冲信号。模拟信号必须通过 A/D 转换为数字信号后才能被微机处理。由于控制系统往往要求模数信号转换具有较高的分辨率和精度，所以通常采用 10 位以上的 A/D 转换器。

1. 数字信号输入电路

数字信号只有高电平和低电平两种状态，信息由矩形波的个数或疏密来表示。它通过输入接口就可以输送给微处理器。在汽车电子控制系统中，有许多以脉冲数为计量参数的脉冲信号(如矩形波信号、正弦波信号等)和开关信号，这些信号还不是微处理器能够接受的数字信号，一般需要通过输入电路的预处理才能输入微机。

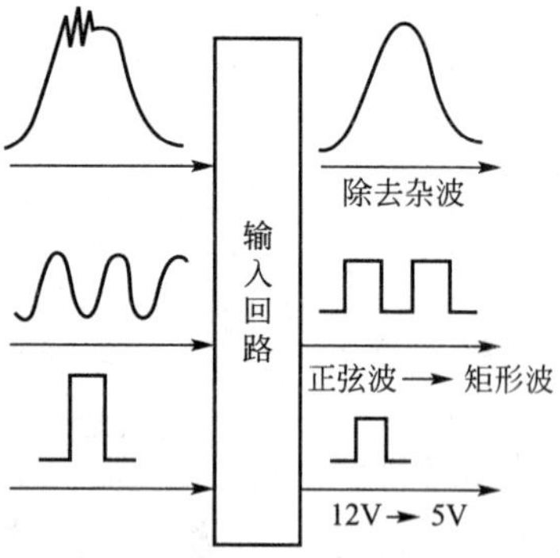

图 8.59 数字信号输入电路的作用

对于无杂波的矩形波信号和开关信号，输入电路的作用一般是将其电平转换为微处理器的输入电平。而含有杂波的正弦波信号则需通过输入电路的滤波、整形和电平转换后才可输入微机(图 8.59)。对于磁感应式转速传感器，由于其信号电压随转速而变，输入电路中可能还应包括信号放大电路和信号稳压电路，以便在转速很低时放大过弱的信号，而在转速很高时限制过高的电压输入。

2. 模拟信号输入电路

模拟信号是一个连续变化的电量，往往用信号电压的幅值来表示信息的量值。如发动机冷却液温度传感器、叶片式和热式空气流量传感器等输出的就是模拟信号。模拟信号需经模数转换器 A/D 转化为相应的数字信号后才能被微处理器接受。

A/D 转换过程包括采样、量化、编码。采样过程是 A/D 转换器以一固定的时间间隔对连续变化的模拟信号进行扫描，取得一系列离散的采样幅值。量化过程是通过舍入或去尾的方法将采样幅值变为一个有限有效数字的数。编码就是将这些代表各采样幅值的有效数字变为二进制数。A/D 转换器的工作过程如图 8.60 所示。比如，输入的模拟信号某一个采样幅值量化后的数为 5，A/D 便会输出“0101”这样一个微机可接受的二进制代码。

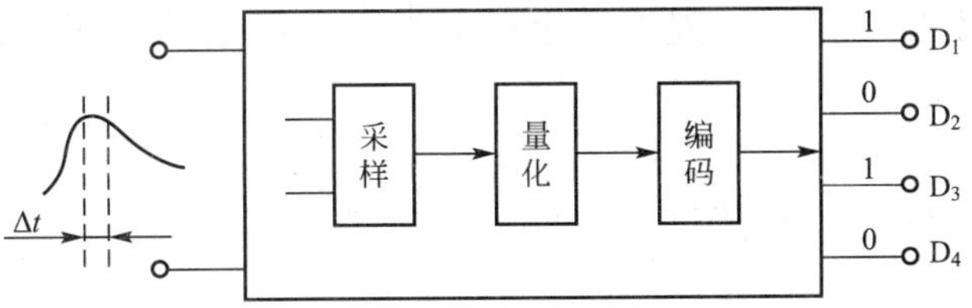

图 8.60 A/D 转换器的工作过程

0—低电平；1—高电平

3. 传感器电源

除了磁感应式传感器和氧化锆型氧传感器等传感器外，许多传感器需要有一个电压稳定的电源。各传感器所需用的电源电压一般为 5V，由电子控制器内的稳压电路提供。对于像热敏电阻式传感器(如发动机温度传感器、进气温度传感器等)、电位计式传感器(如节气门位置传感器、叶片式空气流量传感器)等，电子控制器提供的电源电压还是信号的基准电压(图 8.61)。因此，电源电压的波动将直接影响信号的准确性。

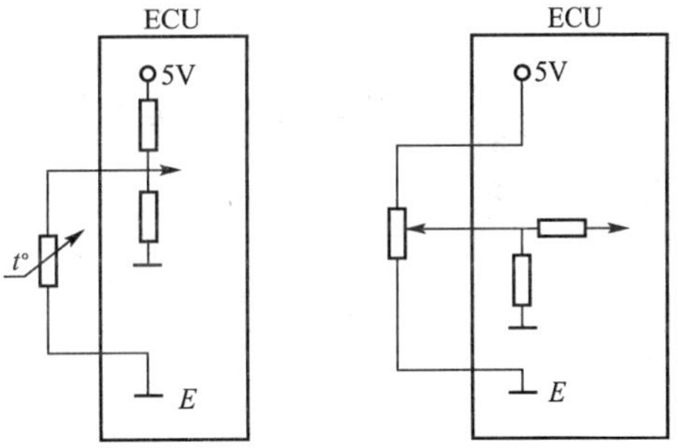

(a) 热敏电阻式传感器 (b) 电位计式传感器

图 8.61 传感器电源

8.3.2 微机

电子控制器 ECU 中微机的作用是根据传感器经输入电路送来的信号，用存储器中的控制程序和数据进行运算处理后，输出控制信号，并通过输出电路控制执行器。微机主要由中央微处理器(CPU)、存储器、输入输出接口(I/O)等组成，如图 8.62 所示。

1. 中央微处理器

中央微处理器简称 CPU(Central Processing Unit)，它是控制器的核心，包含有运算器、控制器、寄存器等，如图 8.63 所示。其具体功能如下。

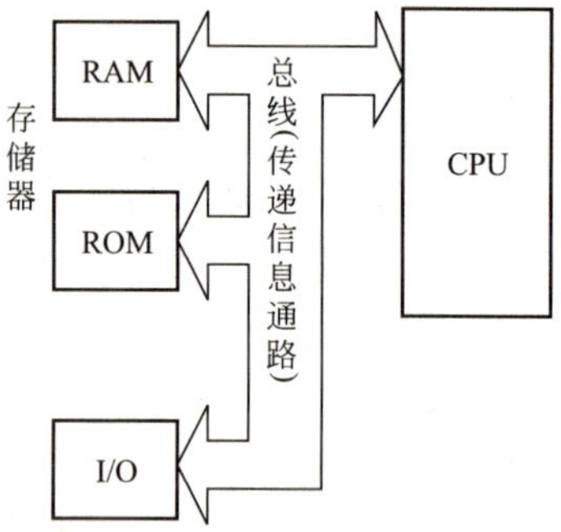

图 8.62　微机的基本组成

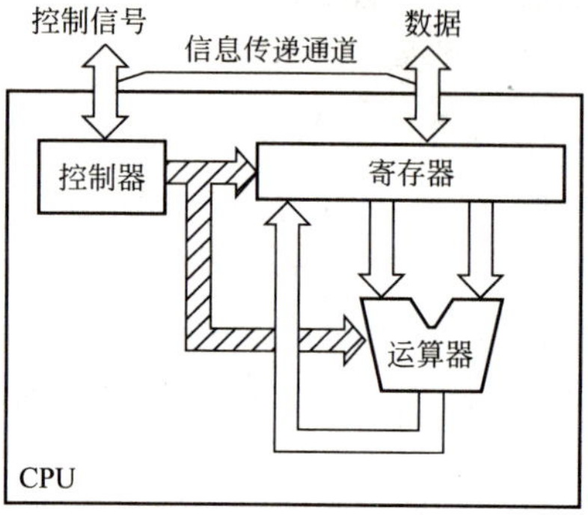

图 8.63　CPU 的基本组成

(1) 运算器：用于对数据进行算术运算和逻辑运算。

(2) 控制器：按事先编排的程序发出控制脉冲，控制计算机系统各部分自动协调工作。

(3) 寄存器；用于暂时存储运算器的中间运算数据。

CPU 在控制器控制脉冲的控制下，按其时钟脉冲的节拍自动协调地进行数据的运算、寄存、传送等操作。

2. 存储器

存储器的作用是记忆数据和程序，主要由只读存储器 ROM 和随机存储器 RAM 组成。

1) 只读存储器(Read Only Memory)

简称 ROM，用于存储控制程序，控制标准参数等一些固定的信息，在制造时一次写入后不能更改。工作时只供读取，电源切断时其内部的信息也不会消失。

近年来在汽车电子控制系统中开始使用 PROM、EPROM、EEPROM 等新型只读存储器。

PROM(Programmable ROM)为可编程只读存储器，可由用户根据需要自行编程，一次写入，其作用和工作特性与 ROM 一样。汽车制造厂根据不同的车型、不同的控制系统为 PROM 写入不同的信息资料，为微机适用于不同车型、不同控制系统的需要提供了方便。

EPROM(Erasable Programmable ROM)为可擦除可编程只读存储器，与 PROM 不同的是存储的信息可通过芯片顶部的窗口用紫外线照射的方法全部清除，然后再通过编程器写入新的信息。EPROM 可反复擦写使用。

EEPROM(Electrically Erasable Programmable ROM)为电可擦只读存储器，可在通电的情况下改写部分信息，使微机的使用更加方便灵活。在一些汽车电子控制系统中，由于使用了 EEPROM，可以使用专用的诊断仪器对 EEPROM 中的程序和数据进行修改，从而实现在用汽车电子控制系统的升级。

2) 随机存储器 RAM (Random Access Memory)

RAM 用于储存控制器工作过程中的运行数据。工作时随时可存入或读取信息，电源切断后，信息随即消失。自诊断系统的故障信息(故障码)和电子控制系统自适应学习修正参数都用 RAM 储存，这些信息需要在点火开关断开后仍然保留，因此电子控制器通常有一条不通过点火开关控制的电源连接线，使得储存故障和自适应修正信息的RAM在点火开关断开时仍然保持通电。

3）输入/输出接口

输入/输出接口(Input/Output)简称I/O，是CPU与外部设备进行数据传送的纽带，在CPU与外围设备之间起着数据的缓冲、电平和时序的匹配等多种作用。传感器经输入电路通过输入接口与CPU连接，将信息传递给CPU；CPU通过输出接口经输出电路与执行器连接，实现对执行器的控制。

3. 输出电路

微机经输出接口输出的控制信号一般不能直接控制执行器，输出电路的作用就是根据微机的控制信号的工作，使执行器按微机的指令动作。

一些执行器的电源是蓄电池，其工作的驱动电路就是将其搭铁电路接通。因此，电子控制器中的输出电路通常是由大功率三极管组成的驱动电路。工作原理如图8.64所示。

4. 总线

CAN是Controller Area Network(控制单元区域网络)的缩写，意思是控制单元通过网络交换数据，由于CAN数据总线包含大量的数据信息，故数据总线又称BUS线，CAN数据总线如图8.65所示。

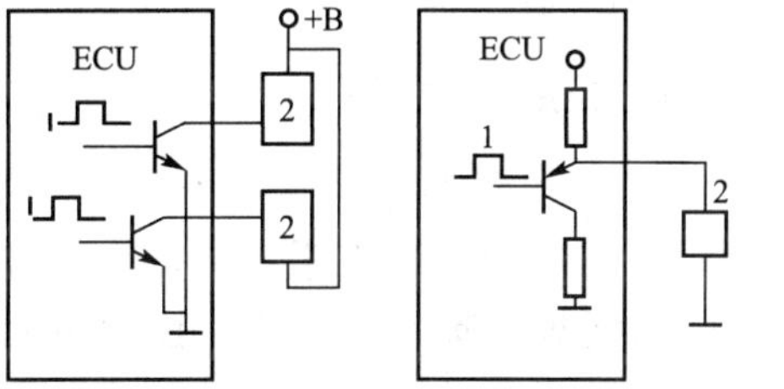

(a) 向执行器提供接地通路　(b) 向执行器提供电压脉冲

图8.64　控制器的输出电路

1—CPU输出的控制信号；

2—执行器

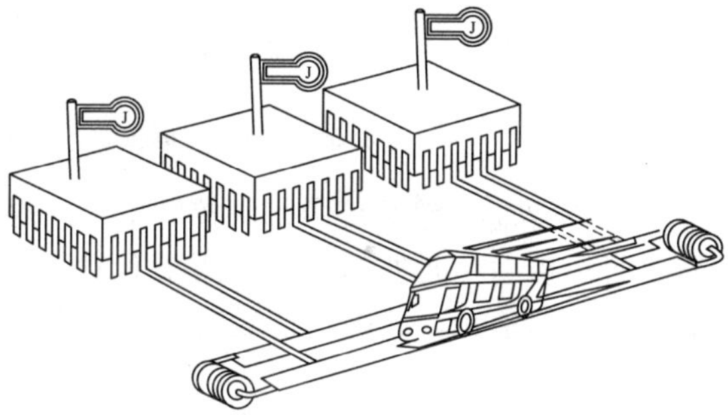

图8.65　CAN数据传输模式

在微机系统中，CPU、存储器和I/O接口之间要进行大量的信息交换和数据传递，若上述各功能部件之间采用点对点的信息和数据传输线路方式，则信息传输速度高，传输过程简单，但整个系统所需要的信息传输线路量很大，且传输线路利用率低，故在微机系统中的信息传输线路均采用多点连接方式，即在上述各功能部件之间设置公共的信息传输线路，这便是总线(BUS)。各功能部件间通过总线的信息传递由CPU统一控制。总线利用数据、储存地址以及控制信号来对系统中的各个器件进行控制与操作。同时采用这种连接总线的方式还便于扩充系统的存储器与输入/输出(I/O)接口。

由博世公司(Bosch)生产的CAN数据总线是专门为汽车开发研制的，它能实现数据传输的网络化，并已在大众、宝来和奥迪等车型上得到应用。CAN数据传输总线的优点是当汽车上的控制单元数目增多时，其传输的方式变得更加简单，不需要许多条传输线来完成。

CAN 数据总线是控制单元间的一种数据传递形式，它与各个控制单元连接在一起就成为数据传输系统。如果一个控制单元从整个系统中获得的信息越多，那么它控制自身的功能就会越全面。

在动力传动系统中，发动机控制单元、自动变速器控制单元和 ABS 控制单元组成了一个完整的 CAN 系统；在舒适系统中，中央控制单元系统和车门控制单元组成了一个完整的 CAN 系统，如图 8.66 所示。

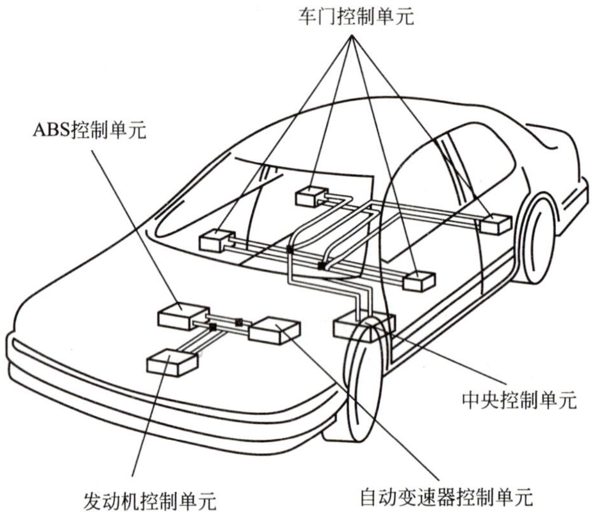

图 8.66　CAN 数据传输系统在动力传动和舒适系统中的应用

CAN 数据传输系统中每块控制单元的内部增加了一个 CAN 控制器，一个 CAN 收发器，每块控制单元外部连接了两条 CAN 数据总线，如图 8.67 所示。在系统中作为终端的两块控制单元，其内部还装有一个数据传递终端(有时数据传递终端安装在控制单元外部)。

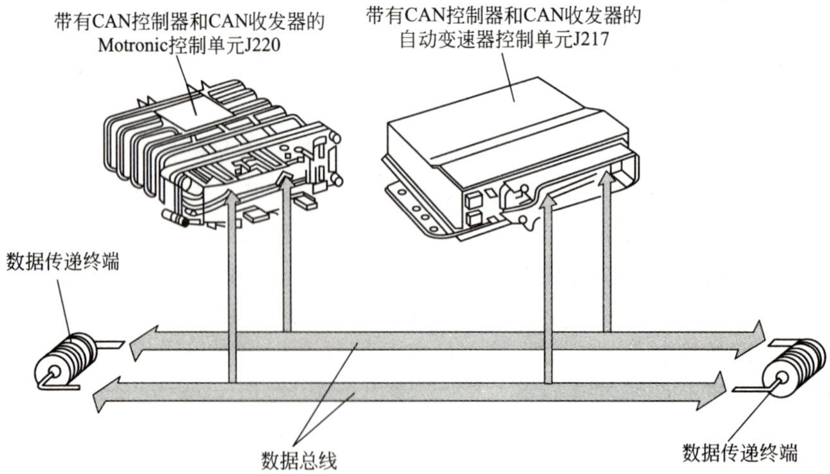

图 8.67　CAN 数据总线的构成

(1) CAN控制器。CAN控制器的作用是接收控制单元中微处理器发出的数据，处理数据并传给CAN收发器。同时，CAN控制器也接收收发器收到的数据，处理数据并传给微处理器。

(2) CAN收发器。CAN收发器是一个发送器和接收器的组合，它将CAN控制器提供的数据转化成电信号并通过数据总线发送出去，同时，它也接收总线数据，并将数据传到CAN控制器。

(3) 数据传递终端。数据传递终端实际是一个电阻，作用是避免数据传输终了反射回来，产生反射波而使数据遭到破坏。

(4) CAN数据总线。CAN数据总线是用以传输数据的双向数据线，分为CAN高位(CAN-high)和低位(CAN-low)数据线。数据没有指定接收器，数据通过数据总线发送给各控制单元，各控制单元接收后进行计算。

8.4 执 行 器

执行器的作用是严格按照电子控制器输出的控制信号来动作，将控制参量迅速调整到设定的值，使控制对象在设定的状态下工作。汽车电子控制系统执行器的种类和结构形式很多，按照使执行机构动作的电动部分的结构原理不同主要分为电动机、电磁阀两大类。还有一类执行器不产生动作，比如点火线圈、加热电阻等。

8.4.1 电动机类执行器

汽车电子控制系统中，执行器的电动机主要有普通的直流电动机和步进电动机两种类型。

1. 普通直流电动机

普通直流电动机通电后产生持续的旋转运动，通过机械传动带动执行机构工作。普通直流电动机的组成与起动机中的直流电动机相似，电枢与磁极绕组通常采用并联方式，如图8.68所示。

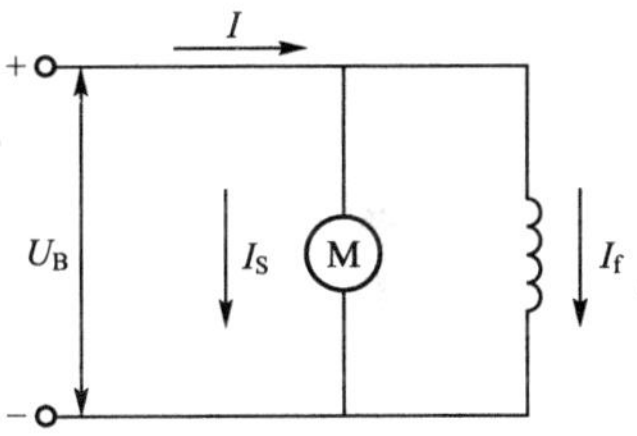

图8.68 并联式直流电动机电路原理

2. 步进电动机

步进电动机可控制其转动的角度和转向，通过机械传动实现各种参量调节和定位控制。在不同车型，不同执行器上使用的步进电动机其结构形式可能不同，但基本组成及原理相同。步进电动机的转子由永久磁铁构成(图8.69)，它有8对磁极，其N极和S极在圆周上相间排列，定子有A、B两个，每个定子由具有8对爪极的铁芯和两组绕向相反的线圈组成。当一个线圈通电后，A、B两定子便形成16对(32个)磁极。

步进电动机的工作过程如下。

当定子的一个线圈通电时，定子的32个磁极与转子磁极同性相斥、异性相吸，在此磁力的作用下，使转子转动直到转子的N、S极与定子的异性磁极相对应的位置，如图8.70所示。定子的4个线圈按1、2、3、4的顺序逐个通电，就可使电动机正向转动。其中，每次通电，定子磁极改变一次，转子转动一步(1/32圈)。如果要使电动机反转，则使 4 个线圈按 4、3、2、1 的顺序通电即可。

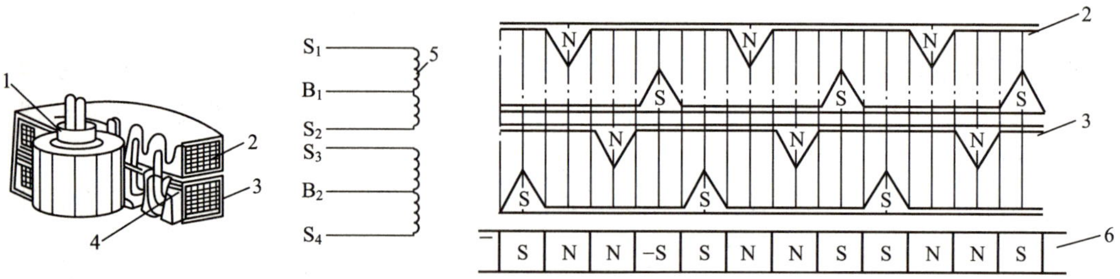

(a) 定子结构　(b) 定子线圈　(c) 定子爪极分布

图 8.69　步进电动机定子的组成与原理

1—转子；2—定子 A；3—定子 B；4—爪极；5—定子线圈；6—定子极性分布

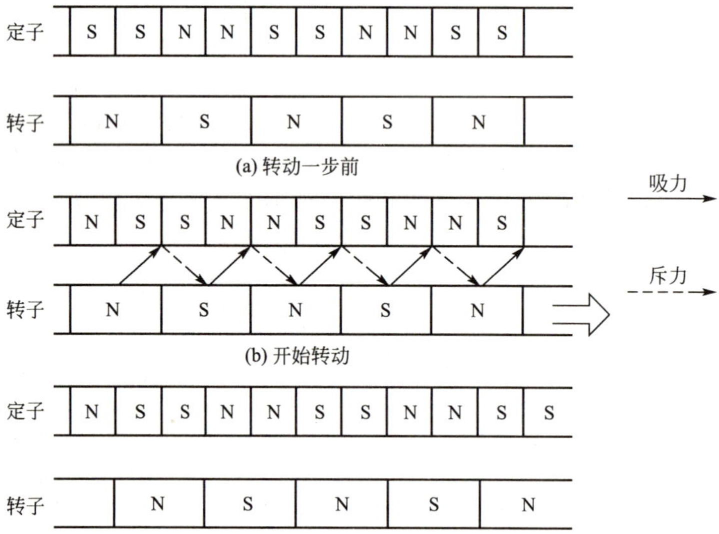

(a) 转动一步前

(b) 开始转动

(c) 转动一步后

图 8.70　步进电动机的工作过程

8.4.2　电磁阀类执行器

电磁阀类执行器根据阀的运动方式可分为直动式电磁阀和转动式电磁阀两种，根据控制信号的形式又可分为开关式和脉冲式两类。

1. *直动式电磁阀*

直动式电磁阀主要由线圈、铁芯和弹簧等组成，如图 8.71 所示。线圈通电后产生电磁力，铁芯在电磁力的作用下克服弹簧力而轴向移动，带动阀芯、滑阀等做出相应的控制动作。

直动式电磁阀根据其工作方式的不同分为有开关式、三位式和脉动式等几种。

(1) 开关式直动电磁阀。电磁阀只有通电和不通电两种工作状态。对于常开型电磁阀，由弹簧保持其阀开的状态，通电时由线圈电磁力吸动铁芯，使阀保持关的状态。对常闭型电磁阀通断电时阀的状态则正好相反。

(2) 三位式直动电磁阀。电磁阀有全通电、半通电和不通电3个工作状态，分别完成不同的控制动作。

(3) 脉动式电磁阀。电磁阀由占空比脉冲信号来控制阀的开关比率，以实现对控制参量的控制。占空比脉冲信号是一种频率固定不变、脉冲宽度可变的电压或电流脉冲，如图8.72所示。

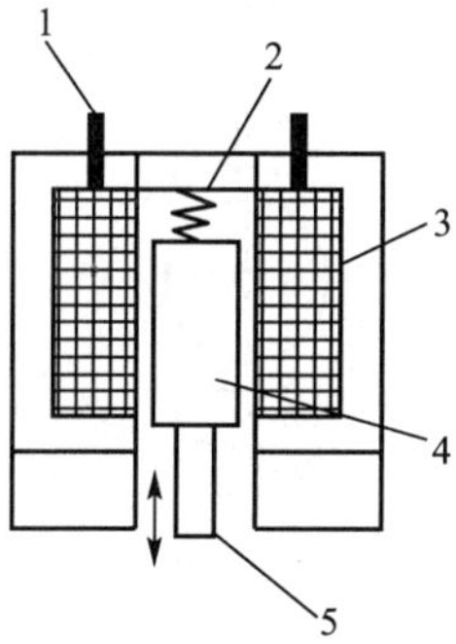

图8.71 直动式电磁阀

1—接线端子；2—弹簧；3—线圈；
4—铁芯；5—连接阀芯或滑阀

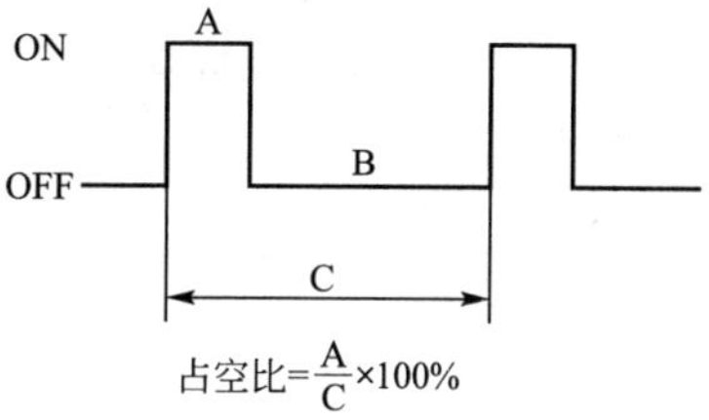

图8.72 占空比脉冲信号

2. 旋转式电磁阀

旋转式电磁阀通电后产生角位移，其主要部件是带动阀转动的转子和定子。旋转式电磁阀有两种形式：一种是转子为永久磁铁，电磁线圈绕在定子上；另一种是定子为永久磁铁，转子上绕有电磁线圈，通过电刷和滑片将电流引入电磁线圈。图8.73所示的是转子为永久磁铁的旋转式电磁阀电路原理。

对称布置的定子通入相同的电流时，两线圈 L_1、L_2 产生的磁场对转子的作用力使转子的转动方向是相反的。由于ECU产生的控制信号到 VT_1 基极经反相器反相，因此从三极管 VT_1、VT_2 集电极输出的是相位相反的控制脉冲。当控制信号占空比为50%时，一个信号周期中 VT_1、VT_2 的导通相位相反，但导通时间相同。L_1、L_2 的通电时间各占一半，两线圈的平均电流相同，产生的磁场强度也相同，对转子的作用力互相抵消，故转子保持在原来的位置(图8.74(a))。当控制信号占空比大于50%时，L_2 通电时间大于 L_1，两线圈产生的磁场合力使转子逆时针转动(图8.74(b))。当控制信号占空比小

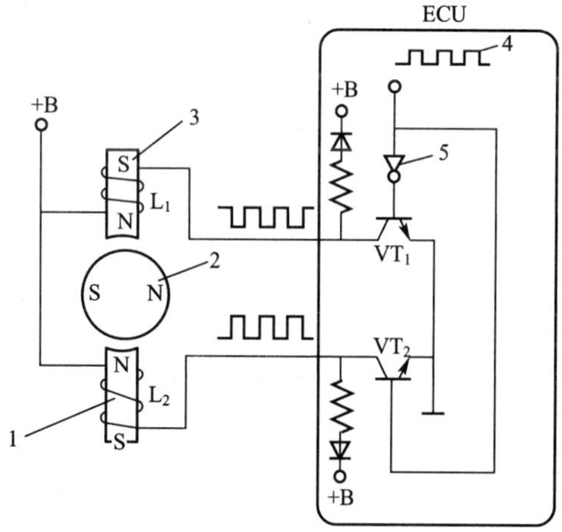

图8.73 旋转式电磁阀电路原理

1、3—定子；2—转子(永久磁铁)；
4—控制信号(占空比信号)；5—反相器

于 50%时，L_1 的通电时间大于 L_2，两线圈产生的磁场合力则使转子顺时针转动(图 8.74(c))。如此，ECU 通过输出不同占空比的控制信号来控制电磁阀转子的转角和转动方向。

定子是永久磁铁的旋转式电磁阀原理如图 8.75 所示。绕在转子铁芯上的线圈 L_1、L_2 的绕向相反，因此两线圈通电后使转子受力偏转方向相反。其控制原理与转子为永久磁铁的旋转电磁阀相同。

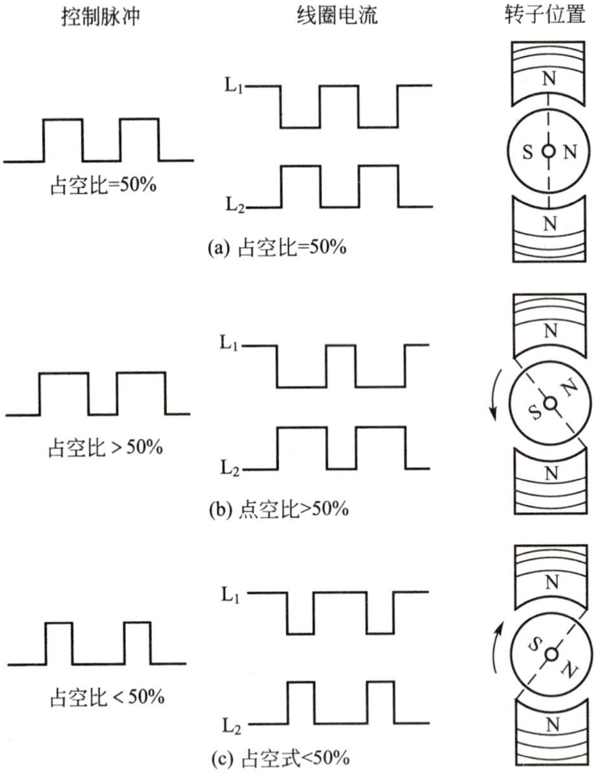

图 8.74　旋转式电磁阀转动过程

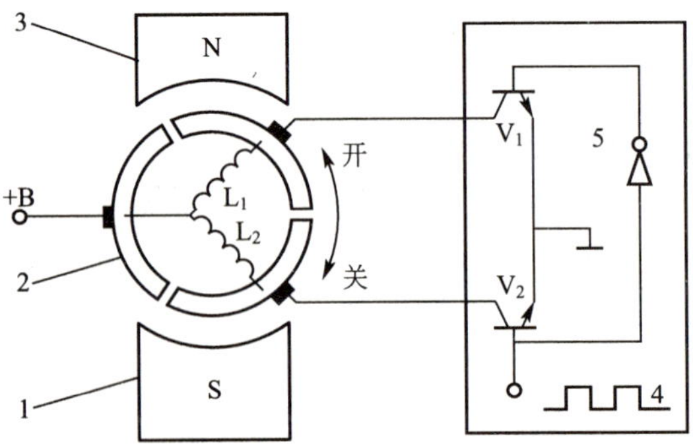

图 8.75　定子为永久磁铁的旋转式电磁阀

1、3—定子(永久磁铁)；2—转子；4—控制信号(占空比信号)；5—反相器

习 题

一、名词解释

1. ROM
2. RAM
3. A/D 转换器

二、填空题

1. 曲轴位置传感器一般有________________、____________、____________等多种。
2. 氧传感器的作用是______________________________。
3. 爆震传感器的作用是______________________________。
4. ____________信号是一个连续变化的电量，往往用信号电压的幅值来表示信息的量值。
5. 在发动机 ECU 中 I/O 表示________________。
6. 在发动机 ECU 中 A/D 表示________________。

三、思考题

1. 发动机转速与曲轴位置传感器的作用是什么？
2. 试述各种空气流量传感器的结构与工作原理。
3. 进气管压力传感器的作用是什么？不同类型压力传感器的测量原理是什么？
4. 有哪些种类的温度传感器？热敏电阻式温度传感器的测量原理是什么？热敏电阻式温度传感器有哪几种？
5. 节气门位置传感器的作用是什么？试述其结构类型及工作原理。
6. 试述氧化锆型氧传感器的结构及工作原理。
7. 试述压电共振型爆震传感器的结构与工作原理。
8. 试述光电式车身高度传感器的结构与工作原理。
9. 光电式、磁感应式方向盘转角传感器的组成及工作原理是什么？
10. 电子控制器有哪些基本组成部分？各部分的基本功用是什么？
11. 微机有哪些组成部件？各组成部件的作用是什么？
12. 电动机类执行器有哪几种类型？各种类型的电动机是如何工作的？
13. 电磁阀类执行器有哪几种类型？各种类型的电磁阀是如何工作的？

第9章 发动机电子控制系统

本章教学要点

知识要点	掌握程度	相关知识
汽油机对混合气空燃比的要求； 汽油机对点火提前角的要求	了解汽油机各工况对混合气空燃比的要求，掌握空燃比的概念	
电控燃油喷射系统的特点与分类； 电控汽油喷射系统的组成； 电控汽油喷射系统的控制	了解电控燃油喷射系统的特点与分类方法；掌握电控汽油喷射系统的组成及各组成部分的作用；掌握电控汽油喷射系统的控制方法	汽油机电控燃油喷射系统
汽油发动机点火系统的特点； 微机控制电子点火系统的分类； 微机控制电子点火系统的组成； 微机控制电子点火系统的控制； 微机控制电子点火系统的工作过程	了解汽油发动机点火系统的特点；了解微机控制电子点火系统的分类方法；掌握微机控制电子点火系统的组成及各组成部分的作用、工作原理；掌握微机控制电子点火系统的控制方法；掌握微机控制电子点火系统的工作过程	微机控制电子点火系统
怠速控制系统的分类； 怠速控制系统的组成与控制内容； 怠速控制系统的主要部件	了解怠速控制系统的分类方法；掌握怠速控制系统的组成与控制内容；掌握怠速控制系统的主要部件的作用及基本原理	发动机怠速控制系统
废气再循环（EGR）控制系统； 三元催化转换器、氧传感器与闭环二次空气喷射系统的控制； 活性炭罐蒸发污染控制； 曲轴箱强制通风系统	掌握废气再循环（EGR）控制系统的作用及控制原理；掌握三元催化转换器、氧传感器与闭环二次空气喷射系统的控制原理；了解活性炭罐蒸发污染控制的作用及控制原理；了解曲轴箱强制通风系统的作用	汽油机排放控制系统
柴油机电控系统的组成； 柴油机电控系统的控制内容； 柴油机电子控制系统主要特点； 电控柴油机的分类； 典型柴油机电子控制系统的结构与原理	掌握柴油机电控系统的组成； 掌握柴油机电控系统的控制内容； 了解柴油机电子控制系统的主要特点； 了解电控柴油机的分类； 了解典型柴油机电子控制系统的结构与基本原理	柴油机电子控制系统

导入案例

电子控制技术在汽车上的应用始于20世纪60年代，最初应用于燃油喷射、速度控制、制动防抱死等方面的电子控制装置，由晶体管分立元件组成。20世纪70年代初期，汽车电子控制装置开始使用集成电路组成，其性能得到了提高而成本则逐渐下降，但这一时期在汽车上应用的电子控制技术还只是一种探索性的研究，商品化的汽车电子控制装置在汽车上的应用并不多。1976年，美国通用公司首次将微处理器应用于汽车发动机点火控制，自此以后，以微处理器为控制核心的电子控制系统在汽车上迅速得到了广泛的应用。

微电子技术的发展给汽车电子控制技术的发展提供了必要的基础，而人们对汽车性能要求的提高和汽车对安全、环保及能源的影响是汽车电子控制技术发展的原动力。汽车要消耗大量地球上有限的能源——石油，汽车排放和噪声对人类生存环境的污染，以及交通事故对人们生命的威胁，使安全、环保和节能成为现代汽车技术发展的主要方向。电子控制技术成为解决汽车技术难题、推动汽车技术进步最有效的手段。如今，以微处理器为控制核心的控制系统已广泛地运用于汽车发动机、底盘及车身的各个系统中，汽车的燃油经济性得到改善，废气污染下降，汽车的安全性、舒适性得到进一步的提高。

9.1 概　　述

汽车发动机电子控制主要包括燃油喷射系统控制、点火系统控制、怠速系统控制、电子废气再循环(EGR)控制、防爆震控制、气缸变排量控制等，目前对汽油发动机的控制均采用以燃油喷射控制和点火系统控制为主控制的发动机集中控制系统。

空燃比和点火提前角是汽油机电子控制系统中两个最重要的控制参数，它们直接影响汽油机的动力性、经济性和废气中有害物质的排放量。由于实际运行条件的差异，汽油机在不同工况下，对混合气的空燃比和点火提前角相应地有不同的要求。

1. 汽油机对混合气空燃比的要求

汽油机燃油供给装置向进气管提供一定比例的燃油并与进入歧管的空气进行混合，形成可燃混合气。其中空气质量与燃油质量之比称为空燃比，通常用A/F表示，其公式为

$$\frac{A}{F}=\frac{\text{空气质量}}{\text{燃油质量}} \tag{9-1}$$

1kg汽油完全燃烧按化学当量计算需要14.7kg空气，空燃比为14.7，称为理论空燃比。空燃比与汽油机的结构和使用工况密切相关，它对发动机的动力性和经济性的影响如图9.1所示，对排放的影响如图9.2所示。两组曲线表明：当A/F低于理论空燃比为12～13时，发动机功率最大；当A/F高于理论空燃比为16左右时，油耗最低；当A/F大于16时，排气中CO的浓度最小；空燃比A/F在17左右时，HC排放浓度最低；当空燃比A/F为16左右时NO_X排量最多。

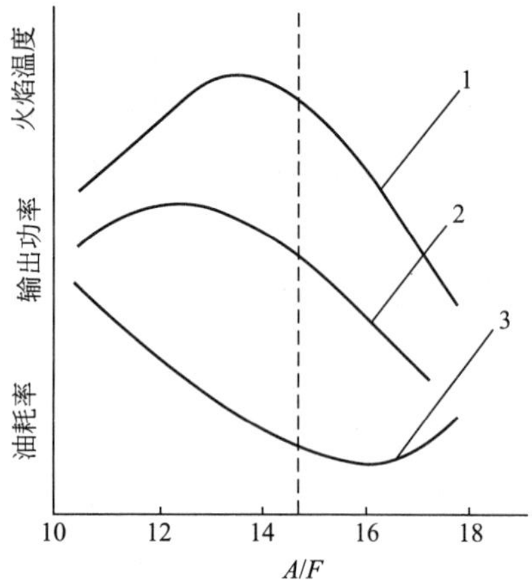

图 9.1　空燃比与火焰温度、输出功率和油耗率的关系图

1—火焰温度；2—输出功率；3—油耗率

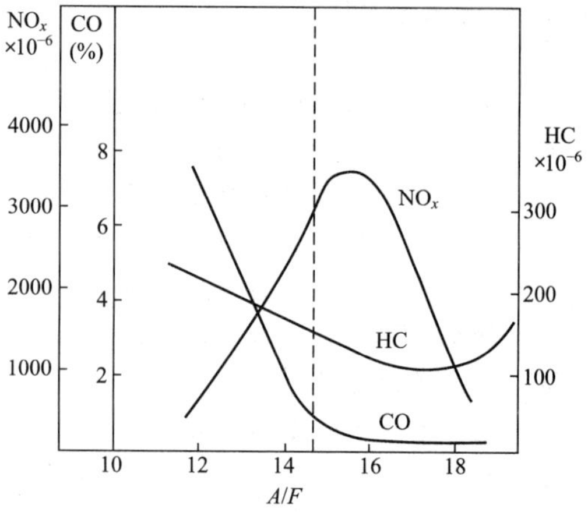

图 9.2　排气成分与 *A/F* 的关系

不同的运行工况对发动机工作的稳定性、动力性和燃油经济性的要求侧重点不一样，因此，对空燃比的要求也不同。

1）稳定工况

稳定工况大致可分为怠速、小负荷、中等负荷、大负荷和全负荷几种情况。在稳定工况时由于没有转速和负荷的突然变化，对空燃比的要求根据实际运行的转速与负荷而定。

怠速工况，节气门处于关闭状态，因而进气管内的真空度很大，气缸内的废气量比较大。为保证这种被废气稀释的混合气能正常燃烧，就必须供给很浓的混合气。随着负荷的增加，节气门开大，废气的稀释作用将逐渐减弱，所以在小负荷区运行时，供给混合气的加浓程度随负荷的增大而变小。

中等负荷时，节气门已经有足够大的开度，废气稀释的影响已经不大，因此要求供给发动机稀的混合气，以获得最佳的燃油经济性。大负荷时，随着节气门开度的加大，应逐渐加浓混合气以满足功率的要求，在节气门全开之前的所有部分负荷工况都应当供给较经济的混合气；到全负荷工况时，节气门已经全开，此时为了获得发动机的最大功率，必须加浓供给功率空燃比的混合气。

2）过渡工况

过渡工况是指负荷或转速随时间不断变化的工况，如冷启动、暖机、加减速等工况。

冷车启动时，燃油与空气的温度都很低，燃油蒸发的百分比很小，为了保证启动顺利，要求供给很浓的混合气，才能保证有足够的燃油蒸气形成可燃混合气。启动后，发动机进入暖机阶段，也需要较浓的混合气，其加浓程度应当随着发动机温度的升高而逐渐减小，一直到发动机达到正常温度能稳定运转为止。

汽车加速时，发动机节气门突然开大，进气压力随之增加，由于燃油油滴的惯性较空气大，加上进气压力增大后燃油蒸发量减少，实际进入气缸内的混合气反而瞬间变稀，急加速时甚至出现过稀，使发动机转速反而下降。为防止发生这种现象，加速瞬间应适当加浓混合气予以补偿，以获得良好的加速过渡性能。当汽车减速时，驾驶员迅速松开加速踏板，发动机节气门突然关闭，但此时由于惯性作用，发动机仍保持很高的转速，致使进气管内压力急剧降低，促使附着在进气管壁面上的燃油加速汽化，这必将造成混合气过浓。为避免出现这种现象，并能获得理想的燃油经济性和良好的汽车制动性能，减速时最好能暂时切断燃油供应，待发动机转速降低到一定程度时再恢复供油。

汽油机为获得理想的综合性能，必须根据各种工况的不同要求精确控制混合气的空燃比，而且随着对汽车各方面性能要求的提高，对空燃比控制精度的要求越来越高。普通化油器式燃油供给装置已难以满足所有工况对空燃比的要求，特别是非稳态的过渡工况。采用电子控制汽油喷射能实现在各种工况对空燃比的精确控制。

2. 汽油机对点火提前角的要求

在普通点火系统中，由于点火提前角的调节是由机械式离心调节器和由进气歧管真空度控制的真空提前调节器来控制，对点火时刻的调整只考虑发动机的转速和负荷，而对发动机空燃比、进气压力和温度以及冷却水温度等因素对点火提前角的影响却无法控制。采用电子控制点火系统，可以综合考虑上述微量因素对点火提前角的影响，从而对点火时刻进行最精确的控制。

9.2 汽油机的电控燃油喷射系统

汽车发动机燃油喷射系统(Engine Fuel Injection System)又称为电子控制发动机燃油喷射系统，简称燃油喷射系统或EFI。

汽油发动机燃油供给系统的主要任务是根据发动机不同工况的要求，配置相应空燃比和一定数量的可燃混合气供入气缸。化油器式供油系统，是在节气门上方有一喉管，利用空气流动时在喉管处产生的负压(真空)，将浮子室中的汽油在压差的作用下连续吸出并被高速气流冲击雾化，输送给发动机。电控汽油喷射系统，则是根据输入电控单元ECU的各种传感器(如空气流量传感器、发动机转速传感器等)信号，ECU经过精确的运算、判断和处理，向喷油器输出喷油脉冲信号，由喷油器把适量的汽油喷射到进气管或直接喷入气缸，使发动机的空燃比得到最精确的控制。

9.2.1 电控燃油喷射系统的特点与分类

1. 电控汽油喷射系统的特点

电控汽油喷射系统最突出的优势是能实现空燃比的高精度控制，使发动机的综合性能得以提高。与传统的化油器发动机相比，使用电控喷射发动机还具有以下特点。

(1) 在进气系统中，由于没有像化油器供油那样的喉管部位，进气压力损失较小。只要合理设计进气管道，就能充分利用吸入空气的惯性增压作用，增大充气量，提高输出功率，增加发动机的动力。

(2) 在汽车加减速行驶的过渡运转阶段，空燃比控制系统能够迅速响应，使汽车加减速反应灵敏。

(3) 当汽车在不同地区行驶时，对大气压力或外界环境温度变化引起的空气密度变化，可以进行适量的空燃比修正。

(4) 在发动机启动时，可以由电控单元计算出启动供油量，并且能使发动机顺利经过暖机运转。使发动机启动更容易，且暖机性能提高。

(5) 能提供各种工况下最适当的混合气空燃比，且汽油雾化好，各缸分配均匀，使燃烧效率提高。因此，能有效地降低排放和节省汽油。

(6) 有减速断油功能，亦能降低排放，节省汽油。减速时，节气门关闭，发动机仍以高速运转，进入气缸的空气量减少，进气歧管内的真空度增大。在化油器中，此时会使黏附于进气歧管壁面的汽油由于歧管内的真空度急骤升高而蒸发后进入气缸，使混合气变浓，燃烧不完全，排气中 HC 的含量增加。而在电控汽油喷射发动机中，当节气门关闭而发动机转速超过预定转速时，喷油就会停止，使排气中的 HC 减少，并可降低汽油消耗。

从中可以看出，电控汽油喷射发动机能很好地适应减少排放、降低油耗、提高输出功率及改善驾驶性能等使用要求，因此，电控喷射发动机已成为现代汽油发动机的主流。

2. 电控汽油喷射系统分类

电控汽油喷射系统可按喷射位置、喷射装置、喷射方式、空气流量测量方式和有无反馈信号等方法进行分类。

1) 按喷射位置分类

根据汽油的喷射位置，汽油喷射系统可分为两大类，缸内喷射和进气管喷射，进气管喷射又可进一步分为单点喷射和多点喷射。

缸内喷射是将喷油器安装于缸盖上直接向缸内喷油。因此，要求喷油器阀体能承受燃气产生的高温高压。另外发动机设计时需保留喷油器的安装位置。缸内喷射是近几年燃油喷射技术的发展趋势之一。

进气管单点喷射(SPI)如图 9.3(a)所示。单点喷射系统是指在节气门体上只装一只(或两只)喷油器，向进气歧管内喷油，形成可燃混合气。喷油器安装在化油器所在的节气门段，通常用一个喷油器将燃油喷入进气流，形成混合气进入进气歧管，再分配到各缸中。这种喷射系统因喷油器位于节气门体上集中喷射，故又称为节气门体喷射系统或集中喷射系统，也称中央燃油喷射(CFI)系统。

进气管多点喷射(MPI) 如图 9.3(b)所示。多点喷射是指在每一缸的进气门前均安装一只喷油器，由电控单元(ECU)控制进行分缸单独喷射或分组喷射，汽油直接喷射到各缸的

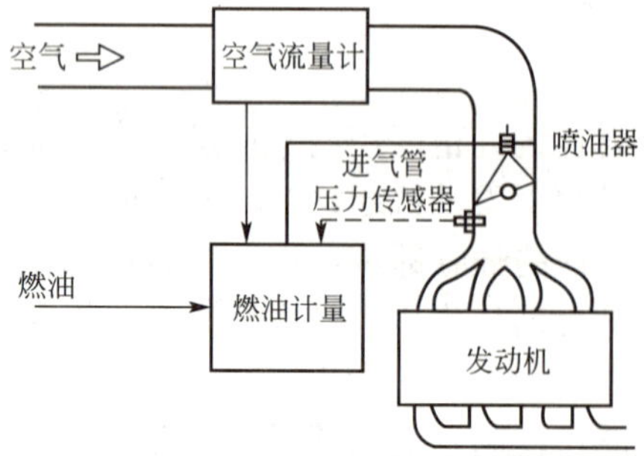

(a) 单点喷射系统

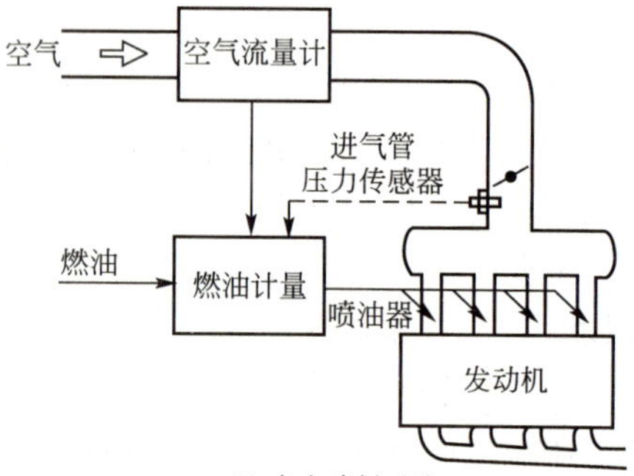

(b) 多点喷射系统

图 9.3　电控单点和多点汽油喷射系统

进气门前方，再与空气一起进入气缸形成混合气。多点喷射又称为多气门喷射或顺序燃油喷射(SFI)，或单独燃油喷射(IFI)。

2）按喷射时序分类

汽油喷射系统按喷射时序可分为同时喷射、顺序喷射和分组喷射，如图 9.4 所示。同时喷射是指发动机在运转期间，各缸喷油器同时开启且同时关闭，由 ECU 的同一个喷油指令控制所有的喷油器同时工作。顺序喷射是指喷油器按发动机各缸进气行程的顺序轮流喷射，ECU 根据曲轴位置传感器提供的信号，辨识各缸的进气行程，适时发出各缸的喷油脉冲信号(喷射正时信号)以实现顺序喷射的功能。分组喷射是将喷油器分成两组交替喷射，ECU 发出两路喷油指令，每路指令控制一组喷油器。

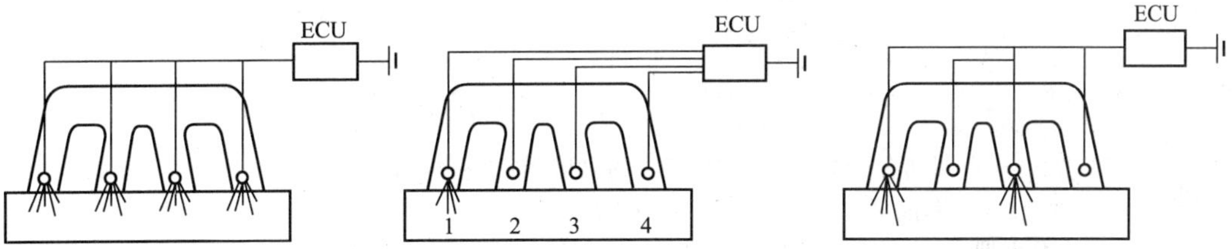

(a) 同时喷射 (四个喷油器同时喷油)　(b) 顺序喷射 (同一时间一个喷油器喷油)　(c) 分组喷射 (两个喷油器同时喷油)

图 9.4　喷油器喷射时序

3）按喷射控制装置分类

按喷射控制装置的形式，汽油喷射系统分为机械式、机电式和电控式 3 种。

机械式汽油喷射系统的空气流量计与燃油计量分配器组合在一起，空气流量计检测空气流量的大小后，靠连接杆(杠杆)的传动操纵燃油计量分配器的柱塞动作，以燃油计量槽孔开度的大小控制喷油量，以达到控制混合气空燃比的目的。

机电混合式汽油喷射系统是在机械式汽油喷射系统的基础上加以改进的产品，它与机械式汽油喷射系统的主要区别在于：在燃油计量分配器上安装了一个由电脑控制的电液式压差调节器，电脑根据水温、节气门开度等传感器的输入信号控制电液式压差调节器的动作。通过改变燃油计量分配器燃油计量槽孔进出口油压差来调节燃油供给量，达到对不同工况混合气空燃比修正的目的。

电控式汽油喷射系统在 20 世纪六七十年代大多只控制汽油喷射，20 世纪 80 年代开始与点火控制一起构成发动机电子集中控制系统。它根据各种传感器送至 ECU 发动机运行状况的信号，由 ECU 运算后，发出控制喷油量和点火时刻等多种执行指令，实现了多功能控制。如博世(Bosch)公司 Motronic 系统就是一个具有复合功能的多点喷射系统，它是集燃油喷射系统和点火系统为一体的综合控制系统，如图 9.5 所示。

4）按喷射方式分类

按喷射方式，汽油喷射系统可分为间歇脉冲喷射和连续稳定喷射两种。间歇脉冲喷射每缸每次喷射都有一个限定的持续时间，用喷射持续时间来控制喷油量(即喷油量大小取决于喷油器喷油阀开启持续时间)。电控式燃油喷射系统一般均采用这种喷射方式。

连续喷射方式大多应用于机械式或机电结合式汽油喷射系统中，在发动机运转期间汽油连续不断地喷射，其喷油量的大小不取决于喷油器，而取决于燃油计量分配器中燃油计

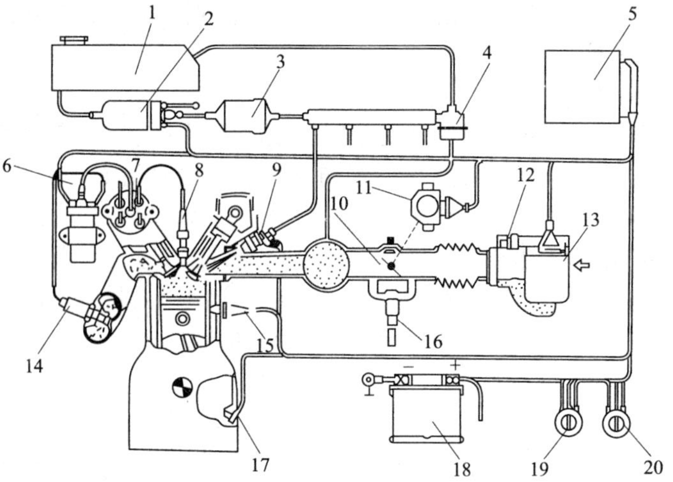

图 9.5　博世公司的电控式汽油喷射系统(Motronic)系统

1—油箱；2—燃油泵；3—滤清器；4—燃油压力调节器；5—ECU；6—点火线圈；7—分电器；8—火花塞；9—喷油器；10—节气门；11—节气门开关；12—空气流量传感器；13—进气温度传感器；14—氧传感器；15—发动机温度传感器；16—空气阀；17—发动机转速及曲轴位置传感器；18—蓄电池；19—点火起动开关；20—空调开关

量槽孔的开度及进出油口间的压差。连续喷射主要用在德国博世公司的机械式(K 型)和机电式(KE 型)喷射系统。

5) 按空气流量测量方法分类

按空气流量的测量方法，汽油喷射系统可分为 3 种，一种是直接测量空气质量流量的方式，称为质量流量控制的汽油喷射系统(如 K 型、KE 型、L 型、LH 型等)；二是根据进气管压力和发动机转速推算吸入的空气量，并计算燃油流量的速度密度方式，称为速度密度控制的汽油喷射系统(D 型)；第三种是根据节气门开度和发动机转速，推算吸入的空气量并计算燃油流量的节流速度方式，称为节流速度控制的汽油喷射系统。其中，第三种应用较少，只在赛车中见过使用实例。

6) 按有无反馈分类

按有无反馈分类，汽油喷射系统分开环控制和闭环控制两种。开环控制是指在发动机运行中，ECU 检测发动机的各输入信号，并查出发动机 ECU 中固有的相应的控制参数，输出控制信号。它不检测控制结果，对控制结果的好坏不作分析和处理。闭环控制是指 ECU 控制的结果反馈给 ECU，ECU 再根据发动机实际运行状况决定控制量的增减。反馈控制的采用是为了有效地控制排放、降低污染、提高效率。例如：用氧传感器来检测排放废气中的氧浓度，ECU 根据它的反馈信号就可以判断出混合气燃烧的完全程度，并及时调整供油量，以达到最佳空燃比。

3. 典型的电控汽油喷射系统简介

1) D 型电控汽油喷射系统

D 型电控汽油喷射系统如图 9.6 所示。空气先流经空气滤清器，被空气温度传感器测量温度后流经节气门体(当怠速时，空气则由节气门上的旁通气道流经进气歧管；当冷车起动时，一部分进气经由旁通空气阀为发动机提供额外的进气)，被进气歧管压力传感器测压后流入进气歧管。

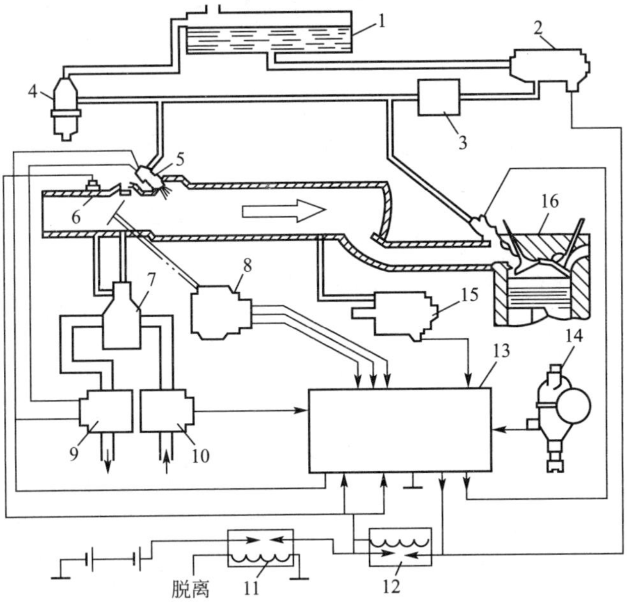

图 9.6 D 型电控汽油喷射系统

1—燃油箱；2—燃油泵；3—滤清器；4—油压调节器；5—冷起动阀；6—空气温度传感器；7—空气阀；8—节气门位置传感器；9—热敏时控开关；10—水温传感器；11—主继电器；12—燃油泵继电器；13—电子控制单元 ECU；14—分电器；15—压力传感器；16—喷油器

D 型喷射系统具有倒拖断油功能，ECU 通过传感器传来的信息，计算发动机的目标转速，并将此转速与分电器取来的实际转速相比较，当实际转速超过 1900r/min 且大于目标转速，而且节气门位置传感器处于 IDL 位置时，ECU 切断喷油器的控制电流，停止喷油。而当转速降到一定程度后，ECU 又控制系统恢复正常供油状态，以便平稳过渡到怠速工况。

2) L 型电控汽油喷射系统

D 型汽油喷射系统以进气管压力作为控制喷油量的主要因素，而 L 型电控汽油喷射系统则用叶片式空气流量计取代了进气压力传感器，用空气流量作为控制喷油量的主要因素，如图 9.7 所示。其进气系统由叶片式空气流量计、节气门与节气门位置传感器和旁通空气阀或怠速控制阀构成。采用叶片式空气流量计可直接测得进气流量，因而控制比较精确。

3) LH 型电控汽油喷射系统

LH 型燃油喷射系统是继 L 型之后开发的一种更为完善的喷射系统，它的最大特点是用热线式空气流量计取代了 L 型系统中的叶片式空气流量计。热线式空气流量计可以测出真实的空气质量，因而避免了 L 型系统中空气温度传感器与海拔高度传感器造成的误差。

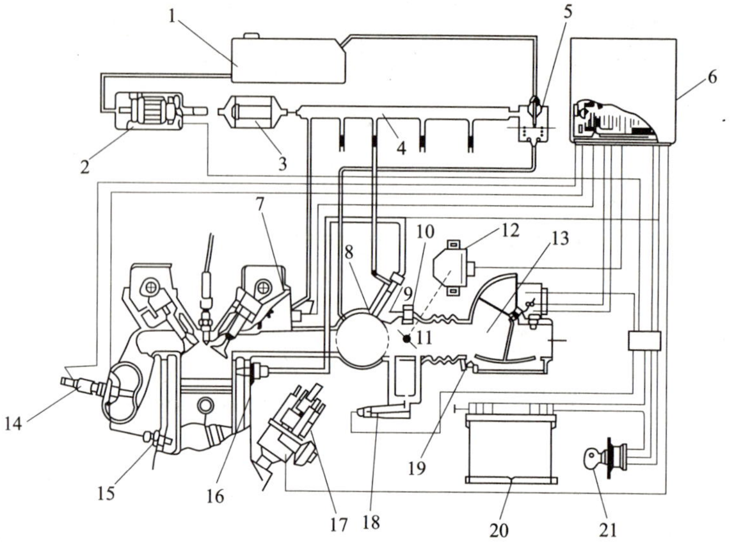

图 9.7　L 型汽油喷射系统

1—油箱；2—燃油泵；3 —滤清器；4—燃油分配器；5—燃油压力调节器；6—电控单元；
7—喷油器；8—冷起动阀；9—怠速调整螺钉；10—节气门开关；11—节气门；12—主继电器；
13—叶片式空气流量计；14—氧传感器；15—发动机温度传感器；16—热敏时控开关；
17—分电器；18—旁通空气阀；19—怠速混合气调整螺钉；20—蓄电池；21—点火开关

热线式空气流量计测量进气量精确，而且使得进气道的进气阻力系数下降，体积减小，但其价格昂贵。在一些车上采用热膜式空气流量传感器，不仅具有热线式空气流量计的优点，而且价格低廉。图 9.8 所示为 Bosch 公司典型的 LH 型电控汽油喷射系统图。

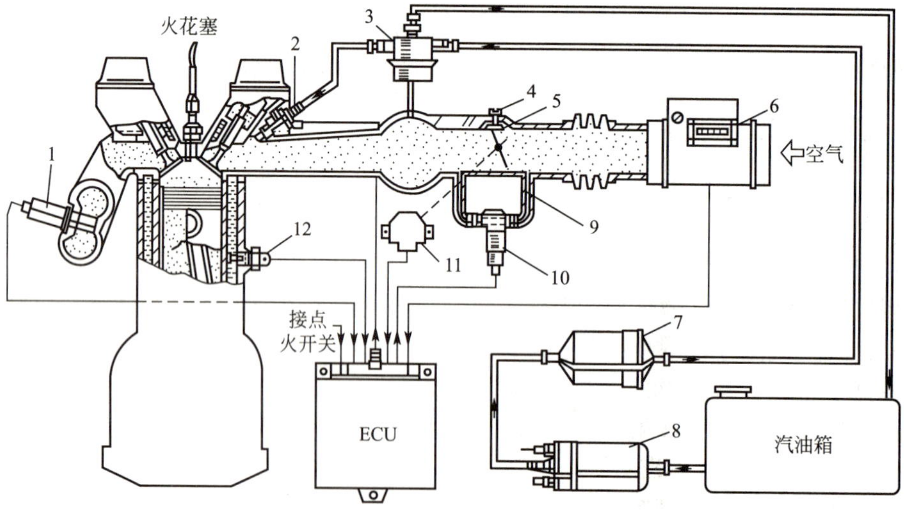

图 9.8　电子控制汽油喷射系统的构成

1—氧传感器；2—喷油器；3—汽油压力调节器；4—怠速调整螺钉；5—怠速旁通道；
6—热丝式空气流量传感器；7—汽油滤清器；8—汽油泵；9—怠速辅助空气通道；
10—怠速调节电磁阀；11—节气门位置传感器；12—冷却液温度传感器

9.2.2 电控汽油喷射系统的组成

电控汽油喷射系统控制原则是以电控单元为控制核心，以空气流量和发动机转速为控制基础，以喷油器等为控制对象，保证获得与发动机各种工况相匹配的最佳空燃比。它主要由空气供给系统、燃油供给系统和电子控制系统3个子系统组成。

1. 空气供给系统

空气供给系统测量和控制汽油燃烧时所需的空气量为发动机可燃混合气的形成提供必需的空气。空气经空气滤清器、空气流量计(D—Jetronic 系统无此装置)、节气门、进气总管至进气歧管。在进气歧管内，喷油器喷出的汽油与空气混合后被吸入汽缸内进行燃烧。图9.9所示为典型的质量流量式的进气系统，L型、LH型和Motronic型电控汽油喷射系统的进气系统均属此类。而D型电控汽油喷射系统则采用速度密度式的进气系统。

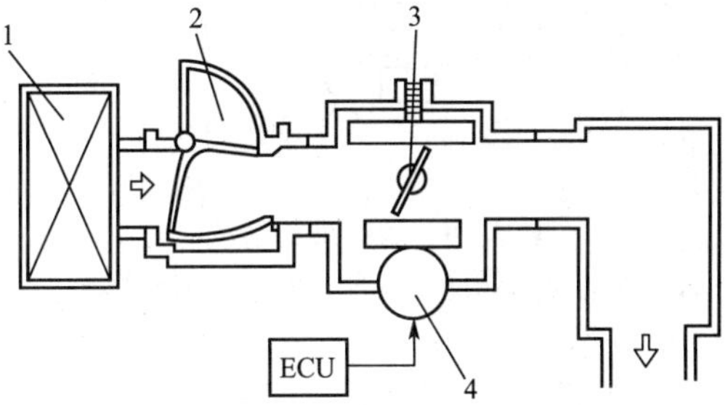

图9.9 空气供给系统

1—空气滤清器；2—空气流量计；3—节气门；4—怠速控制阀

电控汽油喷射系统进气系统的主要部件有空气滤清器、进气管、空气流量计(或进气歧管绝对压力传感器)、进气温度传感器、节气门体及节气门开度传感器、进气歧管等。

节气门体位于空气流量计和发动机之间的进气管上，与驾驶员的加速踏板联动，是使进气通路面积变化从而控制发动机运转工况的装置。节气门开度的大小由发动机输出功率来决定。发动机怠速时，节气门处于全关闭位置。怠速运转所需的空气量流经旁通气路，怠速转速的控制是由怠速调整螺钉和怠速空气调整器调整流经旁通道的空气量来实现的，怠速空气调整器一般由ECU控制。在气温低发动机暖机时，怠速空气调整器的通路打开，以供给暖机时必需的空气量给进气歧管，此时，发动机转速较正常怠速高，称为快怠速。随着发动机冷却液温度升高，怠速空气调整器使旁通道开度逐渐减小，旁通空气量亦逐渐减小，发动机转速逐渐降低至正常怠速。

节气门开度传感器安装在节气门体上，是检测节气门开度用的传感器，它把节气门打开的角度转换成电压信号送到ECU，可以进行节气门不同开度状态下的喷油量控制。怠速触点(IDL)信号主要用于断油控制和点火提前角的修正。ECU根据节气门开度输出信号(VTA)或全负荷开关信号(PSW)增加喷油量，以提高发动机的输出功率。

2. 汽油供给系统

汽油供给系统由汽油泵、汽油滤清器、汽油压力脉动减振器、喷油器、汽油压力调节器及汽油分配管等组成，如图9.10所示。汽油由汽油泵从油箱中泵出，经过汽油滤清器，除去杂质及水分后，再送至汽油脉动减振器，以减少其脉动。这样具有一定压力的汽油流至汽油分配管，再经各供油歧管送至各缸喷油器。喷油器根据ECU的喷油指令，开启喷油阀，将适量的汽油喷于进气门附近，并与供气系统提供的空气混合形成雾化

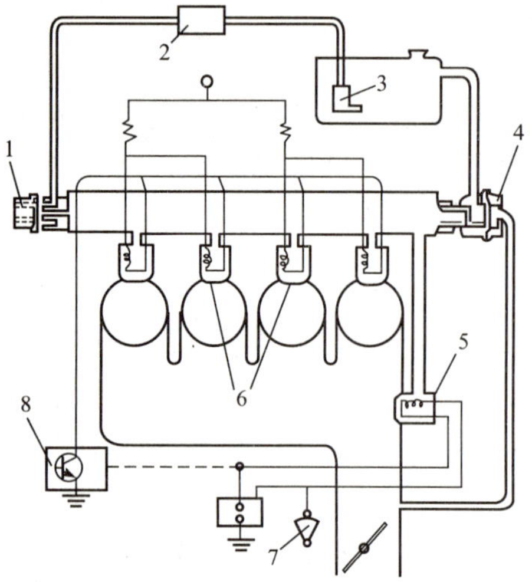

图 9.10 燃油供给系统

1—燃油压力脉动减振器；2—燃油滤清器；3—燃油泵；4—压力调节器；5—冷启动喷油器；6—喷油器；7—点火开关；8—电控单元

良好的可燃混合气，当进气门打开时，混合气被吸入气缸燃烧做功。装在供油总管上的汽油压力调节器是用以调节系统油压的，目的在于保持喷油器内与进气歧管内的压力差为 250kPa。

此外，有些车辆在进气歧管上安装了一个冷启动喷油器，用于改善发动机低温启动性能，冷启动喷油器的喷油时间由热限时开关或者 ECU 控制。

1）燃油泵

燃油泵的作用是将汽油从油箱中吸出，增压后经喷油器供给发动机。它主要由直流电动机和油泵组成，根据油泵的结构与原理不同，燃油泵可分为滚柱式、叶片式（涡轮式）、齿轮式等。电控汽油喷射系统使用的电动汽油泵有两种安装方式：一种是在油箱外，安装在输油管路中的串联式；另一种是安装在油箱中的内装泵。内装式电动汽油泵与外装串联式相比较，不易产生气阻和汽油泄漏，且噪声小。目前大多数电控汽油喷射系统均采用内装泵。

图 9.11 所示为滚柱式燃油泵的结构图。它由永磁式电动机、泵体、单向阀、安全阀、滤网等组成。永磁电动机通电即带动泵体旋转，将汽油从进油口吸入，流经电动汽油泵内部，再从出油口压出，为燃油系统供油。汽油流经电动汽油泵内部，对永磁电动机的电枢起到冷却作用，故此种电动汽油泵又称湿式电动汽油泵。

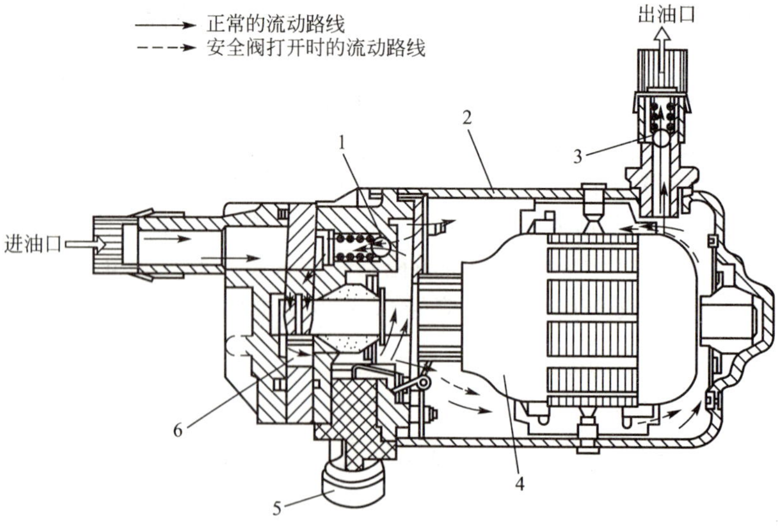

图 9.11 滚柱式汽油泵

1—安全阀；2—泵壳；3—单向阀；4—电动机；5—燃油泵电动机插接器；6—滚柱泵

燃油泵的附加功能由安全阀和单向阀完成。安全阀可以避免燃油管路阻塞时压力过分升高而造成油管破裂或燃油泵损坏的现象发生。单向阀的设置是为了在燃油泵停止工作时密封油路，使燃油系统保持一定残压，以便发动机下次启动容易。

滚柱式燃油泵所泵出的燃油脉动较大，因此有的燃油喷射系统在输油管路中串联一个燃油脉动缓冲器以减小输油管路中燃油的脉动。

2）燃油压力调节器

燃油压力调节器的作用是使系统油压与进气歧管压力差保持恒定，一般为 0.25MPa 左右。这样，从喷油器喷出的汽油量便唯一地取决于喷油器的开启持续时间。

燃油压力调节器设置在发动机油路中，使发动机工作时将燃油压力保持在 0.23～0.27MPa，超压时使部分燃油经回油管路流回油箱，其结构如图 9.12 所示。它是一个金属壳体，中间通过卷边的膜片将壳体内腔分成两个小室，膜片上方为真空室，接节气门后方的进气道，内装带预紧力的螺旋弹簧作用在膜片上；膜片下方为燃料室，来自燃油泵的燃油进入燃料室，通入供油总管。

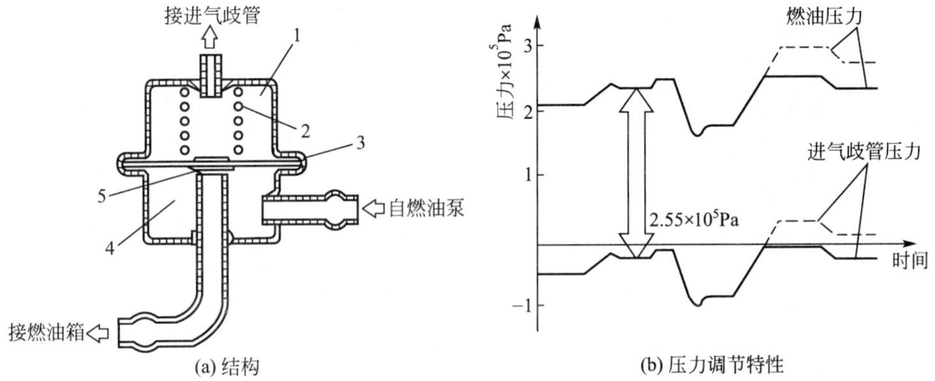

图 9.12 燃油压力调节器

1—负压室；2—弹簧；3—膜片；4—燃料室；5—回油阀

当燃油压力超过预定值时，燃油压力超过弹簧预紧力，膜片向上拱曲，回油阀打开，部分燃油返回油箱。

发动机负荷变化时，进气歧管真空度改变。当节气门开度小进气歧管负压值升高时，膜片向上拱曲使回油阀开度增大，回油量增加，供油管路中油压降低。喷油器开启时，喷油器内燃油压力与歧管内燃油压力保持固定压力差，如图 9.12(b)所示。

在有些车辆上，为了改善热启动性能，在进气歧管和压力调节器的空气软管之间接一只真空开关阀(VSV)，开关阀的工作由 ECU 控制。

电动汽油泵停止工作时发动机停转，在弹簧弹力作用下，阀门关闭，使电动汽油泵单向阀和燃油压力调节器阀门间油路内保持一定的残余压力。

3）喷油器

喷油器是电磁阀类执行器，其作用是根据电子控制器的喷油脉冲信号将适量的燃油喷射到进气歧管中。它是电控汽油喷射系统中一个关键的执行元件，它接受 ECU 送来的喷油脉冲信号，精确地进行燃油喷射。因此它是一种加工精度非常高的精密偶件。要求其动态流量范围大，抗堵塞和抗污染能力强以及雾化性能好。

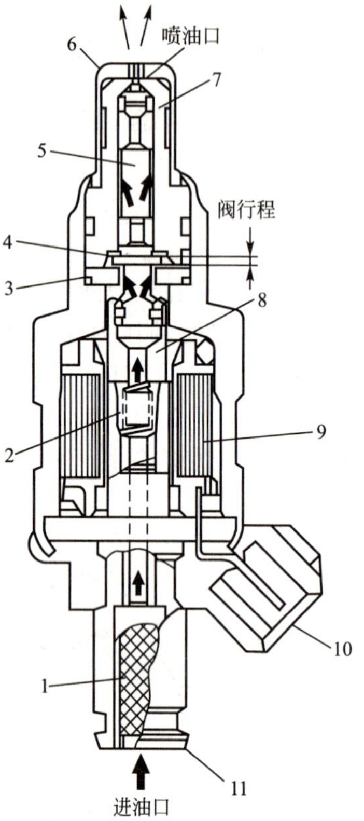

图 9.13　喷油器的结构

1—滤网；2—弹簧；3—调整垫片；4—凸缘部；5—针阀；6—壳体；7—阀体；8—铁芯；9—电磁线圈；10—接线端子；11—油管接头

电控汽油喷射系统用喷油器有多种形式，无论哪一种，其构成都基本相同，都是由电磁线圈、衔铁、阀芯、阀座、喷嘴及滤网等组成。图 9.13 所示是适用于多点喷射的针阀式喷油器，其工作原理如下。

具有恒定压力的汽油经滤网进入喷油器，当电磁线圈通电时，其电磁力使铁芯 8 克服弹簧力而移动，与铁芯一体的阀体 7 上移后，压力油便从喷油口喷出。当电磁线圈断电时，其电磁力消失，铁芯在弹簧力作用下迅速回位，阀体落座，喷油器立刻停止喷油。针阀开启的延续时间取决于电磁电流的脉冲宽度，其脉冲宽度由 ECU 根据空气流量等参数来控制。

3. 电子控制系统(ECU)

电子控制系统是电控汽油喷射系统的控制中枢，其功能是根据发动机运转状况和车辆运行状况确定汽油的最佳喷射量。其作用是通过各种传感器把反映发动机工况的非电量参数转换成各种电信号输入 ECU，经过 ECU 综合判断与计算，确定喷油器的开启和持续喷油时间，令喷油器喷油，以确保供给发动机最佳空燃比的混合气。图 9.14 为电控汽油喷射系统的组成框图。

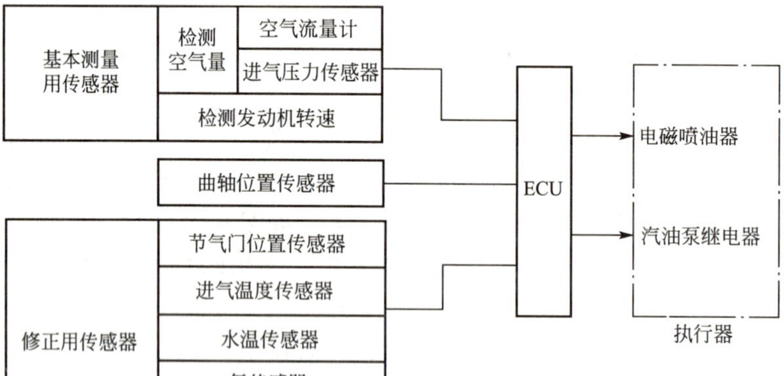

图 9.14　电控汽油喷射系统的组成

1）传感器

传感器用来检测发动机的实际工况并将检测结果输给 ECU，作为运算和控制喷油量的依据。其中用于基本检测的传感器有进气压力传感器、空气流量传感器和发动机转速曲轴位置传感器等；用于修正控制的传感器有节气门位置传感器、进气温度传感器、发动机冷却液温度传感器以及氧传感器等。

空气流量传感器是向 ECU 提供进气流量信息用于确定基本喷油量；进气压力传感器是向 ECU 提供进气管压力信息，间接向 ECU 提供进气量信息用于确定基本喷油量；空气流量传感器和进气压力传感器在不同电控形式的发动机中分别使用，如 D 型发动机采用进气压力传感器间接向 ECU 提供进气量信息用于确定基本喷油量；而 L 型、LH 型发动机则采用空气流量传感器向 ECU 提供进气流量信息用于确定基本喷油量。

发动机转速与曲轴位置传感器向 ECU 提供发动机转速与曲轴位置信息，用于确定基本喷油量及喷油量修正(起动后、怠速暖机、汽油关断等)控制。其中的曲轴转角信号用来对喷油时刻和点火时刻进行精确控制。发动机转速与曲轴位置传感器可将发动机曲轴转过的角度变换为电信号输入 ECU，即曲轴每转过一定角度发出一个脉冲信号，微机不断地检测脉冲个数，即可判断出曲轴转过的角度，同时也可以此信号计算出发动机的转速。它还可在曲轴转至某一特殊的位置，如 1 缸上止点或上止点前某一确定的角度时，输出一个脉冲信号，微机将这一脉冲信号作为计算曲轴位置的基准点与曲轴转角信号一起计算曲轴任一时刻所处的具体位置。

节气门位置传感器：向 ECU 提供发动机怠速和节气门位置信息，用于怠速暖机、加速、大负荷、减速时的喷油量修正控制。

进气温度传感器：向 ECU 提供进气温度信息，用于进气温度喷油量修正控制。它只在装有进气压力传感器的发动机上使用。

发动机冷却液温度传感器：向 ECU 提供发动机温度信息，用于发动机启动时、启动后、怠速暖机、加速、高温、汽油关断等的喷油量修正控制。

氧传感器：通过检测排气中氧离子的含量获得混合气的空燃比反馈信号，ECU 根据氧传感器信号对喷油时间进行修正，实现空燃比的闭环控制，达到降低有害气体排放量和节约燃油的目的。

此外还有点火开关向 ECU 提供发动机启动、点火信息，用于启动、启动后喷油量修正控制；蓄电池电压信号用于蓄电池电压变化时喷油量的修正控制。

2) 电子控制器 ECU

电子控制器 ECU 对输入的传感器与开关电信号进行综合处理，并输出控制信号控制执行器工作，使控制对象在目标状态下运行。

3) 执行器

电控汽油喷射系统的主要执行器有喷油器和汽油泵继电器。喷油器受 ECU 输出的喷油控制脉冲控制，将适量的汽油喷入进气管；汽油泵继电器受点火开关、ECU 控制，用于控制汽油泵的工作。

4. 汽油喷射系统的工作过程

在电子控制器 ECU 的存储器中已存放汽油喷射控制的全部程序和与喷油量、喷油时刻等有关的数据与算法。一旦接通点火开关，电子控制器便开始执行程序并在程序控制下工作，如控制系统自身的初始化(即完成 A/D 转换、I/O 接口等工作方式的设定、预置某些数据等)、接通汽油泵等，为启动发动机做好准备。若在规定的时间内 ECU 没有收到启动信号(尚未启动发动机)，控制系统将停止汽油泵的工作，并不断地检测启动信号，而处于启动等待状态。控制系统一旦收到启动信号，立即进入启动控制程序，并向喷油器发出启动控制脉冲，使发动机启动。发动机启动后，ECU 即自动转入正常运行程序。

在发动机正常工作期间，各传感器不断地检测发动机的转速、空气流量、冷却水温度、排气中氧含量等信号，经输入接口电路输送给 ECU。ECU 首先根据发动机转速和空气量(负荷)信号按存储器中的程序和数据，计算出相应工况下的基本喷油量，并转换为基本喷油脉冲宽度，再根据氧传感器和温度传感器、节气门开度等传感器提供的信号加以修正，得到发动机在这一工况下运行的最佳喷油持续时间，并将计算结果转变为控制信号，精确地、不断地控制喷油器工作。这一切都是在极短的时间内(不大于 10ms)完成，在发动机工作期间周而复始地进行着。

9.2.3 电控汽油喷射系统的控制

汽油喷射控制主要包括喷油正时控制和喷油延续时间(喷油量)控制。

1. 喷油正时控制

喷油正时就是喷油器什么时刻开始喷油。对于多点间歇喷射发动机，按照喷油时刻可分为同步喷射与异步喷射两类。异步喷射是根据传感器的输入信号控制喷油时间的，与曲轴的旋转角度无关。启动、加速等过渡工况，喷油系统以异步方式喷射，为临时性喷射。同步喷射指与发动机旋转同步，在既定的曲轴转角位置进行喷射。在发动机稳定工况的大部分运转时间，喷油系统以同步方式工作。

在同步喷射发动机中按燃油的喷射方式，可分为同时喷射、分组喷射和顺序喷射 3 种基本类型，它们对喷油正时的要求各不相同。

1) 同时喷射

同时喷射的喷油器并联连接，其控制电路如图 9.15 所示。电控单元根据曲轴位置传感器送入的基准信号，发出喷油器控制信号，控制功率三极管的导通和截止，从而控制各喷油器电磁线圈电路同时接通和切断，使各缸喷油器同时喷油。发动机曲轴每转一转，各缸喷油器同时喷射一次，发动机一个工作循环中喷射两次。两次喷射的燃油，在进气门打开时一起进入汽缸。

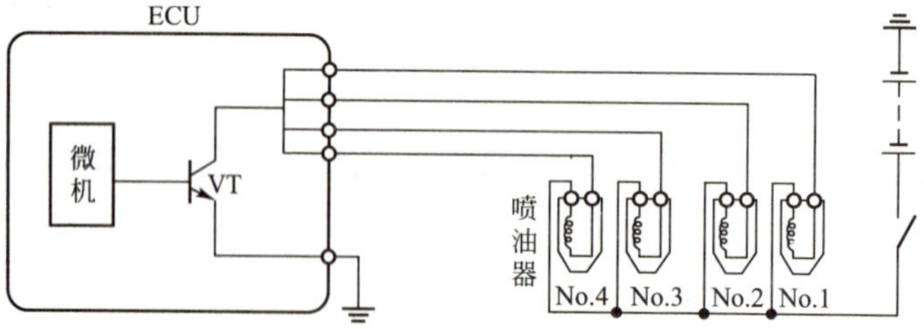

图 9.15　同时喷射控制电路图

2) 分组喷射

分组喷射是把所有汽缸的喷油器分成 2～4 组。4 缸发动机一般分成两组，电控单元分组控制喷油器，两组的喷油器轮流交替喷射，发动机一个工作循环中喷射一次或两次。一般多是发动机曲轴每转一转，只有一组喷射。分组喷射的控制电路如图 9.16 所示。

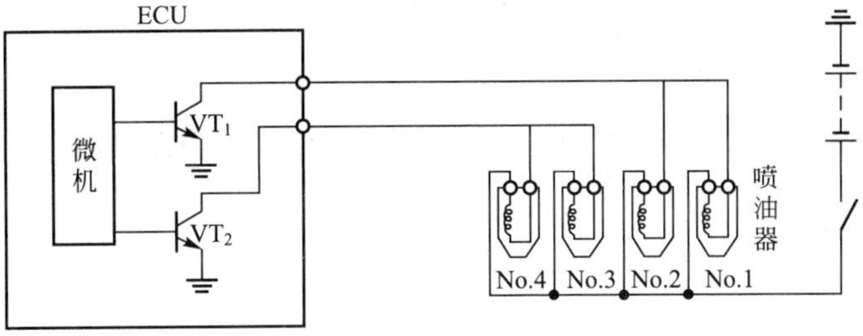

图 9.16 分组喷射控制电路图

3）顺序喷射

顺序喷射也叫独立喷射，像点火系统一样按照特定的顺序依次进行喷射。各缸喷油器分别由电控单元 ECU 进行控制，驱动回路数与汽缸数目相等，如图 9.17 所示。

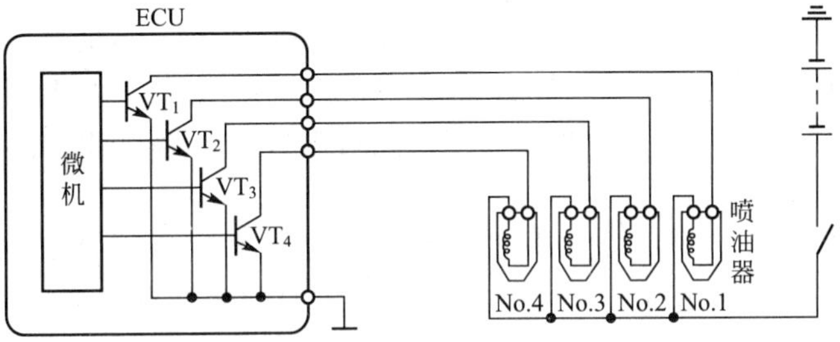

图 9.17 顺序喷射控制电路图

顺序喷射方式为了判别在某一时刻应向哪一缸喷射，应具备判缸信号。采用顺序喷射控制时，应具有正时和缸序两个功能，电控单元 ECU 工作时，通过曲轴位置传感器输入的信号，可以知道活塞在上止点前的位置，再通过判缸信号相配合，可以确定向上止点运行的是哪一缸，同时应分清该缸是压缩行程还是排气行程。因此当电控单元根据判缸信号和曲轴位置信号确定该缸是排气行程且活塞行至上止点前某一喷油位置时，此时电控单元输出喷油控制脉冲信号，接通喷油器电磁线圈电路，该缸即开始喷射。

2. 喷油持续时间(喷油量)控制

汽油喷射持续时间，是以一个进气行程中填充汽缸的空气质量为基准来计算的。电控单元可以利用安装在进气管中的进气歧管压力传感器(D 型)或空气流量计(L 型)、进气温度传感器及大气压力传感器等输入的信号，计算得出一个进气行程中填充汽缸的空气质量，进而计算实际喷射持续时间。

对于某一发动机的喷油器来说，喷油器的横截面积是恒定的，在喷油器供油压力与进气歧管的压力差一定的情况下，喷油器的每次喷油量仅取决于喷射延续时间，所以在实际工作中，每次燃烧所需的燃油量是通过控制喷油器的开启时间来实现的。

1）基本喷射持续时间

基本喷射持续时间是为了实现目标空燃比，ECU 利用空气流量计、发动机转速传感器等输入信号，通过计算、处理而求得的。

采用翼片式空气流量计时，在大气标准状态下，基本喷射持续时间是根据空气流量计和发动机转速以及设定的空燃比确定的。采用热线式空气流量计时，由于它是质量流量计，不需要进行温度及大气压力修正。

2）喷射持续时间修正系数

除基本喷射持续时间外，在下列情况下还应对喷射持续时间进行修正。

在冬天发动机进行冷启动时或在夏天高温行驶后发动机熄火 10～30min 时，都需要增加燃油喷射量，进行喷射持续时间修正。

在汽车进行加速、减速等过渡工况时，仅仅使用燃油基本喷射量，则混合气的空燃比相对于目标值会产生一定偏移。应进行燃油增量或减量的修正。否则发动机就会发生“喘振”，车辆产生前后方向的振动，起动时出现倒转等现象。此外，排气中的有害成分也会增加。

采用三元催化反应器的发动机，为了获得三元催化剂所要求的空燃比，必须十分精确地控制喷油量，这种情况下必须借助安装在排气管中的氧传感器送来的反馈信号，对理论空燃比进行反馈控制，也应进行喷射持续时间的修正。

启动时的基本喷射持续时间与发动机启动后的控制不同，不是根据进气量(或绝对压力)和发动机转速计算确定的。发动机启动时，ECU 根据当时的冷却水温度，由内存的水温—喷油时间图中找出相应的基本喷油时间，然后进行进气温度和蓄电池电压修正，得到起动时的喷油持续时间。

在冷发动机实际启动中，常采用两种不同的方式来实现增加燃油喷射量：一种是 ECU 直接控制喷油器，通过延长喷油器的喷射持续时间来实现；另一种是通过冷启动喷油器，对所有汽缸的进气总管喷入一部分附加燃油来实现。

采用 ECU 直接控制喷油器的方式，主要是控制喷油器的持续时间，它取决于发动机冷却水温度以及自启动开始累积的转数、发动机转速、起动时间等。

3. 断油控制

所谓燃油停供，是指 ECU 停止给喷油器发送燃油喷射信号，喷油器停止喷油。燃油停供大致可分为两种情况：第一种是减速时以降低燃油消耗和改善排气净化为目的的减速时燃油停供；第二种是发动机高转速时的防止发动机损坏为目的的发动机超速燃油停供。

1）减速时燃油停供

发动机在高速下运行急减速时，节气门完全关闭，而发动机转速在设定转速以上工况时，ECU 将判定为不需要供给燃油的减速状态，为避免混合气过浓、燃油经济性和排放性能变坏，ECU 控制停止喷油。当发动机转速降到某预定转速之下或节气门重新打开时，喷油器再投入工作恢复供油。

2）发动机超速断油(最高转速限制)

为了防止发动机转速过高而引起发动机损坏，要对发动机的最高转速进行限制。当发动机转速超过设定转速时，及时停供燃油，以防止发动机转速继续上升引起事故。目前，对电子控制汽油喷射发动机来说，多采用切断燃油的电子转速限制装置。ECU 将根据发动机的实际转速与 ECU 内存储的最高转速进行比较，当达到设定的最高转速时，ECU 立即抑制喷油脉冲，停止输出喷油信号，使喷油器停止喷油。当发动机转速降低到规定值时，又恢复喷油，如此循环，以防止转速继续上升。

9.3 微机控制电子点火系统

在汽车发动机电子控制系统中，ECU还同时对点火系统的工作进行控制。

发动机点火系自1910年首次装用汽车以来，主要经过传统触点式点火系、半导体辅助点火系、普通电子式点火系、微机控制电子点火系的发展过程。1931年美国人首先在分电器上使用真空装置与离心装置来自动调节点火提前角。此后，真空点火提前装置和离心点火提前装置就成了汽车上的标准件。前面所介绍的各种点火系统，对点火提前角的控制均采用离心式或真空式点火提前装置。这种传统的点火提前调节方式由于机械系统的滞后效应、磨损以及装置本身的机械记忆量等因素的影响，不能保证点火时刻处于最佳值，也不能满足汽车油耗和排放的高要求，因此逐渐被微机控制的电子点火装置所取代。

1976年，美国通用汽车公司首次将微机应用于点火时刻控制。这种电子点火提前调节装置可满足对点火时刻控制高精度的要求，因此得到了迅速的推广应用。微机控制的燃油喷射系统出现后，点火提前角控制功能通常作为发动机电子控制系统的一部分，由发动机电子控制系统协调控制。目前微机控制的电子点火装置已在汽车上得到了广泛的应用。

9.3.1 汽油发动机点火系的特点

理论和实践证明，发动机点火时间在发动机的燃烧临近爆燃但不产生爆燃时最佳，发动机的最佳点火提前角随发动机转速和负荷的变化如图9.18所示，是一个不规则的曲面。

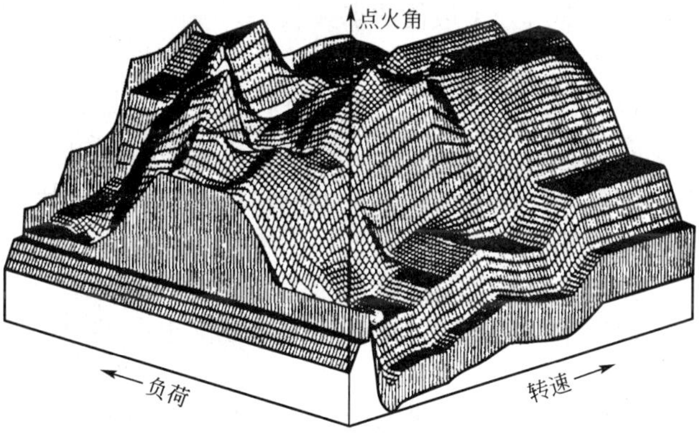

图9.18 最佳点火提前角曲面

点火正时所调整的基本点火提前角都是以发动机在整个转速变化范围内不产生爆燃为前提。

1. 机械式点火提前调节的不足

前面第4章所述真空、离心点火提前调节器的点火提前角随发动机转速和负荷的变化调节是线性的，因此不可能在发动机转速和负荷变化的所有范围内将点火提前角都调整到最佳值，它只能在某种程度上满足发动机负荷和转速变化对点火提前角改变的需求。以某一负荷下的转速变化对点火提前角的调整要求为例进行说明，图9.19所示为某发动机采

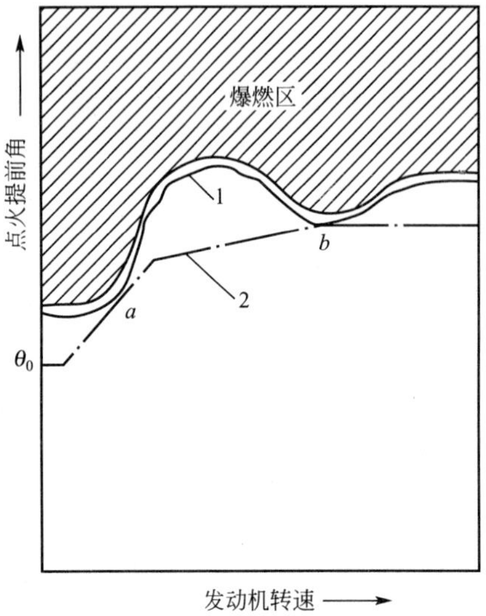

图 9.19　某一负荷下的最佳点火提前角曲线

1—最佳点火时刻曲线；2—离心点火提前调整曲线；θ_0—初始点火提前角

用真空、离心点火调节装置在某一负荷下的最佳点火提前角特性曲线图，由图可见，发动机只在某些工况下接近于最佳点火（图中 a 点、b 点），而在其他工况下实际上都点火过迟。之所以都点火过迟是因为点火正时所调整的基本点火提前角是以发动机在整个转速变化范围内不产生爆燃为前提的。

由于真空、离心点火提前调节装置使发动机在许多工况下偏离最佳点火时刻，所以致使发动机的功率不能充分发挥，油耗和排放都较高。

此外，真空、离心点火提前调节装置对温度等其他影响燃烧的因素不能起调节作用，当发动机的温度、进气压力和温度、混合气浓度等因素起变化时，混合气的燃烧速度会发生变化，点火提前角也应作相应的调整。而真空、离心点火提前调节器则不能起作用。

2. 微机控制电子点火系统的优点

微机控制电子点火系由 ECU 根据各有关传感器（包括发动机温度、进气压力、混合气浓度等传感器）的电信号确定最佳的点火时间并进行实时调整，实现最佳点火时间的精确控制，使发动机在各工况下都可处于最佳的点火状态。

微机控制电子点火系还可与其他电子控制系统实现协调控制。

对于无分电器电子点火控制系统，还具有如下优点。

(1) 减少了点火能量的损失。传统的高压配电方式工作时配电器分火头与旁电极之间的跳火和具有较高电阻的高压导线均会损失部分点火能量，电子高压配电避免了这部分能量损失，提高了有效的点火能量。

(2) 降低了点火系统的故障率。配电器在高压下工作，分电器盖、分火头及高压导线等的漏电、烧损是点火装置常见的故障，采用电子高压配电则避免了这些故障，提高了点火系统的工作可靠性。

(3) 无分电器点火系统增加了点火线圈的个数。对于每个点火线圈来说，初级绕组的可通电时间增加了 2～6 倍。因此，即使发动机在极高的转速下，点火线圈初级绕组也有充足的通路时间，从而保证了发动机在高速时有足够的点火能量和次级电压。

9.3.2　微机控制电子点火系统的分类

微机控制电子点火系统有多种结构形式，下面以不同的分类方法予以概括。

1. 按高压电分配方式不同分

机械高压配电：这种点火方式采用传统的配电器分配点火线圈产生的高压电。因此这种电子点火控制系统还有分电器，但只相当于传统分电器中配电器的功能。

电子高压配电：这种点火方式统称为无分电器点火系统，也叫做全电子点火控制系统，它由电子控制器ECU进行高压电的分配。全电子点火控制系统又分两种类型，一种是无分电器，点火线圈与火花塞之间用高压导线连接；另一种是无分电器也无高压导线，每个火花塞上面直接连接一个点火线圈。

2. 按点火方式不同分

无分电器点火系统(电子高压配电)按点火方式的不同又分为同时点火方式和单独点火方式，如图9.20所示。

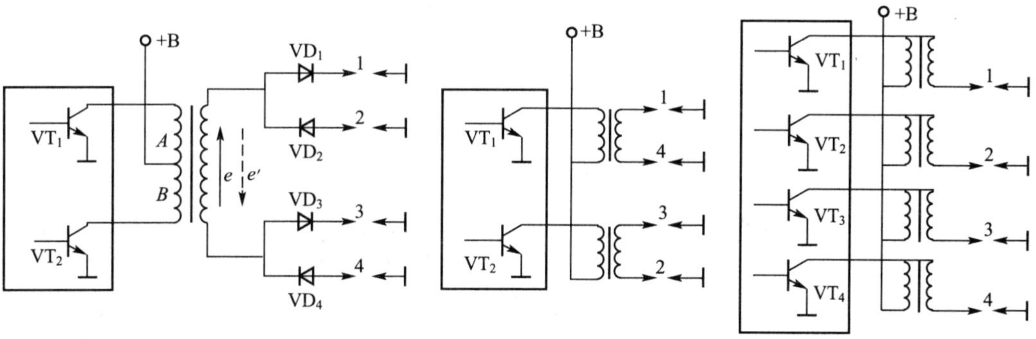

图9.20　电子高压配电方式

同时点火方式一般是将各缸火花塞两两分组，每次点火都是同组的两缸火花塞同时进行。其中一缸是有效点火，成对的另一缸为排气行程，是无效点火。由于排气行程缸内的温度高、压力低，因此跳火电压很低，能量的损失较小。

单独点火方式是每缸火花塞都单独配有一个点火线圈，一般是将点火线圈直接安装在火花塞的上面，因此可省去高压导线。

3. 按是否有反馈控制分

微机控制电子点火系统按是否有反馈控制分为开环控制方式和闭环控制方式。

开环控制方式是指在电子点火控制系统中，ECU只依据反映发动机工况、状态的各传感器信号对点火提前角进行控制。

闭环控制方式是指在电子点火控制系统中设有发动机爆燃传感器，通过发动机爆燃传感器反馈发动机爆燃情况，作出点火提前角的修正控制。闭环控制方式可使点火提前角控制更接近爆燃区，可更有效地发挥发动机的功率。因此，目前的电子点火控制系统大都采用闭环控制方式。

9.3.3　微机控制电子点火系统的组成

微机控制的电子点火系统主要由与点火有关的各种传感器、电子控制器ECU、点火器、点火线圈、配电器、火花塞等组成，如图9.21所示。

1. 传感器

传感器用来不断地检测与点火有关的发动机工作状况信息，并将检测结果输入电子控制器ECU，作为运算和控制点火时刻的依据。与电子燃油喷射系统一样，微机控制电子

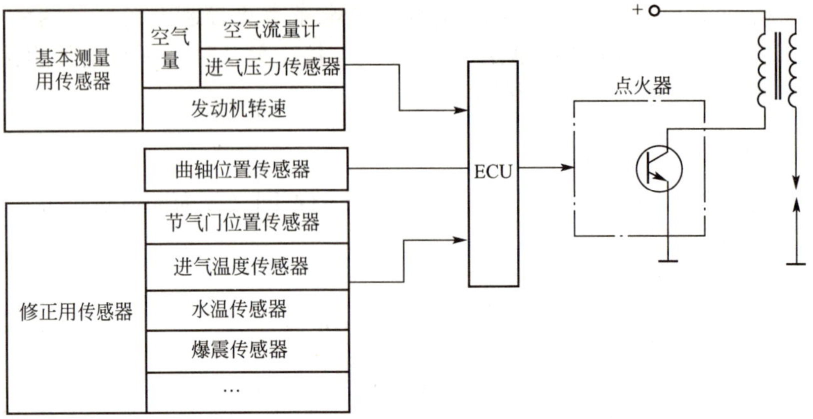

图 9.21 微机控制电子点火系统的组成

点火系统用于点火时刻基本检测的传感器有进气压力传感器、空气流量传感器和发动机转速曲轴位置传感器等；用于点火时刻修正控制的传感器有节气门位置传感器、进气温度传感器、发动机冷却液温度传感器以及爆震传感器等。其中各传感器的工作与所起作用与电子燃油喷射系统基本相同，只有氧传感器和爆震传感器是电子燃油喷射系统和电控点火系统所特有的，不再重复叙述。

氧传感器是在电子燃油喷射系统中实现空燃比闭环控制的传感器，而爆震传感器是在微机控制电子点火系统中实现点火提前角闭环控制的传感器。ECU 可根据爆震传感器输出的反馈信号判断发动机是否发生爆震，从而对点火提前角进行修正，实现对点火提前角的精确控制。

2. 开关量输入

(1) 起动开关信号：用于起动时对点火提前角的修正。

(2) 空调开关信号：在怠速工况下使用空调时，微机以此开关信号对点火提前角进行修正。

(3) 空挡开关信号：在使用自动变速器的汽车中，微机以此开关信号来判断发动机处于空挡停车状态还是行驶状态对点火提前角进行必要的修正。

3. 电子控制器 ECU

ECU 与发动机电控汽油喷射系统共用，是发动机的一种综合电子控制装置。作用是根据发动机各种与点火有关的传感器输入的信息及内存的数据，进行运算、处理、判断，然后输出点火信号，控制点火器动作，完成点火工作。

在 ECU 的只读存储器 ROM 中，存放着各种程序和该车在各种工况下最优化的点火提前角等数据。发动机工作时，ECU 根据各种与点火有关的传感器及开关信号输入的发动机信息，时刻检测曲轴(或活塞)位置及发动机负荷(真空度)和转速。然后根据此时的发动机负荷和转速，在 ROM 中查出此时此刻的基本点火提前角，并根据此时的工况进行修正，计算出最佳点火提前角。此后，微机一直在判断点火时刻是否到来，当微机检测出曲轴转角等于此时的最佳点火提前角时，立即向输出回路发出指令，控制点火器切断点火线圈初级电流，产生高压电，并按发动机的点火顺序分配到各缸火花塞进行点火。

4. 点火器

点火器又称为点火电子组件，是发动机集中电子控制中的执行器之一。点火器的作用与第4章所述相同，只是所接收的信号有别。电控点火系统的点火器是根据电子控制器ECU输出的指令(信号)，通过内部大功率三极管的导通和截止，控制点火线圈初级电流的通断，完成点火工作。

各种发动机的点火器内部结构形式不同，有的基本上只有大功率三极管，单纯起开关作用，有的除开关作用外，还有恒流控制、闭合角控制、汽缸判别、点火监视等功能。还有的发动机不另设点火器，大功率三极管设在ECU内部，由ECU直接控制点火线圈中初级电流的通断。

9.3.4 微机控制电子点火系统的控制

微机控制电子点火系统工作时的实际点火提前角包含初始点火提前角、基本点火提前角和修正点火提前角。

初始点火提前角：是指曲轴位置传感器在初始安装时的点火提前角。由曲轴位置传感器信号与曲轴转角的对应关系确定。比如，某发动机把G信号后的第一个Ne信号过零点作为点火基准点，该信号过零点为活塞压缩行程上止点前10°，那么该发动机点火系统初始点火提前角就是10°。

基本点火提前角：由ECU根据发动机的转速和负荷，通过查找和计算所确定的点火提前角为基本点火提前角。

修正点火提前角：由ECU根据发动机转速信号和负荷信号以外的有关传感器的信号对点火提前角进行修正的点火提前角称为修正点火提前角。

1. 点火提前角的确定

1) 起动时的点火提前角控制

在起动期间，发动机转速较低(通常在500r/min以下)，进气流量信号或进气歧管绝对压力信号不稳定，故点火时刻一般都固定为初始点火提前角，其值的大小因发动机不同而异。除此之外，有的发动机起动时的点火提前角还考虑冷却水温度的影响，例如，日本日产汽车TCCS系统，当水温在0℃以上起动时，其点火提前角固定在上止点前16°；而当水温低于0℃时，根据水温适当增大起动时的点火提前角。

起动时，点火提前角的主要控制信号是发动机转速、起动开关和冷却水温度等。

2) 起动后点火提前角控制

当发动机起动后，点火开关提供的起动信号消失，ECU随即转入起动后点火提前角控制模式，ECU中的CPU即对点火定时信号进行控制，即ECU根据发动机转速和负荷(进气流量、进气歧管绝对压力、怠速时的空调开关通断)信号，从存储器的标定数据中找到相应的最佳基本点火提前角，再根据有关传感器信号值加以修正，得出实际点火提前角。

(1) 基本点火提前角。

① 怠速工况(怠速触点闭合)：当节气门位置传感器中的怠速触点闭合时，发动机处于怠速工况运行，ECU根据发动机转速和空调开关是否接通来确定基本点火提前角，如图9.22所示。

② 正常运行工况(怠速触点断开)：当节气门位置传感器中的怠速触点断开时，发动机处于正常运行工况，ECU 根据发动机转速和负荷(进气流量或进气歧管绝对压力或节气门开度)信号，在存储器的数据中查找到这一工况运行时对应的最佳基本点火提前角。

(2) 点火提前角修正值是基本点火提前角乘以适当的系数得到的点火提前角。不同型号的发动机，其修正系数各不相同，所修正的项目也不尽相同，大致有如下修正项目。

① 暖机修正：发动机冷车起动后，当冷却水温度较低时，应增大点火提前角。暖机过程中，随冷却水温度升高，点火提前角的变化趋势如图 9.23 所示。修正曲线的形状与点火提前角的大小随车型不同而异。

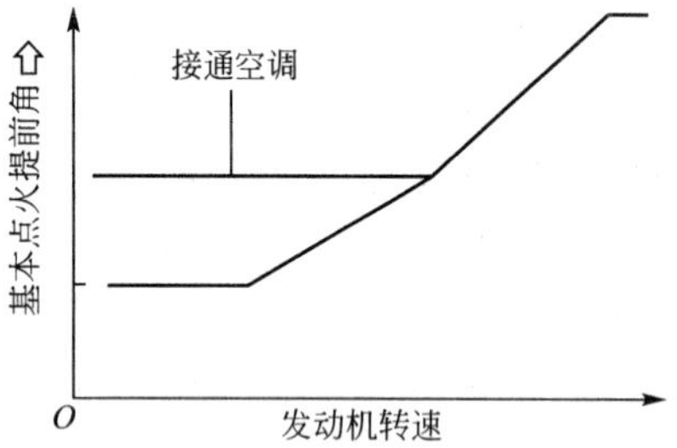

图 9.22　怠速时的点火提前角控制

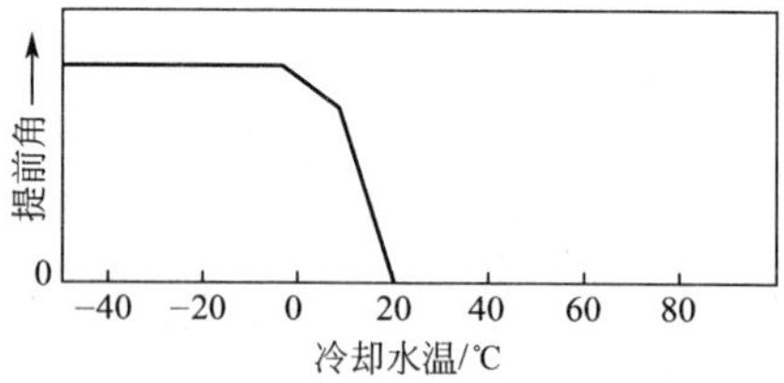

图 9.23　暖机时的点火提前角控制

② 怠速稳定性修正：发动机在怠速运行期间，由于发动机负荷变化(如空调、动力转向等)而使转速改变，ECU 随时调整点火提前角，使发动机在规定的怠速转速下稳定运转。ECU 不断地计算发动机的平均转速，当平均转速低于规定的怠速目标转速时，ECU 根据两者的差值大小相应地增大点火提前角；当平均转速高于规定的怠速目标转速时，相应地推迟点火提前角，如图 9.24 所示。

点火提前角的怠速稳定性修正是与怠速控制子系统随怠速转速变化调节旁通空气量(相当于喷油量)同时进行的，这样有助于提高怠速转速的控制精度，提高怠速稳定性。

③ 过热修正：发动机处于正常运行工况(怠速触点 IDL 断开)冷却水温度过高时，为了避免爆震现象发生，应将点火提前角减小；而发动机处于怠速运行工况(怠速触点 IDL 接通)冷却水温度过高时，为了避免发动机长时间过热，应将点火提前角增大，如图 9.25 所示。

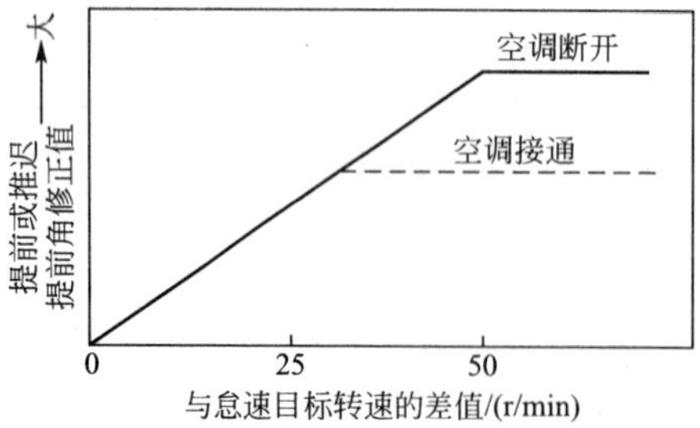

图 9.24　点火提前角怠速稳定性修正

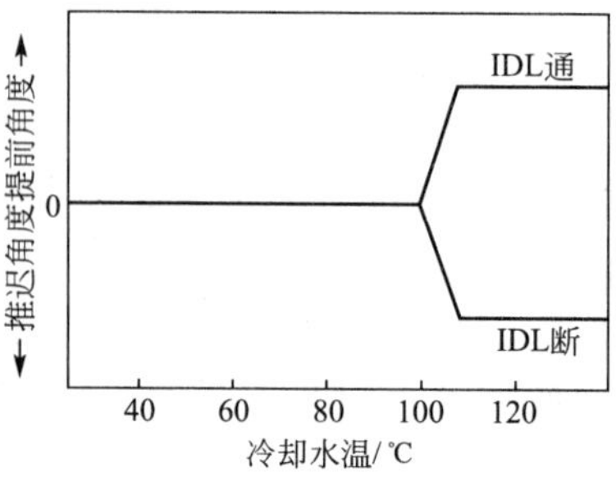

图 9.25　点火提前角的过热修正

④ 空燃比反馈修正：在装有氧传感器的电控燃油喷射子系统进行闭环控制时，ECU 根据氧传感器的反馈信号对空燃比进行修正。随着修正喷油量的增加和减少，发动机的转

速在一定范围内波动。为了提高发动机转速的稳定性，在反馈修正使喷油量减少、混合气变稀时，也应适当地增大点火提前角。

⑤ 最大提前和推迟控制：发动机在正常运行期间，实际点火提前角就是初始点火提前角、基本点火提前角和修正点火提前角之和。如果根据发动机实际工况和状态计算得到的实际点火提前角过大或过小，会导致发动机工作不正常。因此，微机点火时刻控制系统设定了一个实际点火提前角的数值范围，以控制发动机工作时其点火提前角不会超出正常工作的极限值。即当ECU计算出的实际点火提前角超过允许的最大或最小点火提前角时，ECU就以允许的最大或最小点火提前角进行控制。不同发动机，其设定的点火提前角最大和最小极限值不同，一般其最大点火提前角在35°～45°范围；最小点火提前角在－10°～0°范围。

2. 通电时间(闭合角)控制

1) 通电时间控制的作用

汽油机供给点火系统初级绕组电流的电源是蓄电池或发电机，电源电压经常不是常数，特别是蓄电池电压随着使用时间和使用条件的变化，其电压值变化较大。对于电感储能式点火系，当点火线圈的初级电路被接通后，其初级电流与电源电压成正比，并按指数规律增长；初级电路被断开瞬间，初级断电电流 I 与初级电路接通的时间有关；而次级电压最大值是与初级断电电流成正比，所以必须有足够的通电时间才能使初级电流达到饱和。但是，如果通电时间过长，点火线圈会发热，并使电能消耗增大。

点火线圈通电时间控制的作用就是在电源电压高时，减小通电时间，以限制点火线圈形成过大的初级断电电流，避免点火线圈温度过高而损坏；在电源电压低时，增加点火线圈初级通电时间，以保证能形成足够大的初级断电电流。

2) 通电时间控制原理

在ECU的ROM存储器中，存有蓄电池电压与相应的通电时间有关的标准参数。工作时，ECU根据蓄电池电压值从ROM寻得相应的通电时间，并控制点火线圈初级绕组的通路时间，使点火线圈初级电流在蓄电池电压变化较大的范围内能保持稳定的初级电流。蓄电池电压与通电时间的关系如图9.26所示。

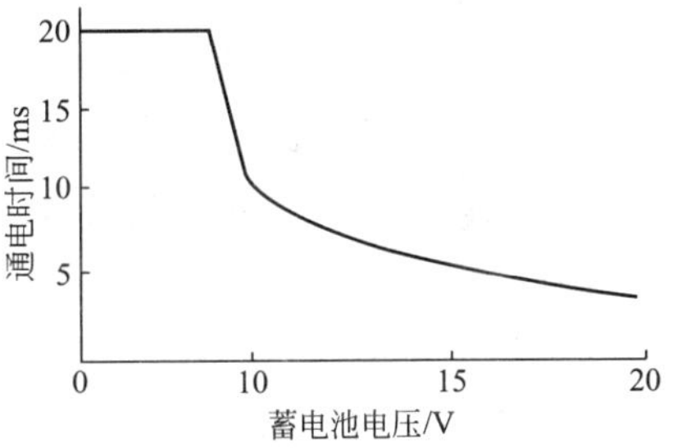

图9.26 通电时间随蓄电池电压变化的修正曲线

3. 点火提前角的控制方式

1) 最佳点火提前角确定

由于点火提前角的影响因素很多，且关系复杂，因此通常是用试验的方法来确定发动机在各种工况和状态下的最佳点火时间。通过试验确定的各特殊工况的最佳点火时间数据作为最佳点火提前角标准参数存入ECU只读存储器ROM中。非特殊工况点的最佳点火时间则是在工作中由微机通过插值计算的方式得到。在ROM中，还储存有根据试验确定的各种修正和控制程序，用于在发动机温度变化、起动工况、爆燃情况下点火提前角的修正控制。

2) 点火时间控制过程

发动机的转速、空气流量(或进气管压力)、温度及其他传感器的电信号输入电子控制器 ECU，ECU 的微机经查找(特殊工况参数)、计算(插值、修正)后得到当前工况和状态下的最佳点火提前角 $\theta_{最佳}$，并与当前点火提前角 θ 进行比较。如果一致，说明已处于最佳点火状态，ECU 输出即点火控制脉冲信号；如果不一致，ECU 则立刻进行调整，调整后再输出点火控制脉冲信号。

3) 点火提前角的闭环控制

同电控汽油喷射系统一样，点火提前角的控制也有开环控制和闭环控制两种方式。

(1) 开环控制。开环控制是指 ECU 根据有关传感器提供的发动机工况信息对点火提前角进行控制后对控制结果不予考虑的控制方式。

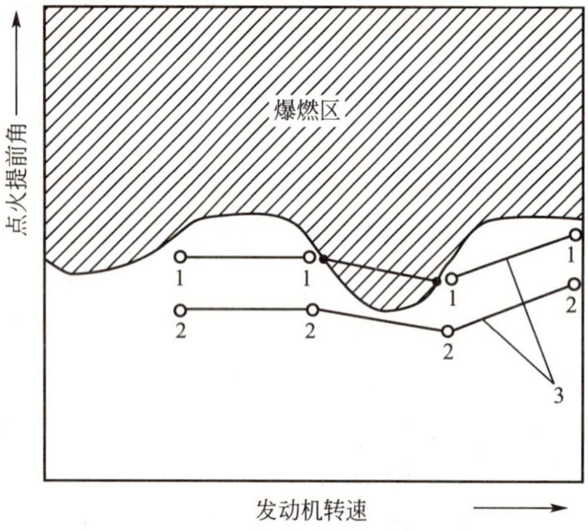

图 9.27 插值法计算点火提前角示意图

点 1—特定工况；点 2—开环控制避免产生爆燃的工况；线 3—插值法计算所得的点火提前角线

点火提前角开环控制方式运算程序简单、运算速度快、控制系统简单。但由于其最佳点火提前角值是通过试验确定的具有代表性的特定工况下数值，而特定工况以外的其他工况其点火提前角值则是由插值法计算得到。这样，如果试验确定的特定工况点火提前角太靠近爆燃区，其他工况通过插值计算得到的点火提前角就有可能过大而进入爆燃区，使发动机产生爆燃。对开环控制系统来说，为避免发动机产生爆燃，由试验确定的特定工况下的点火提前角就得离爆燃区远一些，这样就会使发动机在许多工况下的点火提前角都偏小于最佳值，致使发动机的功率不能充分发挥，如图 9.27 所示。

点火提前角的控制精度还取决于各传感器的精度等使用因素，使用中传感器所产生的任何偏差都有可能使发动机偏离最佳点火时刻工作，一些使用因素对发动机点火提前角的控制精度也会造成很大的影响，如积炭增多、使用辛烷值较低的燃料所造成的爆震、怠速时由于负荷不稳定造成发动机转速波动，以及发动机使用中的磨损、调整的不同对点火提前角的影响等。开环控制方式很难对这些影响因素及时调整，从而影响其控制精度。

(2) 闭环控制。在汽油发动机中，爆震是增大发动机压缩比、提高热效率的最大障碍。剧烈的爆震会使发动机的动力性和经济性严重恶化。但当发动机工作在爆震的临界点或有轻微的爆震时，发动机热效率最高，动力性和经济性也最好。因此，利用点火提前角的闭环控制方式可有效地控制点火提前角使发动机工作在爆震的边缘。

闭环控制是指在控制点火提前角的同时，不断地通过传感器(主要是爆震传感器)检测发动机的有关工作状况(如发动机是否发生爆震、怠速是否稳定等)，然后将检测到的信息反馈给 ECU，ECU 及时对点火提前角进行修正，使发动机始终处于最佳点火状态的控制方式。闭环控制方式不受发动机零部件的磨损、老化以及有关使用因素的影响，故控制精度高。

采用闭环控制方式，由试验确定的特定工况下的点火提前角值就可以尽量地靠近爆燃极限点，其他工况计算得到的点火提前角若进入了爆燃区而使发动机产生爆燃时，则可通过推迟点火控制及时消除爆燃，使发动机的功率得以充分发挥。

(3) 爆燃的判别。爆震传感器输出的电压信号中，包含了各种其他振动频率引起的电压波形，因此一般在ECU中设有识别电路来鉴别爆燃信号。典型的爆燃判别电路如图9.28所示。

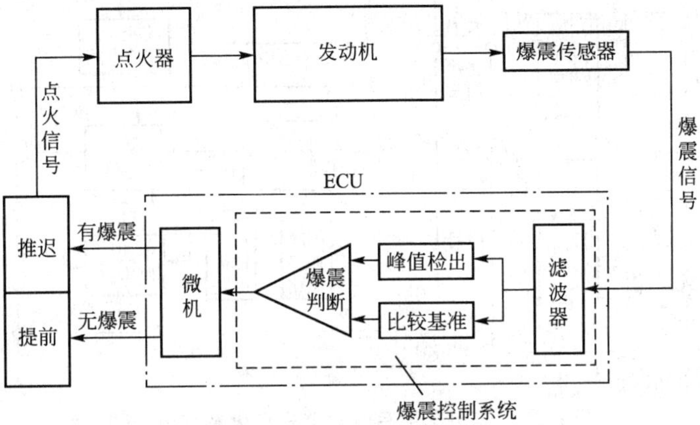

图9.28 爆燃信号判别电路

在进行是否爆燃的判别时，首先用滤波器滤波，将非爆燃振动电压波滤掉，这可进一步提高信噪比，使爆燃判别更为准确；比较基准电路根据输入的信号产生一个比较基准值，利用比较器将信号电压波形的峰值与基准值比较，判断是否发生爆燃；信号峰值超过基准值的，比较器就会有爆燃信号输出，送入微机。

当发动机接近爆震极限工作时，因排气中的NO_X含量较高，因此，在微机控制的电子点火系统中，一般仅在大负荷、中低转速(小于3000r/min)时采用闭环控制，而在部分负荷和高转速时则多采用开环控制。

9.3.5 微机控制电子点火系统的工作过程

如前所述，微机控制电子点火系统分为有分电器式和无分电器式两种形式。由于各种发动机的点火系统大都不相同，因此下面都以丰田车系的有分电器式和无分电器式微机控制点火系统的结构及基本原理进行介绍。

丰田车发动机电子控制系统简称TCCS(Toyota Computer Controlled System)系统。它是集燃油喷射控制(EFI)、点火时刻控制、怠速控制、自动变速器控制和自诊断(故障)控制等为一体的发动机集中电子控制系统。

1. 有分电器式点火系统

1) 系统构成

图9.29所示为丰田车系有分电器式微机控制点火系统组成框图，该系统保留了分电器中的配电器。点火线圈产生的高压电经配电器送至各缸火花塞。

该系统的曲轴位置传感器为磁感应式，其信号的产生已在第8章进行了叙述(详见图8.24)。

该系统点火器的控制电路如图9.29中间框图所示。从图中可以看出该点火器除具有根据电子控制器输出的IG_t信号，使大功率三极管VT适时导通或截止的功能外，还具有

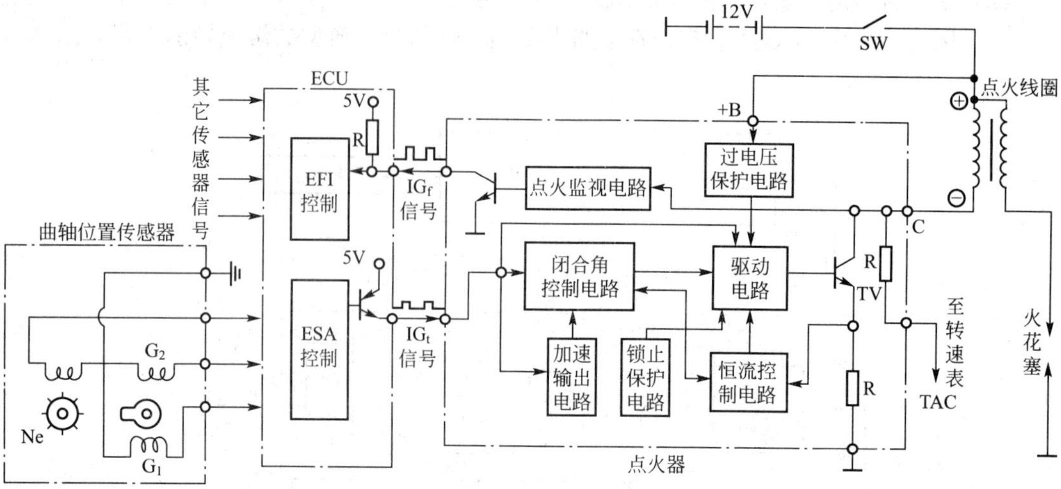

图 9.29　丰田车系有分电器式点火系统电路图

闭合角控制、恒流控制、点火监视 、加速检出、锁止保护和过压保护等功能。

点火器还向 ECU 输入安全监视信号 IG_f，IG_f 也叫点火确认信号，是根据点火线圈中初级电流被切断时产生的自感电动势所确定的，并以方波的形式反馈给 ECU，由 ECU 对点火系统的工作状况进行检测，使点火器具有安全功能。因为在电子控制燃油喷射发动机中，喷油器的驱动信号来自曲轴位置传感器，如果点火系出现故障使火花塞不点火，而曲轴位置传感器工作正常时，喷油器会照常喷油，造成气缸内喷油过多，结果会出现再起动困难或行车时三元催化器过热。为避免这种现象发生，当 IG_f 信号连续 3～5 次无反馈信号送入微机时，则微机判断点火系有故障并强制停止喷油器工作。

点火器中的转速表信号产生电路则根据点火确认信号 IG_f 产生转速表信号 TAC，并将 TAC 信号输向电子转速表，指示发动机的转速。

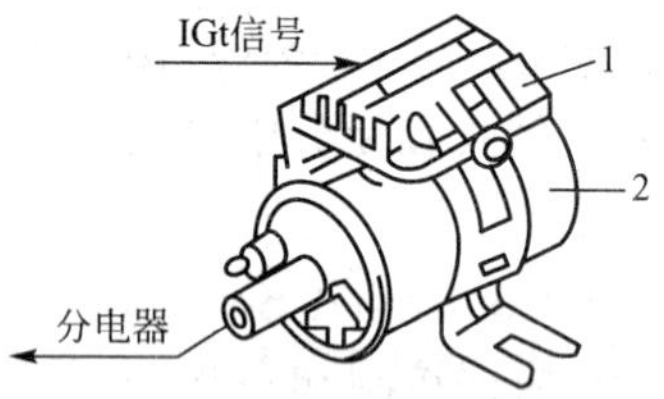

图 9.30　丰田车系点火器安装位置

1—点火器；2—点火线圈

该系统的点火器与点火线圈安装在一起，如图 9.30 所示。点火器的位置也有安装在分电器内部的，有的电子点火器所涉及的功能电路则全部在 ECU 内部。

在发动机工作中，ECU 根据各传感器输入的发动机信息，经过处理再从存储器中选择出最佳点火提前角。然后根据曲轴位置传感器输入的 G_1、G_2 与 Ne 信号，判断出发动机曲轴(活塞)到达规定的位置时，适时的输出控制信号 IG_t 到点火器，当 IG_t 信号变成低电位时，点火器中大功率三极管截止，点火线圈的初级绕组电路被切断，次级绕组产生高压电(约 20～35kV)，通过配电器至火花塞处产生电火花。

在发动机起动时，不经过 ECU 计算，点火时刻直接由传感器信号控制一个固定的初始点火提前角(BTDC 10°)。在发动机转速超过一定值时，自动转换成由微机输出的点火信号(IG_t)进行控制。

2) 点火时刻(提前角)的控制

丰田车 TCCS 系统点火时刻的确定也包括 3 部分，即实际点火提前角＝初始点火提前角+基本点火提前角+修正点火提前角。

(1) 初始点火提前角，也称固定点火提前角。对于丰田 IG-GEU 型发动机，其值为上止点前(BTDC)10°。在下列情况时，实际点火提前角为固定点火提前角。

① 发动机起动时。在发动机起动时转速变化大，空气流量信号不稳定，微机控制点火就会不准确，意义也不很大，所以采用固定点火提前角。

② 发动机转速在 400r/min 以下时。

③ 检查点火初始角时。此时有 3 个条件，T 端头(诊断通讯接口“TDCL”)短路、怠速触点(IDL)闭合(ON)、车速在 2 km/h 以下。

④ 发动机电子控制器(ECU)的后备系统工作时。

(2) 基本点火提前角数据储存在微机的 ROM 中。基本点火提前角可分为怠速时的基本点火提前角和平常行驶时的基本点火提前角两种。

怠速时的基本点火提前角，是指节气门位置传感器怠速触点(IDL)闭合(ON)时的基本点火提前角。其值又根据是否使用空调而略有不同，见表 9-1。在同样的怠速运转状态下，空调器不工作时，其点火提前角为上止点前(BTDC)14°；空调器工作时，其点火提前角从 BTDC 14°增加到 BTDC 18°，以防止因发动机负荷增加引起发动机运转不稳。

表 9-1 怠速时的基本点火提前角

空调器状态	基本点火提前角
OFF	4°
ON	8°

平常行驶时的基本点火提前角，是指节气门位置传感器怠速触点(IDL)打开(OFF)时的基本点火提前角。其值是根据发动机转速和负荷从设定在 ECU 的存储器(ROM)中查表，选出相应的点火提前角数值作为基本点火提前角，如图 9.31 所示。

(3) 修正点火提前角。为使实际点火提前角符合发动机实际运转状况，在上述“初始点火提前角+基本点火提前角”所得的点火提前角基础上，还必须根据相关因素加以修正，适当的增大或减小点火提前角。

① 暖机修正：节气门位置传感器怠速触点闭合，当冷却水温低时必须增大点火提前角，以促使发动机尽快暖机。当冷却水温较高时，为避免发动机过热，其点火提前角应相应减小。在暖机过程中，点火提前角随冷却水温的变化趋势如图 9.32 所示。

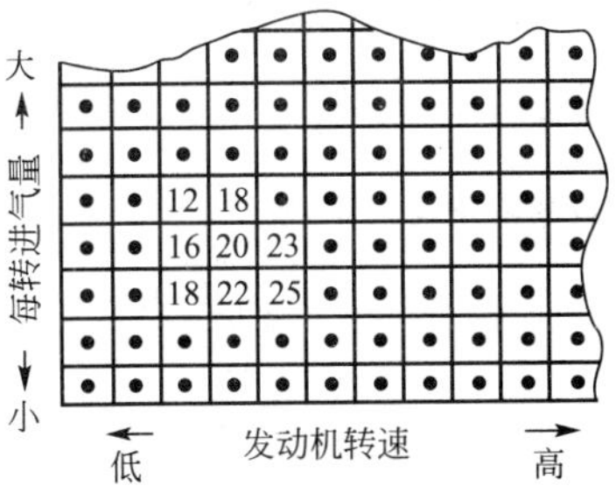

图 9.31 平常行驶时的基本点火提前角图表

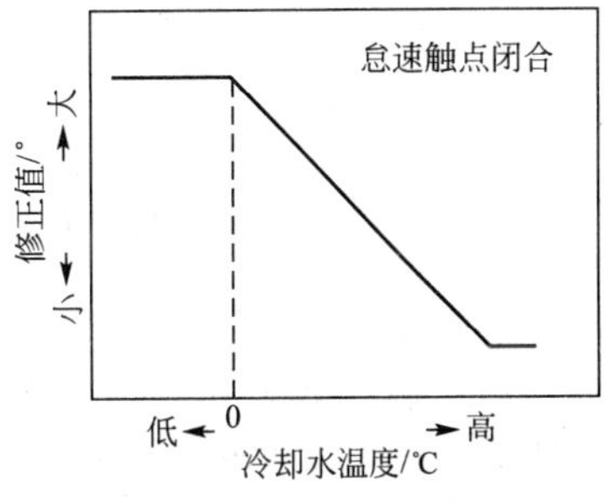

图 9.32 暖机时点火提前角修正

② 怠速稳定性修正：是指为了保持怠速稳定运转而对点火提前角进行的修正。发动机在怠速运行期间，由于发动机的负荷变化，会使设定的发动机怠速转速(目标转速)改变，如动力转向等作用时，会引起发动机转速下降，此时电子控制器不断地计算发动机平均转速，当发动机转速低于规定的怠速时，微机根据实际转速与怠速目标转速的差值(降低转速值)，相应地增大点火提前角，使怠速转速保持稳定，有效地防止发动机怠速熄火现象(图 9.24)的发生。

发动机每转一周，ECU 经过计算、处理，输出一次点火提前角调整数据；当传感器测出发动机转速、负荷、水温等变化时，微机就会使点火提前角做出相应改变。

如果微机计算出的实际点火提前角超过允许的最大点火提前角或小于允许的最小点火提前角数值时，ECU 将以最大或最小点火提前角的允许值进行调整。

2. 无分电器式点火(DLI)系统

前面研究的点火系统都是只有一个点火线圈产生高压电，然后由配电器按照点火顺序，依次分配到各缸火花塞进行点火。无分电器点火系统(DLI)则完全取消了传统的分电器，没有分电器盖和分火头，由点火线圈产生的高压电直接送到火花塞。

1) 点火线圈分配同时点火式

点火线圈分配是采用一个点火线圈直接供给成对的两缸火花塞点火的高压配电方式(图 9.20)。图 9.33 为丰田皇冠汽车 6 缸发动机所采用的电子点火系统原理框图，其结构属于无分电器点火线圈分配同时点火方式，下面以此为例加以说明。

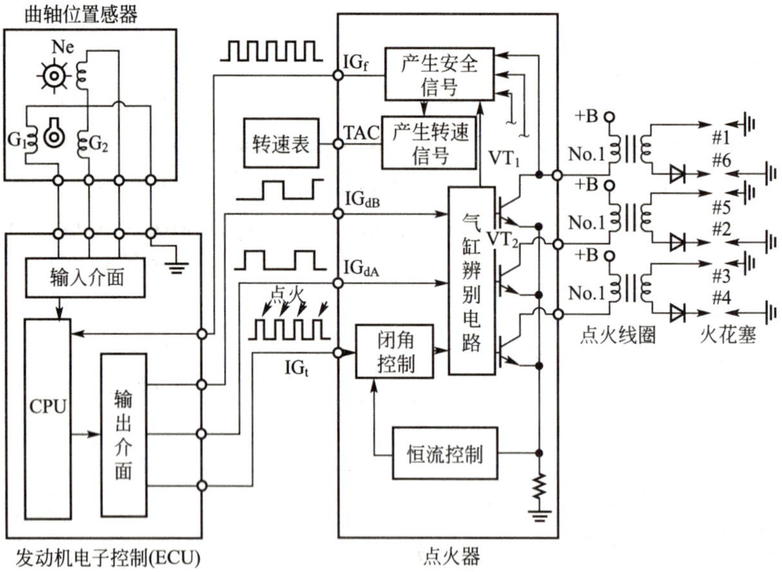

图 9.33 丰田皇冠汽车无分电器电子点火系统

该系统点火提前角的确定和控制方法与前面所述丰田车有分电器点火系统完全相同，只是增加了判缸信号 IG_{dA} 和 IG_{dB}，其控制原理简述如下。

(1) 曲轴位置传感器由 G_1、G_2 及 Ne 3 个线圈组成(图 8.24)，其功能是判别气缸，检测曲轴的转角以及决定点火提前角的原始设定位置。

当 G_1 或 G_2 信号产生时，可用来判别第六缸或第一缸处于压缩上止点前某一角度，因此必须对该缸完成点火准备，G_1 或 G_2 信号产生后，ECU 将通过 Ne 信号对点火时刻进行控制。即微机通过曲轴位置传感器接收到 G_1、G_2 和 Ne 信号，将向点火器输出 IG_t、IG_{dA}、IG_{dB} 3 个信号。

① IG_t 信号是点火正时信号。当 G_1 或 G_2 信号产生时，微机以此信号为基准，根据 Ne 信号控制其后的 3 次点火信号，即每 4 个 Ne 信号产生一次点火信号(4 个 Ne 信号为 60°，相当于曲轴转角为 120°)，而每产生 3 次点火信号后，再经 G 信号重新设定其后的 3 次点火信号。

② IG_{dA}、IG_{dB}信号是微机输送给点火器的判缸信号，它存于 ECU 的存储器中。ECU 根据 G_1、G_2 及 Ne 信号在存储器中查得 IG_{dA}、IG_{dB}的信号状态(如图 9.34 所示)，以确定各缸的点火顺序，即判定 3 个点火线圈所对应的三只大功率管哪一只先导通。

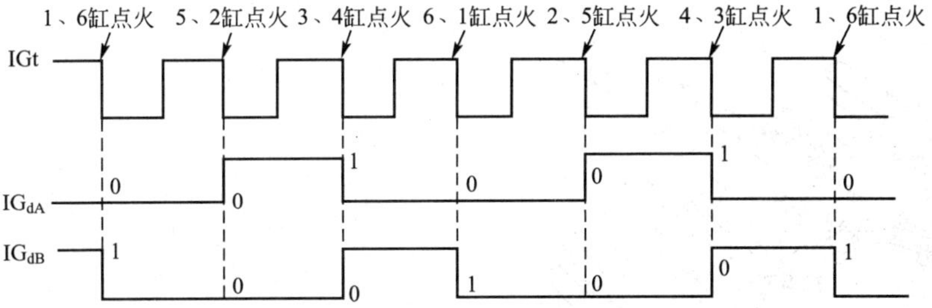

图 9.34 ECU 输出的 IGdA IGdB 及 IGt 信号电压波形

(2) 该系统点火器的工作与上述有分电器式的完全相同，只是在其内部增加了气缸判别电路，气缸判别电路的主要功能是接收 ECU 发出的 IG_t、IG_{dA}、IG_{dB} 信号。如图 9.35 所示，发动机工作时，点火器中的气缸判别电路根据判缸信号 IG_{dA}、IG_{dB}的信号状态来决定哪条驱动电路接通，并将点火正时信号 IG_t 送往与此驱动电路相连接的点火线圈，完成对某两缸的点火。

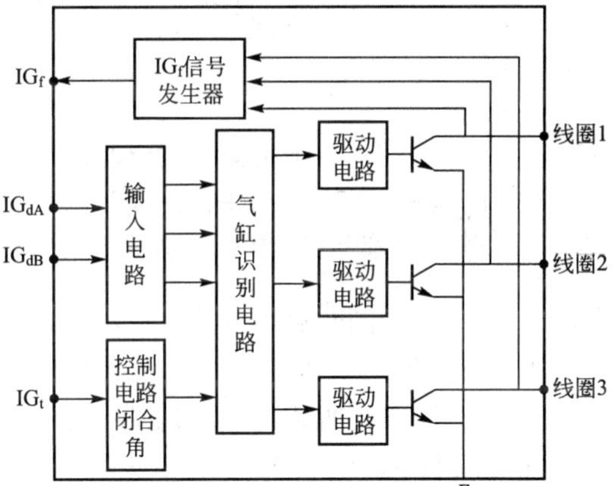

图 9.35 某种电子点火器的组成及功能

(3) 点火线圈是电子点火控制系统的执行器，目前多采用闭磁路式结构。有分电器的电子控制点火系统的点火线圈结构与非电子控制点火系统的点火线圈没有差别，而无分电器电子控制点火系统的点火线圈则有多种结构形式。

由图 9.33 可见，该系统点火线圈次级绕组的两端分别与两个气缸上的火花塞相连接。气缸的组合原则为，一缸处于压缩行程的末期，另一缸处于排气行程的末期，曲轴旋转 360°后两缸所处的行程正好相反。对于 6 缸发动机来讲，其气缸的组合为第一、六缸，第二、五缸，第三、四缸，即每两缸一个点火线圈，火花塞串联同时点火。

对比图 9.20 和图 9.33，我们发现该系统 3 个点火线圈的高压回路中，均串联了一只高压二极管。其作用是防止在点火线圈初线绕组通路瞬间，次级绕组中产生的电压造成误点火。由于这种点火方式的点火线圈与火花塞直接通过导线相连，初级绕组通路瞬间次级绕组中产生的约1kV左右的电压就直接加在了火花塞电极的两端，如果火花塞所处的气缸又恰好是进气行程终了或压缩行程开始等气缸压力较低又有可燃混合气的行程时，就可能会产生跳火。在点火线圈的次级回路中串联一个高压二极管，利用其单向导电性，使初级绕组通路的瞬间次级回路产生的电压不能加在火花塞电极上，从而避免了误点火。

在一些无分电器电子控制点火系统中，点火线圈与火花塞的连接电路中有一个3～4mm的间隙，其目的也是为了防止点火线圈初级绕组通路瞬间的误点火。

点火线圈分配同时点火方式的两个或三个点火线圈有独立安装和组合安装两种形式，现在多采用组合形式。组合式点火线圈其外形可能不同，但内部电路基本相似。图9.36所示为一典型的点火线圈分配，同时点火方式所用的6缸发动机的组合式点火线圈结构。

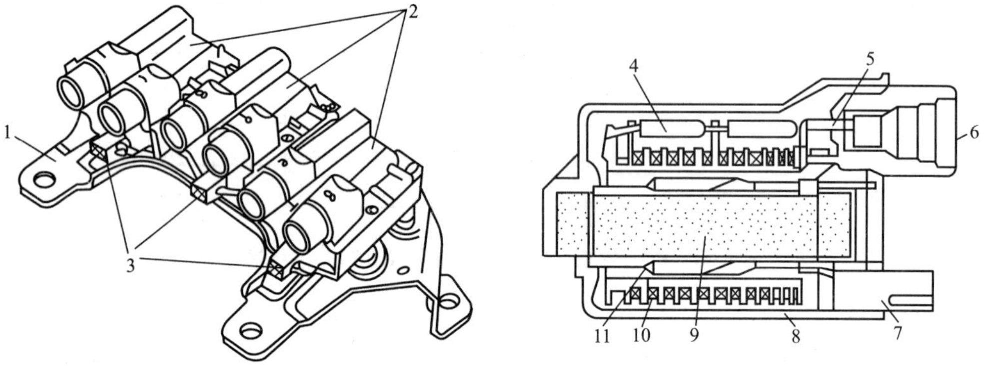

(a) 点火线圈外形　　(b) 点火线圈内部结构

图 9.36　点火线圈分配同时点火方式的点火线圈

1—支架；2—点火线圈；3—低压插座；4—高压二极管；5—高压引线；6—盖；
7—低压接线柱；8—外壳；9—铁芯；10—次级绕组；11—初级绕组

2）二极管分配同时点火方式

二极管分配同时点火方式的点火线圈有两个初级绕组(图9.20(a))，各由驱动电路中的VT_1、VT_2控制其通断，气缸识别电路按照点火顺序交替触发VT_1、VT_2的导通和截止。当气缸识别电路输出1、4缸点火触发信号时，VT_1由导通转为截止，初级绕组A断电，次级绕组便产生实线箭头方向的电动势e。e使VD_1、VD_4正向导通，1、4缸火花塞电极电压迅速升高直至跳火。当气缸识别电路输出2、3缸点火触发信号时，VT_2由导通转为截止，这时初级绕组B断电，使次级绕组产生虚线箭头方向的电动势e'。e'使VD_2、VD_3导通，2、3缸火花塞跳火。

适用于二极管分配同时点火方式的点火线圈结构特点是具有两个初级绕组，一个次级绕组。高压二极管有直接安装在点火线圈内部和连接在点火线圈外部两种结构形式，如图9.37和图9.38所示。

3）单独点火方式

单独点火方式每一个气缸的火花塞单独配一个点火线圈(图9.20(c))。这种点火方式的气缸识别由ECU完成，点火器根据ECU送入的点火控制信号，接点火顺序轮流触发

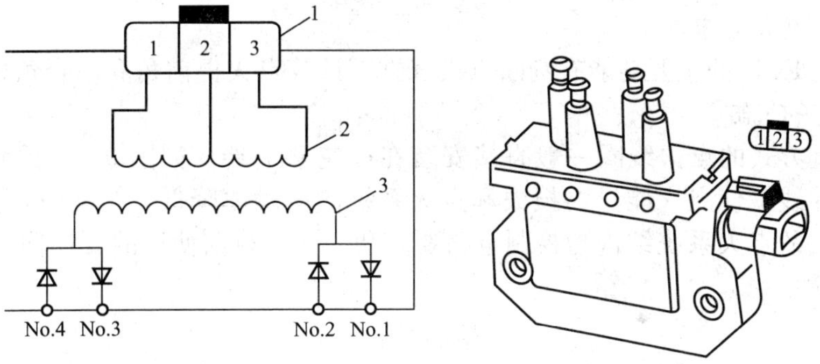

(a) 点火线圈内部电路　　(b) 点火线圈外形

图 9.37　二极管分配同时点火方式的内装式点火线圈

1—低压插接器端子；2—初级绕组；3—次级绕组

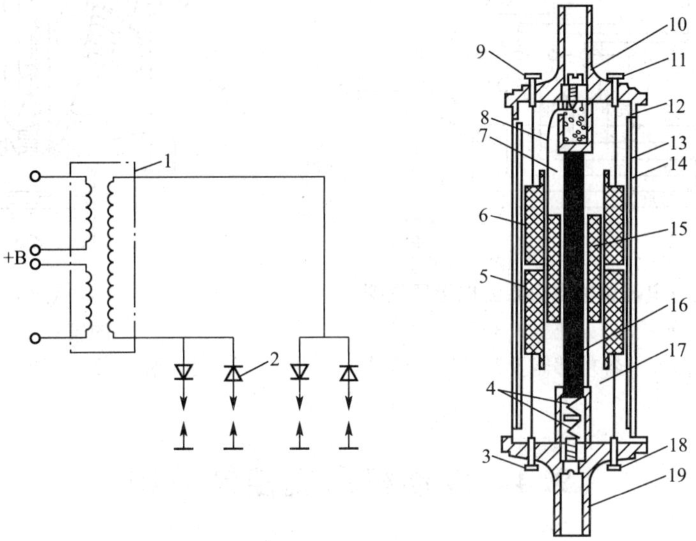

(a) 点火线圈连接线路　　(b) 点火线圈内部结构

图 9.38　二极管分配同时点火方式的外接式点火线圈

1—点火线圈；2—高压二极管；3、11—接点火器；4—弹簧；5—初级绕组Ⅰ；
6—初级绕组Ⅱ；7—铁芯；8、16—高压导电片；9、18—电源接线柱；
10、19—高压线插座；12—外壳；13—导磁板；14—衬纸；
15—次级绕组；17—变压器油

VT_1、VT_2、VT_3、VT_4 导通和截止，控制各个点火线圈轮流产生高压，并直接输送给与之连接的火花塞。

单独点火方式的控制电路一般大致相同，但随车型不同也存在一些差异。图 9.39 为一典型的无分电器单独点火方式点火系统的电控原理图，它主要由各缸分别独立的点火线圈和点火器、ECU 等组成。各缸点火线圈的初级绕组分别由点火器中的一个功率管控制，整个点火系统的工作由 ECU 进行控制。发动机工作时，ECU 根据曲轴转角位置传感器、空气流量传感器、冷却液温度传感器、爆震传感器、点火开关等和相应开关输入信号，适时地输出点火正时信号至点火器，由点火器中的功率管分别接通和切断各缸点火线圈的初级电路，完成点火工作。

电控单元 ECU 的主要功能有判断点火气缸、计算点火提前角和闭合角以及将点火信号分配到指定的气缸。

单独点火方式的点火线圈一般直接安装在火花塞上端，如图 9.40 所示。这种结构可省去高压导线，使点火能量的损失和点火系统的故障率降低。与同时点火方式相比，单独点火方式的点火系统结构与控制电路要复杂一些，目前使用的要比同时点火方式少一些。

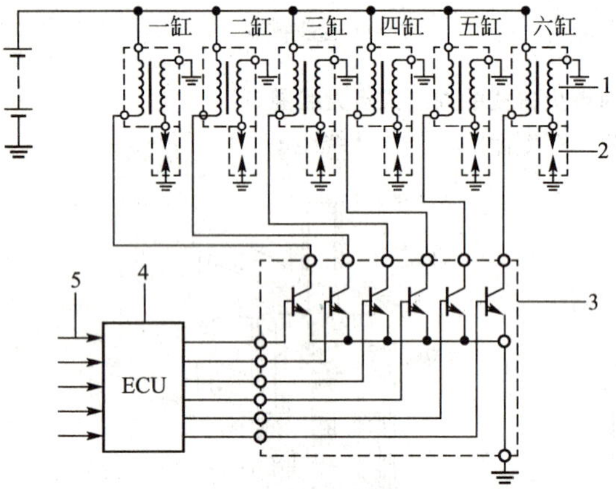

图 9.39 无分电器单独点火系统电控原理图

1—点火线圈；2—火花塞；3—点火器；
4—电控单元；5—各传感器及开关输入信号

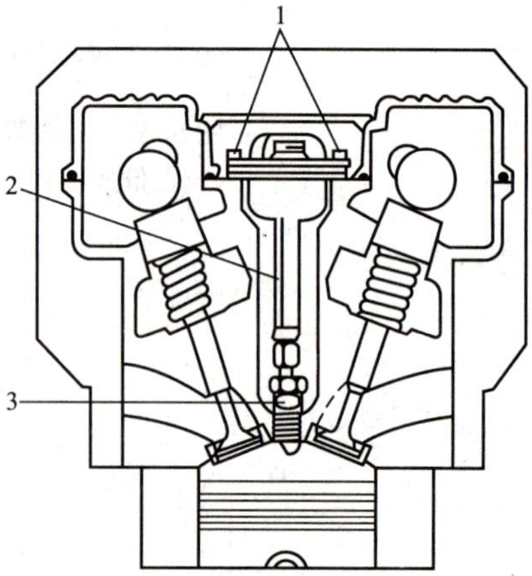

图 9.40 单独点火方式的点火线圈的安装示意图

1—接线柱；2—点火线圈；3—火花塞

9.4 发动机怠速控制系统

发动机怠速工况是指发动机运行中节气门开度最小、汽车处于空挡、发动机只带附件而维持最低转速的稳定工况。怠速转速过高，会增加燃油消耗量。因此，怠速转速应尽可能低。但考虑到减少有害物的排放，怠速转速又不能过低。另外，考虑所有怠速使用条件下，如冷车运转与电器负荷、空调装置、自动变速器、动力转向伺服机构的接入等情况，它们都会引起怠速转速的变化，使发动机怠速不稳甚至会引起熄火现象。此外，在有些发动机中装有电动液压动力转向装置，当因电动液压动力转向装置工作电负荷急剧增加时，怠速转速也应增加。在涡轮增压的发动机中，当怠速转速在高速或高负荷工作后恢复正常时，若油液压力降得太低，不能给涡轮提供足够润滑，会发生涡轮咬死，为此必须控制怠速转速逐渐降低，以使机油泵给涡轮增压器供给充足的机油。

通常发动机输出动力时，其转速是由驾驶员通过加速踏板控制节气门开度调节进气量的方法来实现的。但在怠速时，驾驶员的脚已离开加速踏板，驾驶员要对进气量进行适时调节已不可行，为此在大多数电控汽油喷射发动机上都设有不同类型的怠速转速控制装置。

怠速时，节气门处于关闭状态，空气通过节气门缝隙及旁通节气门的怠速调节通道进入发动机，由空气流量计(或进气歧管压力传感器)检测该进气量，并根据转速及其他修正信号控制喷油量，使转矩与发动机本身内部阻力矩相平衡，保证发动机在怠速下稳定运转。当发动机的内部阻力矩发生变化时，怠速运转转速将会发生变化。发动机怠速控制装置的功能就是自动维持发动机怠速稳定运转。

怠速控制(ISC)是通过调节空气通道面积以控制进气流量的方法来实现的。用电子控制器 ECU 控制怠速调节执行器可实现多项怠速控制功能，满足了现代汽车发动机高性能的要求。现代汽车发动机怠速控制系统主要有如下控制功能。

(1) 稳定怠速控制。以设定的发动机转速为怠速控制目标，当发动机的转速偏离目标转速时，电子控制器立刻输出调整信号，通过怠速控制执行器将发动机怠速调整到设定的目标范围之内。

(2) 快速暖机控制。在冷机启动后，怠速控制系统可以使发动机在较高的怠速下稳定运行，加速发动机的暖机过程。

(3) 高怠速控制。在怠速工况下，当发动机负荷增加时，为保持发动机的稳定运转或使发动机向外能输出一定的功率，电子控制器输出控制信号，通过执行器将发动机调整至设定的高怠速下稳定运转。

(4) 怠速控制系统通常还具有如下控制功能。

① 当发动机起动时，电子怠速控制系统使怠速辅助空气通道自动开启至最大，以使发动机启动容易。

② 在活性炭罐控制阀、废气再循环控制阀等工作时，调整怠速控制阀以稳定怠速。

③ 因发动机部件磨损、老化等原因而使发动机的怠速偏离正常范围时，电子怠速控制系统能自动将怠速修正到正常值。

9.4.1 怠速控制系统的分类

怠速控制系统有多种类型，现以不同的分类方法予以概括。

1. 按进气量的调节方式分

1) 节气门直动式

节气门直动式怠速控制系统是电子控制器通过控制执行机构直接操纵节气门，以改变节气门的开度实现怠速的控制，如图 9.41(a)所示。这种控制方式工作可靠性好，控制位

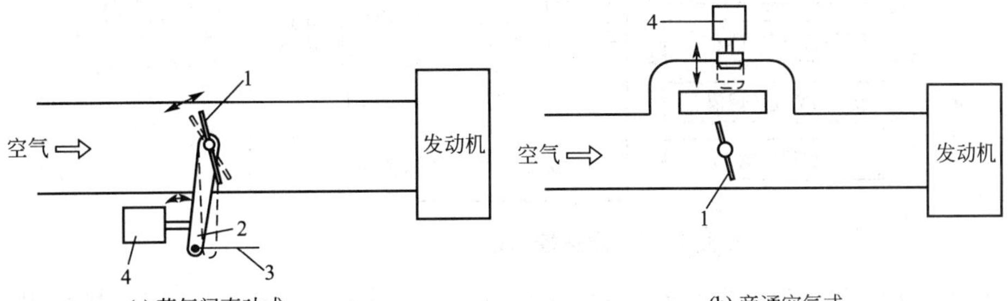

(a) 节气门直动式　　(b) 旁通空气式

图 9.41 怠速控制系统的执行机构

1—节气门；2—节气门操纵臂；3—加速踏板拉杆；4—怠速控制执行器

置的稳定性也较好，其缺点是动态响应性较差，执行机构较为复杂且体积较大，因此目前使用较少。

2）旁通空气式

电子控制器通过控制怠速控制阀改变怠速辅助空气通道的空气流量来实现怠速的控制，如图 9.41(b)所示。这种控制方式动态响应好，结构简单且尺寸较小，目前较为常见。

2. 按怠速控制阀的结构与工作方式分

1）步进电动机式

步进电动机式怠速控制系统的怠速控制阀是以步进电动机为动力，电子控制器通过控制步进电动机的转动来驱动空气阀的开启和关闭及开启的程度。

2）开度电磁阀式

开度电磁阀式怠速控制系统的怠速控制阀是以电磁线圈通电产生的电磁力为动力，电子控制器通过控制电磁阀线圈的通断电及电流大小来控制空气阀的开启和关闭及开启的程度。

按怠速控制阀的运动方式不同分，开度电磁阀式怠速控制阀又有直动式和转动式两种。

3）开关电磁阀式

开关电磁阀式怠速控制系统的怠速控制阀也是以电磁线圈通电产生的电磁为动力，但只有开和关两种状态。

开关电磁阀式怠速控制阀有两种控制方式：一种是电子控制器通过阶跃控制脉冲控制电磁阀开和关，只有高怠速和低怠速两种状态控制；另一种是电子控制器通过占空比脉冲控制电磁阀的开关比率来调节怠速辅助空气通道的空气流量，实现怠速的各种控制。

9.4.2 怠速控制系统的组成与控制内容

怠速控制系统主要由各种传感器、电控单元 ECU 和怠速控制执行机构等组成，如图 9.42 所示。

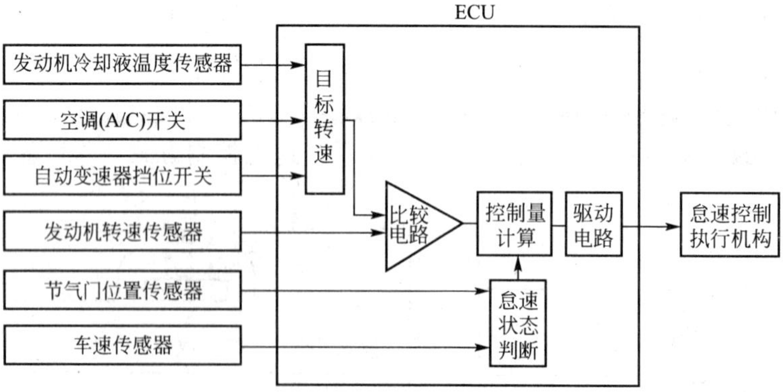

图 9.42 怠速控制系统的组成与原理

在发动机 ECU 的存储器中储存有发动机各种状态下的最佳稳定怠速参数和相应的控制程序。工作中，ECU 根据与怠速控制系统相关的各传感器和开关提供的反映发动机温度、发动机转速、节气门开度、空调开关位置、自动变速器挡位等电信号，进行目标转速选定、怠速判断、转速比较与计算，然后由驱动电路发出信号，控制怠速控制执行机构动作，将发动机怠速控制在目标范围之内。

1. 怠速稳定控制

怠速稳定控制过程中，车速传感器所提供汽车行驶速度信号作为怠速工况判断的辅助信号，当车速低于2km/h且节气门关闭时，ECU作出“发动机处于怠速工况”的判断，并进入怠速控制程序；空调开关提供空调关断信号，只有在空调不使用时，ECU才进入怠速稳定控制程序。

当ECU根据节气门位置传感器信号判断发动机处于怠速工况时，ECU即根据发动机冷却液温度传感器的电信号选定当前的目标转速，并与当前的发动机转速进行比较。如果发动机当前转速偏离了目标转速，ECU便输出控制脉冲使怠速控制执行器动作，及时调整发动机转速，使发动机怠速稳定于目标转速。

这种怠速稳定控制方式当发动机温度低时其设定的目标转速较高，当发动机冷机启动时，由于发动机的温度低，启动后就可以在较高的怠速下稳定运转而使发动机迅速达到正常的工作温度。它可以实现发动机的快速暖机控制。

2. 高怠速运行控制

高怠速运行控制可分发动机负荷高怠速控制和转速变化预见性高怠速控制两种情况。

1）发动机负荷高怠速控制

当发动机处于怠速工况，但需要发动机带动一定的负荷时，电子控制器ECU就进入发动机负荷高怠速控制。在节气门处于关闭状态时，ECU根据空调开关、蓄电池电压等信号判断是否需要进入发动机负荷高怠速控制。比如，在使用汽车空调、蓄电池亏电等情况下，ECU输出控制信号，使怠速控制执行器动作，将发动机的怠速调高至某一值，以保证在发动机怠速工况下的空调系统正常工作和及时向蓄电池补充电能。

2）转速变化预见性高怠速控制

发动机处于怠速工况时，为避免发动机因所驱动的附加装置阻力矩突然增大而导致转速下降甚至熄火，电子控制器ECU会根据相关传感器的信号自动进入转速变化预见性高怠速控制。在节气门处于关闭状态时，ECU根据自动变速器挡位开关、灯光继电器等信号判断是否需要进入转速变化预见性高怠速控制程序。比如，自动变速器挡位从N位或P位挂上运行挡位，灯光继电器触点闭合时，ECU输出控制信号，控制怠速控制执行器动作，预先调高发动机怠速，使发动机在负荷突然增加时仍能保持稳定的怠速。

3. 起动时怠速控制阀的控制

在发动机起动时，ECU将控制怠速控制阀打开至开度最大位置，以使发动机启动容易；当发动机启动后，ECU将根据发动机转速及温度信号逐渐减小怠速控制阀的开度。

4. 炭罐电磁阀工作时怠速控制阀的控制

在一些汽车上，怠速控制系统还根据炭罐控制阀的开启情况来调整怠速辅助空气通道的通气量，以避免发动机怠速产生波动。

5. 怠速偏离修正控制

怠速偏离修正控制也叫做怠速控制系统的学习修正控制。当因发动机部件老化等外部原因使发动机的怠速偏离原设定值时，ECU将控制怠速控制阀预置一个开度，将发动机的怠速修正到设定值。

9.4.3 怠速控制系统的主要部件

1. 节气门直动式怠速控制执行器

一种安装于单点喷射式发动机节气门体上的节气门直动式怠速控制执行器如图 9.43 所示，主要由直流电动机和传动机构组成。直流电动机由 ECU 的驱动电路控制其转动，通过传动机构驱动节气门。传动机构起增扭减速的作用，并将电动的旋转运动变为节气门关闭限位片的直线运动。

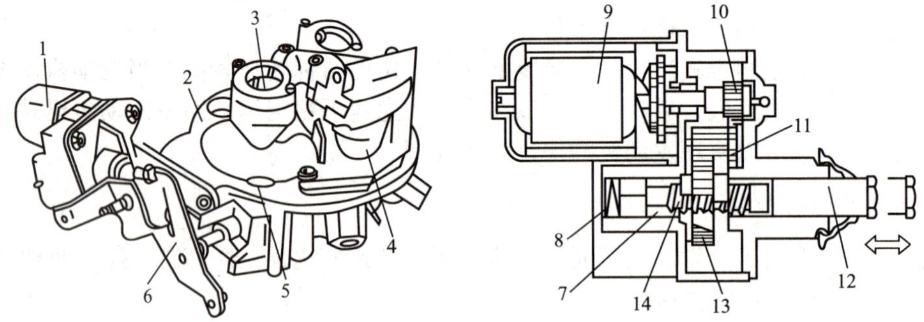

图 9.43 节气门直动式怠速控制执行器

1—怠速控制执行器；2—节气门体；3—喷油器；4—压力调节器；5—节气门；6—节气门操纵臂；7—防转动 6 角孔；8—弹簧；9—电动机；10、11、13—减速齿轮；12—传动轴；14—丝杆

当 ECU 输出怠速调整控制信号时，通过驱动电路使电动机通电而转动相应的转角，并经传动机构使节气门操纵臂限位片移动，从而改变了怠速时节气门的开度。

2. 步进电动机式怠速控制阀

步进电机式执行机构是目前应用最多的一种怠速控制装置。它主要由一只微型步进电机(由永久磁铁构成的转子、激磁线圈构成的定子组成)、螺旋送进(把旋转运动变成直线运动)机构和空气阀等组成，如图 9.44 所示。它利用步进转换控制使转子可正转也可反转，从而使阀芯上下运动以达到调节旁通空气道截面的目的。

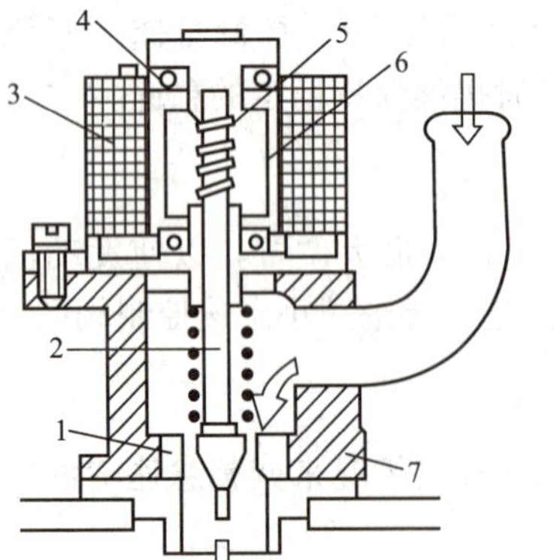

图 9.44 步进电动机式怠速控制阀

1—空气阀阀座；2—阀杆；3—定子绕组；4—轴承；5—丝杆；6—转子；7—空气阀阀体

步进电动机的转子与丝杆组成螺旋送进机构，当步进电动机转子在怠速控制信号的控制下转动时，丝杆作直线移动，通过阀杆带动空气阀上下移动，使空气阀开启或关闭。

步进电动机式怠速控制阀与发动机 ECU 连接，其控制线路如图 9.45 所示。适用于不同冷却液温度和空调器各种运行状况的目标怠速信息都储存在 ECU 的存储器中，ECU 根据节气门开启角度和车速信号判定发动机处于怠速工况时，按一定顺序使 $VT_1 \sim VT_4$ 晶体管依次导通，分别向怠速步进电动机4个绕组线圈供电，驱动步进电动机旋转，调节旁通空气通道的开度，从而调节旁通空气量，使发动机转速达到目标怠速。

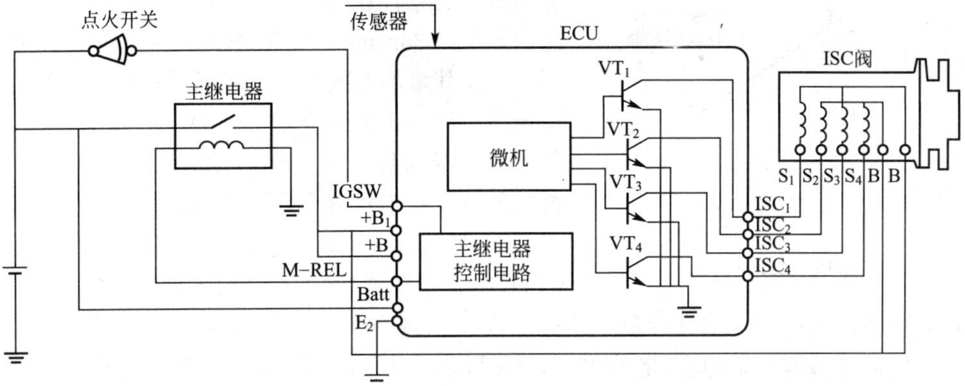

图 9.45 步进电动机式怠速控制阀的控制电路

主继电器控制电路的作用是当点火开关切断时，使ECU继续通电2s，以便使ECU完成启动初始位置的设定。在点火开关断开后的这段时间里，步进电动机在ECU的控制下转动，使空气阀开启至最大，为下次启动做好准备。

(1) 启动设定：发动机停机(没有Ne信号传至ECU)时，怠速控制阀全开(至125级)以改善发动机再次启动时的启动性能。为了使怠速控制阀的设定(全开)适于发动机下次启动，即使在点火开关关断后，还必须继续供电给ECU和怠速控制阀片刻。因此，为了保持主继电器接通，ECU从“M－REL”端子输出12V电压，直至怠速控制阀被设定。设定一完成，怠速控制阀就切断流至主继电器残留的电流。

(2) 启动控制：由于怠速控制阀事先设定启动中通过怠速控制阀的空气量是最大可能量，这使得发动机易于启动；但是，发动机启动后，如果怠速控制阀保持全开，转速会升得太高。所以，当发动机在启动中或启动后达到一定转速(这一转速由冷却液温度信号确定)时，ECU就开始输出信号至怠速控制阀，使其从125级(全开)闭合至接近由冷却液温度所确定的一点。例如，启动时冷却液温度为20℃，怠速控制阀就会从全开位(125级，即点A)逐渐闭合至点B，即发动机转速达到预定值的一点(图9.46)。控制的相关信号有发动机转速、冷却液温度、节气门怠速位置、车速等。

(3) 暖机(快怠速)控制：当冷却液温度升高时，怠速控制阀从起动中闭合的那一点继续逐渐闭合。当冷却液温度达到80℃时，怠速控制阀将快怠速控制终止(图9.47)。

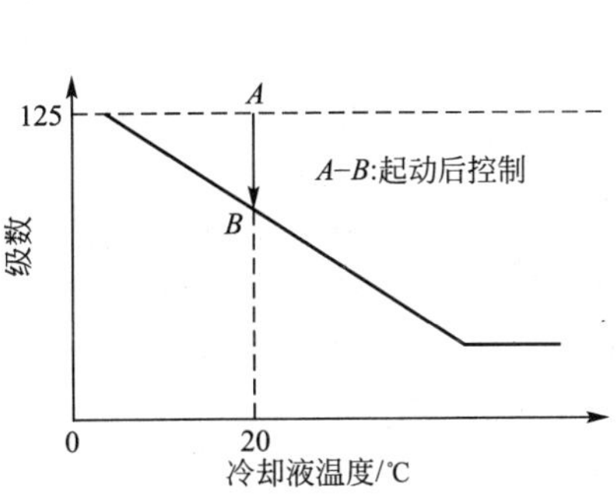

图 9.46 起动控制

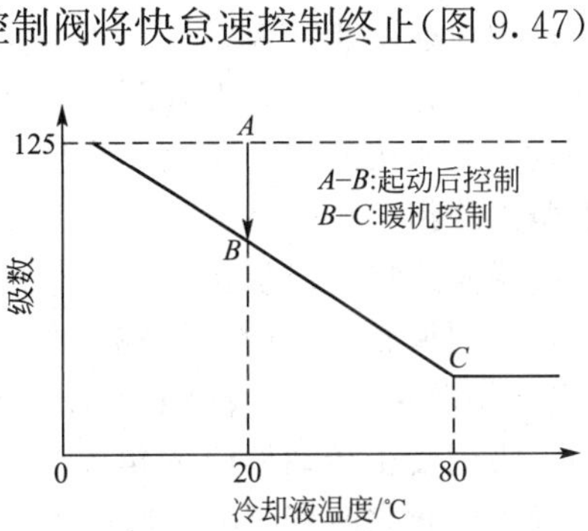

图 9.47 暖机控制

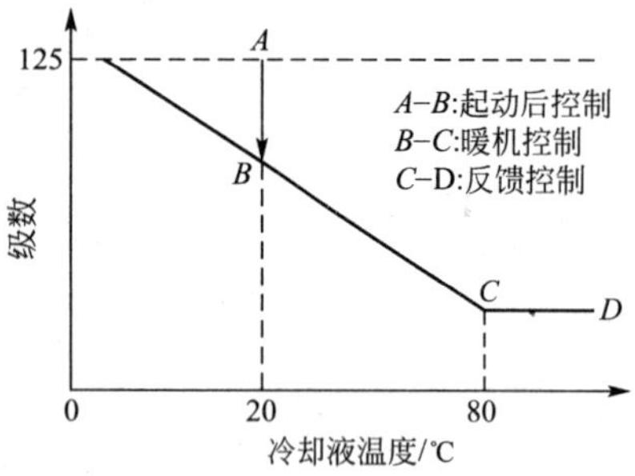

图 9.48　反馈控制

(4) 反馈控制：怠速触点接通，车速低于预定值，冷却液温度约为80℃时，就进行反馈控制。如果发动机的实际转速与储存在ECU存储器中的目标转速相差超过20r/min，ECU就输出一个信号至怠速控制阀，要其增加或减少通过旁通通道的空气量，使实际转速与目标转速相符(图9.48)。目标转速因发动机负荷等状况而异，如空挡启动开关、空调器开关是否接通等。控制的相关信号有发动机转速(Ne)、节气门怠速位置(IDL)、车速(SPD)、冷却液温度(THW)、空调器(A/C)和空挡起动开关(NSW)等。

(5) 发动机转速变化估计控制：空挡启动开关或空调器开关接通后，发动机负荷也立即改变。为防止发动机转速因此而改变，ECU输出信号至怠速控制阀，使其在发动机转速改变前，按一固定量打开或闭合。此时根据发动机转速(Ne)、空挡启动开关(NSW)、节气门怠速位置(IDL)、车速(SPD)和空调器(A/C)等信号控制。

(6) 电负荷怠速提高控制：由于施加电负荷时，交流发电机的发电能力增加，发动机ECU将打开一定级数，使在端子“+B”或端子“IGSW”已有电压降时，或者在信号已施加在端子“LP”、端子“DFG”或端子“ELS”上时，提高怠速转速。此时根据电负荷(LP、DFG或ELS)、发动机转速(Ne)、节气门怠速位置(IDL)和车速(SPD)等信号进行控制。

(7) 其他控制：除了上述控制外，有些发动机还有其他控制形式。如减速时，怠速控制阀在这个控制中的运作类似减速缓冲阀；当机油压力开关接通时，怠速控制阀打开少许等。

3. 开度电磁阀式怠速控制阀

开度电磁阀式怠速控制阀有直动电磁阀式和转动电磁阀式两种。

直动电磁阀式怠速控制阀的结构是一种比例电磁阀的结构形式，由电磁线圈、阀轴及阀等主要部件构成，如图9.49所示。它是利用电磁线圈产生的电磁吸力，使阀轴在轴向作线位移，从而控制阀门的开度。电磁吸力的大小取决于ECU送至电磁式怠速空气调整器电磁线圈驱动电流的大小。当驱动电流大时，电磁吸力大，阀门开度就大，反之，阀门开度就小。波纹管的作用是为了消除阀门上下压差对阀门开启位置的影响。这种怠速控制阀的优点是响应速度非常快。

转动电磁阀式怠速控制阀有两种形式，一种是转子为永久磁铁，电磁线圈在定子上；另一种是定子为永久磁铁，电磁线圈绕在转子中。图9.50所示的是定子为永久磁铁，转子中绕有两组绕组的转动电磁阀式怠速控制阀。

转动电磁阀式怠速控制阀的控制电路如图9.51所示。当ECU根据相关传感器及开关电信号确定需要调整怠速时，便输出相应的占空比信号，并经驱动电路(反相器及VT1、VT2)分出同频反相的电磁线圈电流控制脉冲ISC_1、ISC_2，使两个电磁线圈通电并产生相应的磁力，吸引转子转动相应的角度。ECU通过改变控制信号的占空比，使两个线圈的通电时间发生变化来改变阀的开启程度。

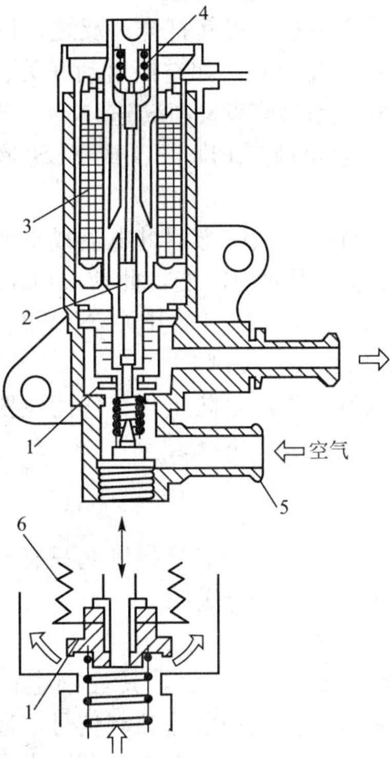

图 9.49 直动电磁阀式怠速控制阀

1—阀；2—阀杆；3—电磁线圈；4—弹簧；
5—壳体；6—消除负压用的波纹管

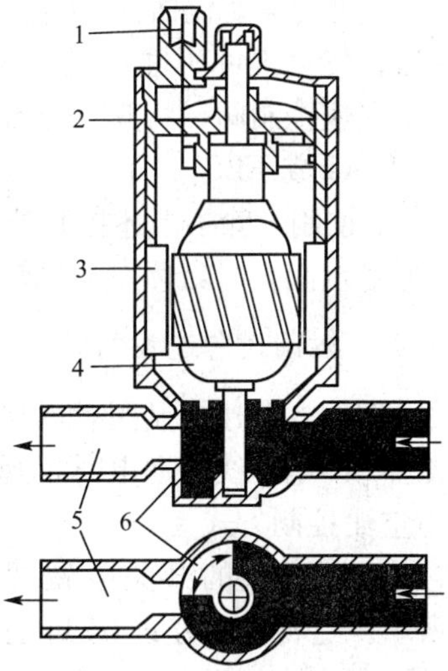

图 9.50 转动电磁阀式怠速控制阀

1—电路插接器；2—壳体；3—定子(永久磁铁)；
4—转子；5—附加空气通道；6—旋转阀

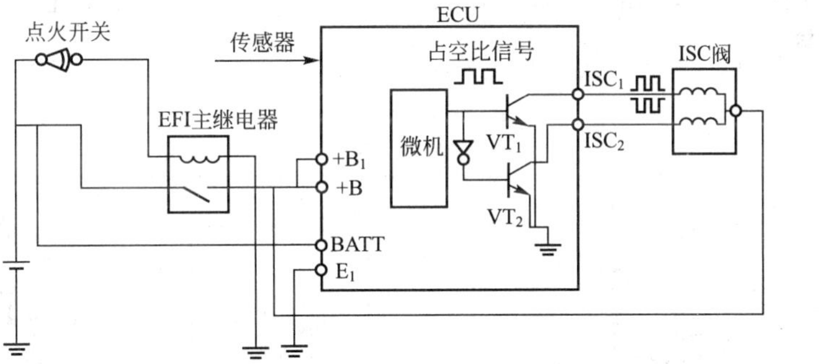

图 9.51 转动电磁阀式怠速控制阀的控制电路

(1) 启动控制。发动机启动时，怠速控制阀根据储存在ECU存储器中的数据，按照发动机当时的运转情况打开，这就改善了启动性能。此时ECU根据冷却液温度(THW)和发动机转速(Ne)等信号进行控制。

(2) 暖机(快怠速)控制。发动机启动后，ECU根据冷却液温度控制快怠速。此外，还进行反馈控制，以保证发动机怠速转速与目标转速匹配。目标怠速转速的数据储存在存储器中。

(3) 反馈控制。发动机启动后，当反馈控制运作的所有条件都具备时，ECU就不断地将发动机的实际转速与储存在存储器中的目标怠速转速相比较。ECU将必需的控制信号输送至怠速控制阀，以便调节发动机的实际转速，使之与目标怠速转速相匹配。当发动机实际转速低于目标怠速转速时，ECU 就传送信号至怠速控制阀，将其打开；反之，ECU 就输出闭合信号至怠速控制阀。目标转速也因发动机运转状况而异，如空挡启动开关、空调器开关是否接通，电负荷信号是通还是断等。控制的相关信号有发动机转速(Ne)、节气门怠速位置(IDL)、车速(SPD)、空挡起动开关(NSW)、电负荷(LPD、FG 或 ELS)和空调器(A/C)等。

(4) 发动机转速变化估计控制。空挡启动开关、尾灯继电器或除雾器继电器或空调器开关接通后，发动机负荷也立刻改变。为防止发动机转速也因此而改变，此前，ECU 就输出信号至怠速控制阀，将其打开或闭合一固定量。ECU 根据空挡启动开关(NSW)、电负荷(LP、DFG 或 ELS)、车速(SPD)和空调器(A/C)等信号进行控制。

(5) 其他控制。除了上述控制外，还有减速缓冲器控制。作用是防止当节气门位置传感器的怠速触点闭合时，因发动机转速突然变化而使怠速转速突然下降。

4. 开关电磁阀式怠速控制阀

开关电磁阀式怠速控制阀有占空比控制和开关控制两种方式，其怠速控制阀只有开和关两种状态，即电磁线圈通电时，阀被打开，电磁线圈断电时，阀被关闭。

1) 占空比控制方式

占空比控制方式的开关电磁阀式怠速控制阀结构如图 9.52 所示，其控制电路如图 9.53所示。这种控制方式 ECU 输出的是频率固定但占空比变化的怠速控制信号，通过调整电磁阀的开闭比率实现怠速的控制。其占空比控制阀安装在进气歧管上，利用来自发动机 ECU 的信号(占空比信号)控制经过节气门的进气量。空气流量是由来自 ECU 的空气流量信号接通的时间与断开的时间之比确定的。如怠速转速因发动机运转情况变化或电负荷变化(如空调器开关或空挡启动开关接通等)而下降，占空比控制阀按照来自 ECU 的信号控制绕过节气门的空气量，从而帮助稳定怠速转速(在预热中，快怠速转速是由空气阀控制的)。

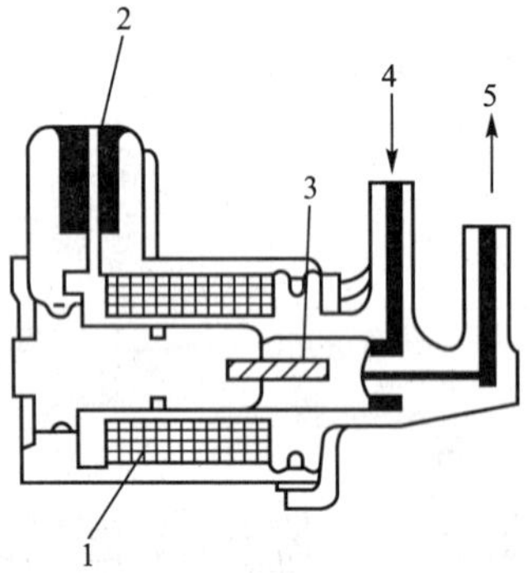

图 9.52　开关电磁阀式怠速控制阀

1—电磁线圈；2—接线端子；3—阀；4—来自空气滤清器；5—至进气管

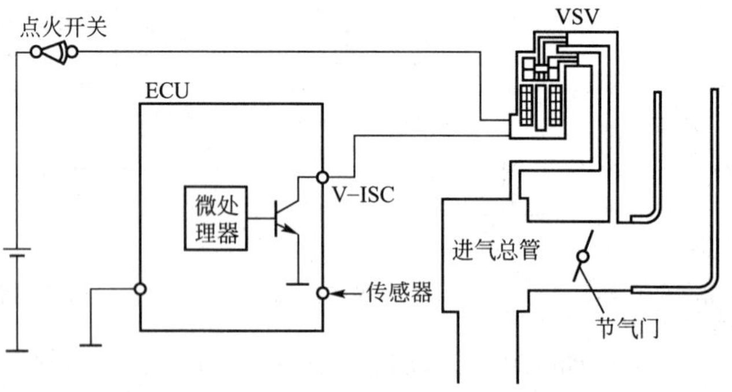

图 9.53　开关电磁阀式怠速控制阀的控制电路

(1) 启动控制：为在曲轴开始旋转时改善启动性能，当启动信号接通时，占空比怠速控制阀完全打开。

(2) 发动机转速变化估计控制：空调器开关或空挡启动开关接通时，占空比改变。这一控制就是帮助限制怠速转速的改变。

(3) 恒定载荷控制：当怠速触点断开或空调器开关接通时，ECU 使占空比怠速控制阀保持在一固定开度。

(4) 反馈控制：除了启动控制、发动机转速变化估计控制及恒定占空比控制这些情况，ECU 都改变"V－ISC"信号以保持怠速转速。

2) 开关控制方式

ECU 输出的控制信号只有高电平和低电平两种状态控制电磁阀的通电或断电，它只有打开和关闭两种工作状态，怠速控制阀打开是高怠速状态，怠速控制阀关闭是正常怠速状态。如图 9.54 所示，发动机 ECU 根据来自各个传感器的信号，将信号传送至怠速控制阀，使发动机以适当转速进行怠速运转。在暖机时，快怠速转速由空气阀控制。在下列情况下，开关控制型怠速控制阀由关断转为接通。

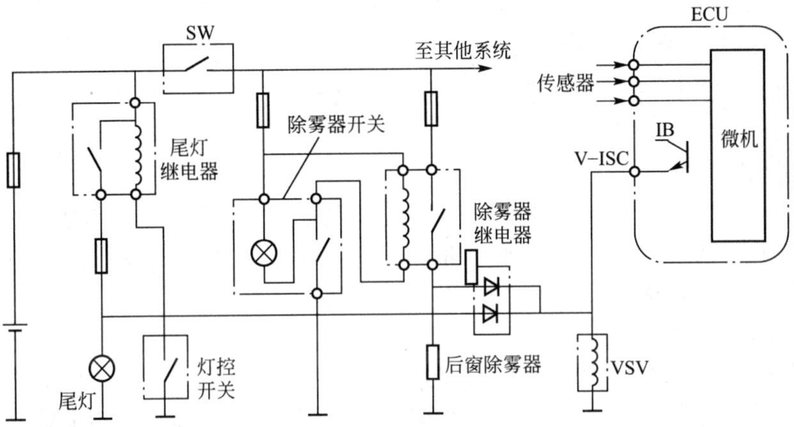

图 9.54 开关控制型怠速控制阀控制电路

(1) 当发动机曲轴正在旋转时，以及在启动后的瞬间。

(2) 当怠速触点接通，发动机转速低于预定的转速(视空挡启动开关信号而定)时。

(3) 在怠速触点接通(自动变速器车辆)，从"P"或"N"挡位换至其他任何挡位后的几秒钟。

(4) 尾灯控制开关接通。

(5) 后窗除雾器开关接通。

(6) 如检查端子"T"或"TE_1"连接至"E_1"，则开关控制型怠速控制阀保持关断。

但是，如果控制开关或后窗除雾器开关接通，则开关控制型怠速控制阀也接通。此时开关控制型怠速控制阀打开，流过旁通通道空气量增大，使发动机怠速保持稳定。

在下列情况下开关控制型怠速控制阀由接通转为关断。

(1) 发动机启动后经过一段时间。

(2) 怠速触点接通而且 A/C 的磁性离合器分离时，发动机转速升至超过预定的转速(视空挡启动开关信号而定)时。

(3) 怠速触点接通而且 A/C 的磁性离合器分离(自动变速器车辆)，变速器从"P"或"N"挡位换至其他任何挡位后一段预定时间，并且发动机转速超过预定转速时。

(4) 尾灯控制开关关断。

(5) 后窗除雾器开关关断。

此时开关控制型怠速控制阀关闭，流过旁通通道空气量减少，使发动机保持稳定怠速运转。

9.5 汽油机排放控制系统

环保、节能、安全已成为汽车发展的3大主题。汽车尾气造成的环境问题也日益引起人们的重视。随着汽车保有量的增加，汽车排出的尾气是主要的大气污染源之一。汽车排放的主要有害气体有CO、HC、NO_2和微粒等。汽车有害气体排入大气的途径有3条：排气管排出的废气、曲轴箱排出的废气和汽油蒸发。其中65%～85%的有害气体来自废气，20%左右由曲轴箱排出，其余则由于汽油蒸发造成。

1. 汽车排放的形成和危害

汽车发动机排放物对人类危害较大的是一氧化碳(CO)、碳氢化合物(HC)和氮氧化物(NO_X)。

1) 一氧化碳(CO)

CO是烃类燃料在空气不足的情况下，由于不完全燃烧而产生的有害物。CO被人体吸收后容易与血红蛋白结合，阻碍血红蛋白携氧，造成人体内缺氧而使人感到头痛、恶心，严重时还会导致人因窒息而死亡。

2) 碳氢化合物(HC)

HC是石油产品的基本组成部分，其与氧的化合(燃烧)所释放的热量是发动机运转所需的能量。但排入大气中的HC则是一种污染。发动机排气中高含量的HC是燃料未经燃烧或燃烧不完全的产物。此外燃油箱汽油蒸发、曲轴箱气体直接排放等，也是HC对大气造成污染的来源。HC气体在阳光下与氮氧化物(NO_X)作用，进行光化学反应，形成含有臭氧(O_3)、丙烯醛、甲醛、硝酸盐、酮及过氧化酰等物质的光化学烟雾。这种“烟雾”具有较强的氧化力和特殊的气味，对人眼、咽喉等有刺激作用，并容易使橡胶开裂和植物受损等。在诸多的碳氢化合物中，苯比芘还是一种致癌物。

3) 氮氧化物(NO_X)

NO_X是在温度很高的情况下氮与氧化合的产物。对大气造成污染的主要是一氧化氮(NO)和二氧化氮(NO_2)。氮氧化物是一种有毒并带有恶臭的气体，会引起人眼结膜、口腔、咽喉粘膜肿胀和充血，并可能导致支气管炎、肺炎等病。

2. 汽车发动机排放控制的作用与分类

汽车对大气的污染主要源自发动机排出的废气，3种有害排放物中，全部CO、NOx和约占60%的HC都是由发动机排气管排出的。此外，曲轴箱气体和燃油箱燃油蒸发的HC排放各约占汽车HC总排放的20%。对汽车排放的控制就是通过改善燃烧、降低燃烧温度、阻断曲轴箱气体和燃油蒸发排放、净化排气管废气等手段来实现的。使汽车对大气的污染减小到最低的限度，以缓解汽车保有量增加对环境所带来的负面影响，满足人类环境质量不断提高的要求。

目前汽车排放控制装置种类较多，根据控制方式不同可分为3类。

(1) 机内净化。机内净化是从进气系统入手，通过改善混合气的质量使燃烧产生的有害成分降低。这一类的排放控制装置有进气温度自动控制装置、废气再循环抑制装置、混合比加浓式减速废气净化装置、进气歧管真空度控制阀等。实质上，发动机燃烧情况的良好与否对降低发动机废气污染起着极大的作用，而采用电子控制汽油喷射可达到最佳的空燃比和良好的雾化，用电子控制点火以达到最佳的点火时间和足够的点火能量等都是为了使发动机能及时、充分、完全地燃烧，有效降低发动机的排气污染。因此，发动机的燃油喷射控制系统、电子点火控制系统和发动机怠速控制系统等都可以认为是汽车发动机机内净化排放控制的范畴。

(2) 机外净化。机外净化是指对发动机排出的废气进行再净化处理，将废气中所含的CO、HC和NO_2等有害气体转化为无害的水(H_2O)、二氧化碳(CO_2)和氮(N_2)等气体。这一类的排放控制装置有热反应器、氧化催化剂转换器、三元催化转换器、二次空气供给装置等。目前广泛使用的发动机废气净化装置是三元催化转换装置。

(3) 污染源封闭循环净化。对曲轴箱气体及燃油箱燃油蒸发等HC排放源实施封闭化处理，以阻断向空气排放HC。这类控制装置有曲轴箱强制通风装置、活性炭罐等。

为了减少汽车的排气污染达到日益严格的排放要求，现代汽车普遍同时采用多种排气净化措施，如废气再循环(EGR)、三元催化转换、活性炭罐蒸发控制、二次空气控制等，这些装置或系统的工作均由ECU控制。

9.5.1 废气再循环(EGR)控制系统

废气再循环(Exhaust Gas Recirculation, EGR)控制就是将发动机排出的部分废气引入进气管与新鲜混合气混合后进入气缸，利用废气中所含有大量的二氧化碳(CO_2)不参与燃烧却能吸收热量的特点，降低燃烧温度，达到减少NO_2排放的目的。

NO_X是混合气在高温下燃烧时，含在混合气中的N_2和O_2发生化学反应产生的，燃烧温度越高，排出的高浓度NO_X越多。将废气引入进气系统，废气的加入使得混合气中单位燃料对应的惰性气体增加了，对于燃烧室内所产生的热能来说，废气的热容量增加了，特别是排气中含有的CO_2气体和水的摩尔比热较大，所以能有效地抑制燃烧温度的升高。而且由于惰性气体的增加，使着火延迟期变长。燃烧速度下降，燃烧温度也随之下降，这样就能抑制NO_X的生成。氮氧化物(NO_X)与燃烧温度的关系如图9.55所示。由图可见，氮氧化物的排量随着燃烧温度下降急剧减少。因此许多生产厂家都把排出气体(废气)的再循环作为降低NO_X排放量的一种有效手段使用。

由于采用EGR而使混合气的着火性能和发动机输出功率下降，因此，应选择NO_X排放量多的发动机运转范围，进行适量的EGR控制。EGR的控制量指标大多采用EGR率，其定义如下

$$\text{EGR率}=\frac{\text{EGR气体流量}}{\text{吸入空气量}+\text{EGR气体流量}}\times 100\%$$

随着EGR率的增加，油耗和扭矩也跟着恶化，而且HC的排量也增加了。由于废气再循环造成了缺火率增加，燃烧变得不稳定。由于点火提前角一直保持不变，使发动机性能大大下降。而在对EGR率的控制中，同时对点火提前角进行控制，在一定的废气再循环量内也能提高经济性。图9.56是点火提前角变化后，废气循环量与发动机性能的关系。

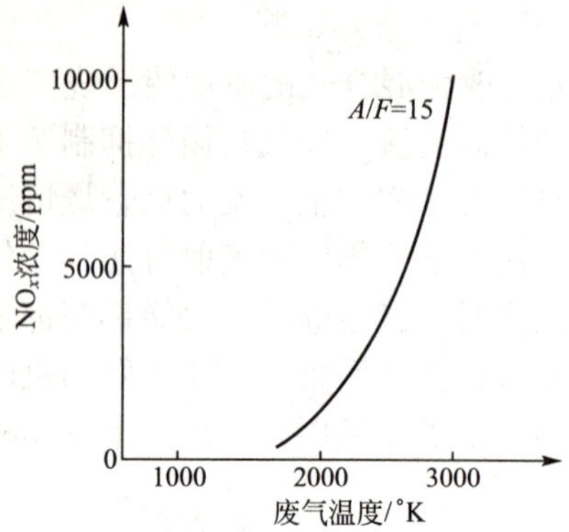

图 9.55 燃烧温度与 NO_X 排放量的关系

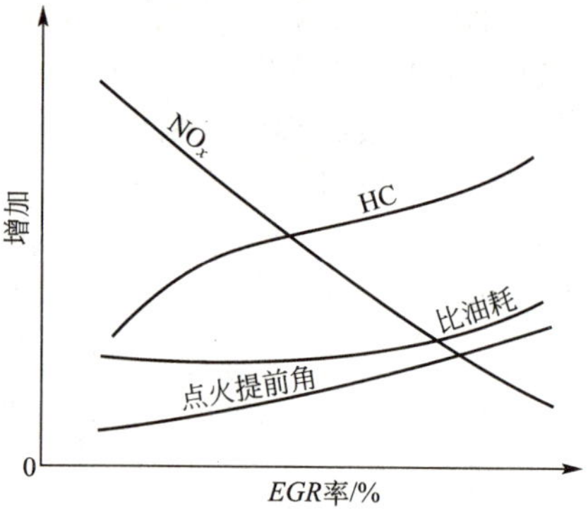

图 9.56 EGR 率对发动机性能的影响

由图 9.56 可见，只要对废气的循环量予以控制，同时对其他因素如点火等予以综合控制，就能得到满意的结果。但是过度的废气再循环将会影响发动机的正常运行，特别是在怠速、低转速小负荷及发动机处于冷态运行时，再循环的废气将会明显降低发动机性能。因此应根据工况及工作条件的变化自动调整参与再循环的废气量。根据发动机结构不同，进入进气歧管的废气量一般在 6%～23%变化。

1. 废气再循环系统的组成及类型

采用废气再循环可有效地降低 NO_X 的生成。一般机械式控制装置都是利用进气管负压及排气压力的气体控制方式，一般是在 EGR 率为 5%～15%的少量 EGR 控制时采用，在这种 EGR 控制中，即使采用能进行比较复杂控制的机械控制装置(EGR 率可变负荷式)，控制的自由度也受到限制，并且控制装置繁多，因此当进行大量 EGR 控制(EGR 率为 15%～20%)时，大都采用电子控制式。电子控制式废气再循环(EGR)控制系统，不仅结构简单，而且可进行较大 EGR 率控制，另外，随着 EGR 率的增加，燃烧将变得不稳定，缺火严重，油耗上升，HC 的排放量也增加，因此，当燃烧恶化时，电子式 EGR 控制可减少 EGR 率，甚至完全停止废气再循环。

电子控制废气再循环系统的组成如图 9.57 所示，其基本工作原理是：ECU 根据各传感器的信号判断发动机的工况与状态，以确定是否需要废气再循环或环流量的大小，并输

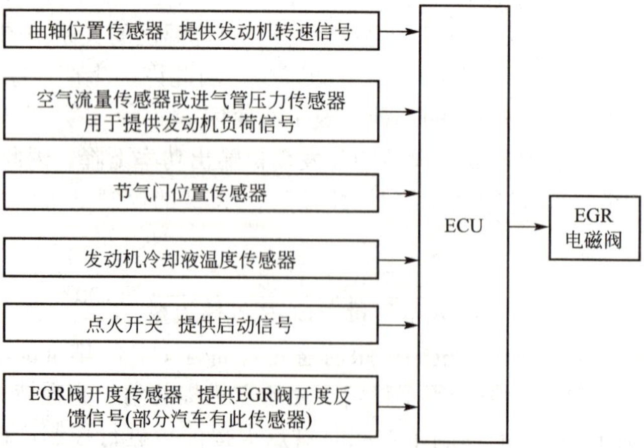

图 9.57 EGR 电子控制系统的组成与控制原理

出占空比可变的控制脉冲，通过控制 EGR 电磁阀的占空比来调节 EGR 阀的开度，以实现最佳的 EGR 率控制。

为精确控制参加再循环的废气流量，常采用的废气再循环系统有以下几种形式。

1）环流量控制的 EGR 控制系统

这种系统在 EGR 电子控制系统的存储器中储存有各工况下的最佳废气环流量值。通常以电磁阀占空比参数的方式储存，如图 9.58 所示，ECU 根据发动机转速与发动机负荷(空气流量或进气压力)传感器信号，通过查找与计算的方式得到最佳的 EGR 电磁阀占空比值，并输出相应的占空比脉冲信号，将废气再循环流量始终控制在最佳值。

2）电磁阀开度控制的 EGR 系统

这种系统也叫做可变 EGR 率废气再循环控制系统，它的基本原理是：根据发动机台架试验确定的 EGR 率与发动机转速、进气量的对应关系，将有关数据存入发动机 ECU 内微机的 ROM 中。发动机工作时，ECU 根据各种传感器送来的信号，确定发动机在哪一种工况下工作，经过查表和计算修正，输出适当的指令，控制电磁阀的开度，以调节废气再循环的 EGR 率。

3）闭环控制式 EGR 系统

一些开环控制式废气再循环系统，其 EGR 率只受 ECU 预先设置好的程序控制，不检测发动机各种工况下 EGR 率，因此无反馈信号。闭环控制式废气再循环系统中，ECU 以 EGR 率作为反馈信号实现闭环控制，其控制框图如图 9.59 所示。新鲜空气经节气门进入稳压箱，发动机排气中的一部分(还流废气)经控制阀进入稳压箱，稳压箱中设置有 EGR 率传感器，它对稳压箱中新鲜空气与废气所形成的混合气中的氧气浓度不断地进行检测，并将检测结果送入 ECU。ECU 经过分析计算后向控制阀输出控制信息，不断地调整 EGR 率，使排气再循环的 EGR 率时刻在 ECU 的控制下保持在理想状态，从而有效减少 NO_X 的排放量。

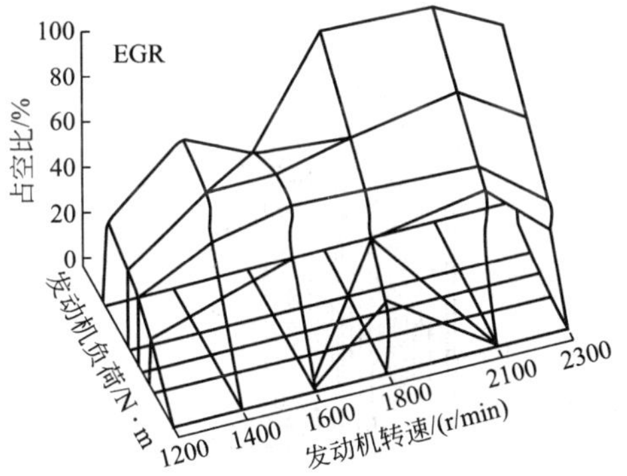

图 9.58 电子控制 EGR 控制特性

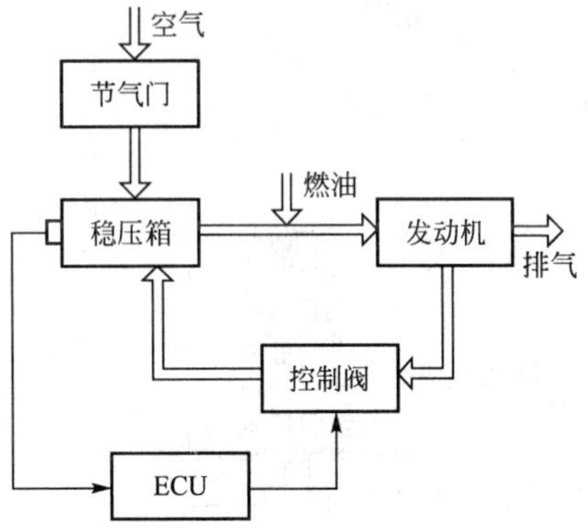

图 9.59 闭环控制式废气再循环系统框图

2. 电子控制废气再循环系统的结构

典型的电子控制 EGR 系统如图 9.60 所示，在该系统中，有两个部件是实现废气再循环过程的关键部件，即 EGR 阀和 EGR 电磁阀。下面即以这两个阀门的结构原理来说明电子控制废气再循环系统的工作原理。

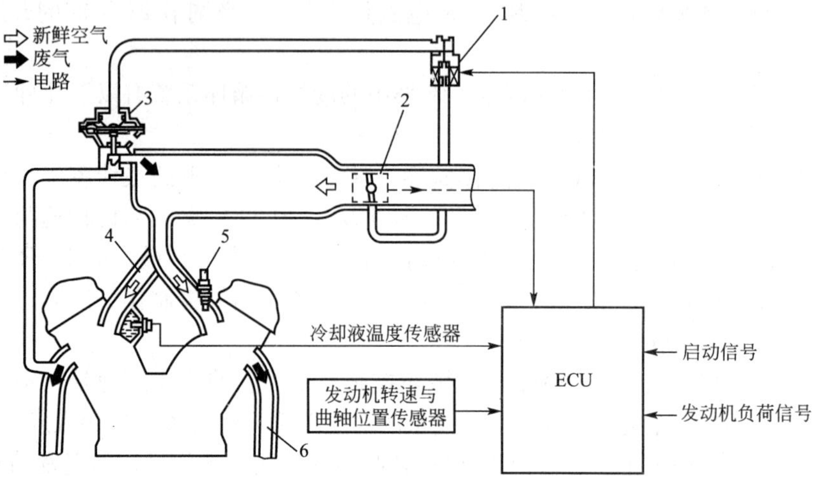

图 9.60　电子控制 EGR 系统

1—EGR 电磁阀；2—节气门位置传感器；3—EGR 阀；4—进气歧管；5—喷油器；6—排气管

1）EGR 阀

EGR 阀内部膜片的一侧(下部)通大气，装有弹簧的另一侧为真空室，其真空度由 EGR 电磁阀控制。增大真空室的真空度，使膜片克服弹簧力上拱，阀的开度增大，废气环流量增加。当上部失去真空度时，膜片在弹簧力的作用而向下拱而使阀关闭，阻断废气环流。

安装有 EGR 阀开度传感器的 EGR 阀如图 9.61 所示。EGR 阀开度传感器一般为电位计式传感器，其测量杆与 EGR 阀的膜片相连接，EGR 阀开度变化时，通过膜片带动测量杆移动，使电位计输出相应的电信号。该电信号输入 ECU，即可实现对废气再循环的闭环控制。

2）EGR 电磁阀

EGR 电磁阀的结构如图 9.62 所示。EGR 电磁阀有 3 个通气口，EGR 电磁阀不通电

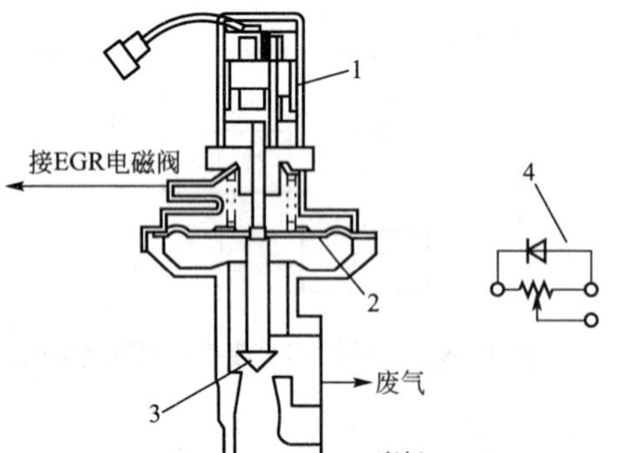

图 9.61　装有 EGR 阀开度传感器的 EGR 阀

1—EGR 阀开度传感器；2—膜片；3—阀体；4—EGR 阀开度传感器电路

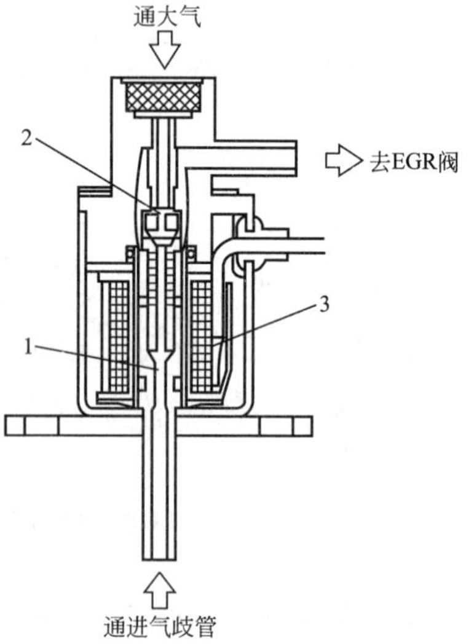

图 9.62　EGR 电磁阀

1—空气通道；2—阀体；3—电磁阀线圈

时，弹簧将阀体向上压紧，通大气阀口被关闭，这时EGR电磁阀使进气管与EGR阀真空室相通；当EGR电磁阀线圈通电时，产生的电磁力使阀体下移，阀体下端将通进气管的真空通道关闭，而上端的通大气阀口打开，于是就使EGR阀的真空室与大气相通。EGR电磁阀具体的工作情况如下。

当需要增大废气再循环流量时，ECU输出的占空比减小，EGR电磁阀相对的通电时间减小，EGR阀真空室通进气管的相对时间增大，其真空度增大而使EGR阀开度增大，废气再循环流量相应增加。

当ECU输出占空比为0的信号(持续低电平)时，EGR电磁阀断电，这时，EGR阀真空室与进气管持续相通，其真空度达到最大(直接取决于进气管的真空度，EGR阀的开度最大，废气的再循环流量也达到最大)。当不需要废气再循环时，ECU输出占空比为100%的信号(持续高电平)，使EGR电磁阀常通电，EGR阀真空室与大气常通，EGR阀关闭，阻断了废气再循环。

9.5.2 三元催化转换器、氧传感器与闭环控制

1. 氧传感器及闭环控制

现代汽车普遍采用三元催化排气净化器，把发动机排出的废气中有害气体转换成无害气体。三元催化转换器装在排气管中。

三元催化剂是铂(或钯)和铑的混合物，它与HC、CO和NO_X发生反应。但是只有当空燃比保持稳定时，其转换效率才能得到精确控制。图9.63为三元催化转换器转换效率与空燃比的关系曲线，从图中可以看出，只有当发动机在标准的理论空燃比14.7附近运转时，三元催化转换器的转换效率才最佳。为此必须对空燃比进行精确的控制，把空燃比保持在理论空燃比附近很窄的范围内。

在发动机开环控制过程中，ECU只是根据发动机转速、进气量、进气压力、温度等信号确定喷油量，控制混合气的空燃比，对实际空燃比的控制不可能很精确，很难将实际空燃比控制在14.7附近很窄的范围内。

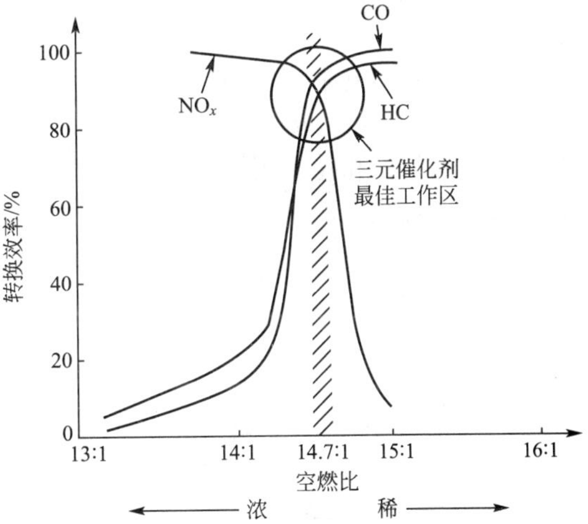

图9.63 三元催化转换器转换效率与空燃比的关系

为了将实际空燃比精确地控制在14.7附近，在发动机控制系统中普遍采用由氧传感器组成的空燃比反馈控制方式，即闭环控制方式。在三元催化转换器前面的排气歧管或排气管内安装氧传感器，用来检测排气中的氧含量，以确定实际空燃比是比理论空燃比浓还是稀，并向ECU反馈相应的电压信号。ECU根据氧传感器反馈的空燃比浓稀信号，控制喷油量的增加或减少。氧传感器结构及原理详见第8章(图8.55)。

在闭环控制过程中，当实际空燃比比理论空燃比小(混合气浓)时，氧传感器向ECU输入的是高电压信号(0.75～0.9V)。此时ECU将减小喷油量，使空燃比增大。当空燃比

增大到理论空燃比 14.7∶1 时，氧传感器输出电压信号将突变下降至 0.1V 左右。此信号输入 ECU 后，ECU 立即控制增加喷油量，空燃比又开始减小。

只要空燃比减到理论空燃比以下时，氧传感器输出电压信号又突变上升至 0.75V 以上，反馈给 ECU 后，ECU 又将控制减小喷油量。如此反复，就能将空燃比精确地控制在理论空燃比 14.7∶1 附近一个极小的范围内。而此时三元催化转换器也保证工作在最佳状态。

由上述可知，闭环控制的实质在于保持实际空燃比为 14.7，但任何需要以非理论空燃比运行的发动机工况都只能采用开环控制，下列工况时应采用开环控制。

(1) 怠速运转时。

(2) 节气门全开、大负荷时。

(3) 减速断油时。

(4) 发动机启动时。

(5) 发动机冷却水温度低或氧传感器温度未达到工作温度(400℃)时。

(6) 氧传感器失效或其配线发生故障时。

发动机进入开环或闭环控制，由 ECU 根据有关信号确定。

2. 催化转换器

早期的催化转换器只对一氧化碳(CO)和碳氢化合物(HC)起催化转换作用，使其迅速氧化变成二氧化碳和水蒸气。这样的催化转换器称氧化催化反应器，它所用的催化剂是铂或钯。氧化催化转换器由外壳、催化反应芯子以及它们之间的绝缘材料和排气温度传感器等组成。

为了减少氮氧化物的排放，现在的催化转换器都是三元催化转化器 TWCC(Three Way Catalytic Converter)。图 9.64(a)所示为最常见的三元催化转换器结构，这种催化转换器的催化剂为铂和铑。用铂和铑做催化剂不仅能促进一氧化碳和碳氢化合物转变为二氧化碳和水，而且能促使氮氧化物和一氧化碳起化学反应，转变成氮气和二氧化碳，后者是还原反应。

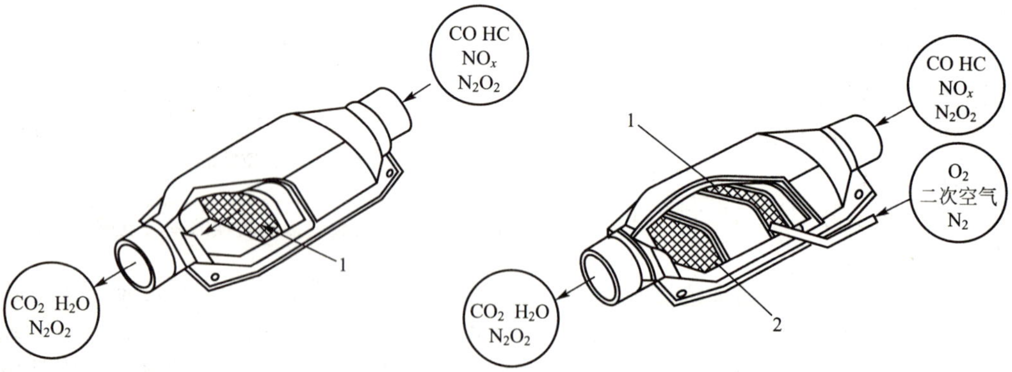

(a) 单芯三元催化转换器　　(b) 以芯三元催化转换器

图 9.64　三元催化转换器

1—三元催化芯子；2—二元催化芯子

三元催化转换器只能在理论空燃比附近一个很小的区域工作，因此在使用三元催化转换器时，必须使用具有氧含量和空燃比反馈的控制系统，来控制空燃比使其维持在理论空燃比附近。

还有一种称为双芯三元催化转换器，这种转换器有一个把氮氧化物分解成氮的还原室以及使碳氢化合物和一氧化碳氧化成水和二氧化碳的氧化室。镀有钯和铑的三元催化芯子安装在还原室中，镀有铂的二元催化芯子安装在氧化室中，二次氧进入氧化反应室，如图9.64(b)所示。这种催化转换器效率更高。三元催化转换器工作时的温度也不能过高。如转换器太热时，加到转换器内的空气会使转换器损坏。这种情况下，电子控制单元(ECU)将使二次空气喷射系统停止向三元催化转换器提供空气。

由于铅会使铂钯等贵金属的催化作用失去效力，常称催化剂“中毒”，所以装有催化转换器的汽车，不能使用含铅汽油，应使用无铅汽油。

9.5.3 二次空气喷射系统的控制

如果新鲜空气进入排气歧管，且废气够热，废气就会在排入大气以前重新燃烧，废气中的CO和HC就会转化为无污染的CO_2和H_2O。二次空气喷射系统的实质就是将一定量的空气引入排气管，使废气中的一氧化碳和碳氢化合物进一步燃烧，以减少一氧化碳和碳氢化合物的排放，还可以进一步提高三元催化转换器催化剂的转换效率。

二次空气又分为上游气流及下游气流。上游气流进入排气总管，下游气流流进转换器中的空气室中，如图9.65所示。空气何时进入排气总管及催化转换器中由ECU进行控制。目前所用的二次空气供给方法有两种：一是有空气泵的空气喷射系统(称空气泵系统)；二是利用排气压力将空气导入的装置(称脉冲空气系统)。

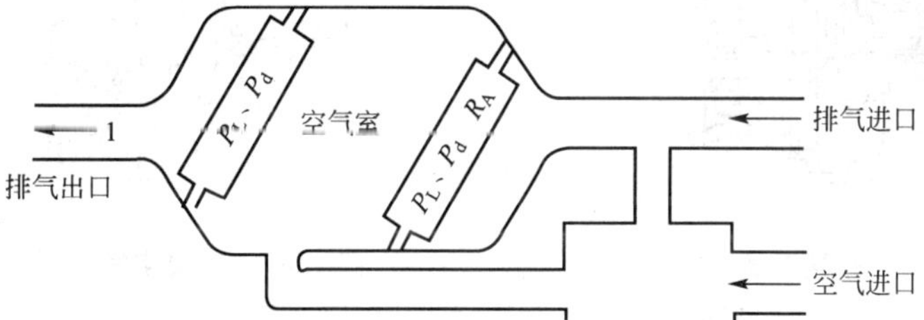

图9.65 空气管理系统简图

1. 空气泵系统

空气按照输入信号引入空气滤清器、排气口及催化转换器中，此系统有两套主阀，如图9.66所示。第一套阀叫分流阀，将空气送往空气滤清器中。第二套阀叫开关阀，用以将空气送往排气口或催化转换器中，在排气口到排气通道之间必须有一单向阀，以防止在减速等情况下排气管中废气倒流。此系统有以下几种工作方式。

(1) 正常或闭环操作时，分流阀将空气送往开关阀，然后，它再将空气送到催化转换器中，转换器中的催化剂是双层的，又叫双床催化剂。前一部分为还原剂，用以把氮氧化物NO_X还原成氧气O_2和氮气N_2。下一部分又叫做氧化剂，用以把碳氢化合物HC和一氧化碳CO氧化成水H_2O和二氧化碳CO_2。由于二者的转换效率与空燃比关系很大，空燃比越大，转化效率越高。所以通常把空气加入在氧化剂与还原剂之间，以提高氧化剂的工作效率。

(2) 在冷态和其他开环操作的情况下，转换器不够热，不足以使用额外空气。因此，分流阀又将空气送到开关阀，而开关阀又将空气引向排气口。

(3) 当转换器变得太热时，加入空气对转换器中的催化剂会造成污染。这种情况下，分流阀将空气送往空气滤清器。

2. 二次空气喷射系统的组成和工作原理

车辆的二次空气喷射系统是由皮带驱动的空气泵、ASV 阀(气动隔膜阀)、VSV 阀(真空电磁阀)和管道等组成，如图 9.67 所示。VSV 阀由发动机 ECU 进行控制。

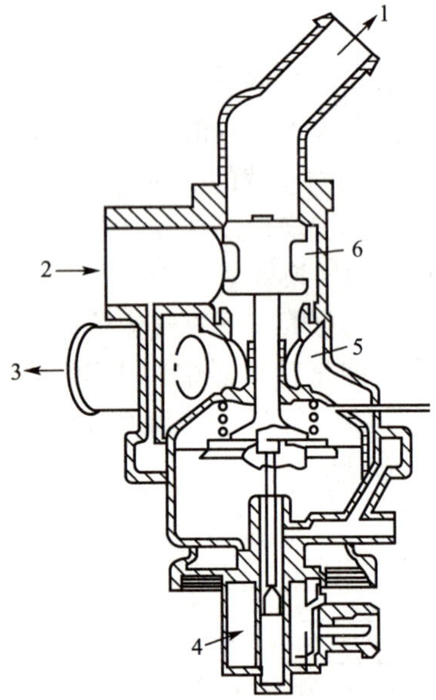

图 9.66　空气泵系统

1—到排气进口的空气；2—空气进口；3—到转换器；4—阻尼；5—分流阀；6—开关阀

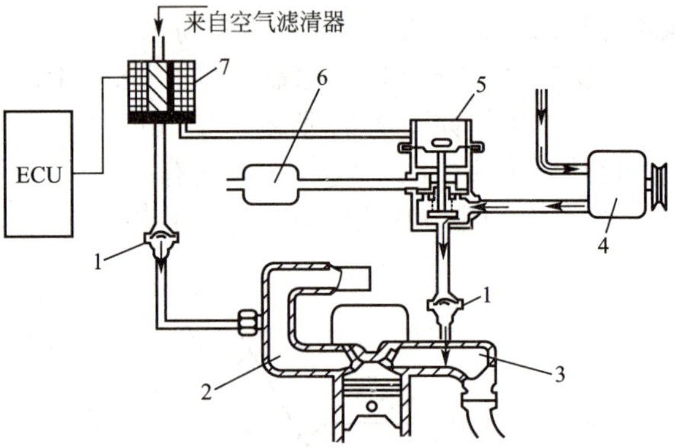

图 9.67　二次空气喷射控制系统

1—单向阀；2—进气歧管；3—排气歧管；4—空气泵；5—ASV 阀；6—消声器；7—VSV 阀

如图 9.67 所示，在发动机启动或发动机预热的短时间内，ECU 将控制 VSV 阀电磁线圈接通，这时，VSV 将进气歧管负压引入 ASV 膜片室，使空气泵产生的空气经 ASV 阀下部通道和单向阀喷入排气歧管上的空气口，进行废气的二次燃烧。在发动机温度升高后，发动机处于闭环工作状态，ECU 将停止供给 VSV 阀电磁线圈电流，来自空气滤清器的空气(与大气相通)进入 ASV 阀的膜片上方(负压消失)，在弹簧的作用下，ASV 阀通往二次空气喷射的气路通道关闭，空气泵来的空气经 ASV 阀的另一通道被送到消声器、三元催化转换器通道，完成催化剂的氧化过程；与此同时，废气再循环系统工作，直到发动机怠速，处于开环工作状态时为止。

9.5.4 活性炭罐蒸发污染控制

为了防止燃油箱向大气排放燃油蒸气而产生的污染，在发动机控制系统中普遍采用了由 ECU 控制的活性炭罐蒸发污染控制装置。装有这种装置的汽车，燃油箱中产生的汽油蒸气不是自然地通向大气扩散，而是进入进气管内。这样可以有效地制止未燃烧的 HC 的蒸发排放。该系统由充满炭精颗粒(活性炭)的活性炭罐(也叫汽油蒸气存储罐)和连接炭罐、油箱及节气门体的管道组成，如图 9.68 所示。

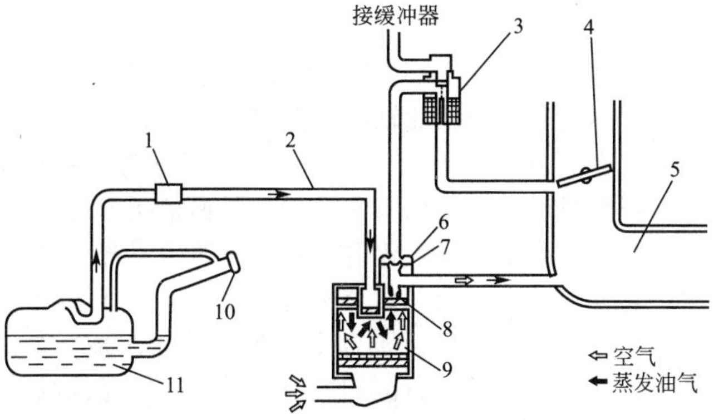

图 9.68 活性炭罐蒸发污染控制

1—单向阀；2—蒸发通气管路；3—炭罐控制电磁阀；4—节气门；5—进气歧管；
6—主节气室；7—排放控制阀；8—定量排放小孔；9—活性炭罐；
10—油箱盖附真空泄放阀；11—油箱

在发动机不工作时，油箱中的汽油蒸气通过单向阀进入活性炭罐上部，被活性炭吸收存储起来，不使其排入大气，空气从炭罐下部进入清洗活性炭。当发动机工作时，油箱内的一部分空气流经炭罐，连同炭罐内被活性炭所吸附的汽油蒸汽通过节气门体上的孔一同进入汽缸，在炭罐右上方有一定量排放小孔及受真空控制的排放控制阀，排放控制阀上部的真空度由炭罐控制电磁阀控制，而炭罐控制电磁阀受 ECU 控制。有些发动机的蒸发污染控制系统还有汽油蒸气排放阀，使存储汽油蒸气的炭罐在一定的发动机工况下排出汽油蒸气。

目前，在不同厂家和车型的汽车上可能碰到的活性炭罐蒸发污染控制系统有以下几种类型。

(1) 空气滤清器排放。这种系统没有控制阀和电磁阀。炭罐上的蒸气出口用软管直接和空气滤清器连接，这种形式均在早先的电子多点喷射的增压发动机和 V 型 8 缸发动机上。

(2) 直接真空排放。这种排放装置用在早先的某些化油器汽车上。炭罐的一个接头接油箱，另一个接头连接一个三通接头。此三通接头的一端和化油器上的排放孔连接，另一端通过恒温浮子室通风阀和化油器的浮子室相连接。当发动机运转时，浮子室通风电磁阀关闭，炭罐中的汽油蒸气进入化油器的排放孔而被吸入汽缸。吸入汽缸中的汽油蒸气的流量直接由化油器排放孔处的真空度确定。

(3) 真空控制排放阀。这是最常用的标准汽油蒸发排放控制系统。由真空控制的排放阀工作情况如下：在没有控制真空时，排放阀关闭；发动机熄火时排放阀关闭。当有真空作用时排放阀打开，汽油蒸汽流入管道。

(4) 炭罐排放电磁阀。这种系统用在电子控制的发动机上，受发动机电子控制单元控制，电子控制单元根据发动机的运行情况接通或断开电磁线圈来控制阀的开关。当电磁线圈接通时，电磁阀关闭，真空不能进入蒸汽存贮罐(炭罐)。当电磁线圈断开时，电磁阀打开，真空进入炭罐，汽油蒸汽进入进气歧管。电磁阀打开的情况有：发动机已经预热、发动机已经转了一定时间、在一定的行驶速度下、节气门开度达到一定时。

9.5.5 曲轴箱强制通风系统

在发动机运转时，燃烧室内有一少部分气体经由活塞环间隙渗漏到曲轴箱内。曲轴箱内的这部分气体处于一定压力下，会从曲轴箱内逸出而污染大气。汽油机中汽缸窜气经曲轴箱排到大气中的 HC 量占其总量的 20%～25%，如果把他们留在曲轴箱内，则将污染机油，使机油产生油泥，影响发动机的使用寿命，并因曲轴箱压力过高而使密封损坏，机油渗漏。曲轴箱内的气体含有未燃烧的碳氢化合物，强制通风系统是将这些气体再循环进入发动机燃烧室被烧掉，这样既减少了碳氢化合物的污染，又改善了经济性。曲轴箱强制通风系统由强制通风阀 PVC、1 个密封的加油器盖和连接软管组成，如图 9.69 所示。曲轴箱内的气体经汽缸体上的气体通道进入右侧的气门盖室内，再经强制通风阀和软管被吸入节气门体内，最后进入汽缸。同时，新鲜的空气从空气滤清器的外围经软管和曲轴箱进气口滤清器补充到曲轴箱内。

曲轴箱强制通风系统最关键的部件是强制通风阀 PVC，如图 9.70 所示。

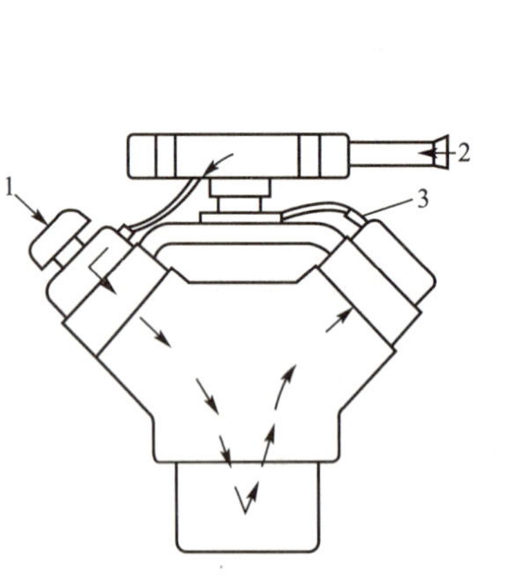

图 9.69 曲轴箱强制通风系统

1—加油盖；2—空气吸进；3—PVC 阀

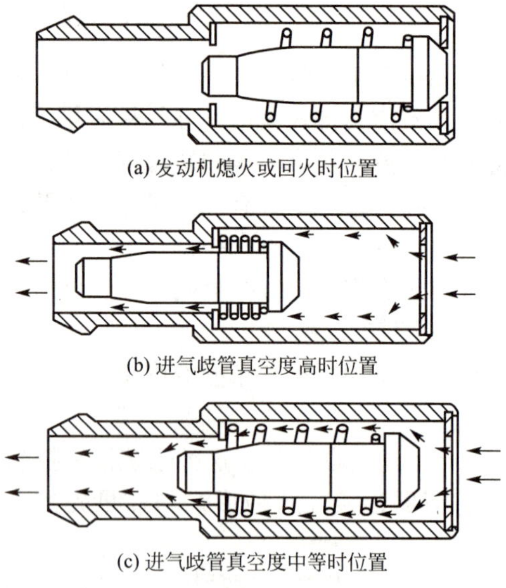

图 9.70 强制通风阀的工作情况

PVC 阀的作用是在怠速、低速小负荷时，减小送入汽缸的抽气量，避免混合气过稀而造成熄火，而在节气门全开时，即进气管真空度低、气缸窜气量大时，则可提供足够流量。在电控汽油喷射系统中，节气门位置传感器、发动机转速传感器等信号由电控单元

ECU加以精确地控制。

如果强制通风阀阻塞，曲轴箱内的气体将不能从正常的途径流出，曲轴箱内的压力将增高。

9.6 柴油机电子控制系统

柴油机具有热效率高、油耗低的突出优点，在20世纪70年代能源危机后，柴油机开始从重型车领域进入多年来汽油机一统天下的轿车领域，但是与汽油机相比，由于柴油机喷油泵机械控制系统的自由度低，作为轿车的动力，柴油机的操控还不够理想。因为在普通机械式喷油的柴油机上是靠飞锤的离心力使调节套筒移动，由此控制柱塞的出油量从而控制喷油量。输送到调节套筒的柴油在柱塞移动时可以排出，利用这种办法可以调节喷油量，若增大排油口截面积，排油量增大而喷油量减小，反之减小排油口截面积，喷油量增大。这是因为调节套筒上有油阀，移动调节套筒就可以调整油槽面积，这是柴油机喷油量的基本调节方法。

进入21世纪，柴油机在环保方面的优势已经非常突出，同时柴油机微机控制技术的完善和提高，微机控制可变喷嘴涡轮增压器、四元催化剂及催化转换器等新技术的应用，使柴油机的缺点得到有效的克服，极大地提高了柴油机的综合性能。

9.6.1 柴油机电控系统的组成

从宏观上看，作为电子控制系统，柴油机电控系统和汽油机电控系统一样，由传感器、电控单元(ECU)和执行器3部分组成。由于控制对象不同、控制内容侧重点不同，在具体要求及构成上也有所差异。

(1) 传感器：传感器的主要功能是采集柴油机运行参数及状态参数。并将这些物理量转换成电量，然后将这些电量输送到电控单元。柴油机电控系统所需传感器的功能大多与微机控制汽油机相同，少量为柴油机运行控制特有的专用传感器。

(2) 电控单元：电控单元ECU是柴油机电控系统的核心，其基本功能及组成与汽油机基本相同，在此不再重复。

(3) 执行器：柴油机电子控制系统所需执行器除少量与汽油机相似外，由于柴油机的混合气形成方式、着火方式等与汽油机完全不同，因此与汽油机差异很大。特别是柴油机的燃油喷射系统类型较多，不像汽油机那么单一，因此同样是微机控制的柴油机，由于燃油喷射系统的不同，所用的执行器也有很大的差异。大多数执行器都由执行电器和机械执行机构两部分组成，执行电器大多采用电磁铁、螺线管、直流电机、步进电机和力矩电机等；机械执行机构的形式则由所要完成的具体控制功能和在柴油机的布置决定。

9.6.2 柴油机电控系统的控制内容

1. 燃油喷射控制

燃油喷射控制是柴油机电控系统最主要的控制功能，主要包括喷油量控制、喷油正时控制、喷油规律控制，还有各缸喷油量不均性控制、喷油压力控制等内容。

1）喷油量控制

电控系统以柴油机转速和负荷为基本控制参数，根据预先设定的计算程序或三维脉谱图确定基本循环喷油量，然后根据其他有关输入信号(如进气温度、进气压力、燃油特性修正、低温启动后的修正和急减速时的修正等)进行修正，最后确定实际循环供(喷)油量。

2）喷油正时控制

电控系统以柴油机转速和负荷为基本控制参数，按预设的基本供(喷)油正时三维脉谱图确定基本供(喷)油正时，然后根据其他有关输入信号(如进气温度、进气压力等)进行修正，在有些柴油机电控系统中，专门配置了着火正时传感器，对实际燃烧开始时间进行检测，ECU根据着火正时传感器的输入信号修正喷油正时。

3）燃油喷射规律控制

燃油喷射规律控制，也即喷油速率和喷油量随时间变化的规律，电控系统以柴油机转速和负荷为基本控制参数，按预设的喷油速率和喷油规律完成循环的喷油过程。

4）各缸喷油量不均性控制

电控系统以各缸间转速波动允许偏差为控制目标值，通过精确测定各缸做功行程曲轴转速的偏差修正各缸的喷油量，以保证各缸间转速波动在控制目标值内。

2. 进气控制

进气控制是电控柴油机的第二个主要控制功能，进气控制包括可变进气涡流控制、可变配气正时控制、进气节流控制和进气预热控制等内容。

1）可变进气涡流控制

电控系统以柴油机转速和负荷为基本控制参数，按预设的最佳进气涡流比脉谱图对进气涡流强度进行控制，以满足高低转速工况时对进气涡流强度不同的要求。

2）可变配气正时控制

电控系统以柴油机转速和负荷信息为基本控制参数，按预设的最佳配气相位，通过各种电控可变配气正时机构改变柴油机的配气相位，以满足不同工况配气正时不同的要求。

3）进气节流控制

电控系统以柴油机转速和负荷信息为基本控制参数，通过对进气管中节流阀开度控制，适应高低转速工况对进气流量的不同要求。另外，为降低怠速时的振动、噪声和柴油机停车时的振动，电控系统通过怠速时节流控制和停车时中断进气来减轻发动机的振动。

4）进气预热控制

电控系统以柴油机冷却液的温度为基本控制参数，通过对加热塞通电时间的控制，对进气进行预热，以提高柴油机的低温启动性能和低温下怠速稳定性。

3. 怠速控制

怠速控制主要包括怠速转速稳定性控制和怠速时各缸工作均匀性的控制。

1）怠速转速及怠速稳定性控制

柴油机处于怠速工况运转时，电控系统根据发动机负荷的变化，如空调离合器是否结合、空气压缩机是否工作、自动变速器的挡位等情况，同时参考冷却液温度、进气温度等修正因素，按预先确定的怠速控制目标值。电控系统通过对怠速喷油量的控制，使柴油机在适当的怠速运转，并通过各种反馈信息，对怠速喷油量进行反馈控制，以保证怠速的稳定。

2）怠速时各缸均匀性控制

柴油机处于怠速工况运转时，电控系统通过对发动机曲轴转速的精确测定，计算出怠速时各缸工作的循环差，然后对各缸的喷油量进行补偿调节，以保证怠速时各缸的不均匀性在允许的范围内。

4. 废气再循环控制

废气再循环控制的内容和作用与汽油机基本相同，包括废气再循环工况的确定和废气再循环量的控制。

5. 废气涡轮增压压力控制

废气涡轮增压压力控制的目的与汽油机基本相同，即防止增压压力过高使发动机爆发压力过高，或增压压力过低造成空气量不足使排气温度过高。控制方式视增压器而异，主要有废气旁通通道控制和涡轮流通截面控制两种方法。

1）废气旁通通道控制

废气旁通通道控制与前述的汽油机废气涡轮增压压力控制方法基本相同，微机控制系统以目标增压压力为基本参数，通过控制废气旁通阀的开度调节增压压力。

2）涡轮流通截面或喷嘴截面控制

电控系统以目标增压压力为基本控制参数，通过改变废气涡轮进气截面或涡轮喷嘴截面调节增压压力。

6. 故障自诊断与带故障运行控制

柴油机的故障自诊断与带故障运行控制的内容与汽油机基本相同，当电控系统出现故障时，故障自诊断系统将发出对驾驶员的提示警告信息，存储故障信息以便维修人员检修时调用，电控系统进入带故障运行控制程序，使汽车仍能维持最基本的行驶功能，行驶到维修站进行抢修。

9.6.3 柴油机电子控制系统的主要特点

1. 提高柴油机经济性能和改善排放性能

在不同的发动机转速和不同负荷下均存在着一个最佳喷油始点，稍一偏离该最佳值都会明显地增加耗油量和排放，因而要求控制系统具有较高的调控精度。微机电控系统可以方便地在考虑影响喷油始点的诸因素之后对喷油提前角进行精确控制，使其达到或逼近最佳值。与机械式喷油提前装置相比，采用微机电控系统后可使柴油机的燃油消耗率降低5%，甚至更多，排放也可明显降低。

柴油机的电控喷油系统能同时实现对循环供油量和喷油正时的精确控制，能较为方便地实现高压喷射，通过改变低压工作油源的压力或者改变增压活塞与压油柱塞的面积比就可改变系统的喷射压力，以便与系统相匹配。电控喷油嘴的高压部分的空间延伸尺寸很小，主要集中在喷油嘴上，当喷油压力提高后不会遇到结构强度方面的问题；柴油机的电控喷油系统还能实现在各种工况下的高压喷射，其喷射压力与发动机转速、负荷无关。

2. 提高发动机的工作可靠性

柴油机的电控喷油系统借助传感器的输入信号，可随时检测影响发动机工作可靠性的一些参数，如润滑系统的机油压力、排气温度、曲轴轴瓦温度和转速等。一旦某一项或某些项的参数或状态超出或低于设定值，控制系统会立即显示报警，同时控制执行器进行相应的调节，直到这些参数或状态正常为止。对于一些影响发动机运转可靠性的主要因素，控制系统还可以为柴油发动机提供双重甚至是多重保护，以免造成巨大损失。例如，当柴油机发生重大事故时，控制系统一方面控制调节齿杆迅速减油回复零值，同时也控制高压泵进油管路上的电磁阀切断油路或关闭进气阀，使发动机迅速停车。另外，许多柴油机电控系统还具有故障诊断和支撑功能，以便于查找和确认故障，保证发动机正常运行。

3. 提高柴油机运行工况控制精度

电控中心从接收到一个信息开始到处理完毕并输出控制信号所需的时间一般为毫秒级，这个时间远远小于柴油机或其他机械控制机构的响应时间。因此，一旦柴油机及其系统的运行参数或状态稍微偏离目标值，微机控制系统就能立即进行跟踪并予以及时调节和控制。如同步调速、无波动的转速控制和电控喷油控制。

4. 提高控制策略灵活性

柴油机微机电控系统的最大特点之一是控制策略的灵活性。对于不同用途的柴油机，其控制策略往往不同。当需要改进或与其他机型匹配时，传统的办法是改变相应的机械式控制系统，重新设计、试制和加工，因其周期长、成本高，极不方便。而电控系统则能方便地与各种不同用途的柴油机或动力装置匹配，需要改变的仅仅是EPROM中的软件程序，基本上不需要任何变更便能用于不同类型的柴油机。

柴油机电控系统除了控制功能外，还具有遥控、诊断、监控、报警和保护等功能，全面地改善了发动机的稳态和瞬态性能，从而提高发动机的经济性和改善排放。

9.6.4 电控柴油机的分类

1. 按控制方法分类

电控柴油机按燃油喷射系统的控制方式可以分为位置控制方式和时间控制方式两种类型，初期的电控柴油机均采用位置控制方式，现在已逐渐被时间控制方式所代替。

1）位置控制方式

位置控制方式的基本特点是保留了原直列式喷油泵和转子式分配泵的基本结构，由装在喷油泵的齿杆位移传感器、凸轮轴转角位移传感器、电磁式执行器和微处理器组成的控制系统对喷油量和喷油定时进行控制和调节。喷油量通过计算柱塞的初始位置而定，也即根据柱塞供油始点和供油终点间的物理长度——有效压油行程确定。

位置控制方式对原机械控制的喷油泵改动最小，此类电控喷油泵的商品化程度最高。其主要缺点是动态响应速度慢，控制精度低，不能对原来的喷油规律进行修改(除电控可变预行程喷油泵外)，喷油压力难以进一步提高。另外直列喷油泵的喷油定时执行机构必须承受喷油泵凸轮轴的驱动力矩。典型的系统和产品有日本ECD-Ⅰ系统、德国Bosch公司的电控直列泵、日本Zexel公司研制的可变相行程式直列喷油泵、英国Lucas公司的电控径向柱塞分配泵等系统。

2）时间控制方式

时间控制方式电控高压喷射装置的工作原理与传统机械式的完全不同，时间控制方式在高压油路中布置一个或两个高速电磁阀，利用高速电磁阀的启闭控制喷油泵和喷油器的喷油过程。喷油量的控制由喷油器开启持续时间(高速电磁阀开启的持续时间)、喷油压力大小决定，而喷油正时的控制则由高速电磁阀的开启时刻确定。采用时间控制方式，可实现喷油量、喷油正时和喷油速率的柔性控制和一体控制。时间控制方式就其控制原理而言同汽油机汽油喷射控制，但柴油机的电控燃油喷射系统的功能更多，控制的技术要求更高，难度更大。典型的系统和产品有美国DDC公司的DDRC电控泵喷嘴喷油系统和日本电装公司的高压共轨式喷油系统ECD-U2共轨喷射系统。

2. 按喷油系统分类

1) 脉动式喷油系统

脉动式喷油系统采用电控直列喷油泵、电控分配泵等，脉动喷油系统对喷油量及喷油规律控制靠柱塞螺旋槽(分配制套筒)、电子调速器和油泵凸轮来实现，喷油正时由电控-液压机构控制；供油方式都是脉动的从低压到高压经喷油器喷入气缸。

2) 蓄压式喷油系统

蓄压式喷油系统不采用柱塞泵脉动供油，而是由公共油道(共轨)或蓄压室向各喷油器提供所需的高压燃油，通过实时控制共轨上的高速电磁阀调节喷射压力和喷油规律与发动机的工况相适应。

9.6.5 典型柴油机电子控制系统的结构与原理

1. ECD-Ⅱ柴油机电控燃油喷射控制系统

ECD-Ⅱ柴油机电控系统是丰田公司研制的第二代柴油机电控系统，ECD-Ⅱ系统采用时间控制方式，电控系统通过电磁溢流阀对喷油正时和喷油量进行控制，利用着火正时传感器的反馈信息对喷油正时进行修正。

如图9.71所示，ECD-Ⅱ系统的燃油喷射控制系统主要由油泵转角传感器2和电磁溢流阀3等组成的喷油量控制系统及着火正时传感器4和正时控制阀5等组成的喷油正时控制系统等组成。

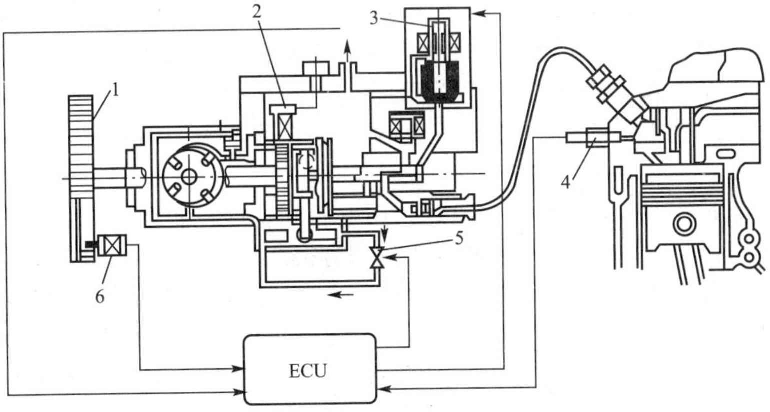

图9.71 ECD-Ⅱ燃油喷射系统组成简图

1—油泵驱动齿形带轮；2—油泵转角传感器；3—电磁溢流阀；4—着火正时传感器；
5—正时控制阀；6—曲轴位置传感器

1）喷油量控制

（1）喷油量控制系统的构成及工作原理。ECD－Ⅱ系统的喷油量控制系统的构成简图如图 9.72 所示。为了检测喷油泵轴的转角，在油泵及油泵轴上布置了传感器和油泵转角脉冲发生器。油泵转角脉冲发生器的构造如图 9.73 所示，脉冲发生器由 4 组触发轮齿组成，每组 14 个齿，齿与齿之间的夹角为 5.625°，每转过一组轮齿，油泵转角传感器便发出 14 个等周期脉冲信号。另外，在各组触发轮齿之间有一缺口(即缺齿部)，缺齿部的宽度由缺两齿形成，缺齿部用来检测平面凸轮顶起滚轮推动柱塞开始压油的位置。ECU 根据缺齿部的信号判断燃油压缩的开始位置，然后对泵轴转过的角度计数，当泵轴转过一定角度后，也即喷出所需的油量后，ECU 控制电磁溢流阀开启溢流通道，喷油停止。为了准备下一次喷油，电磁溢流阀在柱塞的吸油行程中关闭。

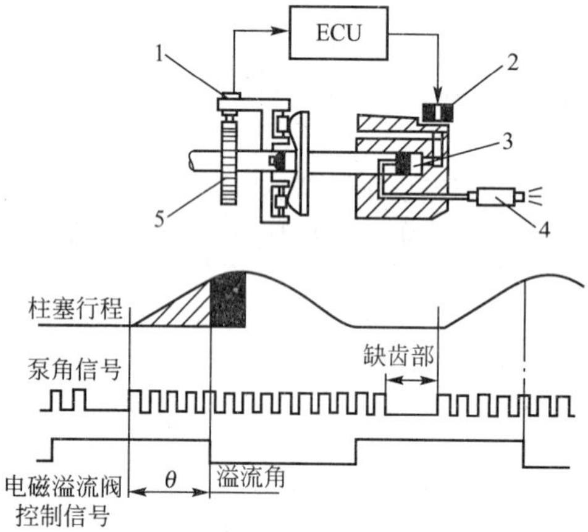

图 9.72　喷油量控制系统构成及工作原理

1—油泵转角传感器；2—电磁溢流阀；3—高压室；
4—喷油器；5—油泵转角脉冲发生器

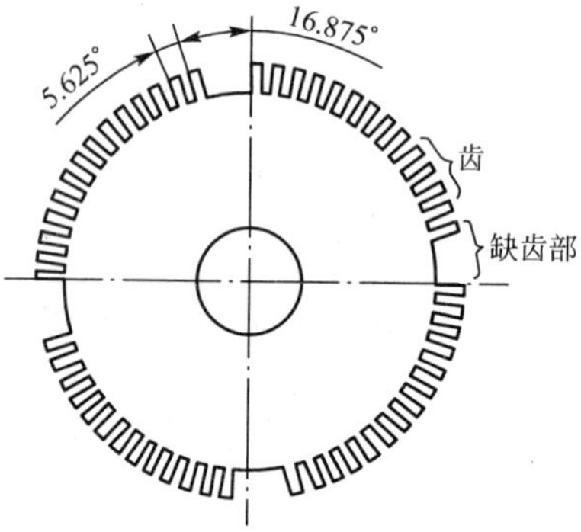

图 9.73　油泵转角脉冲发生器

自柱塞开始压缩至电磁涡流阀打开，油泵轴转过的角度 θ 称为溢流角，溢流角 θ 与油泵的喷油量相对应，θ 越大，喷出的燃油越多，溢流角 θ 可由缺齿部的信号结束计算齿的脉冲信号数求得。ECU 在对循环喷油量进行控制时，首先根据所需的燃油量确定电磁溢流阀所需开启时间，然后当在两个脉冲中间时，用其前脉冲间隔时间把溢流角换算成时间，用此时间控制电磁溢流阀的开启和关闭。

当改变喷油正时时，由于油泵转角传感器安装在滚环上，因此尽管喷油正时发生变化，但喷油量与溢流角始终相对应。

（2）电磁溢流阀基本结构及工作原理。用电磁阀直接控制高压燃油的喷射，具有简单、控制性好的特点，但是对控制所用的电磁阀有很高的要求。这类电磁阀必须满足的基本要求有：为使高压燃油的流出不受阻力影响，溢流通路的开闭面积必须足够大；在电磁阀闭合时，高压室内必须保持高压燃油；为了使发动机在高速运转时也能对燃油喷射进行精确有效地控制，电磁阀必须有足够快的响应特性；在使用 12V 或 12V 以上的电源电压时，消耗的电能应在一定的标准以内。

为了满足以上苛刻要求，目前的电磁溢流阀通常采用由辅助阀(电磁阀)和主阀(液压阀)构成的电-液式两级控制机构组成。ECD－Ⅱ系统的喷油量控制系统所用的电磁溢流阀的基本结构如图 9.74 所示，它主要由电枢、电磁线圈、辅助阀和主阀等组成。

当高压室燃油压力随柱塞移动而上升时，燃油压力通过主阀阀孔作用在主阀的头部，此时，电磁线圈通电，辅助阀压紧在阀座上。因此主阀头部受的压力与作用在主阀背后的压力相同，由于主阀阀座与主阀的断面积有差值，故主阀被压紧在阀座上。在这种状态下，高压室的燃油从高压室喷出。

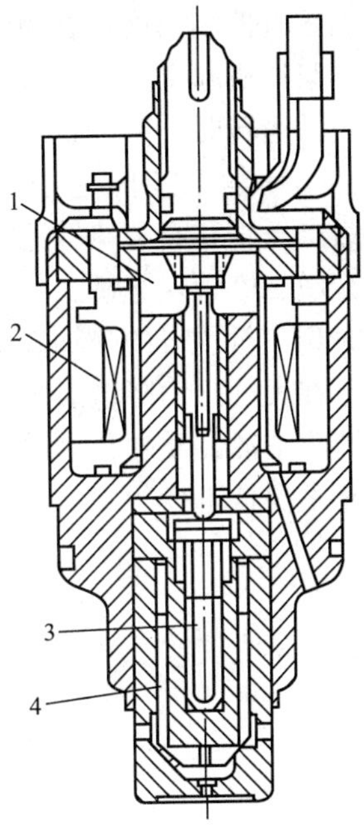

图 9.74 电磁溢流阀的基本结构

1—电枢；2—电磁线圈；3—辅助阀；4—主阀

(3) 控制系统的喷油量修正功能。ECD－Ⅱ系统除了具有 ECD－Ⅰ系统原有的喷油量修正功能外，还增加了一些新的喷油量修正功能，这些新增的修正功能如下。

① 燃油特性的修正：ECD－Ⅱ柴油机微机控制系统不仅可根据燃油温度而且可根据燃油特性来修正燃油喷射量。所谓燃油特性的修正是系统利用怠速控制的修正量来测知燃油的粘度．当燃油温度高或使用粘度较低的燃油时，喷油量减少且怠速降低，并根据所测量的值对燃油喷射量进行最适当的控制。采用燃油特性修正后，即使在高温下用特 3 号柴油(冬季型柴油)，也可使柴油机具有和常温下使用 2 号柴油时几乎相同的加速性能。

② 低温时的喷油量修正：低温时的喷油量修正是在柴油机低温起动后，电子控制系统根据柴油机冷却液的温度和转速对喷油量进行的最佳控制。

③ 急减速时的修正：这是为防止急减速时柴油机转速急剧降低而进行的修正，电子控制系统采用反馈控制来调节柴油机的控制偏差与状态的改变。

2)喷油正时控制

(1) 喷油正时控制系统的构成及工作原理。ECD－Ⅱ系统的正时控制由正时活塞改变平面凸轮与滚轮的相对位置实现，而对正时活塞的位置控制则由正时控制系统通过操纵正时控制阀改变作用在正时活塞两端油压的大小来完成，如图 9.75 所示。为获得最佳的喷油正时，ECD－Ⅱ系统中还设置着火正时传感器，ECU 根据着火正时传感器和曲轴转角传感器两者信号的相位差所得到的实际燃烧开始时刻，对预设的喷油正时进行修正。这样排除了燃油性能和大气压力变化对燃烧开始时刻的影响，可以保证柴油机在所有运转工况下，都具有最佳的喷油正时。

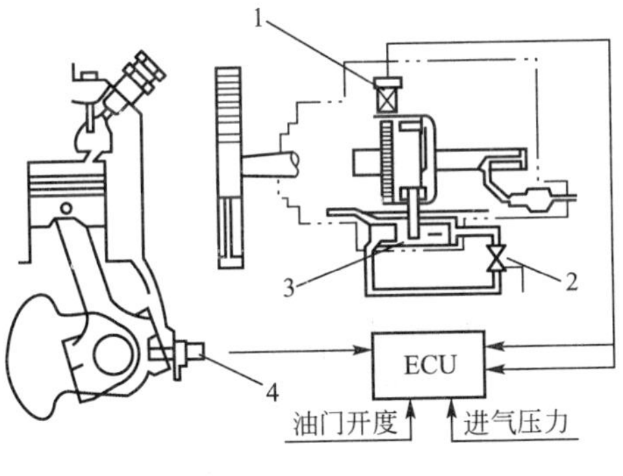

图 9.75 喷油正时控制系统构成简图

1—油泵转角传感器；2—正时控制阀；3—正时活塞；4—曲柄位置传感器

(2) 喷油正时控制。ECU 根据曲轴位置传感器和油泵转角传感器来计算喷油正时，曲轴位置传感器用来检测曲轴的基准位置，油泵转角传感器则用来检测燃油喷射的开始时刻。在该系统中，把作为控制基准的曲轴位置传感器布置在曲轴上，可以加大脉冲信号发生器的半径，增加单位时间的脉冲数，有利于提高控制精度。此外，为了提高每个油泵的喷油正时控制精度，在每个油泵上都安装了一个校正电阻器，ECU 通过读取电阻进行校正。柴油机起动时，由于发动机转速很低，转速变化剧烈，喷油正时实行开环控制。柴油机正常运转时，喷油正时实行反馈控制。

（3）着火正时传感器。着火正时传感器的一般构造如图 9.76 所示，传感器由信号线、光敏二极管和石英棒等组成。柴油机工作时，发动机燃烧室内燃烧发出的光通过石英棒导入光敏二极管，光敏二极管把光信号转换为电信号输送到 ECU。通过检测实际的燃烧开始时刻，对预设的喷油正时进行修正，可以使柴油机的性能不易随大气压力的变化而变化，在大气压力降低时，通过推迟燃烧开始时间，使柴油机的扭矩几乎不降低。另外，可以消除柴油品质变化对柴油机性能的影响，当柴油的十六烷值下降时，ECD－Ⅱ系统的油耗几乎保持不变。

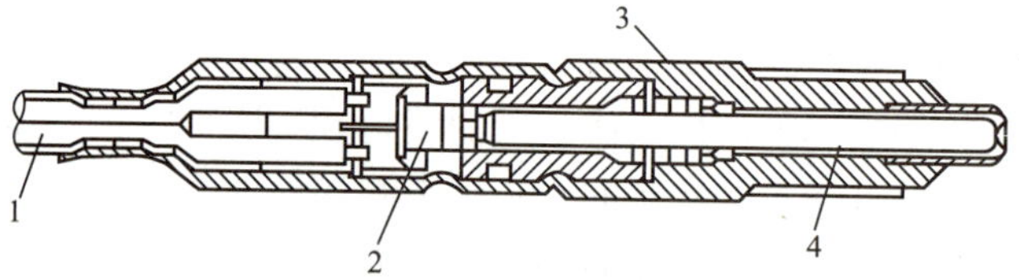

图 9.76　着火正时传感器

1—信号线；2—光敏二极管；3—外壳；4—石英棒

2. ECD－U2 电控共轨式喷油系统

电控共轨式喷油系统是 20 世纪 90 年代开发的一种先进的柴油机燃油喷射控制系统，该系统采用时间控制方式，除了具有喷油量控制、喷油正时控制外，还具有喷油规律控制等功能。

1）ECD－U2 电控共轨式喷油系统的构成及工作原理

ECD－U2 电控共轨式喷油系统是日本电装公司研发的新型柴油机燃油喷射系统，该系统结构如图 9.77 所示。

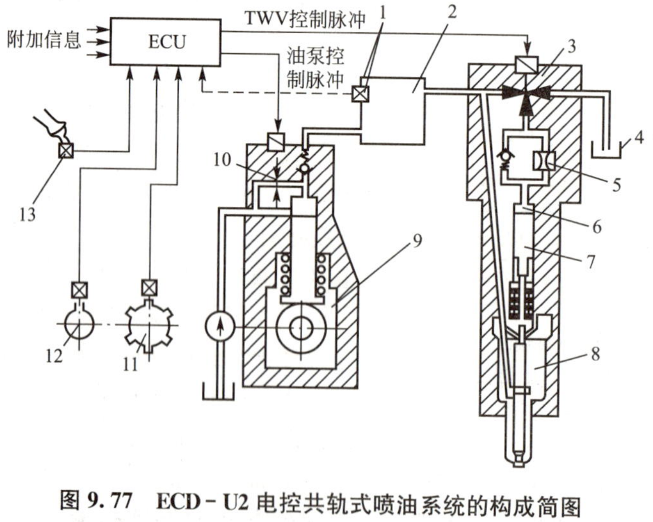

图 9.77　ECD－U2 电控共轨式喷油系统的构成简图

1—燃油压力传感器；2—高压共轨；3—通电检测；4—燃油箱；5—节流孔；6—控制室；7—液压活塞；8—喷油器；9—高压油泵；10—油泵供油压力调节阀；11—曲轴位置传感器；12—汽缸判别传感器；13—油门踏板位置传感器

ECD－U2电子控制共轨式喷油系统中，高压油泵及油泵柱塞偶件仅起提供高压燃油的作用。油泵柱塞偶件的数量与发动机的气缸数无关，仅与系统所需的最大供油量有关。该6缸发动机的供油系统，仅用两副油泵柱塞偶件。

高压油泵的供油压力由ECU根据预先设置发动机各运转工况的最佳压力值以及由油压传感器输入的高压共轨中实际燃油压力，通过控制油泵供油压力调节阀的开启或关闭，使高压共轨中的燃油压达到预先设定的最佳值。此时高压共轨的燃油压力就是喷油器的喷射压力。

喷油器的开启和关闭由喷油器液压活塞上端面、控制室中的燃油压力控制。控制室中的燃油压力高低不仅与高压共轨中压力有关，而且还和三通电磁阀的工作状态有关。当三通电磁阀通电时，控制室的高压燃油经三通阀流回油箱，喷油器针阀因控制室内压力的降低，在针阀锥面高压燃油轴向合力的作用下跳起。喷油器开始喷油。当三通电磁阀断电时，高压共轨中的高压燃油经三通阀流入控制室，液压活塞在油压合力的作用下，向下移动使针阀落座，喷油器停止喷油。

在ECD－U2系统中，三通电磁阀通电的时刻即是喷油开始时刻，因此改变三通电磁阀的通电时刻，就能方便地改变喷油正时。在ECD－U2系统中，由于三通电磁阀通电即开始喷油，三通电磁阀断电喷油停止，因此系统对喷油量的控制是通过三通电磁阀的通电持续时间的控制实现的。

节流孔用来调节控制室的卸压速度，三通电磁阀通电时，通过精细调节节流孔的节流面积，可以调节控制室高压燃油的回流速度，从而可以控制针阀上升的速度即改变初期的供油速率，达到降低噪声和NO_X排放的目的。

ECD－U2系统通过控制油泵供油调节阀和每个汽缸的三通电磁阀，实现了对循环喷油量、喷油正时、喷油速率的柔性控制。在控制过程中，ECU能根据燃油温度传感器、空气温度传感器及其他传感器输入的信号对喷射压力、喷油正时和喷油量进行修正。采用时间控制方式的共轨系统，电磁阀对喷射压力、喷油正时和喷油量进行控制，提高了调节的自由度和控制精度。

2）电控共轨燃油喷射系统的主要优点

（1）共轨燃油喷射系统中的压力柔性可调，对不同负荷和转速可以确定所需的最佳喷射压力，从而优化柴油机综合性能，使喷射压力可不随柴油机转速变化，有利于增大柴油机低速时的转矩和改善低速烟度。

（2）共轨燃油喷射系统可独立地柔性控制喷油正时，配合高的喷射压力(120～170MPa)，可同时使NO_X和微粒(PM)的排放控制在较小的数值内，以满足排放标准的要求。

（3）共轨燃油喷射系统可柔性控制喷油速率变化，为实现理想的喷油规律(如预喷型、三角形或台阶形喷油规律)创造了条件，这样既可降低柴油机NO和压力升高率，同时又能保证柴油机具有优良的动力性、经济性。

（4）共轨燃油喷射系统采用电磁阀控制喷油，控制精度高，高压油路中不会出现气泡和残压为零的现象，因此在柴油机运转范围内，喷油量循环量变动小，可以改善各缸不均匀性。改善柴油机的振动，改善驱动性能，减少有害物排放。

习　题

一、名词解释

1. EFI

2. L 型喷射系统

3. M 型喷射系统

二、填空题

1. 微机控制点火系统的实际(最佳)点火提前角一般包括：__________、__________、____________三部分。

2. 当流量型电控汽油喷油器的__________、________________一定时，喷油量的多少取决于喷油持续时间的长短。

3. 微机控制点火系统点火提前角的基本值是由____________、____________所决定。

4. 怠速时，空调使用时的点火提前角比空调不使用时____________。

5. 丰田车系微机控制点火系统中 *Ne* 信号是____________________。

6. 丰田车微机控制无分电器点火系统中的 IG_t 信号为____________信号，IG_{dA} 和 IG_{dB} 信号是 ECU 输给点火器的____________信号。

7. 微机控制无分电器点火系统同时点火方式指一个点火线圈对两个气缸的火花塞同时点火，其中____________缸为有效火，____________缸为无效火。

三、思考题

1. 汽车电子控制系统的基本组成及各部分的作用是什么？

2. 按燃油喷射部位的不同，电控汽油喷射系统可分为哪几类？

3. 三元催化转换器有何作用？为什么必须与氧传感器共同工作？

4. EGR 系统的目的何在？废气循环量与哪些参数有关？

5. 发动机怠速时进气量控制方式分为哪两种？

6. 什么是占空比 *Rc*？

7. 怠速控制的实质是什么？发动机为什么要进行怠速控制？

8. 燃油蒸发排放控制系统的功用是什么？由哪些部件组成？

9. 柴油机电控系统的内容有哪些？

第10章 自动变速器

本章教学要点

知识要点	掌握程度	相关知识
自动变速器分类 自动变速器特点 自动变速器的基本组成	了解自动变速器的分类方法，了解自动变速器的发展过程。了解自动变速器的特点。掌握自动变速器基本组成，掌握自动变速器各组成部分的功用	自动变速器概述
液力变矩器 齿轮变速机构	掌握液力变矩器结构及工作原理； 掌握齿轮变速机构结构及基本工作原理	自动变速器的结构及原理
液压控制系统的组成及基本原理 自动变速器的供油系统 自动变速器的操纵机构	掌握自动变速器液压控制系统的组成及基本原理；掌握自动变速器供油系统的组成及各组成部分的基本原理。掌握自动变速器操纵系统各种阀的作用及基本原理，了解其结构特点	自动变速器液压控制系统
信号输入装置 自动变速器的执行机构 自动变速器的ECU	掌握自动变速器各信号输入装置的组成及作用；掌握自动变速器各执行机构的组成及作用，了解其基本结构特点；掌握自动变速器ECU的组成及各组成部分的作用及基本原理	自动变速器的电子控制系统
自动变速器的使用 自动变速器的试验 自动变速器的故障自诊断	了解自动变速器各手柄及模式开关的使用； 掌握自动变速器试验的类型以及各种试验的意义；了解自动变速器的故障自诊断方法	自动变速器的使用、试验与故障诊断
捷达轿车FLAT自动变速器 丰田HIACE小客车A45DL自动变速器	了解捷达轿车FLAT自动变速器的结构及工作原理 了解丰田HIACE小客车A45DL自动变速器的结构及工作原理	典型的自动变速器
无级变速传动系统的组成及基本原理 无级变速传动系统的控制系统	了解无级变速传动系统的组成及基本原理； 了解无级变速传动系统控制系统的基本原理	无级变速电子控制系统简介

导入案例

1939 年美国通用汽车公司首先在其生产的轿车上装用了液力耦合器与行星齿轮组成的液力变速器。这种在一定范围内具有自动变速作用的变速器被认为是现代自动变速器的雏形。其后，自动变速器的构成元件有了多种改进，变速形式也越来越多种多样。20 世纪 40 年代末 50 年代初，开始出现根据车速和节气门开度自动控制换挡的液力控制换挡自动变速器，使自动变速器进入了迅速发展时期，自动变速器在汽车上的应用也越来越多。20 世纪 70 年代末，电子控制技术开始应用于汽车变速器。日本丰田汽车公司研制成功了世界上第一台电子控制变速装置，并在 1976 年实现了批量生产。但由于这种电子控制自动变速器其控制精度和自由度方面效果并不十分理想，因此，包括日本在内的许多国家又把主要精力转向微机控制变速器的研究和开发上。20 世纪 80 年代以来，随着电子工业和自动控制技术的发展，电子控制自动变速器得到了迅速的发展，现代轿车装用电子控制自动变速器越来越普遍。

10.1 概　　述

变速器是在汽车传动系中用以改变转速比和传动转矩比的装置。为了提高驾驶操作的轻便性，减轻驾驶员的疲劳程度，提高汽车的动力性和经济性，人们在改进变速器的结构和换挡方法上作了较多的探索。传统的手动变速器虽能满足汽车行驶动力性和经济性的基本要求，但存在以下不足：换挡操作劳动强度大，且容易引起驾驶员的紧张、疲劳及注意力分散而增加汽车行驶的不安全因素；手动变速器换挡时，传动系和发动机都不可避免地承受换挡所引起的冲击力，对发动机和传动系统的使用寿命都会有一定的影响；换挡操作时所带来的行车不平稳，还影响了乘坐的舒适性。此外，换挡的最佳时机不易把握。这又会影响汽车的行驶动力性和经济性。为解决手动变速器的不足，各国的汽车设计师们研制了各种各样的自动变速器，以适应汽车行驶安全、舒适及节能的要求。

自动变速器在汽车运行中，能根据发动机的转速、道路、驾驶员的愿望以及其他运行条件的变化改变车速，不需要驾驶员手动换挡和脚踏离合器；自动变速器能自动改变传动比，调节或变换发动机动力输出性能；自动变速器能保证最佳的换挡规律，换挡精确性好，具有良好的燃料经济性和动力性，降低污染；自动变速器在换挡过程中无冲击和振动，换挡动作准确、及时，工作稳定、可靠，很好地适应复杂的交通情况和地理条件，并具有自我修正换挡和高灵敏的自我诊断的功能。但自动变速器也存在结构复杂、零件精度要求高、制造难度大、成本较高、相应的维修技术较复杂、传动效率较手动齿轮式变速器低等缺点。

要实现汽车行驶中的自动换挡过程，自动变速器至少应由三部分组成：汽车在起步和换挡时切断或接合发动机与传动系统动力传递的离合装置，根据汽车行驶条件和阻力变化，改变速比的变速机构，实现自动换挡操作的控制系统。

10.1.1 自动变速器的分类

在自动变速器的发展过程中，曾经出现过换挡仍需手动操作的半自动变速器。目前自动变速器主要有两种类型：一种是自动离合器加手动换挡变速器的组合形式，另一种是具有自动变速功能的液力变矩器加换挡用离合器再加辅助手动变速器组合形式。半自动变速器实际上是自动变速器发展过程中的一个过渡形式。

全自动变速器(简称自动变速器)无需离合器操作，并能自动加减挡。自动变速器分类方法有很多，以自动变速器的控制方式进行分类如下。

1. 电子控制的机械式自动变速器

电子控制的机械式自动变速器简称 AMT，主要由自动离合器、齿轮式机械变速器和电子控制系统组成。这种变速器由电子控制器 ECU 直接控制节气门的开度、离合器的接合及齿轮变速器的换挡，从而实现自动换挡。

2. 液压控制的液力传动式自动变速器

这种自动变速器简称 CVT，主要由液力变矩器、行星齿轮变速机构、液压控制系统等组成。它的控制方式是通过机械的手段，将汽车行驶时的车速及节气门开度这两个参数转变为液压控制信号；阀板中的各个控制阀根据这些液压控制信号的大小，按照设定的换挡规律，通过控制换挡执行机构的动作，实现自动换挡。

液压控制的液力传动式自动变速器的组成如图 10.1 所示，其控制过程如图 10.2 所示。

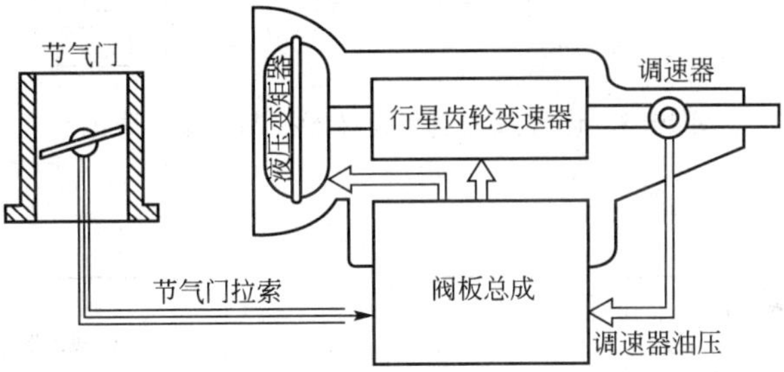

图 10.1 液力控制自动变速器的组成

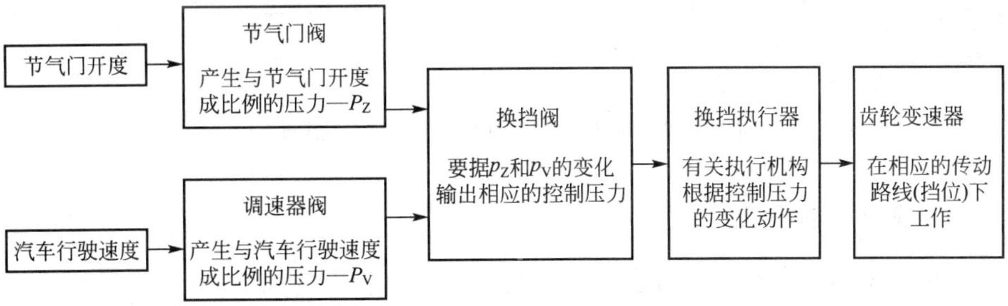

图 10.2 液压控制自动变速器的控制过程

3. 电子控制的液力传动式自动变速器

这种自动变速器简称 AT，主要由液力变矩器、行星齿轮变速机构、液压控制系统、电子控制系统等组成，其电子控制系统包括自动变速器 ECU、传感器、执行器及控制电路等。它主要通过各种传感器，将发动机转速、节气门开度、车速、发动机水温、自动变速器液压油温度等参数转变为电信号，并输入自动变速器 ECU；ECU 根据这些电信号，按照设定的换挡规律，向换挡电磁阀、油压电磁阀等发出电子控制信号；换挡电磁阀和油压电磁阀再将 ECU 的电子控制信号转变为液压控制信号，阀板中的各个控制阀根据这些液压控制信号，控制换挡执行机构的动作，从而实现自动换挡。

电子控制的液力传动式自动变速器的组成如图 10.3 所示，其控制过程如图 10.4 所示。

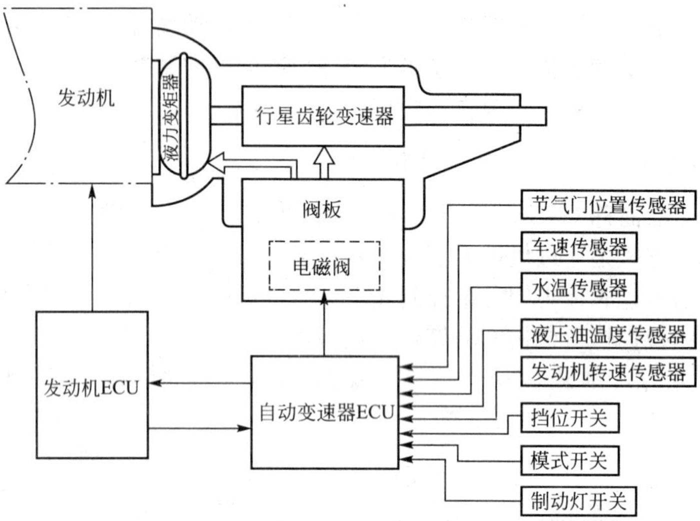

图 10.3　电控液力自动变速器控制过程示意图

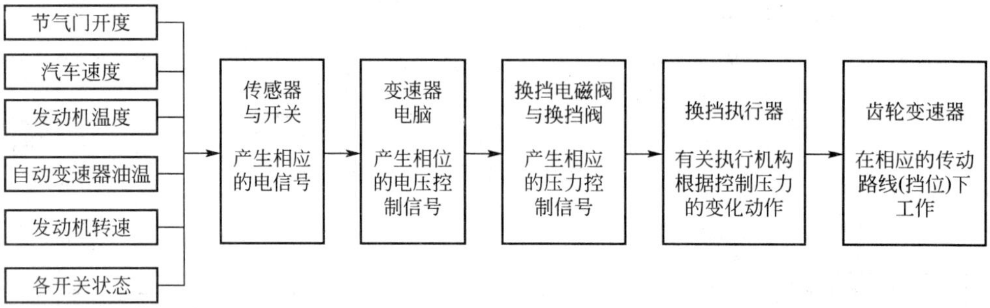

图 10.4　电子控制自动变速器的控制过程

10.1.2　自动变速器的特点

相比于传统的手动机械式变速器，自动变速器具有如下的优点。

1. 驾驶操作简化，提高了行车安全性

在汽车起步和运行时，自动变速器无需离合器操作和手动换挡操作，减少了驾驶操作的劳动强度，可使驾驶员集中精力注意路面交通情况，因此行车的安全性得以提高。

2. 提高了发动机和传动系统的使用寿命

由于自动变速器在自动换挡过程中无动力中断，换挡平稳，减小了发动机和传动系统零件的动载荷；此外，液力变矩器这个“弹性元件”可以吸收动力传递过程中的冲击和动载荷。因此，采用自动变速器的汽车发动机和传动系统零件的寿命比采用机械式变速器的要长。

3. 提高了汽车的动力性

自动变速器在起步时，由于液力变矩器可连续自动变矩，可使驱动轮上的牵引力逐渐增加，换挡时动力不中断，发动机可维持在一稳定的转速，因此可使汽车的起步、加速性能提高，汽车的平均车速也可提高。

4. 提高了汽车的通过性能

液力变矩器可以在一定的范围内自动变速来适应汽车行驶阻力的变化，必要时又可自动换挡以满足牵引力的需要，因此显著提高了汽车的通过性。

5. 减少了废气污染

手动换挡过程常常伴有供油量急剧变化，发动机转速变化较大的情况，容易导致燃烧不完全、使得发动机废气中有害物质增加。自动变速器由于有液力传动和自动换挡，在换挡过程中发动机可保持在稳定的转速，发动机的燃烧条件不会恶化，因此可减少发动机排放的废气对空气的污染。

自动变速器的缺点是其液力传力效率较低，因此液力自动变速器的油耗要高于机械变速器，但由于自动变速器可以使换挡适时，换挡过程中发动机仍可以在理想的状态下稳定运转，因此在需要频繁换挡的市区行驶，自动变速器汽车就比较省油一些，尤其现代汽车自动变速器采用电子控制换挡，可按照最佳油耗规律控制自动换挡，加之采用了超速挡和变矩器锁止控制等，使电控自动变速器汽车的油耗有了明显的下降。自动变速器的最大缺点是结构较为复杂、成本较高，对维修技术水平要求高。

10.1.3 自动变速器基本组成部分的功用

1. 液力变矩器

液力变矩器位于自动变速器的最前端，安装在发动机的飞轮上，利用液力传递的原理将发动机的动力传给自动变速器的输入轴。

液力变矩器多为三元件综合式，其功用如下。

(1) 在一定范围内自动、连续地改变转矩比，以适应不同行驶阻力的要求。

(2) 具有自动离合器的功用。在发动机不熄火、自动变速器位于行驶挡的情况下，汽车可以处于停车状态。驾驶员可通过控制节气门开度控制液力变矩器的输出转矩，实现动力的柔和传递。

2. 齿轮变速器

齿轮变速器包括齿轮变速机构和换挡执行机构，齿轮变速器将液力变矩器传递的转矩改变后传给传动轴。换挡执行机构可以使齿轮变速机构处于不同的挡位，以实现不同的传动比，一般自动变速器的齿轮变速器有 3～5 个前进挡和 1 个倒挡，其功用如下。

(1) 在变矩器的基础上再将扭矩增大 2～4 倍，以提高汽车的行驶适应能力。

(2) 实现倒挡传动。

3. 液压控制系统

液压控制系统起到传递、控制、操纵、冷却和润滑等作用，主要由液压泵、阀板总成(内含许多控制阀)、液压油散热器以及液压管路等组成。液压泵通常安装在液力变矩器之后，由飞轮通过液力变矩器壳直接驱动，为液力变矩器、液压控制系统及换挡执行机构的工作提供一定压力的液压油。阀板总成通常安装在齿轮变速器下方的油底壳内。液压油散热器大都与自动变速器分开而自成一体，也有与自动变速器合二为一的，主要用于散发自动变速器工作过程中产生的热量。

对于液力式自动变速器，液压控制系统根据手动阀的位置及节气门开度、车速的信号，利用液压自动控制原理，按一定的规律，控制齿轮变速器中的换挡执行机构工作，实现自动换挡。

4. 电子控制系统

电子控制系统是自动变速器的控制核心。电子控制单元ECU根据传感器采集的各种信号，判断正确的换挡时刻和锁止时刻，控制电磁阀打开或关闭阀体内的油路，从而控制换挡阀及锁止控制阀，实现自动换挡和锁止离合器的锁止与分离。

10.2 自动变速器的结构及原理

电控液力自动变速器的总体结构如图10.5所示，它由液力变矩器、行星齿轮系统、液压控制系统和电子控制系统等组成。

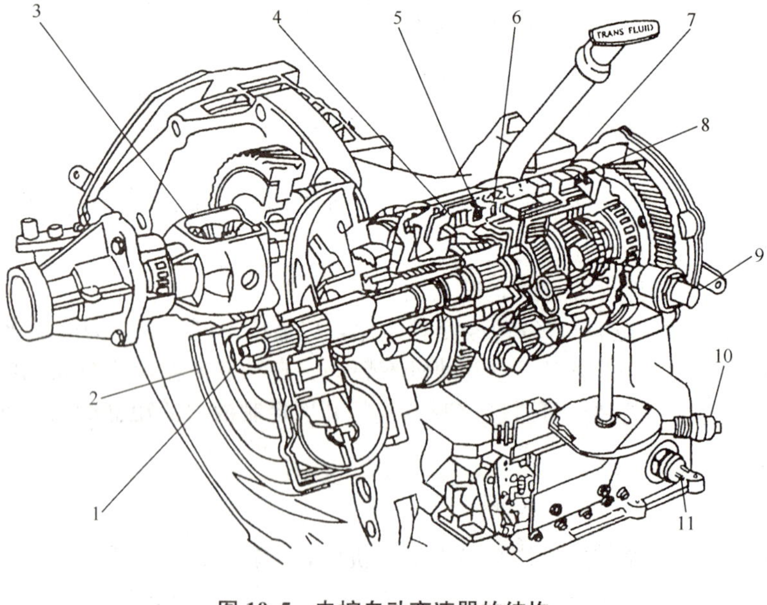

图10.5 电控自动变速器的结构

1—输入轴；2—变矩器总成；3—差速器总成；4—低挡离合器；5—超速挡离合器；6—制动器；7— 2—4挡离合器；8—行星齿轮传动总成；9—输出速度传感器；10—空挡开关；11—停车开关

10.2.1 液力变矩器

1. 液力变矩器的组成

液力变矩器安装在发动机和变速器之间，以液压油为工作介质，起传递转矩、变矩、变速及离合器的作用。

典型的液力变矩器由 3 个主要元件组成，即泵轮、蜗轮和导轮，如图 10.6 所示。变矩器的泵轮与壳体焊接在一起，并通过螺栓与发动机的飞轮连接，是变矩器的主动部分；蜗轮通过花键与输出轴连接，是变矩器的从动部分；导轮位于泵轮和蜗轮之间，通过单向离合器固定在变速器壳体上，使导轮仅能沿发动机转动方向旋转，反向则被锁止。

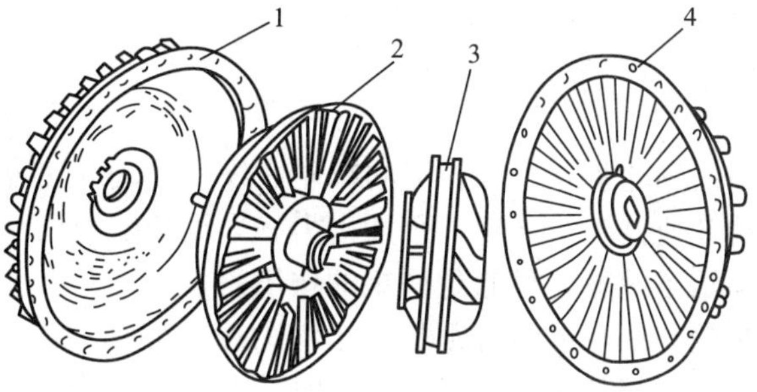

图 10.6 液力变矩器的结构与组成

1—外壳；2—蜗轮；3—导轮；4—泵轮

泵轮、蜗轮和导轮都是由铝合金精密铸造或用钢板冲压而成，在它们的环状壳体中径向排列着许多叶片，它们装配好后，会形成断面为循环圆的环状体，在环形内腔中充满液压油。

典型液力变矩器各部件之间以及与发动机、变速器之间的连接关系如图 10.7 所示。

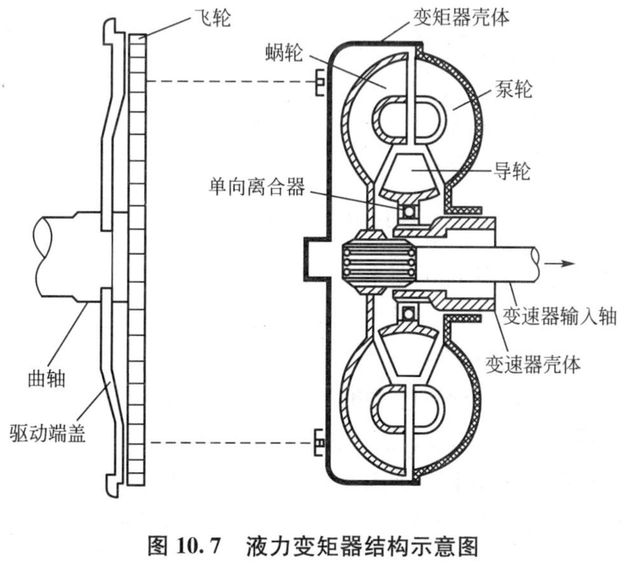

图 10.7 液力变矩器结构示意图

2. 液力变矩器的工作原理

当发动机运转时，曲轴带动变矩器壳体和泵轮转动，泵轮叶片内的油液在泵轮的带动下旋转；在离心力的作用下，油液被甩向泵轮叶片外缘处，并在外缘处冲向蜗轮叶片，使蜗轮在液压冲击力的作用下旋转；冲向蜗轮叶片的油液沿蜗轮叶片向内缘流动，返回到泵轮内缘；返回的油液，又被泵轮再次甩向外缘。当泵轮转速大于蜗轮转速时，泵轮叶片外缘的液压大于蜗轮外缘的液压。因此，油液在绕着泵轮轴线做圆周运动的同时，在上述压差的作用下由泵轮流向蜗轮，并沿蜗轮叶片流向导轮，再经导轮叶片流回泵轮叶片内缘。依此循环，油液形成了从泵轮流向蜗轮，又从蜗轮返回到泵轮的循环液流。由于泵轮的作用，变矩器中的油液在从泵轮叶片内缘流向外缘的过程中，速度和动能逐渐增大；而油液在从蜗轮叶片外缘流向内缘的过程中，由于油液自身对蜗轮做功，速度和动能逐渐减小。因此，变矩器工作时，发动机的动能通过泵轮传给油液，油液在循环流动的过程中又将动能传给蜗轮输出。

3. 导轮的作用

在泵轮与蜗轮之间的导轮静止不动，流向蜗轮内缘的自动变速器油冲向导轮后，沿导轮叶片流回泵轮。自动变速器油给导轮一个冲击力，导轮则给液压油一个同样大小的反作用力，此反作用力传递给了蜗轮，可起到增矩的作用。

如果没有导轮，泵轮与蜗轮的组合则是一个液力耦合器，如图 10.8(a)所示。当泵轮与蜗轮的转速差很大时，油液从蜗轮回流到泵轮时，会冲击泵轮叶片的前面，阻碍泵轮的旋转。液力变矩器设置导轮后，会改变回流油液的流向，使油液冲击泵轮叶片的背面，促使泵轮旋转(图 10.8(b))。泵轮与蜗轮的转速差越大，回流冲击越厉害，则转矩增加越多；而随着转速差的缩小，增加转矩的作用越来越小。

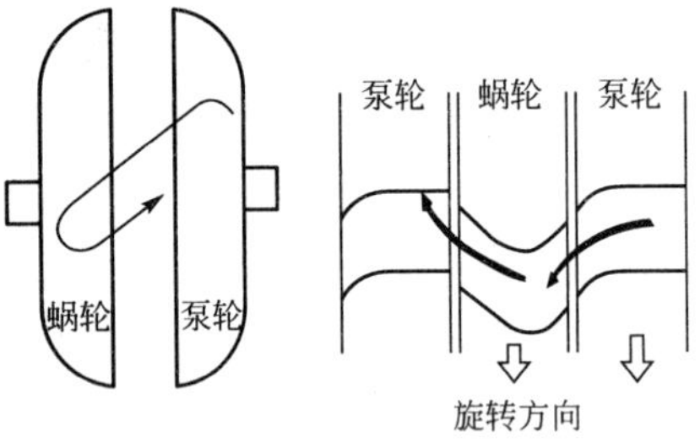

(a) 无导轮时的油液流动

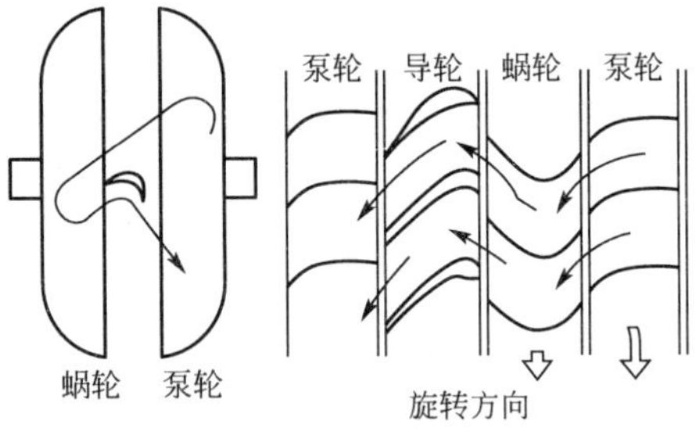

(b) 有导轮时油液的流动

图 10.8　导轮的作用

导轮的增矩作用取决于蜗轮冲向导轮的液流速度及液流方向与导轮叶片的夹角大小。在同样的液流速度下，液流方向与导轮叶片的夹角越大，增矩作用也越大。

在涡轮未转动时，从蜗轮内缘冲向导轮叶片的液流方向就是蜗轮内缘处叶片的方向(图 10.9(a))，此时液流方向与导轮叶片的夹角最大，增矩作用也最大；当蜗轮转动起来以后，从泵轮冲向蜗轮的液流除沿蜗轮叶片流动外，还将随蜗轮一起作旋转运动，这样从蜗轮内缘冲向导轮叶片的液流方向将向蜗轮旋转方向偏斜，使之与导轮叶片的夹角变小，增矩作用也随之减小。蜗轮的转速越高，从蜗轮冲向导轮的液流与导轮叶片的夹角就越小，增矩作用也就越小。当蜗轮的转速高至使蜗轮冲向导轮的液流方向与导轮叶片的夹角为0时，变矩器就无增矩作用。如果蜗轮的转速再增高，从蜗轮内缘冲向导轮的自动变速器油将冲击导轮叶片的背面(图10.9(b))，这时的导轮起到了减矩的作用。

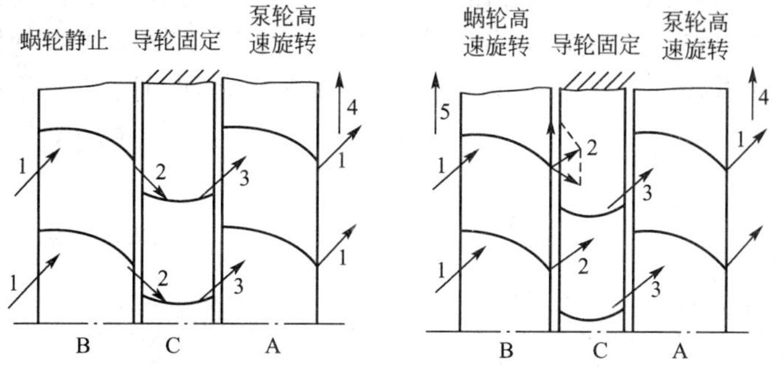

(a) 蜗轮静止时导轮的增矩作用　(b) 蜗轮高速旋转时导轮的减矩作用

图10.9　泵轮、蜗轮及导轮叶片的展开示意图

1—泵轮冲向蜗轮的液流方向；2—蜗轮冲向导轮的液流方向；3—导轮冲向泵轮的液流方向；
4—泵轮的旋转方向；5—蜗轮的旋转方向；A—泵轮；B—蜗轮；C—导轮

4. 导轮单向离合器的作用

为了避免导轮在蜗轮高速时的转矩减小，导轮与固定轴之间加装了一个单向离合器，其作用如图10.10所示。

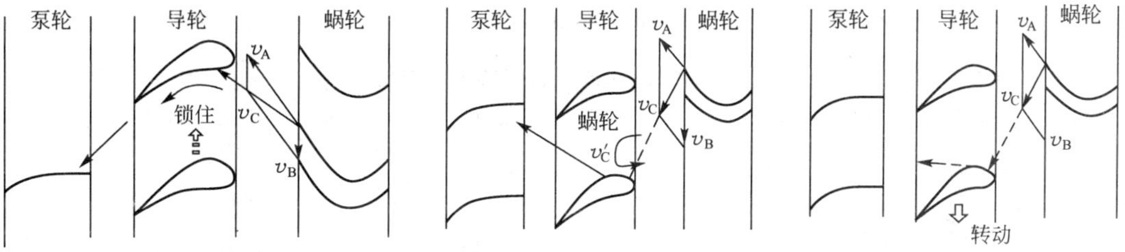

(a) 导轮锁止　(b) 油液“反冲”　(c) 导轮自由转动

图10.10　单向离合器的作用

回流油液在离开蜗轮边缘时的速度为沿边缘甩出的线速度 v_A 与随蜗轮旋转的线速度 v_B 的合成速度 v_C，如图10.10(a)所示。当蜗轮转速不高时，v_C 冲击导轮的正面，由于单向离合器的作用，导轮锁止，油液被导轮挡住后向泵轮旋转的同方向流动。随着蜗轮转速的升高，v_B 越来越大(v_B 的增长速度大于 v_A)，合成速度 v_C 的方向随之改变，变矩比越来越小(接近1)，直至不增矩，即 $K=1$。

但当转速继续升高时，合成速度成为图10.10(b)所示方向，油液冲击导轮的背面。若此时导轮是固定的，无疑油液在流回泵轮时，将引起“反冲”，阻止泵轮旋转。因而，在此设置一单向离合器，在油液冲向导轮背面时，使导轮可以随之转动(沿泵轮方向)，此时油液的流动如图10.10(c)所示。

由于 v_A 与泵轮转速有关，因此，导轮转动的工作点与蜗轮转速和泵轮转速的比值有关。当导轮开始转动时，变矩器不再具有增加转矩的作用。

汽车自动变速器用单向离合器主要有楔块式和滚柱式两种，工作原理如图 10.11 所示。楔块式单向离合器的楔块采用倾斜的“8”字形结构，当外圈相对于内圈的运动方向为顺时针时，则楔块随势倒下，处于释放状态；若相对运动方向为逆时针时，则由于摩擦力的带动，楔块竖立，外圈被楔块锁住，于是外圈必须与内圈一致，或保持静止或同步转动。滚柱式单向离合器在外圈上设置了楔形的槽，外圈与内圈之间间隙的小端小于滚柱直径，大端大于滚柱直径，其工作原理与起动机单向离合器原理相同，不再赘述。

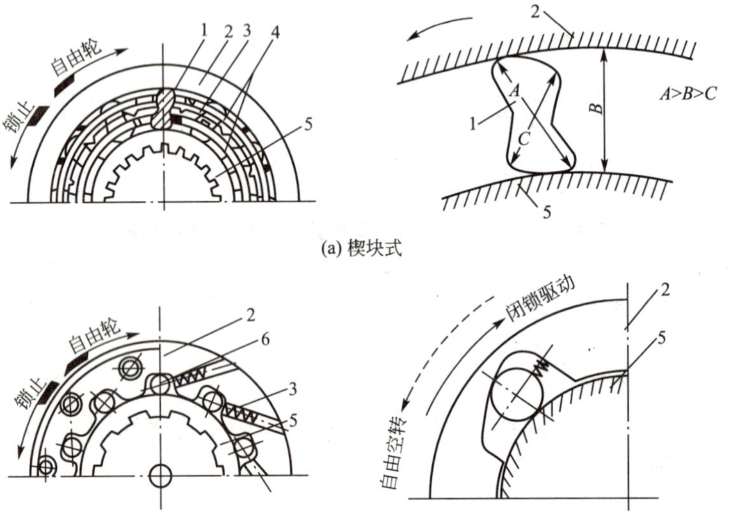

(a) 楔块式

(b) 滚柱式

图 10.11　单向离合器的工作原理

1—楔块；2—外轮；3—弹簧；4—保持器；5—内轮；6—滚柱

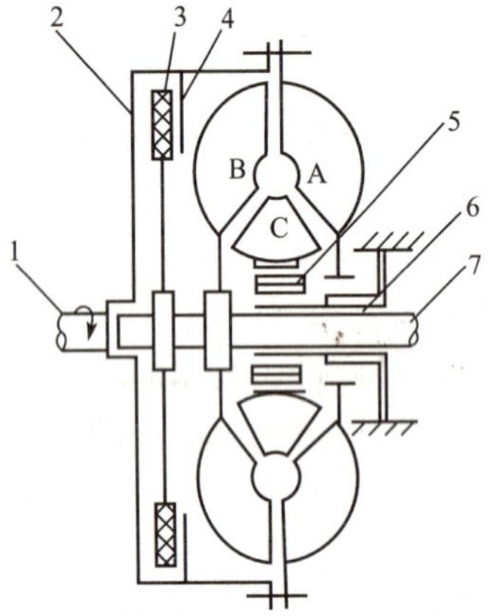

图 10.12　液力变矩器锁止离合器原理简图

1—输入轴；2—变矩器壳体；3—锁止离合器传力盘；4—锁止离合器主动片；5—单向离合器；6—导轮轴；7—输出轴；A—泵轮；B—蜗轮；C—导轮

5. 锁止离合器的作用

液力变矩器的传动效率较低。为了充分利用发动机的功率，降低油耗，在现代自动变速器的液力变矩器中设置了一个锁止离合器，用于在车速较高时，将变矩器锁定，使之成为一个纯机械传动。

带有锁止离合器的变矩器如图 10.12 所示，它比普通变矩器多了一个摩擦盘式的锁止离合器，其主动片与变距器外壳直接相连；通过花键与蜗轮连接一个传力盘，传力盘上黏合了环型的摩擦条(相当于离合器从动片)，传力盘可以沿花键轴向移动。传力盘两侧的油压不相等，传力盘在受到右侧(左侧)油压的作用下可向左侧(右侧)移动，即与壳体(主动片)相连，实现锁止。锁止时，动力通过变矩器壳体(泵轮)—摩擦传动—传力盘—花键—蜗轮，实现纯机械传动。

锁止离合器的接合和分离由控制系统通过对其液压腔施加液压或释放液压进行控制。工作时，ECU根据车速、节气门开度、发动机转速、变速器油液温度、操纵手柄位置、控制模式等因素，按照设定的锁止控制程序向锁止电磁阀发出控制信号，改变锁止离合器传力盘两侧的油压，从而控制锁止离合器的工作。

10.2.2 齿轮变速机构

液力变矩器虽然能够在一定范围内实现增矩作用，但仅仅靠变矩器并不能够满足汽车使用工况的实际需要，因此在汽车自动变速器中还需要设置齿轮变速机构。

自动变速器中的齿轮变速机构和传统的手动变速器一样，具有空挡、倒挡及2～4个不同传动比的前进挡。不同的是，驾驶员不直接控制挡位，而是由自动变速器的控制系统操纵换挡执行机构来改变齿轮变速机构的传动比，从而实现自动换挡。

齿轮变速机构主要包括行星齿轮机构和换挡执行机构两部分。

1. 行星齿轮机构

不同车型的自动变速器其行星齿轮机构各部分的结构类型、布置形式、数量等往往不同，但其基本原理相同。

1)单排行星齿轮机构

单排行星齿轮机构的基本构造如图10.13所示，它由位于轴中心处的太阳轮、与太阳轮啮合的行星齿轮、支承行星齿轮的行星架以及内齿圈等组成。行星齿轮既能绕其自身的轴(行星架)自转，又能围绕太阳轮作公转。工作中可将太阳轮、行星架、内齿圈三者中的任一构件与主动轴相连作为输入件，第二构件与从动轴相连作为输出件，第三构件被强制固定(简称制动)，就能实现动力传递。

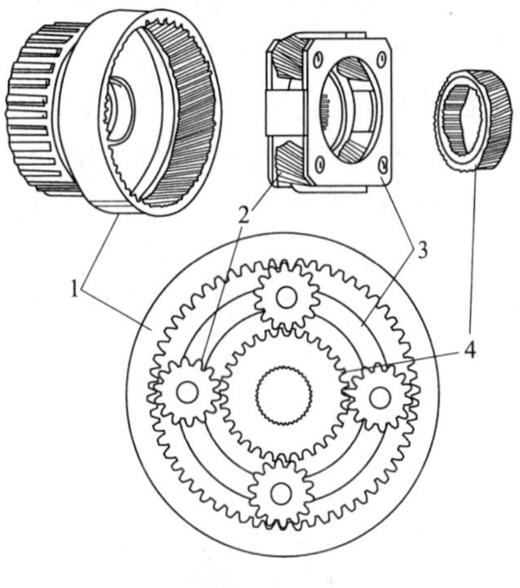

图10.13 行星齿轮机构的基本构造

1—内齿圈；2—行星齿轮；3—行星架；4—太阳轮

根据机械基础知识，单排行星齿轮机构的运动规律可用以下特性方程式表示

$$n_1+an_2-(1+a)n_3=0$$

式中：n_1、n_2、n_3分别为太阳轮、内齿圈、行星架的转速；a为内齿圈与太阳轮的齿数比。

从行星齿轮的运动方程中可看出，将太阳轮、齿圈和行星架这3个构件中的某一个构件通过制动的方式予以固定($n=0$)，再将一个连接输入轴，另一个连接输出轴，就可获得6种不同的传动方式。加上任意两构件连接形成的直接传动和任何构件都不加限制的自由空转两种状态，单排行星齿轮就有8种传动方案的选择，如果假设太阳轮的齿数Z_1为24，内齿圈的齿数Z_2为56，则单排行星齿轮的8种传动方案见表10-1。

2) 双排行星齿轮机构

由于受结构的限制，单排行星齿轮的传动比范围有限，不能满足汽车行驶的实际需要，因此汽车自动变速器的行星齿轮变速机构通常采用双排或三排行星齿轮。

表 10－1　单排行星齿轮机构工作状态表

	固定件	主动件	从动件	传动比	转速	旋转方向	扭矩	相当传动挡
1	内齿圈	太阳轮	行星架	3.33	下降	相同	增大	一挡
2		行星架	太阳轮	0.30	上升	相同	减小	
3	太阳轮	内齿圈	行星架	1.43	下降	相同	增大	二挡
4		行星架	内齿圈	0.70	上升	相同	减小	超速挡
5	行星架	太阳轮	内齿圈	－2.33	下降	相反	增大	倒挡
6		内齿圈	太阳轮	－0.43	上升	相反	减小	
7	无	任意二	另一	1	相等	相同	相等	直接挡(三挡)
8	所有元件不受约束							空挡

双排行星齿轮组成的形式有多种，在电子控制自动变速器中常见的是辛普森式和拉威娜式。辛普森式双排行星齿轮机构的结构特点是前后行星轮系共用一个太阳轮组，拉威娜式双排行星齿轮机构的前后行星轮系共用一个齿圈，只有一个行星架，其中一个行星轮系中有长、短两个行星轮，长行星轮也为两行星轮共用。辛普森式和拉威娜式行星齿轮机构配以相应的换挡执行元件后，都可形成 3 前进挡或 4 前进挡的齿轮变速器。

辛普森式行星齿轮机构是一种十分著名的双排行星齿轮机构，它由两个内啮合式单排行星齿轮机构组合而成，其结构特点是：前后两个行星排的太阳轮连接为一个整体，称为前后太阳轮组件；前一个行星排的行星架和后一个行星排的齿圈连接为另一个整体，称为前行星架和后齿圈组件；输出轴通常与前行星架和后齿圈组件连接。经过组合，该机构可成为一种具有 4 个独立元件的行星齿轮机构，这 4 个独立元件是前齿圈、前后太阳轮组件、后行星架、前行星架和后齿圈组件。根据前进挡的挡数不同，辛普森式行星齿轮变速器可分为辛普森式 3 挡行星齿轮变速器(图 10.14)和辛普森式 4 挡行星齿轮变速器(图 10.15)两种。

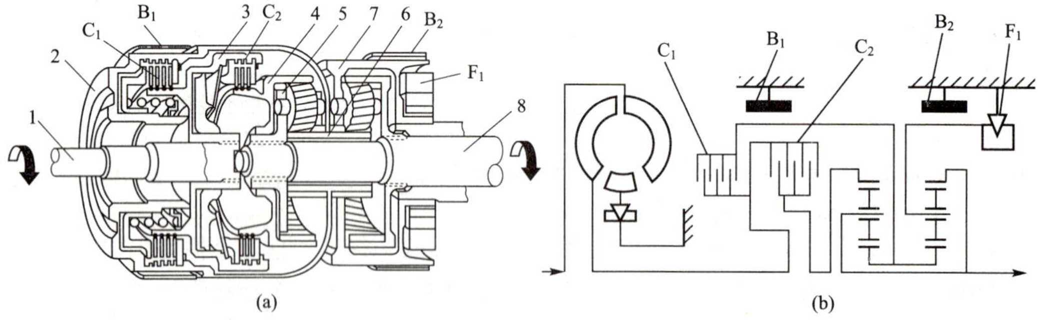

图 10.14　辛普森式 3 挡行星齿轮变速器

1—输入轴；2—倒挡及高挡离合器鼓；3—前进离合器鼓和倒挡及高挡离合器鼓；4—前进离合器鼓和前齿圈；5—前行星架；6—前后太阳轮组件；7—后行星架和低挡及倒挡制动器鼓；8—输出轴；C_1—倒挡及高挡离合器；C_2—前进离合器；B_1—二挡制动器；B_2—低挡及倒挡制动器；F_1—低挡单向离合器

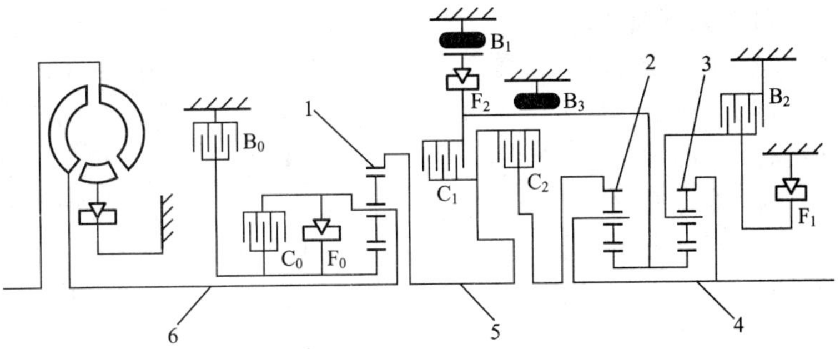

图 10.15 辛普森式 4 挡行星齿轮变速器原理示意图

1—超速挡行星排；2—前行星架；3—后行星架；4—输出轴；5—中间轴；6—输入轴；
C_0—直接离合器；C_1—倒挡及高挡离合器；C_2—前进离合器；B_0—超速挡制动器；
B_1—二挡制动器；B_2—低挡及倒挡制动器；B_3—Ⅱ挡强制制动器；F_0—直接单向离合器；
F_1—低挡单向离合器；F_2—二挡单向离合器

拉威娜式行星齿轮机构与结构原理简图如图 10.16 所示。右行星齿轮排是一个单行星齿轮结构，左行星齿轮排是一个双行星齿轮结构组合而成的复合式行星齿轮机构，其长、短行星齿轮分别与不同的太阳轮相啮合，由于齿轮参数不同，前、后行星齿轮共架，可省下一个内齿圈。其结构紧凑、轴向尺寸小、转速较低。根据换挡元件数的不同，它可实现 2、3、4 个前进挡和 1 个倒挡。4 挡拉威娜式行星齿轮机构结构各挡执行元件动作及传动比见表 10－2。

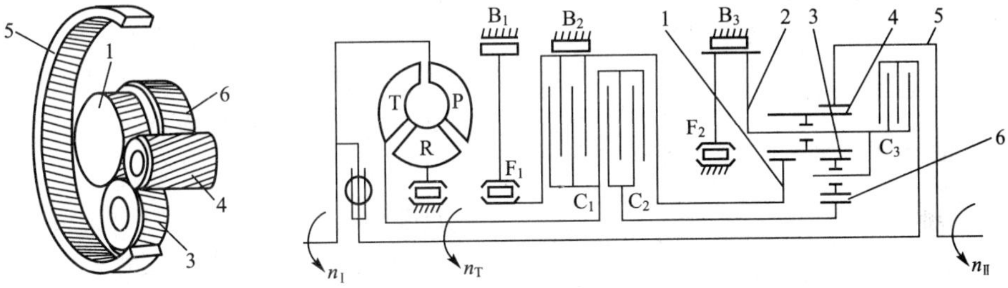

(a) 拉威娜式行星齿轮结构　　(b) 4挡拉威娜式行星齿轮机构原理示意图

图 10.16 4 挡拉威娜式行星齿轮机构结构简图

1—小(前)太阳轮；2—行星架；3—短行星轮；4—长行星轮；5—齿圈；6—大(后)太阳轮；
F—单向离合器；B—制动器；C—离合器

表 10－2 各挡执行元件动作表与传动比

挡位	起作用元件								传动比 $i=n_{\mathrm{I}}\ n_{\mathrm{II}}$
1		C_2				(B_3)		F_2	$i_1=\alpha_2\beta$
2		C_2		B_1	(B_2)		F_1		$i_1=[(\alpha_1+\alpha_2)/(1+\alpha_1)]\beta$
3		C_2	C_3	$[B_1]$					$i_3=1\Big/\left(1-\frac{1}{\alpha_2}+\frac{\beta}{\alpha_2}\right)$
4			C_3	$[B_1]$	B_2				$i_4=\alpha_1/(1+\alpha_1)$
倒	C_1					B_3			$i_R=-\alpha_1\beta$

注：带(　)者仅在发动机制动时起作用；带 [　] 者为虽接合但不起作用。

根据表10-2可知如下信息。

(1) 换入1挡时，由于离合器C_2接合，则n_T为后排双行星齿轮排的太阳轮输入转速n_6；由于单向离合器F_2作用使行星架n_2的转速为零，此时只有后行星齿轮排起作用。

(2) 换入2挡时，C_2、B_1、F_1作用，$n_T=n_6$，$n_1=0$。

(3) 换入3挡时，C_2、C_3作用，$n_T=n_6$，$n_6=n_2$，$n_6=n_1$，此时传动比为1。

(4) 换入4挡时，C_3、B_2作用，$n_1=0$，$n_2=n_1$，此时实现高速挡运动。

(5) 换入倒挡时，C_1、B_3作用，$n_1=n_T$，$n_2=0$，前排行星齿轮工作。相当于定轴轮系，输出转速方向与输入转速相反，此时实现倒挡运动。

2. 换挡执行机构

换挡执行机构主要由换挡离合器、换挡制动器及单向离合器等组成。它们主要用于对行星齿轮构件实施不同的连接或制动，以实现不同的传动组合。

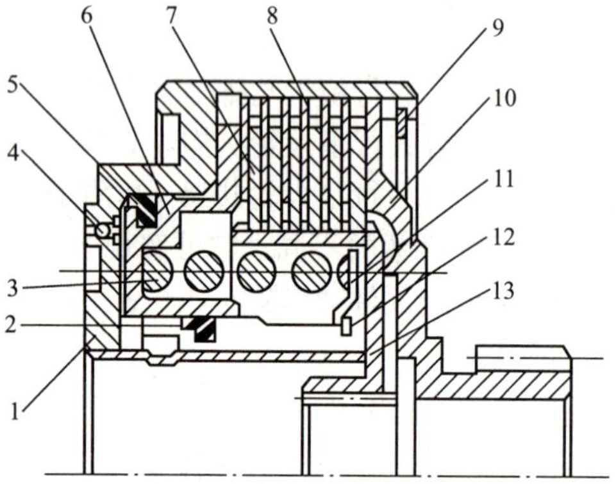

图10.17　多片湿式离合器

1—离合器鼓；2、5—油封；3—回位弹簧；4—单向阀；6—活塞与压盘；7—主动摩擦片；8—从动摩擦片；9、12—卡环；10—太阳轮；11—弹簧座；13—花键鼓

1) 换挡离合器

换挡离合器用于将行星齿轮中的某个构件与行星齿轮变速器的输入轴等主动部分连接，使之成为主动构件，或是将行星齿轮中的两个构件连接起来，使之成为一个整体，以实现直接传动。齿轮变速器换挡执行机构大都采用多片湿式离合器，如图10.17所示。

离合器的接合或分离是通过活塞操纵的，活塞安装在离合器鼓内，由活塞内外圆的密封圈保证密封，从而和离合器鼓一起形成一个封闭的环状液压缸，并通过离合器内圆轴颈上的进油孔和控制油道相通。当来自控制阀的油液进入离合器液压缸时，作用在离合器活塞上油液压力推动活塞，使之克服回位弹簧的弹力而移动，将所有的钢片和摩擦片相互压紧在一起，此时离合器处于结合状态。将与离合器鼓和离合器毂连接的输入轴或行星齿轮机构的基本元件也连接在一起。

当液压控制系统将作用在离合器液压缸内的油液的压力解除后，离合器活塞在回位弹簧的作用下回位，并将液压缸内的油液从进油孔排出，此时离合器处于分离状态。离合器活塞和离合器片或离合器片和卡环之间有一定的轴向间隙，以保证分离彻底，这一间隙称为离合器的自由间隙，一般离合器自由间隙的标准为0.5～2.0mm。

有些离合器在活塞和钢片之间有一个具有一定弹性的碟形环，用于减缓离合器接合时的冲击力。

离合器处于分离状态时，液压缸内仍残留有少量油液。残留的油液若随较高转速的离合器鼓旋转，离心力会使油液具有一定压力，将有可能推动离合器活塞压向离合器片，使离合器处于半接合状态。为了防止这种情况出现，在离合器活塞或离合器鼓的液压缸壁面上设有一个由钢球组成的单向阀。当油液进入液压缸时，钢球在油压的推动下压紧在阀座上，单向阀处于关闭状态，保证了液压缸密封；当液压缸内的油压被解除后，单向阀钢球在离心力的作用下离开阀座，使单向阀处于开启状态，残留在液压缸内的油液在离心力的作用下从单向阀的阀孔中流出，保证了离合器的彻底分离。

2）换挡制动器

换挡制动器的作用是将行星齿轮中的某一构件固定，使其不能转动，构成新的动力传递路线，换上新的挡位，得到新的传动比。它和换挡离合器一样由液压操纵。换挡制动器通常有两种形式：一种是湿式多片制动器，另一种是带式制动器。

湿式多片制动器的结构与上述湿式多片离合器相同，由制动鼓、制动器活塞、回位弹簧、钢片、摩擦片及制动毂等部件组成。不同点是离合器连接两个转动构件并传递动力；而制动器连接的一个是转动构件，另一个是固定不动的变速器壳体，作用是刹住转动机件，使其不能传动。

带式制动器主要由连接行星齿轮某一构件的制动鼓、静止不动的制动带和带式制动器伺服机构组成，如图 10.18 所示。伺服机构由伺服油缸和伺服杆系组成，伺服油缸由缸筒、活塞和复位弹簧等零件组成。伺服油缸起夹紧和松开制动带的作用，伺服杆系是连接制动伺服液压缸和制动带的杠杆系统，制动带的一端用销钉固定在变速器的壳体上，另一端则由活塞推动的杆系操纵。

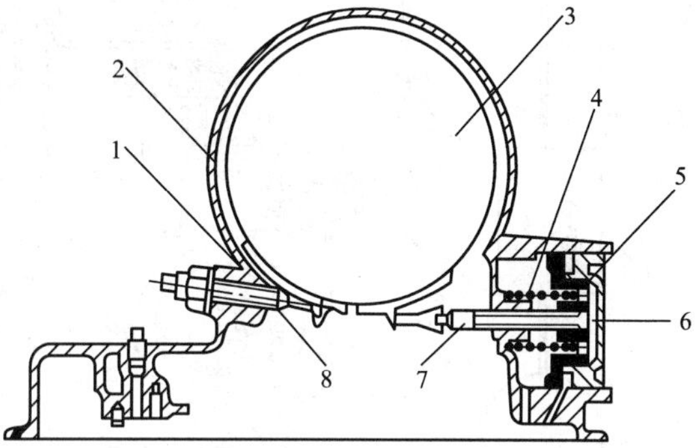

图 10.18　带式制动器

1—变速器壳；2—制动带；3—制动鼓；
4—回位弹簧；5—活塞；6—活塞工作腔；
7—推杆；8—调整螺钉

伺服机构是一种自动控制机构，它能根据节气门信号和转速信号以一定的精度自动按照输入信号的变化规律来调节油缸压力，使带式制动器进行动作。

带式制动器结构简单、轴向尺寸小、维修方便，但工作平顺性较差，为了克服这一缺陷，一般在控制油路中设置缓冲阀或减振阀，以减缓油压和制动力的增长速度，改善工作平顺性。

3）单向离合器

行星齿轮变速器中单向离合器的作用是连接或制动，由于单向离合器是以自身的单向锁止功能来实现连接和制动的，无需控制机构对其进行控制，因此，单向离合器的使用可使自动变速器换挡控制系统得以简化。齿轮变速器换挡执行机构通常采用滚柱式和楔块式单向离合器，它与液力变矩器中的单向离合器结构相同，不再赘述。

10.3　自动变速器液压控制系统

液力自动变速器换挡离合器的接合和分离、制动器的制动与释放都最终由液压控制系统来执行。除此之外，液压控制系统还应具有液力变矩器的锁止、油压补偿、运动零部件的润滑及工作介质的冷却等功能。

10.3.1 液压控制系统的组成及基本原理

自动变速器液压控制系统的组成因车型不同而异，但其组成与原理基本相似。图 10.19 所示为一典型轿车自动变速器液压控制系统的基本组成，它由液力变矩器、双排行星齿轮变速器及自动换挡系统等组成。

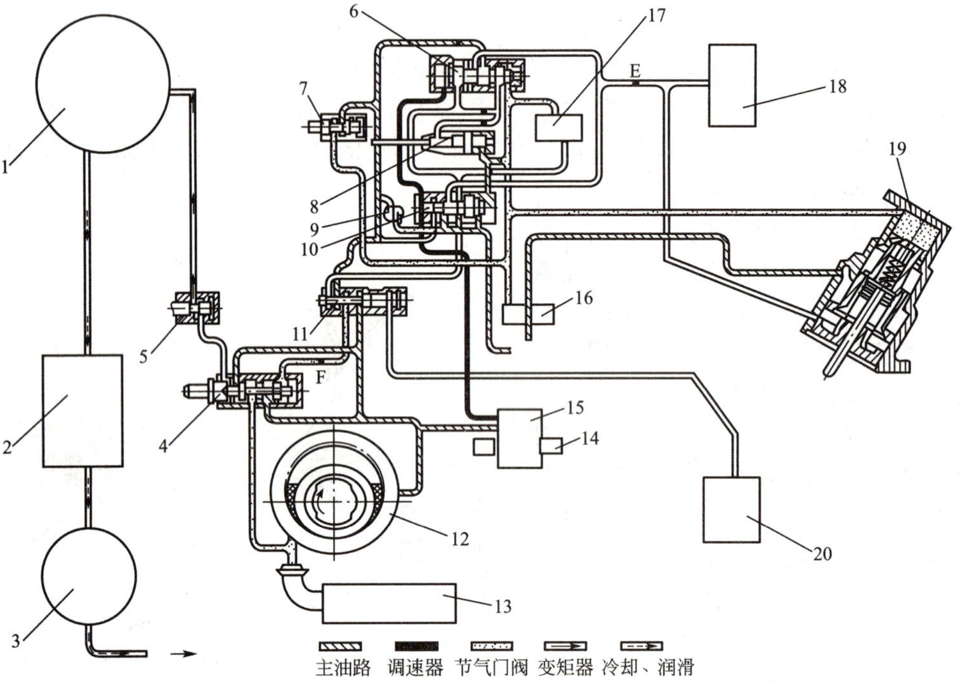

图 10.19 典型自动变速器液压控制系统(前进位、低速挡)

1—液力变矩器；2—油液冷却器；3—油液细滤器；4—主油路调压阀；5—变矩器压力调节阀；6—换挡阀；7—节气门阀；8—强制低挡阀；9—低挡阀片；10—缓冲阀；11—手控制阀；12—液压泵；13—油液集滤器；14—变速器第二轴；15—离心调速阀；16—低挡限流阀；17—低挡单向阀；18—直接挡离合器；19—低挡制动器；20—倒挡制动器

该系统有两个前进挡(直接挡和低挡)和一个倒挡。其供油部分主要由液压泵 12、主油路调压阀 4 等组成。控制参数信号发生装置主要包括离心调速阀 15 与节气门阀 7。换挡执行机构包括直接挡离合器 18、低挡制动器 19 和倒挡制动器 20。换挡控制系统由手动换挡阀 11、换挡阀 6 及用于改善换挡品质的缓冲阀 10 等组成。其基本工作原理如下。

液压泵经集滤器将变速器油从油底壳中吸入，加压后进入主油路调压阀 4，同时通往离心调速阀 15 和手控制阀 11 的油压也被调定。由主油路调压阀输出的一条油路经变矩器压力调节阀 5 降压后，进入液力变矩器 1。液力变矩器中的热油则从管路引至油液冷却器 2、油液细滤器 3，在完成行星齿轮、轴承的润滑任务后回到油底壳。另一条通往控制系统其他装置及行星齿轮变速器各执行元件的油路，则由手动阀根据所要求的工况来决定。

10.3.2 自动变速器的供油系统

供油系统的作用是向变速器各部分提供具有一定油压、足够流量、合适温度的油液。

自动变速器供油系统主要由液压泵、压力调节装置、辅助装置及各分支供油系统等组成。

1. 液压泵

液压泵除了要向液力变矩器提供冷却循环所需的压力油外，同时还是液压控制系统和换挡执行机构的液压源。液压泵一般由变矩器壳后端的轴套驱动，只要发动机运转，油泵就工作。

液压泵的泵油量应满足如下要求。

(1) 提供换挡执行元件(离合器和制动器)和变矩器锁止离合器工作所需的液压。

(2) 提供变矩器内液压油冷却所需的循环液压油。

(3) 提供行星齿轮机构润滑所需的液压油。

(4) 补充各处油封泄漏的液压油。

自动变速器所采用的液压泵主要有齿轮泵、摆线转子泵和叶片泵3种。由于自动变速器的液压系统属于低压系统，其工作油压通常不超过2MPa，所以应用最广泛的是齿轮泵。

图10.20所示为内啮合齿轮泵的结构及工作原理图。月牙形隔板将内齿轮与外齿轮的轮齿之间空出的容积分隔成两个部分，在齿轮旋转时齿轮的轮齿由啮合到分离的那一部分，其容积由小变大，称为吸油腔；齿轮由分离进入啮合的那一部分，其容积由大变小，称为压油腔。由于内、外齿轮的齿顶和月牙形隔板的配合是很紧密的，所以吸油腔和压油腔是互相密封的。当发动机运转时，变矩器壳体后端的轴套带动小齿轮和内齿轮一起朝图10.20中顺时针方向运转，此时在吸油腔内，由于外齿轮和内齿轮不断退出啮合，容积不断增加，以致形成局部真空，将油盘中的油液从进油口吸入，且随着齿轮的旋转，齿间的油液被带到压油腔；在压油腔，由于小齿轮和内齿轮不断进入啮合，容积不断减少，将油液从出油口排出。如此循环，油液源源不断地输往液压系统。

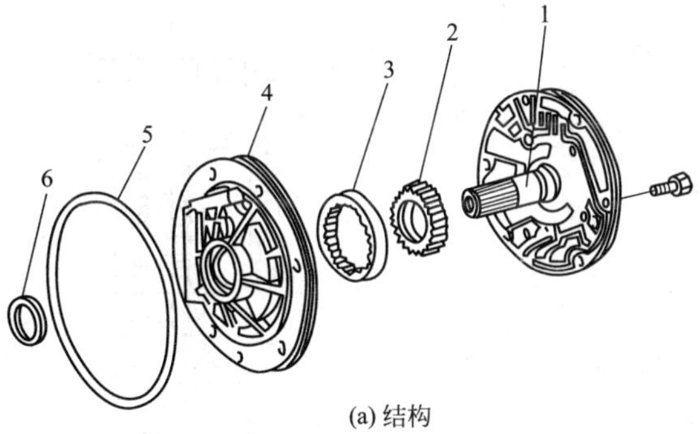

(a) 结构

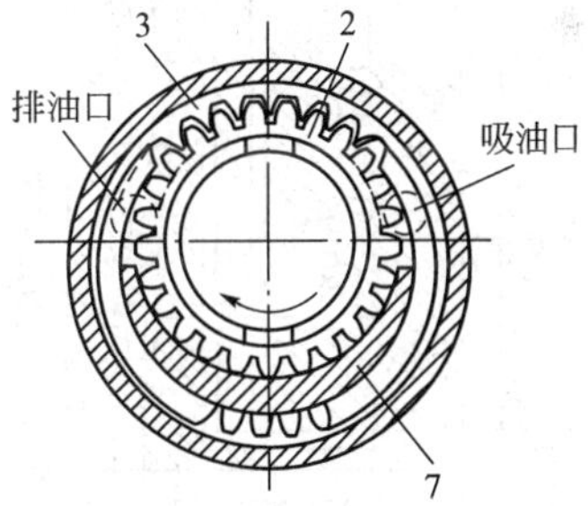

(b) 工作原理

图10.20 内啮合齿轮泵

1—定子轴；2—主动齿轮；3—从动齿轮；4—壳体；5—O形圈；6—油封；7—隔板

液压泵的理论泵油量等于油泵的排量与油泵转速的乘积。内啮合齿轮泵的排量取决于外齿轮的齿数、模数及齿宽。液压泵的实际泵油量会小于理论泵油量，因为液压泵的各密封间隙处有一定的泄漏。其泄漏量与间隙的大小和输出压力有关。间隙越大、压力越高，泄漏量就越大。

内啮合齿轮泵是自动变速器中应用最为广泛的一种液压泵，它具有结构紧凑、尺寸小、重量轻、自吸能力强、流量波动小、噪声低等特点。各种丰田汽车的自动变速器一般都采用这种液压泵。

2. 油压调节装置

自动变速器的供油系统中必须设置油压调节装置，一方面是因为油泵的泵油量是变化的；另一方面是因为自动变速器中各部分对油压的要求各不相同。因此，要求供油系统提供给各部分的油压和流量应是可以调节的。自动变速器供油系统的油压调节装置由主油路调压阀、副调压阀、单向阀和安全阀等组成，如图 10.21 所示。

1）主油路调压阀

主油路调压阀主要用于稳定主油路油压。由于油泵是发动机直接驱动的，因此发动机转速变化使油泵输出的流量和压力随之变化。自动换挡系统也要求主油路在不同工况、不同挡位时能提供不同的油压，如当自动变速器所传递转矩较小，执行机构中的离合器、制动器不易打滑时，主油路压力可适当降低；反之则需要较高的主油路压力。因此，在主油路中必须设置主油路调压阀，以使主油路油压稳定，并控制在一定范围内。

图 10.22 所示为丰田 A341E 型自动变速器的主油路调压阀结构，它由上部的阀芯、下部的柱塞以及中部的调压弹簧组成。来自油泵的油压作用到阀芯上，给阀芯加一个向下的作用力；节气门阀输出的油压力作用到柱塞和阀芯上，使阀芯受到一个向上的作用力。当节气门开度小时，节气门油压低，阀芯下移，泄油缝隙增大，系统油压减小；反之，系统油压增大。

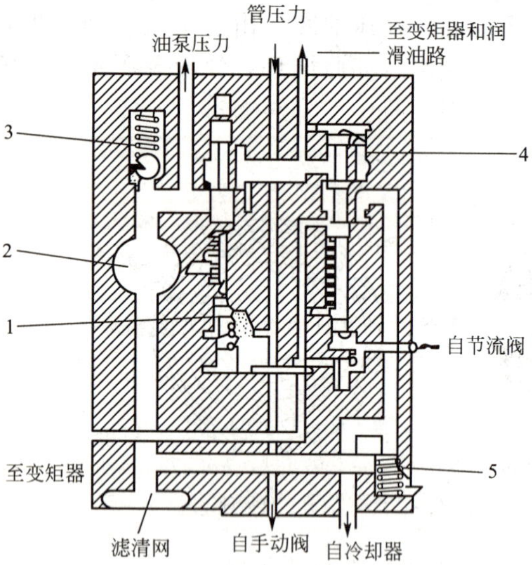

图 10.21　自动变速器的油压调节装置

1—主油路调压阀；2—油泵；3—安全阀；4—副调压阀；5—单向阀

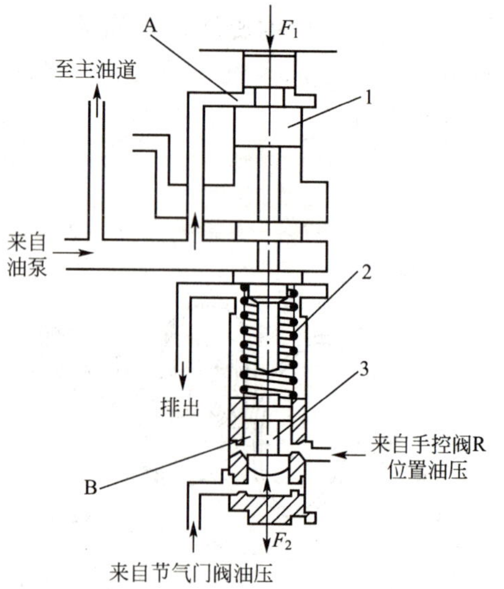

图 10.22　典型主油路调压阀结构示意图

1—阀芯；2—弹簧；3—柱塞

2）副调压阀和安全阀

副调压阀的作用是根据汽车行驶速度和节气门开度的变化，自动调节变矩器的油压、各部件的润滑油压和冷却装置的冷却油压。副调压阀的位置及组成如图 10.21 所示，它也由阀体、阀芯和弹簧等组成。当发动机转速低或油门关闭时，副调压阀在弹簧的作用下，把通向油液冷却装置的油道切断。当发动机转速升高和变矩器油压升高时，把油路开放。发动机停止转动时，副调压阀用一个单向控制阀把变矩器的油路关闭，使油液不能外流，以免影响转矩输出。

安全阀实际上就是一个溢流阀，也是一个调压阀，由弹簧和钢球组成，并联在油泵的进、出油口上，以控制油泵压力。当油泵压力高时，顶开钢球，油经钢球和油道流回油盘。

单向阀实际上是一个旁通阀，是油液冷却装置的保护器，与冷却装置并联。当流到冷却装置的油液温度过高、压力过大时，阀体打开，起旁通作用，以免高温、高压的油液损坏冷却装置。

3. 辅助装置

自动变速器供油系统中除了液压泵及各种流量控制阀外，还包括油箱、滤清器等许多辅助装置。

自动变速器的油箱有总体式和分离式两大类，总体式油箱是把变速器的油底壳作为油箱使用；分离式油箱则为独立装置，由管道与变速器连通，布置上比较自由。

在正常油温条件下工作时，油箱液面应保持正确的高度。油面过低，则油泵在吸油时可能吸入空气。空气的可压缩性会导致其难以正常工作，并且换挡过程中出现打滑和接合延迟现象，使得变速器构件发热和加速磨损。反之油面过高，则将因齿轮等搅拌而形成泡沫层，同样也会产生过热和打滑现象，加速油液的氧化。此外，油箱还应有与大气相通的通气孔，以保证油箱正常的气压。

自动变速器由于液压系统零件的高精密度及工作性能的高灵敏度，使其对油液的清洁程度要求极高。长期使用后，油液变质、零件磨损颗粒、摩擦而剥落、密封件磨损脱落、空气中尘埃颗粒，以及其他污物都可能使油液污染，而导致各种故障发生，因此在供油系统中，通常设有集滤器和细滤器，可以对油液进行严格过滤。

集滤器通常装在油泵吸油管端，用以防止大颗粒或纤维杂质进入供油系统，滤清材料一般采用0.08～0.10mm的金属网或毛织物。细滤器通常设置在回油管或油泵的输出管道上，它的作用是滤去油液中各种微小颗粒(大于0.04mm)，提高油液的清洁度，避免颗粒杂物进入液压控制系统。

10.3.3 自动变速器的操纵机构

操纵机构的作用是在驾驶员和控制系统的指令下操纵变矩器及换挡执行元件的工作，实现挡位在一定状态间的自动转换。

车辆在行驶过程中，随着节气门(加速踏板)开度及车速等参数的变化，到一定程度时液压操纵系统就会使油泵向换挡时需要动作的离合器或制动器伺服油缸供油，从而实现自动换挡。其中节气门开度信号由节气门阀获得，车速信号参数由速控阀获得，而液压操纵系统主油路工作油压则通过主油路调压阀获得，将这类阀门称为控制参数信号转换阀。

液力式自动变速器挡位的转换通过改变工作液的流向、回路的通断、阻止逆流等来实现，其组成包括手动阀、换挡阀和强制降挡阀等。将这类阀门称为换挡控制阀。

1. 控制参数信号转换阀

1）节气门阀

节气门阀受发动机加速踏板控制，它是随节气门开度大小(即发动机负荷大小)而改变其输出油压力的液压阀。其输出油压的高低即为自动换挡的一个信号，节气门阀压力既取决于加速踏板的位置，同时与变速器的工况也有一定的关系。加速踏板越踏到底，节气门阀压力也越大，从而使整个液压油路的压力也增大。

图 10.23 所示为丰田 A341E 型自动变速器的节气门阀。其阀芯和降挡柱塞安装在同一阀孔中，阀芯的上、下两端都装有弹簧，在降挡柱塞的下端有一滚轮，滚轮与节气门阀凸轮接触，凸轮通过钢丝拉索与加速踏板相连。因此，节气门阀和降挡柱塞的动作是与加速踏板的位置相对应的。

加速踏板所控制的液压是换挡阀控制换挡的依据之一，因而这一液压很重要。若此节气门阀工作不良，则不能在规定的速度内自动换挡。为获得正常的加速踏板控制液压，通到节气门阀凸轮上的变速器节气门拉索需调整适当，否则会造成换挡冲击或离合器、制动器打滑。

2）速控阀

速控阀又称调速阀、速度调压阀、调速器等，它一般由阀轴、重锤、滑阀、壳体和弹簧等组成，图 10.24 是一典型的复锤式速控阀结构简图。速控阀通常安装在自动变速器输出轴上，与输出轴一起转动。由作用于重锤和速控阀上离心力的变化来监测变速器输出轴的旋转方向及车速，然后根据车速调节液压压力，将汽车车速参数转换为相对应的油压信号输出。速控阀的输出油压作用在换挡阀上。

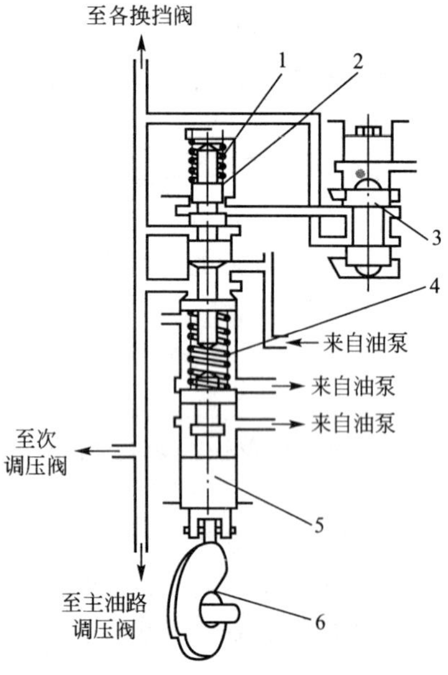

图 10.23 节气门阀结构简图

1—弹簧 A；2—阀芯；3—反向阀；4—弹簧 B；5—降挡柱塞；6—凸轮

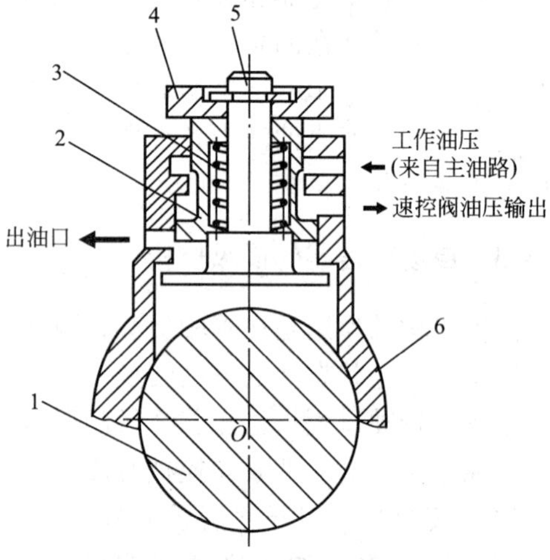

图 10.24 速控液压阀工作原理

1—变速器输出轴；2—滑阀；3—弹簧；4—重锤；5—速控阀轴；6—壳体

自动变速器常用的速控阀有复锤离心式、双锤离心式以及中间传动复合式双级速控阀等，中间传动复合式双级速控阀常用于变速驱动桥中。

和加速踏板控制液压一样，速控液压也是换挡阀控制换挡依据之一，它施加在换挡阀的另一端。若自动变速器根本不能换挡(或换挡点过高、过低)，则应考虑检查速控液压阀工作是否正常。

2. 换挡控制阀

液控自动变速器的自动换挡控制系统由若干个换挡控制阀组成，它们是自动换挡操纵系统中的核心构件。它们接受来自车速、节气门及变速杆位置传来的信号，并按预定的换挡规律选择挡位，选择换挡时刻，同时发出相应的换挡油压指令，使换挡执行机构(换挡离合器和制动器)动作而实现换挡。

1)手动阀

手动阀的作用是供驾驶员手动选择挡位。装备自动变速器的汽车，在驾驶室内有一挡位选择杆，驾驶员可根据各种行驶的需要把选择杆置于各个位置，进行油路转换。挡位选择杆的动作带动变速器液压控制系统中换挡阀位置的改变，从而选定不同的自动换挡范围。

手动阀是一种典型的具有多个位置的滑阀，当其中的滑阀处于不同位置时，液控系统通过换挡阀分别接通主油路与各挡相应的换挡执行机构。其结构如图 10.25 所示，阀芯通过连杆机构或缆索与操纵手柄连接。当操纵手柄处于不同位置时，阀芯会随之移动到相应位置，从而接通相应的油路。

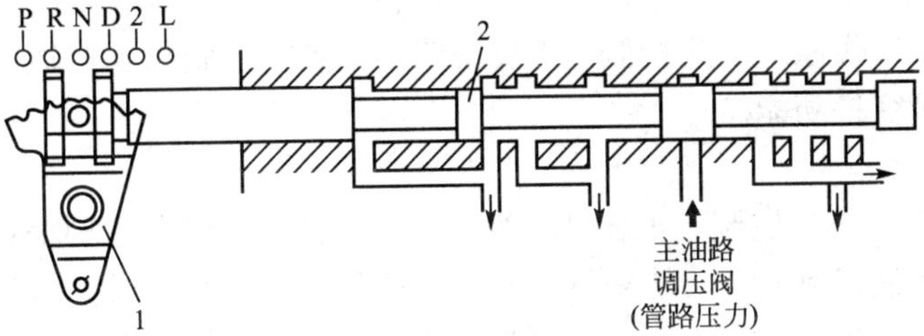

图 10.25　手动阀结构图

1—手动阀拉杆；2—手动阀

不同形式的自动变速器，虽然挡位数和有些位置的挡位范围不完全相同，但其原理基本相同。

2) 换挡阀

换挡阀是自动换挡操纵系统中的核心构件。其主要任务是：按照换挡规律的要求，随着控制参数(节气门开度、车速)的变化，选择最佳换挡时刻，发出换挡信号操纵换挡执行机构(换挡离合器和换挡制动器)的分离或接合动作。图 10.26 为丰田 A341E 自动变速器 1-2 挡换挡阀的结构与工作原理。它主要由阀芯、低倒挡柱塞以及弹簧组成。其工作过程如下。

D位1挡：节气门开度大、车速低时节气门油压与弹簧力之和大于速控油压，阀芯下移，自动变速器处于1挡。

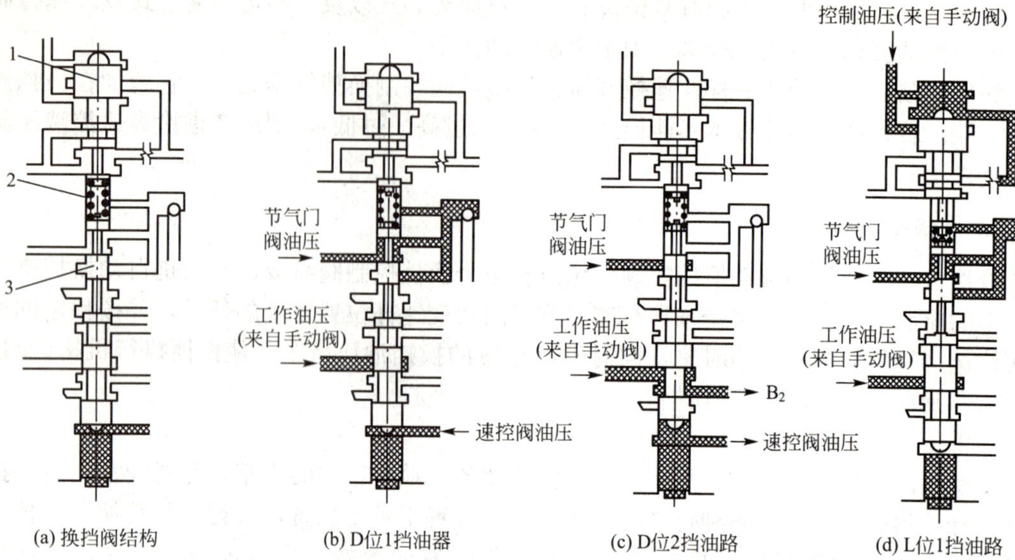

图 10.26　丰田 A341E 自动变速器 1-2 挡换挡阀结构与工作原理图

1—低、倒挡柱塞；2—弹簧；3—阀芯

D 位 2 挡：节气门开度小、车速高时节气门油压与弹簧力之和小于速控油压，阀芯上移，接通制动器 B2 油路，自动变速器处于 2 挡。

L 位 1 挡：选挡手柄处于 L 位时，来自手控制阀的控制油压作用于低、倒挡柱塞上，阀芯始终处于下端，不能上移，自动变速器锁止在 1 挡上，不能升 2 挡。

其他换挡阀的工作原理与此相似，需要说明的是各换挡阀相互连通、组合工作，共同实现挡位的选择及变换功能。

3）强制降挡阀

强制降挡阀由节气门控制，如图 10.27 所示。在汽车上坡中把加速踏板几乎踩到底时，降挡柱塞移动的距离较大，使来自降挡压力调节阀的油路开通。因此降挡压力作用于 1-2 挡换挡阀及 2-3 挡换挡阀，即由 3 挡减到 2 挡或由 2 挡减至 1 挡。随着车速的提高，来自速控阀压力也相应提高，当此压力足够大时，汽车自动换入高挡行驶。当加速踏板一

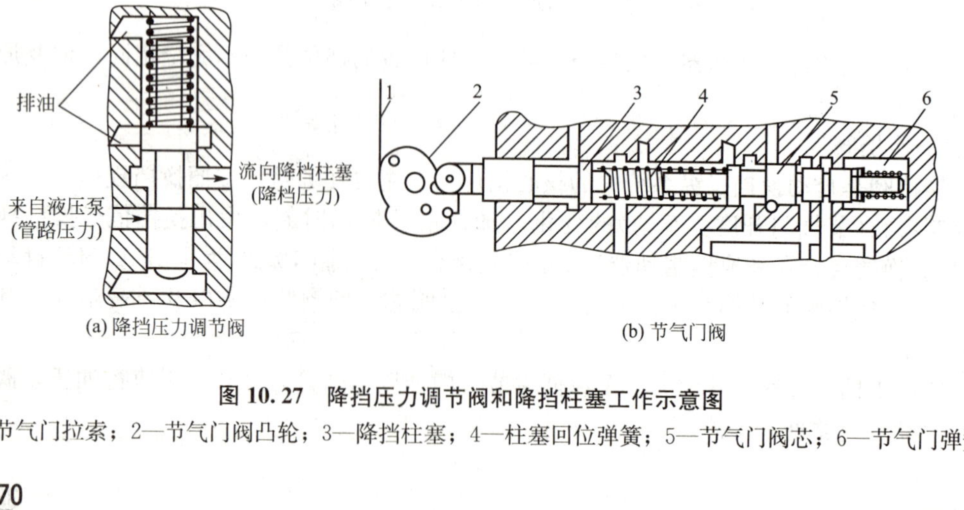

图 10.27　降挡压力调节阀和降挡柱塞工作示意图

1—节气门拉索；2—节气门阀凸轮；3—降挡柱塞；4—柱塞回位弹簧；5—节气门阀芯；6—节气门弹簧

抬起，降挡柱塞回位，降挡压力调节阀油路关断，此时调速压力仍较高，使汽车可继续向高挡换挡。

另一种强制降挡阀是一种电磁阀，由安装在加速踏板上的强制降挡开关控制，如图 10.28 所示。当加速踏板踩到底时，强制降挡开关闭合，使强制降挡电磁阀通电，电磁阀作用在阀杆上的推力消失，阀芯在弹簧弹力的作用下右移，打开油路，主油路压力油进入换挡阀的左端(作用节气门油压的一端)，强迫换挡阀右移，让自动变速器降低一个挡位。

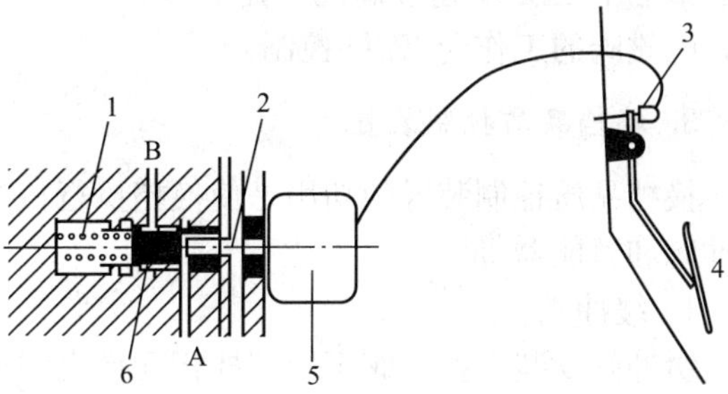

图 10.28　电磁阀控制的强制降挡阀

1—节气门弹簧；2—阀杆；3—强制降挡开关；4—加速踏板；5—强制降挡电磁阀；6—阀芯

4) 超速挡液压控制阀

在装有超速挡的液力自动变速器上设有超速挡控制阀。图 10.29 所示为一超速挡控制阀结构图，由超速挡换挡阀、滑动换挡阀和电磁阀等组成。超速挡换挡阀控制着超速离合器 C_0 和超速制动器 B_0 的油路，阀体的进油压力来自电磁阀控制的管路压力、速控液压、加速踏板控制液压，出油口与 C_0、B_0 相通。电磁阀接通时，回油口打开，管路压力通过回油孔流回油盘，使管路压力不作用在滑动换挡阀上方。超速挡阀能上下移动，电磁阀关闭时，管路压力作用在滑动换挡阀上方，超速挡换挡阀不能上移，防止升到超速挡。加速踏板控制的液压和弹簧张力作用在 3－4 换挡阀的上方，速控阀压力作用在下方，如果电磁阀打开，阀体可以上下移动换挡。车速高，速控阀压力高，柱塞上行，B_0 油路接通，同时 C_0 油路断开，变速器由 3 挡升到超速挡；车速低，速控阀压力低，柱塞下行，B_0 油路断开，C_0 接通，变速器由超速挡减到 3 挡。

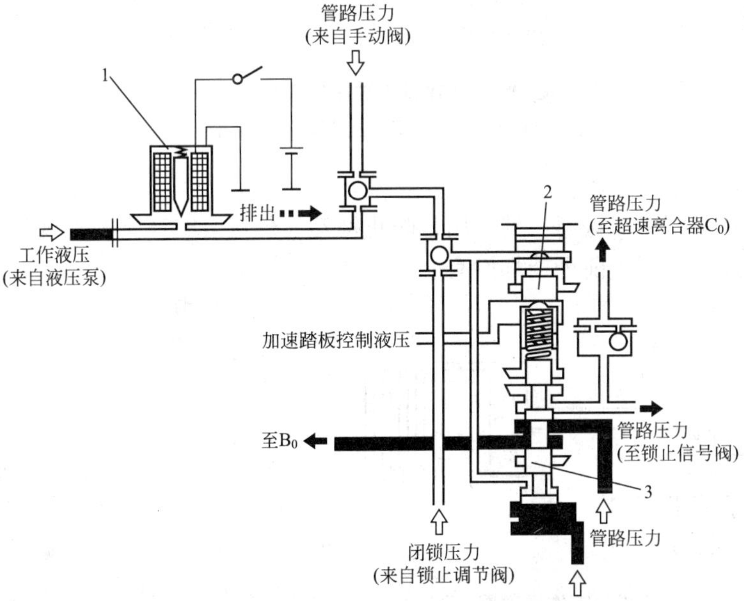

图 10.29　超速挡液压控制阀

1—超速电磁阀；2—滑动换挡阀；3—超速挡换挡阀

液力式自动变速器在超速挡工作应满足以下条件：一是电磁阀必须接通；二是选挡杆置于D位；三是车速应高到一定程度。在有的自动变速器上，为了使超速挡工作时机得当，电磁阀的工作受ECU控制。

3. 换挡品质控制装置

换挡品质控制装置的功用是使换挡执行机构接合柔和、换挡平稳、无冲击，常用的有缓冲阀和蓄能器等。

1）缓冲阀

缓冲阀安装在换挡阀至换挡执行元件之间的油路中，其工作原理是：当换挡执行元件接合时，通过对流入换挡元件的压力油进行节流，来延缓换挡元件接合时油压上升的速度，从而减小换挡冲击；当换挡元件分离时，增大换挡元件中压力油的泄流量，加速泄流过程，使换挡元件迅速分离。

图10.30所示为弹簧式缓冲阀的工作原理图，其进排液口A连接控制油路，进排液口B连接换挡元件。当控制油路向换挡执行元件的液压缸充油时，在弹簧力的作用下，阀芯左移将阀门关闭，传动液只能从阀芯上的节流口中通过(图10.30(a))，在节流口节流效应的作用下，液体流量小，油压上升速度慢，使换挡元件接合柔和；当换挡元件的液压缸回油时，液压油液推动阀芯右移，阀门开启泄流(图10.30(b))，泄流量增大，加速回油过程，使换挡元件迅速分离。

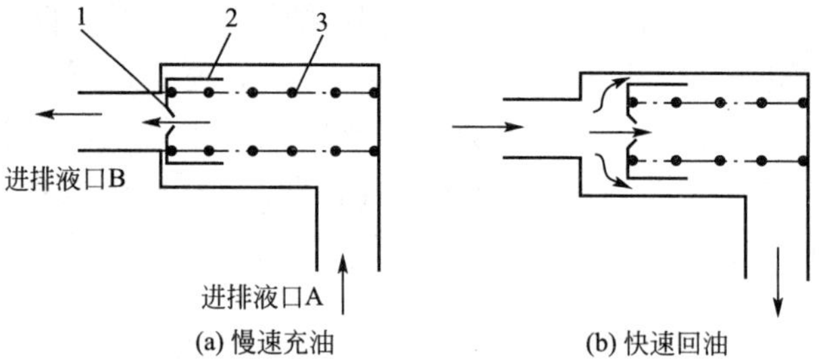

图10.30　弹簧式缓冲阀工作原理图

1—节流孔；2—阀芯；3—弹簧

2）蓄能器

蓄能器又称为蓄能减振器，其功用是防止换挡元件接合时产生冲击现象。

在自动变速器中每个前进挡都设有一个蓄能器。

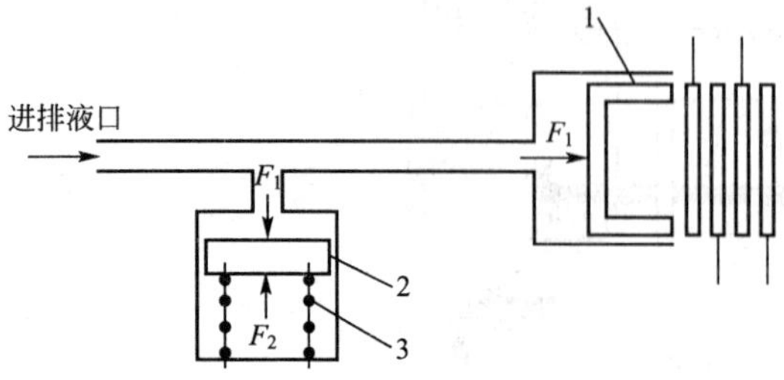

图10.31　蓄能器工作原理图

1—活塞A；2—活塞B；3—弹簧

蓄能器由活塞和弹簧等组成，其进排液口与换挡阀至换挡执行元件之间的油路相通，如图10.31所示。其工作原理如下。

当变速器换挡时，换挡阀输出的主油路液压油既输入到换挡执行元件的液压缸，也输入到蓄能器的液压缸。在换挡元件接合初期，油压迅速升高，使换挡执行元件迅速克服自由行程而开始接合。传动

液压力 F_1 既作用到换挡执行元件的活塞 A 上，也作用到蓄能器活塞 B 上。当传动液压力升高到一定程度时，F_1 就会克服蓄能器弹簧的预紧力使活塞 B 向下移动，部分传动液随之流入蓄能器的液压缸，使活塞 A 和活塞 B 上的油压升高、速度减慢，从而防止换挡元件接合时产生冲击现象。

10.4 自动变速器的电子控制系统

在电控液压式自动变速器中，电子控制装置是整个控制系统的核心，它利用各种先进的电子手段对自动变速器以及发动机的工作进行检测，并根据检测结果和相应的控制程序来操纵各种控制阀的工作，以驱动离合器、制动器、单向离合器等液力执行元件，从而实现对自动变速器的全面控制。电子控制系统还带有自诊断装置，并且具有在发生故障时使车辆继续行驶的失效防护功能。

电子控制装置由信号输入装置、自动变速器电子控制单元 ECU 和执行器等组成，如图 10.32 所示。

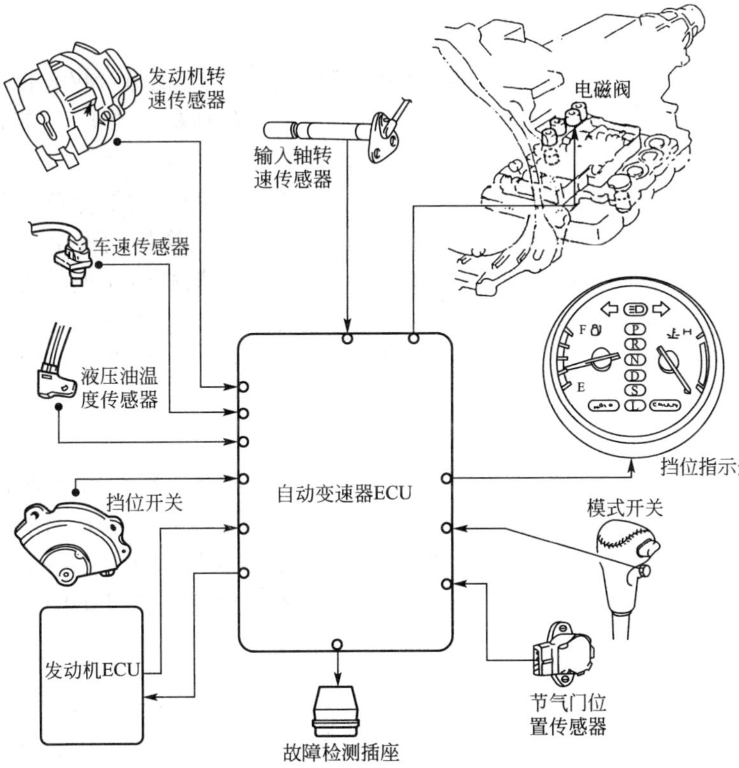

图 10.32 自动变速器电子控制装置的组成

10.4.1 信号输入装置

信号输入装置由各类传感器及开关信号等组成。

1. 传感器

自动变速器常用的传感器有节气门位置传感器、车速传感器、发动机水温传感器等。

节气门位置传感器安装在发动机节气门体上并与节气门联动，其作用是测量发动机节气门的开度，使 ECU 适时了解发动机负荷，以此作为换挡的一个主要依据。电控液压式自动变速器的电子控制系统常用线性节气门位置传感器，它反映节气门开度位置及变化速率的电信号是车辆在不同行驶条件下控制换挡的主要依据之一。

车速传感器用于检测自动变速器的输出轴转速，检测到的输出轴转速信号被送往 ECU，处理后成为车速信号，作为控制换挡的另一个主要依据。车速传感器有多种形式，常用的电磁感应式车速传感器主要由永久磁铁和电磁感应线圈两部分组成，一般安装在变速器输出轴附近。

节气门位置传感器、车速传感器等各种传感器在第 8 章中已经介绍，这里不再重复。

2. 开关信号装置

常用的自动变速器控制开关有超速挡开关、模式选择开关、挡位开关、空挡起动开关、强制降挡开关等。

1）超速挡开关

超速挡开关一般设在换挡杆手柄上，超速切断指示灯安装在组合仪表板上。它的作用是当 ECU 获得正确的输入信号电压时，允许变速器使用超速挡。当 ECU 未接收到正确的输入信号时，停止超速挡工作。

超速挡开关打开时，作用在 3－4 挡换挡阀阀芯高挡端的压力油泄荷，此时，只要作用在 3－4 挡换挡阀低挡端的油压足够高，就可以将 3－4 挡换挡阀推至 4 挡位置。即超速挡开关打开且变速器操纵手柄又处于 D 位时，自动变速器随着车速的提高最高可升至 4 挡。而该开关关闭时超速挡电磁阀断电，主油路压力油作用在 3－4 挡换挡阀阀芯高挡端，使阀芯不能移动到 4 挡位置。此时，无论车速怎样提高，自动变速器最多只能升至 3 挡。

2）行驶模式选择开关

行驶模式选择开关位于自动变速器换挡架上，供驾驶员依据不同行驶路面选择 ECU 中适当的换挡规律，换挡规律不同，提供的换挡点也不同。一些车型的行驶模式选择开关具有一般和动力两种模式，而有些车型的换挡规律选择开关则提供经济模式、一般模式和动力模式 3 种，某些车型还包括雪地模式等。ECU 根据模式选择开关的具体位置选择相应的换挡规律。

3）挡位开关

挡位开关一般装在手动阀或操纵手柄上，由变速杆控制。选挡手柄的位置信号是利用挡位开关的几条编码线路将信息传给变速器控制系统的，通常还包括倒挡信号灯的开启以及空挡起动开关等。

4）空挡起动开关

空挡起动开关是一个多功能开关，不仅具有控制起动继电器线圈电路的功能，还可将变速器换挡杆位置的信息传送给自动变速器的 ECU，ECU 可以根据空挡起动开关信号区别变速器是否处于 P 或 N 位(停车或空挡)。ECU 控制只有在 P 或 N 位时，发动机才能起动。

5）强制降挡开关

强制降挡开关装在加速踏板下方，当踩下加速踏板并使节气门达到全开位置时，强制降挡开关接通并向 ECU 发送信号。此时，ECU 按照急加速的程序控制换挡。一般在车速还不是很高的情况下，ECU 会使变速器降一挡，以便使车辆的加速性能更好。

6）停车灯开关和停车制动开关

停车灯开关安装在制动踏板支架上，当踩下制动踏板时，开关接通。其开关便通知自动变速器的 ECU 制动已经使用，即解除锁止信号，松开变矩器锁止离合器，同时停车灯亮。这种功能还可防止当后轮制动被抱死时，发动机突然熄火。

自动变速器各类信号输入元件的线路如图 10.33 所示。

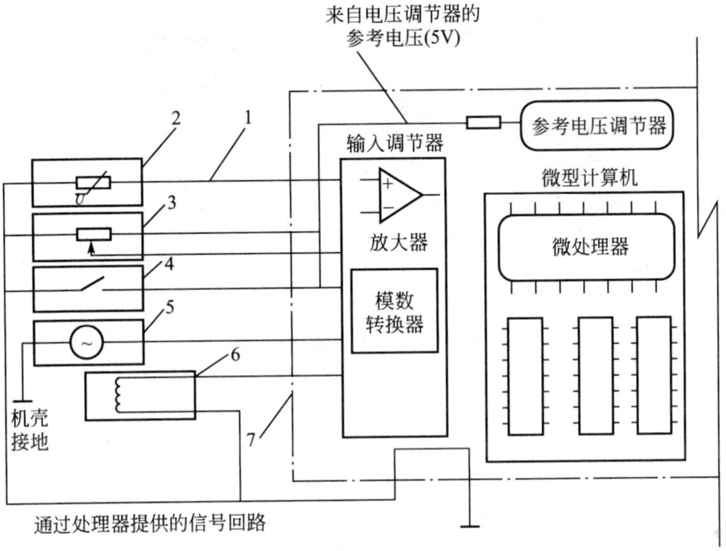

图 10.33　自动变速器电控系统信号输入装置线路图

1—信号线；2—变阻器；3—电位器；4—开关；
5—电压发生器；6—磁电传感器；7—处理器

10.4.2　自动变速器的执行机构

自动变速器的执行机构由各类电磁阀组成，其作用是根据 ECU 的命令接通或切断液压回路。

按照电磁阀的作用可分为换挡电磁阀、锁止电磁阀和调压电磁阀，换挡电磁阀用于控制换挡油压、位置和时刻，它的动作可控制液压系统中换挡阀的油路接通位置，以使相应的换挡离合器、制动器等执行元件工作，从而实现自动换挡、调节主油路压力及液力变矩器的锁止等功能；锁止电磁阀用以控制锁止电磁阀的工作时间；调压电磁阀用于调节在执行元件上的液压，使换挡过程更加平顺，在某些车型上还可用来调节主油路压力。

按照电磁阀结构形式的不同可分为开关式电磁阀和脉冲式电磁阀。

1. 开关式电磁阀

开关式电磁阀的作用是开启或关闭液压油路，通常用于控制换挡阀及变矩器锁止控制阀的工作。开关式电磁阀由电磁线圈、衔铁、回位弹簧、阀芯和阀球等组成，如图 10.34 所示。

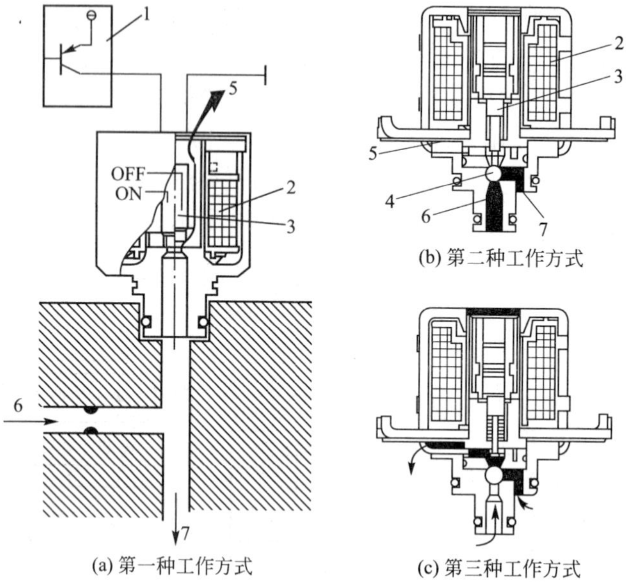

图 10.34　开关式电磁阀

1—ECU；2—电磁线圈；3—衔铁和阀芯；4—钢球；
5—泄油孔；6—主油道；7—控制油道

这种电磁阀有 3 种工作方式：一种是让某一条油路保持油压或泄空，如图 10.34(a)所示，即当电磁线圈不通电时，阀芯被油压推开，打开泄油孔，该油路的液压油经电磁阀泄空，油路压力为零；当电磁线圈通电时，电磁力使阀芯下移，关闭泄油孔，使油路油压上升。另一种是开启或关闭某一条油路，即当电磁线圈不通电时，油压将阀芯推开，阀球在油压作用下关闭泄油孔，打开进油孔，使主油路压力油进入控制油道，如图 10.34(b)所示；当电磁线圈通电时，电磁力使阀芯下移，推动阀球关闭进油孔，打开泄油孔，控制油道内的压力油由泄油孔泄空，如图 10.34(c)所示。

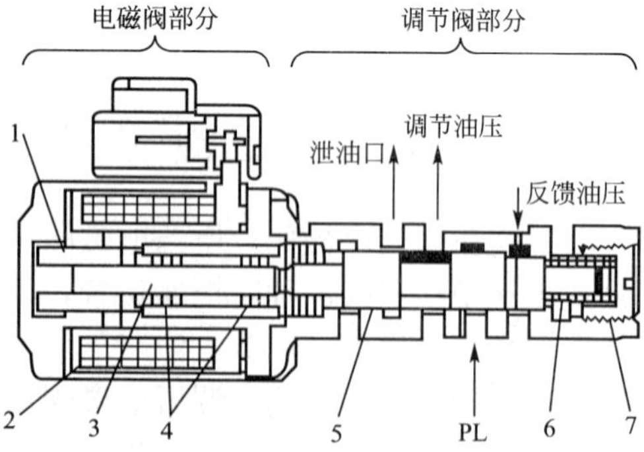

图 10.35　脉冲线性式电磁阀

1—轴套；2—电磁线圈；3—芯轴；
4—轴承；5—阀芯；6—弹簧；7—螺钉

2. 脉冲式电磁阀

脉冲线性式电磁阀的作用是控制油路中的油压。它的结构与开关式电磁阀基本相似，也是由电磁线圈、阀芯或滑阀等组成，如图 10.35 所示。

当电磁线圈通电时，电磁力使阀芯或滑阀开启，液压油经泄油孔排出，油路压力随之下降。当电磁线圈断电时，阀芯或滑阀在弹簧弹力的作用下将泄油孔关闭，使油路压力上升。

脉冲式电磁阀与开关式电磁阀的不同之处在于，控制脉冲式电磁阀工作的电信号不是恒定不变的电压信号，而是一个频率固定的脉冲电信号。电磁阀在脉冲电信号的作用下不断反复地开启和关闭泄油孔，ECU 通过改变脉冲的宽度，或者说是每个脉冲周期内电流接通和断开的时间比例，即所谓占空比来改变电磁阀开启和关闭的时间比例，从而达到控制油路压力的目的。占空比越大，经电磁阀泄出的变速器油就越多，油路压力就越低；反之，占空比越小，油路压力就越高。

脉冲式电磁阀一般安装在主油路或减振器背压油路中，通过 ECU 控制，在变速器自动升挡或降挡瞬间，或者在闭锁离合器闭锁及解锁动作开始时使油压下降，以减少换挡和闭锁冲击，使车辆行驶更平稳。

10.4.3 自动变速器的 ECU

自动变速器 ECU 是电子控制系统的核心，其结构与发动机 ECU 基本相同，只是控制内容不同。电子控制自动变速器 ECU 可与发动机电子控制系统共用一个 ECU，也可使用独立的 ECU。接收器接收各输入装置的输出信号，并对其进行放大；控制器将这些信号与内存中的数据进行对比，根据对比结果做出是否换挡等决定，再由输出装置将控制信号输送给执行元件电磁阀。

1. 换挡规律

换挡规律是指自动变速器的换挡时刻与控制参数之间的变化关系。它表征车辆在运行时，自动变速器根据车辆的运行工况，变速器应处的挡位，即应升挡、降挡还是保持当前挡位。

换挡规律是自动变速器换挡系统的基本特性，是按车辆动力性和经济性对自动换挡系统的要求来设计的。较常用的自动换挡规律一般由节气门开度、车速两个参数来控制。

每一个自动换挡系统都有相应的换挡规律，它的曲线形状取决于车辆传动系统的要求，由自动换挡系统的结构和参数来实现。在控制参数相同的情况下，升挡和降挡的换挡时刻是不同的，降挡的换挡时刻比升挡的晚，这种现象称为换挡延迟。自动变速器换挡延迟的程度根据传动性质的要求确定，由换挡机构的结构参数来保证。

图 10.36 是某自动变速器按节气门开度与车速信号两个参数控制的换挡规律示意图，它表明换挡时刻与节气门开度和车速之间的关系。图中曲线 AA′决定了从 1 挡换入 2 挡的时刻，曲线 BB′是从 2 挡换回 1 挡的时刻。在这两条曲线之间，升挡时 1 挡工作，降挡时 2 挡工作。AA′线的右边只能用 2 挡工作，而 BB′线左方则只能用 1 挡工作。水平线 1 表示节气门全开，水平线 2 相当于发动机怠速时的节气门开度。

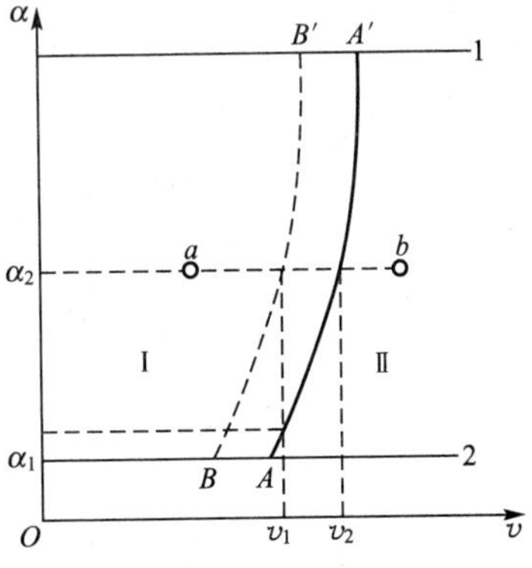

图 10.36 两参数换挡规律示意图

由图 10.36 可见，如果节气门开度不变(设为 α_2)，则当车速小于 v_1 时，以 1 挡行驶；当行驶阻力减小，车速增加超过 v_2 时，自动换入 2 挡；如果车速 v_2 减小，则当车速降至 v_1 时才重新换入 1 挡。如果车速不变(设为 v_1)，则当节气门开度小于 α_1 时，用 2 挡行驶；当行驶阻力增加，节气门开度加大到 α_2 时，自动换入 1 挡行驶；当行驶阻力减小，节气门开度减小到小于 α_1，则又重新自动换回 2 挡。这就使驾驶员有可能控制节气门开度 α 来干预自动换挡，松加速踏板提前换高挡，猛踩加速踏板强制换低挡。

换挡延迟的设置对换挡系统的主要作用如下。

(1) 保证自动换挡系统的稳定性。如果升、降挡点重合在一条曲线上，那么车速以此曲线附近的参数行驶时，由于行驶阻力的偶然增减而使车速升降，就不可避免地出现在两相邻挡之间重复往返换挡的现象。当有了换挡延迟，自动换上新挡后，不会由于加速踏板振动或车速稍降而重新换回原来的挡。

(2) 使驾驶员可以对自动换挡进行干预，可以提前升挡或强制降挡。

(3) 变化换挡延迟，改变换挡规律，以适应动力性、经济性、使用性等方面的要求。

2. 换挡规律的模式

对汽车的使用要求不同，自动变速器在模式开关处于不同位置时，其换挡规律也不同，一般有普通、经济、动力等几种形式的换挡规律。通常，ECU 将汽车在不同使用要求下的最佳换挡规律以自动换挡图的形式储存在存储器中。当选挡手柄在 D 位(前进挡)，且节气门开度相同时，依据动力型换挡模式换挡的各挡升挡车速及降挡车速都要比经济型各挡升挡车速及降挡车速高。升挡车速越高加速性能就越好，反之，升挡车速越低则燃油经济性就越好。

图 10.37 所示为某自动变速器在 D 位时的普通型、经济型和动力型换挡规律。

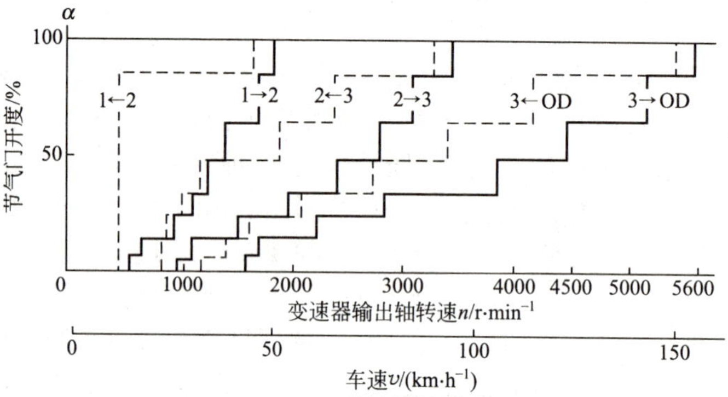

(a) 普通型换挡规律

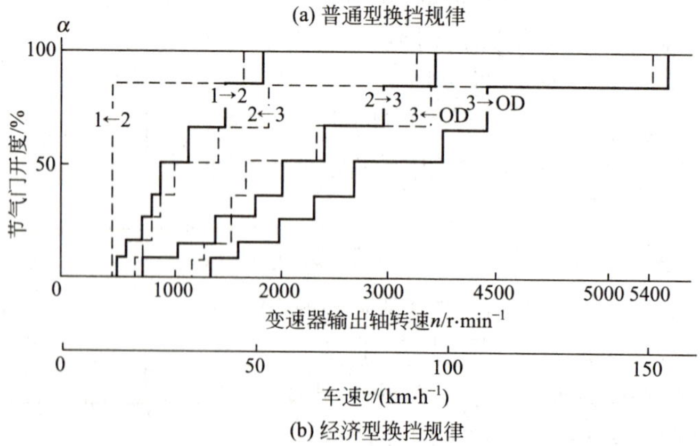

(b) 经济型换挡规律

图 10.37 选挡手柄在 D 位时的换挡规律

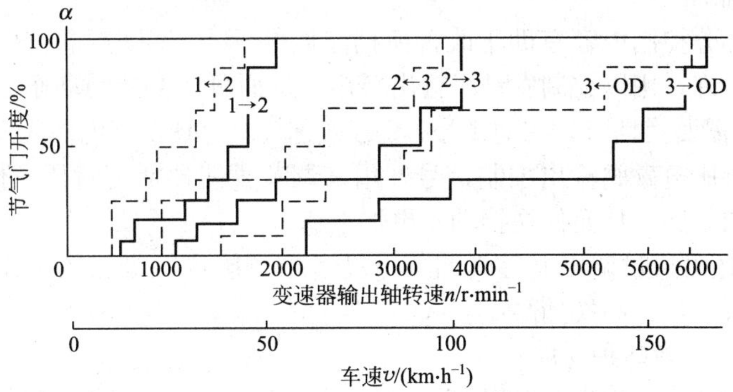

(c) 动力型换挡规律

图 10.37 选挡手柄在 D 位时的换挡规律(续)

汽车在行驶过程中(挡位开关的信号给定)，电子控制单元 ECU 根据模式开关信号从存储器中选出相应的自动换挡规律图，再将由车速传感器、节气门位置传感器测得的车速、节气门位置信号与所选的自动换挡规律相比较，如果达到相应的换挡车速，电子控制单元 ECU 将向换挡电磁阀发出电信号，由电磁阀的动作决定压力油通往各换挡阀元件的流向，直至作用于自动变速器中相应的换挡离合器、制动器等执行元件上，以最终实现挡位的自动变换。

最新型的自动变速器 ECU 还可以使自动变速器取消模式选择开关，而由 ECU 进行自动模式选择控制。此时，主要参考换挡手柄的位置、车速、节气门的位置及其变化的速率等因素，自动选择控制模式。如当操纵手柄位于前进低挡时，ECU 只选择动力模式；在前进 D 位时，节气门变化速率低，即加速踏板被踩下的速率低时，选择经济模式；反之，节气门的变化速率超过一定范围时，则变换为动力模式，节气门开度过低则换挡规律仍选择经济模式。

3. 控制功能

电子控制自动变速器 ECU 具有以下控制功能。

1）控制换挡时刻

在 ECU 的存储器中存有各种程序，在换挡操纵手柄位置确定的情况下，ECU 根据传感元件的输出信号，按照相应换挡程序控制电磁阀的通断。由于采用与标准信号对比的方法，尽可能地减少了干扰因素，因此能更精确地控制换挡时刻。

自动变速器换挡时刻控制是电子控制单元 ECU 最重要的控制内容之一。汽车在每一特定行驶工况都应该有一个与之相对应的最佳换挡时刻，使自动变速器在汽车的任何行驶条件下都按最佳换挡时刻进行换挡，使汽车的动力性和经济性等指标综合起来达到最佳。

2）控制超速行驶

只有当换挡操纵手柄位于 D 位且超速开关打开时，汽车才可能升入超速挡。当汽车以巡航方式在超速挡行驶时，若实际行驶车速低于 4km/h，巡航控制单元将向 ECU 发出信号，要求自动退出超速挡。这种控制功能还可以防止自动变速器在发动机冷却液温度低于 60℃时进入超速挡工作。

3）控制换挡品质

除了前述的部分控制内容有助于改善换挡品质外，当ECU判断需要换挡时，会使点火时间暂时延迟少许，用以控制发动机输出转矩，从而可使换挡的动作更加平稳。

当ECU判断需要换挡时，在向1号、2号或称为A、B换挡电磁阀发出控制信号的同时，也向蓄能器背压电磁阀输出控制信号，用来调节蓄能器活塞背压，使换挡时离合器、制动器的接合更加柔和，从而使换挡动作更加平稳。

另外，ECU还可通过调压电磁阀调节行星齿轮系统执行机构的工作压力，使执行元件柔和地接合，进一步提高换挡品质。

4）自我诊断与失效防护功能

当自动变速器控制系统中各传感器、电磁阀或有关开关发生故障时，ECU通过指示灯的闪烁输出故障码，以指示故障所发生的部位，并将之存储在存储器中。由于有备用电压，即使发动机熄火故障码也不会消失。因此，排除故障后要进行专门的故障码消除程序，才能将之从存储器中抹去。

失效保护功能的目的是在传感器或电磁阀出现故障时，仍可以使汽车继续行驶。例如，若1号或2号换挡电磁阀出故障，ECU可以通过控制剩下的一个电磁阀使汽车仍能继续行驶。即使1号和2号电磁阀都出故障，仍可以通过手动变速使汽车行驶。

10.5　自动变速器的使用、试验与故障诊断

自动变速器的结构和原理都十分复杂，无论是换挡执行元件损坏，还是控制电路、阀板中的控制阀或其他任何部件出现故障，都会影响变速器的正常工作。因此，对于自动变速器的某一故障，应利用各种检测工具和手段，按照合理的程序和步骤，逐步排除故障的不可能原因，迅速而正确地确定故障发生的具体部位。

10.5.1　自动变速器的使用

1. 自动变速器换挡手柄的使用

自动变速器换挡手柄的位置与自动变速器本身所处的挡位是完全不同的两个概念，换挡手柄只是改变了手动阀的位置，自动变速器本身的挡位则由换挡执行元件的动作所决定。自动变速器挡位的决定因素，除了手动阀的位置以外，还有车速、节气门开度，并由ECU控制，由执行机构操纵换挡。

现代轿车中，除某些较小发动机排量的轿车采用三前一倒自动变速器外，绝大多数轿车装备的是四前一倒的自动变速器，且第四挡是超速挡。

汽车运行时，由驾驶员根据使用条件，通过挡位选择杆选择适当的挡位，通过换挡阀实现换挡。挡位选择杆有按钮式和拉杆式两种类型，按钮式一般布置在仪表板上；拉杆式可布置在转向柱上或驾驶室地板上，如图10.38所示。

装备自动变速器的汽车，其驾驶室内的挡位选择杆通常具有6个位置和7个位置两种。6个位置包括P、R、N、D、2和1或L，如图10.38(c)所示；7个位置包括P、R、N、D4、D3、2、1。对于6个变速杆位置的变速器，还设置有一个超速挡选择开关，由驾

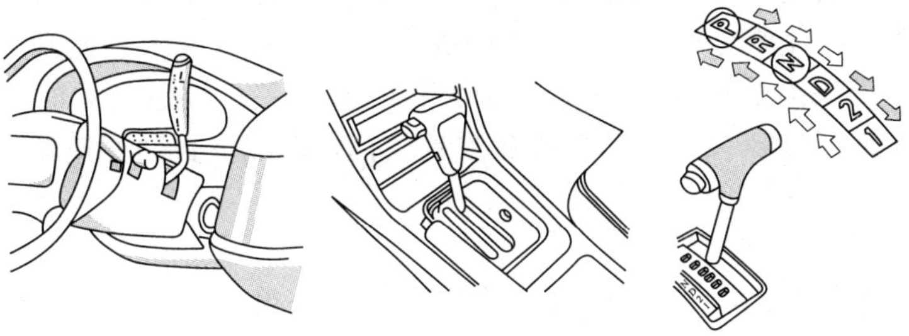

(a) 布置在转向柱上　(b) 布置在驾驶室地板上　(c) 挡位选择杆位置

图 10.38　拉杆式挡位选择杆的布置

驶员控制 D 位是否允许升入超速挡。当不允许升入超速挡时 O/D OFF 指示灯亮。

轿车自动变速器具有 6 个位置的换挡操纵杆功能如下。

(1) P 位(停车挡)：停车挡通常位于操纵手柄的最前方，在汽车倒车时选用。当换挡操纵手柄置于该位置时，停车锁止机构将变速器输出轴锁止，使驱动轮不能转动，从而防止汽车移动。同时换挡执行机构使自动变速器处于空挡状态。

当换挡手柄离开 P 位时，释放停车锁止机构，然后放松制动踏板，同时缓慢踩下加速踏板，汽车即可起步。

(2) R 位(倒挡)：在汽车倒车时选用。当换挡手柄处于 R 位时，自动变速器挂入倒车挡，液压系统倒挡油路即被接通，使驱动轮反转，可实现倒挡行驶。

(3) N 位(空挡)：空挡通常位于操纵手柄的中间位置，在发动机起动时选用。当换挡操纵手柄置于 N 位时，发动机的动力虽经输入轴传入自动变速器，但此时行星齿轮系统空转，输出轴无动力输出。

(4) D 位(前进挡)：前进挡通常位于空挡之后，汽车在一般道路行驶时选用。当操纵手柄位于 D 位时，液压系统控制装置根据节气门开度信号和车速信号，自动接通相应的前进挡油路，行星齿轮系统在执行机构的控制下得到相应的传动比，根据行驶条件的变化，在前进挡中自动升降挡，实现自动变速功能。目前大多数自动变速器在前进挡中有 3 个或 4 个挡位，相应称为三速或四速自动变速器。

(5) 2 位(高速发动机制动挡，也称 S 位)：操纵手柄位于该位时，液压控制系统只能接通前进挡中的一二挡油路，自动变速器只能在这两个挡位间自动换挡，无法升入更高的挡位，从而使汽车获得发动机制动效果。

(6) 1 位(低速发动机制动挡，也称 L 位)：此时汽车被锁定在前进挡的一挡，只能在该挡位行驶而无法升入高挡，发动机制动效果更强。此挡位多用于山区行驶、上坡加速或下坡时有效地稳定车速等特殊行驶情况，可避免频繁换挡，提高其使用寿命。

发动机只有在换挡操纵手柄位于 N 或 P 位时，汽车才能起动，此功能靠空挡起动开关来实现。

2. 自动变速器控制开关的使用

1) O/D 开关

O/D 开关为超速挡开关，用来控制自动变速器的超速挡。当 O/D 开关打开后，超速挡控制电路接通，这时换挡手柄若在 D 位，自动变速器最高可升入超速挡，即 4 挡。当

O/D开关关闭后，超速挡控制电路被断开，这时仪表盘上的O/D OFF指示灯亮起，表示超速挡被限制使用，自动变速器随着车速的提高而升挡时，最多只能升入3挡。在一般道路行驶时，应把换挡手柄置于D位，并使用O/D开关。坡道行驶时，则要将此开关关闭，以避免车速变化较大时自动变速器频繁跳挡，以减少自动变速器换挡执行元件的磨损。

2）模式选择开关

模式选择开关用来选择自动变速器的控制模式(经济模式、动力模式和普通模式)，以满足汽车在不同条件下的使用要求。当模式设定之后，自动变速器会在ECU的控制下根据车速、节气门位置等信号，按一定的换挡规律自动进行挡位的变换。

经济模式是以汽车行驶时获得最佳燃油经济性为目标设计的换挡规律。当自动变速器在经济模式状态下工作时，可使汽车经常处在经济转速范围内运转，达到节省燃油的目的。

动力模式是以使汽车获得最大动力为目标而设计的换挡规律。在动力模式下，汽车在行驶时常处在大功率范围内工作，主要用于汽车的加速、爬坡等工况。在急加速时，采用强制降挡操作方法，即把加速踏板踩到底，这时自动变速器会自动降低1个挡位，获得很好的加速效果。当加速到一定程度后，应立即松开加速踏板，防止发动机转速过高而发生失速。在使用强制降挡操作时，因为加速踏板要踩到底，自动变速器的摩擦片磨损和发热现象较严重，容易造成损坏，所以应尽量少用。

普通模式可使自动变速器在经济模式和动力模式之间工作。在该模式下，可使汽车在保持一定动力性行驶的基础上，又有较好的燃油经济性。

10.5.2 自动变速器的试验

当发现自动变速器存在故障隐患时，首先要做的诊断往往是自动变速器的基本检查，包括发动机怠速检查、液压油品质和高度的检查、操纵手柄和节气门拉索的检查等。之后就应对自动变速器进行失速试验、油压试验、延时试验和手动换挡试验等，进而判断自动变速器的故障所在系统，最后对不同系统的故障采用不同的诊断方法确定故障的具体部位。

1. 失速试验

在前进挡或倒挡中，踩住制动踏板并完全踩下油门踏板时，发动机处于最大转矩工况，而此时自动变速器的输出轴及输入轴均静止不动，变矩器的涡轮不动，只有变矩器壳及泵轮随发动机一同旋转，此工况称为失速工况，此时发动机的转速称为失速转速。

失速试验的目的是检查发动机输出功率、变矩器及自动变速器中制动器和离合器等换挡执行元件的工作是否正常。

让汽车行驶至发动机和自动变速器均达到正常工作温度，检查汽车的脚制动和驻车制动，确认其性能良好；检查自动变速器液压油高度，确认其高度正常。

将汽车停放在宽阔的水平路面上，前后车轮用三角木塞住，拉紧驻车制动，左脚用力踩住制动踏板。起动发动机，将操纵手柄拨入D位置，在左脚踩紧制动踏板的同时，用右脚将油门踏板踩到底，在发动机转速不再升高时，迅速读取此时发动机的转速。读取发动机转速后，立即松开油门踏板，将操纵手柄拨入 P 或 N 位置，让发动机怠速运转 1min，以防止液压油因温度过高而变质。

将操纵手柄拨入其他挡位(R、L 或 2、1)，做同样的试验。

在失速工况下，发动机的动力全部消耗在变矩器内液压油的内部摩擦损失上，液压油的温度急剧上升，因此在失速试验中，从油门踏板踩下到松开的整个过程的时间不得超过 5s，否则会使液压油温度过高而变质，甚至损坏密封圈等零件。

在一个挡位的试验完成之后，不要立即进行下一个挡位的试验，要等油温下降之后再进行。试验结束后不要立即熄火，应将操纵手柄拨入空挡或停车挡，让发动机怠速运转几分钟，以便让液压油温度降至正常。如果在试验中发现驱动轮因制动力不足而转动，应立即松开油门踏板停止试验。

不同车型的自动变速器都有其失速转速标准，大部分自动变速器的失速转速标准为 2300r/min 左右。若失速转速与标准值相符，说明自动变速器的油泵、主油路油压及各个换挡执行元件工作基本正常；若失速转速高于标准值，说明主油路油压过低或换挡执行元件打滑；若失速转速低于标准值，则可能是发动机动力不足或液力变矩器有故障。例如，当液力变矩器中的导轮单向离合器打滑时，液力变矩器在液力耦合工况下工作，其变矩比下降，从而使发动机的负荷增大，转速下降。

不同挡位失速转速不正常的原因见表 10 - 3。

表 10 - 3　失速转速不正常的原因

操纵手柄位置	失速转速	故障原因
所有位置	过高	① 主油路油压过低 ② 前进挡和倒挡的转换执行元件打滑 ③ 低挡及倒挡制动器打滑
	过低	① 发动机制动不足 ② 变矩器导轮的单向超越离合器打滑
D 位	过高	① 前进挡油路油压过高 ② 前进离合器打滑
R 位	过低	① 倒挡油路油压过低 ② 倒挡及高挡离合器打滑

2. 延时试验

在发动机怠速运转时将操纵手柄从空挡拨至前进挡或倒挡后，需要有一段短时间的迟滞或延时才能使自动变速器完成换挡工作，这一时间称为自动变速器换挡迟滞时间。

延时试验就是测出自动变速器换挡迟滞时间，根据迟滞时间的长短来判断主油路油压及换挡执行元件的工作是否正常。

汽车在行驶中，发动机和自动变速器达到正常工作温度后，将汽车停放在水平地面上，拉紧手制动。检查发动机怠速，如不正常，应按标准予以调整。

将自动变速器操纵手柄从空挡位置拨至前进挡位置，用秒表测量从拨动操纵手柄开始到感觉到汽车振动为止所需的时间，该时间称为 N—D 延时时间。将操纵手柄拨至 N 挡位置，让发动机怠速运转 1min 后，再做一次同样的试验。

上述试验进行 3 次，取其平均值。

再按上述方法，将操纵手柄由 N 位置拨至 R 位置，测量 N—R 延时时间。

大部分自动变速器 N—D 延时时间为 1.0～1.2s，N—R 延时时间为 1.2～1.5s。若 N—D 延时时间过长，说明油路油压过低，前进离合器摩擦片磨损过多或前进单向超速离合器工作不良；若 N—R 延时时间过长，说明倒挡主油路油压过低、倒挡离合器或倒挡制动器磨损过大或工作不良。

3. 油压测试

油压测试是在自动变速器工作时，通过测量液压控制系统各油路的压力来判断液压控制系统及电子控制系统各零部件的功能是否正常，目的是检查油泵、油压调节阀、节气门阀、油压电磁阀、调速阀及变速器油等的工作状况，是变速器性能分析和故障判断的主要依据。

油压测试主要包括系统油路压力测试、各离合器和制动器的蓄能器油压测试、各挡离合器油压测试、调速阀油压测试和节气门阀油压测试等。

油压测试也是先预热油温至正常工作温度，确认检查过油面高度、油质状况，换挡杆及节气门拉线已调整正常。系统油压测试的一般方法如下。

(1) 首先检查加速踏板拉线的调整情况，必要时重新调整。

(2) 拆下变速器壳体上的油路压力测试螺塞，装上油压表。

(3) 用三角木塞住前、后轮，将驻车制动器拉到底，起动发动机预热。

(4) 在怠速情况下，将变速杆拨入 D 位，读出压力值。

(5) 将制动踏板踩到底，然后同时将加速踏板也踩到底，即在失速情况下读出压力值。

将变速杆拨入 R 位，做同样试验。

由于各汽车厂家的自动变速器不同，虽然试验原理相同，但具体调试项目和标准油压却不一样。因此，具体的测试及结果分析应根据具体的自动变速器标准油压要求进行，以判定相应与管路连接的密封器、离合器、制动器等是否失效。除了系统油压测试外，还可进一步试验调速阀油压、各挡离合器油压、蓄能器背压等项目，以判定局部故障。

4. 手动换挡试验

电控自动变速器可采用手动换挡试验，确定故障出在电子控制系统还是其他部位。

手动换挡试验一般是在读取故障码和完成变速器基本常规检查后，人为地使电子控制自动变速器脱离电子控制单元 ECU 的控制，由测试人员手动进行各挡位的试验。

手动换挡试验是将电控自动变速器所有换挡电磁阀的线束连接器全部脱开，此时 ECU 不能控制换挡，自动变速器的挡位取决于操纵手柄的位置。其基本试验过程如下。

(1) 拔下自动变速器电控单元 ECU 线束插头或脱开电磁阀线束插头，这样电磁阀都处于关闭状态。

(2) 手动操纵选挡手柄换挡，检查车辆行驶速度的变化。不同自动变速器的手动换挡位置与行驶挡位的关系不完全相同，因此手动换挡试验时应根据手册具体要求进行，表 10－4 为丰田 A341E 手动换挡工作表。

表 10-4 丰田 A341E 手动换挡工作表

换挡杆位置	D位	2位	L位	R位	P位
挡位	O/D挡	3挡	1挡	倒挡	驻车锁定

(3) 试验结束应插好 ECU 线束插头和电磁阀线束插头，并清除故障码。

手动换挡试验可在试验台架上做，也可通过道路试验进行。若1挡、2挡和D位的行驶挡位难以区分，可以表10-4为参考进行道路试验。若每一挡动作都正常，但接回电磁阀配线时换挡不正常，则说明故障出在电子控制系统，应进行电子控制系统故障的诊断检查。若有一挡位动作异常，则说明故障可能是变速器机械或液压部分，包括液力变矩器、行星变速系统和液压控制系统，应进行机械试验。

5. 道路试验

自动变速器的道路试验是自动变速器各项性能的综合试验测试，包括机械变速器内部的各离合器和制动器的工作情况，液压控制系统和电子控制系统控制的自动换挡点速度是否正确，换挡时车辆的平顺性，行驶时变速器内有无异常响声，各种行驶模式时车辆的行驶性能、液力变矩器的锁止、换挡杆在各位置时的换挡范围和发动机制动状况等。道路试验是检验自动变速器性能、发现故障现象及判断故障部位的最主要手段。

进行道路试验要严格遵照自动变速器的操作规程来驾驶车辆，确认油面高度、油质状况都正常，换挡杆、节气门拉线及发动机怠速都已检查且正常，变速器无漏油。道路试验需对车辆各种状况进行试验，对于包括不同挡位、不同换挡模式、O/D开关的不同状态、发动机冷却液温度及变速器油温的高低、变矩器锁止等状态下的车辆换挡性能(指各换挡点的车速是否正常、换挡平顺性是否良好、加速性能、变矩器是否正常锁止、是否存在打滑现象等)均需密切考察和记录。道路试验的一般方法如下。

1) D位试验

(1) 检查升挡及降挡动作换挡点。将换挡杆拨至D位，用节气门半开或全开来加速汽车。检验1—2、2—3和3—O/D)挡的升挡和降挡，换挡点必须符合自动换挡表的规定值。在中等车速(40～80km/h)时，节气门全开，检验O/D—3、O/D—2、O/D—1的强制降挡，并且换挡车速须与规定值相符。

(2) 检查换挡的平顺性和有无打齿。

(3) 检查是否有异常噪声和振动。汽车行驶过程中，传动系统不正常的噪声和振动可能由液力变矩器、变速器内部机械的旋转部件、传动轴、差速器或驱动轮等引起，试验和检查时需格外仔细。

(4) 检查变矩器的锁止。在D位的O/D挡时，固定在60～80km/h的某一车速行驶，然后轻踏加速踏板，若发动机转速有较大跳跃，说明没有锁止，锁止机械或控制系统不正常；反之，若发动机转速变化甚微，则锁止正常。

(5) 按下模式选择开关，分别在不同换挡模式下进行上述试验。

2) 2位试验

将换挡杆拨入2位，保持节气门全开，进行2位试验。检查下列项目。

(1) 1-2挡是否顺利升挡，升挡点是否正确。

(2) 在2-2挡行驶时，松开节气门，检查发动机是否起制动作用。如果发动机不起制动作用，则是 2 挡滑行制动带有故障。

(3) 检查加速和减速时是否有不正常噪声，升挡和降挡时是否冲击过大。

3) L 位试验

(1) 检查是否不能升入 2 挡。

(2) 行驶中松开节气门，检查发动机是否起制动作用。如果发动机不起制动作用，则是低挡——倒挡制动器有故障。

(3) 检查加速和减速时是否有不正常噪声，升挡和降挡时是否冲击过大等。

4) R 位试验

R 位试验时，将节气门踩到底，检查是否打滑。

5) P 位试验

将汽车停在坡度大于 5°的坡道上，将选挡手柄拨入 P 位，松开驻车制动器，自动变速器中的停车锁止机构应将汽车停在原地。如果不能，则说明停车锁止机构失效。

10.5.3 自动变速器的故障自诊断

现代轿车的电控自动变速器都有故障自诊断功能。如果确认是自动变速器的电子控制系统发生故障，则可通过故障自诊断系统进行检查。不同汽车公司的各种车型上，其读取故障代码的形式不同，但基本都采用专用检测仪器读取故障代码和人工读取故障代码两种方法。

一般来说，当自动变速器的电子控制系统发生故障时，ECU 的自诊断系统就会通过超速挡指示灯(O/D OFF)或换挡模式指示灯的闪烁来提醒驾驶员，与此同时 ECU 将故障记忆并以代码形式存储在存储器中，每一个故障码表示一种故障现象。

1. 利用汽车电脑检测仪读取故障代码

为方便汽车维修人员对汽车各部分的电子控制系统进行维修，许多汽车制造厂家为自己生产的汽车设计了专用的电脑检测仪。在汽车的控制电路上有一个专用的电脑故障检测插座，通常位于发动机附近或驾驶室仪表板下方，通过线路与汽车各部分电脑连接。只要把汽车制造厂提供的该车型的电脑检测仪与汽车上的电脑故障检测插座连接，然后接通点火开关，就可方便地对汽车的发动机、自动变速器及其他部分电子控制系统进行检测。通过专用或通用的汽车电脑检测仪和汽车电脑解码器，可以对电子控制自动变速器的控制系统进行以下几种检测。

1) 读取故障代码

汽车电脑检测仪和汽车电脑解码器都可以很方便地读出储存在汽车自动变速器电脑内的故障代码，并显示出故障代码的含义，为检修自动变速器的控制系统提供可靠的依据。

2) 进行数据传送

许多车型的电脑运行中会将各种输入、输出信号的瞬时数值，以串行输送的方式，经故障检测插座内的某个插孔向外传送。电脑检测仪可以将这些数值以数据流的方式在检测仪的屏幕上显示出来，使整个控制系统的工作一目了然。检修人员可以根据自动变速器工作过程中控制系统各种数据的变化情况来判断控制系统的工作是否正常或将电脑的指令与自动变速器的实际反应进行比较，以准确地分辨故障出在控制系统还是自动变速器其他部分。

3）清除电脑储存的故障代码

故障一旦被检测出将以故障代码的方式存储于ECU中，直至蓄电池电缆被拆除掉。电脑检测仪可以通过向汽车电脑发出指令的方法来清除汽车电脑内储存的故障代码，以免拆除蓄电池电源线而影响ECU中存储的其他信息。

2. 人工读取故障代码

不同车型的电控自动变速器故障代码的人工读取方法各不相同。目前大部分车型的电脑故障代码的人工读取方法是用一根跨接线将故障检测插座内特定的两个插孔短接，然后通过观察仪表板上自动变速器故障警告灯的闪烁规律读取故障代码。需要注意的是，不同车型的汽车电脑故障检测插座形状及插孔分布各不相同，在人工读取故障代码前要仔细阅读说明书。

在读取故障代码之前，应先检查汽车蓄电池电压是否正常，以防止蓄电池电压过低而导致故障自诊断电路工作不正常。

丰田佳美轿车A140E电控自动变速器的故障代码见表10－5。

表10－5　佳美轿车A140E电控自动变速器故障代码表

故障代码	故障部位及原因	故障检修
42	1号车速传感器或线路不良	检查装在仪表板内的1号车速传感器是否短路、断路。检查接线是否良好
61	2号车速传感器或线路不良	2号车速传感器装在仪表板内，应检查传感器电阻，观察是否短路或断路。若良好，检查线路是否短路或断路
62	1号电磁阀或线路不良	检查1号传感器回路是否松动、接触不良或断线，再检查电磁阀是否良好，若不良，换用新的电磁阀
63	2号电磁阀或线路不良	检查2号电磁阀回路是否断路或短路，若电磁阀不良，应换用新件
64	锁定电磁阀或线路不良	检查ECU至变速器电磁阀之间的接线是否松动、接触不良或断线，再检查电磁阀本身是否断路或短路，必要时换用新件
65	4号电磁阀或线路不良	检查ECU至变速器电磁阀的回路是否断路或接触不良。若良好，检查电磁阀本身是否断路或短路，必要时换用新件

10.6　典型的自动变速器

10.6.1　捷达轿车FLAT自动变速器

捷达都市先锋轿车是我国中档轿车中第一款装备自动变速器的轿车，在2000年的车型当中，装备有FLAT(Fuzzy Logical Automatic Transmission)全自动变速器的轿车是当年最豪华的产品之一，它采用拉威娜式行星齿轮机构。都市先锋使用的FLAT变速器，其换挡点的选择采用了智能型模糊控制理论，设有与行驶阻力有关和与司机及行驶状态有关的换挡程序。

1. 变矩器

变矩器在传统的三元件式基础上，增加了一个机械锁止离合器，从而实现了机械传动与液压传动之间的自由转换，既具有液压传动的平稳性，又具有机械传动的高效性。锁止离合器在所有挡位均可实现与变矩器的直接接合，将发动机和变速器刚性连接。由于变矩器不起作用，实现了动力的机械传递，消除了变矩器打滑现象，提高了发动机机械传递效率，使燃油经济性与手动变速车不相上下。

2. 行星齿轮变速机构

行星齿轮变速器主要由行星齿轮副、片式离合器、制动器、单向离合器组成，如图10.39所示。行星齿轮系采用的是拉威娜式轮系，主要由大、小太阳轮各1个，长、短行星齿轮各3个，行星架和齿圈组成。采用分段式的长行星齿轮结构，使3挡到4挡的转换更加平顺。短行星齿轮与长行星齿轮及小太阳轮啮合；一个长行星齿轮同时与大太阳轮、短行星齿轮及齿圈啮合，齿圈作为动力的输出端。

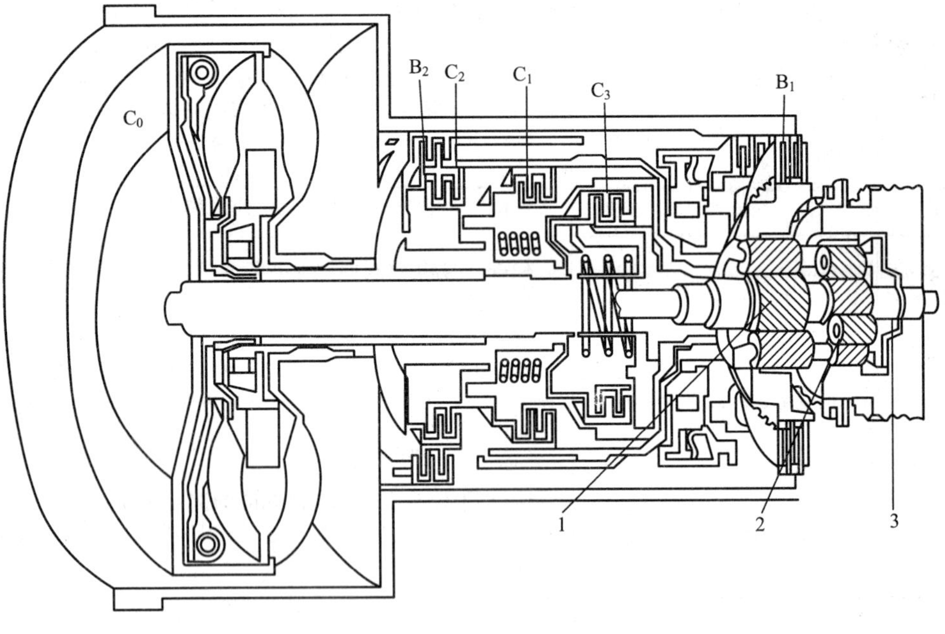

图10.39 行星齿轮变速机构

1—大太阳轮；2—小太阳轮；3—行星架

当不同的执行件起作用时，即可得到不同的传动比，该自动变速器的挡位与执行件的关系见表10-6。自动变速器的挡位主要有两种情况，一是液力变矩器未锁死时的液力式挡位；二为液力变矩器锁死时的机械式挡位。

表 10-6 挡位与执行件的关系

挡位	B_1	B_2	C_1	C_2	C_3	C_0	F_1
R	○			○			
1H			○				○
1M			○			○	○
2H		○	○				
2M		○	○				
3H			○		○		
3M			○		○	○	
4H		○			○		
4M		○			○	○	

注：0 为元件接合；H 为液力传动；M 为机械传动。

该自动变速器各挡的动力传递路线如下：

1 挡时，离合器 C_1 接合，单向离合器 F_1 进入工作状态，其动力传递路线如图 10.40 所示。泵轮顺时针转动→蜗轮顺时针转动→蜗轮轴顺时针转动→离合器 C_1 接合(顺时针转动)→小太阳轮顺时针转动→短行星齿轮逆时针自转→长行星齿轮顺时针自转→整个行星架有向顺时针方向转动的趋势(由于在起步的过程中，车速为零，长行星齿轮对齿圈产生顺时针方向力矩的同时受到齿圈的反作用力矩，则有向逆时针方向转动的趋势，而此时单向离合器 F_1 限制着行星架的逆时针方向转动)→齿圈顺时针转动→主减速器。

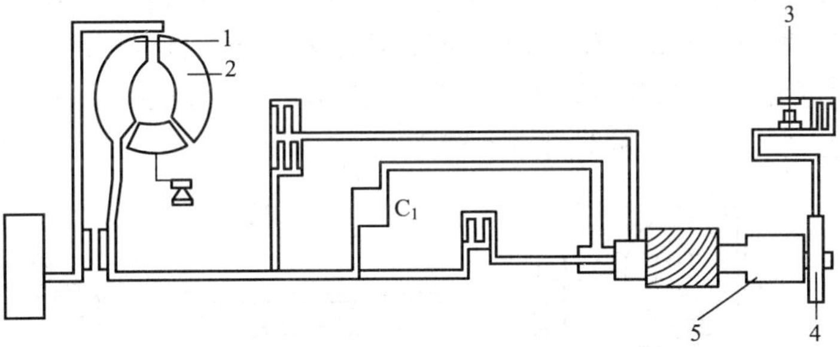

图 10.40 1 挡传递路线

1—蜗轮；2—泵轮；3—单向离合器；4—行星架；5—小太阳轮

2 挡时，离合器 C_1 接合，制动器 B_2 制动大太阳轮，其动力传递路线为如图 10.41 所示。泵轮顺时针转动→蜗轮顺时针转动→蜗轮轴顺时针转动→离合器 C1 接合(顺时针转动)→小太阳轮顺时针转动→短行星齿轮逆时针自转→长行星齿轮顺时针自转→此时由于 B_2 起作用大太阳轮被锁定→长行星齿轮顺时针自转的同时围绕大太阳轮顺时针公转→驱动齿圈顺时针转动。

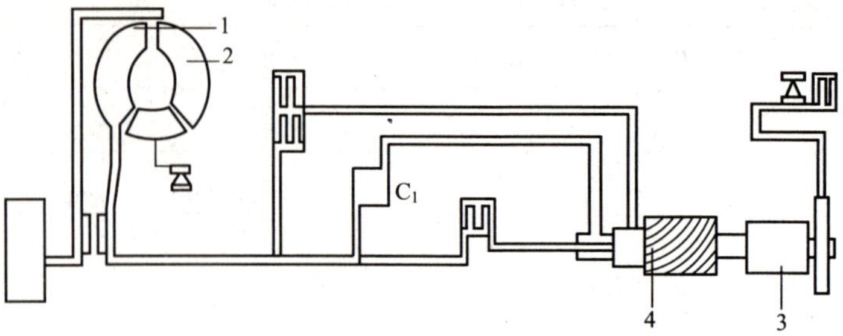

图 10.41　2 挡传递路线

1—蜗轮；2—泵轮；3—小太阳轮；4—大太阳轮

3 挡时，离合器 C_1 与 C_3 接合，驱动小太阳轮和行星齿轮架，其动力传递路线如图 10.42 所示。泵轮顺时针转动→蜗轮顺时针转动→蜗轮轴顺时针转动→由于离合器 C_1 和 C_3 的共同作用，将整个行星齿轮机构锁死为一体→齿圈顺时针转动。

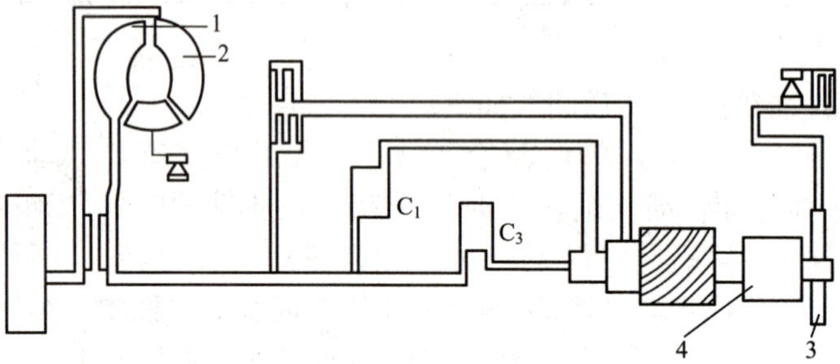

图 10.42　3 挡传递路线

1—蜗轮；2—泵轮；3—行星架；4—小太阳轮

4 挡时，离合器 C_3 接合，制动器 B_2 起作用，其动力传递路线如图 10.43 所示。泵轮顺时针转动→蜗轮顺时针转动→蜗轮轴顺时针转动→离合器 C_3 顺时针转动→行星齿轮架顺时针转动→此时由于 B_2 起作用、大太阳轮固定不动→长行星齿轮在作顺时针自转的同时作顺时针公转→驱动齿圈作顺时针方向转动。

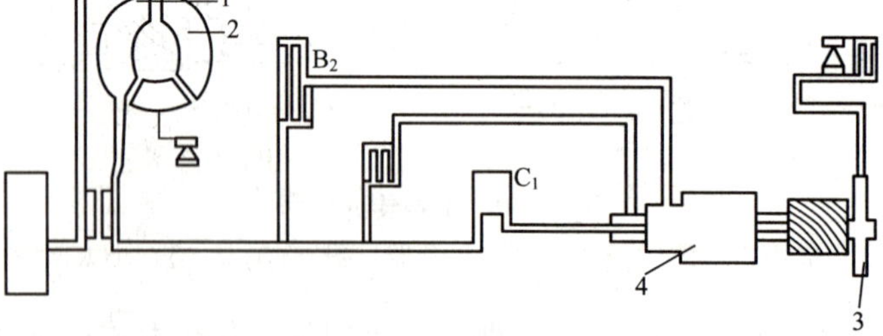

图 10.43　4 挡传递路线

1—蜗轮；2—泵轮；3—行星架；4—大太阳轮

该变速器的机械式挡位与液力式挡位的传动比是一样的，只不过在机械式的挡位时，变矩器的锁止离合器 C_0 接合，使动力直接从变矩器的壳体进入行星齿轮组的输入轴，例如，图 10.44 所示为机械式 4 挡传动情况。

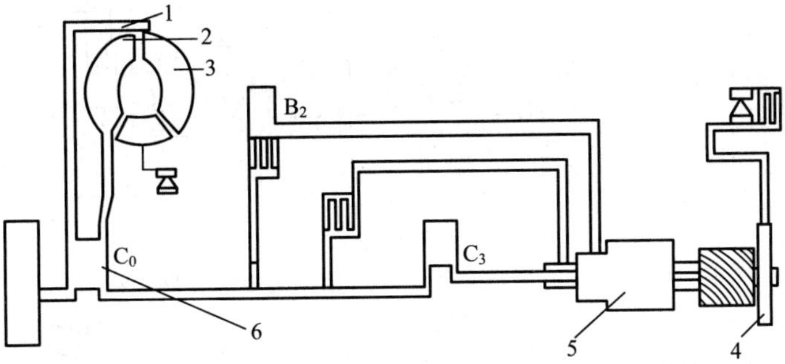

图 10.44　机械式 4 挡传递路线

1—变矩器壳体；2—蜗轮；3—泵轮；4—行星架；5—大太阳轮；6—锁止离合器

倒挡时，变速杆在“R”位置，离合器 C_2 接合，驱动大太阳轮；制动器 B_1 工作，使行星齿轮架制动，成为一定轴轮系，其动力传递路线如图 10.45 所示。泵轮顺时针转动→蜗轮顺时针转动→蜗轮轴顺时针转动→离合器顺时针转动→大太阳轮顺时针转动→长行星齿轮逆时针转动→齿圈逆时针转动。

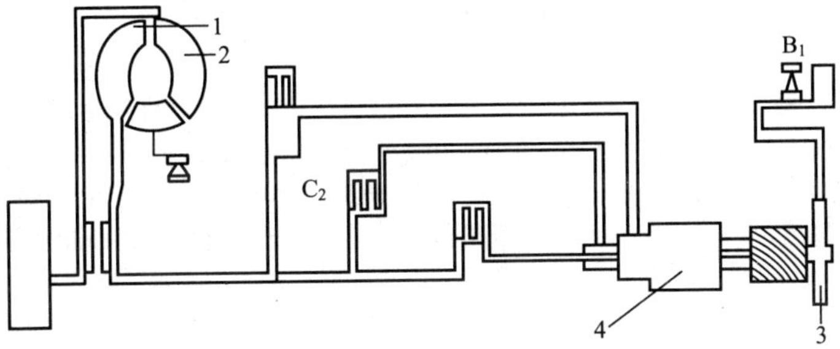

图 10.45　倒挡传递路线

1—蜗轮；2—泵轮；3—行星架；4—大太阳轮

10.6.2　丰田 HIACE 小客车 A45DL 自动变速器

日本丰田汽车公司生产的 A45DL 型自动变速器是一种具有 4 个前进挡的液力控制自动变速器。该自动变速器采用了带有锁止离合器的三元件单级二相式液力变矩器。在汽车高速行驶时，控制系统使锁止离合器接合，以提高变矩器的传动效率，减少油耗。它的行星齿轮变速器采用由 3 个行星排组成的辛普森式 4 挡行星齿轮变速器。这是在辛普森式三挡行星齿轮变速器的基础上增加一个超速行星排后形成的，如图 10.46 所示。该自动变速器共有 10 个换挡执行元件，即 3 个离合器、4 个制动器（均为片式制动器）和 3 个单向离合器。换挡执行元件和行星排的布置方式如图 10.47 所示。

各个换挡执行元件在不同挡位的工作情况见表 10－7。

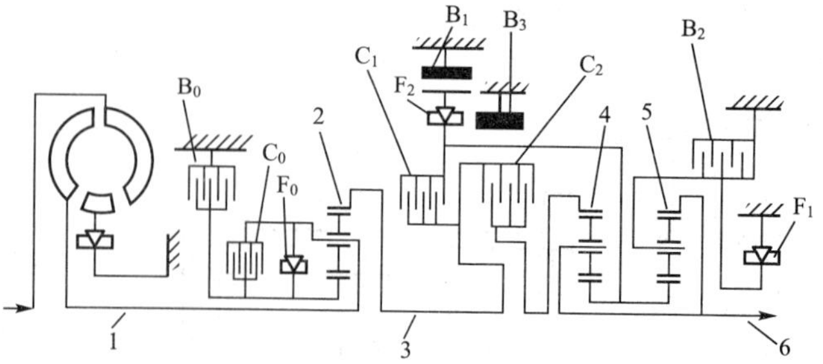

图 10.46　三行星排辛普森式四挡行星齿轮自动变速器

1—输入轴；2—超速行星排；3—中间轴；4—前行星排；5—后行星排；6—输出轴；
C_0—直接离合器；C_1—倒挡及高挡离合器；C_2—前进离合器；B_0—超速制动器；
B_1—2 挡制动器；B_2—低挡及倒挡制动器；B_3—2 挡强制制动器；
F_0—直接单向离合器；F_1—低挡单向离合器；F_2—2 挡单向离合器

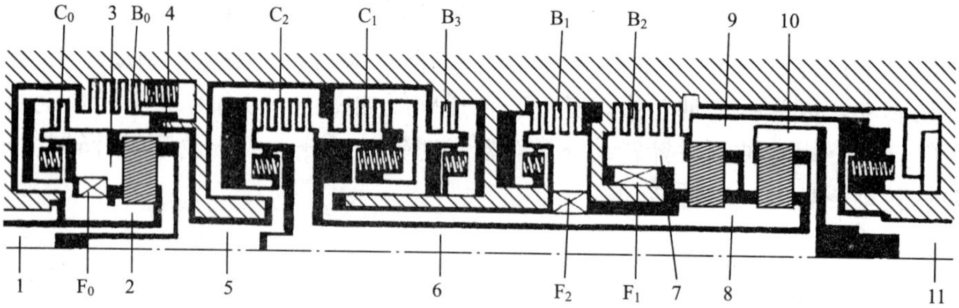

图 10.47　A45DL 自动变速器换挡执行元件和行星排的布置

1—输入轴；2—超速太阳轮；3—超速行星架；4—超速齿圈；5—前中间轴；6—后中间轴；7—前行星架；
8—前后太阳轮组件；9—前齿圈和后行星架组件；10—后齿圈；11—输出轴；
C_0—直接离合器；C_1—倒挡及高挡离合器；C_2—前进离合器；B_0—超速制动器；
B_1—2 挡制动器；B_2—低挡及倒挡制动器；B_3—2 挡强制制动器；
F_0—直接单向离合器；F_1—低挡单向离合器；F_2—2 挡单向离合器

表 10－7　A45DL 自动变速器换挡执行元件工作规律

操纵手柄位置	挡位	换挡执行元件									
	停车挡	C_1	C_2	B_1	B_2	B_3	F_1	F_2	C_0	B_0	F_0
P					○				○		○
R	倒挡	○			○				○		○
N	空挡								○		○
D	1 挡		○				○		○		○
	2 挡		○	○				○	○		○
	3 挡	○	○	●					○		○
	超速挡	○	○	●						○	
2	1 挡		○				○		○		○
	2 挡		○	●		○			○		○
L	1 挡		○		○				○		○

注：●——接合、制动，但不传递扭力；○——接合、制动或锁止。

这种自动变速器的液力式控制系统采用由节气门拉索控制的机械式节气门阀，以产生节气门油压，该油压和调速器油压一起控制3个换挡阀的工作，从而控制自动变速器由1挡至4挡(超速挡)的自动换挡。该自动变速器有一个超速挡开关，用于控制超速电磁阀的工作，并由此控制超速挡的使用。按下超速挡开关后，仪表板上的超速挡指示灯(O/D OFF)亮起，表示超速挡已被限制使用。此时超速电磁阀通电，通过改变控制油路中的油压使超速挡无法实现。图10.48为该自动变速器的超速挡控制电路。

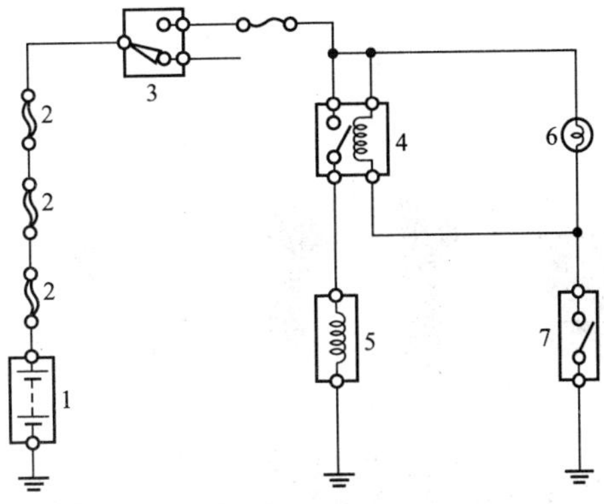

图10.48 A45DL自动变速器超速挡控制电路

1—蓄电池；2—保险丝；3—点火开关；
4—超速挡继电器；5—超速挡电磁阀；
6—超速挡指示灯；7—超速挡开关

习题

一、名词解释

1. 自动变速
2. 失速工况和失速转速
3. 换挡迟滞时间

二、填空题

1. 自动变速器中管路油压过高，就会导致________________和发动机功率损失。
2. 电子控制自动变速系统主要由变速系统、____________和电子控制系统3个子系统组成。
3. 辛普森式行星齿轮变速机构的显著特点是______________________________。
4. 自动变速器__________的功用是调节供给液力变矩器和各摩擦副的润滑油压。
5. 自动变速器换挡规律是指发动机节气门开度与__________之间的关系。
6. 自动变速器的变速系统主要由__________、__________、__________组成。
7. 辛普森式行星齿轮变速机构的显著特点是前后两个行星排共用一个______________。
8. 自动变速器的换挡离合器主要有__________和__________两种。

三、思考题

1. 自动变速器有哪些类型?
2. 电子控制自动变速器由哪几部分组成?具有哪些特点?
3. 自动变速器电子控制系统的基本组成部件有哪些?各部件起什么作用?
4. 电子控制自动变速器的基本控制内容有哪些?试述其控制原理。
5. 试述变矩器的基本组成与工作原理。
6. 试述行星齿轮机构的基本组成与工作原理。
7. 电控自动变速器中主、副调压阀的功用是什么?
8. 液压调节系统起什么作用?试述主油路液压调节系统的工作原理。
9. 换挡液压控制系统有哪些组成部件，试述换挡液压控制系统的工作原理。
10. 电子控制自动变速器有哪些基础性检验内容和试验项目，其目的或作用是什么?

第11章
汽车行驶安全性控制系统

本章教学要点

知识要点	掌握程度	相关知识
工作过程分为常规制动、制动压力降低、制动压力保持和制动压力升高等4个阶段	掌握汽车防抱死制动系统(ABS)的作用、组成、控制技术及工作过程	汽车防抱死制动系统(ABS)
车轮滑转率与地面附着系数；ASR传感器、控制器及制动压力调节器	掌握汽车驱动防滑系统(ASR)的作用、组成、控制方式及工作过程	汽车驱动防滑系统(ASR)
制动系统对制动力分配的要求； 差速器的锁止和分离	掌握电子控制制动力分配系统(EBD)组成及工作原理； 掌握电子差速锁(EDS)的作用及工作原理	电子控制制动力分配系统(EBD)； 电子差速锁(EDS)
EBS还具有监控功能，故障自诊断功能	掌握电子制动系统EBS的结构组成和工作原理	电子制动系(EBS)
安全气囊的结构与分类	掌握安全气囊的结构与分类	安全气囊工作原理
装备安全带收紧器的安全气囊系统	理解安全带与安全气囊共同作用的基本原理	安全带
汽车防碰撞系统	了解汽车防碰撞系统的基本原理	倒车雷达工作原理
汽车行驶记录系统的作用与分类	掌握汽车行驶记录系统的作用与分类	行驶记录仪的功能

导入案例

汽车的行驶安全性分为主动安全性和被动安全性两大类。所谓行驶主动安全性是指汽车避免发生意外事故的能力；而被动安全性，则是指汽车在发生意外事故时对乘员进行有效保护的能力。通俗地讲，主动安全性就是要使汽车在行驶时“有惊无险”；而被动安全性则是要做到汽车发生事故时“车毁人不亡”。除了通过一定的法律法规保证汽车行驶的秩序，减少交通事故之外，在汽车上也必须具备相关的装置或机构(比如汽车的制动系统、安全气囊等)来保证汽车的行驶安全性。电子控制技术在汽车上的应用对改善和提高汽车行驶安全性起到了前所未有的作用。现代汽车上普遍装备的能够改善和提升汽车行驶主动安全性和被动安全性的电子控制系统有：汽车防抱死制动系统、驱动防滑控制系统、制动力分配与差速锁的电子控制系统、安全气囊、安全带、防/避撞系统等，这些都为减少交通事故提供了硬件基础。

汽车防抱死制动系统(Anti－lock Braking System，ABS)最早应用于20世纪30年代以前的火车上，到20世纪40年代，为防止飞机着陆后制动跑偏、甩尾，缩短滑行距离，开发了飞机用ABS。20世纪50年代中期，福特汽车公司开了ABS应用于汽车的先河，之后，ABS迅速在汽车上应用和发展。由于法规的推动作用，加上人们对汽车安全意识的增强，汽车安全性在整车性能中占据了越来越突出的地位。进入20世纪90年代后，ABS的发展和应用非常迅速。

汽车驱动防滑系统(Anti Slip Regulation，ASR)，是ABS的延伸，也是对ABS的完善和补充。ABS可保证汽车制动过程中方向的稳定性和操纵性并能缩短制动距离；ASR则可保证汽车行驶过程中(如起步、加速时，特别是在非对称路面或在转弯时驱动轮空转时)的方向稳定性、操纵性和最佳驱动力。如果在汽车上同时安装ABS和ASR，则汽车的方向稳定性和操纵性会得到极大提高，更能保障汽车的安全使用。现代汽车ABS中的电子控制单元(ECU)设有与ASR电子控制单元(ECU)交换信号的接口电路，为ASR的应用提供了方便条件。ASR也可独立装车使用，不受ABS的限制。

11.1 概　　述

汽车主动安全性是指汽车本身防止或减少道路交通事故发生的性能。主要取决于汽车的总体尺寸、制动性、行驶稳定性、操纵性、信息性以及驾驶员工作条件。汽车被动安全性是指交通事故发生后，汽车本身减轻人员伤害和货物损失的能力。汽车上采用的主动安全装置主要有电子控制防抱死制动系统(ABS)、防驱动轮滑转系统(ASR)、基于ABS拓展功能的电子控制制动力分配(EBD)、电子差速锁(EDS)、电子制动控制系统(EBS)等。所采用的被动安全装置主要有安全气囊控制系统SRS、座椅安全带等，使汽车的行驶安全性得到大大提高。

11.1.1 汽车防滑控制系统简介

汽车防滑控制系统是制动防抱死系统和驱动防滑转系统的统称。它们的作用都是将被控制车轮的滑动率控制在一定范围内，使被控车轮获得尽可能大的纵向附着力和较大的横向附着力。

汽车防滑控制系统最初只是在制动过程中防止车轮被制动抱死，避免车轮在路面上进行纯粹地滑移，提高汽车在制动过程中的方向稳定性和转向操纵能力，从而缩短制动距离。所以，被称为制动防抱死系统。

随着对汽车性能要求的不断提高，汽车防滑控制系统的功能不断得到完善，它不仅能够在制动过程中防止制动车轮发生抱死，而且能够在驱动过程中(特别是在起步、加速、转弯等过程中)防止驱动车轮发生滑转，使汽车在驱动过程中的方向稳定性、转向操纵能力和加速性能也都得到提高。汽车在驱动过程中防止驱动车轮发生滑转的控制系统称为驱动防滑转系统(Accelerating Slip Regulating System)，简称 ASR。

11.1.2 汽车防滑控制系统基本理论

汽车在行驶过程中驾驶员对汽车的控制，实质上是在控制车轮与路面之间的作用力。但是，车轮与路面之间的作用力必然要受到轮胎与路面之间附着力的限制，汽车的加速和减速运动主要受车轮纵向附着力的限制，而汽车的转向运动和抵抗外界横向力作用的能力则主要受车轮横向附着力的限制。汽车制动时，当附着力对车轮产生的转矩不足以克服制动器所产生的制动转矩时，车轮就会发生制动抱死，如果汽车此时仍未完全制动到停车，车轮就会相对于路面发生滑移现象，这在汽车高速行驶时是非常危险的；汽车在驱动过程中，当驱动力在驱动车轮上产生的驱动力矩大于附着力对驱动车轮产生的转矩时，驱动车轮就会相对于路面发生滑转，如果此时汽车处于起步、加速或转向工况时，也是非常危险的。

为了使汽车在行驶过程中获得良好的行驶性能，就要充分合理地利用轮胎与路面之间的附着力，附着力的大小取决于轮胎与路面之间的垂直载荷和附着系数，即

$$P_{\varphi}=Z\times\varphi \tag{11-1}$$

式中：P_{φ} 为附着力(N)；Z 为垂直载荷(N)；φ 为附着系数。

在汽车实际行驶过程中，车轮在路面上的纵向运动可以区分为滚动和滑动两种形式。车轮相对于路面的滑动又可区分为滑移和滑转两种形式。

汽车在制动过程中，制动车轮可能相对于路面发生滑移，滑移成分在车轮纵向运动中所占的比例可以由滑移率 S_B 来表征。汽车在驱动过程中，驱动车轮可能相对于路面发生滑转，滑转成分在车轮纵向运动中所占的比例可由滑转率 S_A 来表征。其值表示如下。

当车轮滑移时

$$S_A=\frac{v-v_\omega}{v}\times100\%=\left(1-\frac{v_\omega}{v}\right)\times100\%=\left(1-\frac{r\omega}{v}\right)\times100\% \tag{11-2}$$

当车轮滑转时

$$S_B=\frac{v_\omega-v}{v_\omega}\times100\%=\left(1-\frac{v}{v_\omega}\right)\times100\%=\left(1-\frac{v}{r\omega}\right)\times100\% \tag{11-3}$$

当车轮自由滚动时 $$S_A=S_B=0 \tag{11-4}$$

式中：S_A 为车轮的滑移率；S_B 为车轮的滑转率；v 为实际车速(m/s)；v_ω 为车轮速度(m/s)；r 为车轮半径(m)；w 为车轮角速度(rad/s)。

按照上述定义可知，车轮运动特征可由滑动率来表征。

当车轮在路面上自由滚动时，车轮中心的纵向速度完全是由于车轮滚动产生的，此时，$v=r\omega$。因此，滑移率 $S_B=0$，滑转率 $S_A=0$。

汽车在制动过程中，当车轮被制动到完全抱死在路面上进行纯粹地滑移时，车轮中心的纵向速度则完全是由于车轮滑移产生的，此时 $\omega=0$，因此，滑移率 $S_B=-100\%$；当车轮在路面上一边滚动一边滑移时，车轮中心纵向速度的一部分是由于车轮滚动产生的，另一部分则是由于车轮滑移产生的，此时，$r\omega<v$，因此，$-100\%<S_B<0$。在车轮中心纵向速度中，车轮滑移所占的比例越大，滑移率 S_B 的数值就越大。

汽车在驱动过程中，当驱动车轮在路面上完全滑转时，车轮中心的纵向速度 $S_A=0$，因此，滑转率(正滑动率)$S_A=100\%$；当车轮在路面上一边滚动一边滑动时，$r\omega>v$，因此，$0<S_A<100\%$。在车轮转动中，滑转所占的比例越大，车轮滑转率 S_A 的数值也就越大。

控制车轮的滑动率是通过控制作用于车轮上的力矩(制动力矩或驱动力矩)实现的，使作用于车轮上的力矩与车轮所能获得的最大纵向附着力相适应。由于车轮附着力受到诸多随机因素的影响，因此，车轮的附着力实际上是一个随机变量。所以，为了控制车轮的滑动率，就要对作用于车轮上的力矩进行实时的自适应调节，即要求防滑控制系统具有足够快的反应速度和足够高的调节精度；否则，就难以将车轮的滑动率控制在理想的范围内。

制动防抱死系统就是在制动过程中通过调节制动轮缸(或制动气室)的制动压力使作用于车轮的制动力矩受到控制，而将车轮的滑动率控制在较为理想的范围之内。而驱动防滑转系统在驱动过程中通常可以通过调节发动机的输出转矩、传动系的传动比、差速器的锁紧系数等控制作用于驱动车轮的驱动力矩，以及调节驱动车轮制动轮缸(或制动气室)的制动力矩，从而实现对驱动车轮牵引力矩的控制，将驱动车轮的滑动率控制在较为理想的范围之内。

制动防抱死系统在制动过程中通常将车轮的滑动率控制在10%～20%；驱动防滑转系统在驱动过程中通常将驱动车轮的滑动率控制在5%～15%。

11.1.3 附着系数和滑动率的关系

1. 附着系数和滑移率的关系

车轮滑移率的大小对车轮与地面间的附着系数 φ 有很大影响。图 11.1 是附着系数与滑移率的关系，从图中可以看出，附着系数随路面性质不同呈大幅度变化，干燥路面附着系数大，潮湿路面附着系数较小，冰雪路面附着系数更小。车轮纵向附着系数 φ_B 随车轮滑移率的增加呈先上升后下降的趋势。车轮的横向附着系数随车轮滑移率的增加呈下降的趋势，附着系数趋近于 0 时，车轮无法获得地面横向摩擦力，若这种情况出现在前轮上，会导致前轮无法获得地面侧向摩擦力，丧失转向能力；若这种状况出现在后轮上，则会导致后轮抱死，此时，后轴极易产生剧烈的侧滑，使汽车处于危险的失控状态。

图 11.2 为干燥硬实路面上附着系数与滑移率的关系，当滑移率在 10%～30%的范围时，附着系数有最大值，即峰值附着系数 φ_p。滑移率在 20%时达到峰值附着系数 φ_p，此时的车轮与路面间获得最大地面制动力，具有最佳的制动效果，称此时的滑移率 S_p 为理想滑移率。当滑移率超过理想滑移率时，附着力和地面制动力逐渐减小，制动性能变差、制动距离增长，把从理想滑移率到车轮抱死完全滑动段称为非稳定区。

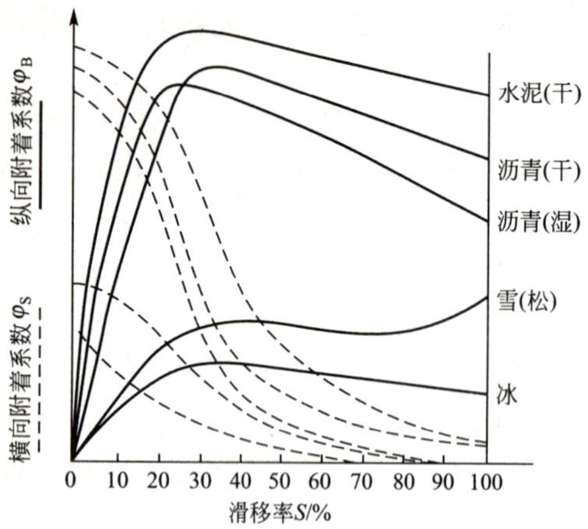

图 11.1 附着系数与滑移率的关系

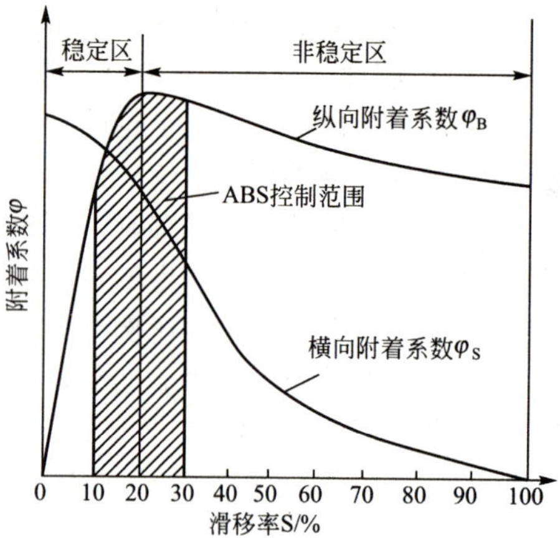

图 11.2 干燥硬实路面上附着系数与滑移率的关系

综上所述，理想制动系统的特性应当是：当汽车制动时，将车轮滑移率 S 控制在峰值系数滑移率(即 $S=20\%$)附近，这样既能使汽车获得较高的制动效能，又可保证它在制动时的方向稳定性。

2. 附着系数和滑转率的关系

车轮滑移率和滑转率与纵向附着系数的关系如图 11.3 所示。图 11.4 所示为轮胎与各种路面间的滑动特性。

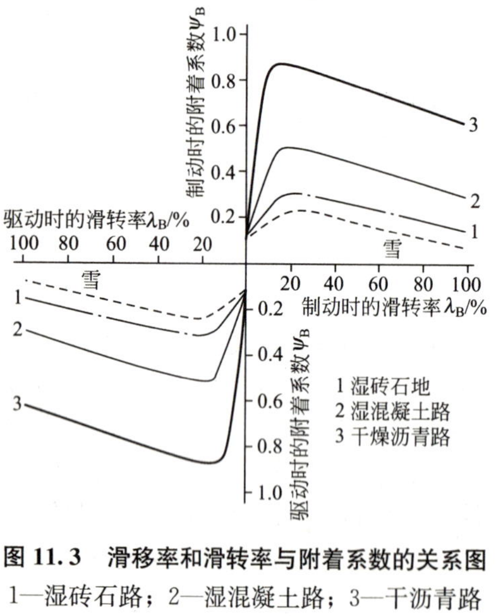

图 11.3 滑移率和滑转率与附着系数的关系图

1—湿砖石路；2—湿混凝土路；3—干沥青路

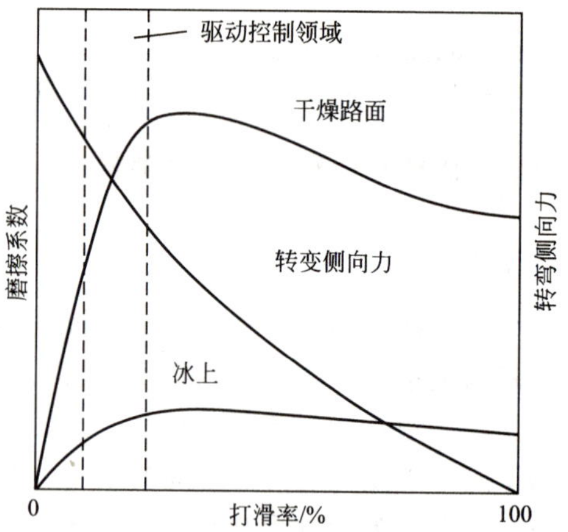

图 11.4 轮胎与路面间的滑动特性

从图中可以看出，附着系数受路面性质的影响很大，它随路面性质的不同而大幅度地变化；在各种路面上附着系数都随滑转率的变化而变化，并且在各种路面上都是当滑转率在 10%～30%时附着系数达到最大值。当滑转率为 100%时，即车轮完全滑转，纵向附着系数变小，横向附着系数几乎为零(图 11.3 所示)，此时产生的驱动力最小，对于后轮驱动的汽车会失去方向稳定性，对于前轮驱动的汽车会失去转向控制能力。

为了最大程度地利用附着系数，获得最大的驱动力，得到较好的方向稳定性和转向稳定性。ASR系统通过自动调节发动机的转矩等手段控制驱动力，确保车轮滑转率维持在最佳范围内，以获得最好的驱动效果。

四轮驱动汽车在每一个轮胎受到的驱动力是二轮驱动汽车的一半，驱动轮的打滑几乎很难发生，稳定性良好。对于前置前驱动的汽车，驱动轮和转向轮是统一的，与前置后驱动汽车相比，汽车状态稳定，有利于控制滑转率和提高转向性能。

11.2 汽车防抱死制动系统(ABS)

11.2.1 防抱死制动系统(ABS)的组成

汽车防抱死制动系统的作用是在制动过程中根据车轮滑转程度，自动调节作用在车轮上的制动力矩，控制制动器制动力的大小，使车轮滑移率保持在理想的滑移率附近(20%左右)，以保证车轮与地面有良好的附着力，防止车轮抱死，从而获得最佳制动性能。ABS具有的优点如下。

(1) 充分利用轮胎与路面之间的附着力，有效地缩短制动距离，提高汽车制动的安全可靠性，有效避免各种因制动引起的事故。

(2) 消除制动过程中的侧滑、跑偏、丧失转向能力等非稳定状态，保持汽车制动时的方向稳定性。

(3) 避免了因制动车轮抱死而造成轮胎局部异常磨损，延长了轮胎的使用寿命。

(4) 减少了制动踏板的踏力，驾驶员无需频繁地踩制动踏板，降低了驾驶员的疲劳强度。

一般来说，带有ABS的汽车制动系统由基本制动系统和制动力调节系统两部分组成，前者是由制动主缸、制动轮缸和制动管路等构成的普通制动系统，用来实现汽车的常规制动；而后者是由传感器、电子控制单元(ECU)、执行器等组成的压力调节控制系统，如图11.5所示，在制动过程中用来确保车轮始终不抱死，车轮滑移率处于理想范围内。

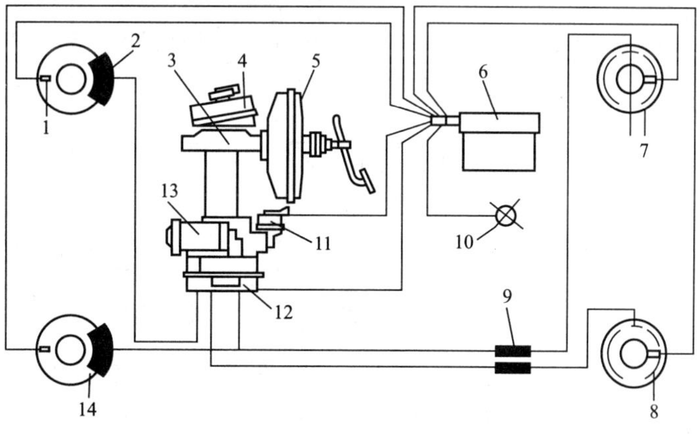

图11.5 典型的ABS系统结构图

1—车轮转速传感器；2—右前制动器；3—制动主缸；4—储液室；5—真空助力器；6—电子控制装置(ECU)；7—右后制动器；8—左后制动器；9—比例阀；10—ABS警示灯；11—储液器；12—调压电磁阀总成；13—电动泵总成；14—左前制动器

1. ABS的传感器

ABS采用的传感器有车速传感器、车轮速度传感器和减速度传感器。车速传感器给ECU提供车速信号，用于计算车轮滑移率。

车轮速度传感器又称为车轮转速传感器或轮速传感器，其功用是检测车轮的运动状态，将车轮转速变换为电信号输入ABS的ECU，一个ABS设有2～4个车轮速度传感器。

减速度传感器又分为纵向减速度传感器和横向减速度传感器。减速度传感器仅在控制精度较高的ABS中采用，其功用是检测汽车车身的减速度，以便ABS ECU判别是否是冰雪等易滑路面，一般只用于四轮驱动控制系统。

2. ABS的电子控制单元(ECU)

ABS电子控制单元的主要功用是接收车速、轮速、减速等传感器信号，计算汽车的车速、轮速、减速度和滑移率，并将这些信号加以分析、判别、放大，由输出级输出控制指令，控制制动压力调节器等执行元件工作。ABS ECU还具有失效保护和故障自诊断功能。当发现ABS故障时，将终止ABS工作，恢复常规制动。同时将控制ABS故障指示灯发亮指示，提醒驾驶员及时进行修理。图11.6所示为三通道四传感器ABS ECU电路框图。

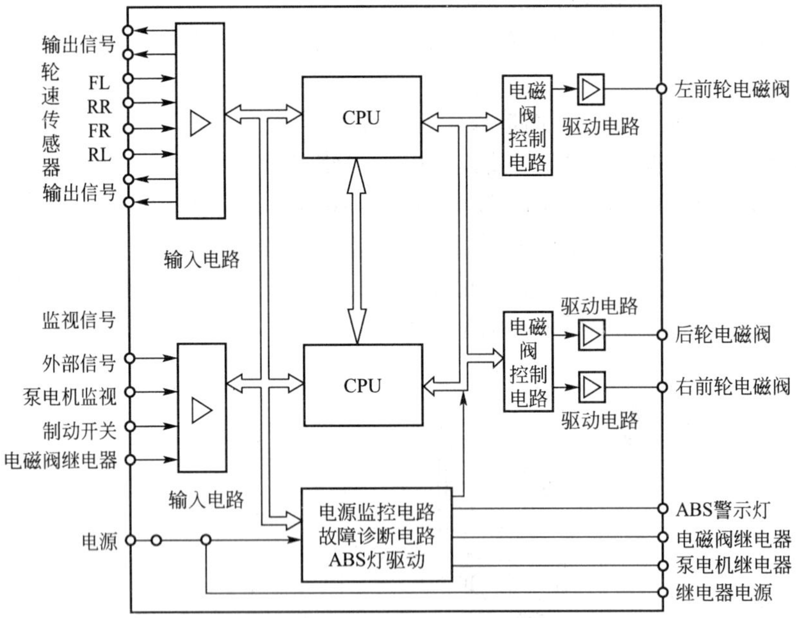

图11.6 三通道四传感器ABS ECU电路框图

输入级电路：由低通滤波、整形、放大、A/D转换等电路组成的输入放大电路，用于对车轮转速传感器的交流信号进行预处理，并将其转换为数字信号后送入运算电路(CPU)。输入放大电路同时传送ECU对各轮速传感器的监测信号，并将反馈信号送回CPU。输入电路还接收点火开关、制动开关、制动液位开关等开关信号和电磁阀继电器、油泵继电器等执行机构电路的反馈信号，经处理后送入CPU。

运算电路：运算电路主要由微处理器构成，是 ABS ECU 的核心。运算电路根据传感器等输入的信号，按照设定的程序进行计算、分析和处理，形成相应的控制指令。运算电路通常由两个微处理器(CPU)组成，以确保系统工作的可靠性。两个微处理器同时接收输入信号进行运算和处理，并进行交互式通信来比较，如果处理结果不一致，微处理器就立即使 ABS 停止工作，以防止系统因发生故障而导致错误的控制。运算电路在检测到传感器、执行器等外部电路有故障时，同样也立即向安全保护电路输出停止 ABS 系统工作的指令。

输出级电路：输出级电路由电磁阀控制电路、油泵电动机控制电路等组成，其作用是将运算电路的控制指令(如制动压力的增压、保持、减压及油泵的工作、停止等)转换为模拟控制信号，并通过功率放大器向执行器提供控制电流。

安全保护电路：安全保护电路由电源控制、故障记忆、继电器控制、ABS 警告灯控制等电路组成。安全保护电路的主要功能是对汽车电源电压进行监控，并向 ECU 提供工作所需的 5V 标准电压；当 ABS 系统出现故障时，能根据 CPU 的指令，切断 ABS 继电器电路，使 ABS 停止工作，恢复普通制动功能，同时使 ABS 警告灯亮起；故障记忆电路将 ABS 系统出现的故障以故障码的形式储存起来。

3. ABS 的执行器

制动压力调节器是 ABS 的主要执行元件，其功用是接受 ECU 的指令，驱动制动压力调节器中的电磁阀动作，同时驱动回液泵电动机转动等，使制动压力升高、保持或降低，从而实现制动压力自动调节，使车辆处于理想的滑移率状态。

制动压力调节器的种类很多，根据制动系统制动压力传递介质的不同，制动压力调节器有气压式和液压式两种。液压式制动压力调节器按调压的方式不同分为循环流通式和变容积式两种；按与制动主缸的结构关系可分为整体式和分体式两种。

11.2.2 防抱死制动系统(ABS)的分类

1. 按系统控制方案不同分

1) 轴控式 ABS

根据一个车轮转速传感器信号共同控制同一轴上的两车轮，这种控制方案多用于载货汽车。轴控式又分为“低选控制(SL)”和“高选控制(SH)”两种。在采用轴控式的 ABS 中，当左右车轮行驶在附着系数不同的路面上时，由于左右车轮与路面之间的附着力不同，因此左右车轮在制动时抱死的时机就会不同，附着系数小的车轮先抱死，附着系数大的车轮后抱死。如果以保证附着系数较小的车轮不发生抱死为原则来调节制动压力，这两个车轮就是按低选原则来进行控制，简称“低选控制”；如果以保证附着系数较大的车轮不发生抱死为原则来调节制动压力，这两个车轮就是按高选原则来进行控制，简称“高选控制”。

2) 轮控式 ABS

轮控式也称单轮控制，即每个车轮均根据各自车轮转速传感器信号单独进行控制。

3) 混合式 ABS

混合式 ABS 是指系统中同时采用轴控式和轮控式两种控制方式。

2. 按控制器所依据的控制参数不同分

1）以车轮滑移率 S 为控制参数的 ABS

ECU 根据车速传感器和车轮转速传感器的信号计算车轮的滑移率，作为控制制动力的依据。当计算得到的滑移率 S 超出设定值时，ECU 就输出减小制动力信号，通过制动压力调节器减小制动压力，使车轮不被抱死；当滑移率 S 低于设定值时，ECU 输出增大制动力信号，制动压力调节器又使制动压力增大。通过这样不断地调整制动压力，控制车轮的滑移率在理想的范围内。这种直接以滑移率为控制参数的 ABS 需要得到准确的车身相对于地面的移动速度信号和车轮的转速信号。车轮转速信号容易得到，但取得车身移动速度信号的成本很高。到目前为止，此类 ABS 应用还很少见。

2）以车轮角减速度为控制参数的 ABS

ECU 根据车轮转速传感器的信号计算车轮的角加速度，作为控制制动力的依据。计算机中事先设定了两个门限值：一个为角减速度门限值，作为车轮已被抱死的判断值；一个为角加速度门限值，作为制动力过小而使车轮转速过高的判断值。制动时，当车轮角减速度达到门限值时，ECU 输出减小制动力信号；当车轮转速升高至角加速度门限值时，ECU 则输出增加制动力信号。如此不断地调整制动压力，使车轮不被抱死，处于边滚边滑的状态。这种控制方式的传感器信号容易取得，结构较为简单，但仅以车轮角减速度作为控制参数，其控制精度较低。

3）以车轮角减速度和滑移率为控制参数的 ABS

以车轮角减速度和滑移率为控制参数的 ABS 其控制精度较高，制动时车轮在最佳转速值上下波动的范围小。目前汽车上广泛使用的 ABS，通常是利用车轮转速传感器信号计算得到一个参考滑移率。

3. 按控制通道和传感器数不同分

ABS 系统中的控制通道是指能独立进行制动压力调节的制动管路，按控制通道数分为单通道、双通道、三通道和四通道 4 种形式。

1）单通道式 ABS

单通道式 ABS 如图 11.7 所示，通常是对两后轮采用轴控的方式，车轮转速传感器有一个或两个，采用一个轮速传感器时将传感器安装在后桥主减速器处，采用两个轮速传感器时则在两后轮上各装一个，并采用低选控制。由于前轮未进行防抱死控制，因而汽车制动时的转向操纵性没有提高。但单通道 ABS 结构简单、成本低，因此在一些载货汽车上还有应用。

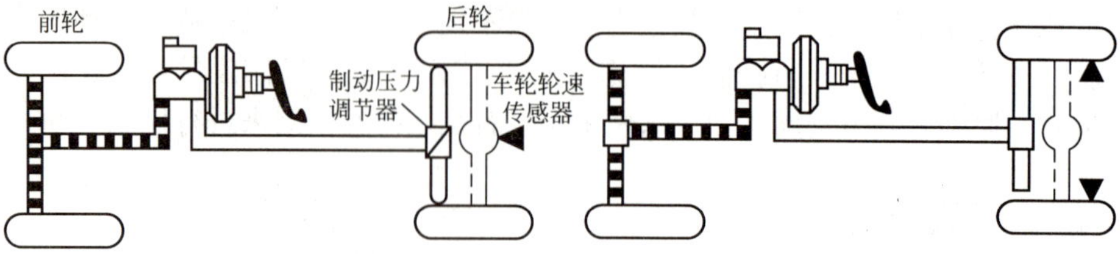

(a) 单通道一传感器

(b) 单通道二传感器

图 11.7 单通道式 ABS

2）双通道式 ABS

双通道式 ABS 有不同的形式，如图 11.8 所示。双通道结构比较简单，但难以同时兼顾制动时的方向稳定性、转向操纵性及制功效能，因此目前在汽车上已很少使用。

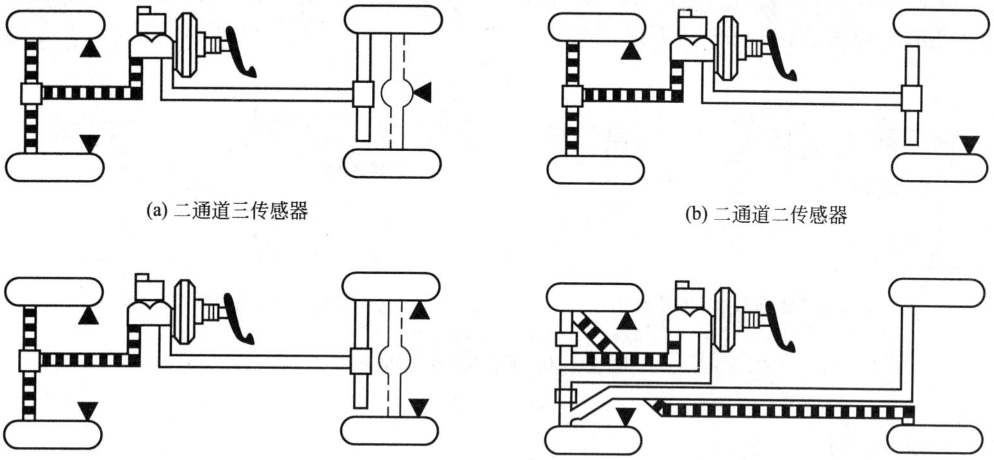

(a) 二通道三传感器　(b) 二通道二传感器

(c) 二通道四传感器　(d) 二通道二传感器

图 11.8　双通道式 ABS

3）三通道式 ABS

三通道式 ABS 一般是前轮采用轮控式，后轮采用低选轴控式，如图 11.9 所示。图 11.9(c)所示的 ABS 所示对角布置的双管路制动系统中，虽然在通往 4 个车轮制动分泵的制动管路中各设置了一个制动压力调节器，但两个后轮制动压力调节器是由 ECU 按低选原则一起控制的，因此实际上仍然是三通道 ABS。两后轮按低选原则一起控制时，可以保证汽车在各种条件下左右两后轮的制动力相等，即使两侧车轮的附着力相差较大，两个车轮的制动力都限制在附着力较小的水平，使两后轮的制动力始终保持平衡，保证汽车在各种条件下制动时都具有良好的方向稳定性。

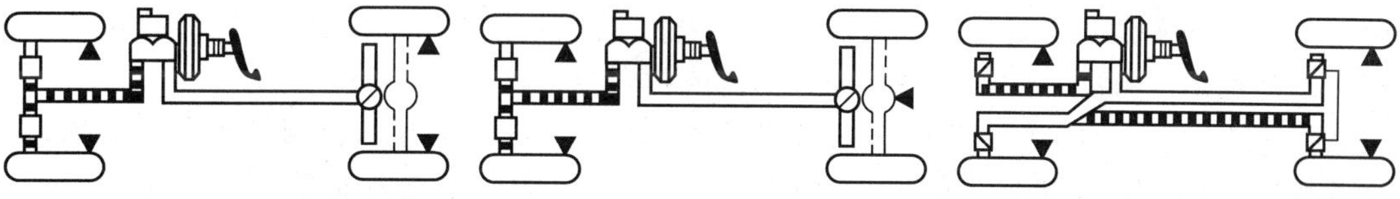

(a) 三通道四传感器(双管路道后布置)　(b) 三通道三传感器　(c) 三通道四传感器(双管路对角布置)

图 11.9　三通道式 ABS

对两后轮进行独立控制，主要考虑到小轿车特别是前轮驱动的汽车，前轮的制动力在汽车总制动中所占的比例较大，可以充分利用两前轮的附着力。既可使汽车获得尽可能大的总制动力，以缩短制动距离，还可使制动中两前轮始终保持较大的横向附着力，使汽车保持良好的转向控制能力。三通道 ABS 在小轿车上普遍应用。

4）四通道式 ABS

四通道式 ABS 有 4 个传感器，4 个车轮均采用轮控式，如图 11.10 所示。在通往 4 个车轮制动分泵的管路中，各设一个制动压力调节器进行独立控制，构成四通道控制形式。由于四通道 ABS 是根据各车轮轮速传感器的输入信号分别对各个车轮进行独立控制，制动时可以最大程度地利用每个车轮的最大附着力。四通道控制方式特别适用于汽车左右两侧车轮附着系数相近的路面，这样不仅可以获得良好的方向稳定性和转向控制能力，而且可以获得最短的制动距离。但如果汽车左右车轮附着力相差较大，制动时两个车轮的地面制动力就相差较大，因此使汽车向制动力较大一侧跑偏，影响汽车的行驶稳定性。因此，实际中采用这种方式的 ABS 并不多。

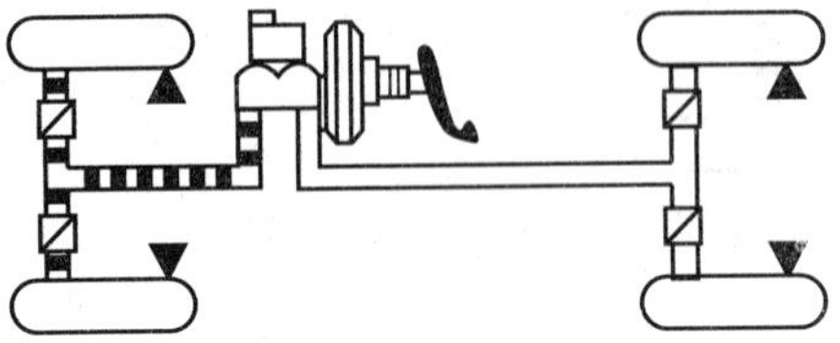

(a) 四通道四传感器(双管路前后布置)

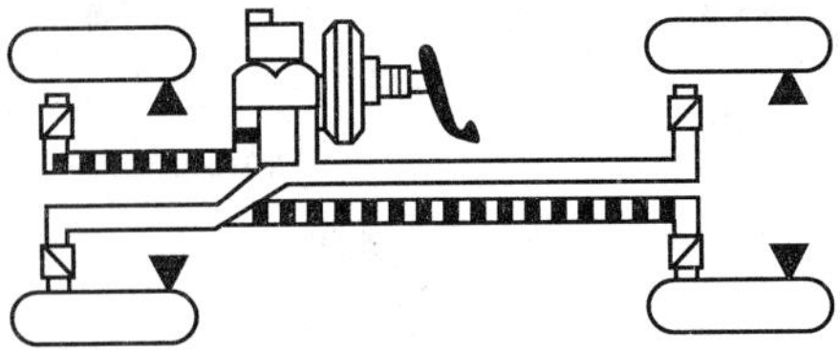

(b) 四通道四传感器(双管路对角布置)

图 11.10　四通道式 ABS

阅读材料 11-1

制动防抱死系统(ABS)的应用与发展

早在 1928 年防抱死制动理论就被提出。BOSCH 公司在 1936 年第一个获得了防抱死制动系统的专利权。1954 年，FORD 公司将 ABS 装在林肯轿车上。这一时期的各种 ABS 的轮速传感器和制动压力调节装置都是机械式，因此，获取的轮速信号不够精确，制动压力调节的适时性和精确性也难以保证。

随着电子技术的发展，ABS 进入电子控制时代。20 世纪 60 年代后期到 70 年代初期，凯尔塞·海伊斯公司研制生产的两轮制动的 ABS、克莱斯勒公司与 BENDIX 公司合作研制的四轮制动的 ABS、BOSCH 和 TEVES 公司研制的 ABS、WABCO 公司与 BENZ 公司合作研制的装备在气压制动的载货汽车上的 ABS，都是由模拟式电子控制装置对设置在制动管路中的电磁阀进行控制，直接对各制动轮以电子控制压力进行调节。由于模拟式电子控制装置反应速度慢、控制精度低、易受干扰，致使各种 ABS 均未达到预期的控制效果。

20 世纪 70 年代后期，ABS 采用数字式电子技术，反应速度、控制精度和可靠性都显著提高，ABS 进入实用化阶段。BOSCH 公司在 1978 年首先推出了采用数字式电子控制装置的 ABS—BOSCH ABS2。自此，欧、美、日的许多公司相继研制了形式多样的 ABS。自 1985 年起，BOSCH、TEVES、BENDIX、WABCO 等公司开始对 ABS 的生产大力投资，以满足汽车对 ABS 需要量增加的要求。

目前，国际上 ABS 在汽车上的应用越来越广泛，已成为绝大多数汽车的标准装备，北美和西欧的各类客车和轻型载货汽车，ABS 的装备率已达 90%以上，轿车 ABS 的装备率在 60%左右，运送危险品的载货汽车 ABS 的装备率为 100%。

国内研究开发 ABS 起步较晚，约始于 20 世纪 80 年代中期。但我国对 ABS 的系统开发十分重视，制定相应的法规力促 ABS 的发展。1993 年 4 月 1 日开始实施的 GB 13594—1992《汽车防抱死制动系统性能要求和试验方法》为 ABS 成为标准装备提供了试验方法和依据。1999 年 10 月 1 日实施的 GB 12676—1999《汽车制动系统结构、性能和试验方法》规定：2003 年 10 月 1 日以后，大型客车和大型载货汽车必须安装符合 GB 13594—1992 中规定的一类 ABS。

11.2.3 防抱死制动系统(ABS)的控制技术

1. ABS 的控制方法

使 ABS 达到理想控制效果的控制方法主要有逻辑门限值控制、最优控制、滑动模态变结构控制、模糊控制和鲁棒控制等，由于可靠性、结构及成本方面的原因，目前大量采用的是逻辑门限值控制方式。

逻辑门限值控制方式通常都是将车轮的减速度(或角减速度)和加速度(或角加速度)作为制动压力主要控制门限，而将车轮滑移率作为辅助控制门限。采用其中任何一种门限作为控制方式都存在着较大的局限性，如仅以车轮的加减速度作为控制门限时，当汽车在湿滑路面上高速行驶过程中进行紧急制动时，当车轮的滑移率离开稳定区域较远时，车轮的减速度就可能达到控制门限值。如仅以车轮的滑移率作为控制门限值时，由于路面情况不同，最佳滑移率的变化范围较大(8%～30%)，因此就不能使 ABS 在各种路面条件下都能获得最佳的制动效果。而将车轮加减速度和滑移率控制门限结合起来，可使系统能辨识路况，提高系统的自适应控制能力。

控制系统中，车轮加速度或减速度信号可以由 ECU 根据轮速传感器输入的信号经过计算确定。在确定实际的滑移率时，通常由 ECU 根据各车轮转速传感器输入的信号按一定的逻辑确定汽车的参考速度，再计算出车轮的参考滑移率，此值与实际滑移率存在一定的差异。逻辑门限值控制方法中的车轮加速度、减速度、参考滑移率等控制门限值都是通过反复试验获得的数据。不同类型、不同的 ABS 一般不具有通用性。

2. ABS 的控制过程

ABS 的控制过程一般分为高附着系数路面控制和低附着系数路面控制两种形式，下面以 BOSCH 公司的 ABS 为例，说明采用逻辑门限值控制方法进行 ABS 的控制过程。

1) 高附着系数路面上的制动控制过程

在高附着系数路面上制动时，为了避免冲击干扰引起的车桥的共振，制动压力的升高速度应设为没有装制动防抱死系统的制动系统的 1/5～1/10。高附着系数路面上的制动控制过程(图 11.11)分为 8 个阶段。

第 1 阶段：在制动的初始阶段，随着制动分泵内制动压力的上升，车轮速度 v_R 下降，车轮的减速度减小。

第 2 阶段：当车轮减速度达到或小于门限值 $-a$ 时，为了避免车轮仍处于稳定区域的滑移率范围内进入车轮制动压力“减小”阶段，此时需要对车轮的参考滑移率与设定的滑移率门限值进行比较。计算得到的参考滑移率未达到门限值 λ_1，说明车轮滑移率偏小，则进入制动压力“保持”阶段(第 2 阶段)，以使车轮充分地进行制动。

第 3 阶段：当车轮参考滑移率大于门限值 λ_1 时，则进入减压阶段。随着制动压力的减小，车轮在惯性力的作用下开始加速。

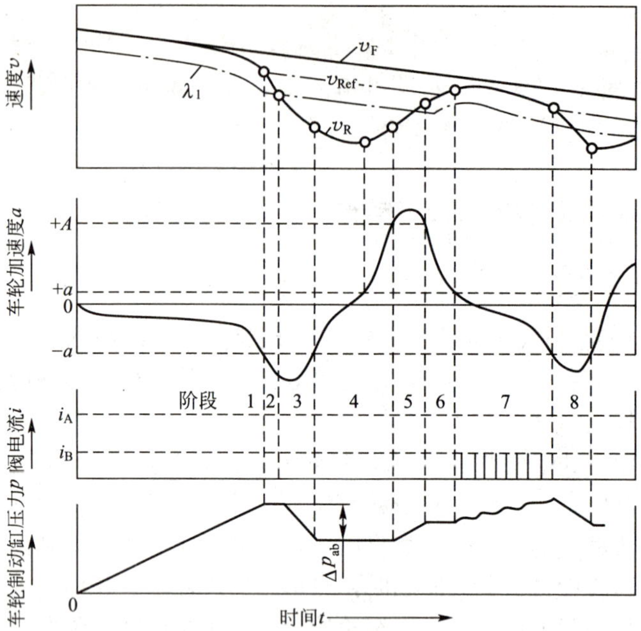

图 11.11　高附着系数路面的制动防抱死控制过程

v_F—车速；$+a$、$+A$—车轮加速度门限值；v_{Ref}—参考车速；

$-a$—车轮减速度门限值；v_R—车轮速度；λ_1—滑移率门限值

第 4 阶段：当车轮的减速度减小至门限值$-a$时，又进入保压阶段。此阶段由于汽车惯性的作用，车轮仍然在加速。直至超过设定的第一个加速度控制门限值$+a$，为了适应可能出现的路面附着系数突然增大的情况，设定了第二个加速度控制门限值$+A$。

第 5 阶段：当车轮加速度超过第二门限值$+A$时，再次增大制动压力。随着制动压力的增大，车轮加速度下降。

第 6 阶段：直至车轮加速度低于控制门限值$+A$时，然后再进入保压阶段。

第 7 阶段：车轮加速度降至$+a$以下时，压力稍有不足，为了使车轮在更长的时间内处于稳定区域且靠近理想滑移率附近，将对制动压力进行“增大”和“保持”的快速转换。

第 8 阶段：当车轮减速度再次超过控制门限值$-a$时，又开始进入减压阶段。此时制动压力降低，不再考虑参考滑移率是否超过控制门限值λ_1，进入下一个控制循环过程。

2）低附着系数路面上的制动控制过程

与在高附着系数路面上不同，汽车在低附着系数路面上进行制动时，其制动踏板只有轻微的压力，就足以使车轮抱死，而且需要更长的时间加速才能走出高滑移率区。在低附着系数路面，车速低于 20km/h 的情况下，由于车轮角减速度较小，这时应以滑移率门限值作为主要控制门限，而以车轮的角减速度和角加速度作为辅助控制门限。

11.2.4　防抱死制动系统(ABS)的工作过程

防抱死电子控制系统由传感器监测汽车制动时车轮是否抱死，在车轮不会被抱死的普通制动过程中，控制器无控制信号输出，汽车的制动力完全由驾驶员踩在制动踏板下的力量来控制。在车轮会被抱死(如紧急制动或是在松滑路面行驶中制动)的情况下，控制器就会根据传感器反映制动车轮抱死情况的信号迅速做出反应，及时输出控制信号，通过执行机构(制动压力调节器)对制动器的制动力进行调整，使车轮不被抱死。

制动防抱死系统的工作过程如图 11.12 所示，它可以分为常规制动、制动压力降低、制动压力保持和制动压力升高 4 个阶段。

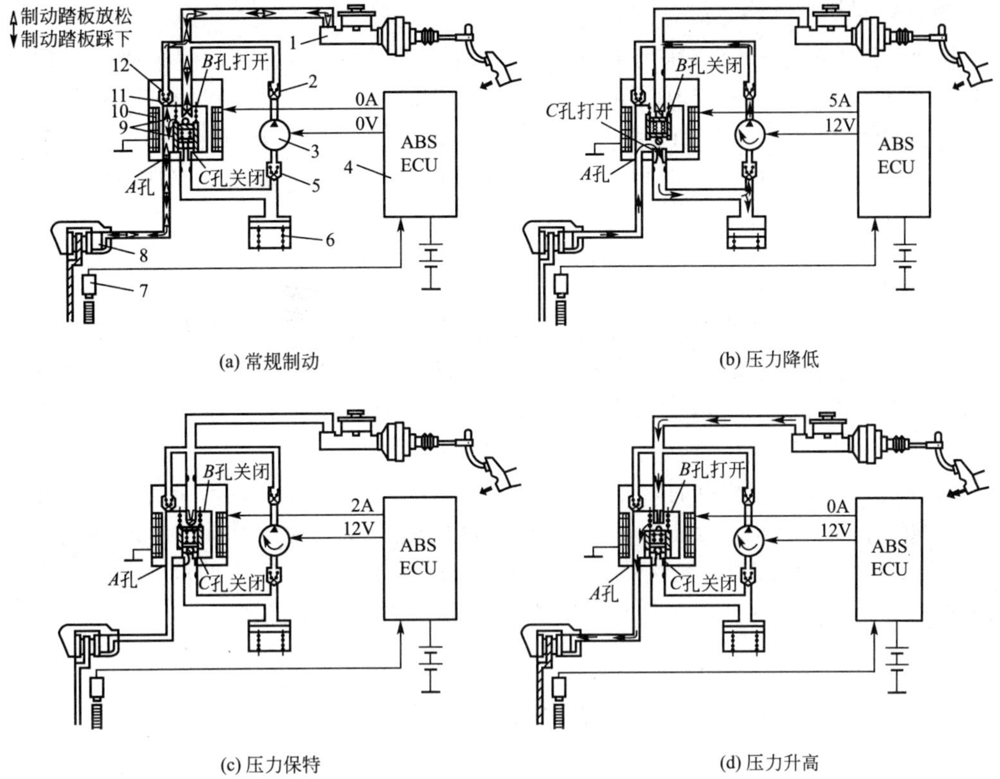

(a) 常规制动　(b) 压力降低

(c) 压力保持　(d) 压力升高

图 11.12　制动防抱死系统工作示意图

1—制动总泵；2、5、11—单向阀；3—液压泵和电动机总成；4—ECU；6—储液罐；7—前轮轮速传感器；8—盘式制动分泵；9—回位弹簧；10—磁化线圈；12—三位三通电磁换向阀

1. 常规制动阶段

如图 11.12(a)所示，在常规制动过程中，制动防抱死装置不起作用，制动防抱死装置的 ECU 控制磁化线圈不通电。三位电磁换向阀阀芯在回位弹簧推动下处在最下端的工作位置，此时 B 孔保持打开状态，C 孔保持关闭状态。当踩下制动踏板时，制动总泵中的制动液压力升高，制动液经 B 孔和 C 孔流至车轮制动分泵中，推动制动分泵总的柱塞将车轮制动盘夹紧。这时单向阀 2、5 和 11 关闭，液压泵和电动机总成不工作。当松开制动踏板时，制动分泵中的制动液一部分经 A 孔和 B 孔流回制动总泵，另一部分经 A 孔和单向阀 11 流回制动总泵。

2. 制动压力降低阶段

随着压力的升高，车轮即将抱死，这时车速传感器把该信号传给 ECU，ECU 控制执行器磁化线圈通入电流，从而产生电磁力使三位电磁阀阀芯移动到上端。如图 11.12(b)所示，这时 B 孔关闭，C 孔打开。结果使车轮制动分泵中的一小部分制动液通过 A 孔和 B

孔进入储液罐。同时ECU给液压泵和电动机总成发出信号，使其开始工作，将储液罐中的制动液送回制动总泵。由于单向阀11是关闭的，所以制动总泵中的制动液不能进入三位电磁换向阀中，因此，车轮制动分泵中的制动液压力降低，从而达到防止车轮抱死的目的。

3. 制动压力保持阶段

当制动分泵中的制动管路压力降低(或在升压过程中压力升高)，使车速达到预定值时，车速传感器给ECU传送相应信号，ECU控制磁化线圈通入较小的电流，磁化线圈产生的磁力将相应减小，三位电磁换向阀阀芯在回位弹簧的作用下移至中间位置。如图11.12(c)所示，B孔和C孔都关闭，同时单向阀2、5和11也都关闭，所以制动分泵中的制动液被封闭，压力得以保持。

4. 制动压力升高阶段

只有制动分泵中的制动液压力升高时，才能产生更大的制动力，从而使车速尽快降低。为此ECU使磁化线圈断电，三位电磁换向阀被回位弹簧拉下，如图11.12(d)所示。此时B孔打开，C孔关闭，制动总泵中的制动液经B孔和A孔流至车轮制动分泵中，从而使制动分泵中的制动液压力升高，制动力增大。

当制动力增大到一定程度时，车轮又会出现即将抱死的状态，这时又需对制动分泵降压，从而开始下一个降压—保压—升压循环。制动防抱死装置是以脉冲的形式(频率为4～10Hz)对制动压力进行调节，始终将车轮的滑移率控制在10%～30%的范围内，防止车轮抱死拖滑，最大限度地保证了制动时汽车的稳定性，缩短了制动距离。

11.3 汽车驱动防滑转控制系统(ASR)

11.3.1 概述

1. 汽车驱动防滑转控制系统(ASR)的作用

前已述及，汽车防滑转电子控制系统(ASR)是当驱动车轮出现滑转时，通过控制发动机的动力输出或对滑转车轮施以制动力来减小传递给驱动车轮的驱动力，防止在起步、加速和滑溜路面行驶时驱动轮超过轮胎与路面之间的附着力而导致驱动轮滑转，提高汽车的通过性，改善汽车的方向操纵性和行驶稳定性。由于防止驱动轮滑转是通过调节驱动轮的驱动力(牵引力)来实现的，因此这种防滑转控制系统也被称为牵引力控制(Traction Control)系统，简称TRC。

当车轮转动而车身不动或是汽车的移动速度低于转动车轮的轮缘速度时，车轮胎面与地面之间就有相对的滑动。我们把这种滑动称为“滑转”，以区别于汽车制动时车轮抱死而产生的车轮“拖滑”。与汽车制动时车轮被抱死而拖滑一样，驱动车轮的滑转同样会使车轮与地面的附着力下降。地面纵向附着系数减小，使驱动车轮产生的牵引力降低，导致汽车的起步性能、加速性能和滑溜路面的通过性能下降；地面横向附着系数减小，则会降低汽车在起步、加速、滑溜路面行驶时的行驶稳定性。

汽车车轮“打滑”有两种情况：一是汽车制动时车轮抱死滑移，二是汽车驱动时车轮滑转。ABS 是防止车轮在制动时抱死而滑移，ASR 是防止驱动车轮原地不动地滑转。

电子防滑转控制装置(ASR)可使车轮保持最大的附着力，与不装备 ASR 的汽车相比，具有如下优点。

(1) 汽车在起步、行驶过程中可获得最佳的驱动力，提高了汽车的动力性。尤其在附着系数小的路面，汽车起步、加速及爬坡能力的提高就更加显著。

(2) 汽车的行驶稳定性得以提高，前轮驱动汽车的方向控制能力也能改善。路面的附着系数越低，其行驶稳定性能提高就越是明显。因此，ASR 与 ABS 一样，也是汽车主动安全控制装置。

(3) 减少了轮胎的磨损，降低了汽车的燃油消耗。

此外，在 ASR 起作用时，可通过仪表板上的 ASR 指示灯或蜂鸣器向司机提醒，提示司机不要踩刹车过猛(紧急制动)、注意转向盘的操作、不要猛踩加速踏板等，以确保行车的安全。

阅读材料 11-2

驱动防滑转控制系统(ASR)的发展与应用

1971 年 BUICK 公司研制了由电子控制装置自动中断发动机点火，以减小发动机输出转矩，防止驱动车轮发生滑转的驱动防抱死系统，成为 ASR 的雏形。1985 年，VOLVO 公司试制了电子牵引力控制系统 ETC(Electronic Traction Control)，通过调节燃油供给量来调节发动机输出转矩，以控制驱动轮滑转率，产生最佳驱动力。1986 年，BOSCH 推出了该公司的第一个牵引力控制系统 TCS。

仅依靠调节发动机输出转矩不能解决汽车在对开路面上很好地起步加速的问题。为了解决这一问题，需要对附着不好的一侧驱动轮施加部分制动，以充分发挥附着条件较好的一侧的地面驱动力。随着 ABS 技术的不断发展和成熟，利用 ABS 压力调节系统可实现这一目标。采用制动干预控制的 ASR 系统通常都是同 ABS 集成在一起的，形成 ABS/ASR 系统。1986 年 12 月，BOSCH 公司第一次将 ABS 与 ASR 结合起来，率先推出了具有防抱死制动和驱动防滑转功能的防滑控制系统 ABS/ASR 2U 装置。同期，BENZ 公司与 WABCO 公司也联合开发出了应用在载货汽车上的 ABS/ASR 系统。

2. 防车轮滑转的控制方式

1) 发动机输出功率控制

当汽车起步、加速时加速踏板踩得过猛时，会因为驱动力过大而出现两边的驱动车轮都滑转的情况。这时，ASR 控制器输出控制信号，控制发动机的功率输出，以抑制驱动车轮的滑转。发动机功率控制可以通过改变节气门的开度、调节喷油器的喷油量和改变点火时间等方法实现。

2) 驱动轮制动控制

当驱动车轮单边滑转时，控制器输出控制信号，对滑转车轮施以制动力，使车轮的滑转率控制在目标范围之内。这时，非滑转车轮仍有正常的驱动力，从而提高了汽车在滑溜路面的起步和加速能力、行驶稳定性及转向操纵能力。这种控制方式的作用类似于差速锁，在一边驱动车轮陷于泥坑部分或完全失去驱动能力时，对其制动后，另一边的驱动车轮仍能发挥其驱动力，使汽车驶离泥坑。当两边的驱动车轮都滑转，但滑转率不同的情况下，则对两边驱动车轮施以不同的制动力。

3）发动机输出功率与驱动轮制动综合控制

为了达到最理想的控制效果，采用发动机输出功率控制与驱动轮制动控制相结合的控制系统。汽车在行驶过程中，路面滑溜的情况千差万别，驱动力的状态也不断变化，综合控制系统将根据发动机的状况和车轮滑转的实际情况采取相应的控制。比如，在发动机驱动力较小的状态下出现车轮滑转的主要原因可能是由于路面滑溜，这时采用对滑转车轮施以制动的方法就比较有效。而在发动机输出功率大(节气门开度大、转速高)时出现车轮滑转，则主要通过减小发动机输出功率的方法来控制车轮的滑转。有时候，车轮滑转的情况更为复杂，需要通过对车轮制动和减小发动机驱动力的共同作用来控制车轮的滑转。

4）防滑差速器锁止控制

这种电子控制的差速器可以在不锁止到完全锁止(0%～100%)的范围内，通过对锁止离合器施加不同的液压来进行控制。当一边的驱动轮出现滑转或两边的驱动车轮有不同程度的滑转时，控制器输出控制信号，通过液压控制装置调节差速器的锁止程度，以提高汽车的驱动力和行驶稳定性。

5）控制发动机与驱动轮之间的转矩匹配

这种控制方式包括控制传动比和离合器，它能在很多情况下帮助驾驶员控制车轮滑移，但只有它是不够的。离合器控制式在驱动轮发生过多打滑时减弱离合器的结合程度，使离合器主从动盘出现部分相对滑移，从而减小传递到轮轴的驱动转矩。

在上述 ASR 控制方式中，发动机输出功率控制方式和驱动轮制动控制方式运用较多。目前汽车上采用的 ASR 往往是这两种控制方式的组合，防滑差速器锁止控制应用则很少。

11.3.2 ASR 的基本组成与工作过程

目前在汽车上广泛使用的 ASR 多为发动机输出功率和驱动轮制动综合控制，该系统主要由传感器、控制器、制动压力调节器和副节气门驱动装置组成，图 11.13 所示为 ASR

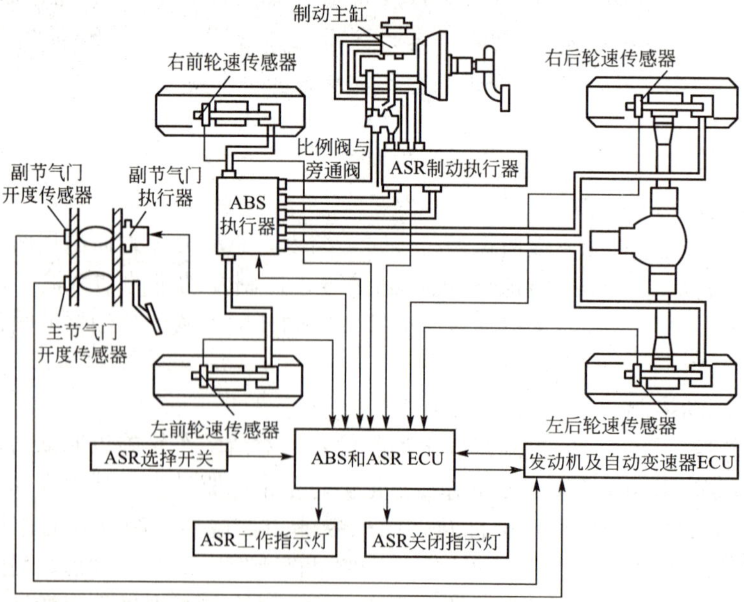

图 11.13 典型 ASR 系统示意图

系统示意图，这是一种发动机节气门开度调节与驱动轮制动力矩控制综合应用的ASR系统。该系统是在ABS的基础上发展起来的，它与ABS共用轮速传感器、液压驱动元件等，并扩展了ECU功能，增设了ASR制动执行器、节气门执行器、ASR工作指示灯及ASR诊断系统等。

1. ASR传感器

ASR系统的传感器主要有车轮转速传感器和节气门开度传感器。车轮转速传感器与ABS系统共用，而节气门开度传感器则与发动机电子控制系统共用。ASR专用的信号输入装置是ASR选择开关，将ASR选择开关断开，ASR系统就不起作用。比如，在需要将汽车驱动车轮悬空转动来检查汽车传动系统或其他系统故障时，ASR系统就可能对驱动车轮施以制动，影响故障的检查。这时，关断ASR开关，中止ASR系统的作用，就可避免这种影响。

2. ASR控制器

ASR控制器(ECU)以微处理器为核心，配以输入输出电路及电源等组成。ECU根据前后轮速传感器传递的信号及发动机和自动变速器的电子控制单元中节气门开度信号来判断汽车的行驶条件，经过分析判断，对副节气门执行器、ASR制动执行器发出指令，执行器完成对发动机供油系统或点火时刻的控制，或对制动压力进行调整。ASR控制器组成如图11.14所示。ASR和ABS的一些信号输入和处理都是相同的，为减少电子器件的应用数量使结构紧凑，ASR与ABS通常组合成一个ECU。

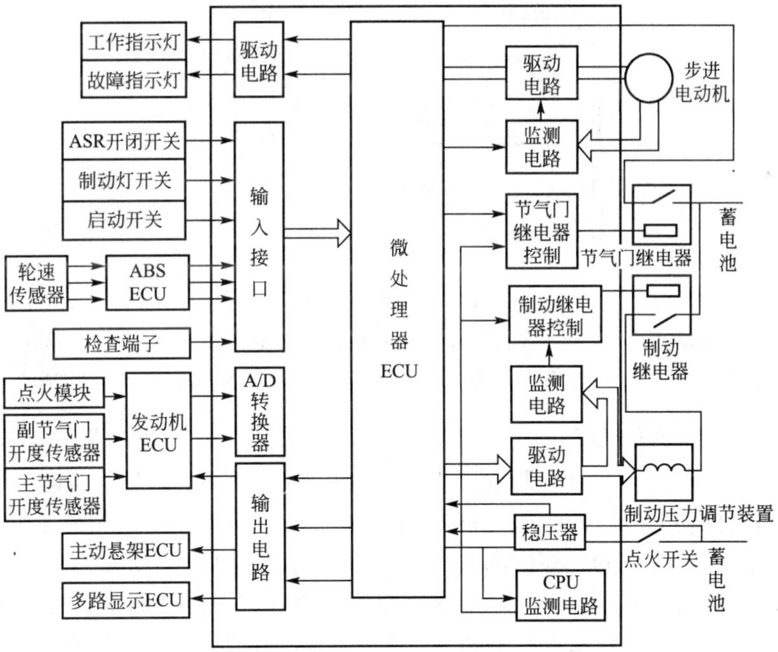

图11.14 ASR控制器组成

3. ASR制动压力调节器

ASR制动压力调节器执行ASR控制器的指令对滑转车轮施加制动力及控制制动力的

大小，以使滑转车轮的滑转率在目标范围之内。ASR 制动压力源是蓄压器，通过电磁阀来调节驱动车轮制动压力的大小。与 ABS 制动压力调节器一样，ASR 制动压力调节器也有多种结构形式。有单独的 ASR 制动压力调节器，有的 ASR 制动压力调节器则与 ABS 制动压力调节器组合成一体。

1）单独方式的 ASR 制动压力调节器

ASR 制动压力调节器和 ABS 制动压力调节器在结构上各自分开，通过液压管路互相连接。图 11.15 所示的是一种采用三位三通电磁阀、变容积式 ASR 制动压力调节器的原理。在 ASR 不起作用电磁阀不通电时，阀在左位，调压缸的右腔与储液器相通而压力低，调压缸的活塞被回位弹簧推至右边极限位置。这时，调压缸活塞左端中央的通液孔将 ABS 制动压力调节器与车轮制动分泵沟通，因此在 ASR 不起作用时，对 ABS 无任何影响。

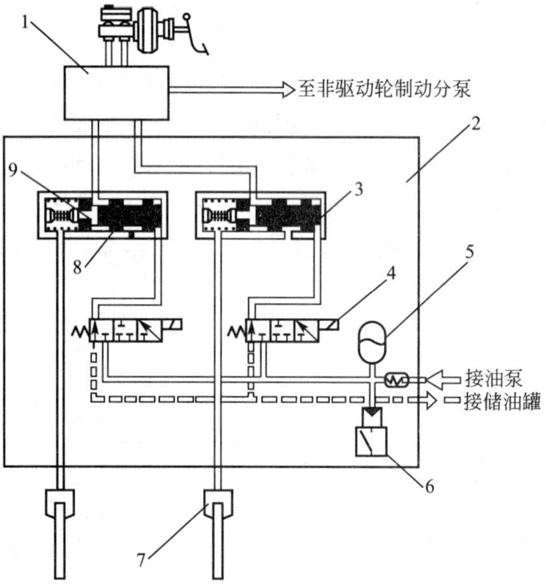

图 11.15　ASR 制动压力调节器

1—ABS 制动压力调节器；2—ASR 制动调节器；3—调压缸；4—三位三通电磁阀；5—蓄压器；6—压力开关；7—驱动车轮制动器；8—调压缸活塞；9—活塞通液孔

当驱动车轮出现滑转而需要对驱动车轮实施制动时，ASR 控制器输出控制信号，使电磁阀通电而移至右位。这时，调压缸右腔与储液器隔断而与蓄压器接通，蓄压器具有一定压力的制动液推动调压缸的活塞左移，ABS 制动压力调节器与车轮分泵的通道被封闭，调压缸左腔的压力随活塞的左移而增大，驱动车轮制动分泵的制动压力上升。当需要保持驱动车轮的制动压力时，控制器使电磁阀半通电，阀处于中位，使调压缸与储液器和蓄压器都隔断，于是，调压缸活塞保持原位不动，使驱动车轮制动分泵的制动压力不变。当需要减小驱动车轮的制动压力时，控制器使电磁阀断电，阀在其回位弹簧力的作用下回到左位，使调压缸右腔与蓄压器隔断而与储液器接通。于是，调压缸右腔压力下降，其活塞右移，使驱动车轮制动分泵的制动压力下降。

在驱动车轮出现滑转时，ASR ECU 通过对电磁阀的上述控制，实现对驱动车轮制动力的控制，将车轮的滑转率控制在目标范围之内。

2）组合方式的ASR制动压力调节器

采用三位三通电磁阀和循环流动式ASR/ABS制动压力调节器的实例如图11.16所示。在ASR不起作用时，电磁阀Ⅰ不通电。汽车在制动过程中如果车轮出现抱死，ABS起作用，通过控制电磁阀Ⅱ和电磁阀Ⅲ来调节制动压力。

当驱动车轮出现滑转时，ASR ECU使电磁阀Ⅰ通电，阀移至右位，电磁阀Ⅱ和电磁阀Ⅲ不通电，阀仍在左位，于是蓄压器的压力油通入驱动车轮制动泵，制动压力增大。当需要保持驱动车轮的制动压力时，ASR ECU使电磁阀Ⅰ半通电，阀移至中位，隔断了蓄压器及制动总泵的通路，驱动车轮制动分泵的制动压力保持不变。当需要减小驱动车轮的制动压力时，ASR ECU使电磁阀Ⅱ和电磁阀Ⅲ通电，阀Ⅱ和阀Ⅲ移至右位，将驱动车轮制动分泵与储液器接通，于是制动压力下降。

如果需要对左右驱动车轮的制动压力实施不同的控制，电磁阀Ⅱ和电磁阀Ⅲ实行不同的控制。

4. 辅助节气门驱动装置

辅助节气门驱动装置一般由步进电动机和传动机构组成，如图11.17所示。在ASR不起作用时，辅助节气门处于全开的位置。当驱动轮滑转，需要减小发动机输出功率时，步进电动机根据ASR ECU输出的控制脉冲转动规定的转角，通过传动机构带动辅助节气门转动，改变辅助节气门的开度，从而达到控制发动机的输出功率并抑制驱动车轮滑转的目的。

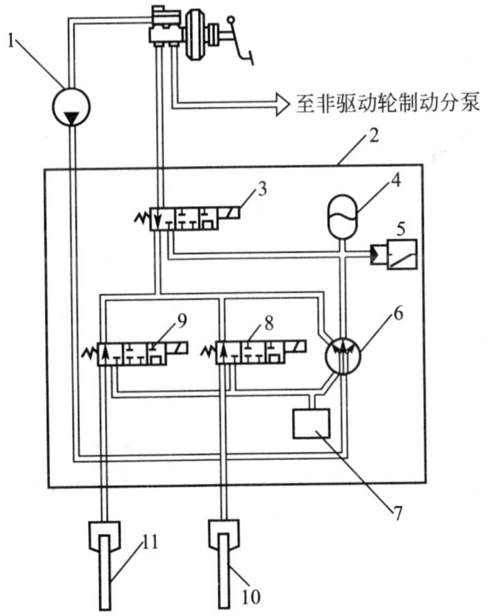

图11.16 ASR/ABS制动压力调节器

1—输液泵；2—ASR/ABS制动调节器；
3—电磁阀Ⅰ；4—蓄压器；5—压力开关
6—循环泵；7—储液器；8—电磁阀Ⅱ；
9—电磁阀Ⅲ；10、11—驱动车轮制动器

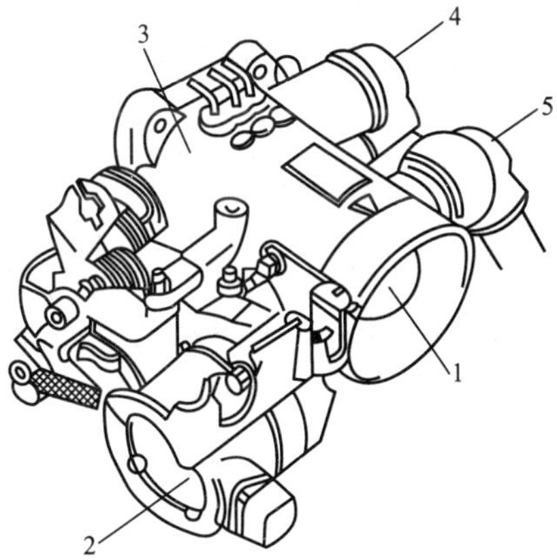

图11.17 安装辅助节气门的节气门体总成

1—辅助节气门；2—步进电动机；
3—节气门体；4—主节气门位置传感器；
5—辅助节气门位置传感器

ASR系统除具备以上基本功能外，还有另外两种功能：一是ASR系统只有在车轮发生滑转时才能工作，在其余的时间内，ASR系统只是处于准备工作状态，不干预常规驾驶；另一种功能是，如果ASR系统出现故障，则系统自动切断所有相关信号，发动机和制动系统恢复到没有装备ASR系统的模式下工作，并在仪表板上通过ASR故障指示灯提醒驾驶员ASR系统出现了故障。

11.4 电子控制动力分配与电子差速锁(EBD/EDS)

11.4.1 电子控制动力分配(EBD)

对于具有固定比值的前后制动器的制动力的制动系特性，其实际制动力分配曲线与理想的制动力分配曲线相差很大，制动效能较低，前轮可能因抱死而丧失转向能力，后轮也可能因抱死而使汽车有发生侧滑的危险。电子控制制动力分配(Electronic Control Brake-Force Distribution，EBD)系统用来辅助防抱死制动控制系统ABS完成最佳制动过程。它的作用有两个，一个是保证汽车的4个轮胎在不同的路面上制动力均衡；另一个是保证汽车在高速行驶中紧急制动时车后部不甩尾。即使ABS失效，EBD也能保证车辆不出现因甩尾而导致翻车等恶性事件的发生。EBD是在ABS的基础上添加限压阀、比例阀、感载比例阀或减速度传感器比例阀等硬件装置，并编制相应的制动力分配软件程序，根据制动减速度和车轮载荷的变化，来自动改变前后制动器制动力的比值，使之接近于理想制动力分配曲线，从而缩短制动距离和提高行驶稳定性，满足制动法规要求。带有EBD的ABS，通常会用“ABS+”来表示，相当于ABS的软件升级版。

1. 对制动力分配的要求

由汽车理论可知，前后轮制动器制动力具有固定比值的汽车在制动过程中，为了防止后轴抱死发生危险的侧滑现象，汽车制动系实际的前后轮制动器制动力分配线(β线)应当控制在理想的前后轮制动器制动力分配线(I线)的下方；为了减少制动时前轮抱死而失去转向能力的机会并提高附着效率，两线应尽可能靠近。同样，若按利用附着系数φ曲线图来考虑，为了防止后轮抱死并提高制动效率，前轴利用附着系数曲线应当控制在45°对角线上方，即控制在后轴利用附着系数曲线上方，同时还应尽可能靠近利用附着系数曲线。

为了保证制动时汽车的方向稳定性和有足够的制动效率，联合国欧洲经济委员会(ECE)制定了ECE R13制动法规，对双轴汽车前后轮制动器的制动力提出了明确的要求，我国汽车行业标准也提出了类似的要求。法规规定，对于附着系数φ为0.2～0.8之间的各种车辆，要求制动强度

$$z \geqslant 0.1 + 0.85(\varphi - 0.2) \tag{11-5}$$

车辆在各种载荷状态下，前轴利用附着系数曲线应在后轴利用附着系数曲线之上。

对于最大总质量大于3.5t的货车，当制动强度z在0.15～0.3之间时，每根轴的利用附着系数曲线位于$\varphi = z \pm 0.08$的两条平行于理想附着系数直线的平行线之间；当制动强度$z \geqslant 0.3$时，若后轴的利用附着系数满足关系式$z \geqslant 0.3 + 0.74(\varphi - 0.38)$，则认为也满足了法规要求，如图11.18所示。但是，对于轿车而言，当制动强度z在0.3～0.4之间时，

在后轴利用附着系数曲线不超过直线 $\varphi = z + 0.05$ 的条件下，允许后轴利用附着系数曲线在前轴利用附着系数曲线的上方，如图 11.19 所示。

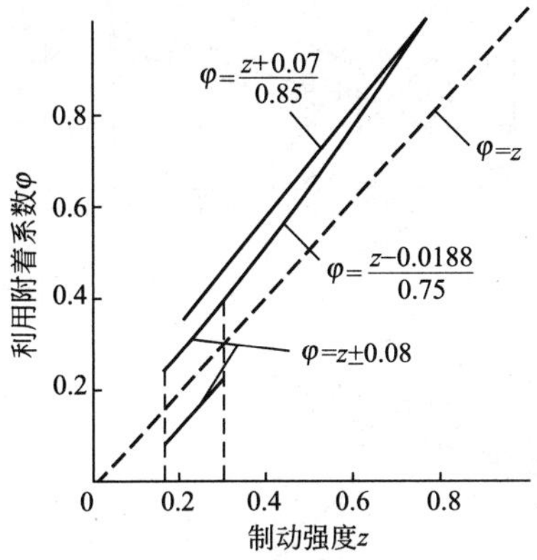

图 11.18 ECE 法规对货车的制动力分配的要求

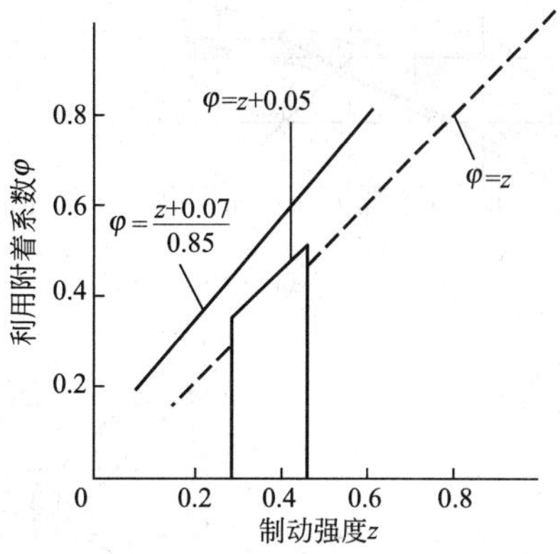

图 11.19 ECE 法规对轿车的制动力分配的要求

在汽车制动时，EBD 将根据前后轮载荷的变化及车轮抱死情况，通过制动压力调节装置自动调节前后车轮的制动力。汽车装备设有 EBD 的 ABS 之后，由于各车轮具有理想的制动力分配，因此能够进一步缩短汽车紧急制动时的制动距离及提高制动稳定性。

实际制动力分配曲线是兼顾制动稳定性和最短制动距离并优先考虑稳定性的原则进行设计的。但是，制动力分配曲线实际转折点的选取是复杂的，*I* 曲线是简单的直线制动情况，实际的制动工况会使 *I* 曲线发生改变，如发动机对制动的影响，转弯制动时左右车轮载荷转移的影响等。所以，转折点的选取一般低于 *I* 曲线，以保证有一定的稳定性余地。图 11.20 所示为设有限压阀、比例阀、感载比例阀、感载射线阀与减速度传感比例阀的制动力分配曲线。

图 11.20(a)所示为设置限压阀的制动力分配曲线，在其转折点后，后轮液压不变是一水平线。虽然分配线对空载基本是合适的，但是，仍有一小段是非稳定区，且满载时效率偏低。

图 11.20(b)所示为设置限压阀的制动力分配曲线，在其转折点后是一条斜线，且与空载 *I* 曲线的交点(即同步附着系数)超过了 0.82(见 ECE 法规)，既消除了不稳定区又提高了制动效率；但是，满载时转折点下移会增加和 *I* 曲线的距离，降低制动效率。

图 11.20(c)所示为设置感载比例阀的制动力分配曲线，满载时转折点上移与满载 *I* 曲线靠近，提高了制动效率。

图 11.20(d)所示为设置感载射线阀的制动力分配曲线。

图 11.20(e)所示为根据 ECE 法规要求计算得到的轿车制动力分配要求的范围。可见，采用减速度传感比例阀能够满足 ECE 法规要求。

2. EBD 系统基本组成及工作原理

电子制动力分配系统(EBD)由转速传感器、电子控制器和液压执行器 3 部分组成。电磁感应式传感器安装在 4 个车轮上，检测车轮转速。液压执行器主要由控制前后轮压力的常开阀、常闭阀和低压蓄能器组成，如图 11.21 所示，低压蓄能器的作用是暂存降压时所

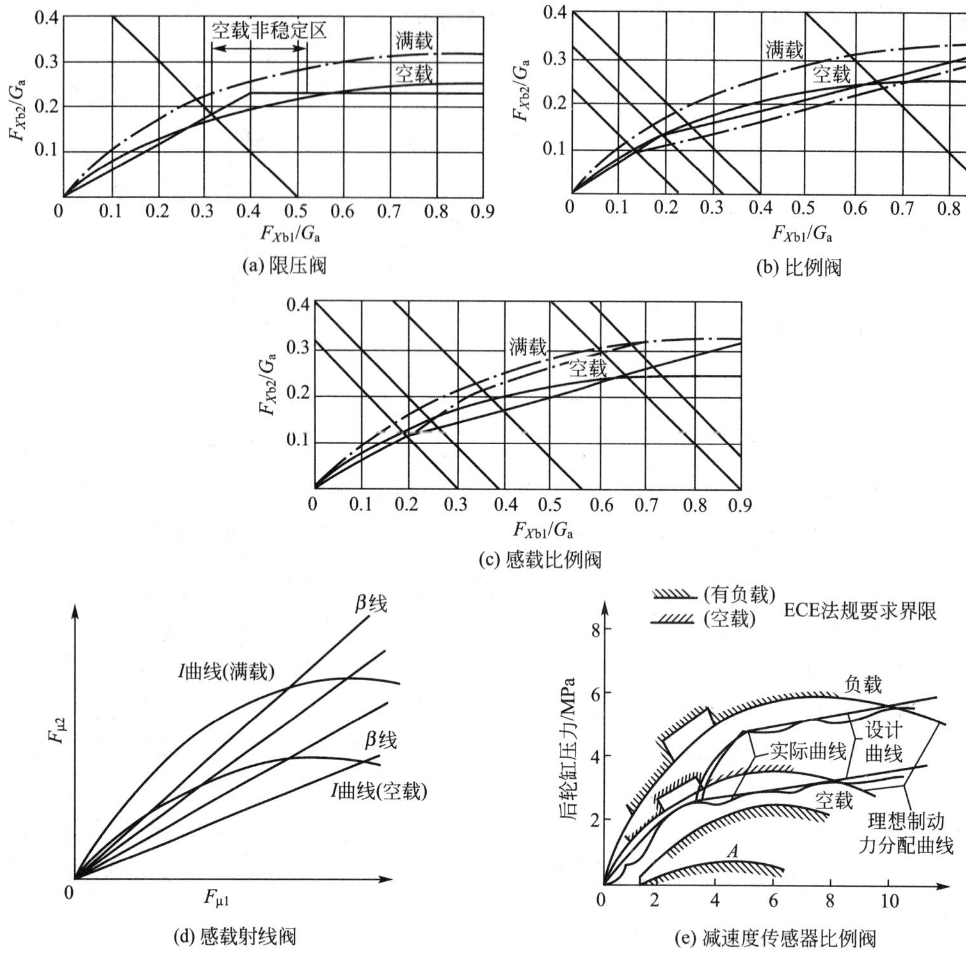

图 11.20 各种装置调节的制动力分配曲线

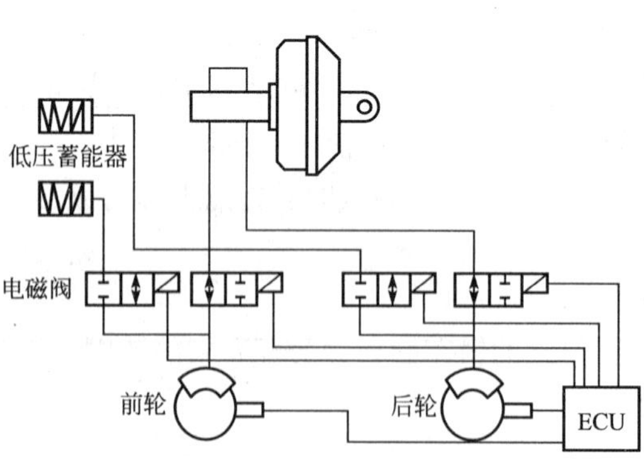

图 11.21 电子制动力分配系统原理图

排出的制动液。轮速信号送至电子控制器，电子控制器根据这些信号计算汽车参考车速、车轮的转速及前后轮的滑移率之差，并按一定的控制规律向液压执行器中的电磁阀发出信号，对车轮实行保压、减压和加压的循环控制，使前后轮趋于同步抱死。在制动结束后，制动踏板松开，制动主缸内的制动压力为0，此时再次打开常闭阀，低压蓄能器中的制动液经常闭阀，常开阀返回制动主缸，低压蓄能器排空，为下次电子制动力分配调节做好准备。

EBD的前、后轮制动力分配关系如图11.22所示，当汽车载荷发生变化时，理想的前后轮制动力分配关系会随之发生改变。如果制动系统安装了机械式制动压力调节阀，虽然可以避免出现后轮先抱死，但制动力调节曲线与理想的制动力分配曲线相差较大，导致制动效率不高。如果制动系统安装了电子制动力分配系统，其制动力调节曲线在各种载荷下均能与理想的制动力分配曲线靠近，获得较高的制动效率。除此之外，当汽车在弯道行驶时，EBD ECU 还可根据转向盘转角传感器信号，对左右车轮制动力的分配进行调节，如图 11.23 所示，图中箭头长短表示制动力的大小，为了保证汽车在弯道行驶时制动的稳定性，EBD ECU 分配给外侧车轮的制动力明显大于内侧车轮的制动力，从而保证汽车沿弯道行驶的稳定性。

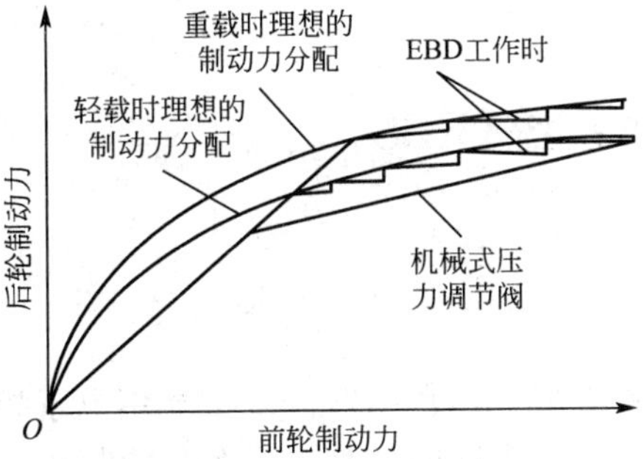

图 11.22 前后轮制动力分配关系

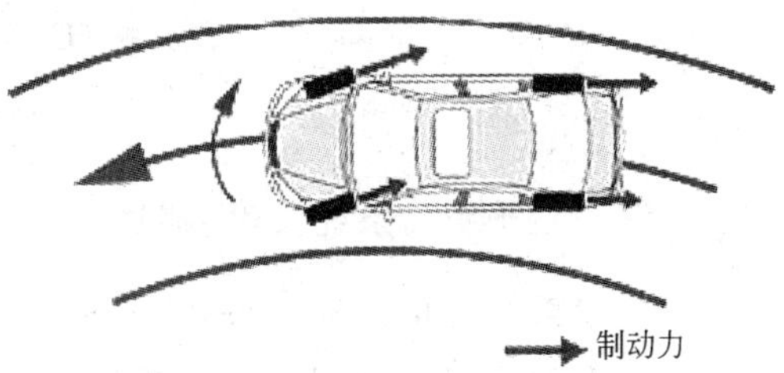

图 11.23 左右轮制动力大小示意图

11.4.2 电子差速锁(EDS)

1. 电子差速锁(EDS)的作用

电子差速锁(Electronic Differential System)简称 EDS，它是 ABS 的一种扩展功能，用于鉴别汽车的车轮是不是失去着地摩擦力，从而对汽车的加速打滑进行控制。同普通车辆相比，带有 EDS 的车辆可根据各驱动车轮与地面的附着状况，无需驾驶员的主观判断与操作，在车辆行驶过程中适时、自动地控制差速锁，调节相应车轮(轴)的驱动力矩分配，充分发挥整车附着能力，实现差速锁止机构的自动控制，最大限度地提高越野汽车的通过性，尤其是在倾斜的路面上 EDS 的作用更加明显。但它有速度限制，只有在车速低于 40km/h 时才会启动，例如当时速低于 40km 通过湿滑路面时，EDS 也可锁死打滑车轮，主要是防止起步和低速时打滑，提高行车安全。

电子差速锁自动控制系统通过差速锁止机构直接对差速器锁止和分离，可传递 100% 扭矩，适用于重型载重和越野汽车，并且在各种速度范围内均有效，其克服了防滑控制系统(ASR)不能传递大扭矩只适用于小型汽车的缺点。

2. 电子差速锁(EDS)的工作原理

汽车加速过程中，当电子控制单元根据轮速信号判断出某一侧驱动轮打滑时，EDS 就自动开始工作，通过液压控制单元对该车轮进行适当强度的制动，从而提高另一侧驱动轮的附着利用率，提高车辆的通过能力。当车辆的行驶状况恢复正常后，电子差速锁即停止工作。同普通车辆相比，带有 EDS 的车辆可以更好地利用地面附着力来提高车辆的运行性。

当汽车驱动轴的两个车轮分别在不同附着系数的路面起步时，例如一个驱动轮在干燥的柏油路面上，另一个驱动轮在冰面上，EDS 电子差速锁则通过 ABS 系统的传感器自动探测到左右车轮的转动速度，当由于车轮打滑而产生两侧车轮的转速不同时，EDS系统就会通过ABS系统对打滑一侧的车轮进行制动，从而使驱动力有效地作用到非打滑侧的车轮，保证汽车平稳起步。

当车辆在单边滑溜路面或坡道上起步加速时，地面附着系数较低一侧的驱动轮也易打滑，此时，EDS自动对该驱动轮施加调节制动来降低其驱动力。由于差速器的差扭作用，另一侧车轮的驱动力迅速提高，防止驱动轮滑转，结果是两侧驱动轮均获得了与路面条件相适应的牵引力，明显改善了车辆在恶劣行驶工况下起步和加速性能。一旦车辆的行驶状况恢复正常后，电子差速锁即停止作用。

11.5 汽车电子制动系统(EBS)

11.5.1 汽车电子制动系统(EBS)概述

电子制动系统(Electronic Braking System)简称EBS，是在ABS的基础上用电子控制取代传统的机械传动来控制制动系统，以达到良好的制动效果，增加了汽车的制动安全性。汽车制动时，车轮制动力与地面附着系数有关，当车轮处于半滑动半滚动状态时，地面附着系数可达到最大，此时侧向的稳定性也较好。当车轮安全抱死无滚动时，地面附着力有所下降，而侧向稳定性为零。极易出现侧滑和甩尾现象，容易造成事故。EBS系统比ABS系统增加了各种传感器，制动时制动踏板位置信号传给电控制单元(ECU)，同时各传感器把载荷、地面附着力和制动力信号传给电控单元。由电控单元自动调节制动压力，形成闭环控制。该系统用电子控制取代机械制动，减少制动系统机械传动的滞后，缩短制动距离，在低等强度时，使摩擦片磨损最少；中等强度时，利用ABS达到最佳的道路附着系数利用率；高强度时，施加最大的制动压力，从而获得最佳的控制制动力。摩擦传感器可以监测到各制动片的磨损情况，控制各制动器的压力分配，从而延长使用寿命。EBS可以与其他的电子控制系统一起由一个电控单元集中统一控制，实现各种不同要求的控制功能。EBS可以实现ABS的功能，只需在EBS控制器中设置相应的防抱死程序就行了。汽车制动系统的电子化，为汽车实现电子化提供了良好的条件。EBS还具有监控功能，故障自动诊断，随时将故障通过报警系统报告驾驶员及时修复，保证了行驶安全。

电子控制制动系统具有很多的技术优势，可降低成本、提高安全性能、采用拓展的诊断和自诊断，可与车辆其他系统集成新功能如持续制动集成和牵引车控制。电子控制制动系统的技术优势主要体现在以下几个方面。

(1) 提高舒适性、操纵稳定性和制动安全性。系统根据驾驶员操纵制动踏板传输的制动需求，通过系统的计算和补偿自动地控制车辆进行制动，提高制动舒适性，同时可以缩短制动距离。EBS系统可以根据载荷条件和车辆滑移情况，自动分配和调整前后桥及挂车的制动压力进而使主车、挂车之间的耦合力最小化和提高操纵稳定性和制动安全性。

(2) 提高经济性和维修方便性。由于它采用标准化设计的部件，非常容易安装。系统可以通过磨损传感器获得摩擦片的磨损情况，进行监控和平衡不同车轴间的摩擦片磨损，使车辆的所有摩擦片提高利用率并且可以同时更换。另外，系统集成了持续制动，尽可能地通过缓速器、排气辅助制动和控制发动机扭矩等进行制动，进而延长摩擦片的使用寿命来提高经济性。EBS可以通过拓展的集成诊断和监测系统持续地进行自我检测，当系统有影响正常工作的故障时，驾驶员将被及时提醒。

(3) 补偿常规制动系统的缺陷。与常规制动系统相比，电子控制制动系统具有缩短制动响应时间，优化制动力分配，协调车轴间的制动，通过软件柔性调整系统参数，制动监测和自我诊断等功能。还可与车辆其他系统进行数据交流，例如与发动机和变速器，电子控制缓速器等。其次EBS通过电子信号传递、气制动元件，建立前后桥和挂车的制动压力，另外，在电子回路失效的情况下，常规制动系统仍然有效。

(4) 制动管理功能。驾驶员通过踩制动踏板产生行程信号来提供制动需求，同时由于机械机构踏板响应时间的滞后，系统将对制动力需求进行调整，从而获得符合驾驶员制动需求的感觉曲线，然后系统对实际制动和制动需求进行对比并均衡，最终根据结果对前后桥和挂车的制动压力进行合理分配，从而控制车辆进行制动。

(5) 主车与挂车的制动协调性。在所有的制动过程中，带EBS的主车的基本设计在满载车辆的区间中间。由于这个原因，制动强度控制，允许主车与挂车之间的再分配，并且始终得到平衡。另外带EBS的挂车的基本设计也遵照区间的中段设计，主车与挂车应有尽可能相同的响应压力。主车与挂车制动响应如有差别，通过内置在主车EBS系统中的协调性控制，将被自动储存在ECU中，并保持为最小。在每一次制动开始时，汽车列车的制动器之间的制动差异可以得到补偿，因此，汽车列车的每个制动器的磨损均匀一致。

(6) 基于EBS系统可以拓展针对主挂车的中央制动控制功能，还可拓展电子稳定性控制，自适应巡航控制和进一步的驾驶员辅助系统。

11.5.2 EBS的组成及工作原理

1. EBS的组成

WABCO公司开发的EBS系统在设计时，其配置和结构为汽车生产厂提供了非常大的灵活性，基本的EBS系统包括制动信号传感器、中央控制器(ECU)、比例继动阀、后桥调节器、ABS电磁阀、挂车控制阀、车轮速度传感器和制动衬片磨损传感器等。系统中各主要部件的功能如下。

(1) 制动信号传感器：用于根据驾驶员踩踏板的力而计算出的制动要求值转化成电信号传递出去。

(2) 比例继动阀：用于控制前桥的控制压力。

(3) 后桥调节器：用于控制后桥的控制压力。

(4) 挂车控制阀：由电气控制，用于控制挂车的作用压力。

(5) 中央控制器(ECU)：用于制动管理，控制前后桥和挂车的制动压力，评价传感器信号并与车上其他系统的ECU进行通信交流。

2. EBS的工作原理

EBS实现了制动系统的电子控制，当驾驶员踩踏板时，制动信号传感器将获得的踏板行程信号传输给电控单元，来识别车辆制动要求，同时从速度传感器和磨损传感器获得轮速信号和摩擦片磨损状态信号，电控单元通过处理接收到的信号，根据相应的控制策略进行计算并输出一定的指标压力值，通过控制比例继动阀、ABS电磁阀、备压阀和后桥调节器，从而控制前后桥执行制动。用于前桥的指标压力值与实际值相比，其差值通过比例继动阀来平衡。另外，对于ABS、ASR功能，当车辆趋于抱死时，中央控制器通过调节制动气室压力开始循环控制，使滑移率保持最佳值。同时中央控制器可以与后桥调节器进行数据交换，并且可通过CAN总线与其他电子系统(发动机控制、缓速器等)进行通信(图11.24)。

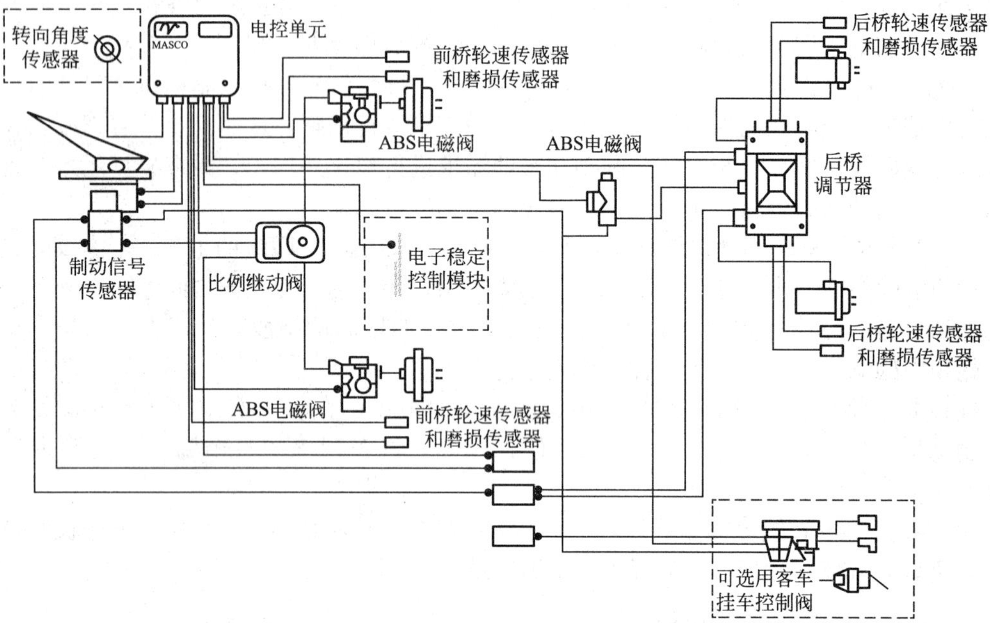

图11.24 EBS系统原理图

11.6 安全气囊和安全带

安全气囊和安全带是目前在严重事故中最有效的约束保护系统。当车速超过40km/h时，仅靠安全带是不够的。为了减小汽车发生正面碰撞时由于巨大的惯性力造成的对驾驶员和乘员的伤害，现代汽车在驾驶员前端转向盘中央普遍装有安全气囊，有些汽车在副驾驶员座椅前以及后排乘员的前方也都装有安全气囊。当汽车发生正面碰撞事故时，安全气囊控制系统检测到冲击力(减速度)超过设定值时，安全气囊ECU立即接通充气元件中的电爆管电路，点燃电爆管内的点火介质，火焰引燃点火药粉和气体发生剂，产生大量气体，在0.03s的时间内即将气囊充气使气囊急剧膨胀，冲破转向盘，缓冲对驾驶员及乘员的冲击，随后又将气囊中的气体放出。在对许多事故进行研究后得出这样一个结论：68%的事故中，安全气囊可起到非常关键的作用。这表明，假如世界上所有的车辆都安装有安全气囊，那么每年因车祸而死亡的人数将会减少5万多人。

11.6.1 安全气囊的分类

(1) 根据碰撞类型的不同，安全气囊可分为正面碰撞防护安全气囊系统、侧面碰撞防护安全气囊系统和顶部碰撞防护安全气囊系统。正面碰撞防护安全气囊系统在欧美轿车的驾驶员和副驾驶员处有较高的装车率，实际交通事故统计表明，安全气囊与三点式安全带配合使用，对正面碰撞事故中的乘员具有更好的保护效果。侧面碰撞防护安全气囊系统和顶部碰撞防护安全气囊系统也将逐渐普及。

(2) 按照安全气囊安装数目可分为单气囊系统(只装在驾驶员侧)和双气囊系统(驾驶员侧和副驾驶员侧各有一个安全气囊)两种。

(3) 按照安全气囊的触发机构可分为机械式、电子式和智能型3种。

11.6.2 安全气囊的系统构成

安全气囊系统主要由碰撞传感器、安全气囊ECU和充气元件与气囊3部分组成。

1. 碰撞传感器

传感器按其功能可分为碰撞传感器和保险传感器两种，碰撞传感器负责检测碰撞的激烈程度，如果汽车以40km/h的车速撞到一辆正在停放的同样大小的汽车上，或以不低于22km/h的车速迎面撞到一个不可变形的固定障碍物上，碰撞传感器便会动作，接通搭铁回路；保险传感器，也称触发传感器，其闭合的减速度要稍小一些，起保险作用，防止因碰撞传感器短路而造成误膨开。传感器按其结构可分为全机械式、电子式和智能型3种。

碰撞传感器是安全气囊系统中主要的控制信号输入装置。其作用是在汽车发生碰撞时，由碰撞传感器检测汽车碰撞的强度信号，并将信号输入ECU，ECU根据信号传感器的信号来判定是否引爆充气元件为气囊充气。

1) 机械式碰撞传感器

机械式前气囊传感器的结构可以是如图11.25所示的粘性阻尼式传感器，也可以是图11.26所示的惯性机械开关式传感器。粘性阻尼式传感器在结构上以永久磁铁、滚筒、钢球和触点等组成。汽车正常行驶时，钢球受到永久磁铁的吸引，紧靠在滚筒的内端。一旦汽车受到一定强度的碰撞，钢球在惯性的作用下可以克服永久磁铁的吸力和球体与滚筒之间空气的粘性阻力。迅速向滚筒外端移动。最终使传感器内的电路触点闭合，发出碰撞信号。

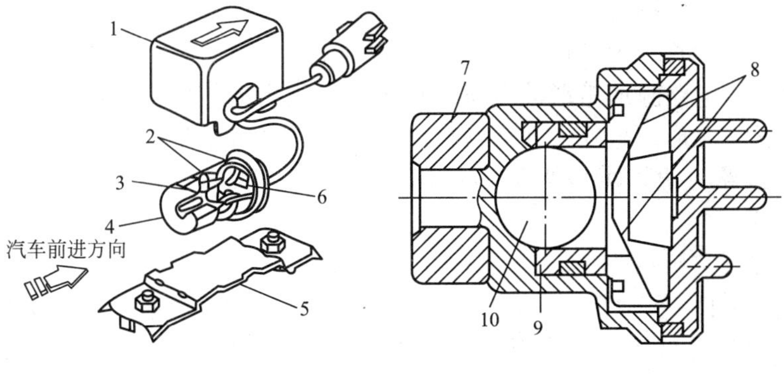

图11.25 粘性阻尼式碰撞传感器

1—传感器；2—O型密封圈；3—钢球；4—永久磁铁；5—固定板；6—电气触点；
7—永久磁铁；8—触点；9—滚筒；10—钢球

惯性机械开关式传感器由传感器壳体、偏心转子、偏心块、固定触点、旋转触点等构成，如图 11.26 所示。在传感器外还设置了一个电阻 R，用于对系统进行自检测。检测 SRS 的 ECU 与传感器之间的联系是否正常。正常情况下、偏心转盘和偏心块在螺旋回位弹簧弹力的作用下，顶靠在与外壳相连的限位块上，此时旋转触点不与固定触点接触。当汽车发生碰撞时，由于偏心块的惯性作用，偏心转盘将克服回位弹簧力的作用产生旋转。足够大的碰撞强度产生的这种旋转会使旋转触点与固定触点闭合，传感器便向 ECU 送去开关信号。

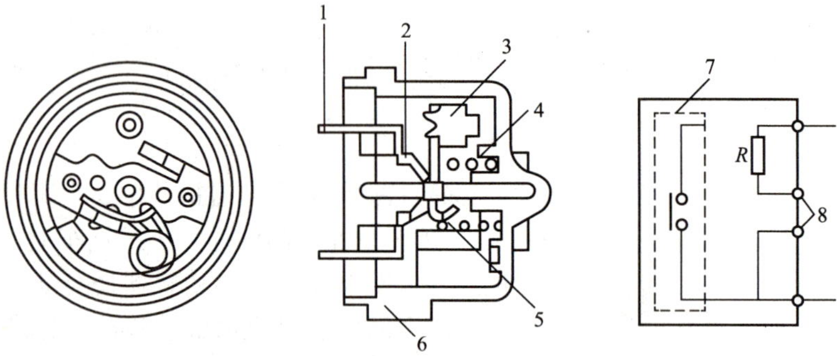

图 11.26　惯性机械开关式传感器

1—固定触点；2—旋转触点；3—偏心块；4—游丝；5—偏心转盘；
6—壳体；7—传感器触点；8—活动触点

2）电子式碰撞传感器

电子式碰撞传感器主要由加速度传感器芯片代替普通的机械式传感器，发出碰撞信号。图 11.27(a)显示了加速度传感器芯片的结构。在 N 型硅电路板上扩散了 P 型硅层，形成测量电阻的半导体压电电阻。在悬臂上施加减速度，悬臂因其质量而挠曲时，测量电阻发生变化，电阻桥式电路的输出也发生变化。在硅电路板上，压电电阻、预放大器、旁路过滤器、主放大器的信号处理电路由双极 IC 集成为一体，传感器输出可以不受噪声等的影响。这种集成化的 G 传感器芯片，如图 11.27(b)所示，收存在密封的桶壳中，内部充满硅油。硅油可以抑制悬臂在固有振动数附近的共振。图 11.27(c)是传感器信号处理电路。来自主放大器的输出电压与施加在悬臂上的加速度成正比，对悬臂的折断和放大电路有无异常具有自我检测功能。点火开关接通后，从 ECU 的故障诊断电路发出检测信号，向电阻桥式电路施加矩形波电压，作为发动机启动前检测。如果所有都正常，从主放大器输出微分波形。另外，在通常运转时也经常进行检测，例如，在悬臂折断的情况下，因桥式电路失真，主放大器的输出固定为“Hi”或“Lo”，所以可以实现发现异常。

3）智能型碰撞传感系统

博世公司开发了一种“智能安全气囊传感系统”，这种系统能够根据事故发生情况不同做出不同的反应。该系统通过使用两级气体发生器可以控制气囊进行一级充气或两级充气。根据汽车加速度和安全带锁扣传感器发出的信号，系统可以判断事故的严重程度并发出相应的指令，气体发生器就会收到不同的脉冲，使安全气囊一级充气或两级充气，或者保持一定的充气时间间隔。

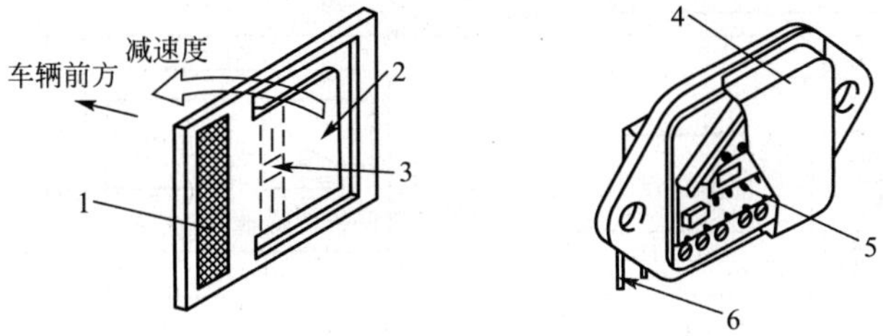

(a) 加速度传感器芯片　　(b) G传感器组装件

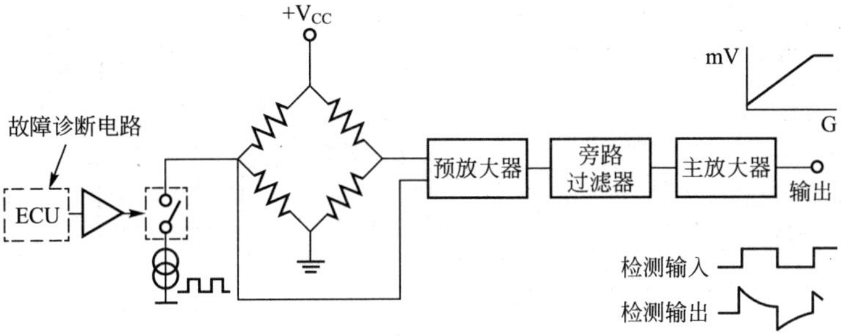

(c) 传感器信号处理电路

图 11.27　电子式传感器

1—集成电路；2—悬架；3—测量电阻；4—桶壳；5—G 传感器(加速度传感器芯片)；6—接线头

智能安全气囊系统未来的发展，将使其能够根据事故的类型和乘员位置分多级充气，或者按顺序控制充气。使用超声波或红外线汽车乘员传感器(AOS)可以增强这一系统的功能，这一装置可以检测到座位上是否有人，是否是儿童，还能够检测到乘员是否在特殊位置，比如说脚放在了仪表板上。

博世公司希望最新的雷达技术有助于预碰撞传感器的设计，这种传感器具有在碰撞前估计碰撞速度的功能，并可以单独触发一个安全气囊，或者根据需要触发全部安全气囊，就像安全带预紧器一样。

2. 安全气囊 ECU

安全气囊的电子控制装置(ECU)是安全气囊系统的控制中心，它接受来自前传感器的输入信号，对引爆条件加以判断，控制充气装置点火电路的通断，同时还兼有对系统装置进行监测和对故障进行诊断的功能。控制装置一般由中央安全气囊传感器、点火控制驱动电路、安全传感器、备用电源、诊断电路、记忆电路和安全电路等组成(图 11.28)。

1) 专用中央处理器 CPU

专用中央处理器 CPU 由模/数(A/D)转换器、数/模转换(D/A)器、串行输入输出接口(I/O)、只读存储器 ROM、随机存储器 RAM、电可擦除可编程只读存储器和定时器等组成，其主要功用是检测汽车纵向和横向减速度是否达到设定阀值。

2) 信号处理电路

信号处理电路主要由放大器和滤波器组成，用于对传感器检测的信号进行整形、放大和滤波，以便安全气囊 ECU 能够接收、识别和处理。

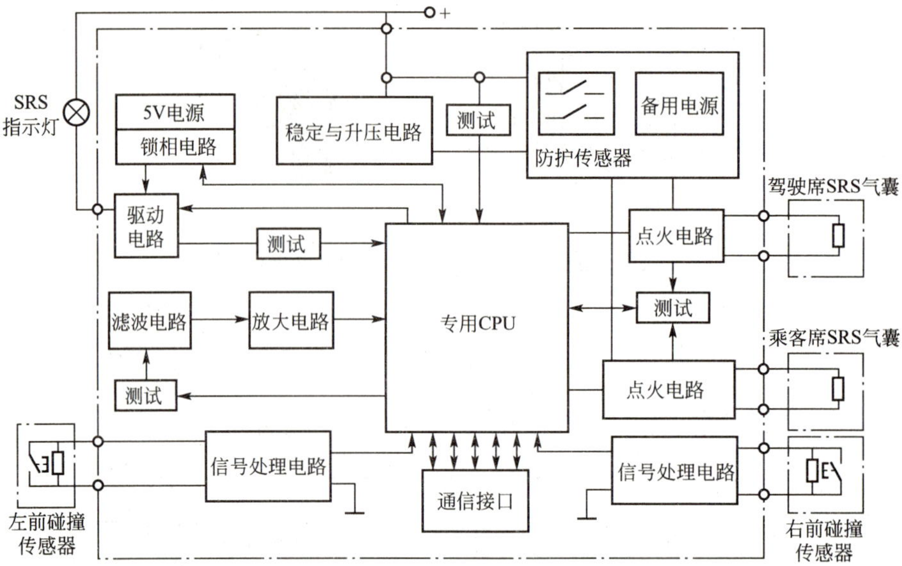

图 11.28 双安全气囊系统 ECU 结构框图

3）备用电源电路

安全气囊系统有两个电源，一个是汽车电源；另一个是备用电源。备用电源又称为后备电源或紧急备用电源。备用电源电路由电源控制电路和两个电容器组成。在单安全气囊系统的控制组件中，设有一个逻辑备用电源和一个点火备用电源。在双安全气囊系统的控制模块中，设有一个逻辑备用电源和两个点火备用电源，即两条点火电路各设一个备用电源。点火开关接通 10s 后，如果汽车电源电压高于安全气囊 ECU 的最低工作电压，那么逻辑备用电源和点火备用电源即可完成储能任务。

备用电源用于当汽车电源与安全气囊逻辑之间的电路切断后，在一定时间内维持安全气囊系统供电，保持安全气囊系统的正常功能。当汽车遭受碰撞而导致蓄电池和交流发电机与安全气囊 ECU 之间的电路切断时，逻辑备用电源能在 6s 内向 ECU 供给电能，保持 ECU 能测出碰撞、发出点火指令等正常功能。点火备用电源能在 6s 内向点火器供给足够的点火能量引爆点火剂，使充气剂受热分解给气囊充气。时间超过 6s 后，备用电源供电能力降低，ECU 备用电源不能保证 ECU 测出碰撞和发出点火指令。点火备用电源不能供给最小点火能量，气囊不能充气膨开。

4）保护电路和稳压电路

在汽车电器系统中，许多电器部件有电感线圈，电器开关多，电器负载变化频繁。当线圈电流接通或切断、开关接通或断开、负载电流突然变化时，都会产生瞬时脉冲电压即过电压。若过电压加到安全气囊系统电路上，系统中的电子元件就可能因电压过高而导致损坏。为了防止安全气囊系统元件遭受损坏，安全气囊 ECU 中必须设置保护电路。同时，为了保证汽车电源电压变化时安全气囊系统能够正常工作，还必须设置稳压电路。

3. 气囊组件

气囊组件主要由气体发生器、点火器、气囊、饰盖和底板组成。驾驶员侧气囊组件位于方向盘中心处，乘客侧气囊组件位于仪表板右侧手套盒的上方，如图 11.29 所示。

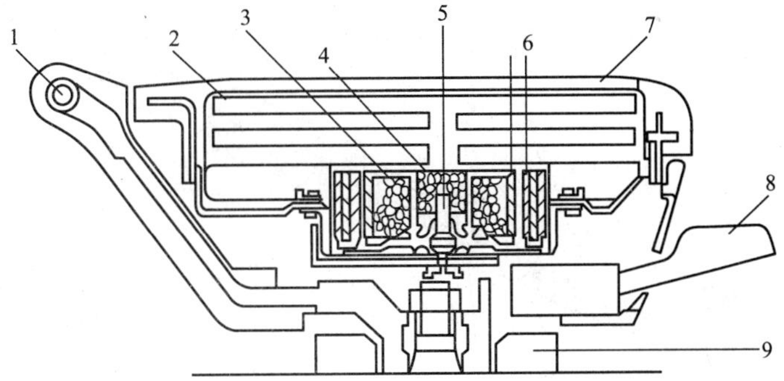

图 11.29 充气装置和气囊结构

1—转向盘；2—气囊；3—气体发生物；4—点火药粉；5—引爆管；6—滤网；
7—转向盘衬盖；8—巡航控制开关；9—螺旋电缆

充气元件与气囊不可分开。驾驶员安全气囊组件安装在方向盘上，与方向盘一起转动，电爆管与ECU之间的导线连接是靠螺旋导线(游丝)来连接的。导线长约5m左右，螺旋状缠绕在壳体内，因此，当转子由中间位置向正反两个方向各转2.5圈时，也不会影响导线连接。

1) 气体发生器

气体发生器又称充气器，用于在点火器引爆点火剂时，产生气体向气囊充气．使气囊膨开。气体发生器用专用螺栓和专用螺母固定在气囊支架上，装配时只能用专用工具进行装配。气体发生器由上盖、下盖、充气剂和金属滤网组成，如图11.30所示。

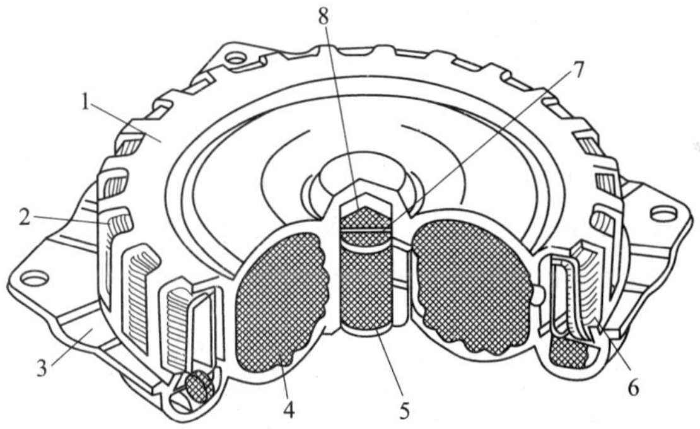

图 11.30 气体发生器

1—上盖；2—充气孔；3—下盖；4—充气剂；5—点火器药筒；
6—金属滤网；7—电热丝 ；8—引爆炸药

上盖有若干个充气孔，充气孔有长方孔和圆孔两种。下盖上有安装孔，以便将气体发生器安装到气囊支架上。上盖与下盖用冷压工艺压装成一体，壳体内装充气剂、滤网和点火器。金属滤网安装在气体发生器的内表面，用以过滤充气剂和点火剂燃烧后的渣粒。目前，大多数气体发生器都是利用热效反应产生氮气而充入气囊。在点火器引爆点火剂的瞬间，点火剂会产生大量热量，氮化钠受热立即分解释放氮气，并从充气孔充入气囊。

2) 点火器

点火器外包铝箔，安装在气体发生器内部中央位置，其结构如图11.31所示。

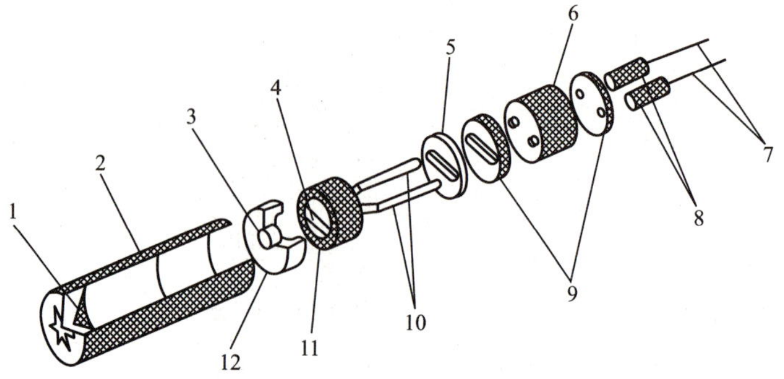

图 11.31　点火器分解图

1—引爆炸药；2—药筒；3—引药；4—电热丝；5—陶瓷片；6—永久磁铁；7—引出导线；
8—绝缘套管；9—绝缘垫片；10—电极；11—电热头；12—药托

点火剂包括引爆炸药和引药，引出导线与气囊连接器插头连接，连接器中设有短路片(铜质弹簧片)。当连接器插头拔下或插头与连接器未完全结合时，短路片将两根引线短接，防止静电或导电将电热丝电路接通而造成气囊误膨开。当安全气囊 ECU 发出点火指令时，电热丝电路接通，电热丝迅速红热引爆引药，引爆炸药瞬间爆炸产生热量，药筒内温度和压力急剧升高并冲破药筒，使充气剂受热分解释放氮气充入气囊。

3) 气囊

安全气囊是用聚酰胺织物制成，内层涂有聚氯丁二烯，用以密闭气体。气囊在静止时像降落伞一样折叠成包，安放在气体发生器上部与气囊饰盖之间。气囊开口一侧固定在气囊的安装支架上，先用金属垫圈与气囊支架的座圈夹紧，然后用铆钉铆接。此外，固定气体发生器的专用螺栓也穿过金属垫圈和支架座圈将气体发生器固定在一起，以便承受气体的冲击。

气囊的饰盖表面膜压有撕印，以便使气囊充气时撕裂饰盖，并减小冲出饰盖的阻力。目前，气囊的材料是由 420d、630d、840d 的尼龙或尼龙 66 织物织成(d 代表织物纤维度单位：旦尼尔)。气囊在具有良好的耐磨性和防裂性能的同时，也具有机械强度高、使用寿命长、表面涂膜容易与涂层结合牢固等优点。气囊织物必须进行不少于 50 项的特性试验。

气囊的大小依制造公司不同而有所不同。在日本和欧洲，由于安全带使用率高，气囊体积都较小(约 40 升)；在美国，由于安全带使用率低，所用的气囊体积较大(约 60 升)。

气囊一般在汽车遭受碰撞后 10ms 内开始充气，从开始充气到完全膨胀开的整个时间约为 30ms。它沿转向柱偏挡风玻璃方向膨开，防止驾驶员面部与挡风玻璃、胸部与方向盘发生碰撞。气囊背面或顶部有 2～4 个排气孔，当驾驶员在惯性力的作用下，压到气囊上时，气囊便从排气孔排气，持续时间不到 1s，从而吸收驾驶员与气囊碰撞的动能，使人体不受伤害。近来研制出一种新的可呼吸气囊，它没有排气孔。有的气囊内设拉绳，用以控制其胀开的形状。

11.6.3　安全带

目前采用单气囊系统或双气囊系统的轿车越来越多。当汽车发生碰撞时，气囊系统对防止驾驶员和乘员遭受伤害十分有效。汽车安全气囊系统属于一次性使用装备，而且造价较高。为了保护驾驶员和乘员安全，降低耗费，部分中高档轿车装备了带座椅安全带收紧器的安全系统。带有收紧器的三点式座椅安全带是当今汽车的标准装备。

1. 装备安全带收紧器安全气囊系统的基本组成

当前市场上大部分中高档轿车都装备了带安全带收紧器的双安全气囊系统，该系统在双安全气囊系统的基础上，增加了前排左右两个座椅安全带收紧器，系统零部件在车上的布置如图 11.32 所示。

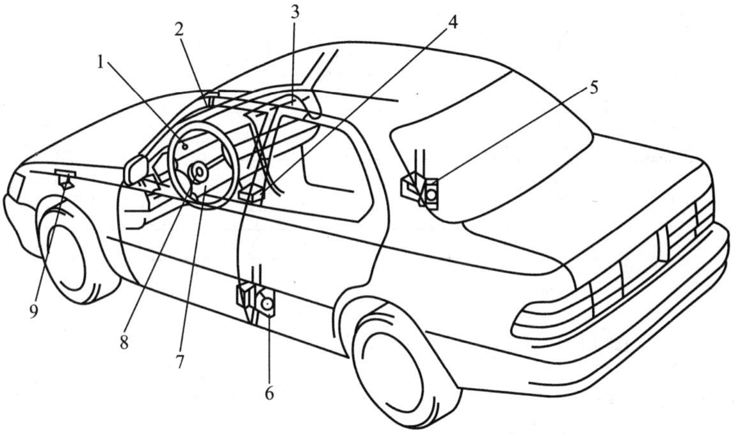

图 11.32　装备安全带收紧器安全气囊的零部件位置

1—安全气囊提示灯；2—右前碰撞传感器；3—成员席安全气囊组件；4—安全气囊 ECU；5—右座椅安全带收紧器；6—左座椅安全带收紧器；7—驾驶席安全气囊组件；8—螺旋型线束；9—左前碰撞传感器

座椅安全带收紧器安装在前排座椅左右两侧或前排左右车门立柱旁边。安全带收紧器由气体发生器、带轮、离合器、导管、自动安全带卷筒、活塞、缆绳等组成。气体发生器由充气器和点火器组成，结构原理与气囊组件的气体发生器基本相同。安全带缠绕在卷筒上，活塞安装在导管内，缆绳一端缠绕在带轮上，另一端固定在活塞上。

2. 装备安全带收紧器安全气囊系统的工作原理

1）收紧器工作原理

装备座椅安全带收紧器的安全气囊系统工作原理如图 11.33 所示。前左右碰撞传感器 9、10 与安装在安全气囊 ECU 中的中心传感器相互并联，驾驶席气囊点火器 7 与乘员席气囊点火器 8 并联，左右安全带收紧器点火器 5、6 并联。

在安全气囊中，设有两只相互并联的保险传感器，其中一只与收紧器 5、6 和安全气囊 ECU 中的驱动电路构成回路，收紧器的点火器受控于安全气囊 ECU。另一只保险传感器与气囊点火器 7、8 和碰撞传感器 9、10 构成回路，气囊点火器 7、8 也受控于安全气囊 ECU。

座椅安全带收紧器的工作原理与安全气囊 ECU 气体发生器的工作原理相似。当安全带收紧器点火器电路接通电源时，点火器引爆点火剂，充气剂受热分解，活塞在膨胀气体的作用下迅速移动，并推动收紧器的弹簧装置将安全带迅速收紧，驾驶员和乘员向前移动距离缩短，从而防止其面部、胸部与转向盘和挡风玻璃或仪表板发生碰撞。

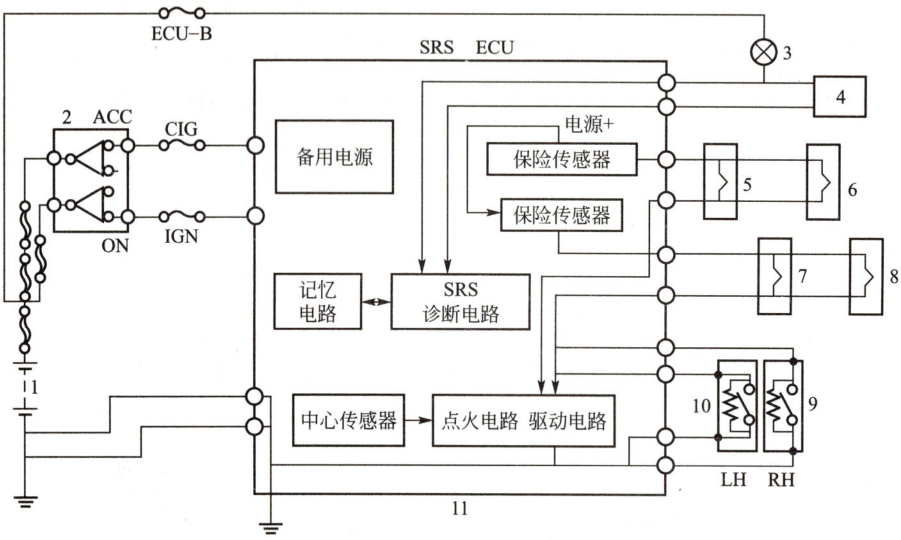

图 11.33 装备安全带收紧器安全气囊系统工作原理

2）控制系统工作原理

在汽车行驶过程中，保险传感器、中心传感器和前碰撞传感器随时检测车速变化信号，并将信号送到安全气囊 ECU。在安全气囊 ECU 中，预先编制的程序经过数学计算和逻辑判断后，再向收紧器点火器或安全气囊点火器发送点火指令，使安全带收紧器动作或收紧器与安全气囊同时作用。当汽车行驶速度低于 30km/h 时，碰撞产生的减速度和惯性力较小，保险传感器和中心传感器将此信号送到安全气囊 ECU，ECU 判断结果为不引爆安全气囊，仅引爆座椅安全带收紧器的点火器；与此同时，向左右安全带收紧器点火器发出点火指令使安全带收紧，防止驾驶员和乘员遭受伤害。

当汽车行驶速度高于 30km/h 时，碰撞产生的减速度和惯性力较大，保险传感器、中心传感器和碰撞传感器将此信号送到安全气囊 ECU，ECU 判断结果为需要安全气囊和收紧器共同作用来保护驾驶员和乘员。与此同时，向收紧器点火器和气囊点火器发出点火指令，引爆所有点火器，在座椅安全带收紧的同时，驾驶席气囊与乘员席气囊同时膨开，吸收碰撞产生动能，达到保护驾驶员和乘员的目的。

11.7 汽车雷达防碰撞系统

汽车的自动防撞主要是指在行驶过程中防止汽车发生追尾事故和在倒车过程中防止碰撞后面障碍物现象的发生。

11.7.1 汽车雷达防追尾碰撞系统

随着汽车技术及高速公路的迅速发展，汽车在良好道路上的行驶速度越来越快。汽车在高速行驶的状态下，驾驶员的反应稍有不及时就会造成交通事故的发生，其中追尾事故在交通事故中占有相当数量，严重危及驾驶员和乘员的安全。

常见的自动防碰撞装置具有以下几种功能，即环境监测、防碰撞判定和车辆控制。例如日本马自达公司研制并推出的自动控制防追尾系统的设计原理是：在正常行驶的情况下，防碰撞系统处于非工作状态；当车辆行驶接近前车车尾时，防碰撞系统立即发出警告；在发出警告后，若驾驶员没有采取制动、减速等措施，则防碰撞系统便起动紧急制动装置，使车辆减速，以免发生追尾事故。

汽车雷达防追尾碰撞系统的基本原理是通过雷达测量车距和前车方位，然后与道路状况一起输入电子控制单元 ECU，ECU 将车辆与前车距离、方位以及道路状况与存储在 ECU 内部的相应数据进行比对，当 ECU 判定超出相应的预定值时，汽车雷达防撞系统立即启动，进行报警直到自动采取减速措施使车辆处于安全状态。图 11.34 所示是一汽车雷达防追尾碰撞系统的基本工作原理框图。

在汽车雷达防碰撞装置中，测定汽车行驶中安全距离的方法有超声波测定、激光测定和雷达测定等。

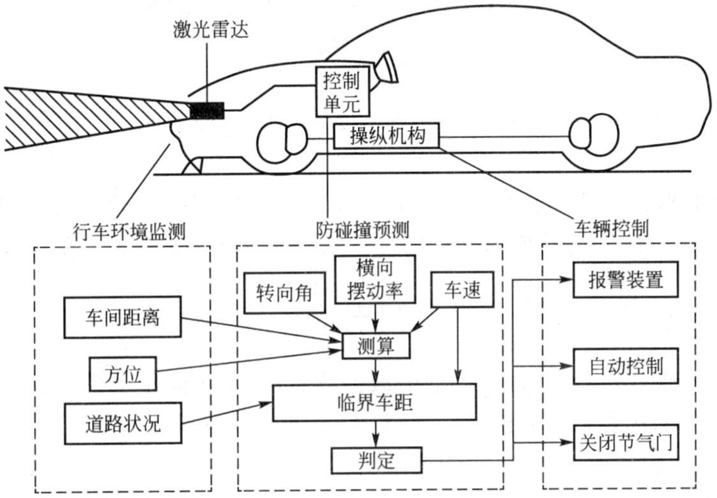

图 11.34　汽车雷达防追尾碰撞系统

1. 汽车激光扫描雷达防撞系统

汽车激光扫描雷达防撞系统主要由激光扫描雷达、各种车辆状况传感器、电子控制单元 ECU 以及执行机构、报警装置等组成，如图 11.35 所示。

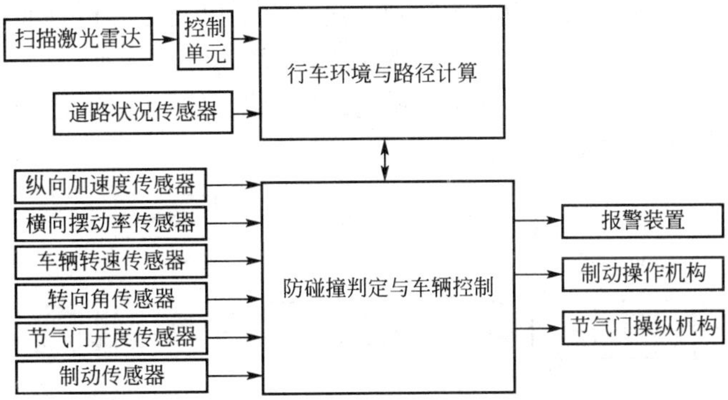

图 11.35　激光扫描雷达防碰撞控制系统工作流程

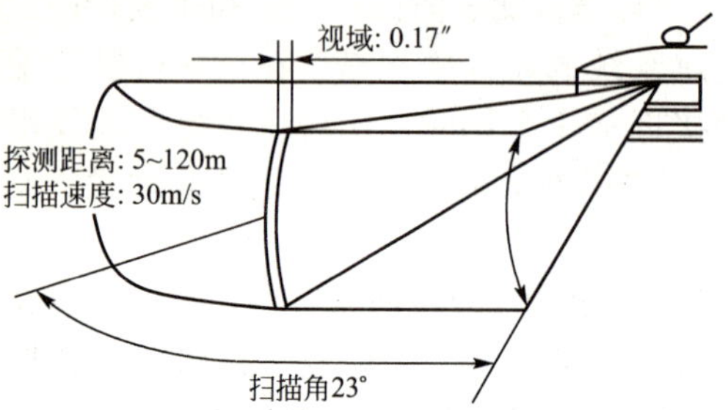

图 11.36 激光扫描雷达的扫描角和视域

激光扫描雷达安装在汽车前端的中央位置，它的扫描角和视域如图 11.36 所示。激光束的视域窄并呈肩形，即在水平面上较薄，在垂直面上呈肩形；激光束可在较宽的范围内快速扫描，并通过激光束的能量密度消除因车辆颠簸引起的误差。通常激光扫描雷达监测范围在 5～120m，以保证在潮湿路面上后车减速制动后，不致碰撞前面暂停车辆。

激光扫描雷达防碰撞系统电子控制单元 ECU 对防碰撞的判断过程是：ECU 从激光扫描雷达所获车距与方位的数据组中抽取有用的数据，然后依据后车的动力学特性进行车辆路径的估算。行车路径估算的半径是根据车速和转角第一次估算的半径 R_1 与根据车速和横向摆动速率第二次估算的半径 R_2 来确定的，具体计算方法如下：

$$R_1=\frac{(1+Av_0^2)ln}{\theta} \quad R_2=\frac{v_0}{r} \tag{11-6}$$

式中：A 为稳定系数；v_0 为车速；l 为车距；n 为转向机传动比；θ 为转向角；r 为横向摆动速率。

ECU 选用估算值 R_1 和 R_2 中的较小值，在进行追尾碰撞危险程度的判定时，还要依据路面的干湿情况，计算出后车车速及相对车速的临界车距 l_0，其计算方法如下：

$$l_0=\frac{1}{2}\left(\frac{v_0^2}{a_1}-\frac{v_0^2-v^2}{a_2}\right)+v_0t_1+vt_2+d \tag{11-7}$$

式中：v 为相对车速；a_1 为自动控制系统减速度；a_2 为前面车辆的减速度；t_1 为减速时间；t_2 为延迟时间；d 为车间允许的距离(后车停车时对前车最小车距)。

ECU 在计算出临界车距 l_0 后，就可以与实测车距进行比较，当实测车距接近临界车距时，就会产生报警触发信号；当计算出的临界车距等于或大于实测车距时，雷达防撞系统便立即启动紧急制动系统，在报警的同时自动采取减速措施，以使车辆不至于发生追尾事故。

2. 汽车电磁波雷达防撞系统

汽车电磁波雷达防撞系统是利用电磁波发射后遇到障碍物反射的回波，对其不断检测和计算与前方或后方障碍目标的相对速度和距离，控制单元经分析判断后，对构成危险的目标按程度不同进行报警或控制车辆自动减速或进行制动。

图 11.37 所示为汽车电磁波雷达防撞系统的组成框图，其中雷达是利用目标对电磁波的反射来发现目标并测定其位置的。

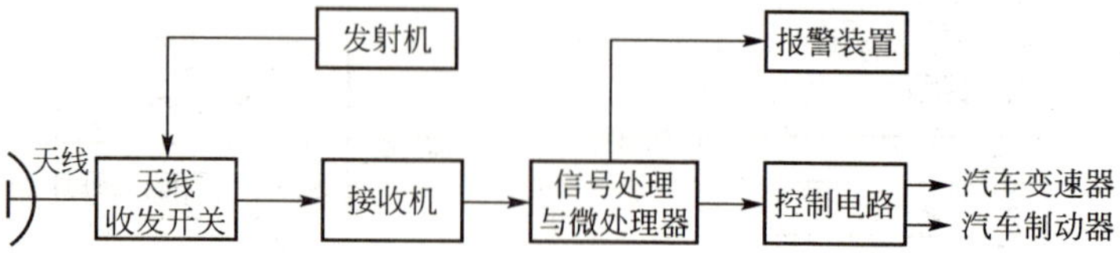

图 11.37 汽车电磁波雷达防撞系统的组成

1) 雷达系统

图 11.38 所示为雷达简单工作原理图。

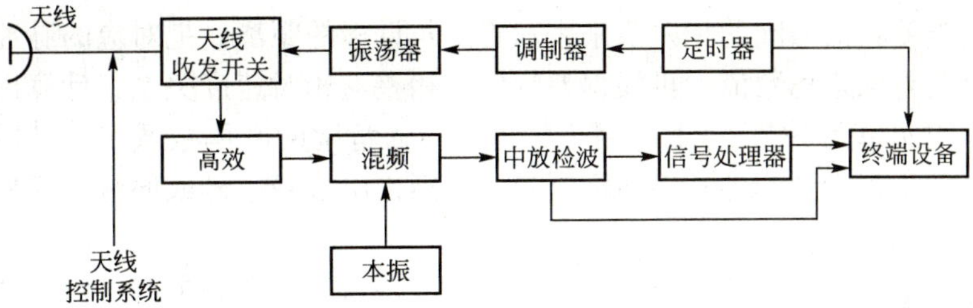

图 11.38 雷达简单工作原理图

由定时器触发调制器，产生调制脉冲，使振荡器产生大功率脉冲信号串，经天线向空间辐射电磁波(它的传播速度就是光速)。天线波束在天线控制系统的作用下，按规定的方式在空间扫描。当电磁波遇到目标时，目标反射回来的回波信号经天线送入接收机，再经信号处理后，送到终端设备，得到目标的坐标数据。

(1) 雷达的工作频率：雷达的工作频率从 3MHz 到 300GHz 范围内，其对应的波长为 100m 到 1mm，计算公式为

$$\lambda=\frac{c}{f} \tag{11-8}$$

式中：λ 为波长；f 为波率；c 为光速。

(2) 雷达对目标位置的测量：任一空间目标 P 的位置必须由 3 个坐标来表示，即斜距 R、方位角 α，仰角 β 或高度 H，如图 11.39 所示。

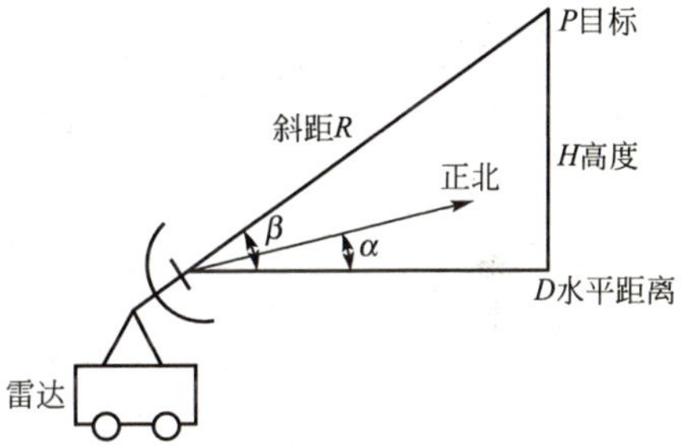

图 11.39 雷达对目标位置的测量

斜距 R 的测量：雷达经天线向空间发射一定重复周期的高脉冲，如果遇到目标，由目标反射回来的回波将滞后于发射的高频脉冲一个时间 t_r，即

$$R=\frac{1}{2}C\cdot t_r \tag{11-9}$$

式中：R 为目标到雷达的单程距离(m)；t_r 为电波往返于目标与雷达之间的时间间隔(s)；C 为光速，3×10^8m/s。

方位角 α 的测量：雷达天线在方位角方向转动，天线波束的指向就是目标的方位角。

仰角 β 的测量：雷达天线在仰角方向转动，按测方位角同样的原理测量目标的仰角(测得了斜距 R 和仰角 β，则高度 $H=R\sin\beta$)。

相对速度 v_r 的测量：当雷达对运动目标测量时(例如对正在运行中的汽车进行测量)，目标与雷达之间存在相对速度，雷达接收到的回波信号频率相对于雷达发射时的电磁波频率产生一个频移，这个频移称为多普勒频移。其数值为

$$f_a=\frac{2v_r}{\lambda} \tag{11-10}$$

式中：f_a 为多普勒频移(Hz)；λ 为雷达工作波长(m)；v_r 为雷达与目标之间相对速度(m/s)。

2）电磁波雷达防撞系统工作原理

如图 11.37 所示，当发射机采用微波调频连续波调制时，在车辆行进中雷达窄波束向前发射调频连续波信号。当发射信号遇到目标时，被反射回来被同一天线接收，经混频放大处理后，用其差频信号间的相差值来表示雷达与目标的距离，把对应的脉冲信号经微处理器处理计算后得到距离数值；再根据差频信号相差与相对速度关系，计算出目标对雷达的相对速度。控制单元 ECU 将上述两个物理量代入危险时间函数数字模型后，即可算出危险时间。当危险程度达到各种不同级别时，分别输出报警信号或通过车辆控制电路去控制车速或进行制动。

装有雷达防追尾碰撞系统的汽车在上了高速公路以后，驾驶员就可以启动车上的防撞雷达系统，选择雷达跟踪车辆。选定好跟踪车辆后，被跟踪的汽车就成了本汽车的“目标车”，无论被跟踪车辆是加速、减速，还是停车、启动，后面的汽车都能在瞬间之内予以模仿。如果前面的汽车在行驶一段时间之后，不再适合于作为自己的“目标车”，驾驶员可以重新选择另一辆“目标车”。

11.7.2 汽车超声波雷达倒车防撞系统

超声波作为一种特殊的声波，同样具有声波传输的反射、折射、干涉、衍射、散射的基本物理特性，超声波的测距是利用其反射特性进行的。

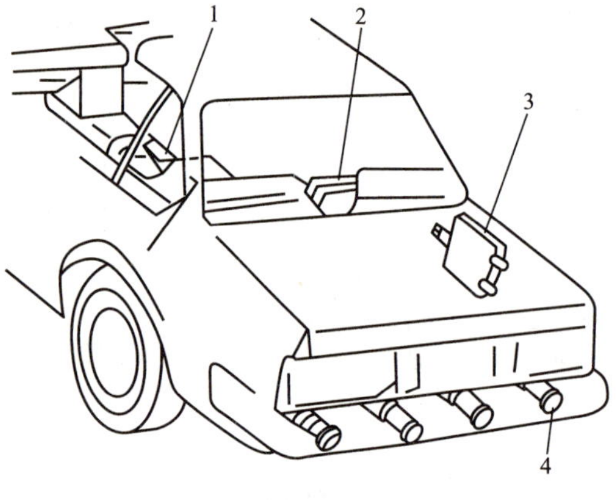

图 11.40 倒车雷达系统构成

1—主开关；2—显示部分；3—电控组件；4—超声波障碍物距离传感器

图 11.40 所示是利用超声波障碍物距离传感器制成的雷达倒车防撞系统。该系统由置于后保险杠的 3 个或 4 个后方感测超声波障碍物距离传感器、装于行李舱内的电控组件以及驾驶员回头时即可看到的显示装置等构成，超声波障碍物距离传感器与电控组件之间用屏蔽线连接，防止外部电磁信号干扰。

超声波障碍物距离传感器的功用是利用超声波检测车辆前后的障碍物距离，并利用指示灯及蜂鸣器等把车辆到障碍物的距离及位置等通知驾驶员，或将其信号传到电控组件，自动控制车辆减速、加速、制动或传给安全气囊系统控制器，以便于安全气囊系统迅速展开。超声波障碍物距离传感器的基本原理是利用声纳原理(回音)在车辆前方或后方发射超声波，测定该超声波遇到障碍物折回的时间，然后把这一时间转换成距离并加以显示。图 11.41 所示为超声波障碍物距离传感器的结构图，该传感器采用一种被称为 PZT(锆钛化铅)的压电元件制成，它采用长圆形音响喇叭式导向装置。这种传感器的特点在于具有方向性，采用圆形音响喇叭式导向装置的目的就是使传感器水平方向特性宽，而垂直方向受到限制。

该雷达倒车防撞系统的基本原理是倒车防撞系统向车后发射超声波，电控组件根据向车后发射超声波是否返回来判断检测范围内是否有障碍物。如向车后发射的超声波遇障碍物返回时，电控组件则测定超声波返回所花费的时间，根据时间与距离的正比关系，判断

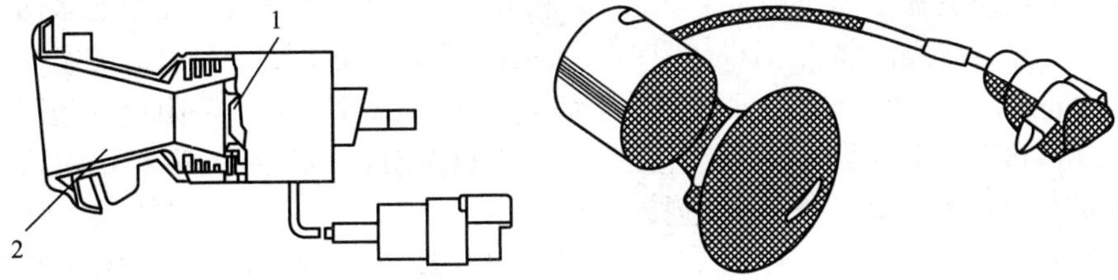

(a) 结构　　(b) 外形

图 11.41　超声波障碍物距离传感器

1—超声波传感器；2—喇叭口部分

出车到障碍物的距离；如将车辆后方划分为左、中、右 3 个区域，就可以判断出障碍物所在的位置。当车后无障碍物时，随着距离的增加，超声波将逐渐衰减。

这种系统还具有故障自诊断功能，用以检查本系统是否正常工作。

图 11.42 为日产汽车超声波倒车防撞系统的电路图。该系统由 40kHz 的超声波振荡器、检测器、控制器和报警电路等组成。其中检测器是由发射头和接收头两部分组成，超声波的发射头和接收头并排安装在汽车的尾部；控制器(电路部分)安装于驾驶室内；它们之间使用大约 5m 的电缆或带屏蔽的导线连接，以防止外界干扰。

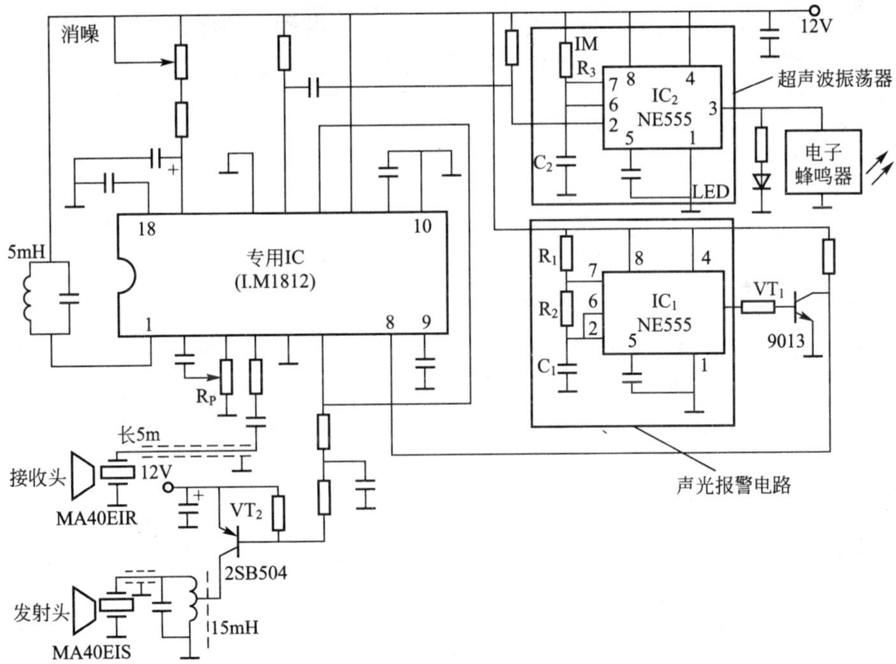

图 11.42　日产汽车超声波倒车防撞系统电路图

该超声波倒车防撞系统的基本工作原理如下。

当汽车挂入倒挡时，系统电路接通，发射头发出的超声波碰到障碍物时有部分被反射回来。反射波被超声波接收头接收后转换成脉动信号输入电子控制单元，这些脉动信号经处理后，电子控制单元根据发射、反射的时间差就判断出障碍物与汽车局部的距离，并根据该距离判断是否需要报警。

40kHz 的超声波振荡器是由 IC_1(NE555)和 R_1、R_2、C_1 等组成的无稳态多谐振荡器构成。其输出振荡方波经晶体管 VT_1(9013)放大后，加至专用 IC(I. M1812)的第 8 脚。超声波信号经过处理后，由 6 脚输出，加至功率放大级 VT_2(2SB504)，高阻抗的超声波发射头 MA40EIS 和 40kHz 的输出谐振回路并接。为防止负载对谐振回路的影响，回路电感线圈采用中心抽头与晶体管 VT_2 集电极连接。

接收头采用与发射头 MA40EIS 相配合的 MA40EIR，其接收、放大用的谐振回路与发射回路一样；谐振为 40kHz 声光报警电路，由 IC_2(NE555)和 R_3、C_2 等组成的单稳态电路进行控制，单稳态宽度 $T_d \approx 1.1R_3C_2$。因此，电子蜂鸣器发出的是断续的报警音响，同时，发光二极管 LED 发出可见的闪烁光，进行同步闪烁。

该超声波倒车防撞距离为 3m 左右，报警灵敏度可通过电位器 R_P 进行调节。

11.8 汽车行驶记录系统简介

随着飞机“黑匣子”在空运管理方面的成功应用，一种名叫“汽车行驶记录仪”的汽车“黑匣子”开始崭露头角，陆续在许多国家和地区大量使用。尽管汽车“黑匣子”的体积仅仅只有香烟盒般大小，但它具备防潮、防水、防腐、耐高温的特点，能真实地记录驾驶员的操作和车辆的各种状态，既可为交通事故公正、准确、科学的分析提供依据，也提供了一种监督驾驶员违规操作的重要手段。这种装置如同安装在汽车上的“电子警察”，可提高驾驶员的安全责任心，有效地降低事故的发生。

11.8.1 汽车行驶记录仪分类

汽车行驶记录仪分记录式和管理式两大类。

记录式行驶记录仪的主要特点是记录车辆的实时状态数据并保存，为交通肇事的评判提供佐证。但是，记录数据一般只作为交通事故的事后技术参考，不能作为评判的直接依据。它以一个合适的时间间隔进行数据采样、存储车辆状态数据，包括车速、发动机转速、节气门位置、车灯、制动等指标，采样时间间隔一般有 0.3min、0.5min、1.5min 等几种，同时可以记录车辆停车前 20～120s 内的密集数据，密度一般为 0.5s 左右。有些产品附加有超速和超时驾驶报警功能，功能上实现了“事先预警”。

管理式行驶记录仪是记录式行驶记录仪的升级，是为满足车辆营运管理要求而设计的，主要应用是基于加强车队营运管理。管理式行驶记录仪主要由车载记录系统和管理系统组成，车载系统的功能主要是数据采集、存储和传递；而管理系统的功能是数据处理、仿真分析和数据库管理。目前产品记录的容量以 4MB 和 8MB 居多，必要时通过计算机串口实现数据转存。

11.8.2 汽车行驶记录仪基本系统组成与基本功能

如图 11.43 所示，汽车行驶记录仪车载系统部分主要由主机、显示器、车速传感器及信号线束等组成，由汽车电源系统提供电源。其主机采用单片微机电路，有良好的可靠性和抗干扰性。汽车运行的速度信号由连接在变速器输出轴汽车里程表软轴上的数码传感器提供(如汽车已装用数码里程表，可直接用里程表信号，只要适当改变汽车行驶系统的结构参数——软轴系数即可，不需另装传感器)。汽车行驶过程中的左右转向、喇叭、制动、倒车、气压等工作信号由相应的原工作电路提供，用专用线束与各信号点连接，供汽车行驶记录系统处理并储存。汽车行驶记录仪的时间系统由专用的时钟芯片送入单片主机，通过设置输入，建立同步的时间系统。

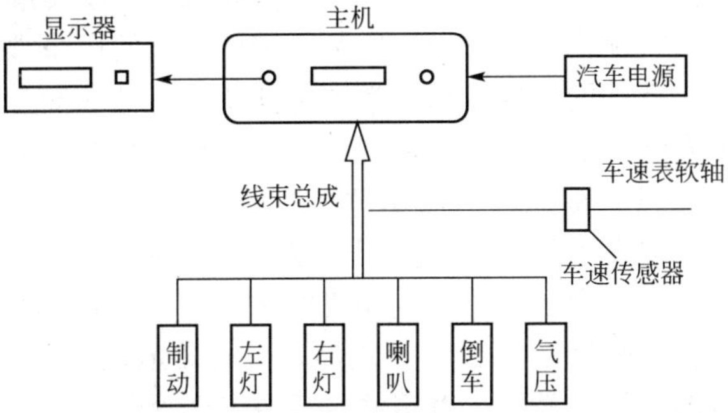

图 11.43　汽车行驶记录仪结构原理

汽车行驶记录系统具备的基本功能如下。

(1) 显示功能：①车速显示，显示规定范围内(如 0～240km/h)的车速。②汽车起动、制动、倒车、超速、加减速行驶及正常行驶的情况。③停车前 1min 的最高车速。④停车前 10min 的最高车速。

(2)报警功能：①低压报警。气制动系统的气压低于安全标准时，发出报警信号，提醒驾驶员采取措施。②超速报警。当汽车行驶速度超过设定速度时，发出报警信号，提醒驾驶员降低车速。

(3) 记录储存功能：①记录储存停车前 1min 的车速，左右转向灯、前照灯、制动、喇叭、气压、倒车等动作状态。②停车前 10s 的制动距离。③10 次行驶记录。④10 次超速记录。⑤停车前 2min 的速度变化曲线段：120～60s 段、60～10s 段、10～0s 段。⑥汽车起动、制动、倒车、超速、加减速行驶及正常行驶的情况。

(4) 在系统掉电时，系统能够保存掉电前 3min 所测试的数据。

(5) 系统具有与上位机通信的能力，以便向上位机传送数据，供分析现场用。

11.8.3　汽车行驶记录仪的应用

汽车行驶记录仪作为一种确保行车安全的有效手段，可以使驾驶员增强自觉性，提高警觉性，使执法者迅速获取事故数据，给管理者提供有效的监测工具，改进管理的模式。汽车行驶记录仪具有全程记录行车状态以及驾驶员操作的功能，由于它还具有实时警示违规操作的特点，在行车安全及其管理中可以发挥一般交警无法替代的作用。

(1) 交通执法管理。记录仪可以记录汽车停车前 20～120s 的密集状态数据(事故疑点数据)，这在事故调查中具有重要作用，管理系统可以利用疑点数据仿真再现事故的发生过程，帮助交通管理部门准确、科学地执法。此外，还可以通过查看记录数据来判别驾驶员是否违章驾驶，为严格执法提供科学的依据。

(2) 公共交通管理。行驶记录仪可以为管理部门提供行车信息服务，管理部门可以及时掌握公交车的行驶状态和地理位置，既起到了公共交通行业服务监督的作用，又方便了车队的管理和调度。

(3) 长途运输管理。在长途运输过程中，记录仪通过对驾驶员进行超时和超速驾驶报警，提醒驾驶员注意安全。另一方面，管理中心向行驶记录仪及时发送 GSM 信息，使驾驶员及时了解路况信息，也可以及时避免事故。

(4) 特殊运输管理。特殊运输包括重要人物、物资的运输以及危险品运输。管理部门为了实时掌握相关的运输状况，就要不断地监测行驶记录仪的记录数据，不断了解运输车辆的状态和位置，因此，行驶记录仪可以有效地保证特殊运输的安全与可靠性。

另外，一旦车辆上安装了“黑匣子”装置，除非是车主和车主委托人，任何人即使有了车上的钥匙，也是无法起动车辆的。汽车“黑匣子”不仅具备防劫、防盗这个独特功能，且每当车辆出现故障或发生事故时，汽车“黑匣子”附加的全球定位系统会以最快的速度找到离事故点最近的急救中心号码，主动拨打求救。

利用汽车行驶记录仪加强对车辆的动态监控，可有效地控制车辆的超速、超时现象，遏制行车事故的形成有着良好的效果，对运输企业的安全管理有很高的实用意义。值得一提的是，汽车行驶记录仪的性能会随着科学技术的发展更加完善，功能更强，使用更方便，体积更小。据报道，已研制出基于嵌入式系统的新一代汽车行驶记录仪，它以 32 位嵌入式处理器及 uCLinux 嵌入式操作系统技术为核心，更完整、更精确、更多样化地记录汽车行驶时的车速与工况。

习题

一、名词解释

1. 汽车防抱死制动系统(ABS)
2. 汽车驱动防滑系统(ASR)
3. 电子控制制动力分配系统(EBD)
4. 电子控制差速锁(EDS)
5. 汽车电子制动系统(EBS)
6. 主动安全性
7. 被动安全性

二、填空题

1. 带有 ABS 的汽车制动系统由基本制动系统和制动力调节系统两部分组成，前者是______、______和______等构成的普通制动系统，用来实现汽车的常规制动，而后者是由__________、__________和__________等组成的压力调节控制系统。

2. ABS 控制器所依据的控制参数有________________和________________。

3. ABS 按系统控制方案不同分为________________和________________。

4. 制动防抱死系统的工作过程可以分为__________、__________、__________和__________等 4 个阶段。

5. 控制驱动车轮滑转的方式有______________、______________、______________、______________和______________。

6. 目前在汽车上广泛使用的 ASR 多为发动机输出功率和驱动轮制动综合控制，该系统主要由__________、__________、__________和__________组成。

7. ASR制动压力调节器有________________和________________两种方式。

8. 电子制动力分配系统(EBD)由__________、__________和__________三部分组成。

9. 电子差速锁(EDS)是ABS的一种扩展功能，用于鉴别汽车的轮子是不是去__________，从而对汽车的加速打滑进行控制。

10. 客车的电子控制制动系统(EBS)由______________、电控单元、ABS电磁阀、______________、比例继动阀等零部件组成，另外增加______________和______________，可以实现拓展电子稳定性控制功能。

11. 安全气囊和安全带都属于__________安全装置。

三、思考题

1. 简述汽车防抱死制动系统(ABS)的作用及工作过程。
2. 简述汽车驱动防滑系统(ASR)的作用及工作过程。
3. 简述电子控制制动力分配系统(EBD)的作用及工作原理。
4. 简述差速锁电控系统(EDS)的作用及工作原理。
5. 简述汽车电子制动系统(EBS)的结构组成及工作原理。4冲程发动机的换气过程包括哪几个阶段？这几个阶段是如何划分的？
6. 汽车安全气囊系统是由哪些部分组成的？各有何作用？
7. 如何确定安全气囊的点火时刻？
8. 检查安全气囊系统和安全带收紧系统及其零部件时，必须注意哪些问题？
9. 防避撞系统有哪几类？

第12章 汽车舒适性控制系统

本章教学要点

知识要点	掌握程度	相关知识
汽车电控悬架系统	掌握汽车电控悬架系统的组成、工作原理及控制方法	主动悬架与半主动悬架的区别
电控悬架系统故障诊断与检测	了解凌志LS400轿车电控悬架系统故障诊断与检测	主动悬架的故障诊断
汽车空调系统的基本结构	掌握汽车空调系统的基本结构	采暖系统与通风系统的区别
汽车空调系统的使用与维护	了解汽车空调系统的使用与维护方法	空调常用故障诊断方法
车内噪声控制系统	掌握车内噪声控制系统的原理及噪声的降低措施	车内噪声来源
车内照明系统	了解车内照明系统的组成	
车身高度调节系统	掌握车身高度调节系统的主要形式及控制方式	电控空气悬架系统

导入案例

16世纪的四轮载人和载货马车为解决"路上感觉非常颠簸"的问题，将车厢用皮带吊在底盘的4根柱子上，就像翻过来的桌子一样。因为车厢是挂在底盘上的，所以人们渐渐将其称为"悬架"，并沿用至今，以描述整个一类的解决方案。车厢吊起式的悬架还不是一个真正的弹簧系统，但它确实使车厢与车轮的运动分离开来。

半椭圆形的弹簧设计(也称为车载弹簧)迅速取代了皮带式的悬架。半椭圆形弹簧广泛用在四轮或两轮载人、载货马车上，并且通常在前后轴上使用。不过，它们确实容易造成前后晃动，并且有较高的重心。

当动力汽车面世时，人们陆续开发出其他更高效的弹簧系统，使乘客享有更平稳的行驶感觉。消费者在购买汽车时，舒适性是他们考虑的一个尤为重要的标准。因此现代汽车越来越注重乘坐的舒适性。而汽车的舒适性不单是指座椅的柔软程度，一个最重要的因素是汽车的悬架系统。

悬架系统有两种(图12.1)，一是独立式悬架，独立式悬架的车轴分成两段，每只车轮用螺旋弹簧独立地安装在车架下面，这样当一边车轮发生跳动时，另一边车轮不受波及，车身的振动大为减少，汽车舒适性也得以很大的提升，尤其在高速路面行驶时，它还可提高汽车的行驶稳定性。不过，这种悬架构造较复杂，承载力小，还会连带使汽车的驱动系统、转向系统变得复杂起来。目前大多数轿车的前后悬架都采用了独立悬架的形式，并已成为一种发展趋势。二是非独立式悬架，非独立悬架的车轮装在一根整体车轴的两端，这样当一边车轮运转跳动时，就会影响另一侧车轮也作出相应的跳动，使整个车身振动或倾斜。采取这种悬架系统的汽车一般平稳性和舒适性较差，但由于其构造较简单，承载力大，该悬架多用于载重汽车、普通客车和一些其他特种车辆上。

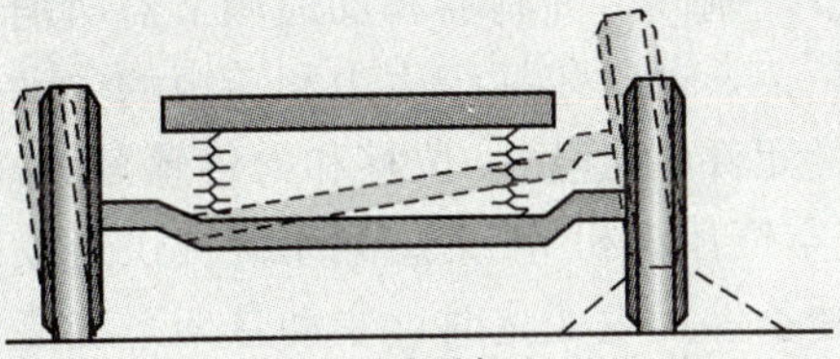
(a) 非独立悬架

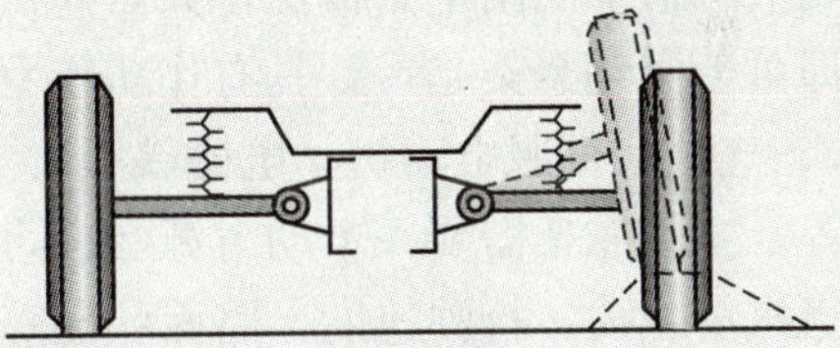
(b) 独立悬架

图12.1 悬架的类型

12.1 汽车电控悬架系统

悬架是连接车身和车轮之间一切传力装置的总称，主要由弹簧(如钢板弹簧、螺旋弹簧、扭杆等)、减振器和导向机构三部分组成。当汽车在不同的路面上行驶时，由于悬架系统实现了车身和车轮之间的弹性支承，有效地降低了车身与车轮的振动，从而改善了汽车行驶的平顺性和操纵稳定性。

汽车行驶的平顺性和操纵稳定性是衡量悬架性能好坏的主要指标，但二者性能要求又相互排斥。平顺性一般通过车身或车身某个部位的加速度响应来评价，操纵稳定性可借助车轮的动载来度量。例如，降低弹簧的刚度，可使车身加速度减小，平顺性变好，但同时会导致车体位移增加，对操纵稳定性产生不良影响；另一方面，增加弹簧刚度会提高操纵稳定性，但硬弹簧将导致汽车对路面不平度很敏感，使平顺性降低。因此，理想的悬架应在不同的使用条件下具有不同的弹簧刚度和减振器阻尼，既能满足平顺性要求又能满足操纵稳定性要求。被动悬架因具有固定的悬架刚度和阻尼系数，在结构设计上只能在满足平顺性和操纵稳定性之间进行矛盾折衷，无法达到悬架控制的理想目标。

为克服传统的被动悬架系统对其性能改善的限制，现代汽车中采用了电子控制悬架系统。该系统可根据不同的路面条件，不同的载质量，不同的行驶速度等来控制悬架系统的刚度，调节减振器阻尼力的大小，甚至可以调整车身高度，从而使车辆的平顺性和操纵稳定性在各种行驶条件下达到最佳的组合。

12.1.1 悬架控制系统的分类

现代汽车悬架控制系统有多种形式。根据悬架工作介质的不同，可以将悬架分为油气悬架系统和空气悬架系统两类；根据控制目的不同，可将悬架控制系统分为车高控制系统、刚度控制系统、阻尼控制系统、综合控制系统等形式；根据控制系统有源或无源，可将悬架控制系统分为半主动悬架和主动悬架等。实际运用已经证明，主动悬架的各种性能都显著地优于被动悬架。半主动悬架与主动悬架相比，主动悬架性能更加优越。

电子控制悬架系统主要有半主动悬架和主动悬架两种。半主动悬架是指悬架元件中的弹簧刚度和减振器阻尼系数之一可以根据需要进行调节。为减少执行元件所需的功率，主要采用调节减振器的阻尼系数法，只需提供调节控制阀、控制器和反馈调节器所消耗的较小功率即可。主动悬架是一种具有作功能力的悬架，通常包括产生力和转矩的主动作用器(液压缸、气缸、伺服电动机、电磁铁等)、测量元件(加速度、位移和力传感器等)和反馈控制器等。主动悬架需要一个动力源(液压泵或空气压缩机等)为悬架系统提供连续的动力输入。当汽车载荷、行驶速度、路面状况等行驶条件发生变化时，主动悬架系统能自动调整悬架刚度(包括整体调整和单轮调控)，从而能同时满足汽车行驶平顺性和操纵稳定性等各方面的要求。

主动悬架是指能通过油压、气压供给能量，根据检测到的环境和车体状况来控制悬架特性，主动限制车身摇动的装置，它能显著提高汽车的操纵稳定性和乘坐舒适性。

主动悬架主要由高压液体传递能量，根据其控制方式可分为流量控制型和压力控制型两类。图 12.2 为一流量控制型主动控制悬架系统，该系统主要是由三位四通流量控制阀和双作用油缸等构成，其主要特点为响应速度快，但消耗能量大，使用的传感器数量也较多，给实用化带来困难。图 12.3 为一压力控制型主动控制悬架系统，它主要由压力控制阀及一个单作用油气压缸构成。压力控制阀实际上是由一个电液压力比例阀(针阀)和一个机械式压力伺服滑阀组成，而油气压缸则是由一个具有弹性组件(气体弹簧室)和阻尼组件的特殊液压缸。

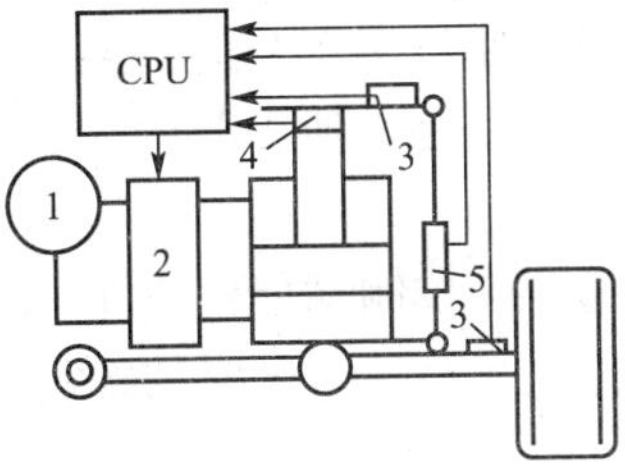

图 12.2 流量控制型主动控制悬架

1—油泵；2—四通流量控制阀；3—加速度传感器；
4—载荷传感器；5—行程传感器

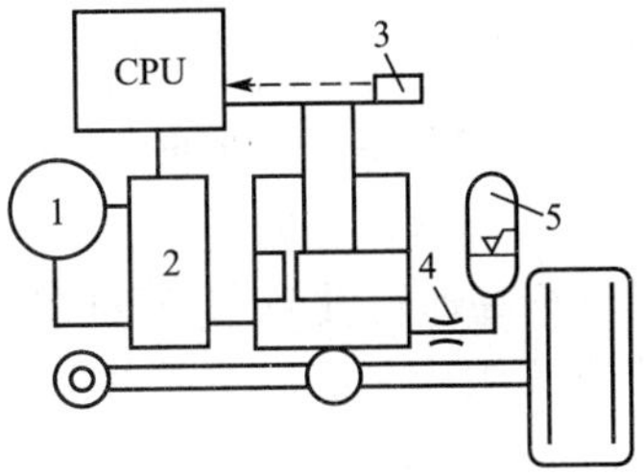

图 12.3 压力控制型主动悬架

1—油泵；2—三通压力控制阀；3—加速度传感器；
4—节流阀；5—气体弹簧室

12.1.2 半主动悬架系统

为提高汽车的行驶舒适性和安全性，使悬架的弹簧刚度和减振器的阻尼力能随汽车行驶状态而变化，悬架总是处在最佳状态附近。根据汽车行驶状态改变悬架的弹簧刚度和减振器的阻尼力的悬架，称为悬架参数(弹簧刚度和减振器阻尼力)能够改变的半主动悬架。半主动悬架系统的一般工作原理如图 12.4 所示。半主动悬架系统可以根据路面激励和车身响应对悬架参数进行控制，使车身的振动响应始终被控制在某个范围内。

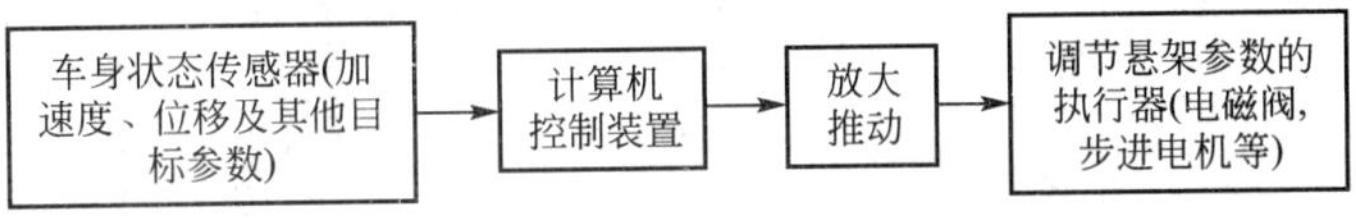

图 12.4 半主动悬架系统工作原理

1. 减振器阻尼力控制系统

所谓减振器阻尼力控制系统是根据汽车负荷、行驶路面条件和汽车行驶状态(加速、减速或转弯等)来控制减振器的阻尼力，使汽车在整个行驶路面范围内和各种行驶状态下，减振阻尼在 2 挡(软、硬)或 3 挡(软、中等、硬)之间变化。

目前大多数阻尼力控制系统允许连续变换减振器的阻尼力，并且各种传感器和执行器采用了压电组件，提高了系统响应性。现代汽车中采用的阻尼力控制系统有很多种，例如，阿姆斯特朗专利有限公司推出的所谓自适应型悬架控制系统(AAS)；福特公司的雷鸟轿车配置的所谓行驶平顺性程控悬架系统(PRC)；日产公司研制开发的一种所谓超声悬架系统(SSS)等。

减振器阻尼控制功能有如下几种。

(1) 防车尾下蹲控制。当汽车急速起步或急加速时，由于惯性力及驱动力的作用，使车尾下蹲。防车尾下蹲控制是要使车尾下沉量控制到最小程度以保持车身的稳定。

(2) 防止换挡冲击控制。汽车在换挡过程中，使驱动轮上的驱动力在较短的时间内发生较大的变化，使汽车车身产生纵向摇动。防止换挡冲击控制就是要使汽车在自动换挡时使车身纵向摇动幅度控制到最小，并减小换挡时对汽车的冲击力。

(3) 防止车头下沉控制。汽车在高速行驶中进行紧急制动时，由于惯性力和车轮与地面之间附着力的作用，使汽车车头下沉。防止汽车车头下沉就是要使这种车头下沉量尽可能小。

(4) 防横摇控制。汽车急转弯时，由于离心力的作用，使汽车车身向一侧倾斜，转弯结束后会使汽车车身产生横向摇动。防横摇控制能减少由于离心力所引起的车身向转弯半径外侧倾斜的程度，并防止车身横向摇动的产生。

(5) 汽车高速行驶时车身下降控制。汽车高速行驶时，该控制功能使汽车车身高度降低，减小空气阻力，提高轮胎与路面之间的附着力，确保汽车高速行驶时的稳定性。

2. 自适应阻尼控制系统(ADS)

1) 自适应阻尼控制系统(ADS)的组成

自适应阻尼控制系统(ADS)一般由传感器、电子控制装置、串联式油泵、阻尼阀和减振器等组成。图 12.5 所示为一奔驰轿车装配的自适应阻尼控制的悬架系统(ADS)，下面以此为例进行说明。

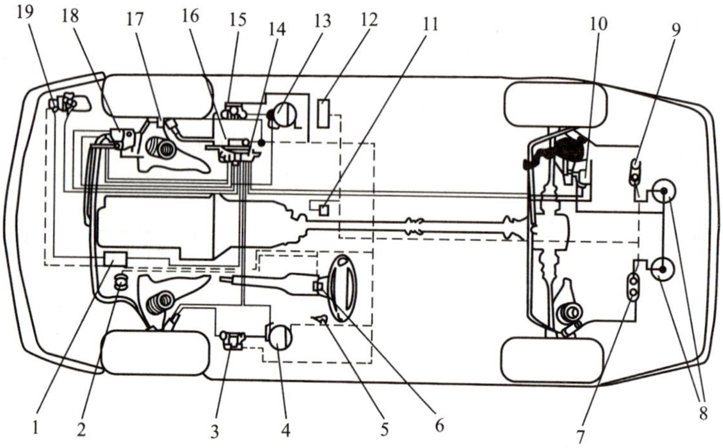

图 12.5 自适应阻尼控制系统

1—串联式油泵；2—车身加速度传感器；3—左前侧阻尼阀；4—左前侧压力储压器；5—ADS 指示灯；6—转角传感器；7—左后侧阻尼阀；8—后侧压力储压器；9—右后侧阻尼阀；10—后轴水平控制阀；11—ADS 模式选择开关；12—ADS 电子控制装置；13—右前侧压力储压器；14、15—右前侧阻尼阀；16—阀体；17—悬架加速传感器；18—前轴水平控制阀；19—油平面开关

传感器：传感器的作用是检测汽车车轮和车身的垂直加速度、车速(使用 ABS 车速传感器)、转向盘转角和汽车负荷等信息，并输入电子控制装置，电子控制装置分析处理传感器输入信号，确定出汽车在一定行驶条件下所需的最佳减振器阻尼力，然后向电磁阀发出控制信号以调节减振器的阻尼力。

电子控制装置：ADS 电子控制装置(ECU)是一控制整个系统的微型计算机。使用预先编好的程序对传感器的输入信号进行计算，计算结果与存储在计算机内的数据进行比较，并立刻向各阻尼阀发出控制指令。ADS 的 ECU 接收来自 ABS 电子控制装置的车速信号，ABS 车速传感器位于汽车左前轮。

ECU 的电压来自过电压保护继电器，ECU 与车载诊断装置装在一起，即使电源中断，储存器内存储的系统故障信息也不会丢失。

串联式油泵：油泵用于为系统建立油压，ADS油泵与动力转向油泵组合在一起，形成一个串联式油泵。其中径向活塞泵向车身高度控制系统和ADS系统供油，叶片泵向动力转向系统供油。串联式油泵固定在发动机上并由皮带驱动，两个油泵用一根轴驱动。径向活塞泵的偏心轴与叶片泵的驱动轴通过一销钉连接。超负荷时销钉被切断，从而保证动力转向叶片泵继续工作。

阻尼阀：阻尼阀安装于悬架支柱和储压器之间，并通过液压油管分别与悬架支柱和储压器连接在一起，用于根据控制指令来调节减振器的阻尼力，如图12.6所示。它包括两个电磁阀和两个阻尼活塞，两个电磁阀具有相同的流量，但两个阻尼活塞的节流孔大小不同，通过转换电磁阀为ON或OFF，油液流经不同硬度的弹簧盘和不同大小的油道，弹簧盘越硬，减振器的阻尼越大。如果ADS系统不工作，电磁阀则没有电流，在弹簧作用下保持关闭状态，使油液流经两个阻尼活塞，减振器阻尼力为最大。

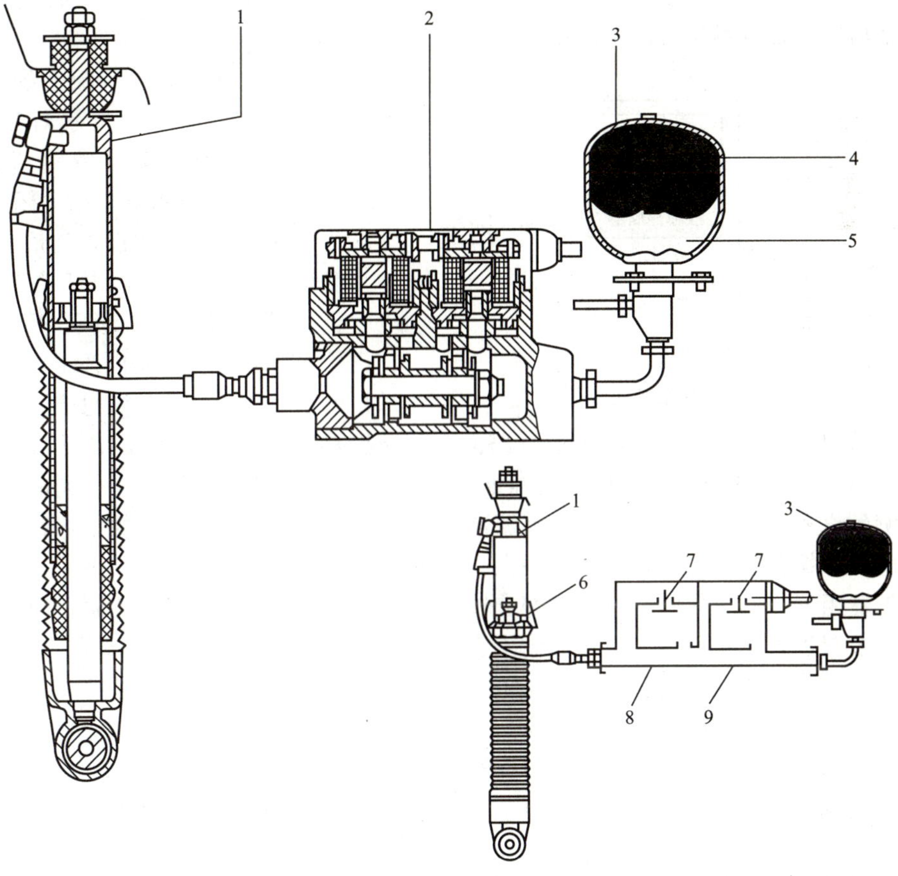

图12.6 悬架支柱、阻尼阀及压力储压器

1—悬架支柱；2—阻尼阀；3—储压器；4—氮气腔；5—油腔；
6—活塞；7—电磁阀；8、9—阻尼活塞

减振器：减振器装于汽车悬架支柱中，油液的阻尼作用实际上是产生在一独立电磁阀内，电磁阀用一高压油管与悬架支柱连接，专用减振器不能与早期车型上的减振器互换。

储油罐：塑料储油罐位于发动机室右前方，储油罐的油尺上有 MAX 和 MIN 标记，用于检查油平面，当储油罐油平面不足时，ADS 电子控制装置可通过储油罐上的开关来判断，并显示在 ADS 指示灯上。

2）自适应阻尼控制系统(ADS)的工作原理

前后悬架的承载件包括螺旋弹簧、蓄压器和减振器。蓄压器为圆形，由一膜片分成上下两腔，上腔为高压氮气腔，下腔为高压油腔。减振器及蓄压器内的油压，随着汽车负荷和悬架的压缩或伸张而变化，这样，油压作用在膜片上使上腔内的氮气压力也随汽车和悬架的压缩或伸张而变化。

通过增加或减少悬架支柱中的油液量，使悬架支柱伸长或压缩，从而达到车身的上升或下降的目的，由于前悬架支柱同时还具有车轮导向作用，所以支柱油封承受较高负荷，支柱油封分为低压油封和高压油封两种，从高压油封泄漏的油液通过一小回油管道流回油箱。

自适应阻尼控制系统(ADS)的工作原理如图 12.7 所示。

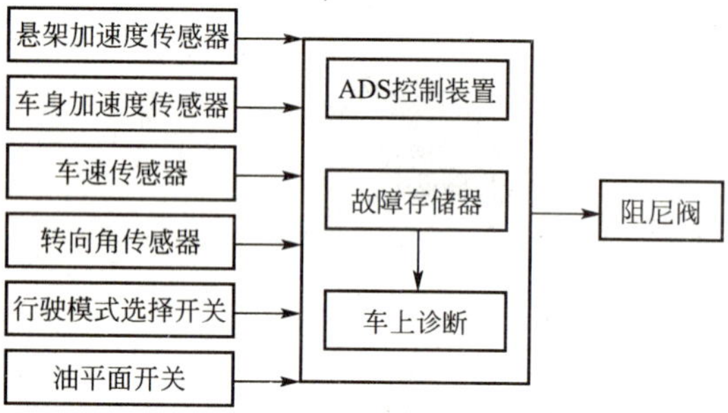

图 12.7　ADS 系统工作图

打开点火开关，仪表板上的 ADS 指示灯亮，发动机启动后指示灯熄灭。如果系统出现电路故障，发动机运转时 ADS 指示灯就亮，同时自动关闭 ADS 系统，并将减振器阻尼力设置为最大。

驾驶员可通过一控制开关来选择系统运行模式：舒适(COMFORT)或运动(SPORT)。在运动(SPORT)运行模式时，仪表板上的红色指示灯亮。

正常情况下，汽车直线行驶于平直路面时，减振器阻尼力设置为软(S0FT)，当遇到不平路面时，ADS 系统自动提高减振器的阻尼力，使汽车的上下颠簸减小到最低；当传感器检测到汽车转弯或避障行驶时，减振器阻尼力也增加，以保持车身的平稳；当系统出现故障时，减振器阻尼力将自动变为最大，从而保证汽车的安全行驶。

减振器阻尼力的变化由一位于悬架支柱和压力蓄压器之间的阻尼阀控制，阻尼阀又由电子控制装置进行控制。每个阻尼阀含有两个电磁阀，根据两个电磁阀不同的开闭组合，使减振器阻尼力可以在 4 个不同的值之间进行切换：硬(FIRM)、正常(NORMAL)、软(SOFT)和舒适(COMFORT)。当汽车行驶状态突然变化时(如汽车避障行驶)，可使减振器的阻尼力迅速切换为最理想的阻尼力设置。

为检测汽车水平加速度，ADS 电子控制装置根据车速信号(来自 ABS 车速传感器)计算出汽车的加速度或减速度，根据车速及转向盘转角信号计算出汽车的横向加速度(横向力)。根据计算出的加速度，ADS 电子控制装置实时向各轴上的阻尼阀发出控制信号，以调节减振器的阻尼力。ADS 电子控制装置可分别独立控制各车轴的阻尼阀。

突然加速、紧急制动或汽车负荷增加时，减振器的阻尼力也被调节为合适的值。系统运行过程中，电子控制装置(ECU)控制整个系统的同时还不断检查系统各项功能，将检查到的故障存储于一存储器内，如果系统故障影响了汽车的安全行驶，系统将自动关闭并把故障显示在仪表板显示器上，此时全部 4 个车轮减振器阻尼力都转换为最大。此时系统的非正常工作将显示给驾驶员。

12.1.3 电子控制系统

电控悬架的电子控制系统主要由传感器、电子控制装置、悬架控制系统执行机构组成。

1. 传感器

1）车速传感器

车速信号是电子控制悬架系统的主要控制信号，汽车车身倾斜程度取决于车速和汽车转向半径的大小，通过检测车速可提高汽车行驶的安全性。车辆使用主要车速传感器包括舌簧开关式车速传感器、磁阻组件式车速传感器和光电式车速传感器。

2）转角传感器

转角传感器用于检测转向盘的中间位置、转向动力、转动角度和转动速度，也是电子控制悬架系统的主要控制信号。在电子控制悬架工作中，电子控制装置根据车速传感器信号和转角传感器信号，判断汽车转向时侧向力的大小，以控制车身的倾斜。转向盘转角传感器用于检测汽车转向轮的偏角及偏转方向。

图 12.8 所示是一典型的光电式转角传感器的安装位置和结构图。

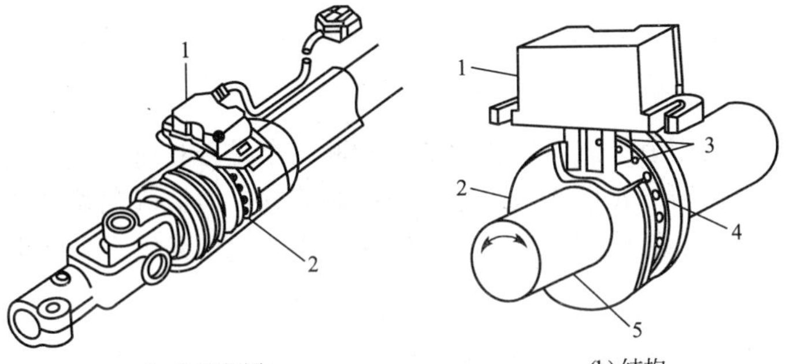

(a) 安装位置　　(b) 结构

图 12.8　转向盘转角传感器的安装位置和结构

1—转角传感器；2—传感器圆盘；3—遮光器；4—窄缝；5—转向轴

在压入转向轴的圆盘中间，装有带窄缝的窄缝圆盘，传感器的遮光器(由发光二极管和光敏三极管组成)以两个为一组，从上面套装在窄缝圆盘上。窄缝圆盘上等距离排列着窄缝，窄缝圆盘随转向轴转动时，两个遮光器的输出端即可进行 ON、OFF 变换。

光电式转向传感器的工作原理可参照第 8 章相应内容，不再重复。

3）加速度传感器

在车轮打滑时不能以转向角和汽车车速正确判断车身倾向力的大小。为直接测出车身横向加速度和纵向加速度，有时用加速度传感器。

图 12.9 所示为一差动变压器式加速度传感器的结构图。

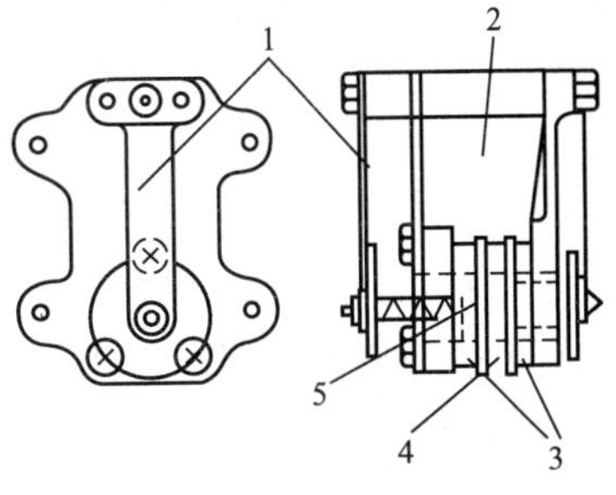

图 12.9　差动变压器式加速度传感器的结构

1—弹簧；2—封入硅油；3—检测线圈；4—激磁线圈；5—芯杆

图 12.10 所示为该差动变压器式加速度传感器工作原理图。激磁线圈(1 次线圈)通以交流电，当汽车转弯(或加、减速)行驶时，芯杆在汽车横向力(或纵向力)的作用下产生位移，随着芯杆位置的变化，检测线圈(2 次线圈)的输出电压发生变化，所以，检测线圈(2 次线圈)的输出电压与汽车横向力(或纵向力)一一对应，反应了汽车横向力(或纵向力)的大小，悬架系统电子控制装置根据此信号即可正确判断汽车横向力(或纵向力)的大小，对汽车车身姿势进行控制。

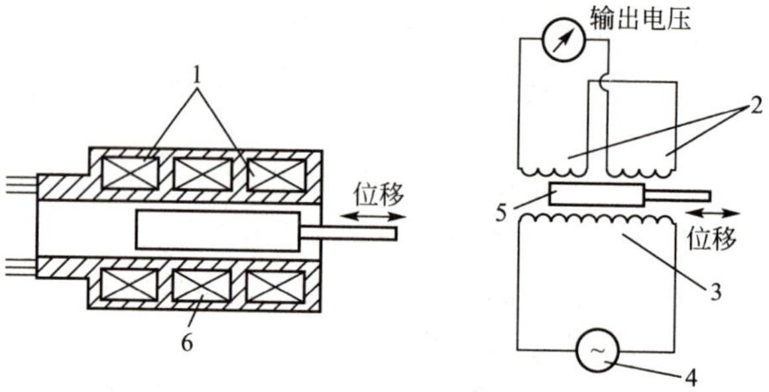

图 12.10　差动变压器式加速度传感器工作原理

1、2—2 次线圈；3、6—1 次线圈；4—电源；5—芯杆

4) 节气门位置传感器

悬架控制系统中利用节气门位置传感器来判断汽车是否在进行急加速。在悬架系统中上述其他传感器都是将信号直接输入悬架电子控制装置，但节气门位置传感器信号则是输入发动机电子控制装置，然后发动机电子控制装置再将此信号输入悬架电子控制装置。

2. 电子控制装置

电子控制装置的组成及功能如下。

(1) 稳压电源。向控制装置内部电路和各种传感器供电。

(2) 传感器信号放大。用接口电路将输入信号(如传感器信号、开关信号)中的干扰信号除去，然后放大、变换极值、比较极值，变为适合输入控制装置的信号。

(3) 输入信号的计算。电子控制装置根据预先写入只读存储器中的程序对各输入信号进行计算，并将计算结果与内存的数据进行比较后向执行机构(电机、电磁阀、继电器等)发出控制信号。输入控制装置的信号除了开/关信号外还有电压值时，还应进行 A/D 转换。

(4) 输出驱动电路。通过输出驱动电路将输出驱动信号放大，然后输送到各执行机构，如电机、电磁阀、继电器等，以实现对汽车悬架参数的控制。

(5) 故障检测电路。检测传感器、执行器、线路等的故障，并存储和显示故障信息，供维修诊断用。

电控悬架的控制过程是：预先将电子控制装置的控制程序写入只读存储器 ROM，悬架控制过程中，按控制程序规定的顺序进行计算、分析、比较。系统启动后，首先对控制装置内部存储器 RAM、执行机构进行初始化，然后读取各种传感器输入信号和各种开关信号，根据驾驶员所选择的系统控制模式，对输入信号进行计算、分析，并发出控制信号进行汽车行驶姿势控制，然后再读取各种输入信号，如此反复循环。

电子控制装置对信号的处理速度快于汽车的运动，以微秒级进行一次运算，所以，完全可以按照以上顺序进行处理。

3. 悬架控制系统执行机构

1）用于减振器阻尼力变换的执行器

用于减振器阻尼力变换的执行器，通过转动减振器控制杆来改变减振器的阻尼力。

执行器一般采用步进电机进行驱动，图 12.11 为一种内装式电磁执行器。它装于减振器上部，外侧装有固定的永久磁铁，当对中间的电磁线圈通电时，在电磁力的作用下电磁线圈带动输出轴转动，输出轴又带动减振器控制杆转动，电磁线圈两侧装有挡块，以确定电磁线圈的角度，通电一定时间后，借助于定位弹簧保持电磁线圈的位置。

有的减振器是在内部由直流电机、齿轮、旋转位置检测器构成的执行器。

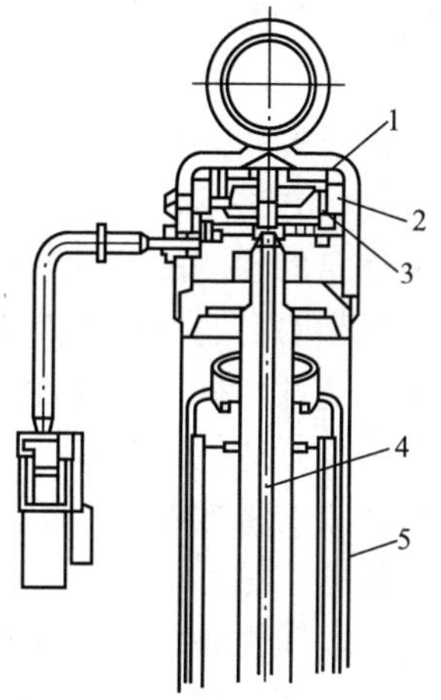

图 12.11 内装式电磁执行器

1—电磁执行器；2—永久磁铁；3—电磁线圈；4—控制杆；5—减振器

2）空气弹簧用控制阀

图 12.12 为一种空气弹簧用控制车身高度的控制阀，它由芯杆、电磁线圈和柱塞等组成。当电磁线圈通电，在电磁力的作用下芯杆推动柱塞移动，关闭空气通路，形成 ON/OFF 动作。

3）油气弹簧用压力阀

图 12.13 为一种油气弹簧用压力阀，当电磁线圈通以电流时，电磁线圈产生正比于此电流的电磁力，电磁力推动阀杆移动，当阀杆的推力与输出压力相等时阀杆停止移动，这样，可以产生与电流大小成正比的油压力。

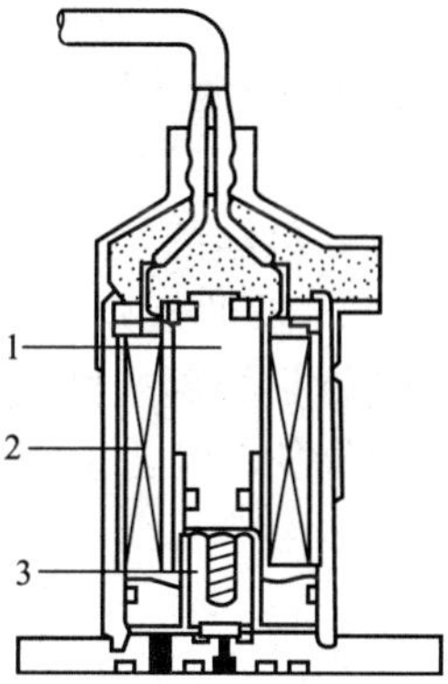

图 12.12 空气弹簧用车身高度控制阀

1—芯杆；2—线圈；3—柱塞

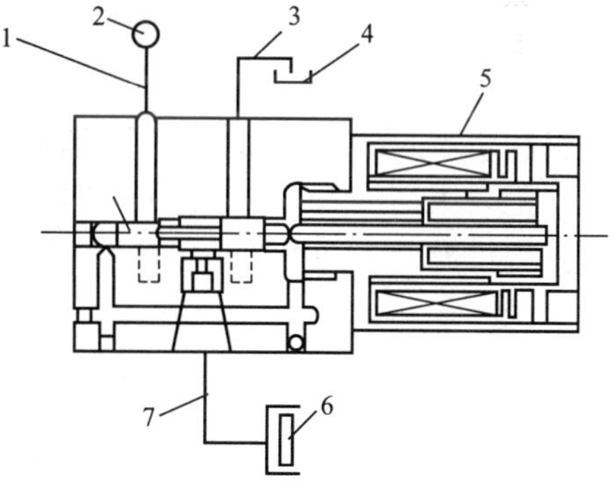

图 12.13 直动型比例电磁减压阀(油气弹簧用)

1—进油管；2—油泵；3—回油管；4—油箱；5—电磁线圈；6—活塞；7—出油管

12.1.4 电子控制悬架的控制方法

目前，电控悬架的控制方法很多，主要有多工况综合控制、最优控制、预测控制、自适应控制、鲁棒控制、变结构控制、模糊控制等几种方法。

多工况综合控制方法，应用经典反馈控制理论，主要是使汽车的行驶性能在加速工况、制动工况、转向工况以及换挡等工况下得到优化。多工况综合控制方法因其易于实现而具有实际应用意义。

最优控制方法，应用现代反馈控制理论建立系统的状态方程，同时提出控制目标以及加权系数，进而找到最优控制方案。包括全状态反馈最优控制及部分状态反馈最优控制。其中全状态反馈最优控制方法，由于所需的车身绝对位移等控制变量难以获得，因而应用起来比较困难。而部分状态反馈最优控制方法根据那些易于测量的部分状态信号估计出所需的全部状态，因此比较实用。

预测控制方法，通过对车辆前方道路状况的提前检测，使系统可以提前进行操作。避免了由于控制元件以及执行元件的响应滞后而带来的不良后果，提高了车辆系统的性能。预测控制方法不仅可以减少对能量的需求，而且也能改善行驶性能。但这种理论是基于对未来信息的预测的基础上的，故所需要的相关元件较多，造价较高。

悬架的自适应性主要表现在两个方面，首先，悬架能够针对不同的路面输入自动地在乘坐舒适性与操纵稳定性之间进行取舍，即在好路面下强调操纵稳定性，而在坏路面上则强调乘坐舒适性；其次，悬架能够针对不同的车辆参数做出反应，并自动进行调整，使控制器在新的参数配置下仍然能够达到性能最优。

在悬架中，应用鲁棒控制是为使其在任何工况下都能够性能稳定。悬架系统本质上属于一个非线性系统，而在控制器的设计中，往往将其简化为一个线性系统。汽车实际运行在一个多变且相对恶劣的环境中，由于噪声干扰、系统建模误差、车辆参数多变等原因，原本在理论仿真和正常条件下控制性能良好的控制器就很可能出现失稳的情况，鲁棒控制很好地解决了这个问题。但因为它主要考虑的是控制器的稳定性，在稳定性的前提下寻找满意解，也就是说以性能换稳定，这种设计思想偏重于保守。

变结构控制是一种控制系统的综合方法，是通过切换函数来实现的。当系统的状态变量所决定的切换函数值随着系统的运动达到某一特定值时，控制系统就由一种结构转变为另一种结构。变结构控制的一大优点是其滑动模态对加给系统的干扰和振动具有完全的自适应性。

模糊控制是对人脑所具有的模糊推理机能的模拟。它应用模糊数学的知识，模拟人的思维方法，把人用自然语言描述的控制策略改造成模糊控制规则，按此规则确定控制量，并对控制量进行模糊解，得到精确的控制值。模糊控制中，关键就是控制规则的确定，它是许多专家经验和知识的结合。近几年，对模糊控制的研究非常多，但真正实用的却非常少。

12.2 汽车空调系统

空调系统的设置是为了使车内乘员能有良好的温湿度环境，它起着控制温度、湿度以及使新鲜空气循环的作用。以使乘员感到舒适，使驾驶员头脑清醒，便于行车安全。

汽车空调系统的组成与功能如下。

(1) 制冷系统：对车内空气或由外部进入车内的新鲜空气进行冷却或除湿，使车内空气变得凉爽舒适。

(2) 暖风装置：主要用于取暖，对车内空气或由外部进入车内的新鲜空气进行加热，达到取暖、除湿的目的。

(3) 通风装置：将外部新鲜空气吸进车内，起通风和换气作用。同时，通风对防止风窗玻璃起雾也起着良好作用。

(4) 空气净化装置：除去车内空气中的尘埃、臭味、烟气及有毒气体，使车内空气变得清洁。

(5) 控制系统：控制空调系统的工作。

12.2.1 制冷系统

汽车空调的制冷系统由压缩机、冷凝器、储气干燥器、膨胀阀、蒸发器等组成。图 12.14所示为汽车空调制冷系统结构示意图，图 12.15 所示为其冷却循环示意图。

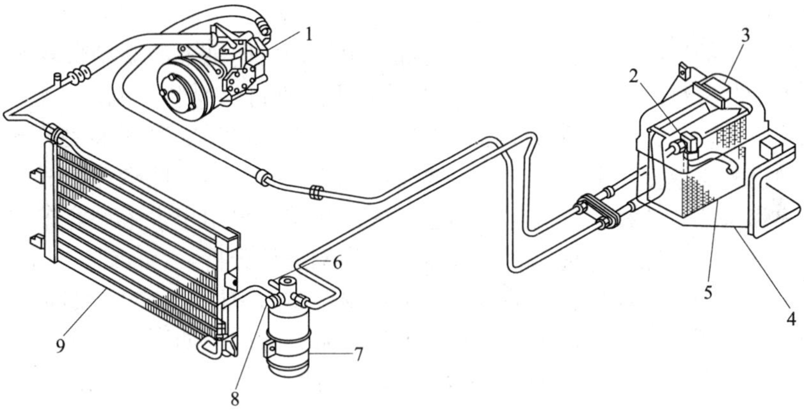

图 12.14 制冷循环系统

1—压缩机；2—膨胀阀；3—热控开关；4—冷却单元；5—蒸发器；
6—高压阀；7—储气干燥器；8—低压开关；9—冷凝器

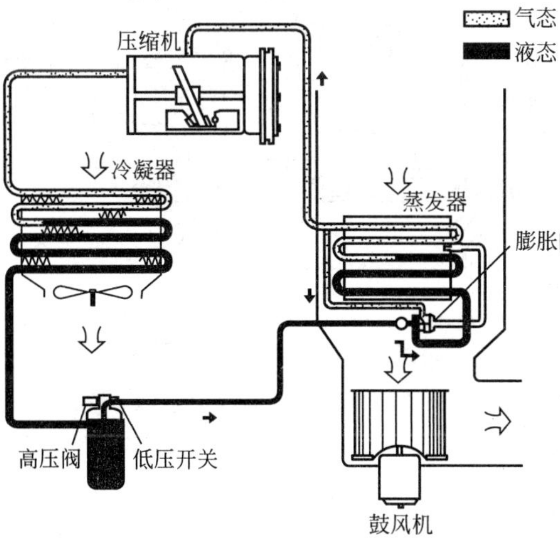

图 12.15 制冷剂在循环中的 4 个过程

制冷剂在系统中的循环分为4个阶段，即压缩过程、冷凝过程、膨胀过程和蒸发过程。

其基本原理如下。

压缩机吸入蒸发器中吸收热量后的低压(147kPa)低温(0℃)制冷剂气体，并把其压缩成高压(1471MPa)、高温(70～80℃)的气体后送入冷凝器。进入冷凝器的高温高压制冷剂气体，与环境空气进行热交换，放出热量。当气体的温度降至40～50℃时，便开始凝集成液态。高压的制冷剂液体流经膨胀阀，膨胀阀有节流作用，它使制冷剂液体变为低压(147kPa)、低温(－5℃)的雾状。节流后的低压、低温制冷剂进入蒸发器中吸收车内热量而蒸发。在蒸发器出口处冷冻剂气体的温度大约为5℃(注意：在实际冷却循环中，冷却剂的温度和压力要受到外界气温、风速等条件的影响)。如果压缩机不停的运转，上述4个过程则不断地循环，完成制冷系统的制冷循环。

1. 压缩机

汽车空调系统的压缩机安装在发动机前部，由发动机曲轴上的驱动带轮经传动带驱动旋转。压缩机是制冷循环系统的动力源，其功用是驱动制冷剂循环流动，将低温(0℃)低压(约150kPa)的气态制冷剂压缩成高温(65℃)高压(约1300kPa)的气态制冷剂。

空调压缩机种类繁多，形式各异，主要有斜盘式(翘板式)、曲柄连杆式、转子式、叶片式、螺杆式和涡旋式6种。目前，曲柄连杆式压缩机主要用于大中型客车空调系统，小轿车普遍采用斜盘式压缩机。现以斜盘式压缩机为例进行分析。

斜盘式压缩机又称为翘板式压缩机。各型斜盘式压缩机的结构大同小异，桑塔纳2000GSi型轿车空调系统用SE5H－14型斜盘式压缩机的结构如图12.16所示，主要由电磁离合器、旋转斜盘、带锥齿轮的行星盘、气缸与活塞、吸气阀片与排气阀片以及缸体(壳体)等组成。

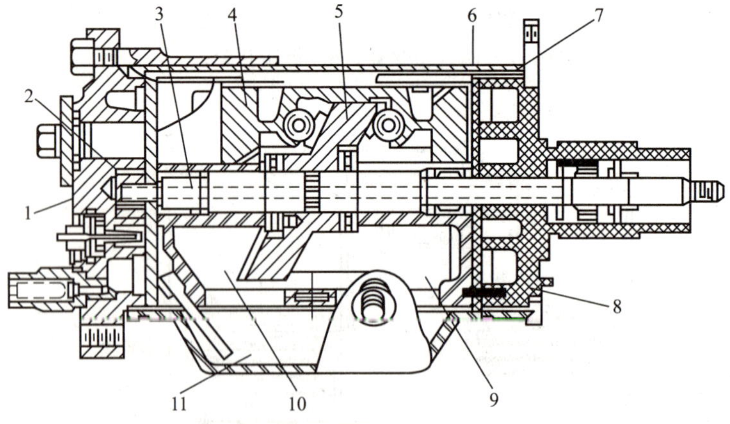

图12.16　斜盘式压缩机结构

1—后盖；2—冷冻机油泵齿轮；3—主轴；4—活塞；5—旋转斜盘；6—吸气阀；7—前排气阀；8—前盖；9—前缸半部；10—后缸半部；11—油底壳

1) 压缩机结构

斜盘又称为传动板，与压缩机轴压装成一体，并随压缩机轴一起旋转。带有锥齿轮的行星盘又称为翘板，行星盘与斜盘之间通过推力轴承传递动力。由于斜盘制作成楔形形状，因此当压缩机轴旋转时，斜盘就会驱动行星盘摆动，即行星盘一边向后移动时，相对的另一边就会向前移动，并通过球形万向节驱动活塞前后往复运动。因为行星盘摆动时，一边升高则另一边降低，所以斜盘式压缩机又称为翘板式压缩机。

气缸与活塞(一般配置 3～5 只)以压缩机轴为中心，均匀分布在压缩机壳体(即缸体)内部的径向圆周上，活塞的运动方向与压缩机轴平行。活塞与行星盘之间用连杆连接，行星盘与连杆之间、连杆与活塞之间，均采用球形万向节连接，其目的是保证斜盘驱动行星盘摆动时，活塞的轴向运动不会受到干涉。行星盘中央压装有锥齿轮，该锥齿轮与固定锥齿轮之间采用钢球支承与定位，其目的是使行星盘只能以钢球为中心沿压缩机轴线方向摆动，而不能绕压缩机轴转动。

在压缩机后端盖一端设有吸气阀片、排气阀片和阀板，以便制冷剂进入或排出压缩机。阀板夹在吸气阀片与排气阀片之间，吸气阀片靠近活塞一侧，以便吸入制冷剂，排气阀片靠近后端盖一侧，以便排出制冷剂。每个气缸都设有一个吸气孔和一个排气孔，各个气缸的吸气孔均与吸气腔和制冷剂进口接头相连，各个气缸的排气孔均与排气腔和制冷剂出口接头相连。

2）电磁离合器

电磁离合器的功用是根据需要接通或切断发动机与压缩机之间的动力传递。电磁离合器一般安装在压缩机前端并作为压缩机总成的一部分，主要由电磁线圈、驱动带轮、压盘、轴承等零部件组成，其结构如图 12.17 所示。

驱动带轮由发动机曲轴前端的驱动带轮通过一根 V 形传动带或多槽传动带驱动旋转，压盘一般用 3 只片簧与压盘轮毂相连接，压盘轮用一只平键与压缩机前端伸出的轴相连接，电磁线圈固定在驱动带轮内的压缩机驱动端盖上。

当电磁线圈电路尚未接通时，压盘与驱动带轮之间在 3 只片簧的弹力作用下保持分离状态，此时压盘与驱动带轮外端面之间保持有一定的间隙(约 0.4～1.0mm)，因此驱动带轮在曲轴的带动下空转，压缩机不工作。当电磁线圈电路通电时，在驱动带轮外端产生很强的电磁吸力，将压盘紧紧地吸合在驱动带轮端面上(故压盘又称为吸盘)，驱动带轮便通过压盘带动压缩机轴一起转动，从而使压缩机进入工作状态。

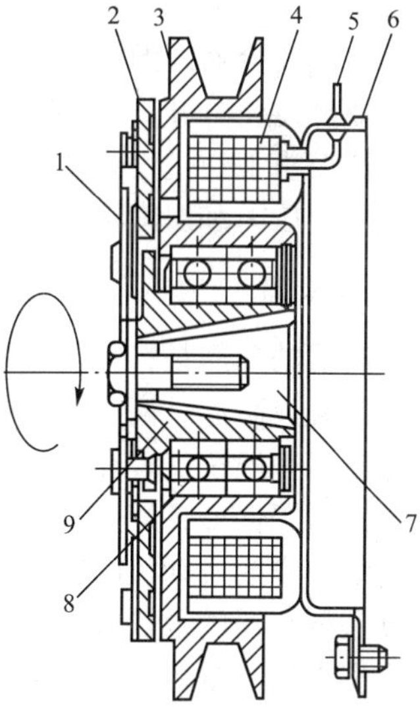

图 12.17　电磁离合器结构

1—片簧；2—压盘；3—带轮；
4—电磁线圈；5—电磁线圈电极引线；
6—压缩机驱动端盖；7—压缩机轴；
8—滚子轴承；9—压盘轮毂

3）压缩机的工作过程

汽车空调压缩机与发动机之间的动力联系均采用电磁离合器进行控制，压缩机与电磁离合器的工作情况如图 12.18所示。

空调电磁离合器受空调 A/C 开关、温度控制器和压力开关等部件的控制。当电磁离合器线圈电路未接通时，发动机曲轴通过传动带驱动压缩机驱动带轮空转。

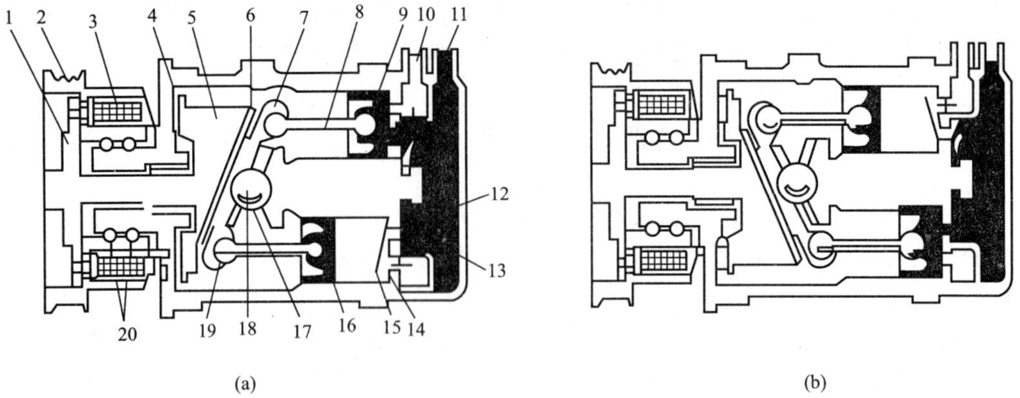

图 12.18　空调压缩机工作过程示意图

1—压盘；2—驱动带轮；3—电磁线圈；4—推力轴承；5—斜盘；6—推力轴承；7—行星盘；8—连杆；9—活塞；10—吸气接头；11—排气接头；12—阀片限位板；13—排气阀片；14—阀板；15—吸气阀片；16—球形万向节；17—固定锥齿轮；18—定位钢球；19—球形万向节；20—滚子轴承

当斜盘旋转时，就会通过推力轴承驱动行星盘沿轴向往复摇摆运动，从而带动活塞往复运动使制冷剂循环流动。当活塞左移使气缸内的压力低于吸气腔的压力时，图 12.18(a)下面一个活塞和图 12.18(b)上面一个活塞所示，该气缸的吸气阀片被吸开，吸气腔内的低温低压气态制冷剂由吸气孔进入该气缸。当斜盘转过一定角度，活塞右移使气缸内的压力高于排气腔的压力时，图 12.18(a)下面一个活塞和图 12.18(b)上面一个活塞所示，该气缸的排气阀片被压开，活塞将气缸内的气态制冷剂压缩成高温高压气态制冷剂从排气孔进入排气腔，并经高压管路送往冷凝器冷却。

与电磁离合器线圈电路切断时，线圈电流和电磁吸力消失，压盘在片簧弹力作用下与压缩机驱动带轮分开，曲轴带动压缩机驱动带轮空转，压缩机停止工作，制冷循环停止。

在压缩机工作过程中，活塞和气缸壁等运动部件的润滑主要依靠随制冷剂一起循环并在吸气腔因压力和温度降低而析出的冷冻机油进行润滑。

2. 冷凝器

冷凝器的功用是将空调压缩机送来的高温、高压气态制冷剂中的热量散发到车外，使制冷剂冷凝成高温、高压液体再进入储液干燥器。

冷凝器一般都安装在汽车发动机冷却液散热器的后面，以利车辆行驶中的迎面来风冷却散热。为了保证良好的散热效果和提高制冷能力，在冷凝器前面还安装有电控风扇。当空调系统工作或发动机的冷却液温度上升到一定值时，温控开关自动接通风扇电路，增强冷凝器和散热器的散热效果。

汽车常用冷凝器一般有管片式和管带式。

管片式冷凝器由铝质或者铜质圆管套上铝质散热片组成，如图 12.19 所示。片与管组装后经胀管处理，使散热片与圆管紧密接触，成为冷凝器总成。这种冷凝器结构简单，加工方便，但散热效率差。

管带式冷凝器由多孔扁管与 S 型散热片焊接而成，如图 12.20 所示。这种散热器加工工艺较复杂，但散热效率较高。

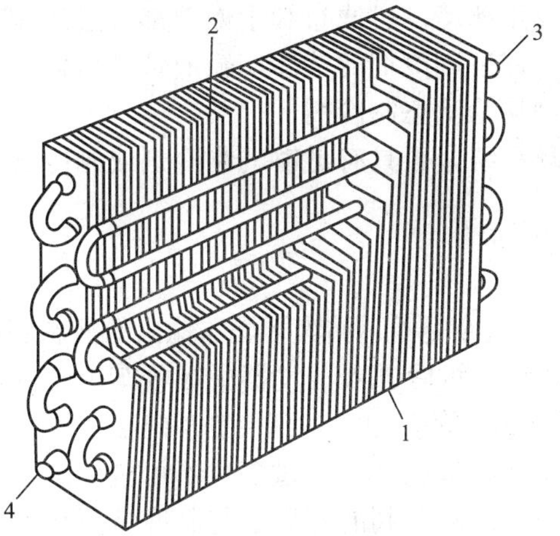

图 12.19 管片式冷凝器

1—散热片；2—圆管；3—进口；4—出口

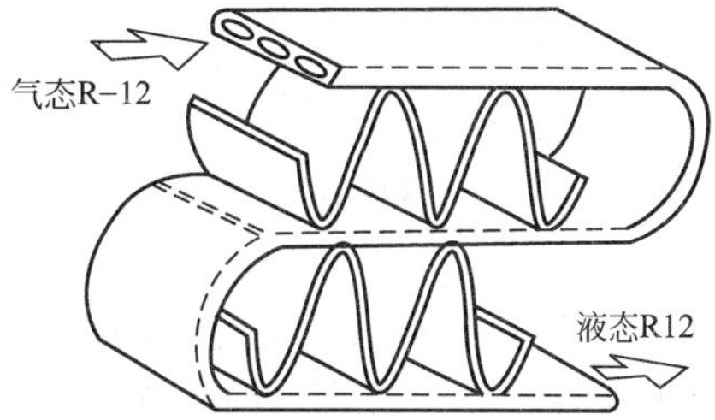

图 12.20 管带式冷凝器

冷凝器安装时，从压缩机输来的气态冷冻剂一定要从冷凝器上端入口进入，从冷凝器下端出口输出。若装错会导致制冷系统压力升高，使冷凝器有胀裂危险。

3. 储液干燥器

储液干燥器又称为储液器，安装在冷凝器与膨胀阀之间，储液干燥器的功用如下。

(1) 制冷剂 R－12 溶水能力很差，若系统内有水分，易在膨胀阀处形成冰结晶，阻止制冷剂的流动。系统中的水分还会与制冷剂 R－12 起化学作用，形成腐蚀性强的盐酸，损坏系统中的钢制零件。因此储液干燥器能吸收系统中制冷剂中的水分。

(2) 制冷系统中进行循环的制冷剂数量随着热负荷的变化而变化，储液干燥器储存制冷剂，随时向循环系统提供所需要的制冷剂，同时补偿系统的微量渗漏。

(3) 储液干燥器中的过滤装置随时清除系统中的杂质、污物，防止其进入制冷剂中而堵塞膨胀阀。

储液干燥器的结构如图 12.21 所示，主要由用于除去异物的滤网，从制冷剂中吸收水分的干燥剂，储存制冷剂的储液罐，观察制冷剂量的目镜，保护系统不在异常高温高压下爆炸、可将制冷剂放出来的高压阀，当高压系统一侧的压力异常低时、停止压缩机工作的低压开关、引出管路等组成。

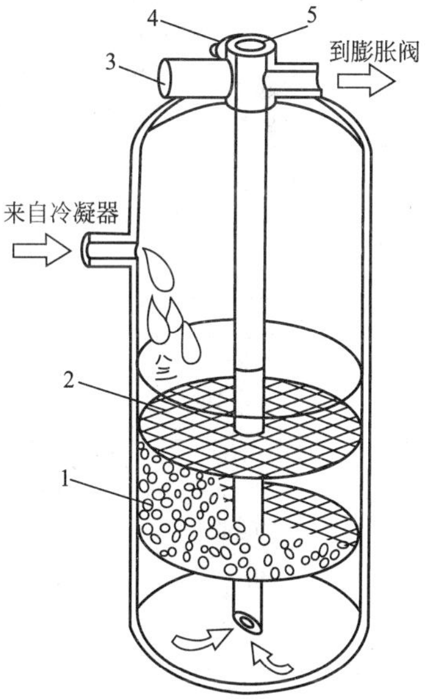

图 12.21 储液干燥器

1—干燥剂；2—滤网；3—高压阀；4—低压开关；5—目镜

来自冷凝器的液态制冷剂先进入储液罐，经滤网过滤、干燥剂吸湿后，再经引出管、目镜流出储液罐。储液罐用于临时性储存一些制冷剂。当蒸发器制冷负荷变化或制冷系统有微量泄漏时，及时向制冷系统补充制冷剂，保证制冷循环连续稳定地进行，同时它还可起到气液分离的作用。

干燥剂是一种能从气体或液体中去掉潮气的固体物

质。用以吸收制冷剂中的水分，防止制冷系统发生冰堵。过滤布和干燥剂都可过滤制冷剂中的杂质以及气缸与活塞磨损产生的金属颗粒，保证制冷剂的洁净。输液管管口伸入到储液罐底部，确保从储液罐输送到膨胀阀的制冷剂均为液态制冷剂。

观察孔设在储液器顶部，用以观察制冷循环系统是否具有足够的制冷剂或制冷剂中是否含有水分。

4. 膨胀阀

膨胀阀安装于蒸发器的入口上，它的功用是将从冷凝器、储液干燥器输出的液态制冷剂经膨胀阀节流后，急剧膨胀降压降温为低压湿蒸气，然后进入蒸发器中吸收车内空气的热量。另外，膨胀阀还可以根据制冷负荷自动调节制冷剂的流量，达到控制车内温度的目的。

进入蒸发器的制冷剂数量要与制冷负荷的变化相适应，不可过多也不可过少。这就要求膨胀阀的开启度要适当，调节减压的大小要适当。膨胀阀的开启度与制冷负荷相比过大时，蒸发器中液体制冷剂的量就会过多，会降低蒸发器热交换性能，还会使制冷剂液体进入压缩机气缸中，造成制冷剂液体冲缸故障。膨胀阀开启度与制冷负荷相比过小时，又会使制冷剂量不足，使制冷剂液体在进入蒸发器管内流动的途中就已经蒸发完，在此之后的蒸发管中就没有可供蒸发的制冷剂，只有蒸气被过热，从而使车内温度升高。

膨胀阀主要由阀体、膜片、推力杆、球阀、调节弹簧、毛细管和感温包等组成。按平衡方式不同，膨胀阀分为内平衡式膨胀阀和外平衡式膨胀阀两种。

1）内平衡式膨胀阀

如图 12.22 所示，当蒸发器出口温度增加，感温包即可感知包内和毛细管内的气体膨胀，推动膨胀阀中的膜片向下移动，推动推力杆、球阀克服弹簧压力，打开阀门，使制冷剂流量增加。离开蒸发器的制冷剂流量增加时，其温度下降，感温包感知后，内部气体收缩，膜片上的压力减小，使阀门关闭。这种形式的膨胀阀结构比较简单，多用于蒸发器出入口压力变化不大的小型空调系统。

2）外平衡式膨胀阀

外平衡式膨胀阀如图 12.23 所示。这种形式的膨胀阀将蒸发器出口处的压力传往膜片，

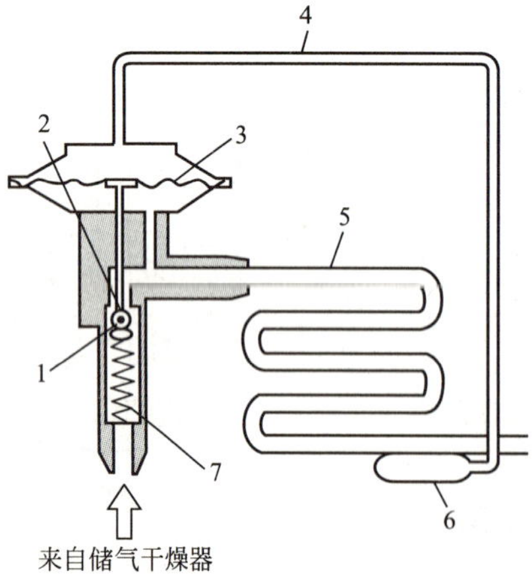

图 12.22　内平衡式膨胀阀

1—球阀；2—针孔；3—膜片；4—毛细管；
5—蒸发器；6—感温包；7—弹簧

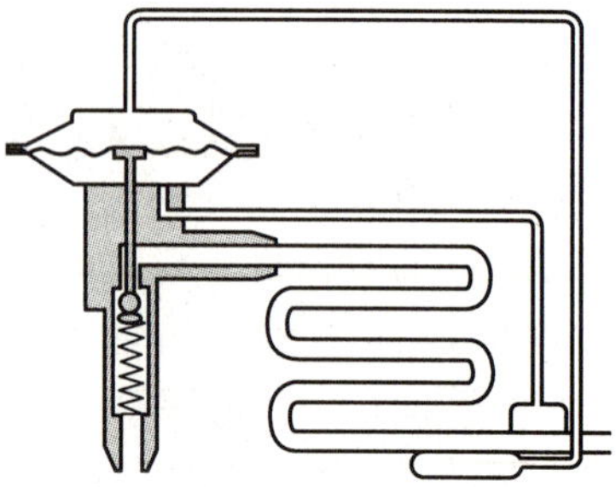

图 12.23　外平衡式膨胀阀

这个地方靠近感温包，阀门的开启度更容易通过空吸作用和压缩机转速的变化进行精确调节。多用于制冷剂在蒸发器中受流动阻力较大的大型空调系统。

外平衡式膨胀阀的开启度取决于感温包的压力 P_1、蒸发器出处的压力 P_2 及弹簧弹力 F3 者共同作用的结果，而压力 P_1、P_2 的大小则取决于制冷剂在蒸发器出口处的温度。因此制冷剂的喷出量受蒸发器出口温度的控制。

外平衡式膨胀阀的工作过程如图 12.24 所示，感温包内的压力 P_1 向下压膜片；蒸发器出口处的压力 P_2 向上压膜片；弹簧力 F 向上推球。

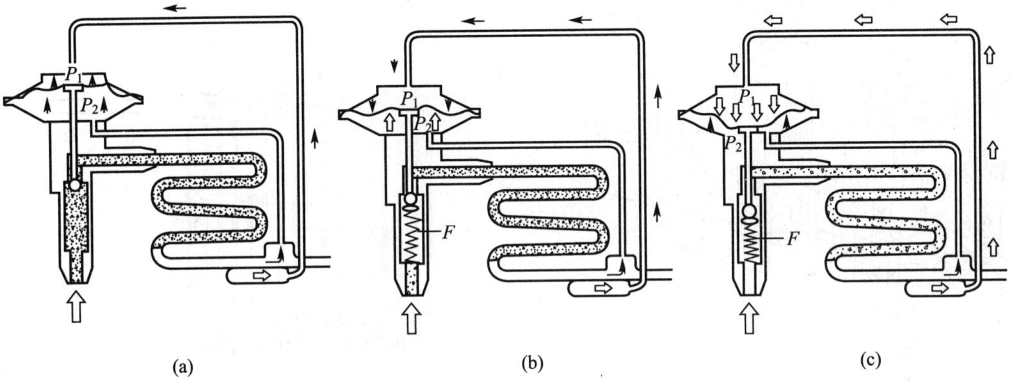

图 12.24　外平衡式膨胀阀工作过程

当压缩机处于停机状态时，蒸发器周围的温度不变，蒸发器出口处的压力等于感温包内的压力，压力呈下列关系：

$$P_1=P_2,\quad P_1<P_2+F \tag{12-1}$$

因而在弹簧力作用下，向上推球将阀关闭，无制冷剂流出，如图 12.24(a)所示。

当压缩机工作时，在感温包内的压力 P_1、蒸发器出口处的压力 P_2、弹簧力 F 的共同作用下球阀处于开启状态。

(1) 当 $P_1=P_2+F$ 时，球阀开度保持一定，制冷剂的流出量为定值。

(2) 室内温度较低，蒸发器的热负荷减少，使得蒸发器出口处温度降低，感温包的温度也降低，使得 $P_1<P_2+F$，球阀开度减小，制冷剂流出量减小，降低了制冷能力，如图 12.24(b)所示。

(3) 室内温度也较高，蒸发器的热负荷增加，制冷剂吸收的热量多，使得蒸发器的出口处温度较高，感温包的温度也较高，使得 $P_1>P_2+F$，球阀开度增大，制冷剂流出量增多，增大了制冷能力，如图 12.24(c)所示。

5. 蒸发器

蒸发器的作用是将由鼓风机吹来的暖气流通过散热器的散热片和管子，从膨胀阀流出的低温低压制冷剂进入蒸发器后，从暖气流中吸收大量的热量而沸腾，转变成制冷剂蒸气。从而使流过散热器的暖气流冷却，达到车内降温的目的，如图 12.25 所示。

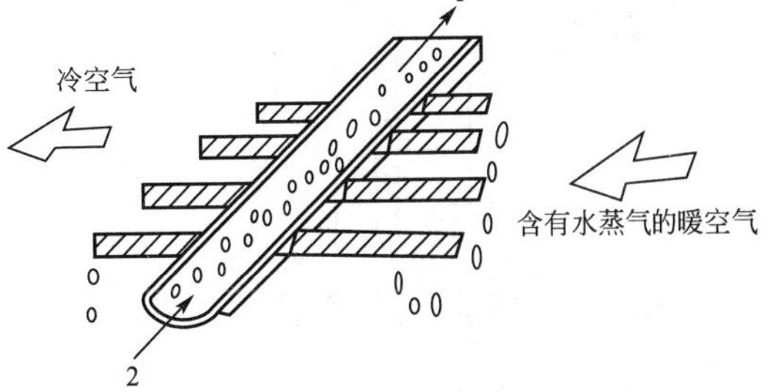

图 12.25　蒸发器的作用

1—蒸发的制冷剂；2—易蒸发的制冷剂

当暖气流流过蒸发器时，其中的水分在散热器上凝结成水滴之后，水及空气中的尘污通过排放口排出车外。

目前采用的蒸发器有管片式、管带式和层叠式 3 种，管片式和管带式蒸发器的基本结构与管片式及管带式冷凝器的基本结构相同。管片式蒸发器如图 12.26 所示，层叠式蒸发器如图 12.27 所示。

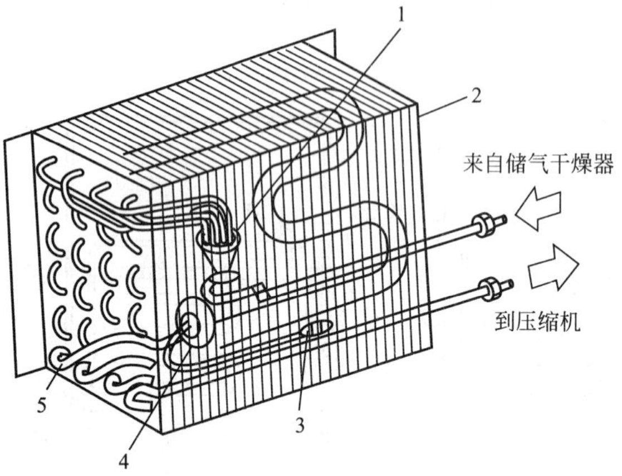

图 12.26 管片式蒸发器

1—分配器；2—散热片；3—测温传感包；
4—膨胀阀；5—管子

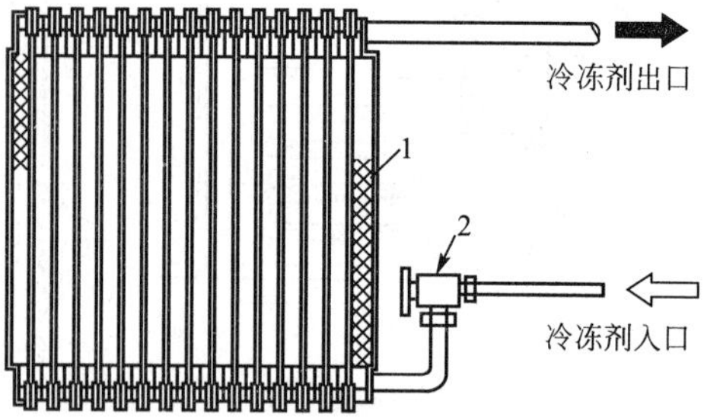

图 12.27 层叠式蒸发器

1—散热片；2—膨胀阀

层叠式蒸发器由多层有序排列的矩形铝制薄板和夹在这些薄板之间的蛇形散热片组成。层叠式蒸发器结构紧凑，散热效率高；通过改变层叠的片数可以改变冷却能力；由于较薄，可以装入较狭窄的地方。

层叠式蒸发器的工作原理如图 12.28 所示。从膨胀阀来的低压雾状制冷剂进入蒸发器底部的管，在那里吸收车内热量，由于热交换很迅速，所以制冷剂很快沸腾蒸发，蒸发产生的气泡向上运动，使上部箱内完全成了汽化了的蒸汽。

某些蒸发器的内部被分割成若干个腔室，制冷剂流过每一个腔室，使热交换效率更高，如图 12.29 所示。

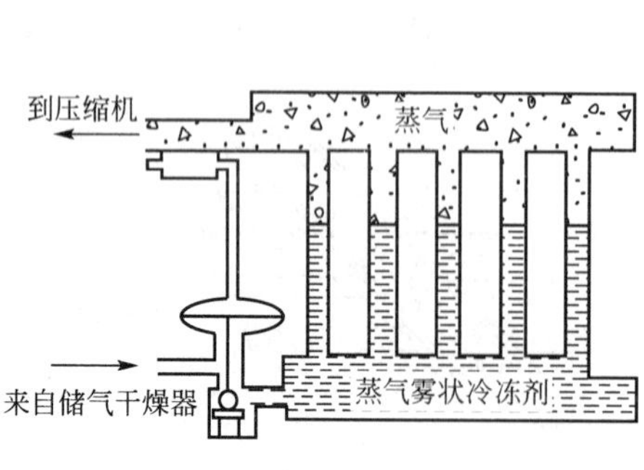

图 12.28 层叠式蒸发器工作原理

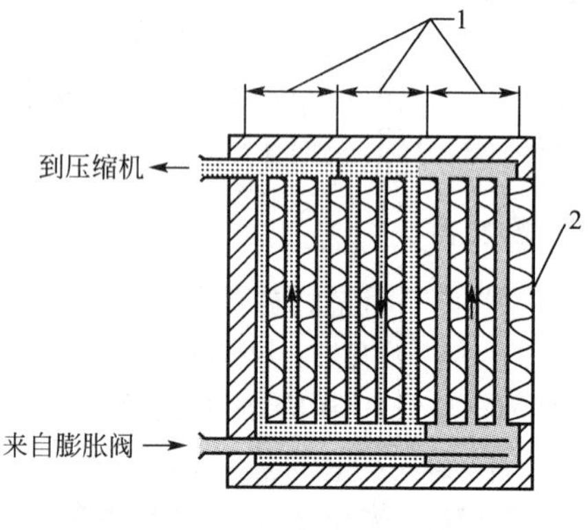

图 12.29 蒸发器内部结构

1—腔室；2—散热片

6. 温度控制器

蒸发器温度控制器简称温控器，又称为恒温器。为了充分发挥蒸发器的最大冷却能力，同时又不致造成蒸发器表面的冷凝水(即除湿水)结冰、结霜而堵塞蒸发器换热片之间的空气通道，蒸发器表面的温度应当控制在1～4℃范围内。温控器的作用就是根据蒸发器表面温度的高低，接通和切断空调压缩机电磁离合器线圈电路，使蒸发器表面温度保持在规定的(一般为1～4℃)范围内。

常用的温控器有波纹管式(如桑塔纳轿车和奥迪100型轿车空调系统采用的温控器)和热敏电阻式两种。

1）波纹管式温度控制器

波纹管式温控器又称为压力式温控器，结构如图12.30所示，主要由感温管、波纹伸缩管、温度调节凸轮、弹簧、触点等组成。在感温管内充有制冷剂饱和液体，一端与温控器内的波纹伸缩管相连通，另一端插入蒸发器吸热片内20～25cm左右。

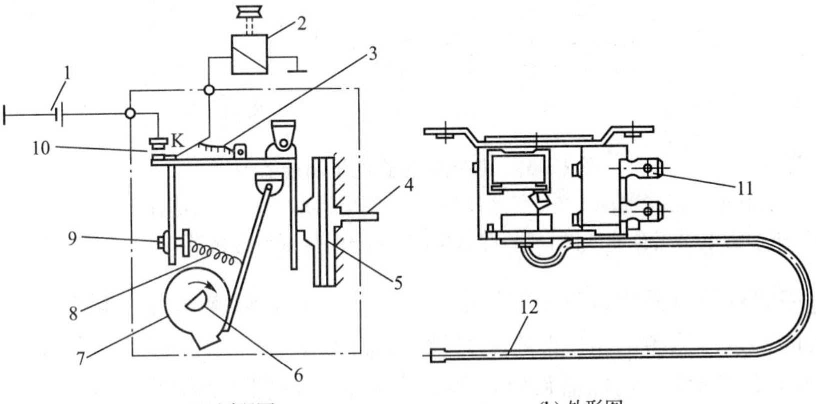

(a) 原理图　　(b) 外形图

图12.30　波纹管式温度控制器

1—蓄电池；2—空调电磁离合器线圈；3—弹簧；4—感温管；5—波纹伸缩管；6—凸轮轴；7—温度调节凸轮；8—弹簧；9—调整螺钉；10—触点；11—接线插头；12—感温管

当蒸发器温度较高时，插在其吸热片内的感温管的温度相应也较高，因此感温管内部制冷剂液体膨胀，压力相应较高而使波纹伸缩管伸长，推动传动杠杆放大机构使触点K闭合，接通电磁离合器线圈电路使压缩机运转制冷，蒸发器温度开始下降，感温管温度随之下降，其内部制冷剂压力下降而使波纹伸缩管逐渐收缩。

当蒸发器温度下降到某一设定值(一般为1℃)时，波纹伸缩管的收缩量通过传动杠杆放大机构使触点K断开，电磁离合器线圈切断，压缩机停止运转，制冷系统停止制冷，因此蒸发器温度开始上升。

当蒸发器温度升高到设定温度的上限值(一般为4℃)时，温控器触点K再次闭合，压缩机重新运转制冷，蒸发器温度重又降低。温控器和制冷系统如此循环工作，便可使蒸发器温度控制在设定的温度范围内。

在使用过程中，转动温度调节凸轮可以改变弹簧的预紧力，从而便可改变蒸发器的温度调节范围。

2）热敏电阻式温度控制器

热敏电阻式温控器又称为电子控制式温控器，由热敏电阻式蒸发器温度传感器、电子放大电路、电磁离合器继电器等组成。这种温控器具有反应迅速、控制精度高等优点。图 12.31 所示为丰田航行者牌中型客车空调系统用电子温控器的电路原理图，主要由热敏电阻式温度传感器、4 只晶体管 VT_1、VT_2、VT_3、VT_4、电阻、电容和二极管等电子元件以及一只继电器组成。

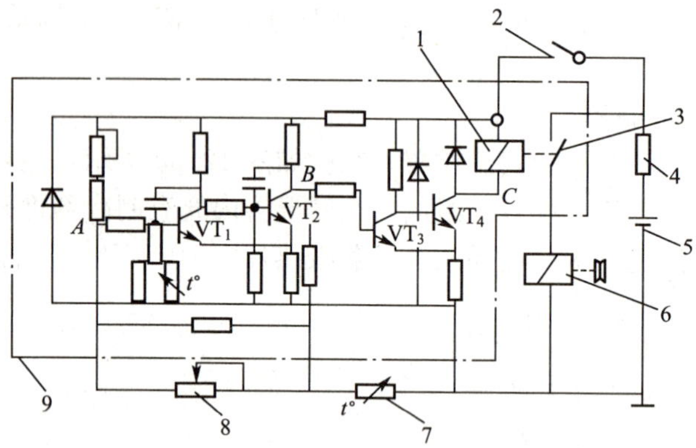

图 12.31　热敏电阻式电子温控器原理

1—继电器磁化线圈；2—点火开关；3—继电器触点；4—熔丝；5—蓄电池；
6—压缩机电磁离合器线圈；7—热敏电阻；8—温度调节电位器；9—电子式温控器

热敏电阻式温控器采用负温度特性的热敏电阻，具有温度升高电阻值减小、温度下降电阻值增大的特点。热敏电阻安装在蒸发器空气出口一侧，以便感测蒸发器出口冷气的温度。温控器的设定温度由电位器设定，触点常开型继电器由晶体管 VT_4 控制，继电器触点 K 串联在压缩机电磁离合器线圈电路中。当蒸发器温度高于设定温度值时，热敏电阻阻值较小，温控器电路中点电位较低，晶体管 VT_3 截止、VT_4 导通，继电器磁化线圈通电，产生电磁吸力将触点吸闭，接通电磁离合器线圈电路，使压缩机运转制冷，蒸发器温度开始下降。当蒸发器温度下降到设定温度的下限值时，热敏电阻阻值增大，B 点电位升高，使晶体管 VT_3 导通、VT_4 截止，继电器磁化线圈电路切断，触点断开，使电磁离合器线圈电路切断，压缩机停止运转，蒸发器温度开始升高。当温度升高到设定温度的上限值时，温控器又会使压缩机运转制冷，蒸发器温度将再次下降，如此循环工作，便可使蒸发器温度控制在设定的温度范围内。

7. 怠速控制装置

在非独立式汽车制冷系统中，压缩机是由发动机带动的。当发动机在怠速或低速时，冷却系散热器的散热主要靠风扇冷却，而低速时风压和风量不充足，散热效果差，冷却液温度升高；由于非独立式制冷系统的冷凝器通常安装在散热器前面，将进一步影响发动机散热器散热，发动机容易过热，影响发动机正常工作；同时在怠速或低速时，发电机发出的电能严重不足，制冷系统还要大量消耗蓄电池的电能，这是一种很不利的工况；再加上发动机的辐射热增加，会使冷凝器的冷凝温度和冷凝压力异常升高，压缩机功耗迅速增大。这些可能会引起两方面问题：一是增加了发动机在怠速时的负荷，导致工作不稳定，甚至熄火；二是会引起电磁离合器打滑或传动带损坏。因此，由发动机带动制冷压缩机的非独立式制冷系统，为了保证汽车的怠速性能，必须增加发动机怠速控制装置。

1）怠速继电器

怠速继电器的主要功能是防止汽车怠速时由于压缩机负荷造成的发动机工作不稳定，采用在发动机处于怠速运转时自动切断压缩机电磁离合器电流使压缩机停止工作的方法来稳定发动机转速。这种方法是利用点火线圈的脉冲数作为控制信号的。汽车制冷系统的怠速控制线一般是接在点火线圈的低压负极上。发动机转速信号由点火线圈负极接线柱送入怠速继电器电路(如图 12.32)，电路中 VT_1、VT_2 及相应的阻容元件组成一频率/电压转换电路，送入的发动机转速信号经电阻 R_1、R_2、电容 C_1 衰减滤波后由晶体管 VT_1 放大，放大后的脉冲电压又被由电容 C_2、电阻 R_5 和二极管 VD_2 组成的微分电路微分，使其脉冲宽度为一固定值，再经晶体管 VT_2 放大整形，经 R_7、C_3 滤波后使由 R_8、R_P 和 R_9 组成的分压电路两端得到一电压幅值与输入脉冲的频率成反比的直流电压，该电压经电位器 R_P 分压后送入由 VT_3、VT_4 组成的施密特触发器的输入端，用来控制触发器的导通和截止，触发器再通过继电器 K 来控制压缩机电磁离合器线圈电路的接通和断开。

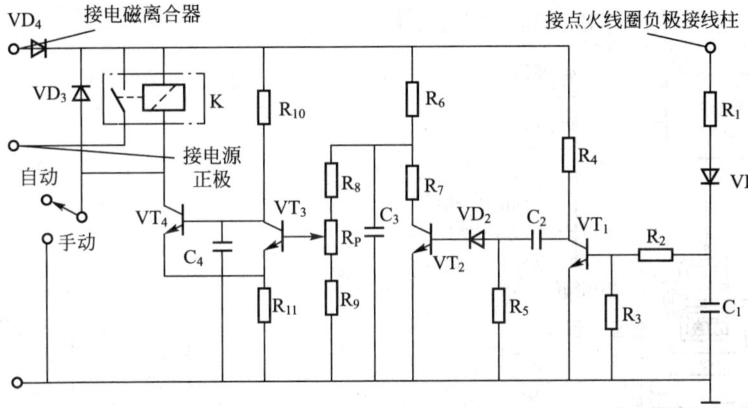

图 12.32　怠速继电器电路原理

当发动机在怠速运转时，点火频率较低，经频率/电压变换电路得到的直流电压较高，施密特触发器的输入电压也较高，则 VT3 导通，VT4 截止，使继电器 K 触点张开，切断了电磁离合器线圈电路，压缩机不工作。当发动机转速升高到某一值时，点火信号频率增加，输入到施密特触发器的电压下降，使 VT4 导通，继电器 K 触点闭合，接通电磁离合器线圈电路，使压缩机工作。

电位器 RP 可用于调节输入到施密特触发器的输入电压，用来调节电磁离合器开始接通和断开时的发动机转速值，一般接通转速为 900～1100r/min，断开转速为 600～700r/min。该怠速继电器具有“手动”和“自动”两个控制挡位，当“自动”控制挡位出现故障时，可将开关 S 拨到“手动”控制挡位以应急使用，此时，继电器线圈的电流经手动开关搭铁而构成回路，压缩机的工作状态将不再受发动机转速的控制。

2）怠速提高装置

电控燃油喷射系统怠速控制装置结构如图 12.33 所示。这是目前普遍采用的由步进电动机带动的怠速控制结构。

由图可以看出，电控燃油喷射系统的怠速控制电路中，空调工作信号是发动机ECU（电子控制单元）的重要传感器信号之一，当空调制冷系统起动ECU接收该信号后，驱动由步进电动机带动的怠速控制阀门，将旁通气道开度加大，增加怠速时的进气量，使发动机转速增加，以保证制冷压缩机正常工作。这种怠速提高装置可以根据发动机负荷变化的状况，精确地控制发动机，根据空调压缩机等其他负载稳定地工作。在中高档轿车上还采用了节气门直动式怠速控制方式。

8. 加速控制装置

汽车行驶加速或超车加速，都需要尽可能大的发动机功率来提高车速，此时应切断电磁离合器线圈电路，使压缩机停止工作。为此，大多数汽车上都设置了加速控制装置。目前汽车上使用较多的加速控制装置如图12.34所示。加速控制装置由加速开关和延迟继电器组成。加速开关一般装在加速踏板下，或装在其他位置通过连杆或钢索来操纵。当加速踏板踏下行程达到最大行程的90%时，加速开关及延迟继电器切断电磁离合器线圈电路，使压缩机停止工作，解除了压缩机的动力负荷，发动机的全部输出功率用来克服加速时的阻力，提高了车速。当踏板行程小于90%或加速开关打开后延时十几秒后，则自动接通电磁离合器线圈电路，使压缩机又自动恢复工作。

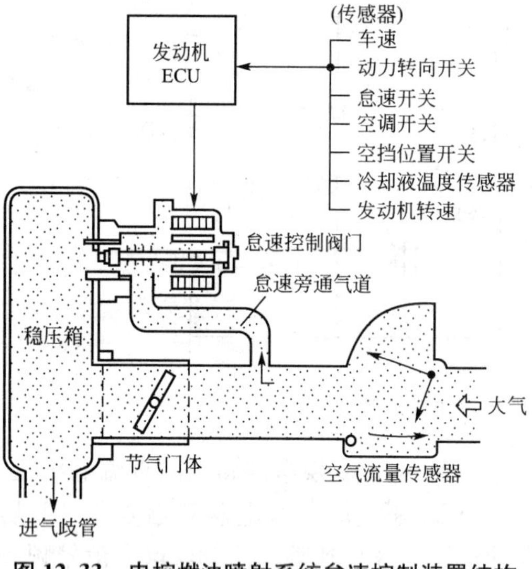

图12.33　电控燃油喷射系统怠速控制装置结构

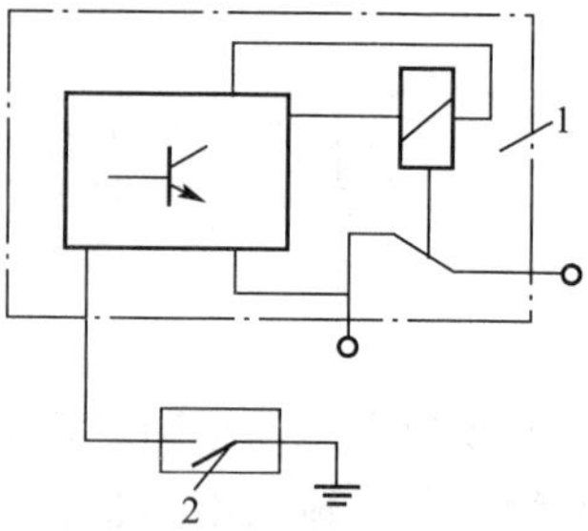

图12.34　轿车加速控制装置

1—延迟继电器；2—加速开关

9. 开关及保护装置

1) 压力开关

压力开关又称为制冷系统的压力继电器，安装在制冷系统的高压管路上(一般安装在储液干燥器上)，其功用是当制冷系统工作压力异常(过高或过低)时，自动切断电磁离合器线圈电路，使压缩机停止运转或接通冷凝风扇高速挡使冷凝风扇高速运转，从而防止制冷系统压力过高或过低而损坏压缩机和制冷部件。

压力开关分为高压开关、低压开关和高低压双向复合开关3种。高压开关又分为触点常闭型和触点常开型两种。高低压开关的结构与外形大同小异，如图 12.35 所示。

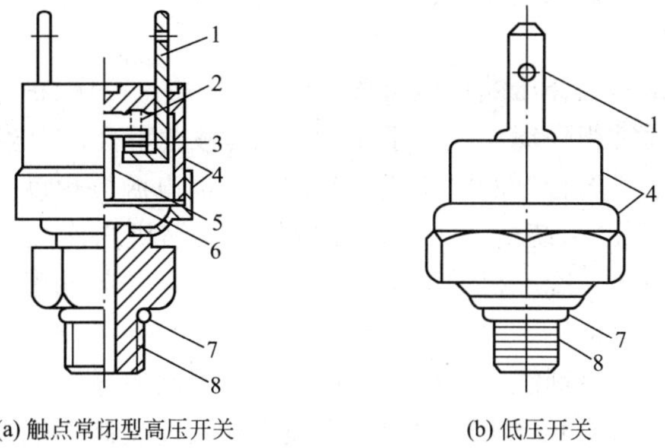

图 12.35　高压开关和低压开关的结构及外形

1—接线插片；2—复位弹簧；3—触点；4—壳体；5—推杆；
6—膜片；7—O 型密封圈；8—螺纹安装接头

触点常闭型压力开关的结构如图 13.35(a)所示，其常闭触点串联在空调压缩机电磁离合器线圈电路中，当制冷系统压力升高到一定值时，作用在膜片上的制冷剂压力推动推杆使触点断开，切断电磁离合器线圈电路，从而使压缩机停止运转，避免制冷剂压力进一步升高而损坏压缩机或制冷部件。当高压管路的压力恢复正常值时，触点在复位弹簧作用下恢复闭合状态，压缩机又可正常工作。触点常闭型压力开关触点的断开压力和恢复闭合压力因车而异，断开压力一般为 2.1～3.5MPa，恢复闭合压力一般为 1.6～1.9MPa。

触点常开型压力开关的功用是当制冷系统压力升高到一定值时，接通冷凝风扇高速挡电路高速运转，增强冷凝器的散热效果，降低制冷剂温度与压力。

低压开关又称为制冷剂泄漏检测开关，其触点为常闭触点，并与空调压缩机电磁离合器线圈电路串联。低压开关的功用是在制冷系统严重缺少制冷剂导致低压侧压力低于一定值(一般为 0.2MPa，如桑塔纳 2000 系列轿车空调系统为(0.196±0.1MPa))时，触点断开切断电磁离合器线圈电路使压缩机无法运转，防止压缩机在没有润滑保障的情况下运转而损坏。因为车用小型压缩机是靠制冷剂将冷冻机油带入各润滑部位进行润滑的。

高低压双向复合开关同时具有高压开关和低压开关的双重功能。如天津夏利轿车空调系统就采用了双向复合压力开关，其触点串联在电磁真空转换阀和电磁离合器线圈的供电回路中，当制冷系统压力过高(高于 2.3MPa)或过低(低于 0.2MPa)时，压力开关触点断开，用以保护压缩机和制冷部件。

2) 冷却液过热开关

冷却液过热开关又称为冷却液温度开关，其功用是防止在发动机过热的情况下使用空调。过热开关一般安装在发动机散热器或冷却液管路上，以便监测发动机冷却液温度。

当发动机冷却液温度超过某一规定值(如奥迪 100 型轿车的设定值为 120℃)时，过热开关触点断开，再通过空调放大器切断电磁离合器线圈电路，使压缩机停止运转。

当冷却液温度降低到某一规定值(如奥迪 100 型轿车的设定值为 106℃)时，过热开关触点自动复位，空调压缩机恢复工作。

3）环境温度开关

环境温度开关也是串联在压缩机电磁离合器电路中的一只保护开关，或者直接串联在空调放大器电路中。通常当环境温度高于 4℃时，其触点闭合；而当环境温度低于 4℃时，其触点将断开而切断电磁离合器的电路或者空调放大器电源。也就是说，当环境温度低于 4℃时是不宜开动空调制冷系统的，由于温度较低，压缩机内冷冻机油粘度较大，流动性很差，如这时起动压缩机，冷冻机油还没来得及循环流动并起润滑作用时，压缩机就会因润滑不良而磨损加剧甚至损坏。汽车空调使用手册规定，在冬季不需制冷时，也要求定期开动空调制冷系统以使制冷剂能带动冷冻机油进行短时间的循环，以保证压缩机以及管路连接部位和阀类零件的密封元件不因缺油而干裂损坏，造成制冷剂的泄漏，膨胀阀、电磁旁通阀等卡死失灵。由此可见，这项保养工作应在环境温度高于 4℃时进行，冬季低于 4℃时最好不要起动压缩机。环境温度开关是为此而设置的，国产上海桑塔纳轿车的空调系统便装有这种保护开关。

4）过热限制器

过热限制器主要用于压缩机温度过高时切断电磁离合器的电路，使压缩机停止运行，防止压缩机受到损坏。它包括过热开关和熔断器两部分。

过热开关是一种温度传感开关，装在压缩机后盖紧靠吸气腔的位置，其构造如图 12.36 所示。它的工作原理是：当制冷系统的制冷剂泄漏量较多时，压力会下降，若这时压缩机继续工作，它就会产生过热现象。此时制冷剂的温度上升，但压力不增加，冷冻机油会变质，进而损坏压缩机。这时，过热开关的传感器内的制冷剂蒸气将感受到入口的温度升高而使开关内部压力升高，推动膜片将导电触点与端子接通。导电触点通常直接与外壳连通，即过热开关的端子平时是断开的，压缩机温度过热时，才会闭合搭铁。

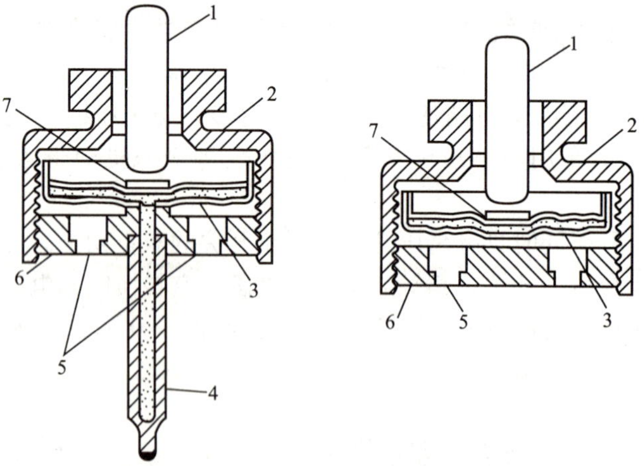

(a) 早期模式　　(b) 新模式

图 12.36　过热开关

1—端子；2—外罩；3—膜片；4—热敏管；5—基座开口；6—膜片安装基座；7—导电触点

过热限制器的电路原理示意图如图 12.37 所示。熔断器有 3 个接头，S 接过热开关，B 接外电源，C 接离合器。熔断器内部 B 和 C 之间接一个低熔点金属丝，S 和 C 接电热丝。正常情况下，电流通过空调开关，经过熔断器低熔点金属丝到压缩机离合器的电磁线圈。当发生过热时，过热开关闭合，它使流经过热限制器的电热丝搭铁。电热丝发热后熔化低熔点金属丝，切断压缩机电磁离合器电路和过热保护开关的电路，使压缩机停止运行，起到过热保护的作用。熔断器断路后，不会自行恢复，一定要仔细检查制冷系统是否因泄漏而缺少制冷剂。否则，接好低熔点金属丝后，很快又烧断。另外，如果仔细检查制冷系统后，确认不缺少制冷剂，那么就可能是过热开关损坏，此时需要更换新的过热开关。

5）高压卸压阀

如果制冷剂的压力升高得太快，它将会损坏压缩机。因此，在典型的空调系统中，有一个装在压缩机或高压管路由弹簧控制的卸压阀，其结构如图 12.38 所示。按不同系统和厂家，此阀的压力调整值有所不同，一般在 2.413～2.792MPa 范围内变化。当压力超出调整值时，卸压阀将开始使制冷剂放空溢出，直到压力降低到调定值为止，此时在弹簧作用下，阀又自动关闭，以保证制冷系统正常工作。

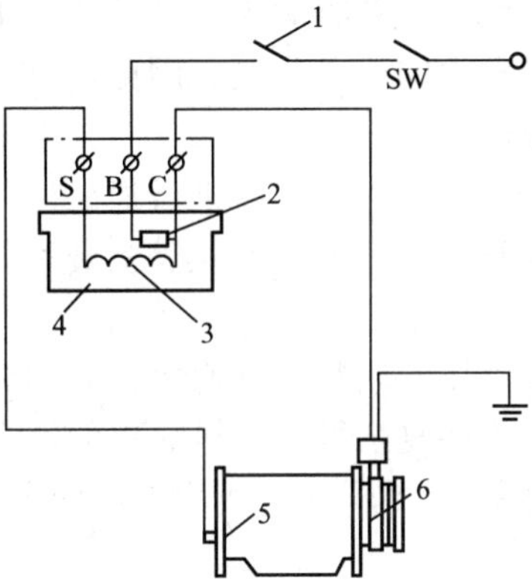

图 12.37 过热限制器电路

1—空调开关；2—低熔点金属丝；3—电热丝；4—热熔断器；5—过热开关；6—离合器线圈

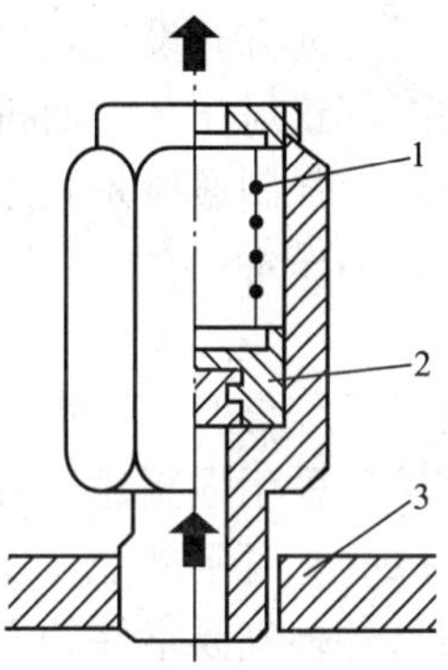

图 12.38 高压卸压阀结构

1—弹簧；2—阀；3—压缩机

12.2.2 采暖系统与通风系统

1. 采暖系统

暖风装置是汽车空调的重要组成部分，是对车内空气或进入车内的外部空气进行加热的装置。现在汽车空调大部分都是全年使用的冷暖一体化的装置，它通过冷热风的混合，人为设定冷热风量的比例，通过风门开闭和调节，满足人们对舒适性的要求。

暖风系统按所使用的热源不同可分为水暖式暖风系统、独立热源式暖风系统和综合预热式暖风系统。水暖式暖风系统是利用发动机的冷却液热量进行采暖，多用于轿车；独立热源式暖风系统装有专门的燃烧供热暖风装置，多用于客车和载货车；综合预热式暖风系统既利用发动机的冷却液热量，又装有燃烧预热的综合加热暖风装置，多用于大客车。

水暖式暖风系统一般由控制开关、鼓风机、暖风水箱、循环水控制开关及相应的管路组成，如图 12.39 所示。需要暖风时，接通控制开关，循环水控制开关也自动接通，这样发动机的冷却液开始在暖风水箱及管路中循环。鼓风机同时开始转动，冷风通过暖风水箱后变成暖风通过出风口吹向车内。这种暖风装置结构简单、耗能少、成本低、维修方便，所以各种小轿车一般都采用这种暖风装置。

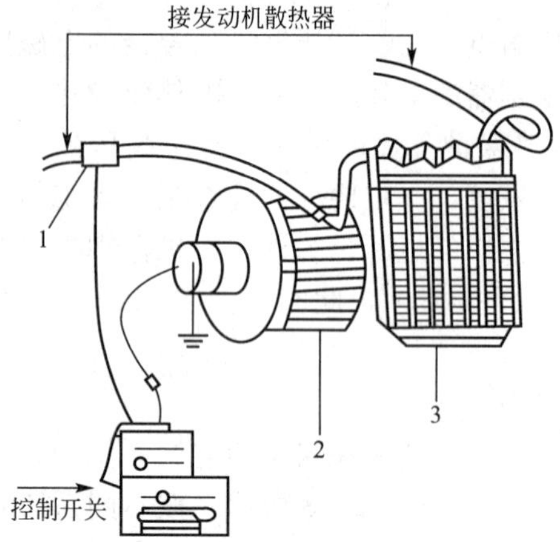

图 12.39 水暖式暖风装置

1—循环控制开关；2—鼓风机；3—暖风水箱

2. 通风系统

1）通风装置

通风装置的作用是在汽车运行中从车外引入一定量的新鲜空气，并将车内的污浊空气排出车外，同时还可以防止风窗玻璃起雾。通风装置的通风方式一般有动压通风、强制通风和综合通风 3 种方式。

动压通风：动压通风也称自然通风，它是利用汽车行驶时对车身外部所产生的风压为动力，在适当的地方开设进风口和排风口，以实现车内的通风换气。因此，轿车的进风口设在车窗的下部正风压区，而排风口设置在轿车尾部负压区。

强制通风：强制通风是利用鼓风机强制将车外空气送入车厢内进行通风换气的。这种方式需要能源和设备，在备有冷暖气设备的汽车车身上大多采用通风、供暖和制冷的联合装置。

综合通风：综合通风是指一辆汽车上同时采用动压通风和强制通风。采用综合通风系统的汽车比单独采用强制通风或自然通风的汽车结构要复杂得多。最简单的综合通风系统是在自然通风的车身基础上，安装强制通风扇，根据需要可分别使用或同时使用。这样，基本上能满足各种气候条件的通风换气要求。

2）空气净化装置

汽车空调系统采用的空气净化装置通常有空气过滤式和静电集尘式两种。前者是在空调系统的送风和回风口处设置空气滤清装置，它仅能滤除空气中的灰尘和杂物，因此，结构简单，只需定期清理过滤网上的灰尘和杂物即可，故广泛用于各种汽车空调系统中。后者则是在空气进口的过滤器后再设置一套静电集尘装置或单独安装一套用于净化车内空气的静电除尘装置。它除具有过滤和吸附烟尘等微小颗粒的杂质作用外，还具有除臭、杀菌、产生负氧离子以使车内空气更为新鲜洁净的作用。由于其结构复杂、成本高，所以，只用于高级轿车和旅行车上。

图 12.40 所示为静电集尘式空气净化装置的空气净化过程。过滤器用于过滤大颗粒的杂质。静电集尘器则以静电集尘方式把微小的颗粒尘埃、烟灰及汽车排出的气体中含有的微粒吸附在集尘板上。灭菌灯用于杀死吸附在集尘板上的细菌，它是一只低压水银放电管，能发

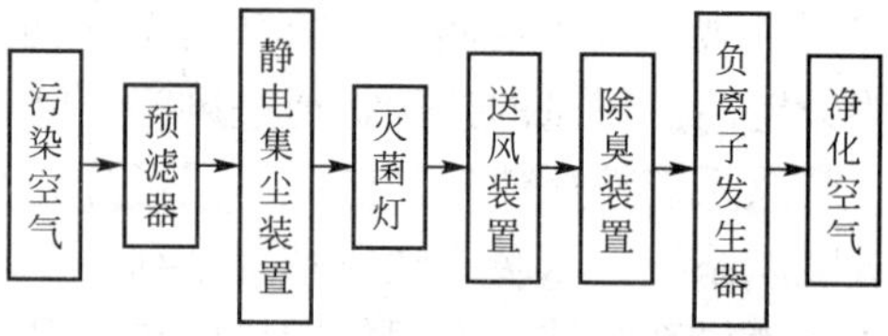

图 12.40 静电集尘式空气净化装置原理图

射出波长为353.7nm的紫外线光，其杀菌能力约为太阳光的15倍。除臭装置用于除去车厢内的油料及烟雾等气味，一般是采用活性炭过滤器、纤维式或滤纸式空气过滤器来吸附烟尘和臭气等有害气体。

图12.41所示为实用的静电集尘式空气净化装置结构示意图，它通常安装在制冷和采暖采用内循环方式的大客车上，采用这种装置净化后的空气清洁度很高，可以充分满足汽车对舒适性的要求。

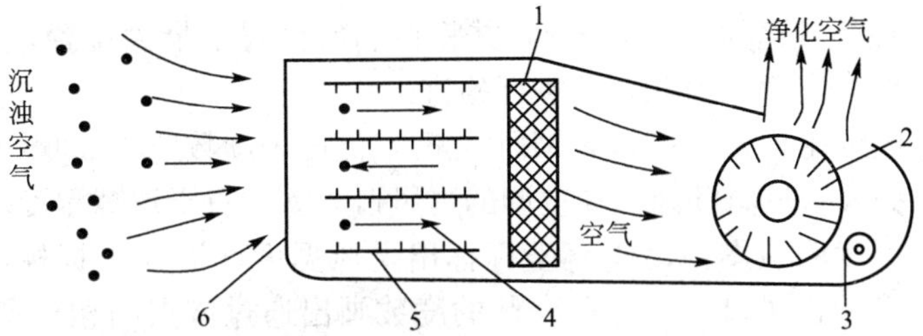

图12.41 静电集尘式空气净化装置

1—活性炭过滤器；2—风机；3—负离子发生器；
4—充电电极；5—集尘电极；6—粗滤器

12.2.3 汽车空调系统的使用与维护

汽车空调故障有80%都是由制冷系统中的制冷剂泄露造成的，系统制冷剂泄漏会引起高低压力不正常，这就应该对系统内的制冷剂进行排放、检漏、抽真空、加冷冻机油、加制冷剂并进行系统维修完成后的检验。

维护和安装空调器、添加制冷剂、检修故障和检测空调器性能时，需使用的工具有真空泵、压力表组、检漏仪、制冷剂添加阀、呆扳手、组合套筒、温度计、万用表等。需准备的材料有制冷剂、冷冻机油、密封圈、洗涤水等。

1. 制冷剂的补充或添注

1）排放

排放制冷剂是在检修过程中将剩余的制冷剂排放到大气中，排放时应慢慢进行，不要带走冷冻机油，对于R12应将制冷剂回收，以免排放到大气中，对地球臭氧层造成破坏。

2）检漏

(1) 外观检漏法。

(2) 肥皂水检漏法。

(3) 检漏仪检漏法。

(4) 真空气密性实验法。

(5) 压力检漏法。

3）抽真空

(1) 连接系统抽真空设备。

(2) 抽真空(观察压力表的负压值)。

(3) 抽真空后检漏。

(4) 检漏后的继续抽真空。

4）加注冷冻机油

选择适量与制冷系统相匹配的冷冻机油进行加注。

5）加注制冷剂

（1）运行前应从高压侧加注孔加注。

（2）运行时应从低压侧加注孔加注。加注时应选用合适的制冷剂，把压力表组管道中的空气排放干净。

6）检验

起动发动机，使其转速为1500r/min，并将控制旋钮置于最大位置，且使鼓风机为最高转速，然后打开汽车全部风窗和车门进行检查。

（1）高压表读数应在1.373～1.575MPa之间，低压表读数应在230～320kPa之间。

（2）在出风口插入一只温度计，在空调的进风口放置一只干湿球湿度计。

（3）作出相对湿度曲线图：沿垂直坐标标出送风温度，沿横坐标标出进入空气的温度，确定某一点，利用进风口干湿球湿度计的度数画出通过该点的相对湿度曲线(一般为由左至右的斜上曲线)，再画出比该相对湿度高10%和低10%的相对湿度曲线，送风温度随进风口温度的变化落在这两条相对湿度曲线之间，说明制冷系统性能正常。

（4）按同样方式完成低压侧检验和高压侧检验。

2. 对制冷剂的要求

（1）在适当蒸发温度时，蒸发压力不低于大气压。

（2）在适当冷凝压力时，温度不能过高。

（3）无色、无味、无毒、无刺激性，对人体健康无损害。。

（4）不易燃烧，不易爆炸。

（5）无腐蚀性。

（6）价格合理，来源丰富。

（7）性能系数较高。

（8）冷冻机油接触时，化学、物理安定性良好。

（9）有较低的凝固点，能在低温下工作。

（10）泄漏时容易检测。

3. 使用制冷剂的注意事项：

（1）装制冷剂的钢瓶要贮存在阴凉、干燥、通风的地方，运输过程中要严防振动和撞击。

（2）在充灌制冷剂时，对装制冷剂的容器加热，应在40%以下的温水中进行，而不可将其直接放在火上烘烤。否则，会引起内储的制冷剂压力增大，导致容器发生爆炸。

（3）制冷剂在大气环境下会急剧蒸发，当其液体落到皮肤上时，会从皮肤上大量吸热而蒸发，造成局部冻伤，所以要避免接触皮肤。

（4）要避开明火。制冷剂不会燃烧和爆炸，但与明火接触时，会分解出对人体有害的气体(光气)。

4. 对冷冻机油的性能要求

（1）在低温下具有良好的流动性。

（2）冷冻机油的粘度要选择适当，且受温度的影响要小。

(3) 冷冻机油与制冷剂的溶解性能要好。

(4) 冷冻机油的闪点温度要高，具有较高的热稳定性，即在高温下不氧化、不分解、不结胶、不积炭。

(5) 冷冻机油应无水分。

习 题

一、名词解释

1. 半主动悬架
2. 制冷循环
3. 暖风装置

二、填空题

1. 悬架是连接________和________之间一切传力装置的总称，主要由________、________和________ 3 部分组成。

2. 电子控制悬架系统主要有________悬架和________悬架两种。

3. 电子控制悬架系统主要由________、________和________组成。

4. 汽车空调最基本的冷却系统包括________、________、________、________、________等。

5. 汽车空调系统采用的空气净化装置通常有________和________两种。

6. 冷凝器的功用是将________送来的高温、高压________制冷剂中的热量散发到________，使制冷剂冷凝成高温、高压液体再进________。

7. 正确使用空调系统是保证其发挥最大效率的必要条件，也是节约能源、延长使用寿命的关键，使用与维护空调时应从________、________、________这 3 个方面考虑。

8. 汽车的性能要求大体可分为________、________和________ 3 种。

三、思考题

1. 汽车电子控制悬架系统的功用是什么?
2. 根据功能不同，汽车电子控制悬架系统主要有哪几种类型?
3. 什么是阻尼?
4. 汽车电子控制悬架系统调节减振器阻尼的方法是什么?
5. 汽车空调的功用是什么?
6. 汽车空调制冷系统主要由哪些部件组成? 各自的功用是什么?
7. 说明电控自动空调的工作原理。

第13章 汽车其他电子控制系统

本章教学要点

知识要点	掌握程度	相关知识
液力转向系统； 电液混合助力转向系统； 电动转向系统； 转向回正特性	了解汽车助力转向系统的作用及分类； 了解电动式助力转向系统的特点	汽车助力转向系统
传感器、控制单元(ECU)、电动机、减速机构和离合器	掌握电动助力转向系统的分类、结构； 掌握电动助力转向系统的工作原理	电动助力转向系统
电动助力转向系统控制的基本目标	掌握电动助力转向系统的控制方法	电动助力转向系统的控制方法
巡航控制开关	了解巡航控制开关的作用及原理	主要有巡航开关、制动灯开关、驻车制动开关、点火开关、离合器开关、空挡起动开关
巡航控制系统传感器	掌握巡航控制系统传感器的结构及作用	车速传感器、节气门传感器和节气门控制摇臂位置传感器
巡航控制 ECU 控制功能	掌握巡航控制 ECU 的功用及其能实现的功能	信号转换与处理、数学计算、逻辑判断、记忆存储、功率放大
巡航控制执行器	掌握巡航控制执行器的结构及原理	巡航控制执行器有两种：真空式和电机式
巡航控制系统控制原理	掌握巡航控制系统的基本控制原理	比例积分(PI)控制方式

导入案例

在汽车的发展历程中，转向系统经历了4个发展阶段：从最初的机械式转向系统(Manual Steering，MS)发展为液压助力转向系统(Hydraulic Power Steering，HPS)，然后又出现了电控液压助力转向系统(Electro Hydraulic Power Steering，EHPS)和电动助力转向系统(Electric Power Steering，EPS)。

装配机械式转向系统的汽车，在泊车和低速行驶时驾驶员的转向操纵负担过于沉重，为了解决这个问题，美国GM公司在20世纪50年代率先在轿车上采用了液压助力转向系统。但是，液压助力转向系统无法兼顾车辆低速时的转向轻便性和高速时的转向稳定性，因此1983年日本Koyo公司推出了具备车速感应功能的电控液压助力转向系统。这种新型的转向系统可以随着车速的升高提供逐渐减小的转向助力，但是结构复杂、造价较高，而且无法克服液压系统自身所具有的许多缺点，是一种介于液压助力转向和电动助力转向之间的过渡产品。到了1988年，日本Suzuki公司首先在小型轿车Cervo上配备了Koyo公司研发的转向柱助力式电动助力转向系统；1990年，日本Honda公司也在运动型轿车NSX上采用了自主研发的齿条助力式电动助力转向系统，从此揭开了电动助力转向系统在汽车上应用的历史。

电动助力转向系统(图13.1)是一种直接依靠电机提供辅助扭矩的动力转向系统，与传统的液压助力转向系统HPS相比，EPS系统具有很多优点：仅在需要转向时才起动电机产生助力，能减少发动机燃油消耗；能在各种行驶工况下提供最佳助力，减小由路面不平所引起电动机的输出转矩通过传动装置的作用而对助力转向系统的扰动，改善汽车的转向特性，提高汽车的主动安全性；没有液压回路，调整和检测更容易，装配自动化程度更高，且可通过设置不同的程序快速与不同车型匹配，缩短生产和开发周期；不存在漏油问题，减小对环境的污染。EPS系统是未来动力转向系统的一个发展趋势。

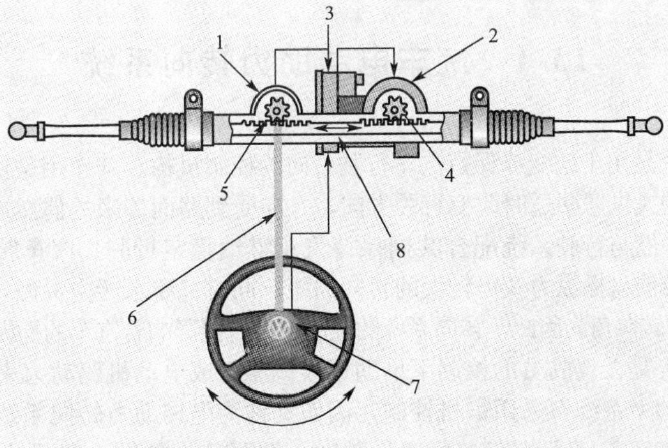

图13.1 电动助力转向系统结构图

1—转向力矩传感器；2—电机；3—控制单元；4—驱动小齿轮；5—转向小齿轮；
6—转向柱；7—方向盘转角传感器；8—转向齿条

汽车上增设自适应巡航控制系统(ACC)，可以放松驾驶员的心情，减轻驾驶员的频繁操作，使驾驶员在感到疲劳前较早地控制车速和跟在较慢行的汽车后面轻松和安全行驶。在宝马 E90 新 3 系轿车上，就选装了由德国博世公司提供的驾驶辅助系统——自适应巡航控制系统，宝马新 3 系是应用这项技术的第一款中型轿车。

自适应巡航控制系统是一种智能化的自动控制系统，它是在巡航控制系统(CCS)的基础上发展而来的。在车辆行驶过程中，安装在车辆前部的车距传感器(雷达)持续扫描车辆前方道路(图 13.2)，同时轮速传感器采集车速信号。当与前车之间的距离过小时，ACC 控制单元可以通过与制动防抱死系统、发动机控制系统协调运作，使车轮适当制动，并使发动机的输出功率下降，以使车辆与前方车辆始终保持安全距离。自适应巡航控制系统在控制车辆制动时，通常会将制动减速度限制在不影响舒适的程度，当需要更大的减速度时，ACC 控制单元会发出声光信号通知驾驶者主动采取制动操作。当与前车之间的距离增加到安全距离时，ACC 控制单元控制车辆按照设定的车速行驶。

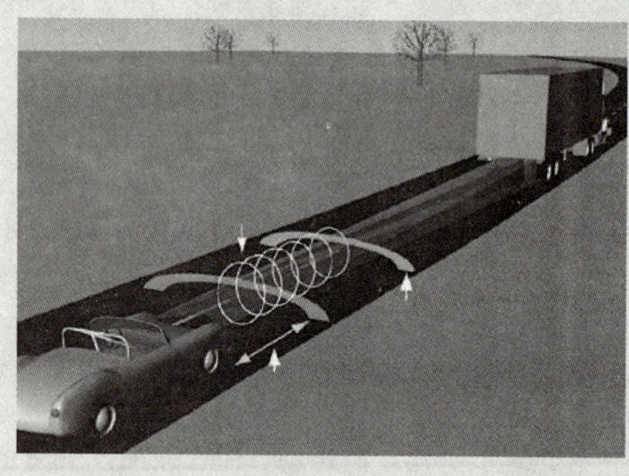

图 13.2　车距传感器持续扫描前方道路

13.1　汽车电动助力转向系统

汽车转向系统是用于改变或保持汽车行驶方向的控制机构。其作用是使汽车在行驶过程中能按照驾驶员的操纵意图适时改变行驶方向，并在受到路面传来的偶然冲击或汽车意外地偏离行驶方向时，能与行驶系统配合共同保持汽车继续稳定行驶。汽车转向时要求操纵轻便，即以较小的转向盘操纵力获得较大的转向力矩；同时又要求转向灵敏，即以较小的转向盘转角获得较大的转向角。因此，转向系统的性能好坏直接影响着汽车的操纵稳定性和安全性。

动力转向系统是在驾驶员的控制下借助于液体压力或电动机驱动力来实现的车轮转向系统。新型转向助力系统多采用微机控制，因而又称为电控助力转向系统。无转向助力电子控制装置时，汽车在停车状态和低速行驶时，需要较大的转向操纵力，随着车速的增加，转向操纵力随之下降。而电控动力转向系统能根据汽车行驶条件的变化，对助力的大小实行控制，即在汽车低速行驶时减小转向操纵力，当汽车高速行驶时，系统能保证最优控制传动比和稳定的手感，从而提高高速行驶时的操纵稳定性。电控动力转向系统的优点是：具有良好的操纵性，控制方式简单、可靠，合适的转向力和位置感，自动回正功能良好，控制精度高，质量小，节能且环保。

13.1.1 汽车助力转向系统的作用和分类

1. 汽车助力转向系统的作用

汽车助力转向系统的作用是：汽车低速行驶时，能够减小驾驶员作用于转向盘上的转向力；汽车高速行驶时，能够通过转向盘向驾驶员反馈适度的路面作用力。具体应该满足以下的要求。

(1) 既要保证转向轻便省力，又要能够很好地反馈地面作用力，即“路感”。

(2) 在转向结束时，转向盘能平顺地自动回正，使车轮回到直线行驶的位置上。

(3) 当电子控制动力转向系统发生故障时，转向系统仍能依靠人力进行转向。

(4) 在保证转向性能的前提下，尽可能降低转向的动力消耗。

2. 汽车助力转向系统的分类

根据转向动力源不同，汽车助力转向系统可分为液压助力转向系统、电液混合助力转向系统和电动助力转向系统三大类。

1)液压助力转向系统

液压助力转向系统是电子控制液压动力转向系统，是在传统的液压动力转向系统的基础上增设了控制液体流量的电磁阀、车速传感器和电子控制单元等。电子控制单元根据检测的车速信号控制电磁阀，使转向动力放大倍率实现连续可调，从而满足高低速时的转向助力要求。液压助力转向系统根据其控制方式的不同，又可分为变流式液压助力转向系统、旁通式液压助力转向系统、节流式液压助力转向系统和反力式液压助力转向系统等。

变流式液压助力转向系统：电控单元通过控制安置在转向油泵出液口处的线性电磁阀开度，使液压助力在转向总力中的比例随着汽车速度的变化而改变。汽车进行原地转向时，电磁阀的开度最大，进入转向助力缸的油液流量达到最大，转向助力系统将产生最大的转向助力，以减少驾驶员的体力消耗。随着汽车速度的提高，转向时电磁阀的开度将逐渐减小，使液压转向助力逐渐减小，保证驾驶员能够获得适度的转向路感。汽车在高速行驶过程中进行转向时，电控单元通过减小电磁阀的开度使进入转向助力缸的油液流量减小，使转向系统在灵敏性和轻便性两方面得到较好兼顾。图 13.3 所示为凌志轿车变流式液压助力转向系统，图 13.4 所示为凌志轿车变流式液压助力转向系统电路图。

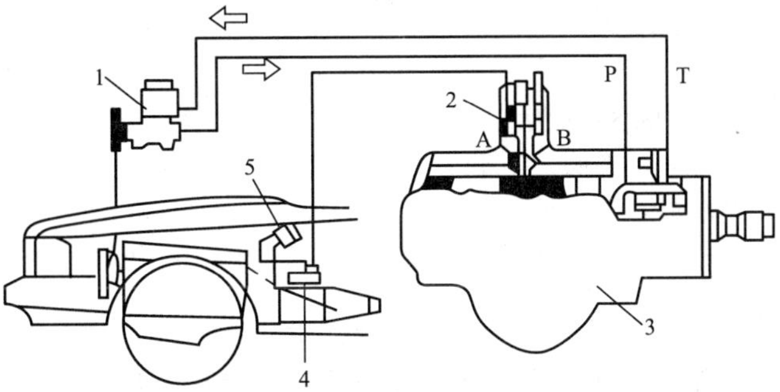

图 13.3 凌志轿车变流式液压助力转向系统

1—动力转向油缸；2—电磁阀；3—动力转向控制阀；4—ECU；5—车速传感器

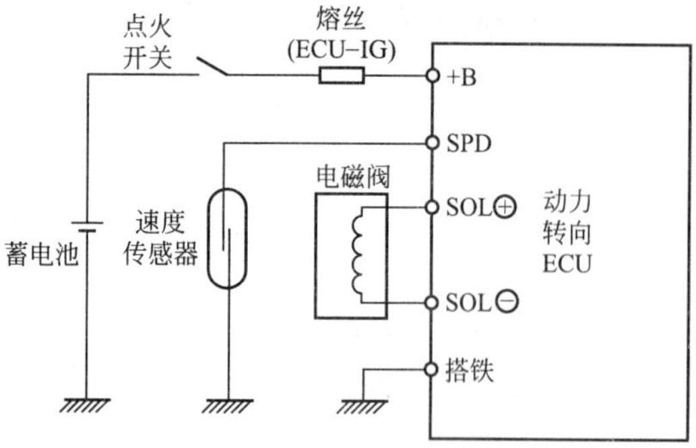

图 13.4　凌志轿车变流式液压助力转向电路图系统

旁通式液压助力转向系统：旁通式液压助力转向系统是在转向助力缸两腔之间设置一条旁通油路，并在旁通油路中安置一个由电控单元控制的线性电磁阀。转向时的车速越高，电控单元使旁通电磁阀的开度越大，转向助力缸两腔的压力差越小，转向助力越小，确保驾驶员始终能够获得良好的路感。旁通式液压转向系统也能使转向灵敏性和轻便性得到较好兼顾。

节流式液压助力转向系统：节流式液压助力转向系统设置 5 个节流阀。转向油泵供给转向动力缸的油液既要受到左、右节流阀的控制，又要受到第二和第三节流阀的控制。电控单元则根据车速对位于第二、第三节流阀之间的第四节流阀的开度进行控制，调节第二和第三节流阀之间的液压，使转向动力缸活塞的移动速度和转向力随着车速的提高而减小。电控单元根据车速传感器输入的信号对节流电磁阀的驱动电流进行控制。汽车在高速行驶过程中进行转向时，节流阀处于全开状态；汽车在原地转向时，节流阀处于全闭状态。节流式液压转向系统具有结构简单、反应灵敏和动力消耗少等优点。

反力式液压助力转向系统：反力式液压助力转向系统设有转向反力调节机构，汽车转向时的速度越高，电控单元使反力机构的刚度越大，汽车的转向反力越大，使驾驶员在汽车高速行驶时获得较强的路感。由于增加转向反力与进入动力缸的油液流量无关，所以设置转向反力不会对转向灵敏性产生影响，但结构复杂，成本较高。图 13.5 为反力式液压助力转向系统的工作原理图。

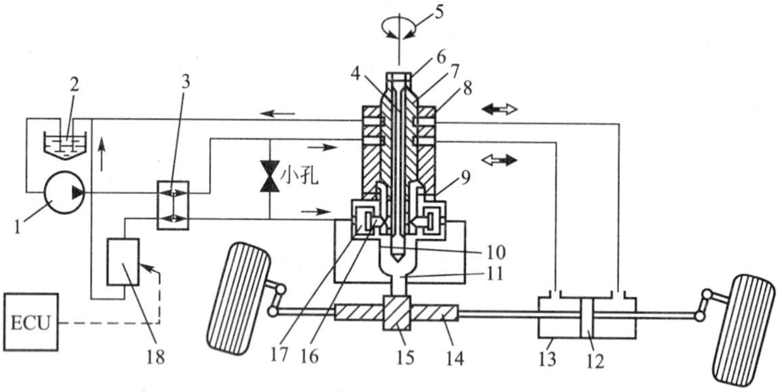

图 13.5　反力式液压助力转向系统的工作原理图

1—泵；2—储油箱；3—分流阀；4—扭力杆；5—转向盘；6、9、10—销；7—转向阀杆；
8—控制阀阀体；11—小齿轮轴；12—活塞；13—动力缸；14—齿条；
15—小齿轮；16—柱塞；17—油压反力室；18—电磁阀

液压助力转向系统已发展了半个多世纪，其技术已相当成熟。但随着汽车微电子技术的发展，对汽车节能性和环保性要求不断提高，该系统存在的耗能、对环境可能造成污染等固有不足已越来越明显，不能完全满足时代发展的要求。

2）电液混合助力转向系统

在电液混合助力转向系统中，转向油泵由电动机驱动，电控单元通过控制电动机转速对转向油泵的供油量进行调节，使转向助力得到控制。电液混合助力转向系统根据响应方式分为行驶模式响应型和转向盘转速响应型。

行驶模式响应型：行驶模式响应型电液混合助力转向系统主要由电控单元、车速传感器、转向盘转角传感器、电动机转向油泵总成和转向动力缸组成。电控单元根据车速区间和转向盘转速区间判定汽车的行驶模式，行驶模式包括市区道路、乡村公路、山区公路和高速公路等。电控单元根据判定的汽车行驶模式对驱动转向油泵的电动机转速进行控制，使转向油泵的输出流量与汽车的行驶模式相适应。行驶模式响应型电液混合助力转向系统与速度响应型液压转向系统相比具有更高的控制精度。

转向盘转速响应型：转向盘转速响应型电液式混合助力转向系统主要由电控单元、车速传感器、转向盘转速传感器、电动机转向油泵总成和转向动力缸组成。电控单元根据转向盘转速传感器和车速传感器输入的信号控制电动机转速，使转向油泵的输出流量得到控制。随着汽车转向时车速的提高，电控单元将使电动机转速降低，以减小转向油泵的输出流量，降低车轮的偏转速度；随着转向盘转速的增大，电控单元将使电动机转速提高，以增大转向油泵的输出流量，满足快速转向的要求。所以，转向盘转速响应型电液混合助力转向系统可以在不影响转向灵敏性的前提下对转向助力进行控制。由于电液混合助力转向系统在汽车未进行转向时不存在油液循环流动，所以能够将转向系统的功率损失降低到最小。

3）电动助力转向系统

电动助力转向系统是在电控液压助力转向的基础上发展起来的，利用直流电动机作为动力源，电子控制单元根据转向参数和车速等信号，控制电动机转矩的大小和转动方向。其结构简单、零件数量大大减少、可靠性增强，它取消了电液混合助力转向系统的液压油泵、液压管路、液压油缸和密封圈等配件，纯粹依靠电动机通过减速机构直接驱动转向机构，解决了长期以来一直存在的液压管路泄漏和效率低下的问题。电动机的转矩由电磁离合器通过减速机构减速增矩后，加在汽车的转向机构上，使之得到一个与工况相适应的转向作用力。

电动助力转向系统将最新的电力电子技术和高性能的电机控制技术应用于汽车转向系统，能显著改善汽车动态性能和静态性能、提高行驶中驾驶员的舒适性和安全性、减少环境的污染等。因此，该系统一经提出，就受到许多大汽车公司的重视，并进行开发和研究，未来的转向系统中电动助力转向将成为转向系统主流，与其他转向系统相比，该系统突出的优势体现在以下几个方面。

（1）降低了燃油消耗。液压动力转向系统需要发动机带动液压油泵，使液压油不停地流动，浪费了部分能量。相反电动助力转向系统仅在需要转向操作时才需要电机提供的能量，该能量可以来自蓄电池，也可来自发动机。而且，能量的消耗与转向盘的转向及当前的车速有关。当转向盘不转向时，电机不工作，需要转向时，电机在控制模块的作用下开始工作，输出相应大小及方向的转矩以产生助动转向力矩，而且，该系统在汽车原地转向时输出最大转向力矩，随着汽车速度的改变，输出的力矩也跟随改变。该系统真正实现了“按需供能”，是真正的“按需供能型”系统。汽车在较冷的冬季起动时，传统的液压系统反应缓慢，直至液压油预热后才能正常工作。由于电动助力转向系统设计时不依赖于发动机而且没有液压油管，对冷天气不敏感，系统即使在−40℃时也能工作，所以提供了快速的冷起动功能。由于该系统没有起动时的预热，节省了能量。

(2) 增强了转向跟随性。在电动助力转向系统中，电动助力机与助力机构直接相连可以使其能量直接用于车轮的转向。该系统利用惯性减振器的作用，使车轮的反转和转向前轮摆振大大减小。因此转向系统的抗扰动能力大大增强，和液压助力转向系统相比，旋转力矩产生于电机，没有液压助力系统的转向迟滞效应，增强了转向车轮对转向盘的跟随性能。

(3) 改善了转向回正特性。直到今天，动力转向系统性能的发展已经到了极限，电动助力转向系统的回正特性改变了这一切。当驾驶员使转向盘转动一定角度后松开时，该系统能够自动调整使车轮回到正中。该系统还可以让工程师们利用软件在最大限度内调整设计参数以获得最佳的回正特性。从最低车速到最高车速，可得到一簇回正特性曲线。通过灵活的软件编程，容易得到电机在不同车速及不同车况下的转矩特性，这种转矩特性使得该系统能显著地提高转向能力，提供了与车辆动态性能相匹配的转向回正特性。而在传统的液压控制系统中，要改善这种特性必须改造底盘的机械结构，实现起来有一定困难。

(4) 提高了操纵稳定性。通过对汽车在高速行驶时过度转向的方法测试汽车的稳定特性。采用该方法，给正在高速行驶(100km/h)的汽车一个过度的转角迫使它侧倾，在短时间的自回正过程中，由于采用了微电脑控制，使得汽车具有更高的稳定性，驾驶员有更舒适的感觉。

(5) 提供可变的转向助力。电动助力转向系统的转向力来自于电机。通过软件编程和硬件控制，可得到覆盖整个车速的可变转向力，可变转向力的大小取决于转向力矩和车速。无论是停车、低速或高速行驶时，它都能提供可靠的，可控性好的感觉，而且更易于车场操作。对于传统的液压系统，可变转向力矩获得非常困难而且费用很高，要想获得可变转向力矩，必须增加额外的控制器和其他硬件。但在电动助力转向系统中，可变转向力矩通常写入控制模块中，通过对软件的重新编写就可获得，并且所需费用很小。

(6) 采用“绿色能源”，适应现代汽车的要求。电动助力转向系统应用“最干净”的电力作为能源，完全取缔了液压装置，不存在液压助力转向系统中液态油的泄漏问题，可以说该系统顺应了“绿色化”的时代趋势。该系统由于它没有液压油、软管、油泵和密封件，避免了污染。而液压转向系统油管使用的聚合物不能回收，易对环境造成污染。

(7) 系统结构简单，占用空间小，布置方便，性能优越。由于该系统具有良好的模块化设计，所以不需要对不同的系统重新进行设计、试验、加工等，不但节省了费用，也为设计不同的系统提供了极大的灵活性，而且更易于生产线装配。由于没有油泵、油管和发动机上的皮带轮，使得工程师们设计该系统时有更大的余地，而且该系统的控制模块可以和齿轮齿条设计在一起或单独设计，发动机部件的空间利用率极高。该系统省去了装于发动机上的皮带轮和油泵，留出的空间可以用于安装其他部件。许多消费者在买车时非常关心车辆的维护与保养问题。装有电动助力转向系统的汽车没有油泵，没有软管连接，可以减少许多顾虑。

(8) 生产线装配性好。电动助力转向系统没有液压系统所需要的油泵、油管、流量控制阀、储油罐等部件，零件数目大大减少，减少了装配的工作量，节省了装配时间，提高了装配效率。

阅读材料13-1

汽车助力转向系统的发展概况

EPS系统最早是由日本的铃木汽车公司于1988年2月开发的，装备于Cervo的微型轿车，随后还安装在Alto上。1993年，本田汽车公司是世界上第一个把EPS作为标准装备配置在高级运动跑车AcuraNSX的汽车生产商。随后，日本大发的Mira和三菱的Minic都相应安装了EPS系统。此后，电动助力转向技术得到了迅速发展，日本的NSK，美国的DELPHI、TRW，英国的Lucas以及德国的ZF等，都相继研制出了各自的EPS系统。菲亚特和雷诺等首先采用电动助力转向技术的公司在A、B、C级轿车的转向柱上安装了助力电动机，两家公司都有约70%车型采用了转向柱助力型EPS。Ford和GM公司选择了TRW公司提供的一种过渡技术，即电动液压转向技术。大众汽车公司则在其PQ35 GOLF平台上采用了ZF公司提供的复杂的双小齿轮助力型EPS。国内对EPS系统的研究，主要是针对微型轿车用“转向柱助力型”EPS展开的。开展EPS系统研究的高校主要有清华大学、北京理工大学、华中科技大学、北京科技大学、天津大学、江苏大学、合肥工业大学、武汉理工大学、湖北汽车工业学院等。广州本田飞度、思迪，昌河北斗星是国内最早装备EPS系统的车型，EPS使这些轿车成为参与市场竞争的亮点。

EPS未来的发展有两个方向：一是提高EPS的系统控制性能，以便于在中高级轿车上使用，这就需要引入诸如转向盘转角、横摆角速度等量而不仅仅局限于以车速和转向盘转矩作为控制量，同时采用助力控制、回正控制、阻尼控制等控制策略以便提高EPS系统的性能；另一个是降低EPS系统的成本，提高系统各部件可靠性和耐用性。

13.1.2 电动助力转向系统的结构和工作原理

1. 电动助力转向系统的结构

电动式EPS按照其转向助力机构结构与位置的不同，可分为转向轴式、齿轮轴式和齿条轴式电动助力转向系统3种形式。

转向轴式电动助力转向系统：转向轴式电动助力转向系统的电动机固定在转向轴一侧，通过减速机构与转向轴相连，直接驱动转向轴助力转向，如图13.6所示。

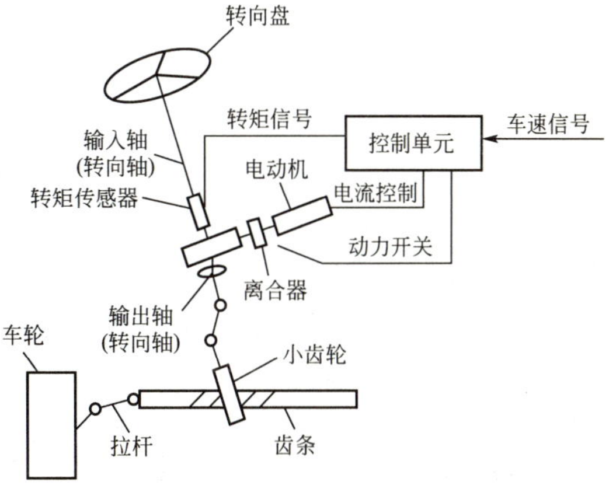

图13.6 转向轴式电动助力转向系统

齿轮轴式电动助力转向系统：齿轮轴式电动助力转向系统的电动机和减速机构与小齿轮相连，直接驱动齿轮助力转向，如图13.7所示。与转向轴式相比，它可以提供较大的转向力，适用于中型车。其助力控制特性方面增加了难度。

齿条轴式电动助力转向系统：齿条轴式电动助力转向系统的电动机和减速机构

则直接驱动齿条提供助力，如图 13.8 所示。与齿轮轴式相比，齿条助力式可以提供更大的转向力，适用于大型车。对原有的转向传动机构有较大改变。

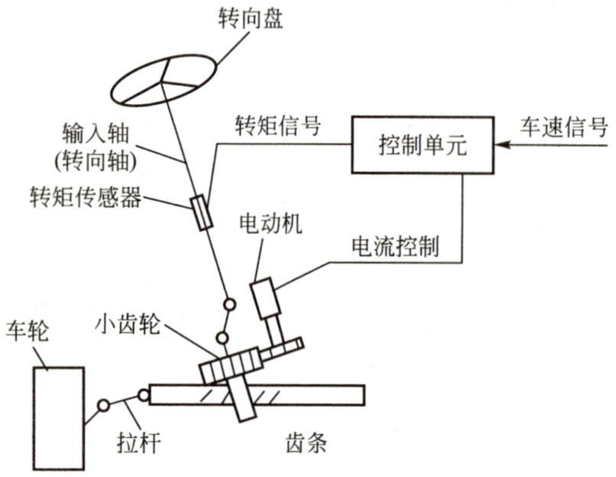

图 13.7　齿轮轴式电动助力转向系统

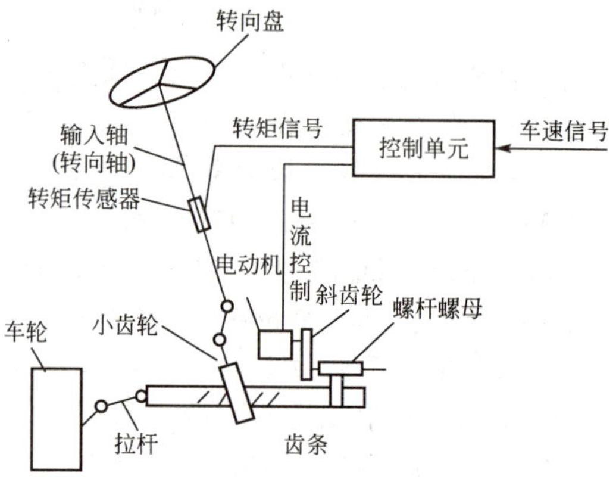

图 13.8　齿条轴式电动助力转向系统

电动助力转向系统的基本结构及组成如图 13.9 所示，它包括传感器、电子控制单元、电动机、减速机构和离合器等。

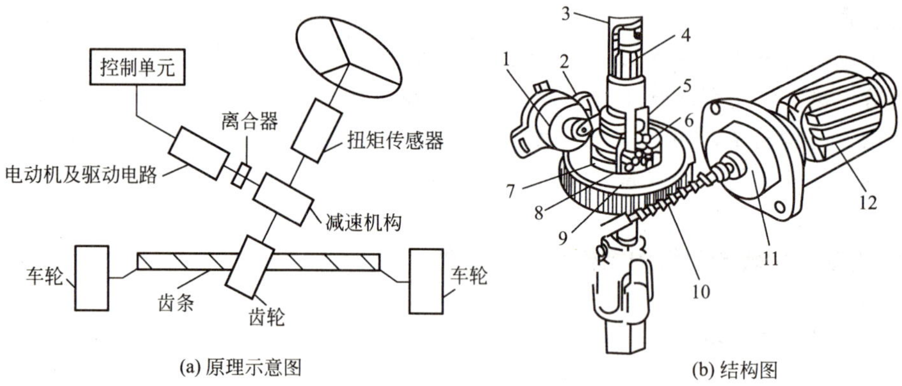

图 13.9　汽车电动助力转向系统图

1—转矩传感器；2—控制臂；3—传感器轴；4—扭杆；5—滑块；6—球槽；7—连接环；8—钢球；9—蜗轮；10—蜗杆；11—离合器；12—电动机

1. 传感器

在电动助力转向系统中主要应用了转矩传感器、转速传感器、速度传感器。转矩传感器时刻检测转向盘的运动情况，将驾驶员转动转向盘的方向、角度信息传送给控制单元作输入信号；转速传感器用于测量转向盘的旋转速度；速度传感器测量汽车的行驶速度，后者的测量结果同样送到控制单元作为输入信号。转矩测量系统比较复杂且成本较高，所以精确、可靠、低成本的转矩传感器是决定电动助力转向系统能否占领市场的关键因素之一。目前采用较多的是在转向轴位置加一扭杆，通过测量扭杆的变形得到转矩。另外也有采用非接触式转矩传感器的，它的优点是体积小、精度高，缺点是成本高。

图 13.10 所示为无触点式转矩传感器的结构及工作原理图，在输出轴的极靴上分别绕有 A、B、C、D 4 个线圈，转向盘处于中间位置时，扭力杆的纵向对称面正好处于图示输出轴极靴 AC、BD 对称面上，当 U、T 两端加上连续的输入脉冲电压信号 U_i 时，由于通过每个极靴的磁通量相等，所以在 V、W 两端检测到的输出电压信号 $U_o=0$。B、C 之间的磁阻减少，各个极靴的磁通量发生变化，于是在 V、W 之间就出现了电位差，电位差与扭力杆的扭转角和输入电压 U_i 成正比，从而得到转向盘施加的转矩。

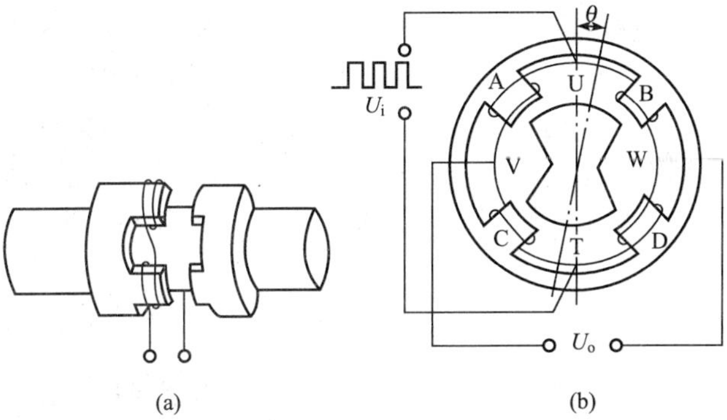

图 13.10 无触点式转矩传感器的结构及工作原理图

2. 控制单元

控制单元是电动助力转向系统的核心部分，如图 13.11 所示。目前普遍将控制单元设计为数字化系统，一般以一个 8 位或 16 位微处理器为核心，外围集成模/数电路、输入信号接口电路、报警电路、电源。要求具有简单计算、查表、故障诊断处理、存储、报警、驱动等功能。输入的主要信号有转矩传感器、转向角传感器、车速传感器、发电机电压及发动机转速等。随着车速的升高，ECU 控制相应地降低助力电动机电流，以减少助力转矩，当发动机处于怠速时，ECU 控制助力电动机和离合器不工作，ECU 的控制指令经输出接口送入电动机和离合器的驱动放大电路中，控制电动机的旋转方向和离合器的离合。

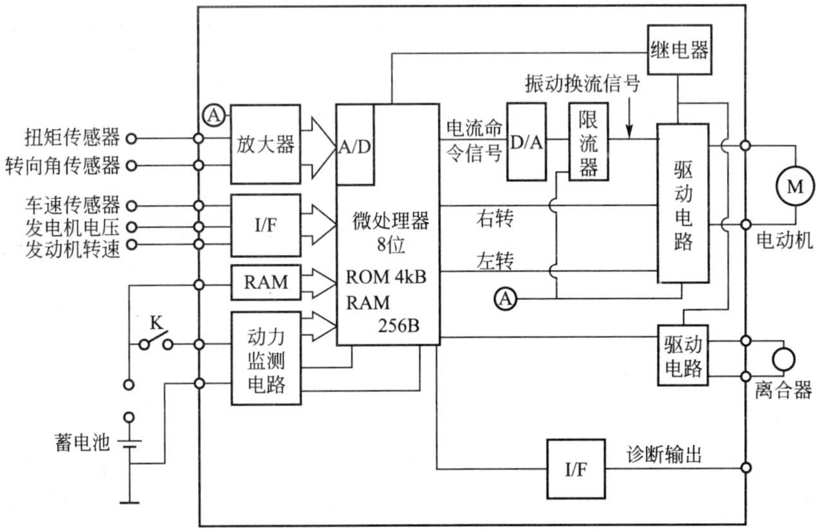

图 13.11 电动助力转向控制单元

3. 电动机

电动机的功能是根据控制单元的指令输出适宜的辅助转矩，是电动助力转向系统的动力源。电动机对电动助力转向系统的性能有很大影响，是电动助力转向系统的关键部件之一，所以电动助力转向系统对电动机有很高要求。不仅要求低转速大转矩、波动小、转动惯量小、尺寸小、质量轻，而且要求可靠性高、易控制。电动机一般采用永磁直流电动机，工作原理与起动电机基本相同，为降低噪声和减少振动，有的电动机转子外圆表面开有斜槽。转向助力用的电动机需要正反转控制。图 13.12 所示为一种简单适用的转向助力电动机正反转控制电路图，a_1、a_2 为触发信号端。当 a_1 端得到输入信号时，晶体管 VT_3 导通，VT_2 得到电流而导通，电流经 VT_2、电动机 M、VT_3、搭铁而构成回路，于是电动机正转。当 a_2 端得到输入信号时，电流则经 VT_1、M、VT_4、搭铁而构成回路，电动机因电流方向相反而反转。控制触发信号端的电流大小，就可以控制电动机通过电流的大小。

4. 离合器

电动助力转向系统的离合器装在减速机构一侧，是为了保证电动助力转向系统只在预先设定的车速行驶范围内起作用。图 13.13 所示为单片干式电磁离合器的功用原理图，当车速达到某一值时，离合器分离，电动机停止工作，转向系统转为手动转向。另外，当电动机发生故障时离合器将自动分离。通过滑环进入离合器线圈时，主动轮产生电磁吸力，带花键的压板被吸引与主动轮压紧，电动机的动力经过轴、主动轮、压板、花键、从动轴传给执行机构。

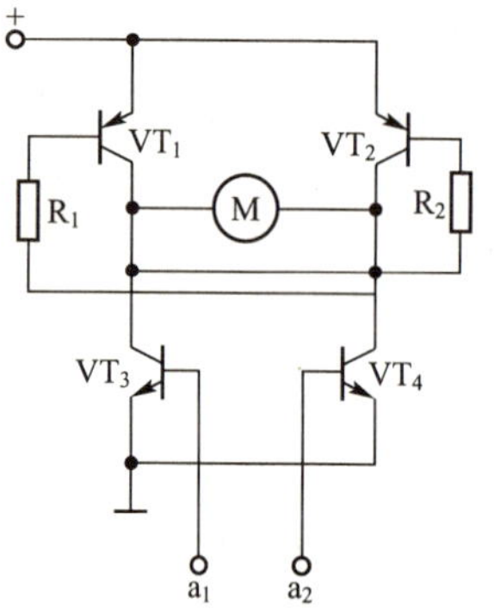

图 13.12　电机正反转控制电路

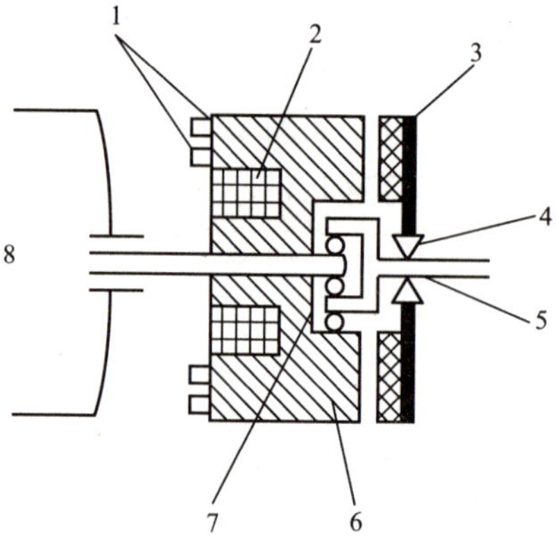

图 13.13　电磁离合器工作原理

1—滑环；2—线圈；3—压板；
4—花键；5—从动轴；6—主动轮；
7—球轴承；8—电动机

5. 减速机构

电动助力转向系统的减速机构与电动机相连，起到减速增扭的作用。目前实用的减速机构有多种组合方式，一般采用蜗轮蜗杆与转向轴驱动组合式，也有的采用两级行星齿轮与传动齿轮组合式(图 13.14)。为了抑制噪声和提高耐用性，减速机构中的齿轮有的采用树脂材料制成，有的采用特殊齿形。

2. 电动助力转向系统工作原理

电动助力转向系统是在传统机械转向机构基础上增加了信号传感装置、控制单元和转向助力机构。电动助力转向系统的转向轴由靠扭杆相连的输入轴和输出轴组成，输出轴通过传动机构带动转向拉杆使车轮转向，输出轴除通过扭杆与输入轴相连外，还经行星齿轮减速机构、离合器与助力电动机相连。驾驶员在操纵转向盘时，给输入轴输入了一个角位移，输入轴和输出轴之间的相对角位移使扭杆受扭，转矩传感器将扭杆所受到的转矩转化为电压信号输入电控单元；与此同时，车速传感器检测到的车速信号也输入电控单元，电控单元综合转向盘的输入力矩、转动方向以及车速等输入信号，判断是否需要助力以及助力的方向。若需要助力，则依照既定的助力控制策略计算电动机助力转矩的大小并输出相应的控制信号给驱动电路，驱动电路提供相应的电压或电流给电动机，电动机输出转矩由蜗轮蜗杆传动装置放大再施加给转向轴起助力作用，从而实时控制助力转向；若出现故障或车速超出设定值则停止对电动机供电，系统不提供助力，同时，离合器切断，以避免转向系统受电动机惯性力矩的影响，系统转为人工手动助力。图 13.15 为奥拓汽车电动式助力转向系统控制框图。

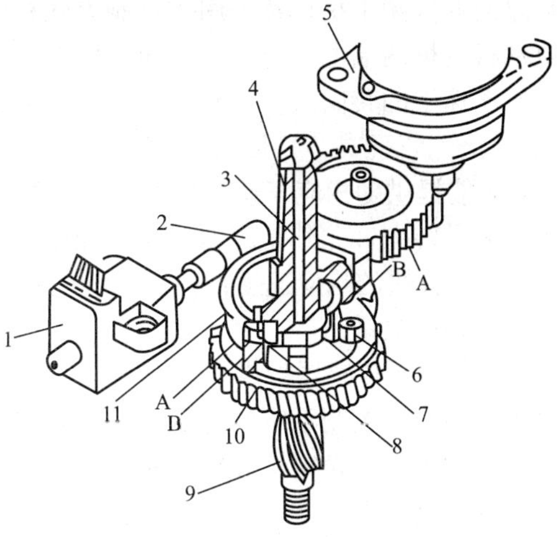

图 13.14 双级行星齿轮减速机构

1—转向力矩传感器；2—转轴；3—扭力杆；4—输入轴；5—电动机与离合器；6—行星小齿轮 A；7—太阳轮；8—行星小齿轮 B；9—驱动小齿轮；10—齿圈 B；11—齿圈 A

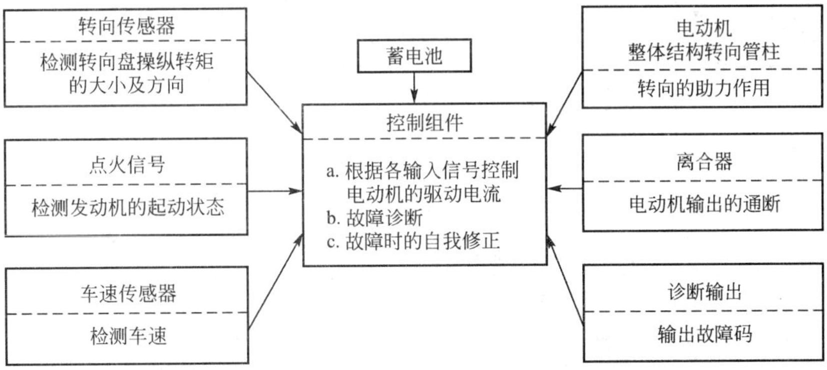

图 13.15 奥拓汽车电动式助力转向系统控制框图

13.1.3 电动助力转向系统的控制方法

1. 电动助力转向系统控制的基本目标

电动助力转向系统的主要功能是提供随车速变化的转向助力，来降低驾驶员施加在转向盘上的操纵力，确保转向灵敏、轻便并保持一定的转向路感，同时能抑制传感器噪声和来自路面的低频干扰。常采用的控制方式有电流控制和电压控制两种，其中电压控制方式中电动机电枢两端电压与一定车速下的转向力一一对应，电流控制方式中电动机电枢电流与一定车速下的转向力一一对应。无论采用电流控制还是电压控制，它们都须达到以下的控制目标。

(1) 能提供随相应车速变化的助力：根据转向助力特性曲线，提供一定的转向助力来辅助驾驶员转向，尤其是原地转向和低速停车入库时提供足够的助力。

(2) 有较快的响应速度：控制系统应具备较高的响应速度，并与驾驶员的转向动作相匹配，使转向灵敏。

(3) 可抑制传感器噪声和路面干扰：电动助力转向系统中扭矩传感器中存在的噪声信号会极大地影响控制系统的稳定性，而且来自路面的干扰又直接影响驾驶员的转向路感，为确保控制系统的稳定性和转向路感，要求控制系统可以抑制扭矩传感器的高频噪声和低频的路面干扰。

(4) 采用尽量少的传感器：采用较多的传感器固然可以提高系统的控制性能，但同时增大了系统的成本，又使得控制系统设计复杂且可靠性下降，因此采用尽量少的传感器是控制系统设计的目标之一。

2. 电动助力转向系统的基本控制方式

汽车运行过程中，需要频繁转动方向盘，这就意味着需要在多种情况下对电机进行控制。这就要求 EPS 在保证路感(阻尼控制)的前提下能够随车速的变化提供相应的助力控制，并且有良好的回正控制能力。值得注意的是电动助力转向系统是一个闭环有差系统，需要保持系统的静差，控制器中不能有积分环节。但是积分环节能提高转向盘回正能力，因此可用积分分离法改变此情况，即当误差太大时，取消积分作用，当被调节量接近设定值时，再加入积分环节，以减小静差。

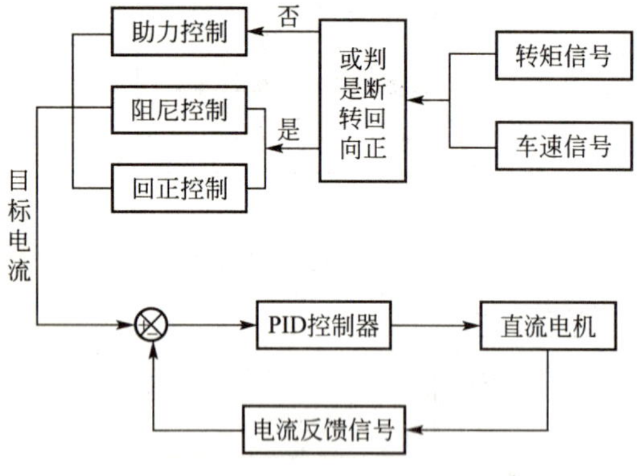

图 13.16 电枢电流控制方式 EPS 基本控制框架图

图 13.16 所示为电枢电流控制方式 EPS 基本控制框架图，其控制过程为：电子控制单元接收由扭矩传感器检测到的转矩信号和车速传感器检测到的车速信号，判断此时为助力控制或回正控制，再根据助力特性确定电动机的目标电流，电流再经 PID 控制器调节后到达电动机。因此 EPS 控制系统要解决两个问题：确定目标电流和及时反馈目标电流。其中目标电流的决策由控制单元决定，而电流反馈信号可通过控制电动机电枢两端的电压来确定。

电动机电压控制方式 EPS 控制过程为：扭矩传感器检测到方向盘的转矩大小经 PID 控制器后再驱动助力电动机输出合适的转矩，此转矩经转向机构后控制车轮转向。

1) 助力控制

助力控制是电动助力转向系统的基本控制模式，其主要功能是在转向过程中减轻驾驶员对方向盘的操纵力并获得合适的路感，包括汽车原地转向助力和动态转向助力两个方面。该控制利用电机转矩和电机电流成比例的特性，通过对反馈电流与电机目标电流的闭环控制输出信号到动力回路，以驱动电机产生合适的助力。

2）回正控制

回正控制的目的是使方向盘更快更准的回到中位，避免方向盘产生不必要的抖动。轮胎的侧偏特性和侧倾特性是影响回正力矩的主要因素。当汽车以一定速度行驶时，由于转向轮主销后倾角和主销内倾角的存在，使得转向轮具有自动回正的作用。随着车速的提高，回正转矩增大，而轮胎与地面的侧向附着系数却减小，二者综合作用使得回正性能提高。驾驶员松开转向盘后，随着作用在转向盘上的力的减小，转向盘将在回正力矩的作用下回正。汽车匀速行驶时，在小转角范围内，回正力矩几乎同侧偏角成正比，侧偏角为40°～60°时达到最大值；随着侧偏角继续增大，回正力矩反而下降。在转向盘回正过程中，有两种情况需要考虑：一是高速行驶时，转向回正力矩过大，引起转向盘位置超调；二是原地或低速行驶转向后回正力矩过小，转向盘不能回到中间位置，出现回正不足。对前一种情况，可以利用电动机的主动阻尼控制来防止出现超调。后一种情况需要对助力进行补偿，以增加回正能力。

3）阻尼控制

阻尼控制是为了提高汽车高速行驶时转向稳定性的一种控制模式。汽车高速直线行驶时，如果转向过于轻便，驾驶员就会有通常说的“飘”的感觉，这给驾驶带来很大的危险。为提高高速行驶时驾驶的稳定性，提出在转向盘转矩处于死区范围(转向盘接近或已回到中间位置)内进行阻尼控制，适当加重转向盘的阻力，最终体现在高速行驶时手感的“稳重”。另外，高速行驶时由于路面偶然因素的干扰引起的侧向加速度较大，传到方向盘的力矩比低速行驶时要大，为了抑制这种横摆振动，必须采用主动阻尼控制。最后，转向盘转向后回到中间位置时，由于电动机的惯性存在，在不加其他控制的情况下，助力系统的惯性比机械式转向系统的惯性大，转向回正时不容易收敛，此时也需采用阻尼控制。采用阻尼控制时，只需将电动机输出为制动状态，就可使电动机产生阻尼效果。即利用电动机旋转产生的反电动势形成阻碍电机继续旋转的阻尼转矩。

4）补偿控制

之所以要对 EPS 系统进行补偿控制是因为电动机和转向机构中有间隙并存在摩擦损失，尤其是电动机的转动惯量会严重影响轮胎的回正能力，因此有必要在控制中加入补偿措施。解决方法是在控制电路中加入摩擦补偿、阻尼补偿控制和惯量补偿。因为这 3 种补偿最终都转化为对控制电流的补偿，而且补偿电流与电动机转速是成正比的，因此 3 种补偿电流与电动机的转角关系为

$$I_g = k_g \omega \tag{13-1}$$

$$I_m = k_m \omega \tag{13-2}$$

$$I_z = k_z \omega \tag{13-3}$$

式中：ω 为电动机转角；k_g、k_m、k_z 分别为惯量补偿系数、摩擦补偿系数和阻尼补偿系数。

13.2 汽车巡航控制系统

汽车巡航控制系统(Cruise Control System，CCS)根据行车阻力的变化能自动调节节

气门开度，使车辆按设定的速度行驶，因此又称为“恒速(行驶)控制系统”。汽车巡航控制系统主要有以下优点：

(1) 减轻驾驶员的劳动强度，提高行驶安全性。汽车行驶过程中，当车速超过 40km/h 时，驾驶员开启巡航开关并设定一定的行驶速度后，不用踩加速踏板，巡航控制系统就能自动控制发动机节气门开度使汽车保持在设定的速度恒速行驶，从而减轻驾驶员的劳动强度，特别是当汽车在高速公路上长时间行驶时，更能充分发挥巡航控制系统的优点，驾驶安全性大大提高。

(2) 行驶速度稳定，提高乘坐舒适性。在巡航行驶过程中，无论汽车在上坡或下坡路面上行驶，还是在平坦路面上行驶或在风速变化的情况下行驶，只要是在发动机功率允许范围之内，汽车行驶速度都将保持设定的巡航车速不变，从而改善汽车的行驶平顺性和舒适性。

(3) 节省燃料消耗，提高燃油经济性和排放性能。巡航控制系统 CCS 与发动机燃油喷射系统 EFI 以及自动变速控制系统 ECT 是相互配合工作的，巡航车速被控制在经济车速范围内，汽车巡航行驶时的燃料供给与发动机功率之间处于最佳配合状态，因此可以节省15%左右的燃料，同时有害气体的排放量也大大减少。

阅读材料13-2

汽车巡航控制系统 CCS 的发展趋势

早在 1965 年，日本丰田汽车公司就已开始在汽车上使用机械式巡航控制系统。随后不久，德国 VDO 公司研制成功了气动机械式巡航控制系统。1968 年德国奔驰公司开发成功了由分立电子元件组成的巡航控制系统，并装备在莫克利汽车上使用。到 20 世纪 70 年代中期，汽车上已普遍采用模拟计算机控制的巡航系统。从 1981 年起，汽车便开始采用数字计算机控制的巡航系统。

汽车巡航技术历经几十年的发展，各大汽车厂商投入都很大，但离真正大规模装车应用还有一段距离。随着汽车技术和计算机信息技术的发展，其发展也呈现以下几个趋势：①通过 PMW（脉宽调制）驱动可变单体电磁阀（VIV）控制车轮制动器的压力水平，满足系统减速制动控制安静、平稳的要求；②与其他车辆电控系统集成与融合，如 ABS/ASR 系统、CCS 系统、AMT 系统和电动转向系统等，使系统能充分的信息共享，降低成本，完善更新各种功能，更加稳定可靠；③系统具有更好的近距离探测能力和更快的信号处理能力，实现走—停控制功能，研发出适于城市中低速、高车流密度状况的汽车巡航系统，增加城市交通流量；④与电控转向系统融合，实现自动超车、自动倒车与障碍主动避让功能，进一步提高车辆行驶的安全性能；⑤真正融入智能交通系统，与汽车定位与导航系统结合，在雷达传感器网络、卫星定位系统和智能公路系统的支持下实现完全的自动驾驶；⑥随着系统集成化程度提高和电子器件价格降低，汽车巡航系统逐渐应用于低档汽车。

13.2.1 汽车巡航控制系统的组成及基本原理

汽车巡航控制系统主要由传感器、控制开关、巡航控制 ECU 和执行器等组成。传感器和控制开关将信号送入巡航控制 ECU，ECU 根据这些信号计算节气门适当的开度，并给执行器发出信号，自动调节节气门开度，图 13.17 所示为巡航控制系统的组成。

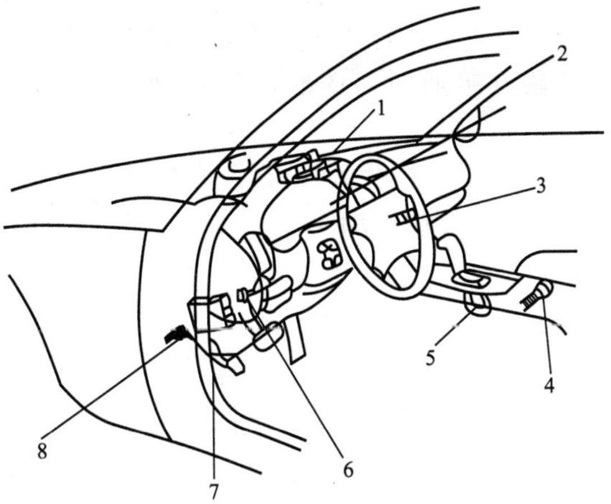

图 13.17 巡航控制系统的组成

1—执行器；2—巡航主指示灯；3—主控开关；4—1 号车速传感器；5—空挡起动开关；6—制动灯开关；7—巡航控制 ECU；8—驻车制动器开关

1. 巡航控制开关

巡航控制开关是杆式或按键式组合开关，装在转向柱或转向盘等驾驶员方便操作的位置。功用是将各种状态信息输入巡航控制电控单元，以便实现恒速控制。巡航控制开关主要有巡航开关、制动灯开关、驻车制动开关、点火开关、离合器开关(仅对手动变速器汽车)或空挡起动开关(对于自动变速器汽车)等。图 13.18 所示为巡航控制开关的信号电路图。

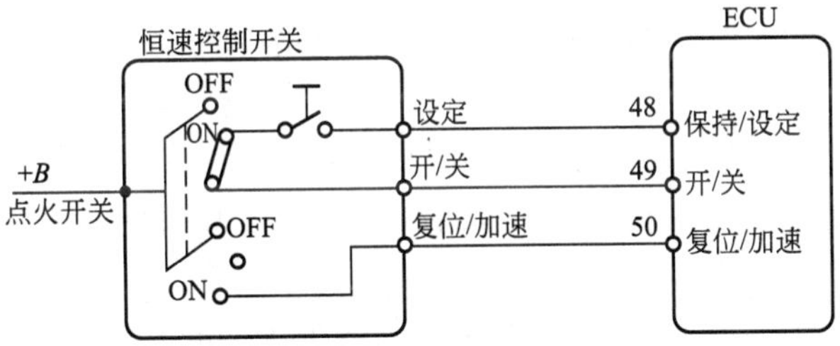

图 13.18 巡航控制开关信号电路

1) 巡航开关

巡航开关是巡航控制系统的主要控制开关，其功用是将恒速、加速、减速、恢复原速及取消等指令信号输入巡航控制电控单元。巡航开关一般都安装在转向盘下右侧偏上位置，随转向盘一同转动，便于驾驶员操作，在驾驶员转动转向盘的同时，即可拨动组合手柄开关进行巡航控制的操作。巡航开关是组合手柄开关，一般都由 MAIN(主开关)、SET/COAST(设置/巡航)、RES/ACC(恢复/加速)和 CANCEL(取消)4 个功能开关组成。下面以丰田凌志 LEXSU400 型轿车用巡航开关为例说明，图 13.19 所示为丰田凌志 LEXSU400 型轿车用巡航开关的外形结构与内部电路图。

(1) MAIN(主开关)按钮式开关，设在开关操纵手柄的端部，是巡航控制系统的总开关。当按一下操纵手柄端部的按钮时，主开关触点接通，巡航控制系统处于待命状态，可以进行恒速控制，同时，组合仪表盘上的巡航指示灯发亮指示。再按一下手柄端部的按钮时，则按钮弹起，指示灯熄灭，表示巡航控制系统处于关闭状态，不能进行恒速控制。当主开关触点接通时，巡航电控单元 CCS ECU 的巡航主开关端子 CMS(即 CCS ECU 线束插座上第 4 号端子)通过主开关触点搭铁，CCS ECU 得到一个低电平(0V)信号，此时 CCS ECU 便控制巡航执行机构处于待命状态，如图 13.19(b)所示。与此同时，CCS ECU 控制巡航指示灯电路接通，使巡航指示灯发亮指示系统所处状态。

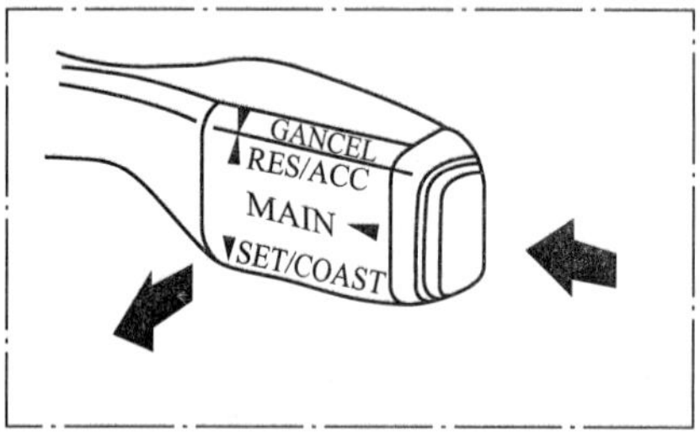

(a) 外形图

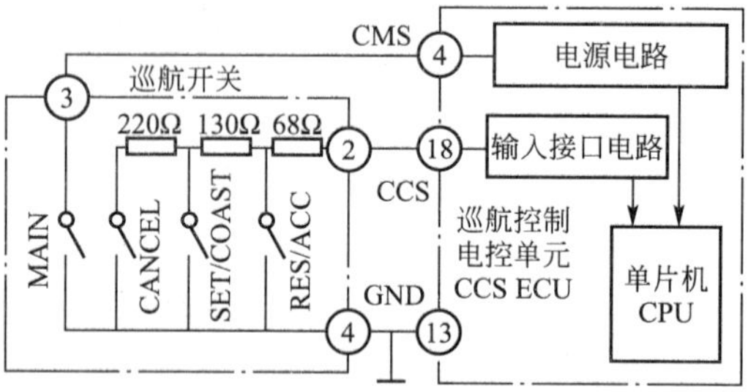

(b) 电路图

图 13.19 巡航开关的结构与电路

(2) SET/COAST(设置/巡航)：即巡航速度设定开关。当操纵手柄向下拨动并保持在向下位置时，巡航速度设定开关即可接通，只要按下操纵手柄不动，车辆就会不断加速。当车速达到驾驶员想要巡航行驶的车速(一般车速应在 40km/h 以上)时松开操纵手柄，操纵手柄将自动复位，此时巡航控制系统就会使车辆按松开操纵手柄时的车速保持恒速行驶。

(3) RES/ACC(恢复/加速)：即恢复(RESUME)巡航速度开关。当操纵手柄向上拨动时，巡航速度“恢复/加速”开关即可接通。汽车以设定的巡航速度行驶过程中，如果驾驶员踩下加速踏板超车或踩下制动踏板制动或将自动变速器选挡手柄拨到前进挡 D 以外的位置等导致车速降低而需要恢复到原来设定的巡航车速时，将操纵手柄向上抬起并保持在向上位置使“恢复/加速”开关接通，汽车即可迅速加速并恢复到原设定的巡航车速行驶。但是，如果行驶车速已经低于 40km/h，则巡航车速不能恢复。

(4) CANCEL(取消)：即取消巡航开关。将操纵手柄向驾驶员方向拨动时，即可接通巡航速度“取消”开关来解除巡航行驶。由图 13.19(b)所示电路可见，SET/COAST(设置/巡航)、RES/ACC(恢复/加速)和 CANCEL(取消)3 只开关的信号均从同一个端子输入 CCS ECU，3 只开关接通时，也是接通搭铁回路。但是由于各开关之间连接有不同阻值的电阻，因此，当接口电路以恒流源供给恒定电流时，接通不同开关输入 CCS ECU 的信号电压并不相同，CCS ECU 根据信号电压高低即可判定是哪一只开关接通。

2) 制动灯开关

制动灯的作用是当驾驶员踩踏制动踏板时，在制动(接通)灯亮的同时，将控制节气门动作摇臂的电磁离合器断开，迅速退出巡航控制的工作状态。在制动灯开关中原来常开触点的基础上，增加了与之联动的常闭触点，当驾驶员踩踏制动踏板、制动灯亮的同时，常闭触点断开，电磁离合器断电，节气门不再受巡航系统控制。

3）驻车制动开关

驻车制动开关功用是在驻车制动开关接通时，向巡航电控单元 CCS ECU 输送一个电信号，以便 CCS ECU 解除巡航行驶状态。驻车制动开关安装位置紧靠驻车制动操纵杆并与驻车制动操纵杆联动，当拉起驻车制动操纵杆时，此开关由断开变为闭合，将取消信号传至巡航控制 ECU，此时驻车制动灯亮。

4）离合器开关

离合器开关(仅对安装手动变速器车辆)安装在驾驶室离合器踏板的上部，其功用是当汽车处于巡航状态行驶时，如果驾驶员踩踏离合器踏板(以便变换变速器挡位等)，离合器开关触点就会闭合，并向 CCS ECU 输入一个电信号(低电平或高电平信号)，以便 CCS ECU 解除巡航控制，同时也便于驾驶员变换变速器挡位。

5）空挡起动开关

空挡起动开关(仅对安装自动变速器的车辆)安装位置紧靠变速器操纵杆，并与变速器操纵杆联动，它的作用是当变速器操纵杆置于空挡时，空挡起动开关由断开变成闭合，向巡航电控单元 CCS ECU 输入一个电信号(低电平或高电平信号)，以便 CCS ECU 解除巡航控制。

6）点火开关

点火开关的作用是接通或断开取自蓄电池和发电机的巡航控制的工作电源。

2. 巡航控制系统传感器

巡航控制系统传感器主要有车速传感器、节气门传感器和节气门控制摇臂位置传感器等。

1）车速传感器

车速传感器用于产生一个与汽车实际行驶车速成比例的交变振荡脉冲信号，向巡航控制电控单元提供汽车行驶速度信号，通常和车速里程表驱动装置相连。如果车速表是电子式的，车速表传感器给出的信号可直接用作巡航控制系统的反馈信号，因而不必为巡航控制系统另外设置传感器。专用于巡航控制系统的车速传感器一般安装在汽车变速器输出轴上，因为实际车速与变速器输出轴转速成正比。车速传感器有磁感应式、霍尔式、光电式、磁阻式等多种类型，一般安装在变速器的输出轴上。图 13.20 为常用的磁感应式车速传感器的安装位置和结构原理图。

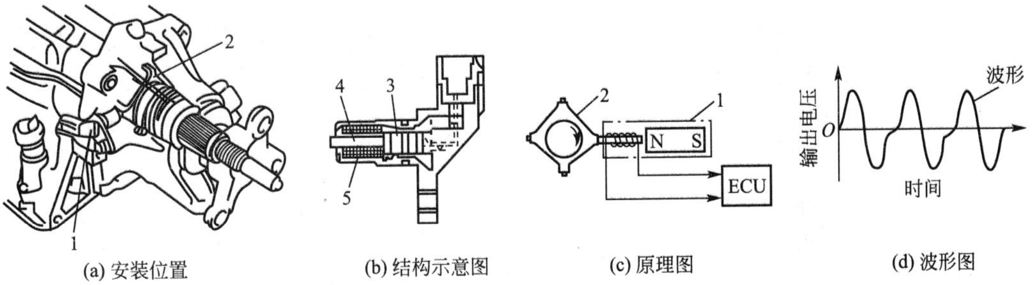

图 13.20 磁感应式车速传感器的安装位置和工作原理图

1—速度传感器；2—转子；3—永久磁铁；4—磁轭；5—线圈

2）节气门位置传感器

节气门位置传感器的作用是对电控单元提供一个与节气门位置成比例变化的电信号。节气门位置传感器与发动机控制和自动变速器控制的传感器共用，一般为线性输出型。

3）节气门控制摇臂传感器

节气门控制摇臂传感器是巡航控制系统专用的传感器。它的作用是对电控单元提供节气门控制摇臂位置的电信号，目前应用较多的是滑线电位计式。当节气门控制摇臂转动时，电位计与之转动，便输出一个与控制摇臂位置成比例连续变化的电信号。

3. 巡航控制 ECU 及其控制功能

巡航控制系统电控单元 CCS ECU 又称为巡航电子控制器，其功用是接收车速传感器、巡航开关、制动灯开关、驻车制动开关、空挡起动开关或离合器开关、发动机电控单元 ECU 以及自动变速电控单元 ECT ECU 的信号，经过信号转换与处理、数学计算(比例—积分计算)、逻辑判断、记忆存储、功率放大等处理后，向巡航执行机构输出控制指令信号，驱动执行器(步进电机或直流电动机)旋转，执行器通过节气门联动机构、节气门拉索等改变节气门开度，使实际车速达到设定的巡航车速。图 13.21 所示为美国摩托罗拉(MOTOROLA)公司开发研制的数字式巡航控制电控单元电路框图。

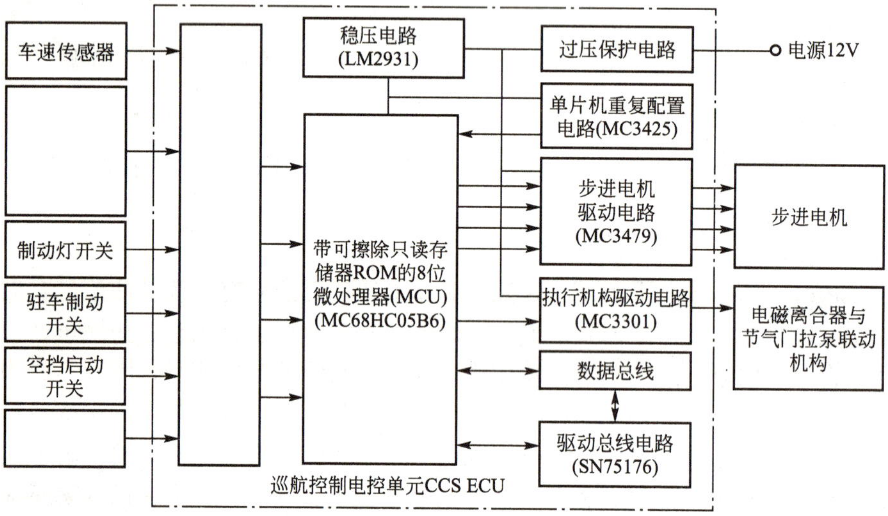

图 13.21　MOTOROLA 数字式巡航控制电控单元 CCS ECU 电路框图

目前，汽车巡航控制电控单元 CCS ECU 普遍采用大规模或超大规模专用集成电路与单片机组合而成。当汽车上已经装备发动机电子控制系统或自动变速控制系统时，许多传感器(如节气门位置传感器、车速传感器)和控制开关(如制动灯开关、空挡起动开关等)的信号可以共享，只需编制控制程序调用该信号即可，因此可以大大降低系统的硬件成本。

巡航控制 ECU 根据巡航控制开关和传感器的信号控制巡航系统实现如下各种功能。

1）恒速控制功能

ECU 将实际车速与设定车速相比较，当实际车速高于设定车速时，ECU 驱动巡航执行元件伺服电机关闭节气门。当实际车速低于设定车速时，ECU 驱动巡航执行元件伺服电机打开节气门。

2）设定功能

接通主控开关，当汽车在巡航车速控制范围内（一般为 40～200km/h 时），将控制开关压到 SET/COAST，然后松开，巡航控制 ECU 储存此时的车速并以此车速稳速行驶。

3）减速、加速功能

当汽车以巡航控制方式行驶时，将控制开关 SET/COAST 推向 COAST（减速）侧时，执行元件的伺服电机将关闭（或打开）节气门，汽车不断减速（或加速）。当减速到要求车速时，松开开关，ECU 储存这时的车速并以此车速稳速行驶。

当汽车以巡航控制方式行驶时，将控制开关 RES/ACC 推向 ACC（加速）侧时，执行元件的伺服电机将打开节气门，汽车不断加速。当加速到要求车速时，松开开关，车辆保持加速后的速度，并且 ECU 储存加速后的车速并以此车速恒速行驶。

4）速度上下限控制功能

速度上下限是巡航控制系统所能设定的最高车速（200km/h）和最低车速（40km/h）。巡航控制设定车速不能高于上限的车速。若汽车以巡航控制方式行驶时，车速低于下限速度，巡航控制被自动取消，存储器中的速度设定也被清除。

5）恢复功能

当控制开关压向 RES/ACC，可恢复巡航控制方式并以设定的速度行驶。

6）安全电磁离合器控制功能

下坡行驶时，若车速高出设定车速 15km/h 时，巡航控制 ECU 将切断安全电磁离合器降低车速。当车速下降低于设定速度，约在 10km/h 范围内时，安全电磁离合器再次接通，恢复巡航控制。

7）手动取消功能

汽车以巡航控制方式行驶时，如果下列信号中任一信号送到巡航控制 ECU，安全电磁离合器切断伺服调速电机电流，节气门关闭，巡航控制方式被取消，这些取消信号为：①停车灯开关接通（踩下制动踏板）；②驻车制动灯开关接通（踏下驻车制动）；③空挡起动开关接通（变速器换挡杆在空挡位置）；④巡航控制开关的 CANCEL（取消开关）接通。

8）自动取消功能

在巡航控制行驶期间，若出现伺服调速电机或安全电磁离合器晶体管驱动电流过大，伺服电机始终朝节气门打开方向转动等情况，存储器中设定的车速被清除，安全电磁离合器断电，巡航控制方式自动解除，主控开关也同时关闭。

在巡航控制行驶期间，如果出现车速下降，低于极限 40km/h，巡航控制系统的电源中断时间超过 5ms，巡航控制也被取消，但存储器中设定的速度尚未清除，巡航控制功能可用 SET 或 RES 开关恢复。

9）与自动变速器复合控制功能

当汽车以巡航控制方式挂入超速挡上坡行驶时，当车速降低到超速挡切断速度（较设定车速低 4km/h）时，ECU 将自动取消超速挡并增加驱动力，防止车速进一步下降。一旦取消超速挡，若车速增加超过超速挡恢复速度（较设定速度低 2km/h），ECU 即根据位置传感器信号恢复超速挡。当汽车以巡航控制方式行驶时，巡航控制 ECU 将信号送到发动机和变速器 ECU，发动机和变速器 ECU 根据接收到的信号，转换到正常换挡方式，以确保巡航控制行驶平稳。

10）快速降速功能和快速升速功能

当实际车速和设定车速相差不到 5km/h 时，每次快速按 SET/COAST 或 RES/ACC 开关(在 0.6s 内)，设定车速下降或增加约 1.6km/h。

11）诊断功能

若巡航控制系统发生故障，ECU 确定故障并使组合仪表上的电源指示灯闪烁，以便提醒驾驶员。与此同时，ECU 存储相应故障的故障代码。故障代码可通过闪烁的电源指示灯读出。

4. 巡航控制执行器及其电路

汽车巡航控制系统的执行机构又称为速度伺服装置，其功用是根据巡航电控单元 CCS ECU 的控制指令，通过操纵节气门拉索来改变发动机节气门开度，使汽车加速、减速或保持恒速行驶。根据结构形式不同，汽车巡航控制执行机构可分为真空式和电机式两种。前者由负压操纵节气门，后者由电动机操纵节气门。

1）真空巡航控制执行器

真空式巡航控制执行器的结构如图 13.22 所示，它是利用发动机的负压或专用气泵所产生的负压驱动其膜片，以控制节气门的开度来实现巡航控制的。

工作时利用控制阀的通电来控制大气通道口、负压通道口的开闭，改变控制室内的压力，以调节膜片的位置。膜片通过拉索与加速踏板及节气门联动，以控制节气门的开度。控制阀的通电利用占空比控制，并由通电时间的比率决定膜片所处的位置。执行器除了装设控制阀外，还有释放阀，当解除巡航车速时，控制室就与大气相通，确保巡航车速的解除。

真空式巡航控制系统由真空调节器、节气门驱动伺服膜盒和制动踏板上的真空解除阀等组成，如图 13.23 所示。

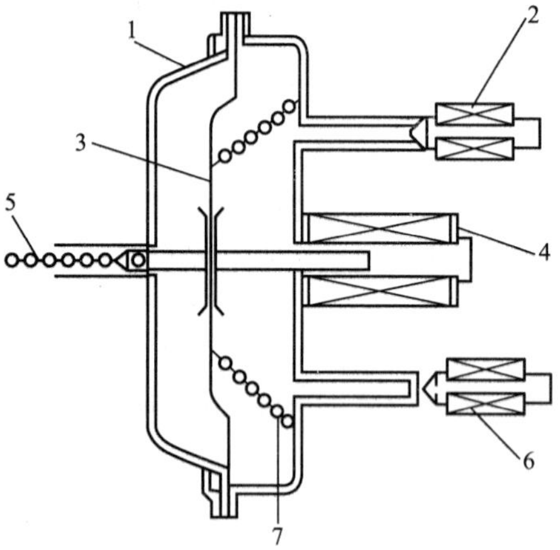

图 13.22　真空式巡航控制执行器的结构

1—外壳；2—真空阀；3—膜片；
4—可变电感传感器；5—节气门拉索；
6—空气阀；7—膜片弹簧

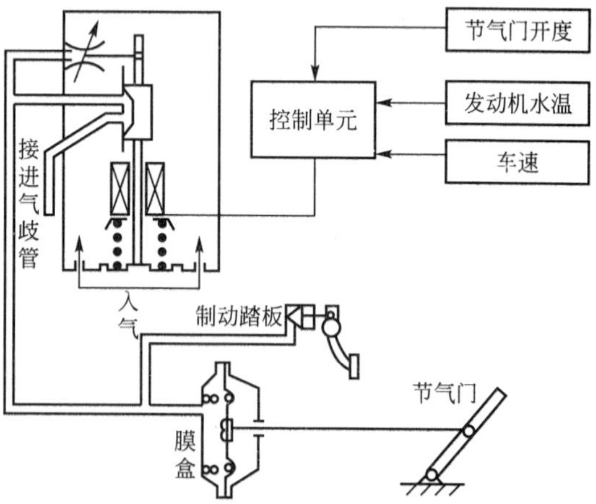

图 13.23　真空式巡航控制系统的结构原理

根据ECU的输出信号，经电磁阀可调节控制进入真空调节器的空气量，从而控制作用于伺服膜盒的真空度。当车速低于预定速度时，真空调节器供给的空气量减少，使伺服膜盒内的真空度增加，通过膜片的移动，使节气门开大。反之，当车速高于控制车速时，真空调节器供给的空气量就会增加，减少了伺服膜盒内的真空度，使节气门开度减小，若以预定速度行驶时，在发动机进气管负压和真空调节器供给定量空气的共同作用下，使伺服膜盒内保持一定的负压，控制汽车按预定速度稳定行驶。在真空系统工作时，如驾驶员踏下制动踏板，首先使真空解除阀起作用，切断系统电源，电磁阀断电，真空调节器内部与大气相通，负压消失。在踏下制动踏板的同时，真空解除阀也使系统与大气相通。

2）电机式巡航控制执行器

电机式巡航控制执行器通常包括安全电磁离合器、调速伺服电动机和位置传感器3个部分，如图13.24所示。

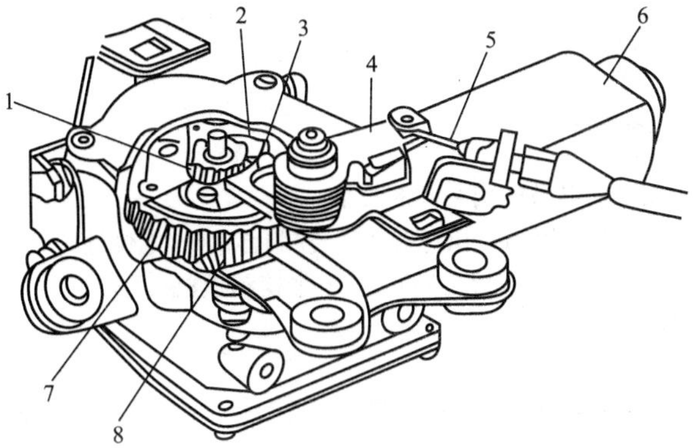

(a) 结构示意图

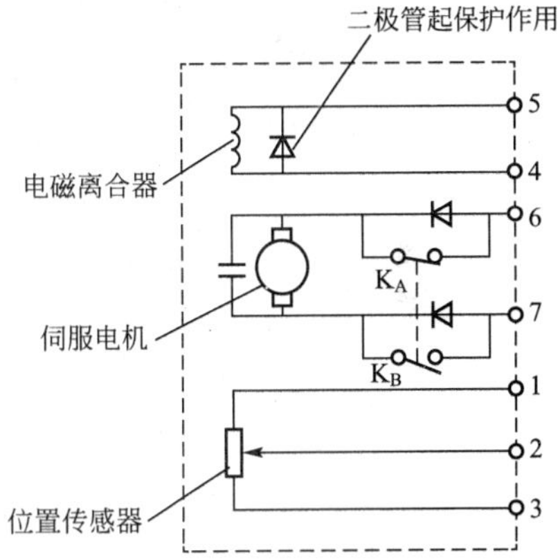

(b) 内部电路图

图13.24 电机式巡航控制执行器

1—齿轮；2—电磁离合器；3—齿扇；4—控制臂；5—节气门拉索；6—直流电机；7—蜗轮；8—蜗杆

安全电磁离合器：安全电磁离合器起锁住或释放节气门控制拉线的作用。当车辆在平直道路上以超过40km/h的车速行驶，且驾驶员起动巡航按钮SET(设置)时，安全电磁离合器则锁住钢绳使节气门保持一定的开度，车辆也就基本稳定在这个速度上行驶。这样，省掉驾驶员脚踩加速踏板控制车速的重复单调动作，提高行车安全性，并使车辆以经济车速行驶。若进行踩制动踏板、踩离合器踏板(手动变速器)、从D挡挂至N挡(自动变速器)、手制动(驻车制动)、巡航操纵杆移至解除(CANCEL)位置等任一项操作时，安全电磁离合器则释放节气门拉索，巡航装置与节气门分离开，巡航系统停止工作，防止车辆失控而造成飞车危险。

调速伺服电动机：调速伺服电动机一般使用永磁可逆式电动机，其作用是保持车辆的动态恒速。指车辆在行驶时，都会不可避免地遇到各种情况，如道路不平坦、上坡、下坡、转弯及各种阻力，这些情况造成车速上下波动，为保证车速稳定在某一恒定值，必须对节气门开度进行小范围的调整，调速伺服电动机随时驱动节气门控制其开度的变化，达到车辆动态恒速的目的。调速伺服电动机还用于加速(ACC)和减速(如下坡滑行——COAST)的调整。伺服电动机的工作是由巡航控制ECU控制的。

位置传感器：位置传感器用于检测调速伺服电动机控制油门的位置，即动态反映节气门的开度情况。它作为反馈信号输入巡航控制 ECU。图 13.25 所示为电机式巡航控制装置与发动机节气门之间的关系。通常情况下，加速踏板与节气门控制拉索进行机械性连接，与加速踏板动作相配合，由节气门臂转动来控制节气门开与关。

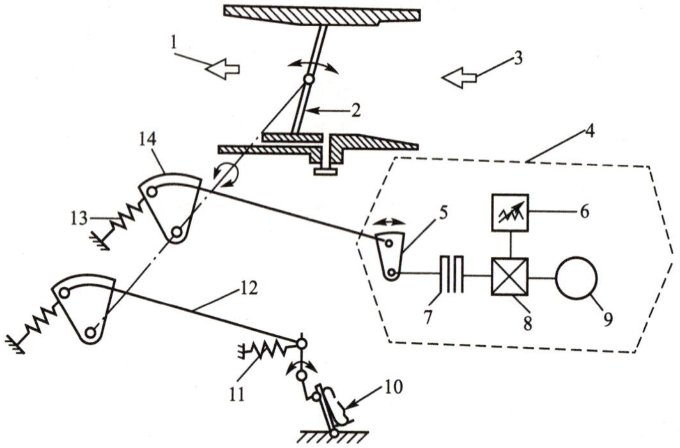

图 13.25　巡航控制装置与节气门之间的关系

1—缓冲罐进气歧管；2—节气门；3—空气流量计；4—执行器；5—控制臂；6—电位计；7—电磁离合器；8—减速机构；9—电机(正反旋转)；10—加速踏板；11、13—复位弹簧；12—缆索；14—节气门臂

在执行元件的控制臂中，它将电机的旋转运动变换为摇摆运动并传递出去。在电机与控制臂之间装有电磁离合器，只是在进行巡航控制时离合器接合，电机的旋转力矩传递给节气门，当解除巡航速度而行驶在设置状态后，若发生某种异常情况，离合器首先松开，同时电机向节气门全闭方向旋转。

5. 巡航控制系统的基本控制原理

巡航控制系统是一个典型的闭环控制系统，电子控制式巡航控制系统的控制原理如图 13.26 所示。输入巡航电控单元 CCS ECU 的信号有两个：一个是驾驶员根据行驶条件，通过巡航开关设定的巡航车速指令信号；另一个是车速传感器输入的实际车速反馈信号。

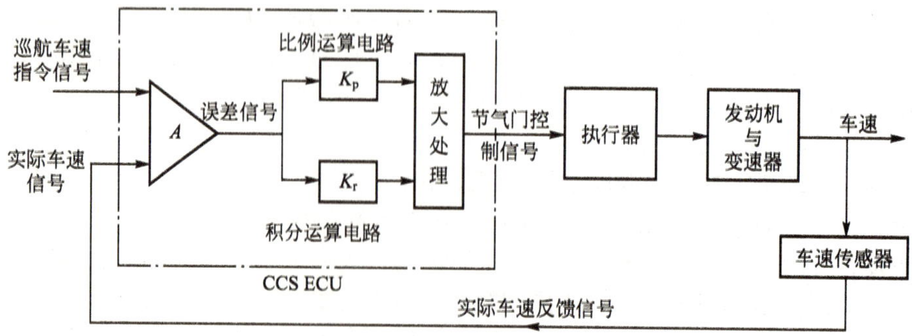

图 13.26　巡航控制系统的基本控制原理

当巡航车速指令信号和实际车速反馈信号输入巡航电控单元 CCS ECU 后，CCS ECU 的比较器 A 经过比较运算便可得到误差信号，误差信号经过“比例—积分算法(Proportion and Integral Calculus)”即 PI 控制方式，再经过放大处理就可得到控制节气门开度大小的控制信号，CCS ECU 将控制指令发送给执行机构，执行机构就可驱动节气门拉索调节发动机节气门开度的大小，将实际车速迅速调节到驾驶员设定的车速值，从而实现巡航控制。

在控制过程中，当实际车速低于驾驶员设定的巡航车速值时，巡航电控单元 CCS ECU 将向执行机构发出增大节气门开度的指令，使实际车速升高到巡航车速。反之，当实际车速高于驾驶员设定的巡航车速值时，巡航电控单元 CCS ECU 将向执行机构发出减小节气门开度的指令，使实际车速降低到巡航车速，从而使实际车速基本保持在驾驶员设定的巡航车速值不变。

当汽车在平坦路面上以设定的巡航车速 v_0 行驶时，设节气门开度为 θ_0，如果此时巡航电控单元 CCS ECU 向执行机构发出指令使节气门开度保持不变，则汽车将以设定的巡航车速 v_0 行驶。但是，当车辆遇到坡道上坡行驶时，由于坡道阻力增加将使车速降低到 v_d，不能以设定的巡航车速 v_0 行驶，因此，电控单元 CCS ECU 必须向执行机构发出指令使节气门开度增大(即节气门旋转角度增大 $+\Delta\theta$ 度)，才能使车速接近于设定的巡航车速 v_0 行驶(实际车速比巡航车速 v_0 低 $-\Delta v$ 值)。同理，当车辆下坡行驶时，节气门旋转角度将减小 $-\Delta\theta$ 度，实际车速将比巡航车速 v_0 高 $+\Delta v$ 值，如图 13.27 所示。

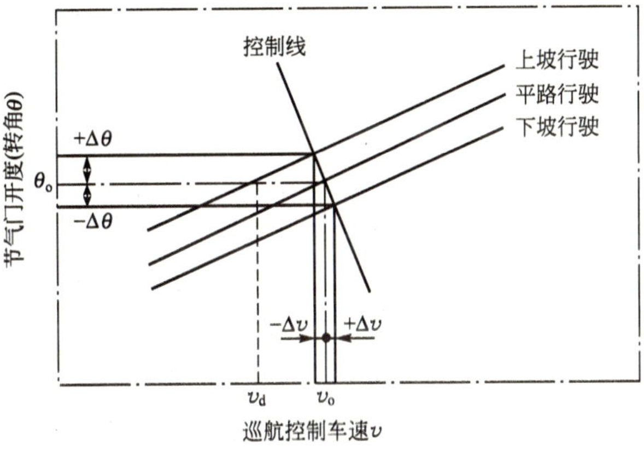

图 13.27 巡航车速控制原理

由此可见，为使汽车巡航车速 v_0 不受行驶阻力变化的影响，电控单元 CCS ECU 中积分运算放大电路 K_I 控制的控制线应尽可能使车速变化范围减小，即控制线的斜率应尽可能小。由于 PI 控制方式设置了控制线，因此，当汽车行驶在上坡、下坡道路以及风阻等因素导致行驶阻力变化时，控制系统只要将节气门开度调整 $\pm\theta$ 度，就可将车速变化幅度限制在 $\pm\Delta v$ 值的微小范围内。

13.2.2 汽车自适应巡航控制系统

汽车自适应巡航控制系统(Adaptive Cruise Control，ACC)是用于在快速道路或高速公路行走时将车间距离控制在一个定值范围，减轻驾驶员操纵负担的一个辅助系统。汽车巡航控制系统发展了30多年，普通的巡航控制系统只能让车辆保持在设定的车速匀速行驶，且一般只在高速时（大于40km/h）才起作用，如果要在低速能起作用则需利用一个开关进行切换。在高速路上，对ACC的巡航效果和普通巡航控制系统的巡航效果进行比较，如图13.28所示，ACC可在100%的速度范围内实施巡航，整个过程都起到了减负的作用。

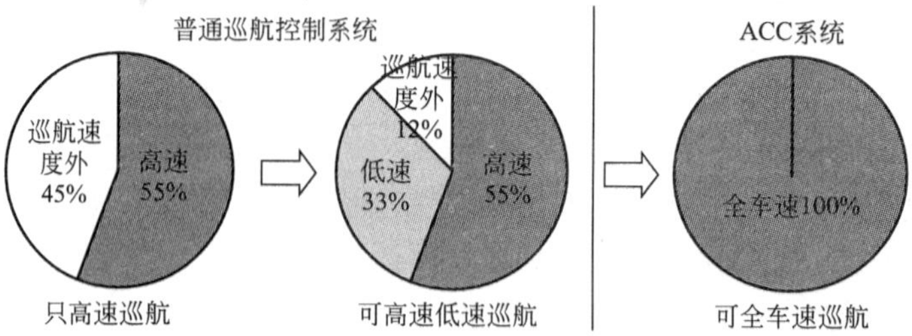

图13.28　ACC系统与普通巡航控制系统的效果比较

宝马E90新3系轿车上就选装了由德国博世公司提供的驾驶辅助系统——自适应巡航控制(ACC)系统，宝马新3系是应用这项技术的第一款中型轿车。丰田汽车研制并在雷克萨斯LS460上配备的ACC系统，则可以无缝地实现从高速到塞车时的低速甚至停车的车间距离控制，是进一步扩大辅助驾驶范围、减轻驾驶负担、提高主动安全性的新系统。

1. 自适应巡航控制系统的组成

自适应巡航控制系统主要由车距传感器(雷达)、轮速传感器、转向角传感器以及ACC控制单元等组成。车距传感器一般安装在散热器格栅内或前保险杠的内侧，它可以探测到汽车前方200m左右的距离；在前后车轮上装有轮速传感器(与ABS系统共用)，可以感知车辆的行驶速度；转向角传感器用来判断车辆行驶的方向；ACC控制单元采集各个传感器的信号并进行计算，以便可以适时地与发动机控制单元和制动防抱死控制单元交换数据。

图13.29所示为丰田自适应巡航控制系统组成，关键部件是用于掌握前方道路环境信

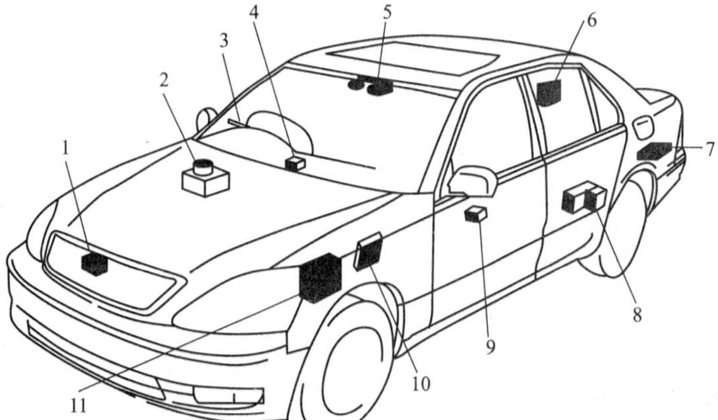

图13.29　丰田自适应巡航控制系统组成

1—毫米波雷达；2—电控制动器(ECB)&ECU；3—巡航操纵杆；4—转向传感器；5—CCD立体相机；6—图像处理ECU；7—电子驻车制动ECU；8—电子驻车制动器；9—偏角传感器；10—驾驶员辅助系统处理器(DSS)；11—发动机ECU

息和前方车辆情况的毫米波雷达、立体相机以及图像处理 ECU。雷达用于探测主车与目标车辆间的相对速度、相对距离、相对方位角等信息。立体相机可对 40～50m 范围内的前方障碍物进行检测，CCD 相机的感知范围非常大，跨越可见光到近红外区域，无论白天还是黑夜均可对障碍物进行检测。当前方有车辆时，DSS 的处理器将会综合图像处理的结果以及各个传感器提供的信息，对前方车辆的行驶车道进行识别、判断并得出最适合的车间距离，从而计算出需要的加减速度。需要减速时，ECB 的 ECU 控制制动油压实现减速；需要加速时，发动机的 ECU 将会控制节气门的开度来实现加速，以达到合适的车间距离与前方车辆跟行。

2. 自适应巡航控制系统工作原理

自适应巡航控制系统是一种智能化的自动控制系统，它是在巡航控制技术的基础上发展而来的。在车辆行驶过程中，安装在车辆前部的车距传感器(雷达)持续扫描车辆前方道路，同时轮速传感器采集车速信号。当与前车之间的距离过小时，ACC 控制单元可以通过与制动防抱死系统、发动机控制系统协调动作，使车轮适当制动，并使发动机的输出功率下降，以使车辆与前方车辆始终保持安全距离。图 13.30 为自适应巡航控制系统工作原理图，当车前的道路空闲，而且车速为 80km/h 时，驾驶员可以将目前的车速设置为目标车速。在遇到 60km/h 的慢车时，为了保证不与前车碰撞，自适应巡航控制系统控制器发送指令给制动控制器，制动控制就会自动进行制动，将车速降低到 60km/h，维持一定的安全距离。这时如果前车让车道，或者本车进入超车道后，自适应巡航控制系统控制器将会发送指令给发动机管理系统，让车辆加速到设定的车速。

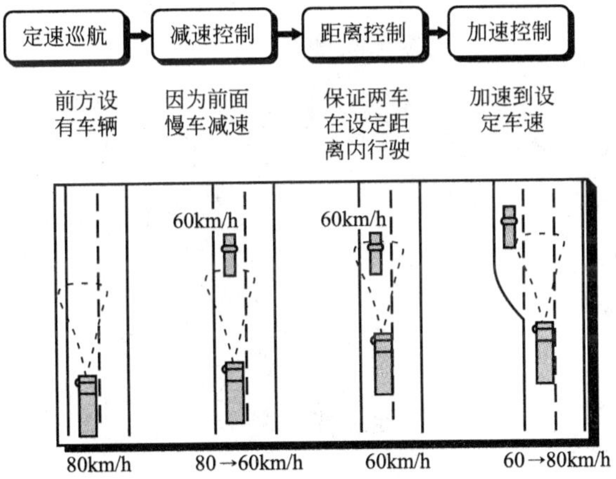

图 13.30 自适应巡航控制系统工作原理

图 13.31 为自适应巡航控制系统的控制原理图。该控制原理图中自适应巡航控制系统由一个 A 模块(自适应)和一个 CC 模块(巡航控制)组成。CC 模块是现在使用比较广泛的定速巡航控制，定速巡航控制系统是一个闭环系统，它根据比较实际车速与期望车速，利用巡航控制模块控制节气门的开度，从而保证实际车速跟随到驾驶员的期望车速。自适应巡航控制系统是定速巡航控制系统的扩展，在定速巡航控制系统的外圈也是一个闭环控制，目的是保持两车之间的距离，通过该距离和反馈回来的车速通过模块 A 算法给出自适应系统的期望车速，从而实现自适应巡航控制。

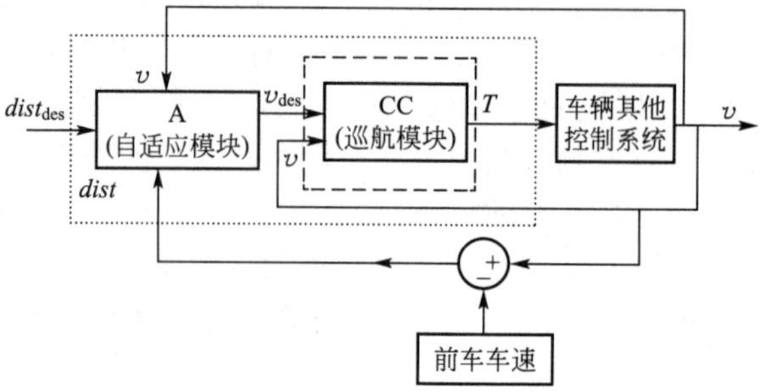

图 13.31 自适应巡航控制系统的控制原理

虽然自适应巡航控制系统可以自动控制车速，但在任何时候驾驶者都可以主动进行加速或制动。当驾驶者在巡航控制状态下进行制动后，ACC 控制单元就会终止巡航控制；当驾驶者在巡航控制状态下进行加速，停止加速后，ACC 控制单元会按照原来设定的车速进行巡航控制。

3. 自适应巡航控制系统扩展功能

通过软件升级和增加少量电子装置等方法，自适应巡航控制系统无需增加更多的装置即可实现车辆的智能驾驶等多项扩展功能。

(1) 通过车距传感器的反馈信号，ACC 控制单元可以根据靠近车辆物体的移动速度判断道路情况，并控制车辆的行驶状态；通过反馈式加速踏板(图 13.32)感知的驾驶者施加在踏板上的力，ACC 控制单元可以决定是否执行巡航控制，以减轻驾驶者的疲劳。

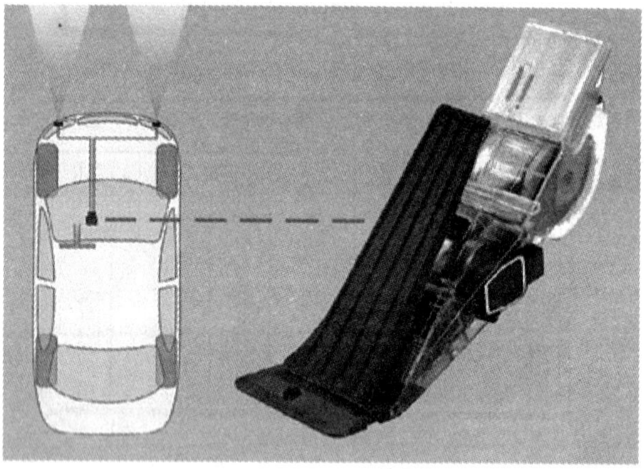

图 13.32 反馈式加速踏板

(2) 自适应巡航控制系统一般在车速大于 25km/h 时才会起作用，而当车速降低到 25km/h 以下时，就需要驾驶者进行人工控制。通过系统软件的升级，自适应巡航控制系统可以实现“停车/起步”功能，以应对在城市中行驶时频繁的停车和起步情况。自适应巡航控制系统的这种扩展功能，可以使汽车在非常低的车速时也能与前车保持设定的距离。当前方车辆起步后，自适应巡航控制系统会提醒驾驶者，驾驶者通过踩油门踏板或按下按钮发出信号，车辆就可以起步行驶。

(3) 自适应巡航控制系统使车辆的编队行驶更加轻松。ACC 控制单元可以设定自动跟踪的车辆，当本车跟随前车行驶时，ACC 控制单元可以将车速调整为与前车相同，同时保持稳定的车距，而且这个距离可以通过转向盘附近的控制杆上的设置按钮进行选择。

习题

一、名词解释

1. 电动助力转向系统
2. 转矩传感器
3. 汽车巡航控制系统

二、填空题

1. 电子控制动力转向系统根据转向动力源不同分为__________、__________和__________三大类。

2. 电动助力转向系统的基本组成包括__________、__________、__________、__________和__________等。

3. __________的功能是根据控制单元的指令输出适宜的辅助转矩，是电动助力转向系统的动力源。

4. 电动助力转向系统的__________装在减速机构一侧，是为了保证电动助力转向系统只在预先设定的车速行驶范围内起作用。

5. 汽车巡航控制系统(CCS)根据行车阻力的变化能自动调节__________，使车辆按设定的速度行驶，因此又称为恒速(行驶)控制系统。

6. 汽车巡航控制系统主要由__________、__________、__________、__________等组成。

7. 输入巡航电控单元 CCS ECU 的信号有两个，其一为驾驶员设定的__________信号，其二为__________信号。

8. 车速传感器有__________式、__________式、__________式、__________式等多种类型。

9. 根据结构形式不同，汽车巡航控制执行机构可分为__________和__________两种。

三、思考题

1. 汽车助力转向系统的作用是什么？
2. 简述电动助力转向系统的工作原理。
3. 电动助力转向系统基本控制方式有哪些？
4. 汽车巡航控制系统的功用是什么？主要优点有哪些？
5. 简述汽车巡航控制系统的基本组成。
6. 巡航控制系统能实现哪些功能？
7. 简述巡航控制系统的基本控制原理。

参 考 文 献

[1] 孙仁云，付百学. 汽车电器与电子技术 [M]. 北京：机械工业出版社，2006.

[2] 于明进，于光明. 汽车电器设备构造与维修 [M]. 北京：高等教育出版社，2007.

[3] 麻友良，丁卫东. 汽车电器与电子控制系统 [M]. 北京：机械工业出版社，2007.

[4] 舒华，姚国平. 汽车电器设备与维修 [M]. 北京：北京理工大学出版社，2009.

[5] 边焕鹤. 汽车电器与电子设备 [M]. 北京：人民交通出版社，2001.

[6] 吴芷红，胡福祥. 汽车电气设备 [M]. 北京：中国水利水电出版社，2010.

[7] 张春化，蹇小平. 汽车电器与电路 [M]. 北京：人民邮电出版社，2003.

[8] 周建平. 汽车电气设备构造与维修 [M]. 北京：中国水利水电出版社，2010.

[9] 司景萍. 汽车电器与电子设备 [M]. 辽宁：辽宁科学技术出版社，2002.

[10] 古永棋，张伟. 汽车电器及电子设备 [M]. 4 版. 重庆：重庆大学出版社，2004.

[11] 舒华，姚国平. 汽车电子控制技术 [M]. 北京：人民交通出版社，2001.

[12] 凌永成，于京诺. 汽车电子控制技术 [M]. 北京：中国林业出版社；北京大学出版社，2006.

[13] 崔胜民. 现代汽车系统控制技术 [M]. 北京：北京大学出版社，2008.

[14] 吴修义. WABCO(威伯科)电子制动系统(EBS) [J]. 商用汽车. 2004(10)：89-91.

[15] 施树明，任有. 汽车电器与电子控制 [M]. 北京：人民交通出版社，2009.

[16] 寇国瑗. 汽车电器与电子控制系统 [M]. 北京：人民交通出版社，1999.

[17] 吴文渊. 现代汽车电子控制技术 [M]. 北京：人民交通出版社，2002.

[18] 李东江，宋良玉. 现代汽车电子控制技术 [M]. 北京：科学技术文献出版社，1998.

[19] 纪光兰. 汽车电器设备构造与维修 [M]. 北京：机械工业出版社，2009.

[20] 邹长庚. 现代汽车电子控制系统构造原理与故障诊断(下) [M]. 北京：北京理工大学出版社，2006.

[21] 迟瑞娟，李世雄. 汽车电子技术 [M]. 北京：国防工业出版社，2008.

[22] 付百学. 汽车电子控制技术(下) [M]. 北京：机械工业出版社，2000.

[23] [日] 荒井宏. 汽车电子系统 [M]. 张键，译. 北京：科学出版社，2008.

[24] 任少卿，陈慧岩，黄江波. 汽车防滑控制系统 ABS/ASR 基本原理及发展趋势 [J]. 汽车电器，2006(3)：1-5.

[25] 晋兵营. 汽车电动助力转向系统发展综述 [J]. 拖拉机与农用运输车，2010，37(1)：1-2.

[26] 张红春. 丰田汽车自适应雷达巡航控制技术 [J]. 汽车电器，2008(5)：52-53.

[27] 汪清平. 汽车自适应巡航控制系统 [J]. 上海汽车，2009(8)：57-59.

北京大学出版社汽车类教材书目

序号	书　　名	标准书号	著作者	定价	出版日期
1	汽车构造	978-7-5038-4445-4	肖生发，赵树朋	44	2007.8
2	汽车发动机原理	978-7-301-12168-9	韩同群	32	2007.8
3	汽车设计	978-7-301-12369-0	刘涛	45	2008.1
4	汽车运用基础	978-7-301-13118-3	凌永成，李雪飞	26	2008.1
5	现代汽车系统控制技术	978-7-301-12363-8	崔胜民	36	2008.1
6	汽车电气设备实验与实习	978-7-301-12356-0	谢在玉	29	2008.2
7	汽车试验测试技术	978-7-301-12362-1	王丰元	26	2008.2
8	汽车运用工程基础	978-7-301-12367-6	姜立标，张黎骅	32	2008.6
9	汽车制造工艺	978-7-301-12368-3	赵桂范，杨　娜	30	2008.6
10	汽车工程概论	978-7-301-12364-5	张京明，江浩斌	36	2008.6
11	汽车运行材料	978-7-301-13583-9	凌永成，李美华	30	2008.7
12	汽车试验学	978-7-301-12358-4	赵立军，白　欣	28	2011.8
13	内燃机构造	978-7-301-12366-9	林　波，李兴虎	26	2008.8
14	汽车故障诊断与检测技术	978-7-301-13634-8	刘占峰，林丽华	34	2008.8
15	汽车维修技术与设备	978-7-301-13914-1	凌永成，赵海波	30	2008.8
16	热工基础	978-7-301-12399-7	于秋红	34	2009.2
17	汽车检测与诊断技术	978-7-301-12361-4	罗念宁，张京明	30	2009.1
18	汽车评估	978-7-301-14452-7	鲁植雄	25	2009.8
19	汽车车身设计基础	978-7-301-15619-3	王宏雁，陈君毅	28	2009.9
20	汽车车身轻量化结构与轻质材料	978-7-301-15620-9	王宏雁，陈君毅	25	2009.9
21	车辆自动变速器构造原理与设计方法	978-7-301-15609-4	田晋跃	30	2009.9
22	新能源汽车技术	978-7-301-15743-5	崔胜民	32	2009.9
23	工程流体力学	978-7-301-12365-2	杨建国，张兆营等	35	2010.1
24	高等工程热力学	978-7-301-16077-0	曹建明，李跟宝	30	2010.1
25	汽车电气设备（第2版）	978-7-301-16916-2	凌永成，李淑英	38	2010.3
26	现代汽车发动机原理	978-7-301-17203-2	赵丹平，吴双群	35	2010.6
27	现代汽车新技术概论	978-7-301-17340-4	田晋跃	35	2010.6
28	现代汽车排放控制技术	978-7-301-17231-5	周庆辉	32	2010.6
29	汽车服务工程	978-7-301-16743-4	鲁植雄	36	2010.7
30	汽车数字开发技术	978-7-301-17598-9	姜立标	40	2010.8
31	汽车人机工程学	978-7-301-17562-0	任金东	35	2010.8
32	专用汽车结构与设计	978-7-301-17744-0	乔维高	45	2010.9
33	汽车空调	978-7-301-18066-2	刘占峰，宋　力等	28	2010.11
34	汽车CAD技术及Pro/E应用	978-7-301-18113-3	石沛林，李玉善	32	2010.11
35	汽车振动分析与测试	978-7-301-18524-7	周长城，周金宝等	40	2011.3
36	新能源汽车概论	978-7-301-18804-0	崔胜民，韩家军	30	2011.5
37	汽车空气动力学数值模拟技术	978-7-301-16742-7	张英朝	45	2011. 6
38	汽车电子控制技术(第2版)	978-7-301-19225-2	凌永成，于京诺	40	2011.7
39	车辆液压传动与控制技术	978-7-301-19293-1	田晋跃	28	2011.8
40	车辆悬架设计及理论	978-7-301-19298-6	周长城	48	2011.8
41	汽车电器及电子控制技术	978-7-301-17538-5	司景萍，高志鹰	58	2012.1